Kompendien
für Studium, Praxis und Fortbildung

Thorsten Koch

Polizei- und Ordnungsrecht Niedersachsen

Die Deutsche Nationalbibliothek verzeichnet diese Publikation in
der Deutschen Nationalbibliografie; detaillierte bibliografische
Daten sind im Internet über http://dnb.d-nb.de abrufbar.

ISBN 978-3-8487-6382-5 (Print)
ISBN 978-3-7489-0479-3 (ePDF)

1. Auflage 2023
© Nomos Verlagsgesellschaft, Baden-Baden 2023. Gesamtverantwortung für Druck und Herstellung bei der Nomos Verlagsgesellschaft mbH & Co. KG. Alle Rechte, auch die des Nachdrucks von Auszügen, der fotomechanischen Wiedergabe und der Übersetzung, vorbehalten. Gedruckt auf alterungsbeständigem Papier.

Vorwort

Das Polizei- und Ordnungsrecht bildet eine Kernmaterie des Eingriffsrechts und kann daher als paradigmatisch für dessen Strukturen gelten. Zugleich erfordert die Befassung mit dieser Materie aus mehreren Gründen einen Blick über das jeweilige landesrechtliche Regelungsregime hinaus: Zunächst geht mit einem staatlichen „Eingriff" in Form polizeilicher oder verwaltungsbehördlicher Anordnungen oder anderer Maßnahmen regelmäßig eine Einschränkung der Freiheit des Individuums einher. Derartige Maßnahmen sind daher an den Grundrechten betroffener Personen zu messen, so dass sich die Regelungen des Polizei- und Ordnungsrechts nicht ohne Einbeziehung des von den Grundrechten des Grundgesetzes (wie auch der Europäischen Menschenrechtskonvention und der EU-Grundrechtecharta) vermittelten Grundrechtsschutzes verstehen und interpretieren lassen. So verdanken die Standardmaßnahmen ihre gesonderte gesetzliche Regelung nicht zuletzt ihrer besonderen Relevanz für die Grundrechte, etwa mit Blick auf die Freiheit der Person (Art. 2 Abs. 2 GG) oder den Schutz der Wohnung (Art. 13). Auch wurzeln die Regelungen zur Erhebung und Weiterverarbeitung personenbezogener Daten weithin in einschlägiger Rechtsprechung des Bundesverfassungsgerichts und dient das alles überwölbende Verhältnismäßigkeitsprinzip nicht zuletzt dem Schutz der grundrechtlich gewährleisteten Freiheit. Die grundrechtliche Dimension des Polizei- und Ordnungsrechts ist daher stets mitzudenken. Aus verfassungsrechtlicher Perspektive ebenfalls in den Blick zu nehmen sind ferner Gesetzgebungszuständigkeiten, denn das Polizei- und Ordnungsrecht ist zwar Landesrecht, weist aber Berührungspunkte zu bundesrechtlich geregelten Aufgaben der Polizei – namentlich im Bereich der Strafverfolgung – auf.

Das Polizei- und Ordnungsrecht ist zudem ein Rechtsgebiet, das einerseits durch gewachsene Strukturen geprägt und andererseits durch neue Rechtsentwicklungen beeinflusst wird: Zum einen beruht es auf einer langen und weit in die Vergangenheit zurückreichenden Entwicklungsgeschichte, die auch zur Folge hat, dass aus vergangenen Epochen überkommene Rechtsinstitute wie die Anscheinsgefahr (und damit einhergehend die Anscheinsverantwortlichkeit) oder die Zweckveranlassung ohne hinreichende Notwendigkeit tradiert werden. Auf der anderen Seite existieren namentlich für den Bereich der Datenverarbeitung zahlreiche Vorgaben des EU-Rechts aus neuerer Zeit, deren Integration in das mitgliedstaatliche Recht durch den niedersächsischen Gesetzgeber nicht durchgängig zu überzeugen vermag.

Die vorliegende Darstellung unternimmt es, einen Überblick über das niedersächsische Polizei- und Ordnungsrecht zu vermitteln. Sie wendet sich damit an diejenigen, die sich im Rahmen von Studium und Ausbildung in diese Rechtsmaterie einarbeiten oder – etwa im Vorfeld von Prüfungen – erneut einen Überblick über zentrale Rechtsfragen und Probleme verschaffen wollen.

Die Zitierung von Entscheidungen ist regelmäßig nach Datum und Aktenzeichen erfolgt. Dies soll ermöglichen, die Entscheidungen in Datenbanken schnell aufzufinden; die Nennung von (Papier-) Fundstellen wurde daher auf (meist ältere) Entscheidungen beschränkt, die sich auf andere Weise nicht erschließen lassen. Soweit nicht anders angegeben, entsprechen die Randnummern der Zählung in „juris". Literatur und Rechtsprechung befinden sich durchgängig auf dem Stand von Oktober 2022; einigen nachfolgenden Entwicklungen ist noch Rechnung getragen worden.

Osnabrück / Berlin, Dezember 2022 *Th. Koch*

Inhaltsübersicht

Vorwort	5
Inhaltsverzeichnis	9
Abkürzungsverzeichnis	13
Verzeichnis der abgekürzt oder mehrfach zitierten Literatur	19
§ 1 Die Polizei im Rechtsstaat	25
§ 2 Aufgaben und Befugnisse der Verwaltungsbehörden und der Polizei	36
§ 3 Gefahrenabwehr und Grundrechtsschutz	43
§ 4 Die Schutzgüter der Gefahrenabwehr	55
§ 5 Der Gefahrenbegriff	72
§ 6 Inanspruchnahme von Personen	88
§ 7 Das Opportunitätsprinzip	108
§ 8 Spezielle Eingriffsermächtigungen	112
§ 9 Datenverarbeitung	154
§ 10 Zwangsmaßnahmen	226
§ 11 Kostentragung, Entschädigung und Schadensausgleich	238
§ 12 Verordnungen zur Gefahrenabwehr	243
Stichwortverzeichnis	247

Inhaltsverzeichnis

Abkürzungsverzeichnis	13
Verzeichnis der abgekürzt oder mehrfach zitierten Literatur	19
§ 1 Die Polizei im Rechtsstaat	**25**
I. Gefahrenabwehr als Staatsaufgabe	25
II. Polizeibegriff und polizeiliche Aufgaben	25
III. Entwicklung des allgemeinen Gefahrenabwehrrechts in Niedersachsen	28
IV. Allgemeine und besondere Gefahrenabwehr	30
V. Zuständigkeiten für die Gefahrenabwehr	31
1. Die sachliche Zuständigkeit	31
2. Die Eilzuständigkeit der Polizei	33
3. Die örtliche Zuständigkeit	35
§ 2 Aufgaben und Befugnisse der Verwaltungsbehörden und der Polizei	**36**
I. Aufgabenzuweisung und Befugnisnormen	36
II. Gefahrenabwehr und Gesetzgebungszuständigkeit	38
§ 3 Gefahrenabwehr und Grundrechtsschutz	**43**
I. Der Vorrang der Verfassung	43
II. Dreipoligkeit der grundrechtlichen Beziehungen	45
III. Die Beeinträchtigung grundrechtlicher Schutzgüter	48
IV. Schranken der Grundrechte	50
V. Das Verhältnismäßigkeitsprinzip als Schranken-Schranke	52
§ 4 Die Schutzgüter der Gefahrenabwehr	**55**
I. Die Schutzgüter der öffentlichen Sicherheit	55
II. Die Unverletzlichkeit der Rechtsordnung	56
III. Die Rechte und Rechtsgüter einzelner Personen	59
IV. Der Schutz der Einrichtungen und Veranstaltungen des Staates	61
V. Die öffentliche Ordnung	65
§ 5 Der Gefahrenbegriff	**72**
I. Konkrete Gefahr und Störung	72
II. Risikolage und Wahrscheinlichkeitsurteil	73
III. Scheingefahr, Anscheinsgefahr und Gefahrenverdacht	77
1. Scheingefahr	77
2. Gefahrenverdacht	78
3. Anscheinsgefahr	82
IV. Besondere Gefahrenbegriffe	85
§ 6 Inanspruchnahme von Personen	**88**
I. Verantwortlichkeit für Handlungen	88
II. Verantwortlichkeit für den Zustand von Sachen	90
1. Die Zustandsverantwortlichkeit	90

		2. Grenzen der Zustandsverantwortlichkeit	93
		a) Verschuldensunabhängigkeit und Verhältnismäßigkeit	93
		b) Grundrechtsschutz des Eigentums	95
		3. Dereliktion	99
		4. Rechtsnachfolge	99
	III.	Die gefahrenabwehrrechtliche Verantwortlichkeit der Verwaltung	100
	IV.	Die Zweckveranlassung	102
	V.	Die Inanspruchnahme nichtverantwortlicher Personen	105

§ 7 Das Opportunitätsprinzip — 108

    I. Opportunitätsprinzip und Legalitätsprinzip — 108
    II. Ermessen und Ermessensbetätigung — 110

§ 8 Spezielle Eingriffsermächtigungen — 112

    I. Allgemeine und besondere Befugnisse — 112
    II. Befragungen — 113
        1. Befragung zur Sachverhaltsermittlung — 113
        2. Lageabhängige Personenkontrollen mit Grenzbezug (Schleierfahndung) — 116
    III. Vorladung — 117
    IV. Identitätsfeststellungen — 119
    V. Erkennungsdienstliche Maßnahmen — 124
    VI. Gefährderansprache — 126
    VII. Aufenthaltssteuerung und -kontrolle — 128
        1. Platzverweisung — 128
        2. Aufenthaltsverbot — 131
        3. Wegweisung — 133
        4. Die Meldeauflage — 134
        5. Aufenthaltsvorgabe, Kontaktverbot und elektronische Aufenthaltsüberwachung — 136
    VIII. Polizeilicher Gewahrsam — 139
        1. Schutzgewahrsam — 140
        2. Unterbindungsgewahrsam — 141
        3. Verbringungsgewahrsam — 144
        4. Verfahrensrechtliche Sicherungen — 144
    IX. Durchsuchungen — 146
        1. Durchsuchung von Personen und Sachen — 146
        2. Betreten und Durchsuchen von Wohnungen — 150
    X. Sicherstellungen — 152

§ 9 Datenverarbeitung — 154

    I. Datenverarbeitung und Grundrechtsschutz — 154
        1. Das Recht auf informationelle Selbstbestimmung — 154
        2. Weitere datenverarbeitungsbezogene Grundrechte — 157
        3. Anforderungen an die verfassungsrechtliche Rechtfertigung — 160
    II. Regelungen zur Datenerhebung und -verarbeitung — 164
        1. Der gesetzliche Sprachgebrauch — 164
        2. Der gesetzliche Regelungsrahmen — 164

	3. Grundlegende Regelungen zur Datenerhebung und -verarbeitung	168
	a) Datenerhebung	168
	b) Weitere Datenverarbeitung	171
	4. Ergänzende Vorgaben zum Datenschutz	174
	5. Eine „Grundregel für die Datenverarbeitung"	176
III.	Datenübermittlung	176
	1. Allgemeine Grundsätze der Datenübermittlung	176
	2. Datenübermittlung innerhalb des öffentlichen Bereichs	178
	a) Datenübermittlung zwischen Verwaltungsbehörden und Polizei	179
	b) Datenübermittlungen an andere öffentliche Stellen	179
	c) Öffentliche und nicht-öffentliche Stellen	181
	d) Ausländische öffentliche Stellen	183
	3. Datenübermittlung an Stellen außerhalb des öffentlichen Bereichs	184
	4. Sonstige Übermittlungssituationen	186
	a) Datenabgleich	186
	b) Zuverlässigkeitsüberprüfungen	188
IV.	Betroffenenrechte bei der Datenverarbeitung	190
	1. Auskunftserteilung	190
	2. Berichtigung unrichtiger Daten	192
	3. Datenlöschung	193
V.	Datenerhebung bei Versammlungen und Veranstaltungen	196
VI.	Datenerhebung im öffentlichen Raum	201
	1. Überwachung von Straßen und Plätzen	201
	2. Bodycams	203
	3. Straßenverkehrsbezogene Maßnahmen	205
	a) Abschnittskontrolle	205
	b) Kennzeichenerfassung zu Fahndungszecken	208
VII.	Verdeckte Datenerhebungen	209
	1. Verfassungsrechtlicher Rahmen	210
	2. Telekommunikationsbezogene Maßnahmen	212
	a) Überwachung der Telekommunikation	212
	b) Standortabfragen und -ermittlungen	213
	c) Unterbrechung des Mobilfunks	215
	3. Online-Durchsuchungen	215
	4. Datenerhebung durch längerfristige Observation und Einsatz technischer Mittel	216
	a) Das gesetzliche Regelungssystem	216
	b) Besonderheiten bei der Überwachung von Wohnungen	217
	5. Vertrauenspersonen und verdeckt ermittelnde Personen	218
	6. Ausschreibung zur polizeilichen Beobachtung	220
	7. Der Schutz des Kernbereichs privater Lebensgestaltung	221
VIII.	Rasterfahndung	223

§ 10 Zwangsmaßnahmen 226

I.	Gestrecktes Verfahren und abgekürztes Verfahren	226
	1. Allgemeine Vollstreckungsvoraussetzungen	226
	2. Das gestreckte Zwangsverfahren	227
	3. Der sofortige Vollzug	229

	II. Die einzelnen Zwangsmittel	230
	1. Ersatzvornahme	230
	2. Zwangsgeld	233
	3. Unmittelbarer Zwang	233
	III. Besondere Anforderungen an den Einsatz von Schusswaffen	235

§ 11 Kostentragung, Entschädigung und Schadensausgleich 238

    I. Ersatzansprüche gegen die öffentliche Hand   238
       1. Anspruchsvoraussetzungen   238
       2. Anspruchsumfang   239
    II. Das Innenverhältnis bei Handlungs- und Zustandsverantwortlichkeit   241

§ 12 Verordnungen zur Gefahrenabwehr 243

    I. Verordnung und Verwaltungsakt   243
    II. Anforderungen an Verordnungen   246

Stichwortverzeichnis 247

Abkürzungsverzeichnis

ABl.	Amtsblatt
ABl. L	Amtsblatt der Europäischen Union (Rechtsvorschriften)
abl.	ablehnend
Abs.	Absatz
aE	am Ende
AEUV	Vertrag über die Arbeitsweise der Europäischen Union
AG	Aktiengesellschaft
Ähnl.	ähnlich
AKG	Allgemeines Kriegsfolgengesetz
AKLS	Automatisches Kennzeichenlesesystem
AllGO	Allgemeine Gebührenordnung
ALR	Allgemeines Landrecht für die preußischen Staaten
AltfahrzeugV	Altfahrzeug-Verordnung
Anm.	Anmerkung
Art.	Artikel
ASOG	Allgemeines Sicherheits- und Ordnungsgesetz (Berlin)
AufenthG	Aufenthaltsgesetz
Aufl.	Auflage
Ausführl.	Ausführlich
AwSV	Verordnung über Anlagen zum Umgang mit wassergefährdenden Stoffen
B.	Beschluss
Ba.-Wü.	Baden-Württemberg
Bay.	Bayern / bayrisch(es)
BayPAG	Bayerisches Polizeiaufgabengesetz
BayVBl.	Bayerische Verwaltungsblätter
BayVGH	Bayerischer Verwaltungsgerichtshof
BayVerfGH	Bayerischer Verfassungsgerichtshof
BayVersG	Bayerisches Versammlungsgesetz
Bbg	Brandenburg
BbgPolG	Brandenburgisches Polizeigesetz
BBodSchG	Bundesbodenschutzgesetz
Bd.	Band
BDSG	Bundesdatenschutzgesetz
Bearb.	Bearbeiter / bearbeitet
Begr.	Begründer / Begründung / begründet
ber.	berichtigt
BGB	Bürgerliches Gesetzbuch
BGBl.	Bundesgesetzblatt
BGH	Bundesgerichtshof
BImSchG	Bundesimmissionsschutzgesetz
BImSchV	Verordnung zur Durchführung des Bundes-Immissionsschutzgesetzes
BKA	Bundeskriminalamt
BKAG	Bundeskriminalamtgesetz
Bln	Berlin
BNatSchG	Bundesnaturschutzgesetz
BPolG	Bundespolizeigesetz

BT	Bundestag
BT-Drs.	Bundestags-Drucksache
BtMG	Betäubungsmittelgesetz
BVerfG	Bundesverfassungsgericht
BVerwG	Bundesverwaltungsgericht
ChemG	Chemikaliengesetz
ders.	derselbe
DÖV	Die öffentliche Verwaltung (Zeitschrift)
Drs.	Drucksache
DSGVO	Verordnung (EU) 2016/679 des Europäischen Parlamentes und des Rates vom 27.4.2016 (Datenschutz-Grundverordnung)
DVBl.	Deutsches Verwaltungsblatt
ebd.	Ebenda
ECHR	European Court of Human Rights (Europäischer Gerichtshof für Menschenrechte)
Ed.	Editor
EG	Europäische Gemeinschaft(en)
Einl.	Einleitung
einschr.	einschränkend
EMRK	Europäische Menschenrechtskonvention
Entsch.	Entscheidung
EU	Europäische Union
EuGH	Europäischer Gerichtshof
f. / ff.	die nächste(n) folgende(n) Seite(n) / Randnummer(n)
FamFG	Gesetz über das Verfahren in Familiensachen und in den Angelegenheiten der freiwilligen Gerichtsbarkeit
FeV	Fahrerlaubnis-Verordnung
Fn.	Fußnote
fortgef.	fortgeführt
FS	Festschrift
G	Gesetz
GastG	Gaststättengesetz
geänd.	geändert
gem.	gemäß
Gem.	Gemeinsam(er)
GewArch	Gewerbearchiv
GewO	Gewerbeordnung
GewSchG	Gewaltschutzgesetz
GG	Grundgesetz
GmbH	Gesellschaft mit beschränkter Haftung
GmbHG	Gesetz betreffend die Gesellschaften mit beschränkter Haftung
GrCh	Charta der Grundrechte der Europäischen Union
grds.	grundsätzlich
GVBl.	Gesetz- und Verordnungsblatt
hamb.	hamburgisch
Hess.	Hessen /hessisch(es)
HessVGH	Hessischer Verwaltungsgerichtshof
Hrsg.	Herausgeber
HSOG	Hessisches Gesetz über die öffentliche Sicherheit und Ordnung

HwO	Handwerksordnung
idF	in der Fassung
IfSG	Infektionsschutzgesetz
IMSI	International Mobile Subscriber Identity
Insbes.	insbesondere
InsO	Insolvenzordnung
ISLL	Leitlinie zur Gewährleistung der Informationssicherheit
ISRL	Informationssicherheitsrichtlinie
iSv	im Sinne von
iVm	in Verbindung mit
JA	Juristische Ausbildung (Zeitschrift)
JI-RL / JI-Richtlinie	(Datenschutz-) Richtlinie (EU) 2016/680 des Europäischen Parlamentes und des Rates vom 27.4.2016 (betreffend die Bereiche Justiz und Inneres)
JuS	Juristische Schulung
JZ	Juristenzeitung
Kap.	Kapitel
KG	Kammergericht
krit.	Kritisch
KritV	Kritische Vierteljahresschrift für Gesetzgebung und Rechtswissenschaft
KrWG	Kreislaufwirtschaftsgesetz
LG	Landgericht
lit.	Buchstabe
LS	Leitsatz
LSA	(Land) Sachsen-Anhalt
LStVG	Landesstraf- und Verordnungsgesetz (Bayern)
LT-Drs.	Landtags-Drucksache
M.-V.	Mecklenburg-Vorpommern
MBl.	Ministerialblatt
mwN	mit weiteren Nachweisen
NAbfG	Niedersächsisches Abfallgesetz
NAGBNatSchG	Niedersächsisches Ausführungsgesetz zum Bundesnaturschutzgesetz
NBauO	Niedersächsische Bauordnung
NDR	Norddeutscher Rundfunk
Nds.	Niedersachsen / niedersächsisch(es)
NDSG	Niedersächsisches Datenschutzgesetz
NdsVBl.	Niedersächsische Verwaltungsblätter
NGefAG	Niedersächsisches Gefahrenabwehrgesetz
NHG	Niedersächsisches Hochschulgesetz
NJW	Neue Juristische Wochenschrift
NKomVG	Niedersächsisches Kommunalverfassungsgesetz
NKomZG	Niedersächsisches Gesetz über die kommunale Zusammenarbeit
NLärmSchG	Niedersächsisches Lärmschutzgesetz
NordÖR	Zeitschrift für Öffentliches Recht in Norddeutschland
NPOG	Niedersächsisches Polizei- und Ordnungsbehördengesetz
NPresseG	Niedersächsisches Pressegesetz
Nr.	Nummer
NSpG	Niedersächsisches Sparkassengesetz
NStrG	Niedersächsisches Straßengesetz
NStZ	Neue Zeitschrift für Strafrecht

n. v.	nicht veröffentlicht
NVersG	Niedersächsisches Versammlungsgesetz
NVwKostG	Niedersächsisches Verwaltungskostengesetz
NVwVfG	Niedersächsisches Verwaltungsverfahrensgesetz
NVwVG	Niedersächsisches Verwaltungsvollstreckungsgesetz
NVwZ	Neue Zeitschrift für Verwaltungsrecht
NW	Nordrhein-Westfalen
NWaldLG	Niedersächsisches Gesetz über den Wald und die Landschaftsordnung
NWG	Niedersächsisches Wassergesetz
ÖOGH	Österreichischer Oberster Gerichtshof
OLG	Oberlandesgericht
OVG	Oberverwaltungsgericht
OWiG	Gesetz über Ordnungswidrigkeiten
PaßG	Paßgesetz
PBefG	Personenbeförderungsgesetz
PAG	Polizeiaufgabengesetz
PAuswG	Personalausweisgesetz
POG	Polizei- und Ordnungsbehördengesetz
PolG	Polizeigesetz
PolG NW	Polizeigesetz des Landes Nordrhein-Westfalen
PrOVG	Preußisches Oberverwaltungsgericht
PrOVGE	Entscheidungen des Preußisches Oberverwaltungsgerichts
PrPVG	Preußisches Polizeiverwaltungsgesetz
PrVBl.	Preußisches Verwaltungsblatt
RdErl.	Runderlass
RGZ	Entscheidungen des Reichsgerichts in Zivilsachen
Rh.-Pf.	Rheinland-Pfalz
RL	Richtlinie
Rn.	Randnummer
Rs.	Rechtssache
Rspr.	Rechtsprechung
s.	siehe
S.	Seite
Saarl.	Saarland / saarländisch
SaarlVerfGH	Verfassungsgerichtshof des Saarlandes
SächsOVG	Sächsisches Oberverwaltungsgericht
SächsPBG	Sächsisches Polizeibehördengesetz
SächsVersG	Sächsisches Versammlungsgesetz
Schl.-H.	Schleswig-Holstein
SGB	Sozialgesetzbuch
sog.	sogenannte(n)
SOG	Gesetz über die öffentliche Sicherheit und Ordnung
SOG 1951	Gesetz über die öffentliche Sicherheit und Ordnung von 1951
Sp.	Spalte
St. Rspr.	ständige Rechtsprechung
StenogrBer	Stenografische Berichte
StGB	Strafgesetzbuch
StGH	Staatsgerichtshof
StPO	Strafprozessordnung

StVG	Straßenverkehrsgesetz
StV	Strafverteidiger (Zeitschrift)
StVO	Straßenverkehrsordnung
StVZO	Straßenverkehrs-Zulassungs-Ordnung
TAZ	die tageszeitung
ThürPAG	Thüringisches Polizeiaufgabengesetz
TierGesG	Tiergesundheitsgesetz
TKG	Telekommunikationsgesetz
TMG	Telemediengesetz
TTDSG	Telekommunikation-Telemedien-Datenschutz-Gesetz
u. a.	und andere / unter anderem
UG	Unternehmergesellschaft (haftungsbeschränkt)
UmwG	Umwandlungsgesetz
Urt.	Urteil
v.	von / vom
VersFG	Versammlungsfreiheitsgesetz (Berlin; Schleswig-Holstein)
VerfGH	Verfassungsgerichtshof
VersG	Versammlungsgesetz
VerwArch	Verwaltungsarchiv
VG	Verwaltungsgericht
VGH	Verwaltungsgerichtshof
Vgl.	Vergleiche
VO	Verordnung
Vol.	Volume
Vorb.	Vorbemerkung(en)
vs.	Versus
VSG	Verfassungsschutzgesetz
VVG	Versicherungsvertragsgesetz
VwGO	Verwaltungsgerichtsordnung
VwVfG	Verwaltungsverfahrensgesetz (Bund)
VwVG	Verwaltungsvollstreckungsgesetz (Bund)
WHG	Wasserhaushaltsgesetz
WP	Wahlperiode
WRV	Weimarer Rechtsverfassung
z. B.	zum Beispiel
ZD	Zeitschrift für Datenschutz
zit.	zitiert
ZPO	Zivilprozessordnung
zul.	zuletzt
zust.	zustimmend
ZustVO-NPOG	Verordnung über Zuständigkeiten auf verschiedenen Gebieten der Gefahrenabwehr

Verzeichnis der abgekürzt oder mehrfach zitierten Literatur

Anschütz, Gerhard
  Die Verfassungsurkunde für den Preußischen Staat, 1912
Anschütz, Gerhard / Thoma, Richard (Hrsg.)
  Handbuch des Deutschen Staatsrechts, Zweiter Band, 1932
Arzt, Clemens
  Neues Polizeirecht in NRW, Die Polizei 2019, S. 353 ff.
Arzt, Clemens / Schmidt, Stephanie
  Bodycam als Objekt staatlichen Sehens und Zeigens, in: A. Ruch / T. Singelnstein (Hrsg.) FS Feltes, 2021, S. 319 ff.
Attendorn, Thorsten / Schnell, Maren
  Die Untersagung von Parolen zum Schutz der öffentlichen Ordnung bei rechtsextremistischen Aufzügen, NVwZ 2020, S. 1224 ff.
Barczak, Tristan
  Rechtsbegriffe – Elementarteilchen juristischer Methodik und Dogmatik, JuS 2020, S. 905 ff.
Bastian, Daniell
  Westdeutsches Polizeirecht unter alliierter Besatzung, 2010
Beaucamp, Guy
  §§ 32, 34 StGB als Ermächtigungsgrundlagen für polizeiliches Eingreifen, JA 2003, S. 402 ff.
Böhrenz, Gunter / Siefken, Peter
  Niedersächsisches Gesetz über die öffentliche Sicherheit und Ordnung, (aktualisierte) 9. Aufl., 2014.
Bonner Kommentar zum Grundgesetz
  Losebl, 1950 ff. (hrsg. von W. Kahl/Ch. Waldhoff/Ch. Walter)
Borowski, Martin
  Die materielle und formelle Polizeipflicht von Hoheitsträgern, VerwArch 101 (2010), S. 58 ff.
Bretthauer, Sebastian
  Die Meldeauflage – eine Lücke in den Polizeigesetzen von Baden-Württemberg, Bremen, Nordrhein-Westfalen, dem Saarland und Thüringen, DVBl. 2022, S. 89 ff.
Britz, Gabriele
  Vertraulichkeit und Integrität informationstechnischer Systeme, DÖV 2008, S. 411 ff.
Di Fabio, Udo
  Vorläufiger Verwaltungsakt bei ungewissem Sachverhalt, DÖV 1991, S. 629 ff.
Dörr, Oliver
  Keine Versammlungsfreiheit für Neonazis? Extremistische Demonstrationen als Herausforderung für das geltende Versammlungsrecht, VerwArch 93 (2002), S. 485 ff.
Dreier, Horst (Hrsg.)
  Grundgesetz – Kommentar, 3. Aufl., Band 1, 2013
Dreier, Horst
  Grenzen demokratischer Freiheit im Verfassungsstaat, JZ 1994, S. 741 ff.
Drews, Bill / Wacke, Gerhard / Vogel, Klaus / Martens, Wolfgang
  Gefahrenabwehr – Allgemeines Polizeirecht (Ordnungsrecht) des Bundes und der Länder, 9. Aufl., 1986 (begr. v. B. Drews, fortgef. v. G. Wacke, bearb. von K. Vogel und W. Martens)
Erbel, Günter
  Öffentliche Sicherheit und Ordnung, DVBl. 2011, S. 1714 ff.
Fechner, Frank
  „Öffentliche Ordnung" – Renaissance eines Begriffs?, JuS 2003, S. 734 ff.

Finger, Thorsten
Der „Verbringungsgewahrsam" und der Streit um seine rechtliche Grundlage, NordÖR 2006, S. 423 ff.

Finger, Thorsten
Sicherheit, Sauberkeit und Ordnung im urbanen Raum, Die Verwaltung 40 (2007), S. 105 ff.

Fischer, Mattias G.
Möglichkeiten und Grenzen der Beschlagnahme von Immobilien zur Flüchtlingsunterbringung, NVwZ 2015, S. 1644.

Friauf, Karl Heinrich
Zur Problematik des Rechtsgrundes und der Grenzen der polizeilichen Zustandshaftung, in: K. Vogel / K. Tipke (Hrsg.), FS Wacke, 1972, S. 293 ff.

Götz, Volkmar
Rechtsschutz gegen Maßnahmen der Polizei, JuS 1985, S. 869 ff.

Götz, Volkmar
Die öffentliche Ordnung im Rahmen der verfassungsmäßigen Ordnung, in: W. Kluth u. a. (Hrsg.), FS Stober, 2008, S. 195 ff.

Götz Volkmar, / Geis, Max-Emanuel
Allgemeines Polizei- und Ordnungsrecht, 17. Aufl. 2022

Gornig, Gilbert
Zur Polizeifestigkeit der Pressefreiheit, JuS 1999, S. 1167 ff.

Gromitsaris, Athanasios
Subjektivierung oder Objektivierung im Recht der Gefahrenabwehr, DVBl. 2005, S. 535 ff.

Guckelberger, Annette
Die präventiv-polizeiliche elektronische Aufenthaltsüberwachung, DVBl. 2017, S. 1121 ff.

Gusy, Christoph
Sittenwidrigkeit im Gewerberecht, DVBl. 1982, S. 984 ff.

Gusy, Christoph
Rasterfahndung nach Polizeirecht?, KritV 85 (2002), S. 474 ff.

Gusy, Christoph
Polizei- und Ordnungsrecht, 10. Aufl., 2017

Hartmann, Bernd J. / Mann, Thomas / Mehde, Veith
Landesrecht Niedersachsen, 3. Aufl. 2020

Hartmann, Bernd J.
Semesterabschlussklausur – Öffentliches Recht: Polizei- und Ordnungsrecht – Warnung vor der Radarkontrolle, in: JuS 2008, S. 984 ff.

Hillgruber, Christian
Der Schutz des Menschen vor sich selbst, 1992

Höfling, Wolfram
Menschenwürde und gute Sitten, NJW 1983, S. 1582 ff.

Hoffmann-Riem, Wolfgang
„Anscheingefahr" und „Anscheinverursachung" im Polizeirecht, in: K. Vogel / K. Tipke (Hrsg.), FS Wacke, 1972, S. 327 ff.

Hoffmann-Riem, Wolfgang / Schmidt-Aßmann, Eberhard / Voßkuhle, Andreas (Hrsg.),
Grundlagen des Verwaltungsrechts, Band I, 2. Aufl., 2012

Ibler, Martin
Gefahrenverdacht und polizeiliche Generalklausel, in: G. Jochum u. a. (Hrsg.), FS Hailbronner, 2013, S. 737 ff.

Ipsen, Jörn / Kaufhold, Ann-Katrin / Wischmeyer, Thomas
Staatsrecht I – Staatsorganisationsrecht, 33. Aufl., 2021

Ipsen, Jörn,
Niedersächsisches Polizei- und Ordnungsrecht, 4. Aufl., 2010

Ipsen, Jörn
   Staatsrecht II – Grundrechte, 24. Aufl., 2021
Ipsen, Jörn
   Allgemeines Verwaltungsrecht, 11. Aufl., 2019
Ipsen, Jörn
   Reform des niedersächsischen Polizei- und Ordnungsrechts, NdsVBl. 2018, S. 257 ff.
Isensee, Josef
   Das Grundrecht auf Sicherheit – Zu den Schutzpflichten des freiheitlichen Verfassungsstaates, 1983
Isensee, Josef / Kirchhof, Paul (Hrsg.)
   Handbuch des Staatsrechts, 3. Aufl., Bd. IX (Allgemeine Grundrechtslehren), 2011
Karpenstein, Ulrich / Mayer, Franz C. (Hrsg.).
   Konvention zum Schutz der Menschenrechte und Grundfreiheiten, 3. Aufl., 2022.
Kingreen, Thorsten / Poscher, Ralf
   Grundrechte – Staatsrecht II, 38. Aufl. 2022
Kingreen, Thorsten / Poscher, Ralf
   Polizei- und Ordnungsrecht, 12. Aufl. 2022
Kirchhoff, Guido
   Polizeiliche Meldeauflagen zur Gefahrenabwehr, NVwZ 2020, S. 1617 ff.
Kirchhoff, Guido
   Polizeiliche Maßnahmen bei Film- und Fotoaufnahmen, NVwZ 2021, S. 1177 ff.
Kirchhoff, Guido / Mischke, Franziska
   Polizeilicher Gewahrsam zur Verhinderung einer Selbsttötung?, Die Polizei 2021, S. 141 ff.
Klein, Hans H.
   Die grundrechtliche Schutzpflicht, DVBl. 1994, S. 489 ff.
Knape, Michael / Schönrock, Sabrina
   Allgemeines Polizei- und Ordnungsrecht für Berlin – Kommentar, 11. Aufl., 2016.
Koch, Thorsten
   Der Grundrechtsschutz des Drittbetroffenen, 2000
Koch, Thorsten
   Grundrechtsschutz durch Verfahren in Zeiten der Corona-Krise, RAV-Infobrief 119 (2020), S. 18 ff.
Koch, Thorsten
   Öffentliche Ordnung und Rechtsgüterschutz, Jura 2021, S. 1151 ff.
Kodal, Kurt (Begr.)
   Straßenrecht, 8. Aufl., 2021, hrsg. v. F.-R. Herber
Kopp Ferdinand O. (Begr.) / Schenke, Wolf-Rüdiger (Hrsg.)
   Verwaltungsgerichtsordnung – Kommentar, 27. Aufl., 2021
Kutscha, Martin / Roggan, Fredrik (Hrsg.)
   Handbuch zum Recht der Inneren Sicherheit, 2. Aufl., 2006
Laband, Paul
   Das Staatsrecht des Deutschen Reiches, Zweiter Band, 5. Aufl., 1911
Lachenmann, Matthias
Einsatz von Bodycams durch Polizeibeamte, NVwZ 2017, S. 1424 ff.
Landmann/Rohmer
   Umweltrecht – Kommentar, Losebl., Stand: 97. Ergänzungslieferung 2021, hrsg. v. M. Beckmann u. a.
Lisken, Hans (Begr.) / Denninger Erhard (Hrsg.)
   Handbuch des Polizeirechts, 7. Aufl., 2021 (hrsg. v. M. Bäcker / E. Denninger / K. Graulich)
Losch, Bernhard
   Zur Dogmatik der Gefahrenerforschungsmaßnahme, DVBl. 1994, S. 781 ff.

Mangoldt, Herrmann v. / Klein, Friedrich / Starck, Christian
    Grundgesetz – Kommentar, 7. Aufl., Bd. 1, 2018 (hrsg. v. P.M. Huber / A. Voßkuhle)
Maurer, Hartmut / Waldhoff, Christian
    Allgemeines Verwaltungsrecht, 20. Aufl., 2020.
Mayer, Otto
    Deutsches Verwaltungsrecht, Bd. I, 1. Aufl., 1895
Merten, Detlef / Papier, Hans-Jürgen (Hrsg.)
    Handbuch der Grundrechte
    Band I (2004)
    Band II (2006)
    Band III (2009)
    Band V (2013)
Michl, Florian
    Schleierhafte Schleierfahndung, DÖV 2018, S. 50 ff.
Möstl, Markus / Weiner, Bernhard
    Polizei- und Ordnungsrecht Niedersachsen – Kommentar, 2020
Von Münch, Ingo / Kunig, Philip (Begr.)
    Grundgesetz – Kommentar, Band 1, 7. Aufl., 2021 (Hrsg. von J.-A. Kämmerer / M. Kotzur)
Münchener Kommentar zum Bürgerlichen Gesetzbuch (hrsg. von F. J. Säcker u. a.)
    Band 2, 9. Aufl., 2022; Band 3, 9. Aufl., 2022
Münchener Kommentar zur Strafprozessordnung
    Band 3/1 (hrsg. v. Ch. Knauer), 2019
Olshausen, Henning v.
    Menschenwürde im Grundgesetz: Wertabsolutismus oder Selbstbestimmung?, NJW 1982, S. 2221 ff.
Ostendorf, Heribert / Frahm, Lorenz Nicolai / Doege, Felix
    Internetaufrufe zur Lynchjustiz und organisiertes Mobbing, NStZ 2012, S. 529 ff.
Palme, Christoph
    Das Urteil des BVerwG zur bodenschutzrechtlichen Haftung des Gesamtrechtsnachfolgers, NVwZ 2006, S. 1130 ff.
Payandeh, Mehrdad
    Agent provocateur und faires Strafverfahren, JuS 2021, S. 185 ff.
Petri, Thomas
    Die Vorratsdatenspeicherung – Eine Geschichte über das Verhältnis von Freiheit und Sicherheit im Spiegel der Zeitschrift für Datenschutz, ZD 2021, S. 493 ff.
Poscher, Ralf
    Der Gefahrverdacht – Das ungelöste Problem der Polizeirechtsdogmatik, NVwZ 2001, S. 141 ff.
Preu, Peter
    Polizeibegriff und Staatszwecklehre, 1983
Pütter, Johann Stephan
    Institutiones iuris publici Germanici, 1770
Radbruch, Gustav
    Rechtsphilosophie, 3. Aufl., 1932
Rönnau, Thomas
    Grundwissen – Strafrecht: Agent provocateur, JuS 2015, S. 19 ff.
Rebler, Adolf
    Straßenrechtliche Grundsätze und Abgrenzung Straßenrecht und Straßenverkehrsrecht, SVR 2017, S. 246 ff.
Roggan, Fredrik
    Zur Strafbarkeit des Filmens von Polizeieinsätzen – Überlegungen zur Auslegung des Tatbestands von § 201 Abs. 1 Nr. 1 StGB, StV 2020, S. 328 ff.

Rühl, Ulli F. H.
"Öffentliche Ordnung" als sonderrechtlicher Verbotstatbestand gegen Neonazis im Versammlungsrecht? NVwZ 2003, S. 531 ff.

Sachs, Michael (Hrsg.)
Grundgesetz – Kommentar, 9. Aufl., 2021

Sachs, Michael / Krings, Thomas
Das neue „Grundrecht auf Gewährleistung der Vertraulichkeit und Integrität informationstechnischer Systeme", JuS 2008, S. 481 ff.

Saipa, Axel
Polizei- und Ordnungsrecht im neuen Gewand: Das Niedersächsische Gefahrenabwehrgesetz 1994, NdsVBl. 1994, S. 49 ff.

Saipa, Axel / Beckermann, Benedikt / Reichert, Johannes / Roggenkamp, Jan Dirk / Trips, Marco
Niedersächsisches Polizei- und Ordnungsbehördengesetz / Niedersächsisches Gesetz über das Halten von Hunden: NPOG / NHundG – Kommentar, Losebl., Stand 2021 (zit.: A. Saipa u. a., NPOG)

Sauthoff, Michael
Öffentliche Straßen, 3. Aufl., 2020

Scheidler, Alfred
Möglichkeiten behördlichen Einschreitens gegen Laserdrome- und Paintballanlagen, GewArch 2005, S. 312 ff.

Schenke, Wolf-Rüdiger
Polizei- und Ordnungsrecht, 11. Aufl. 2021

Schoch, Friedrich (Hrsg.),
Besonderes Verwaltungsrecht, 2018

Schönrock, Sabrina
Verfassung und Sicherheitsgewährleistung, in: D. Busch / M. Kutscha (Hrsg), FS Prümm, 2013, S. 65 ff.

Schwabe, Jürgen
Anmerkung zu OVG NW, Urt. v. 10.6.1981 – 4 A 2607/79 (= DVBl. 1982, S. 653), DVBl. 1982, S. 655 ff.

Schwabe, Jürgen
Nochmals: „Der ‚mittelbare' Grundrechtseingriff", DVBl. 1988, S. 1055 ff.

Schwabe, Jürgen
Zur Polizeifestigkeit der Pressefreiheit, JuS 2000, S. 623

Siegel, Thorsten
Hooligans im Verwaltungsrecht – Stadionverbote und andere polizeirechtliche Maßnahmen zur Eindämmung von Gewalt in Fußballstadien, NJW 2013, S. 1035.

Specht, Louisa / Mantz, Reto (Hrsg.),
Handbuch Europäisches und deutsches Datenschutzrecht, 2019

Staudinger
Kommentar zum Bürgerlichen Gesetzbuch mit Einführungsgesetz und Nebengesetzen, Band 2: Recht der Schuldverhältnisse: §§ 397–432, 17. Aufl., 2022 (bearb. v. J. Rieble/V. Busche/D. Looschelders/M. Löwisch)

Stein, Katrin
Platzverweise, Aufenthalts- und Alkoholverbote für auffällige Jugendliche, NdsVBl. 2010, S. 193 ff.

Stelkens, Paul / Bonk, Heinz Joachim / Sachs, Michael
Verwaltungsverfahrensgesetz – Kommentar, 9. Aufl. 2018.

Störmer, Rainer
Renaissance der öffentlichen Ordnung? Die Verwaltung 30 (1997), S. 233 ff.

Tabbara, Tarik
: Von der Gleichbehandlung der „Rassen" zum Verbot rassistischer Diskriminierung, Der Staat 60 (2021), S. 577 ff.

Taeger, Jürgen / Gabel, Detlev (Hrsg.)
: DSGVO - BDSG - TTDSG, Kommentar, 4. Aufl., 2022

Thiel, Markus
: Polizei- und Ordnungsrecht, 4. Aufl. 2019

Tomerius, Carolyn
: „Gefährliche Orte" im Polizeirecht – Straftatenverhütung als Freibrief für polizeiliche Kontrollen? Eine Beurteilung aus verfassungs- und polizeirechtlicher Perspektive, DVBl. 2017, S. 1399 ff.

Tomerius, Carolyn
: Die Identitätsfeststellung im Licht der neueren Rechtsprechung, DVBl 2019, S. 1581 ff.

Ullenboom, David
: Das Filmen von Polizeieinsätzen als Verletzung der Vertraulichkeit des Worts?, NJW 2019, S. 3108 ff.

Von Unruh, Georg-Christoph
: Polizei als Tätigkeit der leistenden Verwaltung, DVBl. 1972, S. 469 ff.

Waechter, Kay
: Die Schutzgüter des Polizeirechts, NVwZ 1997, S. 729 ff.

Wahl, Rainer
: Rechtliche Wirkungen und Funktionen der Grundrechte im deutschen Konstitutionalismus des 19. Jahrhunderts, Der Staat 18 (1979), S. 321 ff.

Wahl, Rainer
: Der Vorrang der Verfassung, Der Staat 20 (1981), S. 485 ff.

Wefelmeier, Christian
: Videoaufzeichnungen durch Körperkameras (Bodycams) – zur Verfassungsmäßigkeit von § 32 Abs. 4 NPOG, NdsVBl. 2020, S. 301 ff.

Wolff, Hans. J.
: Organschaft und juristische Person, Band 1, 1933

Wolff, Hans. J.
: Verwaltungsrecht I, 8. Aufl., 1971

Wolff, Hans J / Bachof, Otto / Stober, Rolf / Kluth, Winfried
: Verwaltungsrecht I, 13. Aufl., 2017

§ 1 Die Polizei im Rechtsstaat

I. Gefahrenabwehr als Staatsaufgabe

Zu den klassischen Aufgaben des Staates, deren Erfüllung von den Einwohnerinnen und Einwohnern erwartet und als selbstverständlich vorausgesetzt wird, gehört die **Gewährleistung innerer Sicherheit**. Eine rechtsstaatliche Ordnung muss die erforderlichen Institutionen und Mechanismen bereitstellen, um Gefahren abzuwehren, die Rechtsgütern einzelner Personen wie auch der Allgemeinheit drohen. Diesem Zweck dienen nicht zuletzt Polizei und Justiz.

Die **Abwehr von Gefahren** für einzelne Personen oder die Allgemeinheit bildet heute den Gegenstand einer Fülle spezialgesetzlicher Regelungen etwa des Gewerbe-, Umwelt- oder Gesundheitsrechts, die durch die jeweils zuständigen (Fach-) Behörden im Falle von Rechtsverstößen oder (drohenden) Rechtsgutsverletzungen durchzusetzen sind. Dabei ist die Ausübung von „Befehl und Zwang" aufgrund des **rechtsstaatlichen Gewaltmonopols** dem Staat vorbehalten. Von den Bürgerinnen und Bürgern wird verlangt, auf die eigenmächtige Durchsetzung ihrer Rechte und Interessen jenseits besonders gelagerter Ausnahmefälle – etwa Notwehrlagen – zu verzichten. An deren Stelle tritt die **staatliche Rechtsdurchsetzung**,[1] die regelmäßig erfordert, dass zuvor oder jedenfalls nachträglich in einem strukturierten „Prozess" durch ein Gericht geklärt wird, wer das Recht auf seiner Seite hat.

Verwaltungsrechtliche Eingriffsermächtigungen in Spezialgesetzen sind nicht immer ausreichend, um die staatliche Aufgabe der **Gewährleistung von Sicherheit** durch Abwehr von Gefahren zuverlässig zu erfüllen. Die Vielfalt möglicher Sachlagen, in denen Gefahren für einzelne Personen oder die Allgemeinheit drohen, macht es erforderlich, Eingriffsbefugnisse auch für nicht spezialgesetzlich geregelte Situationen vorzuhalten; die Anwendung dieser (Auffang-) Normen fällt in die Zuständigkeit der allgemein für die **Gefahrenabwehr** zuständigen Verwaltungsbehörden (§ 97 Abs. 1 NPOG). Darüber hinaus bedarf es der Möglichkeit, in **Eilfällen** zu intervenieren, um (drohende) Beeinträchtigungen von Rechtsgütern sofort zu beenden oder jedenfalls vorläufige Regelungen bei Konflikten zu treffen. Dies ist eine wesentliche Aufgabe der **Polizei**, der es obliegt, Gefahren abzuwehren, wenn das Eingreifen der **Verwaltungsbehörden** nicht oder nicht rechtzeitig möglich erscheint (§ 1 Abs. 2 Satz 1 iVm Abs. 1 Satz 1 NPOG). Darüber hinaus ist ihr die Aufgabe der Erforschung von Straftaten und Ordnungswidrigkeiten zugewiesen (§ 163 Abs. 1 Satz 1 StPO, § 53 Abs. 1 Satz 1 OWiG); ferner hat die Polizei im Rahmen der Gefahrenabwehr auch „Straftaten zu verhüten" (§ 1 Abs. 1 Satz 3 NPOG).

II. Polizeibegriff und polizeiliche Aufgaben

Die grundlegende Bedeutung, die der Abwehr von Gefahren für die (innere) Sicherheit zukommt, lässt sich nicht zuletzt daran ablesen, dass es hierfür zuständige Stellen gibt, seitdem staatliche Strukturen existieren. In dem Begriff „Polizei" verbirgt sich das altgriechische Wort „polis", die Bezeichnung für die Stadtstaaten im **antiken Griechenland**.[2] Mit dem Begriff „politeia" bezeichnete man seinerzeit die Gesamtheit der das Gemeinwesen und die Allgemeinheit betreffenden Angelegenheiten.[3] Dem entspricht, dass die „gute Polizey" bis in die

---

1 Zum Zusammenhang zwischen Gewaltmonopol und Gefahrenabwehr näher *W. Martens*, in: Drews/Wacke/Vogel/Martens, § 1, 1 (S. 2).
2 Eine Rückführung auf die (Stadt-) Mauer findet sich bei *G.-C. von Unruh*, DVBl. 1972, S. 469.
3 Hierauf verweist auch der Titel von Platons „Politeia", einem zentralen staatstheoretischen Werk des Altertums, dessen Titel meist mit „Der Staat" übersetzt wird.

frühe Neuzeit die Ordnungsleitbilder und Zielvorstellungen in Bezug auf die Organisation nahezu aller Lebensbereiche umfasste.[4] Auch noch in der Zeit des **Absolutismus** bedurfte es daher keiner Unterscheidung zwischen einerseits polizeilichen Aufgaben und andererseits sonstiger innerer Verwaltungstätigkeit.[5]

5 Als mit der **Epoche der Aufklärung** erste Bemühungen um die Begrenzung der absolutistischen Staatsgewalt einsetzten, zielten diese folgerichtig auch auf den Begriff und die Aufgaben der Polizei. Berühmtheit erlangte insbesondere ein Ausspruch des Göttinger Staatsrechtslehrers *Johann Stephan Pütter*, der 1770 die Ansicht äußerte, Aufgabe der Polizei sei die Abwendung bevorstehender Gefahren,[6] dazu gehöre die Förderung der öffentlichen Wohlfahrt aber nicht.[7]

6 Eine ebenfalls in diese Richtung zielende Formulierung findet sich in der umfassendsten Kodifizierung des seinerzeitigen Rechts durch das „**Allgemeine Landrecht für die preußischen Staaten**" von 1794, wo es in § 10 II 17 (= § 10 des Titels 17 des Zweiten Teiles) heißt: „Die nöthigen Anstalten zur Erhaltung der öffentlichen Ruhe, Sicherheit und Ordnung, und zur Abwendung der dem Publico, oder einzelnen Mitgliedern desselben bevorstehenden Gefahr zu treffen, ist das Amt der Polizey". Zwar ist zweifelhaft, ob diese Regelung ursprünglich als Begrenzung der polizeilichen Aufgaben auf die **Sicherheitsgewähr** zu verstehen sein sollte.[8] Davon unabhängig illustriert sie bereits den Zusammenhang zwischen der Reichweite polizeilicher Befugnisse einerseits und den polizeilich abzuwehrenden Gefahren andererseits: Eine weit gefasste Aufgabe, gegen drohende Beeinträchtigungen beliebiger schutzwürdiger Belange oder Interessen einzuschreiten, muss zwangsläufig auch weitgehende polizeiliche Interventionen ermöglichen. Demgegenüber setzte sich mit einiger zeitlicher Verzögerung die Ansicht durch, dass der Polizei allein die **Abwehr von Beeinträchtigungen** obliegt, die Rechtsgütern des Einzelnen oder der Allgemeinheit drohen. Grundlegende Bedeutung auch über das ehemals preußische Gebiet hinaus kommt dabei dem „**Kreuzberg-Urteil**" des Preußischen Oberverwaltungsgerichts vom 14.6.1882 zu.[9]

▶ **Fall:** Das Berliner Polizeipräsidium erließ im Jahre 1879 eine Polizeiverordnung, die „zum Schutze des auf dem Kreuzberge bei Berlin zur Erinnerung an die Siege der Freiheitskriege errichteten ... Nationaldenkmals" anordnete, dass Gebäude in einem näher bezeichneten Gebiet nur noch in einer Höhe errichtet werden durften, die den Blick vom Denkmal auf die Stadt und auch – umgekehrt – den Blick auf das Denkmal nicht beeinträchtigten; die danach zulässige Art und Höhe der Bebauung war im Einzelfall vom Polizeipräsidium festzulegen. Mit Blick auf diese Regelung sowie (u. a.) § 10 II 17 ALR wurde ein Baugesuch eines Grundstückseigentümers abgelehnt. ◀

---

4 Vgl. *W. Martens*, in: Drews/Wacke/Vogel/Martens, § 1, 2 (S. 2 f.); einschr. (aber mit zahlr. Beispielen) *G.-C. von Unruh*, DVBl. 1972, S. 469 (470 f.).
5 Vgl. *W. Martens*, in: Drews/Wacke/Vogel/Martens, § 1, 3 (S. 3); *J. Ipsen*, Niedersächsisches Polizei- und Ordnungsrecht, Rn. 8; *M. Stolleis / C. Kremer*, in: Lisken/Denninger, Abschnitt A Rn. 11 f.
6 *J. S. Pütter*, Institutiones iuris publici Germanici, 1770, § 321 (S. 330): „Ea supremae potestatis pars, qua executor cura avertendi mala futura ... dicitur ius politiae."
7 *J. S. Pütter*, Institutiones iuris publici Germanici, 1770, § 321 (S. 331): „Promovendae salutis cura proprie non est politiae."
8 Krit. zum Verständnis der Aussage als Begrenzung polizeilicher Befugnisse *P. Preu*, Polizeibegriff und Staatszwecklehre, 1983, insbes. S. 184 ff.; zust. *M. Stolleis / C. Kremer*, in: Lisken/Denninger, Abschnitt A Rn. 20; *V. Götz / M.-E. Geis*, Allgemeines Polizei- und Ordnungsrecht, § 1 Rn. 6.
9 PrOVGE 9, 353 ff.; ähnl. schon zuvor PrOVG, PrVBl. 1879/80, S. 401 ff.

II. Polizeibegriff und polizeiliche Aufgaben

Die Polizeibehörde sah sich mit Blick auf § 10 II 17 ALR ausdrücklich als befugt an, auf Grundlage der (Bau-) Polizeiverordnung gegen das Bauvorhaben vorzugehen:

> „Wollte man etwa der Polizeibehörde nur die Befugnis zugestehen, das Publikum vor Gefährdungen des Lebens, der Gesundheit und des Eigentums zu schützen, so würde damit die Vorschrift des §. 10 a. a.O. viel zu eng aufgefaßt werden. Denn ein Gemeinwesen besitze noch viele andere und namentlich ideale Güter, welche eines behördlichen Schutzes gegen die Handlungen einzelner Mitglieder des Staats bedürften. Hier handle es sich darum, den Patriotismus – eines der höchsten Güter, welches eine Nation besitzen könne – zu hüten".[10]

Die Behörde war demnach der Ansicht, sie sei berechtigt, beliebige Maßnahmen zu ergreifen, die nach ihrem Verständnis dem **Gemeinwohl** förderlich waren. Demgegenüber erachtete das Preußische Oberverwaltungsgericht die Polizeiverordnung als ungültig. Zunächst wird erwogen, „ob nicht schon das schrankenlose Ermessen, welches danach die Behörde für die in jedem einzelnen Falle zu ertheilende Bauvorschrift sich selbst beilegt, der Rechtsgültigkeit der Verordnung grundsätzlich entgegensteht".[11] Jedenfalls finde die Polizeiverordnung aber in § 10 II 17 ALR nicht die erforderliche **Rechtsgrundlage**: „Gewiß steht vorliegenden Falles die Abwendung einer ‚Gefahr' für das Publikum oder einzelne Mitglieder des Publikums nicht in Frage und ebenso gewiß nicht die Erhaltung der öffentlichen ‚Ruhe' und ‚Sicherheit'".[12] Desgleichen gehe es nicht um die Erhaltung der öffentlichen Ordnung. Ausdrücklich zurückgewiesen wird die Ansicht der Polizeibehörde, unter den Begriff der öffentlichen Ordnung sei alles zu fassen, „was die Interessen des öffentlichen Wohles, des Gemeinwohles angeht":

> „Der gewöhnliche Sprachgebrauch – auch derjenige der Gesetze – steht einer solchen Deutung des Ausdrucks ‚öffentliche Ordnung' nicht nur nicht zur Seite, sondern sogar entgegen. Auf einer ganzen Reihe von Gebieten des öffentlichen Rechts ist längst jener Ausdruck geradezu ein terminus technicus in offenbar überall weit engerem Sinne geworden".[13]

Im Ergebnis hat damit das Preußische Oberverwaltungsgericht eine Befugnis der Polizeibehörde verneint, im Interesse **beliebiger öffentlicher Zwecke** tätig zu werden. Damit angeknüpft wird an die in § 10 II 17 ALR zumindest angelegte Unterscheidung zwischen einerseits der Abwehr von Gefahren für konkrete Rechtsgüter und andererseits einer Beförderung der öffentlichen Wohlfahrt.[14] Unter Heranziehung auch der Materialien zum preußischen allgemeinen Landrecht wird festgestellt, dass beliebige die „Interessen des öffentlichen Wohles" angehende Maßnahmen „einschließlich der positiven Förderung des Gemeinwohls" nicht zur Zuständigkeit der Polizeibehörden gehörten.[15] Die Vermeidung einer (nur) ästhetischen Beeinträchtigung selbst **aus patriotischen Motiven** erforderte daher eine eigenständige spezialgesetzliche Grundlage.[16] Im praktischen Ergebnis wurde damit die Zuständigkeit der Polizei auf die Gefahrenabwehr reduziert.[17]

---

10 Wiedergabe des behördlichen Vorbringens in PrOVGE 9, 353 (356).
11 PrOVGE 9, 353 (370).
12 PrOVGE 9, 353 (374 f.).
13 PrOVGE 9, 353 (375).
14 Vgl. *W. Martens*, in: Drews/Wacke/Vogel/Martens, § 1, 3 (S. 5); andere Deutung bei *P. Preu*, Polizeibegriff und Staatszwecklehre, 1983, insbes. S. 291 ff.
15 PrOVGE 9, 353 (376).
16 Vgl. PrOVGE 9, 353 (376 f.).
17 So *W.-R. Schenke*, Polizei- und Ordnungsrecht, Rn. 5; s. ferner *F. Schoch*, in: ders. (Hrsg.), Besonderes Verwaltungsrecht, Kap. 1 Rn. 6; *A. Saipa*, in: Saipa u. a., NPOG, § 1 Rn. 2.

10 Dieses Verständnis der polizeilichen Aufgaben hat sich in der Folgezeit durchgesetzt; es liegt auch der **polizeilichen Generalklausel** zugrunde, die sich in § 14 Abs. 1 des Preußischen Polizeiverwaltungsgesetzes vom 1.6.1931 (PrPVG) fand:

> „Die Polizeibehörden haben im Rahmen der geltenden Gesetze die nach pflichtgemäßem Ermessen notwendigen Maßnahmen zu treffen, um von der Allgemeinheit oder dem einzelnen Gefahren abzuwehren, durch die die öffentliche Sicherheit oder Ordnung bedroht wird".

11 Diese Vorschrift umschreibt „in klassischer Formulierung"[18] des modernen Polizeibegriffs zum einen **die polizeilichen Aufgaben** unter erkennbarer Anlehnung an § 10 II 17 ALR in der Deutung durch das preußische Oberverwaltungsgericht. Zugleich ermächtigt sie die Polizeibehörden, die „notwendigen Maßnahmen" zur Erfüllung der ihnen obliegenden Aufgaben zu treffen. Damit enthielt die Vorschrift zum einen eine **Aufgabenzuweisung**, zum anderen aber auch eine korrespondierende **Handlungsermächtigung**; die Vorschrift ist sowohl Aufgabenzuweisung als auch „Ermächtigung zu ihrer Erfüllung"[19] und damit Befugnisnorm.

III. Entwicklung des allgemeinen Gefahrenabwehrrechts in Niedersachsen

12 Auf dem Gebiet des heutigen Landes Niedersachsen wurde die Aufgabe der Gefahrenabwehr nach dem zweiten Weltkrieg zunächst von den Verwaltungsbehörden der **britischen Besatzungszone** wahrgenommen. Nach Gründung des Landes Niedersachsen sind sodann mit dem „Übergangsgesetz zur Übernahme der Polizeigewalt auf deutsche Träger gemäß Verordnung 57 der Militärregierung" vom 23.4.1947[20] insbesondere Vorschriften über die Organisation der Polizei geschaffen worden.[21] Insbesondere wurden zwecks „Übernahme der Polizeigewalt" in den Verwaltungsbezirken jeweils „Polizeiausschüsse" eingerichtet (§ 1 Übergangsgesetz), denen die „Polizeiamtsleiter" verantwortlich waren (§ 5 Abs. 2 Satz 1 Übergangsgesetz). Eine Regelung des **Gefahrenabwehrrechts** erfolgte mit dem Gesetz über die öffentliche Sicherheit und Ordnung vom 21.3.1951,[22] das sich noch eng an das preußische Polizeiverwaltungsgesetz aus dem Jahre 1931 anlehnte. Die seinerzeitige polizeiliche Generalklausel stimmte mit der Regelung in § 14 PrPVG sachlich überein; allein die **Normadressaten** waren um die Verwaltungsbehörden ergänzt worden (§ 1 Abs. 1 SOG 1951).

13 Das niedersächsische Gefahrenabwehrrecht hat seitdem mehrere grundlegende Überarbeitungen und das Gesetz mehrere **Namensänderungen** erfahren. So ist Anfang der 80er Jahre des vergangenen Jahrhunderts eine umfassende Novellierung erfolgt,[23] mit der das Gefahrenabwehrrecht insbesondere an den „Musterentwurf eines einheitlichen Polizeigesetzes" angeglichen wurde, der auf Initiative der Ständigen Konferenz der Innenminister und -senatoren eine **Vereinheitlichung der Polizeigesetze** der Länder herbeiführen sollte.[24] Damit einher ging eine Trennung einerseits der Zuweisung der Aufgabe der Gefahrenabwehr und andererseits den Handlungsbefugnissen zu ihrer Erfüllung. Am Anfang des Gesetzes findet sich seitdem die Zuweisung der **Aufgabe der Gefahrenabwehr** an die Verwaltungsbehörden und die Polizei (§ 1 SOG / NPOG), während die allgemeine Ermächtigung, die notwendigen Maßnahmen zu treffen, um eine Gefahr für die öffentliche Sicherheit oder Ordnung abzuwehren, in § 11 SOG / NPOG verankert wurde. Auch sind für zahlreiche besondere (Einsatz-) Situationen spezielle

---

18 *M. Stolleis / C. Kremer*, in: Lisken/Denninger, Abschnitt A Rn. 20.
19 *A. Saipa*, NdsVBl. 1995, S. 49; s. ferner *M. Stolleis / C. Kremer*, in: Lisken/Denninger, Abschnitt A Rn. 51.
20 Nds. GVBl. 1947, S. 58.
21 Näher dazu *D. Bastian*, Westdeutsches Polizeirecht unter alliierter Besatzung, 2010, S. 37 f.
22 Nds. GVBl. 1951, S. 79.
23 Nds. Gesetz über die öffentliche Sicherheit und Ordnung (Nds. SOG) vom 17.11.1981, Nds. GVBl. 1981, S. 347.
24 Dazu näher *W. Martens*, in: Drews/Wacke/Vogel/Martens, § 2, 2 (S. 18 ff.); *A. Saipa*, NdsVBl. 1995, S. 49 (50).

III. Entwicklung des allgemeinen Gefahrenabwehrrechts in Niedersachsen

Ermächtigungsgrundlagen für bestimmte polizeiliche Maßnahmen – die sogenannten Standardmaßnahmen (→ § 8 Rn. 3 ff.) – geschaffen worden (§§ 12 ff. SOG / NPOG).

Das sog. „**Volkszählungsurteil**" des Bundesverfassungsgerichts aus dem Jahre 1983, mit dem aus dem allgemeinen Persönlichkeitsrecht ein Recht auf **informationelle Selbstbestimmung** (→ § 9 Rn. 2 ff.) abgeleitet worden ist,[25] machte eine Ergänzung des Gesetzes um Vorschriften betreffend die **Verarbeitung personenbezogener Daten** erforderlich.[26] Diese Regelungen erfolgten mit einiger zeitlicher Verzögerung im Rahmen einer Novellierung, mit der im Jahre 1994 zugleich das Schutzgut der „öffentlichen Ordnung" aus dem Gesetz gestrichen wurde, was die Umbenennung in „Niedersächsisches Gefahrenabwehrgesetz" zur Folge hatte;[27] in der Folgezeit sind namentlich die Vorschriften über die Datenverarbeitung durch die Verwaltungsbehörden und die Polizei um weitergehende Befugnisse insbesondere zur **heimlichen Datenerhebung** und -verarbeitung ergänzt worden.[28]

Nach einer Änderung der Mehrheitsverhältnisse im Landtag kam es Endes des Jahres 2003 zu weiteren grundlegenden Änderungen des Gesetzes.[29] So wurde die „**öffentliche Ordnung**" als selbstständiges Schutzgut des Gefahrenabwehrrechts wieder in das Gesetz eingefügt, womit eine dem entsprechende Rückänderung der Gesetzesbezeichnung einherging. Die in diesem Zusammenhang in § 33a des SOG von 2003 getroffene Regelung über die gefahrenabwehrende **Überwachung** und Aufzeichnung der **Telekommunikation** ist indes vom Bundesverfassungsgericht im Sommer 2005 für nichtig erklärt worden: Zum einen habe dem Land die Gesetzgebungszuständigkeit gefehlt, soweit eine solche Maßnahme auch zum Zwecke der Vorsorge für die Verfolgung von Straftaten vorgesehen worden war,[30] zum anderen wurde die Vorschrift auch (unter anderem) als **unverhältnismäßig** beurteilt.[31] Aus dieser und anderen Entscheidungen des Bundesverfassungsgerichts resultierte daher Korrektur- und Anpassungsbedarf zur Wahrung verfassungsrechtlicher Vorgaben, denen (erst) mit einer Gesetzesänderung Ende des Jahres 2007 entsprochen worden ist.[32]

Im Jahre 2019[33] wurde das Gesetz erneut grundlegend überarbeitet und um **Ermächtigungsgrundlagen** für weitere Eingriffsmaßnahmen wie beispielsweise Meldeauflagen (§ 16a NPOG), Aufenthaltsvorgaben und Kontaktverbote (§ 17b NPOG), die elektronische Aufenthaltsüberwachung (§ 17c NPOG) oder den Einsatz von bodycams ergänzt. Ferner bedurfte es erneut mehrerer Korrekturen des Gesetzes aufgrund von verfassungsrechtlichen Vorgaben, die vom Bundesverfassungsgericht mit Blick insbesondere auf **heimliche Überwachungsmaßnahmen** in einer Entscheidung betreffend das Bundeskriminalamtgesetz (BKAG) formuliert worden sind[34] und entsprechenden Anpassungsbedarf auslösten.[35] Weiter wurde das Gesetz in Niedersächsisches Polizei- und Ordnungsbehördengesetz (NPOG) umbenannt, obwohl im Gesetzestext nicht von Ordnungsbehörden, sondern allein von Verwaltungsbehörden die Rede ist.

---

25 BVerfG, Urt. v. 15.12.1983 – 1 BvR 209/83 u. a., Rn. 145 ff. (149 f.).
26 Vgl. dazu A. Saipa, NdsVBl. 1995, S. 49 (52).
27 Nds. GVBl. 1994, S. 71.
28 Vgl. G. v. 28.11.1997, Nds. GVBl. 1997, S. 489; G. v. 25.10.2001, Nds. GVBl. 2001, S. 664.
29 Nds. GVBl. 2003, S. 414.
30 BVerfG, Urt. v. 27.7.2005 – 1 BvR 668/04, Rn. 92 ff.
31 BVerfG, Urt. v. 27.7.2005 – 1 BvR 668/04, Rn. 137 ff.
32 Nds. GVBl. 2007, S. 654.
33 Nds. GVBl. 2019, S. 88.
34 BVerfG, Urt. v. 20.4.2016 – 1 BvR 966/09 u. a., Rn. 103 ff.
35 Vgl. LT-Drs. 18/850, S. 33, 35.

IV. Allgemeine und besondere Gefahrenabwehr

17 Die Abwehr von Gefahren für Rechtsgüter oder Interessen bildet nicht allein den Gegenstand der Regelungen des Niedersächsischen Polizei- und Ordnungsbehördengesetzes. Vielmehr finden sich in zahlreichen **anderen Vorschriften** des Bundes- und des Landesrechts jeweils Regelungen über Aufgaben und Befugnisse, mit denen Beeinträchtigungen von rechtlich geschützten Gütern oder Interessen abgewehrt oder verhindert werden sollen. Im Verhältnis zu diesen Regelungen ist das NPOG nachrangig, denn im Rahmen der **Gesetzgebungskompetenz** des Bundes ergehende Bundesgesetze haben Vorrang vor dem Landesrecht und besondere Landesgesetze haben nach dem Grundsatz vom Vorrang des spezielleren Gesetzes („lex specialis derogat legi generali") Vorrang vor allgemeinen landesrechtlichen Regelungen. Ein **Rückgriff auf das NPOG** kommt daher nur in Betracht, wenn keine vorrangigen Landes- oder Bundesgesetze anzuwenden sind. Der im NPOG enthaltene Hinweis auf die Erfüllung von Aufgaben, die der Polizei durch andere Rechtsvorschriften übertragen wurden (§ 1 Abs. 5 NPOG), hat daher nur deklaratorische Bedeutung.[36]

18 Von unmittelbarer Relevanz für die Zuweisung von Aufgaben und Befugnissen an die Verwaltungsbehörden und die Polizei durch das Landesrecht ist vor diesem Hintergrund die Abgrenzung der **Gesetzgebungskompetenzen** zwischen Bund und Ländern. Die grundgesetzliche Regelung dieser Zuständigkeitsabgrenzung hat mit der **Föderalismusreform** Anfang des Jahrtausends[37] tiefgreifende Änderungen erfahren. Unverändert blieb jedoch der Grundsatz, dass die Länder für die Gesetzgebung zuständig sind, soweit nicht das Grundgesetz dem Bund ausdrücklich eine Gesetzgebungskompetenz zuweist (Art. 70 Abs. 1 GG). Hinsichtlich der Bundeskompetenzen zu unterscheiden ist zwischen einerseits den Materien, in denen **eine ausschließliche Gesetzgebungskompetenz** des Bundes besteht (Art. 71, 73 GG), und andererseits den Gegenständen der **konkurrierenden Gesetzgebungszuständigkeit** (Art. 72, 74 GG). Im Bereich der ausschließlichen Gesetzgebung des Bundes kommen landesrechtliche Regelungen grundsätzlich nicht in Betracht (Art. 71 GG). Im Bereich der konkurrierenden Gesetzgebung haben die Länder hingegen das Recht der Gesetzgebung, „solange und soweit" der Bund von seiner Gesetzgebungszuständigkeit keinen Gebrauch gemacht hat (Art. 72 Abs. 1 GG). In einigen Fällen ist die Inanspruchnahme der Gesetzgebungskompetenz des Bundes durch Art. 72 Abs. 2 GG zudem an weitere Voraussetzungen geknüpft worden; ein besonders wichtiger Anwendungsfall ist das „Recht der Wirtschaft" (Art. 74 Abs. 1 Nr. 11 i. V. m. Art. 72 Abs. 2 GG). In anderen Fällen besteht eine Befugnis der Länder, von bundesrechtlichen Regelungen abzuweichen (Art. 72 Abs. 3 GG).

19 Unter Inanspruchnahme insbesondere seiner konkurrierenden Gesetzgebungskompetenz hat der Bund zahlreiche gesetzliche Regelungen auch mit Bezug zur Gefahrenabwehr etwa für den Bereich **wirtschaftlicher** und anderer **gewerblicher Betätigungen** (Art. 74 Abs. 1 Nr. 11 GG) erlassen; dazu zählen insbesondere die Gewerbeordnung (GewO) und die Gesetze des Gewerbenebenrechts (HwO, GastG, PBefG etc.). Einen weiteren wichtigen Teilbereich bundesrechtlicher Vorschriften auch gefahrenabwehrenden Charakters bildet das **Umwelt- und Naturschutzrecht** (BImSchG, BNatSchG, BBodSchG, WHG, ChemG, KrWG etc.). In

---

36 *A. Saipa*, in: Saipa u. a., NPOG, § 1 Rn. 27; *G. Böhrenz / P. Siefken*, § 1 Rn. 15.
37 Gesetz zur Änderung des Grundgesetzes v. 28.8.2006, BGBl. I 2006, S. 2034.

diesem Bereich wird das Bundesrecht typischerweise durch landesrechtliche Regelungen etwa in Form von Naturschutzgesetzen,[38] Wassergesetzen[39] oder Abfallgesetzen[40] ergänzt.

Weiter genannt sei das **Straßenverkehrsrecht**, das im Wesentlichen in Rechtsverordnungen (StVO, StVZO, FeV) geregelt ist, die durch das Bundesministerium für Verkehr und digitale Infrastruktur (heute Bundesministerium für Digitales und Verkehr) mit Zustimmung des Bundesrates aufgrund der **Verordnungsermächtigungen** in § 6 StVG erlassen werden. So ergibt sich das Recht der Polizeibediensteten, am Straßenverkehr teilnehmende Personen zum Zwecke der Verkehrskontrolle anzuhalten, aus § 36 Abs. 5 StVO; eines Rückgriffs auf das NPOG bedarf es in diesem Falle nicht.

Zu den typischen spezialgesetzlichen Materien der Länder im Bereich der Gefahrenabwehr gehört das in den Landesbauordnungen geregelte **Bauordnungsrecht**, das insbesondere die Anforderungen an die Ausführung von Bauvorhaben regelt und damit zu den klassischen Materien des Polizeirechts („Baupolizeirecht") gehört; auch das weitreichende **Kreuzberg-Urteil** (→ Rn. 7 ff.) betraf im Grunde einen Fall aus dem Baurecht. Das heutige Bauordnungsrecht bildet hingegen den Gegenstand eigener landesgesetzlicher Regelungen, die sich mit den Gefahren befassen, die von Bauwerken ausgehen können. So bestimmt § 3 Abs. 1 NBauO:

„Bauliche Anlagen müssen so angeordnet, beschaffen und für ihre Benutzung geeignet sein, dass die öffentliche Sicherheit, insbesondere Leben und Gesundheit, sowie die natürlichen Lebensgrundlagen und die Tiere nicht gefährdet werden. Unzumutbare Belästigungen oder unzumutbare Verkehrsbehinderungen dürfen nicht entstehen".

Um die jeweils einschlägige Rechtsgrundlage des Bundes- oder Landesrechts zu ermitteln, ist angesichts dieser Vielfalt gesetzlicher Regelungen notwendig, zunächst festzustellen, aufgrund welcher Gegebenheiten eine Beeinträchtigung welchen **Rechtsguts** oder **Interesses** im Einzelfall droht („Woraus resultiert eine Gefahr wofür?"). Dieser Befund ist sodann in Relation zu setzen zu den Schutzzwecken und -zielen gesetzlicher Regelungen mit Bezug zur Gefahrenabwehr. In neueren Gesetzen werden diese Zwecke typischerweise ausdrücklich benannt. So lautet beispielsweise § 1 Abs. 1 IfSG:

„Zweck des Gesetzes ist es, übertragbaren Krankheiten beim Menschen vorzubeugen, Infektionen frühzeitig zu erkennen und ihre Weiterverbreitung zu verhindern".

In § 1 Abs. 1 BImSchG heißt es:

„Zweck dieses Gesetzes ist es, Menschen, Tiere und Pflanzen, den Boden, das Wasser, die Atmosphäre sowie Kultur- und sonstige Sachgüter vor schädlichen Umwelteinwirkungen zu schützen und dem Entstehen schädlicher Umwelteinwirkungen vorzubeugen".

Behördliche Maßnahmen, die diesen Zwecken dienen, richten sich daher grundsätzlich nach den entsprechenden spezialgesetzlichen Vorgaben und müssen diesen entsprechen.

V. Zuständigkeiten für die Gefahrenabwehr

1. Die sachliche Zuständigkeit

▶ **Fall:** M ist Eigentümerin eines landwirtschaftlichen Betriebes, den sie an ihren Sohn verpachtet hat. Der Betrieb befindet sich in einem Wasserschutzgebiet. M wird durch den

---

[38] Niedersächsisches Naturschutzgesetz (NNatSchG) v. 19.2.2010 (Art. 1 des Gesetzes zur Neuordnung des Naturschutzrechts), Nds. GVBl. 2010, S. 104, zul. geänd. durch G. v. 22.9.2022, Nds. GVBl. 2022, S. 578.
[39] Niedersächsisches Wassergesetz (NWG) v. 19.2.2010 (Art. 1 des Gesetzes zur Neuregelung des Niedersächsischen Wasserrechts), Nds. GVBl. 2010, S. 64, zul. geänd. durch G. v. 22.9.2022, Nds. GVBl. 2022, S. 578.
[40] Niedersächsisches Abfallgesetz (NAbfG) v. 14.7.2003, Nds. GVBl. 2003, S. 273, zul. geänd. durch G. v. 23.3.2022, Nds. GVBl. 2022, S. 206.

Landkreis aufgefordert, die Öltanks im Keller des Hauptgebäudes des Betriebes einer turnusmäßigen Überprüfung auf Dichtigkeit durch einen Sachverständigen zu unterziehen. M wendet ein, für eine solche Aufforderung sei nicht der Landkreis, sondern die Gemeinde zuständig. Außerdem müsse sich die Behörde an ihren Sohn wenden, da diesem nach dem Pachtvertrag auch die laufende Unterhaltung des Betriebes obliege. ◀

24 In Niedersachsen (wie in den meisten Bundesländern) gilt das „**Trennungsprinzip**": Aufgaben der Gefahrenabwehr werden zum einen „vor Ort" durch die Einsatzkräfte der Polizei sowie zum anderen durch allgemein für die Gefahrenabwehr zuständige Behörden sowie Fachbehörden wahrgenommen. Das einheitlich für die (allgemeine) Gefahrenabwehr geltende Gesetz weist daher die Aufgabe der Gefahrenabwehr den **Verwaltungsbehörden** und der **Polizei** zu (§ 1 Abs. 1 Satz 1 NPOG), was eine Abgrenzung der jeweiligen Zuständigkeiten erfordert. Auch bedarf der Klärung, welche Stelle in einer regional und vertikal gegliederten Verwaltung welche Aufgabe der Gefahrenabwehr zu erfüllen hat.

25 Nach der gesetzlichen Regelung sind grundsätzlich die **Gemeinden** die zuständigen „Verwaltungsbehörden" für Aufgaben der Gefahrenabwehr, soweit keine besondere Zuständigkeitsregelung besteht (§ 97 Abs. 1 NPOG). Diese Regelung ist allerdings terminologisch etwas ungenau,[41] weil Gemeinden im Grunde keine Behörden, sondern **kommunale Gebietskörperschaften** sind (§ 2 Abs. 2 NKomVG) die mit dem Hauptverwaltungsbeamten / der Hauptverwaltungsbeamtin über ein Organ verfügen, das Aufgaben der öffentlichen Verwaltung gegenüber den Einwohnerinnen und Einwohnern wahrnimmt (§ 86 Abs. 1 Satz 2 NKomVG), so dass es sich um eine „Behörde" im Rechtssinne (§ 1 Abs. 4 VwVfG) handelt (→ § 9 Rn. 80); zwischen einerseits der Gemeinde als (rechtsfähiger) Organisation und andererseits der (Verwaltungs-) Behörde ist daher zu unterscheiden.[42]

26 In der Sache handelt es sich bei der Zuweisung der Aufgabe der Gefahrenabwehr an die Gemeinden zudem um eine Auffang- oder Reserveregelung:[43] Zunächst gibt es zahlreiche **abweichende Zuständigkeiten**, auf die mit dem gesetzlichen Hinweis auf eine „besondere Zuständigkeitsregelung" auch Bezug genommen wird. Weiter wird (deklaratorisch) hervorgehoben, dass bei Maßnahmen zur Durchsetzung des Bundes- oder Landesrechts die Behörde zuständig bleibt, der nach der jeweiligen Rechtsvorschrift die Aufgabenerfüllung obliegt. Schließlich existieren Ermächtigungen, durch **Rechtsverordnung** abweichende Zuständigkeiten zu begründen. Davon wurde insbesondere mit der Verordnung über Zuständigkeiten auf verschiedenen Gebieten der Gefahrenabwehr (ZustVO-NPOG) Gebrauch gemacht. Mit dieser zuletzt mit Wirkung zum 1.1.2022 überarbeiteten Verordnung[44] werden zahlreiche Zuständigkeiten auf höhere (Gebiets-) Körperschaften, namentlich die Landkreise und kreisfreien Städte (§ 2 ZustVO-NPOG) „hochgezont" oder **Fachbehörden** wie dem Landesamt für Verbraucherschutz und Lebensmittelsicherheit (§ 6d ZustVO-NPOG) übertragen. Soweit danach eine spezielle Zuständigkeit anderer Körperschaften oder Behörden für bestimmte Aufgaben der Gefahrenabwehr begründet wurde, sind diese zugleich **Verwaltungsbehörden** im Sinne des NPOG, dessen Vorschriften allerdings durch die speziellen Regelungen in Fachgesetzen verdrängt werden können (§ 3 Abs. 1 Satz 2 NPOG) und dann nur ergänzend – zur „Lückenfüllung" – zur Anwendung kommen können (§ 3 Abs. 1 Satz 3 NPOG).[45]

27 Im Beispielsfall handelt es sich um einen Sachverhalt aus dem Wasser- und Umweltrecht: Das in Öltanks gelagerte Heizöl ist geeignet, nachteilige Veränderungen der Beschaffenheit

---

41 Vgl. *A. Saipa*, in Saipa u. a., NPOG, § 97 Rn. 6.
42 *J. Ipsen*, Allgemeines Verwaltungsrecht, Rn. 213.
43 *B. Weiner*, in: Möstl/Weiner, Polizei- und Ordnungsrecht Niedersachsen, § 97 Rn. 4.
44 Nds. GVBl. 2021, S. 834.
45 Vgl. *A. Saipa*, in: Saipa u. a., NPOG, § 3 Rn. 2.

des (Grund-) Wassers herbeizuführen, so dass die Verordnung über Anlagen zum Umgang mit wassergefährdenden Stoffen (AwSV)[46] Anwendung findet. Dabei handelt es sich um eine Rechtsverordnung des Bundes, die auf Verordnungsermächtigungen des Wasserhaushaltsgesetzes gestützt wird und der Konkretisierung der Anforderungen an den Umgang mit **wassergefährdenden Stoffen** (§ 62 WHG) – nicht zuletzt mit Blick auf deren Lagerung – sowie der Umsetzung von Vorgaben des **Unionsrechts** dient. Diese Verordnung begründet u. a. eine Verpflichtung der Betreiber von „Anlagen" in Schutzgebieten einschließlich der „Heizölverbraucheranlagen" (§ 2 Abs. 1 AwSV), die Anlagen in bestimmten zeitlichen Abständen durch Sachverständige auf ihren ordnungsgemäßen Zustand prüfen zu lassen (§§ 46 Abs. 3, 47 Abs. 1 AwSV).

Die AwSV enthält keine eigene Regelung der behördlichen Zuständigkeit; diese bleibt vielmehr Sache der Länder. Auch Bundesgesetze werden typischerweise durch die Länder und damit Landesbehörden ausgeführt. Art. 83 GG sieht als Regelfall die Ausführung der Bundesgesetze als „eigene Angelegenheit" der Länder vor; eine Ausführung der Gesetze „im Auftrag des Bundes" („Bundesauftragsverwaltung", Art. 85 GG) bildet einen Sonderfall. Ebenfalls nur ausnahmsweise erfolgt der Gesetzesvollzug durch **eigene Bundesoberbehörden** oder die obersten Bundesbehörden (= Ministerien). Die bundesgesetzlichen Regelungen über die Abwehr von Gefahren, die von wassergefährdenden oder auch gesundheitsschädlichen Stoffen ausgehen, sind daher von **Landesbehörden** zu vollziehen. Bei Verstößen gegen diese Vorgaben obliegt es Landesbehörden, dagegen zu intervenieren.

In Niedersachsen sind zuständige (Wasser-) Behörden für die Wahrnehmung der Aufgaben der Gewässeraufsicht sowie den Vollzug der EU-Vorschriften über die Bewirtschaftung der Gewässer und der hierzu erlassenen Vorschriften des Bundes- und Landesrechts (§ 128 Abs. 1 NWG) grundsätzliche die „**unteren Wasserbehörden**" (§ 129 Abs. 1 Satz 1 NWG); deren Aufgaben obliegen den Landkreisen, den kreisfreien Städten und den großen selbstständigen Städten (§ 127 Abs. 2 Satz 1 NWG). Der Landkreis ist daher für die Durchsetzung der Pflichten von Betreiberinnen und Betreibern von Anlagen zuständig.

Nach den allgemeinen Regeln des Gefahrenabwehrrechts können **Verfügungen zur Gefahrenabwehr** auch gegen den Eigentümer oder die Eigentümerin gerichtet werden (§ 7 Abs. 2 Satz 1 NPOG). Voraussetzung hierfür ist das Vorliegen einer (konkreten) Gefahr (§ 11 iVm § 2 Nr. 1 NPOG). Da im Beispielsfall allein eine turnusmäßige Überprüfung der Tanks ansteht, ohne dass Anhaltspunkte für eine bereits eingetretene **Gefährdung des Grundwassers** vorliegen, kann sich eine „Gefahr" nur aus der drohenden Verletzung einer Rechtspflicht ergeben (→ § 4 Rn. 5 ff.). Allerdings obliegt die Pflicht zur Überprüfung der Anlage ihrem „Betreiber"; dies ist im Falle der Vermietung oder Verpachtung der Mieter / die Mieterin bzw. der Pächter / die Pächterin. Das allgemeine Gefahrenabwehrrecht wird daher im Beispielsfall durch eine speziellere Regelung im (Landes-) Verordnungsrecht verdrängt; eine Heranziehung von M ist nicht möglich.

2. Die Eilzuständigkeit der Polizei

▶ **Fall:** Unternehmer U handelt mit Bahnbedarf, wozu auch alte Bahnschwellen gehören. Um Entsorgungskosten zu sparen, verbrennt er auf seinem Grundstück mit Teeröl kontaminierte Holzschwellen. Eine vorbeikommende Polizeistreife möchte dies unterbinden. ◀

▶ **Abwandlung:** Wie wäre es, wenn U die Bahnschwellen zerkleinerte und in Kleinanzeigen bzw. im Internet als Brennstoff anbieten würde? ◀

---

[46] BGBl. I 2017, S. 905, zul. geänd. durch VO v. 19.6.2020 (BGBl. I 2020, S. 1328).

31 Der Beispielsfall betrifft die Entsorgung kontaminierten Altholzes durch Verbrennen; er weist damit Bezüge zum Abfallrecht, zum Chemikalienrecht und zum Immissionsschutzrecht auf: Bahnschwellen aus Holz sind in der Vergangenheit mit **Teerölen** druckimprägniert worden, die hohe Anteile an polyzyklischen aromatischen Kohlenwasserstoffen (PAK) wie namentlich Benzo[a]pyren enthalten; dieser Stoff gilt als stark karzinogen.[47] Die **Entsorgung und Verwertung** muss deshalb nach Maßgabe der Altholzverordnung[48] besonderen Anforderungen genügen, insbesondere darf eine Verbrennung nur in dafür vorgesehenen Anlagen erfolgen.[49] Schon die Lagerung, erst recht aber das Verbrennen von kontaminierten Holzbahnschwellen kann gem. § 326 Abs. 1 Nr. 2 und 4 StGB strafbar sein. Bei einem Verstoß gegen Vorschriften des Kreislaufwirtschaftsgesetzes und daran anschließende Verordnungen können von der zuständigen Behörde im Einzelfall die erforderlichen **Anordnungen** erlassen werden (§ 62 KrWG). Eine Regelung in Bezug auf nicht genehmigungsbedürftige Anlagen enthält ferner § 24 BImSchG; im Falle des Betriebs einer genehmigungsbedürftigen Anlage ohne die erforderliche Genehmigung soll diese (zumindest) stillgelegt werden (§ 20 Abs. 2 Satz 1 BImSchG).

32 Das Einschreiten gegen das illegale Verbrennen von (giftigen) Abfällen nach Maßgabe umweltrechtlicher Regelungen des Bundes obliegt wiederum den jeweils zuständigen Landesbehörden; dies sind in Niedersachsen grundsätzlich die **Landkreise** und **kreisfreien Städte** als „untere Abfallbehörden" (§ 42 Abs. 1 iVm § 41 Abs. 2 NAbfG). Nicht ausgeschlossen wird hierdurch, dass die Polizei einschreitet, wenn ihr Verstöße gegen umweltrechtliche Regelungen bekannt werden. Begründet das Gesetz eine Zuständigkeit sowohl der Polizei als auch der Verwaltungsbehörden, wie es auch nach der gefahrenabwehrrechtlichen Generalklausel (§ 11 NPOG) der Fall ist, so setzt ein Tätigwerden der Polizei grundsätzlich voraus, dass aus sachlichen oder zeitlichen Gründen „die Gefahrenabwehr durch die Verwaltungsbehörden nicht oder nicht rechtzeitig möglich erscheint" (§ 1 Abs. 2 Satz 1 NPOG). Danach ist die Polizei zu einem Tätigwerden berufen, wenn die zuständige (Fach-) Behörde nicht oder nicht rechtzeitig intervenieren kann und es zur effektiven Gefahrenabwehr einer **Intervention der Polizei** bedarf.[50] Hierdurch wird der Polizei kein Ermessen in Bezug auf die Zulässigkeit einer polizeilichen Intervention eingeräumt;[51] das Vorliegen eines **Eilfalls** ist vielmehr **Tatbestandsvoraussetzung** des polizeilichen Einschreitens.[52] Hierfür maßgeblich sind die Erkenntnisse und die Beurteilung der Sachlage durch die Einsatzkräfte im Zeitpunkt der Intervention,[53] wie dadurch klargestellt wird, dass das Gesetz daran anknüpft, ob die (rechtzeitige) Gefahrenabwehr durch Verwaltungsbehörden möglich „erscheint".

33 Diese Zuständigkeit für gefahrenabwehrende Maßnahmen in **Eilfällen** erstreckt sich auch auf Gefahren, die Gegenstand spezialgesetzlicher Regelung sind,[54] denn das Gefahrenabwehrrecht findet in diesen Fällen ergänzende Anwendung (§ 3 Abs. 1 Satz 3 NPOG). Gegen eine gesundheits- und umweltgefährdende Verbrennung kontaminierter Althölzer kann daher durch Einsatzkräfte der Polizei eingeschritten und die sofortige Beendigung der Verbrennung angeordnet werden.

---

47 Vgl. Nr. 601–049–00–6 der Tabelle 3 des Anhangs VI der Verordnung (EG) 1272/2008 des Europäischen Parlaments und des Rates vom 16.12.2008.
48 Altholzverordnung vom 15.8.2002 (BGBl. I 2002, S. 3302), zul. geänd. durch VO v. 19.6.2020 (BGBl. I 2020, S. 1328).
49 Vgl. dazu die VO über die Verbrennung und die Mitverbrennung von Abfällen (17. BImSchV.) v. 2.5.2013, BGBl. I 2013, S. 1021.
50 *B. Weiner*, in: Möstl/Weiner, Polizei- und Ordnungsrecht Niedersachsen, § 1 Rn. 23.
51 So aber *B. Weiner*, in: Möstl/Weiner, Polizei- und Ordnungsrecht Niedersachsen, § 1 Rn. 26; *G. Böhrenz / P. Siefken*, § 1 Rn. 8.
52 *J. Ipsen*, Niedersächsisches Polizei- und Ordnungsrecht, Rn. 722; *A: Saipa*, in: Saipa u. a., NPOG, § 1 Rn. 21.
53 *A: Saipa*, in: Saipa u. a., NPOG, § 1 Rn. 21.
54 Vgl. *Th. Kingreen / R. Poscher*, Polizei- und Ordnungsrecht, § 3 Rn. 11 f.

Anders zu beurteilen ist der Fall, dass kontaminierte Bahnschwellen als Brennstoff zum 34
Verkauf angeboten werden. Der **Handel** mit derartigen Hölzern zu einem solchen Zweck ist zwar unzulässig, denn kontaminierte (Holz-) Bahnschwellen dürfen nach der REACH-Verordnung der Europäischen Union nur in engen Grenzen, namentlich zu dem ursprünglichen Verwendungszweck, wieder in Verkehr gebracht werden.[55] Die auf ein demnach **unzulässiges Rechtsgeschäft** zielenden Inserate dienen aber zunächst nur der Herbeiführung eines geschäftlichen Kontakts und begründen daher keinen Eilfall, der ein sofortiges Eingreifen der Polizei erforderte. Für diesen Fall bleibt es folglich bei der (Regel-) Zuständigkeit der **Fachbehörden**; Informationen über ihr bekannt gewordene Sachverhalte darf die Polizei an die zuständige Verwaltungsbehörde übermitteln (§ 41 Satz 1 NPOG).

3. Die örtliche Zuständigkeit

Einer Abgrenzung der Zuständigkeit von Behörden bedarf es grundsätzlich auch in **räumli-** 35
cher Hinsicht. Diese ergibt sich für die Verwaltungsbehörden schon unmittelbar aus dem der jeweiligen **Gebietskörperschaft** zugewiesenen Gebiet. Die Polizeibehörden sind hingegen Einrichtungen des Landes, die sich in sechs **Polizeidirektionen** untergliedern. Es existieren Polizeidirektionen in Braunschweig, Göttingen, Hannover, Lüneburg, Oldenburg und Osnabrück (§ 90 Abs. 1 NPOG), denen jeweils bestimmte, im Gesetz genannte Landkreise und kreisfreie Städte zugeordnet sind (§ 90 Abs. 2 NPOG). Die jeweilige Zuständigkeit ist grundsätzlich auf dieses Gebiet beschränkt (§ 100 Abs. 1 Satz 1 NPOG), was ergänzende Vorschriften über ein **gebietsübergreifendes** oder **außerbezirkliches Tätigwerden** erforderlich macht. So ist vorgesehen, dass eine Verwaltungs- oder Polizeibehörde bei „Gefahr im Verzuge" sowie zur Fortsetzung einer im eigenen Bezirk begonnenen Maßnahme in einem anderen Bezirk auch ohne Mitwirkung der dort örtlich Verwaltungs- oder Polizeibehörde tätig werden darf (§ 100 Abs. 3 Satz 2 NPOG). Ferner sind die Polizeibeamtinnen und Polizeibeamten bei „Gefahr im Verzuge" und anderen speziell geregelten Sachverhalten berechtigt, Amtshandlungen im gesamten Landesgebiet vorzunehmen (§ 100 Abs. 5 NPOG).

---

55 Vgl. Anhang XVII, Nr. 31 Sp. 2 VO (EG) 1907/2006 des Europäischen Parlaments und des Rates vom 18.12.2006, ABl. L 396 v. 30.12.2006, S. 1.

§ 2 Aufgaben und Befugnisse der Verwaltungsbehörden und der Polizei

I. Aufgabenzuweisung und Befugnisnormen

1   Im Gefahrenabwehrrecht sind die Regelungen über die **Aufgaben der Polizei** und der Verwaltungsbehörden mit Vorschriften über deren Befugnisse eng verknüpft. Eine hierfür paradigmatische Regelung findet sich in der schon erwähnten polizeilichen Generalklausel des preußischen Polizeiverwaltungsgesetzes vom 1.6.1931 der zufolge die Polizeibehörden im Rahmen der geltenden Gesetze die nach pflichtmäßigem Ermessen notwendigen Maßnahmen zu treffen haben, um von der Allgemeinheit oder dem einzelnen Gefahren abzuwehren, durch die die öffentliche Sicherheit oder Ordnung bedroht wird (§ 14 Abs. 1 PrPVG). Diese Vorschrift normiert damit die **Befugnis der Polizeibehörden**, notwendige Maßnahmen zu veranlassen, indem an die polizeiliche Aufgabe angeknüpft wird, Gefahren für die öffentliche Sicherheit und Ordnung abzuwehren. Mit der Zuweisung von Befugnissen geht damit die Beschreibung der polizeilichen Aufgaben einher. Damit wird zugleich die Befugnis, die notwendigen Maßnahmen zu treffen, allein durch die Aufgabenzuweisung begrenzt.

2   Auch heute sind Aufgabenzuweisungen und die Einräumung der zur Aufgabenerfüllung notwendigen **Befugnisse** eng aufeinander bezogen. So bezieht sich die gegenwärtige (Befugnis-)Generalklausel in Anlehnung an die Regelung des preußischen Polizeiverwaltungsgesetzes ebenfalls auf die Abwehr von Gefahren für die öffentliche Sicherheit und Ordnung (§ 11 iVm § 2 Nr. 1 NPOG), die den Verwaltungsbehörden und der Polizei als **Aufgabe** zugewiesen ist (§ 1 Abs. 1 Satz 1 NPOG). Auch ist die **Befugnis** zu einer (Weiter-) Verarbeitung personenbezogener Daten („speichern, verändern und nutzen") durch die Verwaltungsbehörden und die Polizei nach Maßgabe der „Generalklausel" zur Datenverarbeitung (§ 38 Abs. 1 Satz 1 NPOG) grundsätzlich davon abhängig, dass die Daten „im Rahmen der Aufgabenerfüllung nach diesem Gesetz" rechtmäßig erhoben wurden.

3   Unbeschadet des danach weiterhin engen Zusammenhangs zwischen einerseits Aufgabenzuweisungen und andererseits der Einräumung von Befugnissen finden sich diese Regelungen teilweise in unterschiedlichen Vorschriften; so bildet die Zuweisung der Aufgabe der **allgemeinen Gefahrenabwehr** den Gegenstand einer eigenen, von den Befugnisnormen getrennten Normierung (§ 1 Abs. 1 Satz 1 NPOG). Diese Entwicklung lässt sich auf zwei Gesichtspunkte zurückführen: Zum einen bedarf es bei steigender **Intensität der Beeinträchtigung** grundrechtlich geschützter Freiheit durch gefahrenabwehrende Maßnahmen nicht zuletzt in Fällen einer potenziellen (Mit-) Beeinträchtigung nicht verantwortlicher Personen spezifischer und ausdifferenzierter Regelungen der Eingriffsbefugnisse, die unter dem Aspekt der **Verhältnismäßigkeit** den erhöhten Anforderungen an die Zulässigkeit der jeweiligen Maßnahmen Rechnung tragen müssen.[1] Schon dass Preußische Polizeiverwaltungsgesetz sah derartige „Standardmaßnahmen" für Maßnahmen mit erhöhter Beeinträchtigungsintensität in allerdings beschränkten Umfang vor, indem besondere Regelungen für die Ingewahrsamnahme (§ 15 PrPVG), das Betreten von Wohnungen zur „Nachtzeit" (§ 16 PrPVG) sowie Vorladungen (§ 17 PrPVG) getroffen wurden. Heute enthält das Gesetz einen breit gefächerten und ausdifferenzierten Katalog besonderer Vorschriften über **besondere Eingriffsbefugnisse**. Dies betrifft zunächst das klassische Arsenal polizeilicher Maßnahmen (§§ 12 ff. NPOG) wie etwa die Ingewahrsamnahme (§§ 18 ff. NPOG), darüber hinaus aber auch die Datenverarbeitung (§§ 30 ff.

---

1   Vgl. BVerfG, B. v. 23.2.2007 – 1 BvR 2368/06, Rn. 49 ff.

I. Aufgabenzuweisung und Befugnisnormen

NPOG), deren grundrechtliche Relevanz insbesondere unter dem Aspekt **der informationellen Selbstbestimmung** erst im ausgehenden 20. Jahrhundert vollständig erfasst worden ist.[2]

Eine Ausdifferenzierung ist zugleich hinsichtlich der zu erfüllenden Aufgaben namentlich mit Blick auf die Polizei festzustellen. Schon das Preußische Polizeiverwaltungsgesetz sah vor, dass die Polizeibehörden auch diejenigen Aufgaben zu erfüllen haben, „die ihnen durch Gesetz besonders übertragen sind" (§ 14 Abs. 2 PrPVG). Einer solchen Regelung bedarf es im Grunde nicht, weil sich die Zuweisung der Aufgabe und damit zugleich die Verpflichtung zu ihrer Erfüllung bereits aus jenen Normen ergibt, mit der die anderweitige Aufgabe übertragen wird. Gleichwohl findet sich auch heute noch eine entsprechende Regelung, der zufolge die Polizei ferner die ihr durch andere Rechtsvorschriften übertragenen Aufgaben zu erfüllen hat (§ 1 Abs. 5 NPOG); damit angesprochen sind insbesondere die der Polizei zugewiesenen **Ermittlungstätigkeiten** im Zusammenhang mit der Verfolgung von Straftaten und Ordnungswidrigkeiten (§§ 163 Abs. 1 Satz 1, 53 Abs. 1 Satz 1 OWiG).[3]

Eine weitere Ergänzung der zugewiesenen Aufgaben enthält die Regelung, der zufolge die Verwaltungsbehörden und die Polizei auch Vorbereitungen für die **Abwehr künftiger Gefahren** zu treffen haben (§ 1 Abs. 1 Satz 2 NPOG); damit gemeint ist in erster Linie die Planung von Abläufen sowie die Bereitstellung der erforderlichen Ressourcen.[4] Von praktisch erheblicher Bedeutung ist die polizeiliche Aufgabe, im Rahmen der Gefahrenabwehr „insbesondere auch Straftaten zu verhüten" (§ 1 Abs. 1 Satz 3 NPOG). Namentlich diese vorbeugende **Bekämpfung von Straftaten** erfordert wiederum ein spezifisches Handlungsinstrumentarium, das gerade aus entsprechenden Befugnissen im Bereich der Datenerhebung, -speicherung und -verarbeitung besteht.[5]

Daneben hat die Polizei die Aufgabe, anderen Behörden und sonstigen öffentlichen Stellen etwa erforderliche **Vollzugshilfe** zu leisten (§ 1 Abs. 4 iVm §§ 51 ff. NPOG), wenn **unmittelbarer Zwang** gegen Personen anzuwenden ist und die anderen Behörden oder Stellen nicht über die hierzu erforderlichen Dienstkräfte verfügen (§ 51 Abs. 1 NPOG). In diesen Kontext gehört auch die Befugnis zum Einsatz von **Zwangsmitteln**, wenn Gerichtsvollzieherinnen oder Gerichtsvollzieher bei einer Zwangsvollstreckung auf Widerstand stoßen und daraufhin um die Unterstützung durch die „polizeilichen Vollzugsorgane" nachsuchen (§ 758 Abs. 3 ZPO).

Unbeschadet der Ausdifferenzierung von Aufgaben und Befugnissen bildet die Zuweisung von Aufgaben der Gefahrenabwehr an Verwaltungsbehörden und Polizei aber weiterhin den gemeinsamen Bezugspunkt der jeweils einschlägigen Befugnisnormen, weil die Inanspruchnahme einer **Handlungsermächtigung** stets der Erfüllung einer zugewiesenen Aufgabe dienen muss. Allerdings gibt es (Eigen-) Handlungen der Behörden, die ebenfalls der unmittelbaren oder mittelbaren Erfüllung zugewiesener Aufgaben namentlich im Bereich der Gefahrenabwehr dienen, ohne dass damit eine wie auch immer geartete Beeinträchtigung von Rechtspositionen einhergeht. Auch in einem solchen Falle – man denke beispielsweise an die Beseitigung eines den Verkehr gefährdenden Hindernisses aufgrund herabgestürzter Äste – wird eine zugewiesene Aufgabe erfüllt, der Inanspruchnahme einer Befugnisnormen bedarf es aber nicht.

---

2 Grundlegend BVerfG, Urt. v. 15.12.1983 – 1 BvR 209/83 u. a., Rn. 145 ff. (149).
3 Vgl. *A. Saipa*, in: Saipa u. a., NPOG, § 1 Rn. 37; B. *Weiner*, in: Möstl/Weiner, Polizei- und Ordnungsrecht Niedersachsen, § 1 Rn. 45.
4 B. *Weiner*, in: Möstl/Weiner, Polizei- und Ordnungsrecht Niedersachsen, § 1 Rn. 15.
5 *V. Götz / M.-E. Geis*, Allgemeines Polizei- und Ordnungsrecht, § 7 Rn. 21; s. hierzu auch § 1 Abs. 5 Satz 2 PolG NW.

II. Gefahrenabwehr und Gesetzgebungszuständigkeit

▶ **Fall:** Das Niedersächsische Gefahrenabwehrgesetz (NGefAG) sah seit 1994 die polizeiliche Aufgabe vor, „im Rahmen der Gefahrenabwehr auch für die Verfolgung von Straftaten vorzusorgen und Straftaten zu verhüten" (§ 1 Abs. 1 Satz 3 NGefAG). Aus Anlass des Anschlags auf das World Trade Center in New York am 11.9.2001 wurde im Jahre 2003 in das (wieder in „Niedersächsisches Gesetz über die öffentliche Sicherheit und Ordnung" umbenannte) Gesetz eine Regelung betreffend die Datenerhebung durch Überwachung der Telekommunikation eingefügt. Danach zulässig war u. a. die Erhebung personenbezogener Daten durch Überwachung und Aufzeichnung der Telekommunikation von Personen, bei denen Tatsachen die Annahme rechtfertigten, dass sie Straftaten von erheblicher Bedeutung begehen werden, „wenn die Vorsorge für die Verfolgung oder die Verhütung dieser Straftaten auf andere Weise nicht möglich erscheint"; eine Überwachung von Kontakt- und Begleitpersonen konnte im Falle ihrer Unerlässlichkeit für die Vorsorge für die Verfolgung oder die Verhütung dieser Straftaten ebenfalls erfolgen.[6] Mit einer unmittelbar gegen das Gesetz gerichteten Verfassungsbeschwerde rügt ein Bürger die Verletzung seines Grundrechts aus Art. 10 GG. ◀

8   In Niedersachsen wie auch anderen Bundesländern ist der Aufgabenkreis der Polizei durch die Zuweisung der (seinerzeit) sogenannten **„Vorfeldaufgaben"** erweitert worden. Danach hatte die Polizei auch Straftaten zu verhüten sowie Vorsorge für deren Verfolgung zu treffen (§ 1 Abs. 1 Satz 3 NGefAG idF v. 18.2.1994[7]); üblicherweise werden diese beiden Funktionen unter dem Oberbegriff der „vorbeugenden Bekämpfung von Straftaten" zusammengefasst.[8] Heute enthält das niedersächsische Recht im Anschluss an die Entscheidung des Bundesverfassungsgerichts aus dem Jahre 2005 (→ § 1 Rn. 15) deren Gegenstand die im Beispielsfall genannten Regelungen bildeten, nur noch die Zuständigkeit für die Verhütung von Straftaten (§ 1 Abs. 1 Satz 3 NPOG).

9   Der gesetzgeberische Hinweis darauf, dass der Polizei die Aufgabe der **Verhütung von Straftaten** im Rahmen der Aufgabe der Gefahrenabwehr („… im Rahmen ihrer Aufgabe nach Satz 1") obliegt, könnte den Eindruck erwecken, als handele es sich allein um eine Erweiterung oder Ergänzung der überkommenen polizeilichen Zuständigkeiten für die Gefahrenabwehr. Tatsächlich in Rede steht aber **eine grundsätzliche Abweichung** von der überkommenen Konzeption des Gefahrenabwehrrechts,[9] der zufolge die Befugnis zum polizeilichen Einschreiten eine wie auch immer geartete konkrete Gefahr voraussetzt, dass es in absehbarer Zeit mit hinreichender Wahrscheinlichkeit zu einem **Schaden für die öffentliche Sicherheit oder Ordnung** kommen wird (→ § 5 Rn. 3). Besteht die Gefahr einer (drohenden) Straftat, so bedarf es danach einer hinreichenden Wahrscheinlichkeit ihrer Begehung, um ein Einschreiten zu rechtfertigen. Darüber geht die vorbeugende Verhütung von Straftaten hinaus, indem sie die Möglichkeit des Tätigwerdens weiter vorverlagert und die (abstrakte) „Gefahr einer Gefahr" für vorbeugende Maßnahmen ausreichen lässt.[10] Der Sache nach handelt es sich bei der vorbeugenden Bekämpfung von Straftaten daher um eine weitere Aufgabe der Polizei,

---

6 Vgl. § 33a Abs. 1 Nr. 2 und Nr. 3 Nds. SOG v. 11.12.2003 (Nds. GVBl. 2003, S. 414) und dazu BVerfG, B. v. 27.7.2005 – 1 BvR 668/04.
7 Nds. GVBl. 1994, S. 71.
8 Vgl. *V. Götz / M.-E. Geis*, Allgemeines Polizei- und Ordnungsrecht, § 7 Rn. 21; die Wendung verwenden weiterhin die Gesetze in Berlin (§ 1 Abs. 3 ASOG), Brandenburg (§ 1 Abs. 1 BbgPolG), Hessen (§ 1 Abs. 4 HSOG), Mecklenburg-Vorpommern (§ 7 Abs. 1 Nr. 4 SOG M.-V.), Rheinland-Pfalz (§ 1 Abs. 1 Satz 3 POG), Sachsen-Anhalt (§ 2 Abs. 1 Satz 1 SOG LSA) und Thüringen (§ 2 Abs. 1 Satz 2 ThürPAG), zum Teil (Brandenburg, Rheinland-Pfalz, Sachsen-Anhalt) wird dabei aber nur auf die Verhütung von Straftaten Bezug genommen.
9 Vgl. *J. Ipsen*, Niedersächsisches Polizei- und Ordnungsrecht, Rn. 317; anders *V. Götz / M.-E. Geis*, Allgemeines Polizei- und Ordnungsrecht, § 7 Rn. 19.
10 Vgl. *S. Schönrock*, in: FS Prümm (2013), S. 65 (72).

II. Gefahrenabwehr und Gesetzgebungszuständigkeit

die zu der Gefahrenabwehr und der Ermittlungstätigkeit nach begangenen Straftaten oder Ordnungswidrigkeiten hinzutritt.

Die Zuweisung der Aufgabe der vorbeugenden Bekämpfung von Straftaten an die Polizei führt zu einem Folgeproblem, das die Gesetzgebungszuständigkeiten betrifft: Eine vorbeugende Bekämpfung von Straftaten erfolgt über weite Strecken gerade dadurch, dass **personenbezogene Daten** nicht zuletzt mit Blick auf potenzielle Täterinnen und Täter aufgrund vorangegangener Erfahrungen und Ermittlungsergebnisse erhoben und verarbeitet, insbesondere gespeichert werden, wozu es wiederum hinreichend **spezifischer Ermächtigungsgrundlagen** bedarf. Soweit es dabei um Regelungen zur Gefahrenabwehr auf Landesebene geht, sind mangels einer Zuständigkeitszuweisung an den Bund ausschließlich die Länder für deren Erlass zuständig (Art. 70 Abs. 1 GG). Demgegenüber wird schon die Ermittlungstätigkeit im Zusammenhang mit der Verfolgung von Straftaten als Teil des gerichtlichen Verfahrens in Strafsachen angesehen und damit der konkurrierenden Gesetzgebungszuständigkeit des Bundes zugeordnet (Art. 74 Abs. 1 Nr. 1 GG);[11] die maßgeblichen Normen auch für die polizeiliche Tätigkeit in diesem Bereich finden sich folgerichtig in der Strafprozessordnung. Ergänzende landesrechtliche Regelungen sind daher nur möglich, wenn der Bund von seiner Regelungskompetenz keinen abschließenden Gebrauch gemacht hat (Art. 72 Abs. 1 GG). Die **Gesetzgebungszuständigkeiten** für die wesentlichen polizeilichen Aufgaben der Strafverfolgung und der Gefahrenabwehr werden daher vom Grundgesetz auf unterschiedliche Stellen – Bund und Länder – verteilt. Vor diesem Hintergrund bedarf es einer Einordnung der vorbeugenden Bekämpfung von Straftaten sowohl in Form der Verhütung von Straftaten als auch hinsichtlich der Vorsorge für die Verfolgung von Straftaten in das verfassungsrechtliche Regelungssystem.

Wie sich in diesen Überlegungen bereits andeutet, liegen „Regelungen zur Strafverfolgung und zur Gefahrenabwehr ... oft nahe zusammen und überschneiden sich in ihren Wirkungen",[12] da einerseits die (repressive) Strafverfolgung zugleich dem (präventiven) Schutz der Sicherheit dient und zum anderen – umgekehrt – präventive Maßnahmen zum Schutz der Rechtsordnung und damit zum Schutz der Einwohnerinnen und Einwohner die Strafverfolgung befördern können.[13] Infolgedessen können nicht nur polizeiliche Maßnahmen, sondern auch gesetzliche Regelungen **„doppelfunktional ausgerichtet"** sein und sowohl der Strafverfolgung als auch der Gefahrenabwehr – und entsprechend sowohl der **Strafverfolgungsvorsorge** als auch der **Gefahrenvorsorge** – dienen.[14]

Für derartige Fälle wurde eine pragmatische Lösung gefunden: Lässt sich ein eindeutiger Schwerpunkt einer Vorschrift weder im **präventiven** noch im **repressiven** Bereich ausmachen, steht dem Gesetzgeber nach Auffassung des Bundesverfassungsgerichts ein **Entscheidungsspielraum** für die Zuordnung zu; derartige Befugnisse zur Gefahrenabwehr könnten sowohl auf Bundes- als auch auf Landesebene geregelt werden.[15] Der Landesgesetzgeber sei nicht an dem Erlass von Regelungen zur Gefahrenabwehr gehindert, weil diese nach ihren tatsächlichen Wirkungen auch der Strafverfolgung dienen können. Vielmehr sind landesrechtliche Vorschriften auch dann möglich, „wenn sie präventiv und repressiv zugleich wirken".[16] Dies folge aus der Entscheidung der Verfassung, die **Strafverfolgung** und die **Gefahrenabwehr** trotz ihrer inhaltlichen Nähe kompetenziell unterschiedlich zu behandeln: Sofern „ähnliche

---

11 Vgl. BVerfG, B. v. 18.12.2018 – 1 BvR 142/15, Rn. 67.
12 BVerfG, B. v. 18.12.2018 – 1 BvR 142/15, Rn. 63; ebenso Rn. 71.
13 BVerfG, B. v. 18.12.2018 – 1 BvR 142/15, Rn. 72.
14 Vgl. zu doppelfunktionalen Maßnahmen Nds. OVG, B. v. 8.11.2013 – 11 OB 263/13, Rn. 4 ff.; s. ferner *A. Saipa*, in: Saipa u. a., NPOG, § 1 Rn. 27; *V. Mehde*, in Hartmann/Mann/Mehde, Landesrecht Niedersachsen, § 4 Rn. 4.
15 BVerfG, B. v. 18.12.2018 – 1 BvR 142/15, Rn. 72.
16 BVerfG, B. v. 18.12.2018 – 1 BvR 142/15, Rn. 73.

oder auch gleiche Maßnahmen aus verschiedenen, aber sachlich eng zusammenliegenden Gesichtspunkten einerseits vom Bund und andererseits von den Ländern geregelt werden können, kann und muss eine sachliche Überschneidung der Regelungen nicht völlig ausgeschlossen sein".[17]

13 In diesen Überlegungen kommt erkennbar das Bemühen zum Ausdruck, die jeweiligen Regelungszuständigkeiten von Bund und Ländern angesichts der **Verwobenheit von Gefahrenabwehr und Strafverfolgung** gerade im Bereich der vorbeugenden Bekämpfung von Straftaten nicht zu eng zu begrenzen. Im Ausgangspunkt bleibt die verfassungsrechtlich vorgegebene Zuständigkeitsverteilung aber grundsätzlich zu beachten und sind die jeweiligen Kompetenzen sorgfältig zu unterscheiden:[18] Die Ausgestaltung gesetzlicher Regelungen müsse strikt von der Zwecksetzung her bestimmt sein, für die jeweils eine Kompetenz bestehe; die Schaffung oder selbstständige **Erweiterung von Eingriffsbefugnissen** zur Verfolgung von Zwecken, die durch die jeweilige Kompetenz nicht gedeckt sind, könne durch die inhaltliche Nähe der Regelungsbereiche nicht gerechtfertigt werden.[19] Maßgeblich für die Zuordnung der betreffenden Vorschriften zur Strafverfolgung oder zur Gefahrenabwehr ist daher zunächst der sich aus der jeweiligen Norm ergebende **Regelungszweck**.[20] Für die Beurteilung, ob eine Norm eine verfassungsrechtliche Kompetenzgrundlage hat, kommt es auf eine genaue Bestimmung der „ihr bei objektivierter Sicht unterliegenden Zweckrichtung" an.[21] Ob eine Vorschrift die Strafverfolgung oder die Gefahrenabwehr betrifft, „richtet sich nach deren Zielsetzung, wie sie sich in objektivierter Sicht aus ihrer Ausgestaltung ergibt".[22]

14 Nach Maßgabe dieser Grundsätze fallen Vorkehrungen für die Verfolgung noch gar nicht begangener Straftaten in die konkurrierende Gesetzgebungszuständigkeit des Bundes.[23] Die Vorsorge für die spätere Verfolgung erst noch bevorstehender Straftaten ist „kompetenzmäßig dem ‚gerichtlichen Verfahren' im Sinne des Art. 74 Abs. 1 Nr. 1 GG zuzuordnen",[24] da sie „die Sicherung von Beweisen für ein künftiges Strafverfahren" bezwecke.[25] Die **Verfolgungsvorsorge** erfolge zwar „in zeitlicher Hinsicht präventiv", betreffe aber das repressiv ausgerichtete Strafverfahren.[26] Eine in diesem Zusammenhang vorgenommene Erhebung personenbezogener Daten erfolge „zu dem Zweck der Verfolgung einer in der Zukunft möglicherweise verwirklichten konkreten Straftat und damit letztlich nur zur Verwertung in einem künftigen Strafverfahren", denn die zur „Verfolgungsvorsorge" erhobenen Daten und Informationen seien dazu bestimmt, „in ungewisser Zukunft in ein Ermittlungs- und Hauptverfahren einzufließen".[27]

15 Demgegenüber unterfällt die **Verhütung einer Straftat** der Gesetzgebungskompetenz der Länder für die Gefahrenabwehr auch dann, wenn sie vorbeugend für den Zeitraum vor dem Beginn einer konkreten Straftat vorgesehen wird,[28] weil gerade die Begehung von Straftaten verhindert werden soll, „die zum Zeitpunkt des Handelns noch nicht konkret drohen, aber später entstehen können".[29] Es gehe um Maßnahmen, „die in einen antizipierten Geschehens-

---

17 BVerfG, B. v. 18.12.2018 – 1 BvR 142/15, Rn. 73.
18 BVerfG, B. v. 18.12.2018 – 1 BvR 142/15, Rn. 74.
19 BVerfG, B. v. 18.12.2018 – 1 BvR 142/15, Rn. 74.
20 Vgl. BVerfG, B. v. 18.12.2018 – 1 BvR 142/15, Rn. 63.
21 BVerfG, B. v. 18.12.2018 – 1 BvR 142/15, Rn. 74.
22 BVerfG, B. v. 18.12.2018 – 1 BvR 142/15, Rn. 66.
23 Vgl. BVerfG, B. v. 27.7.2005 – 1 BvR 668/04, Rn. 99 ff.
24 BVerfG, B. v. 27.7.2005 – 1 BvR 668/04, Rn. 101, vgl. auch ebd., Rn. 99.
25 BVerfG, B. v. 27.7.2005 – 1 BvR 668/04, Rn. 101.
26 BVerfG, B. v. 27.7.2005 – 1 BvR 668/04, Rn. 102; B. v. 18.12.18 – 1 BvR 142/15, Rn. 68.
27 BVerfG, B. v. 27.7.2005 – 1 BvR 668/04, Rn. 102.
28 BVerfG, B. v. 27.7.2005 – 1 BvR 668/04, Rn. 95; ähnl. BVerfG, B. v. 18.12.2018 – 1 BvR 142/15, Rn. 70.
29 BVerfG, B. v. 18.12.2018 – 1 BvR 142/15, Rn. 70.

ablauf eingreifen oder die Entstehungsbedingungen bestimmter Faktoren oder Ursachenketten beeinflussen sollen, so dass sich der Eintritt der Gefahr einer Straftat bereits im Vorfeld verhüten lässt".[30]

Regelungen zur vorbeugenden Bekämpfung von Straftaten fallen danach in die Zuständigkeit der Länder, wenn sie der **„Gefahrenvorsorge"** durch Verhinderung von Straftaten dienen sollen, während die **„Verfolgungsvorsorge"** einen Gegenstand der konkurrierenden Gesetzgebungskompetenz des Bundes bildet. Das schließt eine Gesetzgebung der Länder nicht vollständig aus, da die Länder bei Gegenständen der konkurrierenden Gesetzgebung für die Gesetzgebung zuständig bleiben, „solange und soweit" der Bund von seiner konkurrierenden Gesetzgebungskompetenz (noch) keinen Gebrauch gemacht hat (Art. 72 Abs. 1 GG). Eine verbleibende Zuständigkeit der Länder für den Bereich der **Telekommunikationsüberwachung** wurde vom Bundesverfassungsgericht in der Entscheidung zur Überwachung der Telekommunikation nach Maßgabe des niedersächsischen Landesrechts indes verneint. Dem liegt zugrunde, dass eine **bundesgesetzliche Regelung** auch dann abschließend sein kann, wenn sie zwar theoretisch noch Raum für landesrechtliche Regelungen lässt, in der Sache aber ein „absichtsvolles Unterlassen" derartiger Bestimmungen vorliegt, der Bundesgesetzgeber also bewusst von weitergehenden Regelungen abgesehen hat.[31] Dies wiederum sei hinsichtlich der Regelung der Telekommunikationsüberwachung in der StPO der Fall, wie sich aus der Fassung der tatbestandlichen Voraussetzungen wie auch den Verfahrensregelungen (jetzt § 100e StPO) ergebe.[32] Diese Vorgaben könnten unterlaufen werden, wenn **weitergehende landesrechtliche Regelungen** zulässig wären, denn nach den seinerzeitigen Regelungen des niedersächsischen Rechts war eine Telekommunikationsüberwachung im Vorfeld einer Straftat „unter geringeren rechtsstaatlichen Anforderungen möglich als dann, wenn der Täter schon konkret zur Rechtsgutverletzung angesetzt hat". Ein solches Konzept wäre in sich widersprüchlich;[33] eine Zuständigkeit des Landesgesetzgebers für die seinerzeit geschaffene Regelung in § 33a NGefAG bestand daher nicht.

Landesrechtliche Regelungen im Bereich der **Vorsorge für die Strafverfolgung** sind danach aber nicht generell ausgeschlossen, da auf die konkurrierende Gesetzgebungszuständigkeit des Bundes für das (Straf-) Verfahrensrecht (Art. 74 Abs. 1 Nr. 1 GG) gestütztes Bundesrecht weitergehende Regelungen des Landesrechts weiterhin zulassen kann, so dass landesrechtliche Bestimmungen möglich bleiben, solange kein **abschließender Rechtsrahmen** des Bundes für bestimmte Fragestellungen existiert; dies ist im Einzelfall durch Auslegung des Bundesrechts zu ermitteln.[34] Einige Bundesländer halten daher an der Zuständigkeit der Polizei für eine Vorsorge für die Verfolgung von Straftaten fest.[35] Demgegenüber wurde diese **Aufgabenzuweisung** in Niedersachsen vor dem Hintergrund der genannten Rechtsprechung des Bundesverfassungsgerichts wieder gestrichen.[36] Dem liegt die Annahme zugrunde, dass mit der Streichung der Vorsorge für die Strafverfolgung keine „Regelungslücken" verbunden seien und sich „für die praktische Arbeit keine entscheidenden Beschränkungen" ergeben würden.[37] Diese Annahmen sollten sich zwischenzeitlich bestätigt haben, weil gerade wegen der engen

---

30 BVerfG, B. v. 18.12.2018 – 1 BvR 142/15, Rn. 70.
31 BVerfG, B. v. 27.7.2005 – 1 BvR 668/04, Rn. 105.
32 Vgl. BVerfG, B. v. 27.7.2005 – 1 BvR 668/04, Rn. 107 ff.
33 BVerfG, Urt. v. 27.7.2005 – 1 BvR 668/04, Rn. 114.
34 Vgl. etwa (zur sog. „Abschnittskontrolle" gem. § 32 Abs. 6 NPOG) Nds. OVG, Urt. v. 13.11.2019 – 12 LC 79/19, Rn. 31 ff.
35 Dies ist der Fall in Berlin (§ 1 Abs. 3 ASOG), Hessen (§ 1 Abs. 4 HSOG), Mecklenburg-Vorpommern (§ 7 Abs. 1 Nr. 4 SOG M.-V.), Thüringen (§ 2 Abs. 1 Satz 2 ThürPAG) sowie eingeschränkt Sachsen-Anhalt (§ 2 Abs. 1 Satz 2 SOG LSA).
36 Nds. GVBl. 2007, S. 654.
37 Vgl. LT-Drs. 15/3810, S. 12 f.

Verwobenheit von Strafverfolgung und Gefahrenabwehr die polizeiliche Befugnis zu Maßnahmen im Rahmen der vorbeugenden Bekämpfung von Straftaten durch deren Verhinderung hinreichende **Handlungsmöglichkeiten** eröffnet und im Übrigen mit den bundesrechtlichen Befugnisnormen des Strafverfahrensrechts ein entsprechendes Handlungsinstrumentarium zur Verfügung steht.

§ 3 Gefahrenabwehr und Grundrechtsschutz

Mit einem polizeilichen oder verwaltungsbehördlichen Einschreiten gegen eine Gefahr geht im Allgemeinen einher, dass unmittelbar oder mittelbar auf eine Person eingewirkt wird, die in irgendeiner Form Verantwortung für die Sachlage trägt, aus der die Gefahr resultiert. Vielfach geschieht dies durch **Anordnungen** in Form von **Ge- oder Verboten**, woraus sich notwendig eine Beschränkung grundrechtlich geschützter Freiheit ergibt. Das Gefahrenabwehrrecht ist typische **Eingriffsverwaltung**; damit verbundene Beeinträchtigungen grundrechtlich geschützter Rechtspositionen betreffen die **Grundrechte** betroffener Personen in ihrer Eigenschaft als **Abwehrrechte**.[1] Bei der Beurteilung der Zulässigkeit und Rechtmäßigkeit polizeilicher oder verwaltungsbehördlicher Maßnahmen ist daher stets deren grundrechtliche Dimension mitzudenken, weil die mit derartigen Maßnahmen verknüpfte Einwirkung auf grundrechtlich geschützte Rechtspositionen besonderer Rechtfertigung bedarf und die danach geltenden Anforderungen und Maßstäbe in der Verfassung verankert sind, so dass sie nicht zur Disposition des Gesetzgebers oder gar der Exekutive stehen.

I. Der Vorrang der Verfassung

Aus dem Grundgesetz resultiert eine Bindung aller staatlichen Gewalt an die grundgesetzliche Gewährleistung von Grundrechten; hieraus ergeben sich (Rechtfertigungs-) Anforderungen für staatliches Handeln sowohl des **Gesetzgebers** (Legislative) als auch der **Verwaltung** (Exekutive) und der **Rechtsprechung** (Judikative): Die Grundrechte des Grundgesetzes binden diese drei Staatsfunktionen „als unmittelbar geltendes Recht" (Art. 1 Abs. 3 GG); die Gesetzgebung ist an die verfassungsmäßige Ordnung, die vollziehende Gewalt sowie die Rechtsprechung sind an „Gesetz und Recht" gebunden (Art. 20 Abs. 3 GG). Das Grundgesetz kann zudem nur mit einer **qualifizierten Mehrheit** und unter ausdrücklicher Abänderung oder Ergänzung des Wortlauts geändert werden (Art. 79 Abs. 1 Satz 1 und Abs. 2 GG). Bestimmte grundlegende **Strukturprinzipien** der Verfassung und des durch sie konstituierten Staates, namentlich die in den Artikeln 1 und 20 niedergelegten Grundsätze, sind selbst einem Zugriff des verfassungsändernden Gesetzgebers entzogen (Art. 79 Abs. 3 GG).

Die zentrale Bedeutung der Grundrechte für den (Rechts-) Schutz gegen staatliches Handeln beruht auf einem Umstand, der sich in den vorgenannten Bestimmungen des Grundgesetzes manifestiert und in dem sich das Grundgesetz von vorangegangenen deutschen Verfassungen unterscheidet: Für die Verbindlichkeit der verfassungsrechtlichen Vorgaben gegenüber staatlichen Stellen ist konstitutiv, dass dem Grundgesetz ein **normenhierarchischer** Vorrang vor den einfach-gesetzlichen Regelungen des (durch das Grundgesetz erst konstituierten) Gesetzgebers zukommt. Die Annahme eines höheren Rangs der Verfassung gegenüber dem einfachen Recht bildet eine nicht hinweg zu denkende Bedingung für die effektive Geltendmachung der grundrechtlichen Gewährleistungen, weil die Grundrechte nur unter der Prämisse eines **Vorrangs der Verfassung** eine Bindungswirkung auch gegenüber dem Gesetzgeber entfalten können. Diese Vorstellung setzte sich in Deutschland aber erst mit dem Grundgesetz endgültig durch. Namentlich in der Zeit des **Konstitutionalismus** sind die Grundrechte als „Programmsätze" verstanden worden, die erst vom Gesetzgeber zu entfalten waren, nicht aber als unmittelbar geltendes und bindendes Recht angesehen wurden.[2] Auch wenn man

---
1 Vgl. dazu *J. Ipsen*, Staatsrecht II, Rn. 91 ff.; *M. Sachs*, in: Merten/Papier (Hrsg.), Handbuch der Grundrechte, Band II (2006), § 39 Rn. 11 ff.
2 Vgl. hierzu *R. Wahl*, Der Staat 18 (1979), S. 321 (341 f.); *Th. Koch*, Der Grundrechtsschutz des Drittbetroffenen, S. 51, 55 f.

grundrechtlichen Gewährleistungen demgegenüber eine unmittelbare normative Bedeutung zuweist, muss eine **Bindungswirkung** im Verhältnis zum Gesetzgeber aber ausbleiben, wenn es an der Anerkennung eines Vorrangs der Verfassung fehlt. Hält man die Verfassung für ein Gesetz wie jedes andere auch, so folgt daraus weiter, dass sie den Gesetzgeber ebenso wenig binden kann, wie beliebige andere Gesetze; denkbar sind allein Rechtswirkungen gegenüber der gesetzesgebundenen Exekutive.[3]

4 Die Anerkennung einer **Bindung des Gesetzgebers** an die Verfassung vermochte sich indes in Deutschland in der Zeit des Konstitutionalismus und auch noch darüber hinaus nicht durchzusetzen. Zwar hatte etwa der **Supreme Court** der Vereinigten Staaten diesen Vorrang und damit auch die Möglichkeit einer materiellen Verfassungswidrigkeit von Gesetzen bereits im Jahre 1803 in der Entscheidung der Sache „Marbury vs. Madison" anerkannt: Verfassungen, die auf einer Ebene mit einfachen Gesetzen stünden und von den Legislativorganen beliebig geändert werden könnten, wären „absurd attempts ... to limit a power in its own nature illimitable". Hieraus folgerte das Gericht, „that an act of the legislature repugnant to the constitution is void".[4] In Deutschland blieb hingegen die Ansicht herrschend, dass der Verfassung keine „höhere Autorität als anderen Gesetzen"[5] zukomme.[6] Auch noch mit Blick auf die **Weimarer Reichsverfassung** findet sich weiterhin die Vorstellung, die Verfassung stehe nicht über der Legislative,[7] „sondern zur Disposition derselben".[8]

5 Allerdings enthielt die Weimarer Reichsverfassung eine Regelung über ihre erschwerte Abänderbarkeit: **Verfassungsänderungen** bedurften einer Zwei-Drittel-Mehrheit bei Anwesenheit von zwei Dritteln der Reichstagsmitglieder (Art. 76 Abs. 1 Satz 2 WRV). In Ermangelung eines Vorrangs der Verfassung gegenüber dem einfachen Gesetz konnte danach aber die Verfassung aus der Sicht der damaligen Staatsrechtslehre durch „verfassungsdurchbrechende Gesetze"[9] geändert und verdrängt werden, sofern nur die geforderte Mehrheit erreicht wurde;[10] einer ausdrücklichen Änderung des Textes bedurfte es nicht. Eine **Abweichung von der Verfassung** war mithin durch beliebige Gesetze möglich, so dass der Verfassungstext für sich genommen keine Auskunft über die Rechtslage gab.[11]

6 Nicht mit der (bisherigen) Verfassung im Einklang stehende Gesetze waren danach entweder verfassungsändernd oder wegen fehlender Beachtung des für Verfassungsänderungen vorgesehenen Quorums *formell* verfassungswidrig; **eine materielle Verfassungswidrigkeit** konnte es nicht geben.[12] Die Möglichkeit materieller Verfassungswidrigkeit, verstanden als **inhaltlicher Widerspruch** zwischen einem Gesetz und dem Verfassungstext, setzt vielmehr voraus, dass eine Änderung verfassungsrechtlicher Regelungen durch außerhalb der Verfassung stehende Vorschriften ausgeschlossen ist, es hierfür einer ausdrücklichen Änderung des Verfassungstextes bedarf. Der **Vorrang der Verfassung** und das Erfordernis ausdrücklicher

---

3 *G. Anschütz*, Die Verfassungsurkunde für den Preußischen Staat, 1912, S. 98, bezeichnete die Grundrechte daher als „kasuistisch gefaßte Darlegung des Prinzips der gesetzmäßigen Verwaltung".
4 Marbury vs. Madison, hier zit. nach dem Abdruck bei *H. St. Commager* (Ed.), Documents of American History, 7th. edition (1963), Vol. I (to 1898), S. 191 (193).
5 *P. Laband*, Staatsrecht, Zweiter Band, 5. Aufl. 1911, S. 39.
6 Vgl. hierzu *H. Dreier*, JZ 1994, S. 741 (742 f.); *R. Wahl*, Der Staat 20 (1981), S. 485 (491 ff.).
7 Vgl. etwa PrOVGE 78, 261 (264): Einschränkung der Meinungsfreiheit durch § 10 II 17 ALR.
8 So insbes. *G. Anschütz*, Die Verfassung des Deutschen Reiches, 14. Aufl., 1933, Art. 76 Anm. 1 (S. 401); s. auch schon ders., Die Verfassungsurkunde für den Preußischen Staat, 1912, S. 66.
9 Zur „Verfassungsdurchbrechung" *W. Jellinek*, in: Anschütz/Thoma (Hrsg.), Handbuch des Deutschen Staatsrechts, Zweiter Band, S. 182 (187 f.), einschr. *R. Thoma*, in: Anschütz/Thoma (Hrsg.), Handbuch des Deutschen Staatsrechts, Zweiter Band, S. 108 (155 ff.) mwN.
10 *H. Dreier*, JZ 1994, S. 741 (743 in Fn. 14), stellt fest, dass „die Frage nach dem Vorrang der Verfassung auf eine schwer entwirrbare Weise mit derjenigen nach Verfassungsdurchbrechungen zusammenhängt".
11 Vgl. *J. Ipsen / A.-K. Kaufhold / Th. Wischmeyer*, Staatsorganisationsrecht, § 20 Rn. 11.
12 *Th. Koch*, Der Grundrechtsschutz des Drittbetroffenen, S. 53.

Textänderung sind daher untrennbar miteinander verbunden: Weicht ein Gesetz ohne Änderung des Verfassungstextes von der Verfassung ab, so ist es materiell verfassungswidrig.[13]

Die **Sonderstellung der Verfassung** ergibt sich daher nicht aus ihrer erschwerten Abänderbarkeit, vielmehr manifestiert sich hierin – umgekehrt – ihr besonderer Rang.[14] Auch die Annahme, dass das Individuum der Träger unverletzlicher und unveräußerlicher Menschenrechte ist (Art. 1 Abs. 2 GG), macht die Konsequenz unabweisbar, dass diese Rechte durch den Gesetzgeber ausgestaltet und zueinander in Beziehung gesetzt werden dürfen, in ihrem Kern aber nicht zu dessen Disposition stehen.

II. Dreipoligkeit der grundrechtlichen Beziehungen

Polizeiliche oder verwaltungsbehördliche Interventionen sind kein Selbstzweck, sondern ein Instrument zur Abwehr von Gefahren für Rechtsgüter der Allgemeinheit oder einzelner Personen; der Staat darf im Rahmen der ihm zugewiesenen Aufgabe der **Gewährleistung von Sicherheit** zu diesen Zwecken legitimerweise tätig werden. Es wäre daher eine Verkürzung auch der (grund-) rechtlichen Zusammenhänge, allein das Verhältnis zwischen der intervenierenden Stelle und dem Adressaten der Maßnahme in den Blick zu nehmen, denn eine gefahrenabwehrende Tätigkeit erfolgt regelmäßig im Interesse ebenfalls (grund-) rechtlich geschützter Belange **dritter Personen**, die durch eine gefahrenauslösende Sachlage beeinträchtigt zu werden drohen.[15]

▶ **Fall:**[16] Im November 2019 meldete die NPD eine Demonstration in der Innenstadt von Hannover an, die sich aus Anlass eines kritischen Fernsehberichts über einen Mitwirkenden an Kriegsverbrechen während des zweiten Weltkriegs in Frankreich gegen drei – namentlich genannte – Journalisten sowie den NDR richten sollte. Als es im Vorfeld der Veranstaltung zu öffentlichen Drohungen gegen die Journalisten kommt, will die Polizeidirektion Hannover die Durchführung der Demonstration verbieten, weil von der Versammlung eine unmittelbare Gefährdung der öffentlichen Sicherheit ausgehe. ◀

Inhalt der **Versammlungsfreiheit** (Art. 8 Abs. 1 GG) ist das Recht, sich „friedlich und ohne Waffen" zu versammeln. Wenn unterstellt wird, dass die Demonstration unbeschadet der Vorgänge in deren Vorfeld den Anforderungen von Art. 8 Abs. 1 GG genügen wird und auch keine „Gewalttätigkeiten" (§ 3 Abs. 1 NVersG) drohen oder auch nur der „Eindruck von Gewaltbereitschaft" (§ 3 Abs. 3 NVersG) zu gewärtigen ist,[17] genießt die angemeldete Veranstaltung folglich den Schutz des Art. 8 GG. Dass es sich bei der anmeldenden Partei um eine **verfassungsfeindliche Partei** handelt, die nach ihren Zielen und dem Verhalten ihrer Anhänger die Beseitigung der grundgesetzlichen Ordnung anstrebt und für den freiheitlich-demokratischen Verfassungsstaat unverzichtbare Grundprinzipien missachtet,[18] lässt den Grundrechtsschutz nicht entfallen, denn der Staat bleibt weiterhin zur **Gleichbehandlung** aller nicht verbotenen Parteien verpflichtet.[19]

In dem Verbot der Demonstration durch die Polizeidirektion Hannover als zuständiger Versammlungsbehörde (§ 24 Abs. 1 Satz 2 NVersG) liegt folgerichtig eine Beeinträchtigung der

---

13 *Th. Koch*, Der Grundrechtsschutz des Drittbetroffenen, S. 53 f.
14 Vgl. *J. Ipsen / A.-K. Kaufhold / Th. Wischmeyer*, Staatsorganisationsrecht, § 20 Rn. 4.
15 Vgl. *J. Ipsen*, NdsVBl. 2018, S. 257 (260 f.).
16 Nach Nds. OVG, B. v. 25.11.2019 – 11 ME 376/19.
17 Zur Friedlichkeit einer Versammlung *W. Höfling*, in: Sachs (Hrsg.), GG, Art. 8 Rn. 34; *C. Gusy*, in: v. Mangoldt/Klein/Starck, GG, Art. 8 Rn. 23; *H. Schulze-Fielitz*, in: Dreier (Hrsg.), GG, Art. 8 Rn. 41 f.
18 Dazu deutlich BVerfG, Urt. v. 17.1.2017 – 2 BvB 1/13, Rn. 633 ff., zusammenfassend Rn. 844.
19 BVerwG, Urt. v. 28.11.2018 – 6 C 2/17, Rn. 36 ff.; BayVGH, B. v. 13.5.2019 – 7 CE 19.943, Rn. 14; Nds. StGH, Urt. v. 24.11.2020 – 6/19, Rn. 77 f.; s. ferner *J. Ipsen / Th. Koch*, in: Sachs (Hrsg.), GG, Art. 21 Rn. 210.

grundrechtlich geschützten Versammlungsfreiheit. Diese Maßnahme dient zugleich dem Ziel, Rechtspositionen der betroffenen Journalisten zu schützen: Aus den Reaktionen auf den in Rede stehenden Fernsehbeitrag lässt sich zunächst eine Gefahr für **Individualrechtsgüter** der Journalisten ableiten. Auch liegt nahe, dass mit den vorangegangenen Drohungen zugleich Einfluss auf deren Arbeit genommen werden sollte. Die behördliche Intervention zielt daher auf **Rechtsgüterschutz** durch Abwehr von Gefahren, die nach Auffassung der Versammlungsbehörde den Rechtsgütern und Interessen der Journalisten drohen und die ihrerseits im Verhältnis zum Staat grundrechtlich geschützt sind.

11   Werden Polizei und Verwaltungsbehörden tätig, um **Dritte** vor Beeinträchtigungen ihrer Rechtsgüter durch andere Private zu schützen, so erfolgen damit einhergehende Beeinträchtigungen grundrechtlicher Freiheit mithin in Wahrnehmung der diesen Stellen obliegenden (Staats-) Aufgabe, gegen **Gefahren für Individualrechtsgüter** vorzugehen. Im Verhältnis zu denjenigen, zu deren Gunsten die polizeiliche oder verwaltungsbehördliche Intervention erfolgt, wird eine öffentliche Aufgabe nach Maßgabe etwa des Gefahrenabwehrrechts (§ 1 Abs. 1 NPOG) wahrgenommen. Würde die Versammlungsbehörde untätig bleiben und die Demonstration stattfinden, läge in daraus etwa resultierenden Beeinträchtigungen zulasten der Journalisten andererseits keine Einwirkung staatlicher Stellen auf die grundrechtlich geschützte **Freiheit der Berichterstattung** (Art. 5 Abs. 1 Satz 2 GG) oder die **berufliche Betätigung** (Art. 12 GG), denn die Durchführung einer Versammlung ist eine jederzeit mögliche und der Rechtsordnung vorgegebene Handlung. Für den grundgesetzlichen Schutz der Versammlungsfreiheit (Art 8 GG) gilt daher wie für alle anderen Grundrechte, dass grundrechtlich geschützte (Handlungs-) Freiheit vom Staat nicht gewährt, sondern allein gewährleistet wird.[20] Sofern Handlungen, die Ausdruck einer **präexistenten Freiheit** sind, ohne besondere staatliche Zulassung oder Genehmigung erfolgen können, sind damit einhergehende Beeinträchtigungen von grundrechtlich geschützten Rechtsgütern anderer Personen dem Staat folglich nicht als „Eingriff" zuzurechnen; die rechtsgutsbeeinträchtigende Handlung eines Privaten – einschließlich einer politischen Partei – ist keine staatliche Verkürzung grundrechtlich geschützter Freiheit.

12   Gleichwohl soll sich eine entsprechende Pflicht zum Einschreiten aus den einschlägigen Grundrechten der geschützten Personen ergeben können. Auch wenn die unterbliebene Intervention keine Verkürzung grundrechtlicher Freiheit durch staatliches Handeln darstellt, wird der Staat aufgrund **einer grundrechtlichen Schutzpflicht** als gehalten angesehen, Dritte vor privaten Einwirkungen auf ihre grundrechtlich geschützten Rechtsgüter zu bewahren.[21] Diese in den Grundrechten wurzelnde Schutzpflicht des Staates zugunsten gefährdeter Rechtsgüter ist vom Bundesverfassungsgericht unter Rückgriff auf die vom Grundgesetz statuierte **Wertordnung** entwickelt und in einer Vielzahl von Entscheidungen ausgeformt worden;[22] auf den ersten Blick erscheint es daher als folgerichtig, diesen Gedanken auf Sachverhalte des Gefahrenabwehrrechts zu übertragen, in denen Private ihre Rechtsgüter durch andere Private bedroht sehen.

---

20 Vgl. *J. Ipsen*, Staatsrecht II – Grundrechte, Rn. 78.
21 Vgl. hierzu *C. Calliess*, in: Merten/Papier (Hrsg.), Handbuch der Grundrechte, Band II (2006), § 44 Rn. 4 ff.; s. ferner *H.-P. Schneider*, in: Merten/Papier (Hrsg.), Handbuch der Grundrechte, Band I (2004), § 18 Rn. 44 f.; *J. Ipsen*, Staatsrecht II – Grundrechte, Rn. 101 ff.; *F. Schoch*, in: ders. (Hrsg.), Besonderes Verwaltungsrecht, Kap. 1 Rn. 71 ff.; *S. Schönrock*, FS Prümm (2013), S. 65 (67 f.).
22 Vgl. BVerfG, Urt. v. 25.2.1975 – 1 BvF 1/74 u. a., Rn. 152; Urt. v. 16.10.1977 – 1 BvQ 5/77, Rn. 13; B. v. 8.8.1978 – 2 BvL 8/77, Rn. 114 ff. (117); B. v. 20.12.1979 – 1 BvR 385/77, Rn. 52 ff.; B. v. 14.1.1981 – 1 BvR 612/72, Rn. 51 ff; B. v. 29.10.1987 – 2 BvR 624/83, Rn. 101; B. v. 30.11.1988 – 1 BvR 1301/84, Rn. 81 f.; Urt. v. 24.4.1991 – 1 BvR 1341/90, Rn. 60; Urt. v. 28.5.1993 – 2 BvF 2/90 u. a., Rn. 157 ff.; B. v. 16.11.1993 – 1 BvR 258/86, Rn. 39.

Notwendigkeit und Sachgerechtigkeit der Rechtsfigur der grundrechtlichen Schutzpflicht 13
im Kontext des Gefahrenabwehrrechts sind gleichwohl zweifelhaft: Eine **Rechtspflicht** ist
zunächst allein objektiv-rechtlicher Natur. Sie enthält das an die Normadressaten gerichtete
Gebot, bei Vorliegen der tatbestandlichen Voraussetzungen der pflichtenbegründenden Norm
tätig zu werden. Eine objektiv-rechtliche Pflicht des Staates zur Gefahrenabwehr ergibt sich
aber schon aus der Staatsaufgabe der Gewährleistung der inneren Sicherheit, die durch die
gefahrenabwehrrechtliche Aufgabenzuweisung an Polizei und Verwaltungsbehörden konkretisiert wird. Die daran anknüpfenden **Befugnisnormen** räumen regelmäßig **Ermessen** ein (§ 11
NPOG: „Die Verwaltungsbehörden und die Polizei *können* die notwendigen Maßnahmen
treffen …"). Es liegt jedoch auf der Hand, dass die zuständigen Behörden bei der Ausübung des
ihnen eingeräumten Ermessens und der danach zu treffenden Ermessensentscheidung über das
„Ob" und das „Wie" einer Intervention die beteiligten Interessen und betroffenen Rechtsgüter
in den Blick nehmen müssen (→ § 7 Rn. 6 ff.). Eine **objektiv-rechtliche Schutzpflicht** könnte
daher nur in sehr beschränktem Maße eine ergänzende steuernde Wirkung entfalten; eine
damit einhergehende Verkürzung des Ermessensspielraums von Polizei und Verwaltungsbehörden erscheint zudem als weder erforderlich noch sachgerecht.

Allerdings begründen Grundrechte nicht nur eine objektiv-rechtliche Pflicht des Staates. Zu 14
der (objektiv-rechtlichen) Verpflichtung aus der Funktion der Grundrechte als **Abwehrrechte**, grundrechtlich geschützte Rechtsgüter nicht in rechtswidriger Weise zu beeinträchtigen,
tritt vielmehr ein entsprechendes **subjektives Recht** der grundrechtsberechtigten Personen
hinzu, dies auch zu verlangen und erforderlichenfalls gerichtlich durchzusetzen.[23] Ob auch
die grundrechtliche **Schutzpflicht** ebenfalls – wie die Grundrechte in ihrer Funktion als Abwehrrechte – ein subjektives Recht vermittelt, ist hingegen nicht völlig unumstritten.[24] In der
Rechtsprechung des Bundesverfassungsgerichts wird dies aber mittlerweile bejaht.[25] Folgt man
dem, so ergäbe sich aus den grundrechtlichen Schutzpflichten zwanglos ein grundsätzlicher
Anspruch auf polizeiliches Einschreiten zur Gefahrenabwehr. Verschiedentlich wird daher
aus der grundrechtlichen Schutzpflicht ein (Super-) „Grundrecht auf Sicherheit" abgeleitet,[26]
aus dem sich entsprechende behördliche Handlungspflichten ergeben sollen.

Dem ist jedenfalls für das Gefahrenabwehrrecht nicht zu folgen.[27] Ein „**Grundrecht auf** 15
Sicherheit" sucht man im Grundgesetz aus guten Gründen vergeblich, da Grundrechte gerade
den Gegenpol zu den staatlichen Aufgaben bilden. Durch ein aus einer grundrechtlichen
Schutzpflicht entspringendes „Grundrecht auf Sicherheit" wird die Unterscheidung zwischen
einer objektiv-rechtlichen (Staats-) **Aufgabe der Sicherheitsgewähr** und einer individuellen
Rechtsposition eingerissen. Zudem besteht die Gefahr, dass Grundrechte, die Anforderungen
an die Rechtfertigung staatlichen Handelns bei der Erfüllung von Staatsaufgaben stellen, von
Abwehrrechten zu Eingriffsermächtigungen umgefälscht und auf diese Weise in ihr Gegenteil

---

23 Näher *J. Ipsen*, Staatsrecht II – Grundrechte, Rn. 53 ff.
24 Krit. zu subjektiven Rechten aus Schutzpflichten *J. Ipsen*, Staatsrecht II – Grundrechte, Rn. 105 ff. (109).
25 Tendenziell bereits bejahend BVerfG, B. v. 29.10.1987 – 2 BvR 624/83, Rn. 101; B. v. 30.11.1988 – 1 BvR 1301/84 – Rn. 81; deutlich die „Klimaschutz"-Entscheidung, BVerfG, B. v. 24.3.2021 – 1 BvR 2656/18 u. a., Rn. 145: „Die aus der objektiven Funktion des Grundrechts abgeleiteten Schutzpflichten sind grundsätzlich Teil der subjektiven Grundrechtsberechtigung"; s. ferner *H. H. Klein*, DVBl. 1994, S. 489 (493); *St. Rixen*, in: Sachs (Hrsg.), GG, Art. 2 Rn. 24; *F. Schoch*, in: ders. (Hrsg.), Besonderes Verwaltungsrecht, Kap. 1 Rn. 53.
26 Grundlegend *J. Isensee*, Das Grundrecht auf Sicherheit – Zu den Schutzpflichten des freiheitlichen Verfassungsstaates, 1983 (Vortrag, gehalten vor der Berliner Juristischen Gesellschaft); s. ferner *ders.*, in: Isensee/Kirchhoff (Hrsg.), Handbuch des Staatsrechts, 3. Aufl., Bd. IX, 2011, § 191 Rn. 3, 18 ff., 25 und pass.; mit der ausdrücklichen Nennung der Sicherheit in Art. 6 GrCh argumentierend EuGH, Urt. v. 15.2.2016 – C 601/15 PPU, Rn. 53; s. ferner EuGH, Urt. v. 8.4.2014 – C-293/12 u. a., Rn. 42.
27 Zur Kritik *M. Kutscha*, in: Kutscha/Roggan (Hrsg.), Handbuch zum Recht der inneren Sicherheit, 2. Aufl. 2006, S. 31 f.; zurückhaltend auch *F. Schoch*, in: ders. (Hrsg.), Besonderes Verwaltungsrecht, Kap. 1 Rn. 73.

verkehrt werden würden.[28] Hieraus entsteht eine **Gemengelage** von grundrechtlichem Abwehrrecht einerseits und grundrechtlicher Schutzpflicht andererseits, die tendenziell geeignet ist, die **Handlungs- und Entscheidungsspielräume** der Exekutivorgane bei der Gefahrenabwehr zu verkürzen.[29] An der Unterscheidung zwischen (objektiv-rechtlichen) Staatsaufgaben einerseits und subjektiven Grundrechten andererseits ist daher grundsätzlich festzuhalten; deren Überlagerung – wenn nicht Auflösung – durch Heranziehung konfligierender Grundrechtspositionen ist weder notwendig noch hilfreich.

16 Dieser Befund ändert andererseits nichts daran, dass das rechtliche Beziehungsgeflecht bei der Gefahrenabwehr insofern **dreipolig** ist, als nicht nur das durch Maßnahmen zur Gefahrenabwehr beeinträchtigte Interesse einer grundrechtsberechtigten Person, sondern auch das damit verfolgte und geschützte Interesse anderer Personen oder der Allgemeinheit in den Blick genommen werden muss. Die Geltung der Grundrechte als (subjektive) **Abwehrrechte** hat zunächst zur Folge, dass die staatliche Verkürzung grundrechtlich geschützter Freiheit der Adressatinnen und Adressaten gefahrenabwehrender Maßnahmen der Rechtfertigung bedarf; diese Rechtfertigung kann im Gefahrenabwehrrecht aber gerade auch aus der (möglichen) Beeinträchtigung von anderen Rechtsgütern durch Gefahrenlagen oder gar bereits eingetretener Störungen der öffentlichen Sicherheit oder Ordnung resultieren.

III. Die Beeinträchtigung grundrechtlicher Schutzgüter

17 Die Verwaltungsbehörden und die Polizei können durch unterschiedlichste Maßnahmen auf grundrechtlich geschützte Positionen einwirken. Den Standardfall bildet eine Verfügung zur Gefahrenabwehr, mit der eine betroffene Person unter Berufung etwa auf die gefahrenabwehrrechtliche **Generalklausel** (§ 11 NPOG) durch **ein Ge- oder Verbot** zu einer Handlung oder auch Unterlassung verpflichtet wird. Auf diese Weise wird die Rechtsmacht und damit die Freiheit zu einer dem widersprechenden Handlung beseitigt, womit regelmäßig eine Einwirkung (jedenfalls) auf die grundrechtlich geschützte **allgemeine Handlungsfreiheit** (Art. 2 Abs. 1 GG) einhergeht, sofern nicht ein spezielleres Grundrecht einschlägig ist.[30] Einwirkungen auf die (Bewegungs-) Freiheit der Person können beispielsweise durch deren Anhalten etwa zur **Identitätsfeststellung** (§ 13 NPOG) oder auch eine **Ingewahrsamnahme** (§ 18 NPOG) erfolgen. Weiter genannt seien Einwirkungen auf die persönlichen Sphäre in Form von **Durchsuchungen** einer Person (§ 22 NPOG), ihrer Sachen (§ 23 NPOG) oder ihrer Wohnung (§ 24 NPOG). Ebenfalls in diesen Zusammenhang gehört die polizeiliche **Datenerhebung und -verarbeitung** (§§ 30 ff. NPOG) sowie schließlich die Anwendung unmittelbaren Zwangs (§ 69 NPOG).

18 Die Prüfung der Zulässigkeit derartiger Maßnahmen anhand der Grundrechte macht erforderlich, zunächst das sachlich einschlägige Grundrecht zu ermitteln, denn zwischen verschiedenen Grundrechten bestehen Unterschiede sowohl hinsichtlich der Modalitäten der Beeinträchtigung wie auch in Bezug auf die Anforderungen an die Rechtfertigung einer Freiheitsverkürzung. Dabei lassen sich grundsätzlich zwei Typen von Grundrechten und – damit einhergehend – zwei Arten von **Beeinträchtigungsmodalitäten** unterscheiden:[31] So

---

28 Davor warnend schon das Sondervotum von *W. Rupp-v. Brünneck* und *H. Simon* zu BVerfG, Urt. v. 25.2.1975 – 1 BvF 1/74 u. a. („Fristenregelung"), Rn. 229 ff.
29 Dazu *J. Ipsen*, Staatsrecht II – Grundrechte, Rn. 105 f.
30 Zum Verhältnis zwischen der allgemeinen Handlungsfreiheit und den spezielleren Grundrechtsgewährleistungen vgl. *H. Dreier*, in: ders. (Hrsg.), GG, Art. 2 I Rn. 28; *St. Rixen*, in: Sachs (Hrsg.), GG, Art. 2 Rn. 10; *J. Ipsen*, Staatsrecht II – Grundrechte, Rn. 767.
31 Näher zu dieser Unterscheidung *J. Ipsen*, Staatsrecht II – Grundrechte, Rn. 149 ff., 155 ff.; *Th. Koch*, Der Grundrechtsschutz des Drittbetroffenen, S. 73 ff.

sind Grundrechte, die ein bestimmtes Verhalten schützen, typischerweise einschlägig, wenn **Freiheitsverkürzungen** durch Ge- oder Verbote und damit **Rechtsakte** erfolgen;[32] hierzu zählen etwa die Meinungsfreiheit (Art. 5 Abs. 1 GG), die Berufsfreiheit (Art. 12 GG) und die Versammlungsfreiheit (Art. 8 GG). Fehlt es an der Einschlägigkeit einer speziellen Freiheitsverbürgung, so wird bei Beeinträchtigungen durch Ge- oder Verbote jedenfalls die **allgemeine Handlungsfreiheit** (Art. 2 Abs. 1 GG) als „Auffanggrundrecht" betroffen sein. Andere Grundrechte zielen auf den Schutz der **Integrität der Person** und der **persönlichen Sphäre**. Dies betrifft etwa das Recht auf Leben, die körperliche Unversehrtheit und die Gewährleistung der Freiheit der Person (Art. 2 Abs. 2 GG), den Schutz der Wohnung (Art. 13 GG) oder das Recht auf informationelle Selbstbestimmung als Ausprägung des allgemeinen Persönlichkeitsrechts (Art. 2 Abs. 1 iVm Art. 1 Abs. 1 GG). Bei diesen Grundrechten erfolgt die Beeinträchtigung im Regelfall nicht durch Rechtsakte, sondern durch **tatsächliche Handlungen** wie etwa das Einsperren einer Person, das Eindringen in einen geschützten Raum oder die Verarbeitung personenbezogener Daten.[33]

Auf Basis dieser Unterscheidung ist beispielsweise das Grundrecht der Freiheit der Person (Art. 2 Abs. 2 Satz 2 GG) allein dann einschlägig, wenn jemandem die tatsächliche Bewegungsfreiheit insbesondere durch **Einsperren** in einen umschlossenen Raum genommen wird; ebenfalls hierher zu zählen ist das nicht nur kurzfristige Festhalten einer Person. Nicht einschlägig ist die Freiheit der Person hingegen, wenn lediglich die **Rechtspflicht** zum Aufenthalt oder Verweilen an einem bestimmten Ort durch Rechtsakt (Ge- oder Verbot) begründet wird, wie dies etwa bei einer **Vorladung** durch die Polizei oder ein Gericht der Fall ist. Zu Recht hat der Bayerische Verfassungsgerichtshof im Kontext der Anordnung von Ausgangssperren zur Pandemiebekämpfung entschieden, dass die Rechtspflicht, die Wohnung nicht ohne bestimmte Gründe zu verlassen, nicht in den Schutzbereich dieses Grundrechts falle, weil hierfür eine **Zwangswirkung** erforderlich sei, „die über die bloße Rechtspflicht zur Anwesenheit an einem bestimmten Ort hinausgeht".[34]

Demgegenüber hat das Bundesverfassungsgericht in seiner Entscheidung zu den **Ausgangssperren** aus Anlass der Bekämpfung des Sars-Cov-2-Virus eine andere Auffassung vertreten. Eingriffe in die Freiheit der Person seien nicht auf Einwirkungen durch unmittelbar wirkenden körperlichen Zwang beschränkt.[35] Vielmehr könnten auch regelnde staatliche Maßnahmen in die Fortbewegungsfreiheit eingreifen, sofern ein staatlicher Eingriffsakt, der sich gegen den Willen auf Ausübung der **Fortbewegungsfreiheit** richtet, nach Art und Ausmaß einem unmittelbar wirkenden physischen Zwang vergleichbar sei.[36]

Dem kann schon mit Blick auf die **Schrankenregelung** in Art. 2 Abs. 2 GG nicht beigetreten werden, weil die dort genannten Maßnahmen nur „auf Grund eines Gesetzes", nicht aber (unmittelbar) durch Gesetz ergehen können. Damit zielt diese Schrankenregelung erkennbar auf **tatsächliche Handlungen** der Exekutive, für die es jeweils einer gesetzlichen Grundlage (sowie bei Freiheitsentziehungen einer richterlichen Entscheidung) bedarf. Soweit hingegen Rechtsakte – also Gebote oder Verbote – in Rede stehen, können diese auch durch Rechtsnormen erfolgen. In diesem Fall ist daher im Grundgesetz regelmäßig von Beschränkungen „durch Gesetz oder aufgrund Gesetzes" die Rede (Art. 8 Abs. 2, 12 Abs. 1 GG); dies ist im Falle der Freiheit der Person aber gerade nicht der Fall. Hieran lässt sich ablesen, dass der Grundrechtsschutz **der Freiheit der Person** auf tatsächliche Handlungen zielt. Soweit demge-

---

32 *Th. Koch*, Der Grundrechtsschutz des Drittbetroffenen, S. 76.
33 *Th. Koch*, Der Grundrechtsschutz des Drittbetroffenen, S. 76 f.
34 BayVerfGH v. 17.12.2020 – Vf. 110-VII-20, Rn. 27; anders *S. Bretthauer*, DVBl. 2022, S. 89 (92).
35 BVerfG, B. v. 19.11.2021 – 1 BvR 781/21 u. a., Rn. 242.
36 BVerfG, B. v. 19.11.2021 – 1 BvR 781/21 u. a., Rn. 246.

genüber das Bundesverfassungsgericht von der Möglichkeit der Einwirkung auf die Freiheit der Person „aufgrund Gesetzes" auch Beeinträchtigungen unmittelbar durch legislatorische Akte gestatten will,[37] liegt dem eine Missachtung des Wortlauts und eine **Verkennung der Schrankensystematik** des Grundgesetzes zugrunde.

IV. Schranken der Grundrechte

22 Ist ein bestimmtes Grundrecht tatbestandlich einschlägig, so bedeutet dies nur, dass eine staatliche Maßnahme in Form eines Ge- oder Verbots oder in Form einer tatsächlichen Handlung auf ein **grundrechtliches Schutzgut** einwirkt und daher von dem jeweils sachlich einschlägigen Grundrecht erfasst wird; über die Zulässigkeit einer Beschränkung grundrechtlich geschützter Freiheit durch die jeweilige staatliche Maßnahme ist damit noch nichts gesagt. Es ist daher auch ungenau, wenn in derartigen Fällen von einem „Eingriff" in das einschlägige Grundrecht gesprochen wird. Dabei handelt es sich vielmehr um eine verkürzende Beschreibung des Vorliegens einer Einschränkung der Freiheit, die von dem betreffenden Grundrecht sachlich-thematisch erfasst wird, denn beeinträchtigt wird das grundrechtliche Schutzgut, nicht die grundrechtliche Rechtsposition.[38] Dies wiederum ist ein alltägliches und allgegenwärtiges Phänomen. So geht beispielsweise mit jedem **Ampelstopp** im Straßenverkehr (jedenfalls) eine Beeinträchtigung der allgemeinen Handlungsfreiheit einher. Das Grundrecht wird aber erst „verletzt" – und ist dann als Abwehrrecht existent – wenn diese **Freiheitsverkürzung** nicht gerechtfertigt werden kann.[39] Dies lenkt den Blick auf die Schranken der Grundrechte.

23 Die landläufig als **„Eingriff"** bezeichnete Einwirkung auf einen Gegenstand grundrechtlichen Schutzes besagt demnach nur, dass dieser Vorgang einer Rechtfertigung am Maßstab der Anforderungen für die Zulässigkeit einer Beeinträchtigung des jeweiligen grundrechtlichen Schutzgutes bedarf. Dabei entsprechen den verschiedenen Arten von Grundrechten und – damit einhergehend – unterschiedlichen Modalitäten der Beeinträchtigung grundrechtlicher Schutzgüter divergierende Regelungen über die Möglichkeit der Rechtfertigung einer solchen Beeinträchtigung durch in der Verfassung enthaltene oder vorgesehene **Grundrechtsschranken**. So weisen Grundrechte, die auf die Person oder persönliche Sphäre zielen, meist Vorbehalte für Maßnahmen auf, die auch vom Grundgesetz (ungenau) als „Eingriffe" bezeichnet werden. Wiederum illustrieren lässt sich dies an der Schrankenregelung für das Recht auf Leben und körperliche Unversehrtheit (Art. 2 Abs. 2 Satz 3 GG), in der vorgesehen ist, dass in diese Grundrechte aufgrund Gesetzes „eingegriffen" werden kann. Derartigen Eingriffsvorbehalten liegt ersichtlich die Annahme eines **Ausnahmecharakters** darauf gestützter Maßnahmen zugrunde.[40] Gleichwohl existieren namentlich im Gefahrenabwehrrecht und im Strafprozessrecht zahlreiche gesetzliche Regelungen, die zu freiheitsbeschränkenden und -entziehenden Maßnahmen oder auch Eingriffen in andere Schutzgüter mit Bezug zur Person oder persönlichen Sphäre wie der Unverletzlichkeit der Wohnung (Art. 13 GG) oder der informationellen Selbstbestimmung (Art. 2 Abs. 1 iVm. Art. 1 Abs. 1 GG) etwa durch Regelungen zur (verdeckten) Datenerhebung und Datenverarbeitung ermächtigen.

24 Davon zu unterscheiden sind die Schranken und Schrankenvorbehalte bei **handlungsbezogenen Grundrechten**, bei denen auf die grundrechtlich geschützte Freiheit typischerweise durch Ge- oder Verbote eingewirkt wird. Die dies ermöglichenden **Schrankenregelungen** nehmen

---

[37] BVerfG, B. v. 19.11.2021 – 1 BvR 781/21 u. a., Rn. 270 ff.
[38] Ebenso *J. Ipsen*, Staatsrecht II – Grundrechte, Rn. 138.
[39] *Th. Koch*, Der Grundrechtsschutz des Drittbetroffenen, S. 86 f.
[40] *J. Ipsen*, Staatsrecht II – Grundrechte, Rn. 149 ff.

IV. Schranken der Grundrechte

zum Teil ausdrücklich auf Regelungen zum Schutze bestimmter Rechtsgüter Bezug. So wird die Meinungsfreiheit durch den Jugend- und Ehrenschutz begrenzt (Art. 5 Abs. 2 GG). Die allgemeine Handlungsfreiheit findet nach dem Wortlaut des Grundgesetzes eine praktisch irrelevante[41] Schranke im „Sittengesetz"; ferner verwiesen wird auf die Rechte anderer und die Gesamtheit der **verfassungsmäßigen Ordnung** (Art. 2 Abs. 1 GG). Andere Vorschriften beschränken sich auf eine Ermächtigung des Gesetzgebers zur Schrankensetzung (z. B. Art. 8 Abs. 2 und Art. 12 Abs. 1 Satz 2 GG).

Mit diesen Regelungen wird dem Umstand Rechnung getragen, dass aus grundrechtlich geschützten Handlungen auch **Konflikte** mit Rechtsgütern anderer Personen oder der Allgemeinheit resultieren können, die aufzulösen dem Gesetzgeber obliegt. Dabei gilt: je umfassender der Tatbestand einer Grundrechtsnorm menschliches Handeln erfasst und schützt, desto eher können sich Konflikte aus den einer Grundrechtsnorm zuzuordnenden Handlungen ergeben, die eine **gesetzgeberische Intervention** nötig machen. Ein weit gefasster Grundrechtstatbestand erfordert daher entsprechend weitgehende Möglichkeiten zu Schrankenregelungen. Folgerichtig lässt sich auch umgekehrt aus der Schrankenregelung auf die Weite des Tatbestandes schließen. So hat das Bundesverfassungsgericht aus dem Umstand, dass die allgemeine Handlungsfreiheit (Art. 2 Abs. 1 GG) einem (umfassenden) Vorbehalt der Vereinbarkeit einer Handlung mit der verfassungsmäßigen Ordnung, den Rechten anderer und dem „Sittengesetz" unterliegt, auf eine Gewährleistung der „Handlungsfreiheit im umfassenden Sinne" geschlossen.[42] Der weite Tatbestand des Rechts auf freie Entfaltung der Persönlichkeit erfasst demnach einerseits **beliebige menschliche Verhaltensweisen**,[43] andererseits steht der Grundrechtsschutz einer Handlung insbesondere unter dem Vorbehalt der Vereinbarkeit mit der verfassungsmäßigen Ordnung und damit aller (formell und materiell) verfassungsmäßigen Gesetze.[44]

25

In einigen wenigen Fällen sieht das Grundgesetz weder Schranken grundrechtlicher Freiheit vor noch wird der Gesetzgeber zu einer Schrankenziehung ermächtigt. Diese Grundrechte, namentlich die Kunstfreiheit (Art. 5 Abs. 3 GG) und die Glaubens- und Gewissensfreiheit, (Art. 4 Abs. 1 GG), sind nach dem Wortlaut des Grundgesetzes **vorbehaltlos** garantiert; erkennbar wurde die Möglichkeit von Beschränkungen dieser Freiheiten bei Abfassung des Grundgesetzes nicht als erforderlich angesehen.[45] Diese Annahme hat sich als unzutreffend erwiesen. So können Vorgänge und Geschehnisse, die als „Kunst" angesprochen werden, mit anderen Rechten und Rechtsgütern – bis hin zu Einrichtungen des Staates und seiner Symbole[46] – kollidieren. Auch kann die weite Interpretation der Glaubensfreiheit und der Freiheit der ungestörten Religionsausübung zu einem Konflikt mit kollidierenden Belangen – auch von Gewerbetreibenden[47] – führen. In derartigen Fällen sollen daher **verfassungsimmanente Schranken** in Betracht kommen, die es verbieten, andere Rechtsgüter von Verfassungsrang zu

26

---

41 Vgl. *H. Dreier*, in: ders. (Hrsg.), GG, Art. 2 I Rn. 59; *St. Rixen*, in: Sachs (Hrsg.), GG, Art. 2 Rn. 99; *Ch. Starck*, in: v. Mangoldt/Klein/Starck, GG, Art. 2 Abs. 1 Rn. 37 ff. (41); s. ferner *Ph. Kunig / J. A. Kämmerer*, in: v. Münch/Kunig, GG, Art. 2 Rn. 48.
42 BVerfG, Urt. v. 16.1.1957 – 1 BvR 253/56 („Elfes"), Rn. 17; s. ferner BVerfG, B. v. 26.10.2005 – 1 BvR 396/98, Rn. 50.
43 Vgl. *St. Rixen*, in: Sachs (Hrsg.), GG, Art. 2 Rn. 52; *Ph. Kunig / J. A. Kämmerer*, in: v. Münch/Kunig, GG, Art. 2 Rn. 21; *H. Dreier*, in: ders. (Hrsg.), GG, Bd. I, Art. 2 I Rn. 26 mwN.
44 BVerfG, Urt. v. 16.1.1957 – 1 BvR 253/56 („Elfes"), Rn. 14; s. ferner *H. Dreier*, in: ders. (Hrsg.), GG, Bd. I, Art. 2 I Rn. 53; *J. Ipsen*, Staatsrecht II – Grundrechte, Rn. 782; *Ph. Kunig / J. A. Kämmerer*, in: v. Münch/Kunig, GG, Art. 2 Rn. 44.
45 *J. Ipsen*, Staatsrecht II – Grundrechte, Rn. 511 (zu. Art 5 Abs. 3 GG).
46 Vgl. dazu BVerfG, B. v. 7.3.1990 – 1 BvR 266/86 u. a., Rn. 48 ff.
47 Dazu grundlegend BVerfG, B. v. 16.10.1968 – 1 BvR 241/66 („Aktion Rumpelkammer").

beinträchtigen.[48] Dem ist (jedenfalls) im Ergebnis beizutreten, denn auch die vorbehaltlose Gewährleistung etwa der Kunstfreiheit kann nicht dazu ermächtigen, beispielsweise andere Personen zu verunglimpfen oder in herabsetzender Weise darzustellen.

V. Das Verhältnismäßigkeitsprinzip als Schranken-Schranke

27 Würde sich die Bedeutung der Grundrechte darin erschöpfen, dass es zu einer Beschränkung der grundrechtlich geschützten Freiheit nur einer Schrankenziehung durch den Gesetzgeber oder der gesetzgeberischen **Konkretisierung** einer grundgesetzlich vorgezeichneten Schranke bedarf, so wäre die Reichweite des Grundrechtsschutzes weitgehend in das Belieben des Gesetzgebers gestellt. Ein nennenswerter Fortschritt gegenüber den Gegebenheiten unter Geltung der Weimarer Reichsverfassung (→ Rn. 4 f.) wäre damit nicht verbunden. Unter dem Grundgesetz äußert sich die Bedeutung der Bindung auch des Gesetzgebers an die Grundrechte (Art. 1 Abs. 3 GG) hingegen nicht zuletzt darin, dass die Wahrnehmung der Befugnis zur Schrankenziehung ihrerseits mit Blick auf die Bedeutung der Grundrechte erfolgen muss, der Gesetzgeber mithin an die Freiheitsgewährleistung „zurückgebunden" wird.[49] Auch der grundrechtseinschränkende Gesetzgeber hat insbesondere das **Verhältnismäßigkeitsprinzip** zu beachten, das als „**Schranken-Schranke**" die Einschränkung grundrechtlicher Freiheit von weiteren Anforderungen abhängig macht.[50] Für die Verwaltungsbehörden und die Polizei ist dieser aus dem Rechtsstaatsprinzip folgende[51] und damit Verfassungsrang genießende Grundsatz noch einmal – deklaratorisch[52] – in das NPOG aufgenommen worden: Von mehreren möglichen und geeigneten Maßnahmen ist danach diejenige zu treffen, die den Einzelnen und die Allgemeinheit voraussichtlich am wenigsten beeinträchtigt (§ 4 Abs. 1 NPOG). Auch darf eine Maßnahme nicht zu einem Nachteil führen, der zu dem erstrebten Erfolg erkennbar außer Verhältnis steht (§ 4 Abs. 2 NPOG).

28 In dieser gesetzlichen Regelung deutet sich bereits an, dass die Prüfung des Verhältnismäßigkeitsprinzips in **mehreren Schritten** erfolgt.[53] Bezugspunkt der vom Verhältnismäßigkeitsprinzip gestellten Anforderungen an staatliche Maßnahmen ist zunächst der mit der jeweiligen polizeilichen Maßnahme verfolgte **Zweck**, bei dem es sich um einen legitimerweise verfolgbaren Zweck handeln muss. Dass mit administrativem Handeln zugleich ein legitimer öffentlicher Zweck verfolgt wird, ist bei Maßnahmen zur Abwehr von Gefahren für die öffentliche Sicherheit und Ordnung unproblematisch.[54]

29 In einem weiteren Schritt ist zu prüfen, ob die in Rede stehende Maßnahme zur Zweckerreichung geeignet ist, denn hierfür (objektiv) ungeeignete Maßnahmen können keine Einwirkungen auf grundrechtlich geschützte Rechtspositionen rechtfertigen. Erforderlich und ausreichend ist, dass das eingesetzte Mittel das verfolgte Ziel zu fördern vermag.[55] Auch das Merkmal der **Geeignetheit** wird typischerweise unproblematisch sein, denn dass Polizei oder Verwaltungsbehörden bei zutreffend erkannter Sachlage in einer zur Abwehr der Gefahr (gänzlich) ungeeigneten Weise handeln, ist kaum vorstellbar. Davon zu trennen ist der Fall,

---

48 Vgl. dazu H.-J. Papier, in: Merten/Papier (Hrsg.), Handbuch der Grundrechte, Bd. III (2009), § 64 Rn. 17 ff.
49 H. Dreier, in: ders. (Hrsg.), GG, Vorb. Rn. 144.
50 Vgl. nur M. Sachs, in: ders. (Hrsg.), GG, Vor Art. 1 Rn. 135; H. Dreier, in: ders. (Hrsg.), GG, Vorb. Rn. 145 ff.; J. Ipsen, Staatsrecht II – Grundrechte, Rn. 182 ff.; Th. Kingreen / R. Poscher, Grundrechte – Staatsrecht II, Rn. 405 ff.
51 Vgl. BVerfG, B. v. 24.6.2003 – 2 BvR 685/03, Rn. 30; B. v. 19.11.2014 – 2 BvL 2/13, Rn. 55.
52 N. Ullrich, in: Möstl/Weiner, Polizei- und Ordnungsrecht Niedersachsen, § 4 Rn. 7.
53 Vgl. hierzu M. Sachs, in: ders. (Hrsg.), GG, Art. 20 Rn. 149 ff.; Th. Kingreen / R. Poscher, Polizei- und Ordnungsrecht, § 10 Rn. 16 ff.
54 Th. Kingreen / R. Poscher, Polizei- und Ordnungsrecht, § 10 Rn. 16.
55 N. Ullrich, in: Möstl/Weiner, Polizei- und Ordnungsrecht Niedersachsen, § 4 Rn. 27; Th. Kingreen / R. Poscher, Polizei- und Ordnungsrecht, § 10 Rn. 17.

V. Das Verhältnismäßigkeitsprinzip als Schranken-Schranke

dass eine objektiv nicht zielführende Maßnahme ergriffen wurde, weil der Sachverhalt falsch interpretiert worden ist; damit in erster Linie angesprochen sind aber Fragen der Sachverhaltsermittlung oder der Gefahrenprognose (→ § 5 Rn. 15 ff.).

Die Bezugnahme auf die Intensität der Beeinträchtigung in § 4 Abs. 1 NPOG betrifft das weitere Merkmal der **Erforderlichkeit**: Kommen verschiedene Maßnahmen zur Gefahrenabwehr in Betracht, so ist diejenige mit den am wenigsten belastenden Wirkungen zu wählen. Allerdings steht dieser Grundsatz unter der zusätzlichen Bedingung, dass die zur Auswahl stehenden Instrumente auch gleich geeignet sind. Die handelnde Stelle muss sich nicht auf ein milderes Mittel verweisen lassen, wenn dieses von geringerer Effizienz ist.[56] Relevant ist dies etwa im Zusammenhang mit dem Abschleppen von Kraftfahrzeugen geworden. So ist nach der Rechtsprechung eine **Abschleppmaßnahme** nicht schon deshalb unzulässig, weil die Person, die ein Fahrzeug verkehrswidrig abgestellt hat, eine Notiz mit einer Telefonnummer im Fahrzeug hinterlassen hat.[57] Vielmehr soll einer Verpflichtung der Polizei zu einer telefonischen Kontaktaufnahme entgegenstehen, dass sich allein aus der telefonischen Erreichbarkeit nicht ableiten lässt, wo sich die verantwortliche Person aufhält, wie viel Zeit sie für die Rückkehr zum Fahrzeug benötigt und wie lange die **Verkehrsbehinderung** durch das geparkte Auto demnach noch anhalten wird.[58] Eine Unverhältnismäßigkeit des Abschleppens ist danach erst gegeben, wenn erkennbar ist, dass die verantwortliche Person das Fahrzeug in Kürze selbst entfernen wird[59] oder jedenfalls entfernen kann.[60]

Mit dem weiteren Erfordernis, dass der Nachteil nicht erkennbar außer Verhältnis zu dem erstrebten Erfolg stehen darf (§ 4 Abs. 2 NPOG), verweist das Gesetz schließlich auf die „**Angemessenheit**" (Verhältnismäßigkeit im engeren Sinne). Mit diesem letzten – und schwierigsten – Prüfungsschritt wird die Relation zwischen verfolgtem Zweck und eingesetztem Mittel in den Blick genommen. Es ist die Gewichtigkeit und Bedeutung des verfolgten Zwecks abzuwägen gegen die Intensität der Beeinträchtigung der pflichtigen Person(en), was regelmäßig **Wertungen** erforderlich macht. Relativiert wird dieses Erfordernis der **Proportionalität von Zweck und Mittel** mit Blick auf die Gefahrenabwehr dadurch, dass nach dem Gesetzestext nur der *erkennbar* außer Verhältnis zum erstrebten Erfolg stehende Nachteil zur Rechtswidrigkeit einer polizeilichen Maßnahme führt (§ 4 Abs. 2 NPOG). Ohne Weiteres zu erkennen und damit offensichtlich ist eine „mit Händen zu greifende" Disproportionalität von einiger Erheblichkeit;[61] mit diesem Erfordernis wird auch die gerichtliche Überprüfbarkeit auf das Vorliegen einer erheblichen und deshalb unschwer erkennbaren Diskrepanz zwischen Zweck und Mittel beschränkt. Zugleich eingeschränkt wird zudem der **Ermessensspielraum** der Verwaltungsbehörden und der Polizei in Hinblick auf ein Einschreiten, weil die fehlende Angemessenheit einer Maßnahme die Unzulässigkeit der Intervention trotz Bestehens einer Gefahr für die öffentliche Sicherheit zur Folge haben kann. So soll es beispielsweise Abschleppmaßnahmen unter Aspekten der Verhältnismäßigkeit entgegenstehen, dass ein abgestelltes Kraftfahrzeug keine konkrete Behinderung anderer Verkehrsteilnehmerinnen und -teilnehmer verursacht, weil dann den gegenläufigen Interessen der betroffenen Personen ein höheres Gewicht zukomme.[62] Ein „bloßer Verstoß etwa gegen das Verbot des Gehweg-Parkens allein"

---

56 *N. Ullrich*, in: Möstl/Weiner, Polizei- und Ordnungsrecht Niedersachsen, § 4 Rn. 38.
57 Vgl. dazu *G. A. Neuhäuser*, in: Möstl/Weiner, Polizei- und Ordnungsrecht Niedersachsen, § 26 Rn. 56 ff.
58 Vgl. BayVGH, B. v. 8.11.2017 – 10 ZB 17.1912 – Rn. 6; s. ferner OVG Hamburg, Urt. v. 14.8.2001 – 3 Bf 429/00, Rn. 31 ff.; VG Düsseldorf, Urt. v. 4.2.2014 – 14 K 4595/13, Rn. 55.
59 Vgl. zu einem solchen Fall OVG Hamburg, Urt. v. 8.6.2011 – 5 Bf 124/08, Rn. 30 ff.; zweifelnd BVerwG, B. v. 18.2.2002 – 3 B 149/01, RN. 7.
60 Vgl. BVerwG, Urt. v. 9.4.2014 – 3 C 5.13, Rn. 16.
61 Ähnl. (für § 11 ASOG Bln) *M. Knape / S. Schönrock*, § 11 Rn. 16; s. ferner *N. Ullrich*, in: Möstl/Weiner, Polizei- und Ordnungsrecht Niedersachsen, § 4 Rn. 51.
62 BVerwG, B. v. 1.12.2000 – 3 B 51/00, Rn. 4; B. v. 18.2.2002 – 3 B 149/01, Rn. 4.

vermag nach dieser Ansicht eine **Abschleppmaßnahme** nicht ohne Weiteres zu rechtfertigen, sofern die betreffende Stelle überhaupt noch passiert werden kann;[63] diese (unnötige) Rücksichtnahme in Fällen einer rechtswidrigen Inanspruchnahme öffentlichen Raumes entbehrt jedoch eines rechtfertigenden Grundes.[64]

---

63 BVerwG, B. v. 18.2.2002 – 3 B 149/01, Rn. 4.
64 Insoweit zu Recht an eine „Funktionsbeeinträchtigung" in Bezug auf die betreffende Fläche anknüpfend VG Düsseldorf, Urt. v. 16.4.2014 – 14 K 6252/13, Rn. 33.

§ 4 Die Schutzgüter der Gefahrenabwehr

Das NPOG weist der Polizei und den Verwaltungsbehörden die „Aufgabe der Gefahrenabwehr" zu (§ 1 Abs. 1 Satz 1 NPOG). An diese **Aufgabenzuweisung** knüpfen zwei zentrale Fragen des Gefahrenabwehrrechts an: Zum einen bedarf der Klärung, unter welchen Voraussetzungen von einer Situation gesprochen werden kann, die sich als eine „Gefahr" darstellt, die es abzuwehren gilt (→ § 5). Ob eine **Gefahr** vorliegt, lässt sich wiederum nicht ohne einen Blick auf die Güter und Interessen beantworten, deren Schutz das Gefahrenabwehrrecht dient, da diese Schutzgüter den Bezugspunkt einer „Gefahr" im Rechtssinne bilden.

I. Die Schutzgüter der öffentlichen Sicherheit

Nach der gesetzlichen Legaldefinition (§ 2 Nr. 1 NPOG) dient das Gefahrenabwehrrecht dem Schutz der öffentlichen **Sicherheit** und der (öffentlichen) **Ordnung** (§ 2 Nr. 1 NPOG). Diese in nahezu allen Bundesländern sowie auch mit Blick auf die Bundespolizei (§ 14 Abs. 2 Satz 1 BPolG) die Schutzgüter des Gefahrenabwehrrechts kennzeichnenden Begriffe haben eine lange Geschichte. Sie finden sich bereits im preußischen allgemeinen Landrecht (§ 10 II 17 ALR), wo sie neben der „öffentlichen Ruhe" erwähnt werden. Von dort haben sie den Weg in das Preußische Polizeiverwaltungsgesetz von 1931 gefunden. Den **Polizeibehörden** oblag es danach, die notwendigen Maßnahmen zu treffen, um von der Allgemeinheit oder dem einzelnen drohende Gefahren abzuwenden, „durch die die öffentliche Sicherheit oder Ordnung bedroht wird." (§ 14 PrPVG). Die **Begründung** zu diesem Gesetzentwurf konkretisierte die Schutzgüter des Gefahrenabwehrrechts mit Blick auf die „öffentliche Sicherheit" wie folgt:

> „Als Aufrechterhaltung der öffentlichen Sicherheit im Sinne des § 14 gilt der Schutz vor Schäden, die entweder den Bestand des Staates oder seiner Einrichtungen oder das Leben, die Gesundheit, Freiheit, Ehre oder das Vermögen der einzelnen bedrohen, sei es, daß die Gefährdung ausgeht
> a) von Ereignissen oder Zuständen in der belebten oder unbelebten Natur,
> b) von Handlungen oder Unterlassungen von Menschen, insbesondere von dem Bruch einer Norm der öffentlichen oder privaten Rechtsordnung".[1]

Schutzgüter der öffentlichen Sicherheit waren danach einerseits der **Staat** und seine **Einrichtungen** sowie andererseits **Individualrechtsgüter**, die entweder durch Naturereignisse oder durch (rechtswidrige) Handlungen anderer Personen beeinträchtigt werden konnten. In diesem Kontext spielte die **Rechtsordnung** als solche nur insofern eine Rolle, als sie beispielhaft für Sachverhalte erwähnt wird, in denen eine rechtswidrige Handlung („Bruch einer Norm") in eine Beeinträchtigung der geschützten Gemeinschafts- und Individualrechtsgüter mündet. Aus dieser Verknüpfung einer „Gefährdung" von Rechtsgütern mit dem „Bruch der Rechtsordnung" lässt sich ableiten, dass die **Verletzung einer Norm** jedenfalls dann eine Gefahr für **die öffentliche Sicherheit und Ordnung** begründet, wenn ein Rechtsgut beeinträchtigt werden könnte, das durch eine Rechtsnorm geschützt wird. In der Konsequenz dieser Überlegung liegt es, aus einem (drohenden) Verstoß gegen eine dem **Rechtsgüterschutz** dienende Norm stets auch eine Gefahr für die öffentliche Sicherheit zu folgern.[2]

Bei den unter dem Oberbegriff der „öffentlichen Sicherheit" zusammengefassten Schutzgütern handelt es sich daher nach heutigem Verständnis um die **Unverletzlichkeit** der objektiven **Rechtsordnung**, die subjektiven **Rechte** und **Rechtsgüter** des **Individuums** sowie die **Ein-**

---

1 Hier zitiert nach der Wiedergabe bei *W. Martens*, in: Drews/Wacke/Vogel/Martens, § 15, 1 (S. 232).
2 Vgl. *W. Martens*, in: Drews/Wacke/Vogel/ Martens, § 15, 2 c) (S. 236).

richtungen und **Veranstaltungen** des **Staates** und anderer Inhaber öffentlich-rechtlich geregelter Befugnisse und Zuständigkeiten.³

II. Die Unverletzlichkeit der Rechtsordnung

5-6 Von den Schutzgütern des Gefahrenabwehrrechts kommt der **objektiven Rechtsordnung** eine besondere Bedeutung zu.⁴ Im Strafrecht, im Verwaltungsrecht und auch im Zivilrecht finden sich zahlreiche Regelungen, die auf die Abwehr von Beeinträchtigungen von Rechtsgütern zielen, indem Rechtsfolgen an die **Verletzung von Normen** geknüpft werden, die dem Schutz bestimmter – und erst dadurch gesetzlich anerkannter – Rechtspositionen dienen. Damit bilden die in der Begründung zum preußischen Polizeiverwaltungsgesetz genannten Gemeinschafts- und Individualrechtsgüter zugleich den Gegenstand des Schutzes durch Rechtsnormen, die sich gegen unterschiedliche Arten der **Beeinträchtigung** dieser Rechtsgüter richten. Folglich geht mit einer Beeinträchtigung des Bestandes und der Funktionsfähigkeit des Staates und seiner Einrichtungen oder aber der Rechte und Rechtsgüter des Einzelnen regelmäßig ein Verstoß gegen eine dem **Rechtsgüterschutz** dienende Norm einher. Insbesondere dienen Normen des Strafrechts dem Schutz von Individualrechtsgütern wie Leben (§§ 211 ff. StGB), körperlicher Unversehrtheit (§§ 223 ff. StGB) und Freiheit der Person (§§ 232 ff. StGB) sowie auch des Eigentums und des Vermögens (§§ 242 ff. StGB); zugleich wird der Bestand des Staates strafrechtlich geschützt (§§ 81 ff. StGB). Auch ein Verstoß gegen andere Normen, die – etwa im Umwelt- und Naturschutzrecht – **Belangen** der **Allgemeinheit** und damit dem Gemeinwohl dienen, ist als Beeinträchtigung der öffentlichen Sicherheit zu werten.

7 Bei der Erwähnung der Einrichtungen und Veranstaltungen des Staates sowie von Individualrechtsgütern handelt es sich vor diesem Hintergrund nur noch um **eine beispielhafte Aufzählung** von Rechtsgütern, die durch das Gefahrenabwehrrecht geschützt werden. Das zentrale Schutzgut bildet vielmehr die **Unverbrüchlichkeit der Rechtsordnung**. Folgerichtig ist ein Handeln, das mit dem geltenden Recht in Einklang steht, schon aufgrund seiner Rechtmäßigkeit typischerweise nicht geeignet, eine gefahrenabwehrrechtlich relevante Gefahr zu begründen. Wesentliches Merkmal einer Gefahr für die öffentliche Sicherheit ist die (drohende) **Verletzung** des geltenden Rechts; die beiden weiteren Schutzgüter haben nur noch eine „Reservefunktion".⁵

▶ **Fall:** J veranstaltet in einem Waldstück in der Nähe eines Sees an einem Freitagabend eine offene Party mit rund 200 Teilnehmern; das Gelände liegt – was J nicht weiß – in einem Landschaftsschutzgebiet. Auf einer generatorbetriebenen Musikanlage wird elektronische Musik gespielt, die auch noch in einiger Entfernung hörbar ist, so dass sich Anwohnerinnen und Anwohner einer in der Nähe gelegenen Wohnsiedlung beschweren. Die Polizei folgt der Musik zum Ort des Geschehens und untersagt die Fortsetzung der Veranstaltung. Gegen J führt der zuständige Landkreis anschließend ein Verfahren wegen der Begehung von Ordnungswidrigkeiten. Die einschlägige Verordnung des Landkreises über das Landschaftsschutzgebiet sieht vor, dass es dort u. a. verboten ist, Wald „zu beseitigen, zu schädigen oder auf andere Art zu verändern", im Wald zu lagern, zu zelten oder zu campen oder „die Ruhe der Natur durch Lärm, Licht oder auf andere Weise zu stören"; eine Zuwiderhandlung ist bußgeldbewehrt. ◀

---

3 *W. Martens*, in: Drews/Wacke/Vogel/ Martens, § 15, 1 (S. 232 f.); s. ferner *Th. Kingreen / R. Poscher*, Polizei- und Ordnungsrecht, § 7 Rn. 2; *M. Bäcker*, in: Lisken/Denninger, Abschnitt D Rn. 48; *V. Götz / M.-E. Geis*, Allgemeines Polizei- und Ordnungsrecht, § 10 Rn. 3; *C. Gusy*, Polizei- und Ordnungsrecht, Rn. 79; *A. Saipa*, in: Saipa u. a., NPOG, § 1 Rn. 8.
4 Vgl. *M. Bäcker*, in: Lisken/Denninger, Abschnitt D Rn. 48; *Th. Kingreen / R. Poscher*, Polizei- und Ordnungsrecht, § 7 Rn. 6.
5 So. *Th. Kingreen / R. Poscher*, Polizei- und Ordnungsrecht, § 7 Rn. 6.

II. Die Unverletzlichkeit der Rechtsordnung

Der (nicht ganz unkomplizierte) Beispielsfall erweist sich bei näherem Hinsehen als mehrdimensional, weil er unterschiedliche **Schutzgüter** betrifft, die (potenziell) Gegenstand gesetzlicher Regelungen sind und damit zugleich dem Schutz durch die Rechtsordnung unter dem Aspekt der **öffentlichen Sicherheit** unterfallen: Zum einen liegt nahe, dass eine Party in einem Landschaftsschutzgebiet nebst der damit einhergehenden Begleiterscheinungen dem Charakter eines Landschaftsschutzgebietes widerstreitet; damit angesprochen ist das öffentliche Interesse an einer **intakten Umwelt**. Daneben wird (laute) Musik im Kontext von Veranstaltungen aller Art von Unbeteiligten vielfach als (ruhe-) störend empfunden. Insoweit stehen Individualrechtsgüter in Rede; erheblicher dauerhafter **Lärm** ist sogar geeignet, gesundheitliche Beeinträchtigungen hervorzurufen. Andererseits lassen sich auf den Menschen und seine Umwelt einwirkende Geräuschimmissionen niemals vollständig vermeiden und daher auch nicht stets unterbinden. Vor einer **polizeilichen Intervention** ist daher zunächst zu prüfen, inwieweit in der konkreten Situation bestimmte Belange der Allgemeinheit oder einzelner Individuen zugleich dem Schutz der Rechtsordnung unterstellt worden sind.

Im Beispielsfall findet die Veranstaltung in einem Waldstück statt. Damit anwendbar ist das Niedersächsische Gesetz über den Wald und die Landschaftsordnung (NWaldLG), das es jedermann ermöglicht, die „**freie Landschaft**" – zu der auch der Wald gehört (§ 2 Abs. 1 Satz 1 NWaldLG) – zu betreten und sich dort zu erholen (§ 23 Abs. 1 Satz 1 NWaldLG). Den jeweiligen Eigentümerinnen und Eigentümern **unzumutbare Nutzungen** wie etwa die Durchführung öffentlicher Veranstaltungen überschreiten zwar die Grenzen dieses Nutzungsrechts (§ 23 Abs. 1 Satz 2 NWaldLG), sie sind für sich genommen aber keine Ordnungswidrigkeiten. Damit bleibt es Sache des Inhabers oder der Inhaberin des (Wald-) Eigentums zu entscheiden, ob zur **Wahrung dieser Rechtsposition** interveniert und um polizeiliche Unterstützung ersucht wird.

Im Beispielsfall befindet sich das Waldstück zudem in einem **Landschaftsschutzgebiet**. Landschaftsschutzgebiete (§ 26 BNatSchG) werden in Niedersachsen aufgrund einer gesetzlichen Ermächtigung (§ 19 NNatSchG) durch eine Rechtsverordnung rechtsverbindlich festgesetzt, die von der Naturschutzbehörde erlassen wird; hierfür grundsätzlich zuständig sind die Landkreise als untere **Naturschutzbehörden** (§§ 31 Abs. 1 Satz 1, 32 Abs. 1 Satz 1 NNatSchG). In einem Landschaftsschutzgebiet sind „nach Maßgabe näherer Bestimmungen alle Handlungen verboten, die den Charakter des Gebiets verändern oder dem besonderen Schutzzweck zuwiderlaufen" (§ 26 BNatSchG). Diese näheren Bestimmungen enthält wiederum die jeweilige **Schutzgebietsverordnung**; typischerweise finden sich darin Regelungen, wie sie auch in dem Beispielsfall genannt werden. Verstöße gegen eine solche Verordnung sind gem. § 43 Abs. 2 Nr. 4 NNatSchG bußgeldbewehrt, sofern die Verordnung auf diese Vorschrift verweist.

Eine Regelung über die Ahnung der Verursachung von unzulässigem Lärm enthält zudem § 117 OWiG. Danach handelt ordnungswidrig, wer ohne „berechtigten Anlass" oder in einem unzulässigen oder nach den Umständen vermeidbaren Ausmaß Lärm erregt, der geeignet ist, die **Allgemeinheit** oder die **Nachbarschaft** erheblich zu belästigen oder die Gesundheit eines anderen zu schädigen. Auch immissionsschutzrechtlich ist der Betrieb von Anlagen, die erhebliche (Lärm-) Belästigungen verursachen, nicht gestattet (§ 22 Abs. 1 iVm § 3 Abs. 1 und Abs. 5 BImSchG).

Diese Regelungen wie auch die Bestimmungen in der Schutzgebietsverordnung betreffend die Verursachung von „Lärm" werfen zunächst die Frage nach ihrer **hinreichenden Bestimmtheit** auf.[6] Zwar lassen sich unbestimmte Rechtsbegriffe in Bezug auf Immissionen wie die „Erheblichkeit" von Lärm oftmals durch Rückgriff auf spezielle Regelungen zum Immissionsschutz

---

6 Vgl. zum Begriff der „erheblichen Ruhestörung" BVerfG, B. v. 17.11.2009 – 1 BvR 717/08, Rn. 22 ff.

in Bundes- oder auch Landesgesetzen sowie gesonderte Verordnungen zu bestimmten Lärmquellen präzisieren.[7] Auch auf dieser Grundlage bedürfte aber näherer Untersuchung, ob der jeweilige (Bußgeld-) Tatbestand tatsächlich erfüllt wurde. Dies kann namentlich dann auf Schwierigkeiten stoßen, wenn die **Intensität der Beeinträchtigung** nicht in objektivierbarer Form – namentlich durch Messergebnisse – feststellbar ist, da es auf das subjektive Empfinden von betroffenen Personen sowie Zeuginnen oder Zeugen nicht ankommt.[8] Im Beispielsfall liegt allerdings nahe, dass **die Ruhe der Natur** beeinträchtigt wurde, denn es ist nicht zweifelhaft, dass sich die Organisation eines Party-Events mit zahlreichen Teilnehmenden außerhalb der rechtlich vorgesehenen und möglichen Nutzungen eines zu einem Landschaftsschutzgebiet gehörenden Waldes und damit eines besonders geschützten Teils des öffentlichen Raumes bewegt.

13 Soweit danach die Durchführung einer Party in einem Landschaftsschutzgebiet gegen geltendes Recht verstößt und damit (bereits) eine **Störung der öffentlichen Sicherheit** vorliegt, kann man es aber nicht dabei bewenden lassen, dem Geschehen zunächst zuzusehen und anschließend zu prüfen, ob mit Sanktionen auf den Vorgang zu reagieren ist. Vielmehr besteht Anlass, das abstrakt kraft Gesetzes nicht zulässige Verhalten auch in **dem konkreten Einzelfall** (zusätzlich) zu untersagen.[9] Dies setzt nicht voraus, dass ein Normverstoß bereits begangen wurde und es damit zu einer „Störung" der öffentlichen Sicherheit gekommen ist. Vielmehr sind – im Gegenteil – gerade „Gefahren" für die öffentliche Sicherheit und Ordnung abzuwehren. Eine Gefahr ist dadurch gekennzeichnet, dass die „Störung" noch nicht eingetreten ist, jedoch eintreten kann; das Gefahrenabwehrrecht zielt in erster Linie auf die **Verhinderung drohender Störungen** der öffentlichen Sicherheit.

14 Eine zum Einschreiten ermächtigende Gefährdung oder Störung der öffentlichen Sicherheit unter dem Aspekt der Unverletzlichkeit der Rechtsordnung liegt daher regelmäßig bei (drohenden) **Verstößen gegen Rechtsnormen** vor, mag es sich um Gesetze, Verordnungen oder auch Satzungsrecht von Selbstverwaltungsträgern handeln.[10] Auf die **Vorwerfbarkeit** des Normverstoßes oder ein Verschulden kommt es im Gefahrenabwehrrecht nicht an; der objektive Normverstoß reicht aus.[11] Demgegenüber regelmäßig zu verneinen ist eine (drohende) Beeinträchtigung der Rechtsordnung, wenn das in Rede stehende Verhalten rechtmäßig ist.[12] Soweit nicht eine in einer Rechtsnorm verankerte Verhaltenspflicht – Handeln, Dulden, Unterlassen – verletzt wird, handelt es sich im Regelfall nicht um einen polizeirechtlich relevanten Sachverhalt. Als Faustformel kann daher gelten, dass eine Gefahr für die **öffentliche Sicherheit** dann vorliegt, wenn ein Verstoß gegen eine Rechtsvorschrift droht.

15 Ist die Rechtsverletzung bereits erfolgt, so besteht hingegen die „Gefahr" einer Störung der öffentlichen Sicherheit begrifflich nicht mehr,[13] da diese Gefahr sich bereits realisiert hat. Soweit eine Störung der öffentlichen Sicherheit noch andauert, handelt es sich aber insofern um eine (fortwirkende) Gefahr, als die **Perpetuierung des störenden Zustands** droht;[14] ein

---

7 Vgl. etwa §§ 7 f. sowie den Anhang der (Musikanlagen nicht erfassenden) 32. BImSchV (Geräte- und Maschinenlärmschutzverordnung) sowie zu Sportanlagen die Richtwerte in § 2 der 18. BImSchV (Sportanlagenlärmschutzverordnung).
8 BVerfG, B. v. 17.11.2009 – 1 BvR 717/08, Rn. 32 f.
9 Vgl. *J. Ipsen*, Niedersächsisches Polizei- und Ordnungsrecht, Rn. 91.
10 *Th. Kingreen / R. Poscher*, Polizei- und Ordnungsrecht, § 7 Rn. 8.
11 Vgl. *W. Martens*, in: Drews/Wacke/Vogel/Martens, § 19, 3 (S. 293); *Th. Kingreen / R. Poscher*, Polizei- und Ordnungsrecht, § 7 Rn. 9; *M. Bäcker*, in: Lisken/Denninger, Abschnitt D Rn. 51.
12 *C. Gusy*, Polizei- und Ordnungsrecht, Rn. 87.
13 In einigen Ländern wird auch die Beseitigung von Störungen der öffentlichen Sicherheit oder Ordnung zur Gefahrenabwehr gezählt, vgl. z. B. § 3 Abs. 1 hamb. SOG, Art. 11 Abs. 2 Satz 1 Nr. 2 BayPAG, § 16 Abs. 1 Nr. 1 SOG M.-V.
14 Vgl. *F. Schoch*, in: ders. (Hrsg.), Besonderes Verwaltungsrecht, Kap. 1 Rn. 282.

häufiges Beispiel hierfür sind Parkverstöße (→ § 5 Rn. 4). Nicht zu verkennen ist zudem, dass aus einer bereits eingetretenen Störung der öffentlichen Sicherheit weitere und andersartige Gefahren resultieren können. Insbesondere ist denkbar, dass sich aus einer eingetretenen Störung der öffentlichen Sicherheit durch einen Normverstoß die Gefahr der Beeinträchtigung weiterer Rechtsgüter ergibt.

Im Beispielsfall waren die Einsatzkräfte daher befugt, die fortdauernde Störung, die sich aus der Überschreitung der zulässigen Nutzung des öffentlichen Raumes ergab, zu beenden. Zweifelhaft ist demgegenüber, inwieweit die Möglichkeit besteht, im Interesse der Anwohnerinnen und Anwohner tätig zu werden: Das niedersächsische Recht enthält mit Blick auf Beeinträchtigungen durch **Lärm** keine hier unmittelbar einschlägigen Normen,[15] die geeignet wären, ohne Weiteres eine Gefahr für die öffentliche Sicherheit unter dem Aspekt einer Verletzung des geschriebenen Rechts zu begründen. Insbesondere ist der Schutz vor Lärm durch Freizeiteinrichtungen und -anlagen nur in Form eines Erlasses geregelt,[16] der hier nicht unmittelbar einschlägig ist und ferner als **Verwaltungsvorschrift** mit allein verwaltungsinterner Bindungswirkung[17] keine hinreichende Ermächtigungsgrundlage für polizeiliche oder verwaltungsbehördliche Interventionen bietet; auch wäre eine vorgängige Schalldruckmessung erforderlich. In Ermangelung eines **konkretisierenden Rechtsrahmens** müsste daher auch die Feststellung des Vorliegens von „erheblich" belästigendem Lärm iSv § 117 OWiG auf (Beweis-) Schwierigkeiten stoßen. Dem abzuhelfen ist jedoch Aufgabe des Gesetzgebers. 16

III. Die Rechte und Rechtsgüter einzelner Personen

▶ **Fall:** Mieter M befindet sich seit längerem im Streit mit seiner Vermieterin. Diese hat dem M fristlos gekündigt, M bestreitet das Vorliegen eines Kündigungsgrundes. Als er eines Tages gegen Abend nach Hause kommt, stellt er fest, dass das Schloss zu der Wohnungstür ausgetauscht wurde und er die Tür daher nicht öffnen kann. M ruft die Polizei, damit diese die Tür öffne oder die Öffnung durch einen Schlüsseldienst veranlasse. Was werden die eingesetzten Beamten unternehmen? ◀

Zu den klassischen Schutzgütern der öffentlichen Sicherheit zählen die Rechte und Rechtsgüter einzelner Personen. Mit **den Rechten einer Person** gemeint sind die subjektiven (Abwehr-) Rechte, die es ermöglichen, eine (drohende) Beeinträchtigung eines Rechtsgutes durch Unterlassungs-, Beseitigungs- und Schadensersatzansprüche zu bekämpfen. Diese bilden zugleich einen Teil der **objektiven Rechtsordnung**, so dass diese bei einer rechtswidrigen Einwirkung auf Individualrechtsgüter ebenfalls beeinträchtigt wird. Die dem zugrunde liegende Einwirkung auf ein Recht oder Rechtsgut ist zwar die Ursache des Normverstoßes, bleibt im Übrigen aber letztlich ohne eigenständige Bedeutung.[18] 17

Zu den geschützten Rechtsgütern gehören nicht nur **absolute** Rechte wie Leben, körperliche Unversehrtheit, Freiheit und Eigentum, sondern auch vertragliche Ansprüche, die von der Rechtsordnung anerkannt werden und mit rechtlichen Mitteln durchsetzbar sind.[19] Dazu zählt auch **das Besitzrecht** eines Mieters / einer Mieterin. Darüber hinaus wird die Rechtsstellung des Mieters / der Mieterin nach Ansicht des Bundesverfassungsgerichts als „Eigentum" iSv 18

---

15 Vgl. das NLärmSchG v. 10.12.2012, Nds. GVBl. 2012, S. 562.
16 RdErl. vom 20.11.2017 (Freizeitlärm-Richtlinie), Nds. MBl. 2017, S. 1550.
17 Zu Begriff und Bedeutung der Verwaltungsvorschriften *H. Maurer / Ch. Waldhoff*, Allgemeines Verwaltungsrecht, § 24 Rn. 1 ff.; *J. Ipsen*, Allgemeines Verwaltungsrecht, Rn. 142 ff.
18 Vgl. *M. Bäcker*, in: Lisken/Denninger, Abschnitt D Rn. 54; *Th. Kingreen / R. Poscher*, Polizei- und Ordnungsrecht, § 7 Rn. 20; *V. Götz / M.-E. Geis*, Allgemeines Polizei- und Ordnungsrecht, § 10 Rn. 18.
19 *W. Martens*, in: Drews/Wacke/Vogel/Martens, § 15, 2 b) (S. 235).

Art. 14 GG geschützt.[20] Dem liegt zugrunde, dass das „Verfassungseigentum" mit dem auf das Sacheigentum bezogenen Eigentumsbegriff des Bürgerlichen Rechts (§ 903 BGB) nicht identisch ist, sondern darüber hinausgeht.[21] Der grundgesetzliche **Schutz des Eigentums** erfasst grundsätzlich alle Rechtspositionen, die dem Individuum in der Weise zugeordnet sind, dass die damit verbundenen Befugnisse nach eigenverantwortlicher Entscheidung zum privaten Nutzen ausgeübt werden können.[22] Allerdings ist zu bezweifeln, dass eine vertraglich von der Inhaberin oder dem Inhaber des (zivilrechtlichen) Eigentums abgeleitete Rechtsposition dieser Person entgegengehalten werden kann.[23]

19 Davon unabhängig gehört das (vertragliche) Besitzrecht einer Mietpartei zu den Rechtspositionen des Individuums, die rechtlich durch das **Mietvertragsrecht** geschützt sind. Dieses Recht könnte im Beispielsfall aber erloschen sein, da die Vermieterin eine fristlose Kündigung ausgesprochen hat. Im Falle der Wirksamkeit dieser Kündigung wäre das Besitzrecht des Mieters aufgrund der Beendigung des Mietvertrags entfallen. Es ist indes nicht Aufgabe der Polizei, eine solche Frage im Rahmen eines Einschreitens zur Gefahrenabwehr zu beantworten. Deren Klärung in tatsächlicher wie rechtlicher Hinsicht obliegt einem Gericht im Rahmen eines (Zivil-) Rechtsstreits und nach Durchführung einer etwa erforderlichen Beweisaufnahme; sie kann nicht gleichsam „vor der Wohnungstür" durch die Polizei und in Anwesenheit nur einer beteiligten Seite erfolgen. Vielmehr ist es Sache der Vermieterin, einen entsprechenden Rechtsstreit – etwa durch eine **Räumungsklage** – zu führen und aus einem obsiegenden Urteil gegebenenfalls die Zwangsvollstreckung zu betreiben. Die eigenmächtige Entziehung des Besitzes durch Auswechselung des Schlosses stellt hingegen eine „verbotene Eigenmacht" dar.[24] In einem solchen Fall kann die mietende Partei „sofort nach der Entziehung sich des Besitzes durch Entsetzung des Täters wieder bemächtigen" (§ 859 Abs. 3 BGB). Ferner besteht ein auch mit den Mitteln des gerichtlichen Eilrechtsschutzes durchsetzbarer Anspruch auf Wiedereinräumung des Besitzes (§ 861 Abs. 1 BGB); diesem Anspruch kann die Kündigung des Mietverhältnisses nicht entgegengehalten werden (§ 863 BGB). Im Beispielsfall können die polizeilichen Einsatzkräfte daher von einem bestehenden **Besitzrecht des Mieters** ausgehen, weil der Mieter den Besitz an der Wohnung aufgrund eines Mietvertrages erhalten hat und eine gerichtliche Entscheidung über die Beendigung des Mietverhältnisses aussteht.

20 Dies wiederum heißt nicht, dass ein Einschreiten zugunsten des Mieters ohne Weiteres zulässig ist, denn der **Schutz privater Rechte** obliegt der Polizei nur, wenn gerichtlicher Schutz nicht rechtzeitig zu erlangen ist und wenn ohne polizeiliche Hilfe die Verwirklichung eines Rechts vereitelt oder wesentlich erschwert würde (§ 1 Abs. 3 NPOG). Da dem Mieter der Besitz an der Mietsache ebenso wie der Zugriff auf sein in der Wohnung lagerndes Eigentum von der Vermieterin durch den Austausch der Schlösser entzogen worden ist, kommt zunächst in Betracht, dass der Mieter darauf mit der „**Besitzkehr**" (§ 859 Abs. 3 BGB) reagiert und sich den Besitz selbst wieder verschafft. In diesem Falle lägen die Voraussetzungen für ein Einschreiten zur Gefahrenabwehr nicht vor, denn ein polizeiliches Tätigwerden scheidet aus, wenn ein Mieter das Problem in „Eigenregie" lösen kann, indem er etwa einen Schlüsseldienst ruft. Allerdings ist fraglich, ob die Voraussetzungen einer Besitzkehr im Beispielsfall noch vorliegen, weil dieses Rechtsinstitut (nur) ein **sofortiges Tätigwerden** unmittelbar nach der

---

20 BVerfG, B. v. 26.5.1993 – 1 BvR 208/93, Rn. 19 ff.; Urt. v. 17.12.2013 – 1 BvR 3139/08 u. a., Rn. 270; zust. BGH, Urt. v. 29.3.2017 – VIII ZR 45/16, Rn. 35; Urt. v. 10.5.2017 – VIII ZR 292/15, Rn. 37.
21 Vgl. *J. Ipsen*, Staatsrecht II – Grundrechte, Rn. 721 ff.; *J. Wieland*, in: Dreier (Hrsg.), GG, Art. 14 Rn. 27, 33; *B.-O. Bryde / A. Wallrabenstein*, in: v. Münch/Kunig, GG, Art. 14 Rn. 23.
22 Vgl. BVerfG, B. v. 9.1.1991 – 1 BvR 989/89, Rn. 36; B. v. 26.5.1993 – 1 BvR 208/93, Rn. 20.
23 Näher *Th. Koch*, Der Grundrechtsschutz des Drittbetroffenen, S. 207 ff. (209).
24 Vgl. OLG Celle, B. v. 27.6.2017 – 2 U 63/17, Rn. 3.

IV. Der Schutz der Einrichtungen und Veranstaltungen des Staates

Entziehung des Besitzes gestattet; auf den Zeitpunkt der Erlangung der Kenntnis von der Entziehung des Besitzes kommt es dabei nicht an.[25]

Weiter in Betracht zu ziehen ist eine Verweisung des Mieters auf den **Rechtsweg**, da der Rechtsanspruch auf Wiedereinräumung des Besitzes gegen die Vermieterin (§ 861 BGB) ebenfalls mit gerichtlicher Hilfe durchgesetzt werden kann. Zu denken ist an ein Nachsuchen um **Eilrechtsschutz** in Form einer einstweiligen Verfügung (§ 935 ZPO), die kurzfristig – möglicherweise schon am Folgetag – zu erlangen sein sollte. Dies ändert indes nichts daran, dass in der gegebenen Situation für einen vorübergehenden Zeitraum die Rechtsposition des Mieters endgültig vereitelt wird. Sofern dieser keine anderweitige Übernachtungsmöglichkeit hat, besteht zudem die Gefahr einer von der Vermieterin rechtswidrig verursachten **Obdachlosigkeit**, die grundsätzlich eine Gefahr für die öffentliche Sicherheit darstellt (→ § 6 Rn. 51). Eine polizeiliche Intervention könnte daher in diesem Falle erfolgen.

IV. Der Schutz der Einrichtungen und Veranstaltungen des Staates

▶ **Fall:**[26] A hält Bußgelder wegen Geschwindigkeitsüberschreitungen für „polizeiliche Schikanen". Aus Anlass einer Geschwindigkeitskontrolle im Bereich eines Fußgängerüberweges vor einer Schule stellte sich A daher mit einem Schild an dem Straßenrand, auf dem der Satz „Ich bin für Radarkontrollen" zu lesen war. Dabei war das Wort „Radar" wesentlich größer als die übrigen Worte geschrieben, so dass für vorbeifahrende Personen in der Regel nur das Wort „Radar" lesbar war. Die zuständige Verwaltungsbehörde untersagte dem A daraufhin derartige „Warnhinweise". ◀

Auch der Staat (Bund und Länder), die kommunalen Gebietskörperschaften und andere (Selbst-) Verwaltungsträger sowie deren öffentliche (Versorgungs-) Einrichtungen werden regelmäßig durch eine Vielzahl von Rechtsvorschriften (mit-) geschützt, deren (drohende) Verletzung zugleich **einen Bruch der Rechtsordnung** und damit eine Gefahr für die öffentliche Sicherheit bewirkt. Von eigenständiger Bedeutung können Gefahren für die Einrichtungen und Veranstaltungen des Staates daher nur bei drohenden Beeinträchtigungen durch Handlungen sein, mit denen die Schwelle zur Rechtsverletzung insbesondere aufgrund der Verwirklichung des Tatbestands von Strafvorschriften oder auch von Ordnungswidrigkeiten nicht erreicht wird, es aber gleichwohl zu einer Beeinträchtigung der **ungestörten Verwaltungstätigkeit** kommt.[27]

Die dafür zumeist angeführten Beispiele betreffen regelmäßig Ausnahmefälle, in denen die Annahme einer Gefahr für die öffentliche Sicherheit nicht durchgängig zu überzeugen vermag. Ein Hauptbeispiel bildet die rechtliche Behandlung der Warnung vor Maßnahmen der **Verkehrsüberwachung**. Den Fahrzeuge führenden Personen ist der Betrieb von Geräten zur Störung oder Anzeige von Geschwindigkeitsmessungen verboten (§ 23 Abs. 1c StVO);[28] andere Personen werden von der Regelung nicht erfasst. Verlangt man richtigerweise, dass eine Gefahr für die öffentliche Sicherheit auf einem **Rechtsverstoß** basiert, kann ein danach zuläs-

---

25 OLG Celle, B. v. 27.6.2017 – 2 U 63/17, Rn. 5; zweifelhaft erscheint, ob eine Besitzkehr am Folgetag noch „sofort" erfolgt, so aber *F. L. Schäfer*, in: Münchener Kommentar zum BGB, 8. Aufl., Band 8 (2020), § 859 Rn. 50 mwN.
26 Fall nach Saarl. VG, B. v. 17.2.2004 – 6 F 6/04; s. ferner OVG NW, B. v. 17.7.1997 – 5 B 2601/96; VG Münster, Urt. v. 23.5.2007 – 1 K 1267/06.
27 Vgl. *J. Ipsen*, Niedersächsisches Polizei- und Ordnungsrecht, Rn. 106.
28 Zu Radarwarngeräten aus der Zeit vor Erlass eines ausdrücklichen Verbots BayVGH, B. v. 16.7.1998 – 24 ZS 98.1588; VGH Ba.-Wü., B. v. 29.10.2002 – 1 S 1925/01.

siges Verhalten aber nicht kraft der gefahrenabwehrrechtlichen Generalklausel für unzulässig erklärt werden.[29]

24 Für die Annahme einer Beeinträchtigung der Funktionsfähigkeit staatlicher Einrichtungen durch die Warnung vor Maßnahmen zur **Verkehrsüberwachung** wird demgegenüber angeführt, dass dies den Erfolg dieser Maßnahme beeinträchtigen könne, es aber Sache der zuständigen Behörden sei, darüber zu entscheiden, inwieweit Ordnungswidrigkeiten ermittelt und geahndet werden sollen (§ 47 Abs. 1, 53 Abs. 1 OWiG).[30] Diesem Einwand lässt sich nicht die vordergründig naheliegende Erwägung entgegenhalten, dass die Funktion der Verkehrsüberwachung, der Verkehrssicherheit zu dienen, durch die Warnung vor einer Messeinrichtung aufgrund der damit einhergehenden **Vermeidung von Geschwindigkeitsübertretungen** ebenfalls befördert wird,[31] denn die Feststellung und Ahndung eines Verstoßes gegen die zulässige Höchstgeschwindigkeit dient nicht allein dem Zweck, die Einhaltung der Verkehrsregeln auf der Messstrecke zu bewirken. Vielmehr zielt sie auch darauf ab, die betroffenen Personen dazu anzuhalten, sich jederzeit an Geschwindigkeitsbegrenzungen zu halten.[32] Diese **präventive Wirkung** wird durch Warnungen vor Geschwindigkeitskontrollen, wie sie A im Beispielsfall vornimmt, aber vereitelt. Ein etwaiger treuherziger Hinweis des A darauf, dass er lediglich seine Zustimmung zur Verkehrsüberwachung zum Ausdruck bringe, wäre nach den Gesamtumständen unbeachtlich.

25 Der entscheidende Gesichtspunkt liegt denn auch in einem anderen Aspekt und führt darauf zurück, dass Gefahren für die öffentliche Sicherheit typischerweise eine rechtswidrige Handlung erfordern: Die **Warnung vor einer Geschwindigkeitskontrolle** beeinträchtigt weder die Einrichtung noch die Abläufe der Maßnahme, sondern allenfalls deren Erfolg.[33] Der Staat hat indes keinen Anspruch darauf, dass Ordnungswidrigkeiten nicht unterbleiben. Anderenfalls müsste man es ebenso als Gefahr für die öffentliche Sicherheit werten, wenn eine andere Person im Fahrzeug – mit oder ohne technische Hilfsmittel – eine Kontrollstelle wahrnimmt und davor warnt oder jemand im Rahmen einer Wegbeschreibung auf eine am Straßenrand stehende Überwachungsanlage hinweist. Auch wenn dies eine theoretische Erwägung ist, weil sich solche Warnungen in der Praxis nicht mit Aussicht auf Erfolg unterbinden lassen, zeigt schon deren potenzielle Unzulässigkeit im Falle der Annahme einer Gefahr für die öffentliche Sicherheit, dass die **Vermeidung einer Ordnungswidrigkeit** durch potenziell betroffene Personen in die Risikosphäre der überwachenden Behörden fällt. Anderenfalls müsste man auch die Warnung vor Maßnahmen der Verkehrsüberwachung im Rundfunk für unzulässig halten.[34]

▶ **Fall:** Nachdem in den USA ein Afroamerikaner im Rahmen eines Polizeieinsatzes getötet worden war („Fall George Floyd"), sprühten Unbekannte ein Wandbild an die Seitenwand eines seit vielen Jahren besetzten Gebäudes, in dem sich mit Duldung des Eigentümers ein autonomes Kulturzentrum befindet. Das Wandbild zeigte ein brennendes, amerikanisches

---

29 Vgl. *C. Gusy*, Polizei- und Ordnungsrecht, Rn. 83; *M. Bäcker*, in: Lisken/Denninger, Abschnitt D Rn. 62; *B. J. Hartmann*, JuS 2008, S. 984 (986); *K. Waechter*, NVwZ 1997, S. 729 (735 f.).
30 Vgl. OVG NW, B. v. 17.7.1997 – 5 B 2601/96, Rn. 11; VG Münster, Urt. v. 23.5.2007 – 1 K 1267/06, Rn. 17; *F. Schoch*, in: ders. (Hrsg.), Besonderes Verwaltungsrecht, Kap. 1 Rn. 265; *J. Ipsen*, Niedersächsisches Polizei- und Ordnungsrecht, Rn. 107.
31 So *Th. Kingreen / R. Poscher*, Polizei- und Ordnungsrecht, § 7 Rn. 38; s. ferner *C. Gusy*, Polizei- und Ordnungsrecht, Rn. 83; *B. J. Hartmann*, JuS 2008, S. 984 (986 f.); *W.-R. Schenke*, Polizei- und Ordnungsrecht, Rn. 65.
32 Saarl. VG, B. v. 17.2.2004 – 6 F 6/04, Rn. 16; OVG NW, B. v. 17.7.1997 – 5 B 2601/96, Rn. 9 ff.; VG Münster, Urt. v. 23.5.2007 – 1 K 1267/06, Rn. 17; *M. Thiel*, Polizei- und Ordnungsrecht, § 8 Rn. 21; krit. *B. J. Hartmann*, JuS 2008, S. 984 (986 f.).
33 Vgl. *M. Bäcker*, in: Lisken/Denninger, Abschnitt D Rn. 70.
34 *B. J. Hartmann*, JuS 2008, S. 984 (987); abwegig Saarl. VG, B. v. 17.2.2004 – 6 F 6/04, Rn. 17, das entsprechende Mitteilungen durch den Rundfunk als „allgemeinen Appell an die Einhaltung von Geschwindigkeitsregelungen" ansehen will.

Polizeiauto mit dem Textzusatz „The kids are allright. Zusammen gegen Rassismus und Polizeigewalt". Des nachts übermalten mehrere Polizeikräfte das Bild mit weißer Farbe. Wenige Tage später wurde daraufhin ein anderes Wandbild angebracht, das eine Postkarte zeigte, die als Adressaten die „Maler u. Lackierer Einheit der Polizei Hamburg" nannte. Der darin enthaltene Text lautete: „Hallo Polizei, unsere Lehrerin hat uns die Aufgabe gegeben, einer Berufsgruppe, die derzeit eine besonders überflüssige Arbeit macht, eine Postkarte zu schreiben. Ich finde es schön, dass ihr neben der ganzen Polizeigewalt & rassistischen Kontrollen noch Zeit findet, euch künstlerisch auszuleben". Auch dieses Wandbild wurde von der Polizei übermalt. ◄

Das ursprünglich an dem Gebäude angebrachte Wandbild unterfällt zunächst der **Kunstfreiheit** (Art. 5 Abs. 3 GG), die neben der Schaffung eines Kunstwerks („Werkbereich") auch deren Darbietung und Verbreitung in der Öffentlichkeit schützt („Wirkbereich").[35] Darüber hinaus lässt sich der Abbildung eine **Meinungsäußerung** in Form von (unspezifischer) Kritik an einem Verhalten von Einsatzkräften der Polizei entnehmen. Die Kunstfreiheit ist nach dem Wortlaut des Grundgesetzes schrankenlos gewährleistet, unterliegt aber **verfassungsimmanenten Schranken** (→ § 3 Rn. 26), die sich wiederum auf grundrechtlich geschützte Positionen anderer Personen sowie wichtige Rechtsgüter von Verfassungsrang zurückführen lassen.[36] Eine Einschränkung der Meinungsfreiheit kann durch allgemeine – nicht gezielt gegen bestimmte Meinungen gerichtete[37] – Gesetze erfolgen (Art. 5 Abs. 2 GG). Auch eine polizeiliche Intervention mit Auswirkungen im Anwendungsbereich der Kunst- und der Meinungsfreiheit setzt aber eine zum Tätigwerden ermächtigende Norm voraus, deren konkrete Anwendung im Einzelfall zudem die Bedeutung der betroffenen Grundrechte in verhältnismäßiger Weise berücksichtigen muss. 26

In dem Beispielsfall, der einem tatsächlichen Geschehen in Hamburg im Jahre 2020 nachgebildet ist, stellt sich die Frage, ob in den beiden Wandbildern (jeweils) eine Gefahr für die öffentliche Sicherheit (oder Ordnung) gesehen werden kann, weil dann die Polizei ermächtigt und berechtigt gewesen sein könnte, gegen diese Gefahr vorzugehen (§ 11 NPOG).[38] In Bezug auf das erste Wandbild wäre dies unter dem Aspekt der **Verletzung des objektiven Rechts** etwa dann der Fall, wenn durch die Darstellung des brennenden Fahrzeugs in Verbindung mit dem Text („the kids are allright") ein Straftatbestand verwirklicht würde. 27

Zu denken wäre zunächst an das Delikt der **Aufforderung zu Straftaten** (§ 111 StGB).[39] Allerdings setzt der Tatbestand dieser Strafnorm voraus, dass eine gezielte Einwirkung auf andere Personen erfolgt, die darauf gerichtet ist, in diesen den Entschluss zur Begehung strafbarer Handlungen hervorzurufen.[40] Eine Erklärung, der zufolge eine Straftat begrüßenswert, notwendig oder unvermeidbar gewesen sei, enthält demgegenüber nur deren **Befürwortung**, 28

---

35 Vgl. *H. Bethge*, in: Sachs (Hrsg.), GG, Art. 5 Rn. 188; *F. Wittreck*, in: Dreier (Hrsg.), GG, Art. 5 III Rn. 45 ff.; *J. Ipsen*, Staatsrecht II – Grundrechte, Rn. 509; *R. Wendt*, in: v. Münch/Kunig, GG, Art. 5 Rn. 145.
36 Näher *F. Wittreck*, in: Dreier (Hrsg.), GG, Art. 5 III Rn. 53 ff.; krit. *J. Ipsen*, Staatsrecht II – Grundrechte, Rn. 511 ff.
37 Zum allgemeinen Gesetz *H. Schulze-Fielitz*, in: Dreier (Hrsg.), GG, Art. 5 I, II Rn. 136 ff.; *J. Ipsen*, Staatsrecht II – Grundrechte, Rn. 469.
38 Zumindest im Anwendungsbereich der Pressefreiheit soll nach Maßgabe des Landesrechts nicht auf die allgemeinen polizeirechtlichen Befugnisnormen zurückgegriffen werden können, es gelte der „Grundsatz der ‚Polizeifestigkeit des Presserechts'", vgl. OVG Brandenburg., B. v. 18.3.1997 – 4 B 4/97, Rn. 4; dazu *G. Gornig*, JuS 1999, S. 1167 ff.; krit. *J. Schwabe*, JuS 2000, S. 623; in der Sache geht es dabei um einen Vorrang spezialgesetzlicher Regelungen, der in Niedersachsen (§ 1 Abs. 2 NPresseG) indes nicht vorgesehen ist.
39 So die Auffassung der Polizei in dem Sachverhalt, dem der Beispielsfall nachgebildet ist (Wandbild an der „Rote Flora" in Hamburg), vgl. Hamburger Bürgerschaft, Drs. 22/762, S. 3.
40 Vgl. KG, Urt. v. 29.6.2001 – (3) 1 Ss 410/00 (35/01), Rn. 4; OLG Stuttgart, B. v. 26.2.2007 – 4 Ss 42/07, Rn. 17; s. auch *H Ostendorf / L. N. Frahm / F. Doege*, NStZ 2012, S. 529 (531 f.).

sofern „in ihr nicht die Kundgebung liegt, einen anderen zu einem bestimmten Tun oder Unterlassen bringen zu wollen".[41] Dem hier in Rede stehenden Text ist zunächst nur die Aufforderung zu entnehmen, sich gegen „Rassismus und Polizeigewalt" zu engagieren. Selbst wenn man weiter annimmt, dass der oder die Urheber der Darstellung das dargestellte Geschehen – namentlich ein brennendes Polizeifahrzeug – grundsätzlich positiv bewerten, geht damit nicht die Aufforderung einher, polizeiliche Einsatzfahrzeuge in Brand zu stecken.

29   Bei einer Interpretation der Darstellung dahin gehend, dass ein Anzünden von polizeilichen Einsatzfahrzeugen befürwortet wird, kann darin aber eine **Billigung von Straftaten** gesehen werden. Diese ist indes nicht schlechthin strafbar, sondern nur dann, wenn sie sich auf im Gesetz ausdrücklich genannte Taten bezieht (§ 140 StGB). Dazu gehört etwa der **qualifizierte Landfriedensbruch** (§ 125 Abs. 1 iVm § 125a Satz 2 Nr. 4 StGB), der in einer den öffentlichen Frieden potenziell störenden Weise gebilligt werden müsste (§ 140 Nr. 2 StGB). Dass sich die bildlich dargestellte Situation in diesem Sinne oder gar weitergehend als „Anleitung" zu Straftaten (§ 130a StGB) interpretieren lässt, versteht sich jedoch nicht von selbst. Im Übrigen sind strafrechtliche Normen mit Bezug zur **Meinungsfreiheit** ihrerseits im Lichte des Grundrechts auszulegen,[42] „damit dessen wertsetzende Bedeutung auch auf der **Rechtsanwendungsebene** gewahrt bleibt".[43] Dies gilt namentlich bei Beiträgen zu öffentlich diskutierten Themen, da der Schutz der Meinungsfreiheit nicht zuletzt in der besonderen Schutzwürdigkeit der „**Machtkritik**" wurzelt.[44] Gleichwohl mag es im Ergebnis vertretbar sein, in dem ersten Wandbild eine Gefahr für die öffentliche Sicherheit durch Verwirklichung eines Straftatbestandes zu sehen; danach wäre dessen Entfernung zulässig gewesen.

30   Erst recht nicht selbstverständlich ist hingegen die Zulässigkeit der Entfernung der weiteren Abbildung nebst des Textes der „Postkarte". Bei diesem Text handelt es sich um Kritik an der Entfernung des ersten Bildes, die unabhängig von ihrer sachlichen Berechtigung für sich genommen zulässig ist und keine **strafrechtliche Relevanz** hat. Auch die unspezifische Kritik an „Polizeigewalt" oder „rassistischen Kontrollen" ist strafrechtlich nicht greifbar. Demgegenüber argumentierte die Polizei in dem Sachverhalt, dem der Fall nachgebildet ist, gerade mit dem fehlenden Bezug zu einem konkreten (Fehl-) Verhalten polizeilicher Einsatzkräfte, indem darin eine pauschale Verunglimpfung der Polizei gesehen wurde, mit der zugleich eine **Beeinträchtigung staatlicher Institutionen** einhergehe: Der Inhalt des Wandbildes unterstelle der Polizei unterhalb der Schwelle eines strafprozessualen Anfangsverdachts pauschal Polizeigewalt und rassistische Kontrollen. Auch handele es sich nicht um einen Debattenbeitrag, auf den sachlich reagiert werden könne, weshalb die Gefahr bestünde, „dass das **Vertrauen der Öffentlichkeit** in die Rechtsstaatlichkeit der Polizei untergraben, Hass gegen die Polizei geschürt und damit die **Funktionsfähigkeit der Polizei** beeinträchtigt werden würde."[45]

31   Eine solche Argumentation ist nicht ernsthaft vertretbar. Zunächst ist schon zu bezweifeln, dass ein nicht gegen Rechtsnormen verstoßendes und deshalb gerade „unverbotenes" Verhalten zugleich eine Gefahr für die öffentliche Sicherheit unter dem Aspekt einer Beeinträchtigung oder Störung **der Funktionsfähigkeit staatlicher Einrichtungen** darstellen kann.[46] Davon unabhängig ist es schon im Ausgangspunkt nicht angängig, Kritik am Verhalten

---

41   BGH, Urt. vom 14.3.1984 – 3 StR 36/84, Rn. 15.
42   Vgl. beispielhaft KG, Urt. vom 29.6.2001, (3) 1 Ss 388/00 (115/00), Rn. 19 f.; Urt. v. 10.10.2001 – (4) 1 Ss 118/01 (93/01), Rn. 20 f.; OLG Stuttgart, B. v. 26.2.2007 – 4 Ss 42/07, Rn. 18.
43   BVerfG, B. v. 10.10.1995 – 1 BvR 1476/91 u. a. („Soldaten sind Mörder"), Rn. 117.
44   Dazu BVerfG, B. v. 19.5.2020 – 1 BvR 2459/19, Rn. 19; B. v. 19.5.2020 – 1 BvR 2397/19, Rn. 30; B. v. 19.5.2020 – 1 BvR 1094/19, Rn. 23.
45   Vgl. Hamburger Bürgerschaft, Drs. 22/762, S. 4.
46   Verneinend Th. *Kingreen* / R. *Poscher*, Polizei- und Ordnungsrecht, § 7 Rn. 37; M. *Bäcker*, in: Lisken/Denninger, Abschnitt D Rn. 62.

staatlicher Stellen deshalb als gefahrenabwehrrechtlich relevant ansehen zu wollen, weil das Ansehen der betreffenden Stelle oder Institution dadurch Schaden nehmen könnte.[47] Von der **Meinungsfreiheit** gedeckte Äußerungen sind vielmehr als Machtkritik von staatlichen Stellen hinzunehmen, selbst wenn sie diese für unberechtigt halten;[48] einen Anspruch staatlicher Stellen auf „Kritikfreiheit" gibt es nicht.[49]

Die hier an der Entfernung des ersten Wandbildes geäußerte Kritik ist daher gefahrenabwehrrechtlich ohne jede Relevanz. Bei dem weiteren Hinweis auf „Polizeigewalt" und „rassistische Kontrollen" handelt es sich um einen **Nebenaspekt**, der als Äußerung wertenden Charakters mit Blick auf Diskussionen etwa über die polizeiliche Einsatztaktik oder **racial profiling** ebenfalls von der Meinungsfreiheit erfasst wird. Auch besteht keine Substantiierungspflicht, die in diesem Zusammenhang zu einer Bezugnahme auf konkrete Vorkommnisse zwänge. Im Ergebnis war daher die Entfernung des zweiten Bildes offensichtlich rechtswidrig.

V. Die öffentliche Ordnung

▶ **Fall:**[50] Die A-GmbH betreibt in einer ehemaligen Werkshalle ein „Laserdrome". In der ca. 500 qm großen Anlage ist mit futuristisch anmutenden Kulissen eine Spiellandschaft geschaffen worden, in der teilnehmende Personen versuchen müssen, mit an Maschinenpistolen erinnernden Lasergewehren andere Personen zu treffen. Die Lasergewehre senden dazu einen Infrarotstrahl aus, mit dem ein Laserlicht einhergeht. Auf diese Weise getroffene Personen scheiden aus dem Spiel aus. Die zuständige Verwaltungsbehörde sieht darin einen Verstoß gegen die „öffentliche Ordnung", weil simulierte Tötungshandlungen gegen grundlegende Wertvorstellungen der Allgemeinheit verstoßen würden. ◀

Zum tradierten Bestand polizeilicher Aufgaben gehört neben der Wahrung der öffentlichen Sicherheit die Aufrechterhaltung der „**öffentlichen Ordnung**". So erklärte schon das Preußische Allgemeinen Landrecht von 1794 es zum „Amt der Polizey", die „nöthigen Anstalten zur Erhaltung der öffentlichen Ruhe, Sicherheit, und Ordnung" zu treffen (§ 10 II 17 ALR). Auch § 2 Nr. 1 NPOG benennt die „öffentliche Ordnung" als weiteres Schutzgut des Gefahrenabwehrrechts.

Im Jahre 1994 ist die „öffentliche Ordnung" aus dem damaligen niedersächsischen SOG gestrichen worden, was dessen Umbenennung in „Niedersächsisches Gefahrenabwehrgesetz" zur Folge hatte;[51] in anderen Bundesländern vollzog sich eine ähnliche Entwicklung.[52] Der niedersächsische Gesetzgeber erachtete dieses **Schutzgut des Gefahrenabwehrrechts** mit der (zutreffenden) Erwägung als überflüssig, dass die „wirklich relevanten Störungen" bereits vom Begriff der „öffentlichen Sicherheit" umfasst würden.[53] Einige Jahre später kam es jedoch zu einer „**Renaissance der öffentlichen Ordnung**" durch deren erneute Normierung als Schutzgut des Gefahrenabwehrrechts.[54] Auch in Niedersachen erfolgte eine Wiedereinführung, die mit der angeblichen Notwendigkeit einer „Auffangnorm" zur Verhinderung von „Störungen

---

47 *M. Bäcker*, in: Lisken/Denninger, Abschnitt D Rn. 62.
48 So schon PrOVGE 89, 238 (241).
49 *Th. Kingreen / R. Poscher*, Polizei- und Ordnungsrecht, § 7 Rn. 38; *M. Bäcker*, in: Lisken/Denninger, Abschnitt D Rn. 62; *V. Götz / M.-E. Geis*, Allgemeines Polizei- und Ordnungsrecht, § 10 Rn. 41; *C. Gusy*, Polizei- und Ordnungsrecht, Rn. 88; *W.-R. Schenke*, Polizei- und Ordnungsrecht, Rn. 66; *F. Schoch*, in: ders. (Hrsg.), Besonderes Verwaltungsrecht, Kap. 1 Rn. 266.
50 Nach BVerwG, Urt. v. 13.12.2006 – 6 C 17.06.
51 G. v. 18.2.1994, Nds. GVBl. 1994, S. 69.
52 Näher *Th. Koch*, Jura 2021, S. 1151.
53 LT-Drs. 12/4140, S. 47.
54 Dazu *F. Fechner*, JuS 2003, S. 734 ff.; *R. Störmer*, Die Verwaltung 30 (1997), S. 233 ff.; *Th. Finger*, Die Verwaltung 40 (2007), S. 105 ff.

des Gemeinschaftslebens" bei Fehlen einer spezialgesetzlichen Regelung begründet wurde.[55] Heute ist die öffentliche Ordnung allein dem Gefahrenabwehrrecht in Bremen und Schleswig-Holstein unbekannt.

35 Mit dem Tatbestandsmerkmal der „öffentlichen Ordnung" als von Verwaltungsbehörden und Polizei zu schützendem Rechtsgut erfolgt in der Sache eine Anknüpfung an **gesellschaftliche Ordnungsvorstellungen**, mit denen nicht auf geschriebenes Recht, sondern auf vor- und außerrechtliche Maßstäbe Bezug genommen wird: Zur öffentlichen Ordnung zählen nach der grundsätzlich auch heute noch geltenden Definition des Preußischen Oberverwaltungsgerichts die ungeschriebenen Regeln „für das Verhalten des einzelnen in der Öffentlichkeit, deren Beobachtung nach den jeweils herrschenden Anschauungen als unerlässliche Voraussetzung eines geordneten staatsbürgerlichen Gemeinschaftslebens betrachtet wird".[56] Angesichts dieser Verweisung auf ungeschriebene und demgemäß auch unbestimmte **Sozialnormen** ist die öffentliche Ordnung als Rechtsbegriff seit jeher umstritten.[57] Allerdings ist eine Bezugnahme auf gesellschaftliche Anschauungen dem Recht auch sonst nicht unbekannt, wie sich nicht nur an Bestimmungen des Bürgerlichen Rechts (§§ 138 BGB, 242 BGB, 826 BGB) wie auch des Verwaltungsrechts (§ 33a Abs. 2 Nr. 2 GewO) ablesen lässt. Auch das Grundgesetz verweist mit der **Grundrechtsschranke des Sittengesetzes** (Art. 2 Abs. 1 GG) auf außerrechtliche Maßstäbe und erwähnt ausdrücklich die öffentliche Ordnung als Rechtsgrund für „Eingriffe und Beschränkungen" in Bezug auf die Unverletzlichkeit der Wohnung (Art. 13 Abs. 7 GG). Eine Anknüpfung an derartige außerrechtliche Maßstäbe kann daher nicht generell als unzulässig angesehen werden.

36 Andererseits werden sich gesellschaftlich allgemein akzeptierte Regeln kaum im Einzelfall demoskopisch durch Befragung eines repräsentativen Bevölkerungsquerschnitts ermitteln lassen,[58] In neuerer Zeit wird daher zur Feststellung des Inhalts der öffentlichen Ordnung vermehrt auf **verfassungsrechtliche Wertungen** zurückgegriffen, in denen sich bestimmte gesellschaftliche Anschauungen manifestieren sollen. Bei der Auslegung des unbestimmten Rechtsbegriffs der öffentlichen Ordnung sind danach „die grundrechtlichen Wertmaßstäbe ... miteinzubeziehen",[59] was über ein Gebot der (schlichten) Vereinbarkeit einer Sozialnorm mit grundgesetzlichen Wertungen hinausgeht.

37 Dieser Ansatz ist grundsätzlich geeignet, einer Überdehnung des Tatbestandes der „öffentlichen Ordnung" entgegenzuwirken, zumal er im Ausgangspunkt rationalere Kriterien liefert, als der Rückgriff auf wie auch immer ermittelte gesellschaftliche Anschauungen.[60] Allerdings kann dieser **Rückgriff auf das Grundgesetz** seinerseits mit grundgesetzlichen Wertungen in Konflikt geraten und dadurch grundrechtlich geschützte Freiheit verkürzen. So hat das

---

55 LT-Drs. 15/240, S. 9.
56 PrOVGE 91, 139 (140); s. ferner BVerfG, B. v. 14.5.1985 – 1 BvR 233/81 u. a. („Brokdorf"), Rn. 77; B. v. 24.3.2001 – 1 BvQ 13/01, Rn. 28; B. v. 7.4.2001 – 1 BvQ 17/01 u. a., Rn. 32; B. v. 5.9.2003 – 1 BvQ 32/03, Rn. 24; B. v. 23.6.2004 – 1 BvQ 19/04, Rn. 21; *M. Bäcker*, in: Lisken/Denninger, Abschnitt D Rn. 72; *V. Götz / M.-E. Geis*, Allgemeines Polizei- und Ordnungsrecht, § 11 Rn. 1; *C. Gusy*, Polizei- und Ordnungsrecht, Rn. 96; *Th. Kingreen / R. Poscher*, Polizei- und Ordnungsrecht, § 7 Rn. 42; *F. Fechner*, JuS 2003, S. 734; *F. Schoch*, in: ders. (Hrsg.), Besonderes Verwaltungsrecht, Kap. 1 Rn. 268; krit. *G. Erbel*, DVBl. 2001, S. 1714 (1717); *V. Götz*, FS Stober (2008), S. 195 (204 f.).
57 Vgl. dazu den Überblick bei *W. Martens*, in: Drews/Wacke/Vogel/Martens, § 16, 1 (S. 246); aus neuerer Zeit *Th. Kingreen / R. Poscher*, Polizei- und Ordnungsrecht, § 7 Rn. 46 ff.; *M. Bäcker*, in: Lisken/Denninger, Abschnitt D Rn. 73.
58 Zu diesem Problem *W. Martens*, in: Drews/Wacke/Vogel/Martens, § 16, 2 c) (S. 250); s. ferner *F. Fechner*, JuS 2003, S. 734; *G. Erbel*, DVBl. 2001, S. 1714 (1719); *A. Saipa*, in: Saipa u. a., NPOG, § 1 Rn. 12.
59 VG Bremen, B. v. 15.10.2020 – 5 V 2212/20, Rn. 37; VG Düsseldorf, B. v. 30.4.2019 – 6 L 175/19, Rn. 53; s. ferner OVG NW, B. v. 23.3.2001 – 5 B 395/01, Rn. 5 ff.; OVG NW, B. v. 28.6.1995 – 5 B 3187/94, Rn. 6.
60 Krit. aber *M. Bäcker*, in: Lisken/Denninger, Abschnitt D Rn. 74; *R. Störmer*, Die Verwaltung 30 (1997), S. 233 (248 f.); *G. Erbel*, DVBl. 2001, S. 1714 (1718 f.).

V. Die öffentliche Ordnung

Bundesverwaltungsgericht die Sittenwidrigkeit bestimmter Formen der Zurschaustellung von Personen (§ 33a Abs. 2 Nr. 2 GewO) gerade mit einer **Verletzung der Menschenwürde** der betroffenen Personen begründet.[61] Dass diese freiwillig handelten, wurde als unerheblich angesehen, weil die Menschenwürde wegen ihrer über den einzelnen hinausreichenden Bedeutung auch gegenüber der Absicht des Betroffenen verteidigt werden müsse, seine vom objektiven Wert der Menschenwürde abweichenden subjektiven Vorstellungen durchzusetzen.[62]

Auch in dem Beispielsfall wurde zunächst ein Verstoß gegen die grundgesetzlich gewährleistete Menschenwürde angenommen, weil bei den Teilnehmenden eine Einstellung erzeugt oder verstärkt werde, die den **fundamentalen Wert- und Achtungsanspruch** leugne, der jedem Menschen zukomme. Ein gewerbliches und auf die Identifikation der Teilnehmenden mit der Gewaltausübung gegen Menschen angelegtes Unterhaltungsspiel sei wegen der ihm innewohnenden Tendenz zur Bejahung oder zumindest Bagatellisierung von Gewalt und wegen der möglichen Auswirkungen einer solchen Tendenz auf die **allgemeinen Wertvorstellungen** mit der verfassungsrechtlichen Menschenwürdegarantie unvereinbar.[63]

38

Diese Rechtsprechung des Bundesverwaltungsgerichts offenbart grundlegende Fehlvorstellungen über die Menschenwürde als Rechtsgut von Verfassungsrang,[64] indem der Menschenwürdegarantie des Grundgesetzes eine **Pflicht zu würdegemäßem Verhalten** entnommen wird,[65] die aus den durch die Norm berechtigten Personen jeweils Verpflichtete, den Staat hingegen zum Berechtigten macht.[66] Dies verkennt die Bedeutung der Unverfügbarkeit der Menschenwürde: Dass das Individuum nicht auf den Schutz der Menschenwürde verzichten kann, besagt nicht, dass der Staat die Menschen zu einem würdegemäßen Verhalten verpflichten könnte oder gar einen Schutz der Menschenwürde gegen deren Trägerinnen und Träger erzwingen dürfte.[67] Das Grundgesetz zielt mit dem Schutz der Menschenwürde gerade auf **individuelle Autonomie** und **Selbstbestimmung**[68] durch eigenverantwortliche Lebensgestaltung.[69] Es bewirkt daher letztlich eine Verkehrung dieses Schutzes, wenn dem Individuum über das Ordnungsrecht heteronome Vorstellungen über angemessenes Verhalten oktroyiert werden sollen.

39

---

61 BVerwG, Urt. v. 15.12.1981 – 1 C 232/79, Rn. 20 ff.; s. ferner BVerwG, B. v. 6.3.1986 – 1 CB 28/85, B. v. 11.02.1987 – 1 B 129/86.
62 BVerwG, Urt. v. 15.12.1981 – 1 C 232/79, Rn. 22.
63 BVerwG, Urt. v. 13.12.2006 – 6 C 17.06, Rn. 25, im Anschluss an den Vorlagebeschluss v. 24.10.2001, 6 C 3/01, Rn. 63 ff.; s. ferner OVG NW, B. v. 28.6.1995 – 5 B 3187/94, Rn. 6 ff.; OVG Rh.-Pf., B v. 21.6.1994 – 11 B 11428/94, Rn. 4 ff.; zu Recht ablehnend VG Weimar, Urt. v. 6.4.2016 – 3 K 1422/14 We, Rn 16 ff. mwN; anders auch BayVGH, Urt. v. 27.11.2012 – 15 BV 09.2719, Rn. 30 ff.; Nds. OVG, Urt. v. 18.2.2010 – 1 LC 244/07, Rn. 65 ff.
64 Zur Kritik *W. Höfling*, NJW 1983, S. 1582 ff.; *H. Dreier*, in: ders. (Hrsg.), GG, Art. 1 I Rn. 149 ff.; *C. Gusy*, DVBl. 1982, S. 984 ff.; *Ch. Hillgruber*, Der Schutz des Menschen vor sich selbst, 1992, S. 104 ff.; *W. Martens*, in: Drews/Wacke/Vogel/Martens, § 16, 3 (S. 257 f.); *F. Schoch*, in: ders. (Hrsg.), Besonderes Verwaltungsrecht, Kap. 1 Rn. 274; *H. v. Olshausen*, NJW 1982, S. 2221 ff.; *Th. Koch*, Der Grundrechtsschutz der Drittbetroffenen, S. 148 ff.; *ders.*, Jura 2021, S. 1151 (1154 f.); *M. Sachs*, in: ders. (Hrsg.), GG, Art. 1 Rn. 40; *A. Scheidler*, GewArch 2005, S. 312 (315 ff.); *R. Störmer*, Die Verwaltung 30 (1997), S. 233 (249 ff.); abweichend auch OVG Hamburg, B. v. 20.2.1985 – Bs VI 2/85 = NVwZ 1985, S. 841 f.; VG Stuttgart, Urt. v. 24.9.1985 – 14 K 2773/83 = GewArch 1986, S. 90 ff.; VG Weimar, Urt. v. 6.4.2016 – 3 K 1422/14 We, Rn. 16 ff.
65 Zum „Zwang zur Würde" VG Weimar, Urt. v. 6.4.2016 – 3 K 1422/14 We, Rn. 18; s. ferner *A. Scheidler*, GewArch 2005, S. 312 (315 f.).
66 *C. Gusy*, DVBl. 1982, S. 984 (985 f.).
67 Vgl. dazu auch PrOVGE 39, 390 (392): Aufgabe der Polizei sei es „im allgemeinen nicht, die Menschen gegen sich selbst zu schützen, und zu ihren Befugnissen gehört es im allgemeinen nicht, bestimmte Handlungen … aus diesem Grunde zu verbieten".
68 *H. Dreier*, in ders. (Hrsg.), GG, Art. 1 I Rn. 150.
69 BVerfG, Urt. v. 11.10.1978 – 1 BvR 16/72, Rn. 35.

40 Das Bundesverwaltungsgericht hat seine Rechtsprechung denn auch später modifiziert und die (gewerberechtliche) Unzulässigkeit derartiger Veranstaltungen mit einer Verletzung der in der Rechtsgemeinschaft als **Ordnungsvoraussetzungen** anerkannten „sozialethischen Wertvorstellungen" begründet.[70] Damit werden erneut Grenzen der Verhaltensfreiheit unabhängig vom Vorhandensein einer Gefährdung oder Beeinträchtigung schützenswerter Belange Dritter oder der Allgemeinheit allein schon aus der **Existenz entgegenstehender Wertvorstellungen** abgeleitet. Demgegenüber ist daran zu erinnern, dass eine Einschränkung grundrechtlicher Freiheit einer Rechtfertigung durch kollidierende Belange anderer Personen oder der Allgemeinheit bedarf, weshalb grundsätzlich zweifelhaft ist, dass die (behauptete) Unvereinbarkeit eines bestimmten Verhaltens mit entgegenstehenden (Wert-) Vorstellungen ein behördliches Einschreiten zur „Gefahrenabwehr" gestattet.[71] Erforderlich ist vielmehr die Bezeichnung eines Individual- oder Gemeinschaftsrechtsguts, das durch das inkriminierte Verhalten beeinträchtigt werden kann. So ist mit Blick auf simulierte Kampfhandlungen eingewendet worden, dass derartige Spiele geeignet seien, eine Herabsetzung von **Hemmschwellen** zu bewirken,[72] wenngleich es an belastbaren Erkenntnissen über derartige Zusammenhänge fehlt.[73] Zudem handelt es sich dabei nicht um eine konkrete Gefahr, die allein ein (sofortiges) Einschreiten der Polizei oder Verwaltungsbehörden ermöglichte (→ § 5 Rn. 2). In Rede steht vielmehr eine Sachlage, in der „nur von einer Risikolage oder einem ‚Gefahrpotential' gesprochen werden" kann.[74] Dieser Befund lässt sich nicht dadurch überwinden, dass eine gefahrenabwehrrechtlich relevante Gefahr aus der (behaupteten) Unvereinbarkeit des in Rede stehenden Vorgangs mit **Wertvorstellungen der Bevölkerung** hergeleitet wird.[75] Dass hier unentbehrliche Voraussetzungen des menschlichen Zusammenlebens in einer Weise beeinträchtigt werden, die ein sofortiges Einschreiten ohne ausdrückliche spezialgesetzliche Ermächtigungsgrundlage erforderlich machte, ist vielmehr fernliegend.

41 Eine **Einschränkung der Verhaltensfreiheit** unter dem Aspekt der öffentlichen Ordnung kommt demnach nur in Betracht, wenn sie auf die Vermeidung von Beeinträchtigungen schutzwürdiger, aber anderweitig nicht geschützter Belange und Interessen zielt. Demgegenüber reicht es nicht aus, wenn eine Person ein Verhalten wahrnimmt, das sie oder eine wie auch immer definierte und ermittelte Mehrheit als „ungehörig" empfindet. Vielmehr bedarf es zumindest eines Zusammenhangs mit grundsätzlich (verfassungs-) rechtlich anerkannten Rechtsgütern wie etwa dem **allgemeinen Persönlichkeitsrecht**. Ein nach Maßgabe gesellschaftlicher Anschauungen unerwünschtes Verhalten eines Grundrechtsträgers ist erst dann ordnungsrechtlich relevant, wenn es eine **beeinträchtigende Wirkung** entfaltet, die einen hinreichenden „Zumutungsgehalt"[76] besitzt, denn auch die Einschränkung der Verhaltensfreiheit unter dem Aspekt der öffentlichen Ordnung ist ein **Instrument des Rechtsgüterschutzes**,[77] wie nicht zuletzt in dem Merkmal der „Unerlässlichkeit" bzw. „Unentbehrlichkeit" der Regelbefolgung zum Ausdruck kommt. Das Gefahrenabwehrrecht dient der Abwehr von Gefahren, nicht aber dem Zweck zu ermöglichen, dass eine etwaige (Bevölkerungs-) Mehrheit ihre Ordnungsvorstellungen gegen eine Minderheit durchsetzen kann.

▶ **Fall:** Nachdem es in der Vergangenheit bundesweit aus Anlass von Versammlungen und Demonstrationen insbesondere rechtsgerichteter Vereinigungen mehrfach zum Zeigen der

---

70 BVerwG, Urt. v. 30.1.1990 – 1 C 26/87, Rn. 16 ff.
71 Ausführl. *Th. Koch* Der Grundrechtsschutz des Drittbetroffenen, S. 162 f.; s. ferner *ders.*, Jura 2021, S. 1151 (1154 f.).
72 OVG NW, Urt. v. 27.9.2000 – 5 A 4916/98, Rn. 51.
73 VG Weimar, Urt. v. 6.4.2016 – 3 K 1422/14 We, Rn. 21.
74 So BVerwG, Vorlagebeschluss v. 24.10.2001 – 6 C 3/01, Rn. 41.
75 Näher *Th. Koch* Der Grundrechtsschutz des Drittbetroffenen, S. 161 f.
76 Begriff nach *C. Gusy*, DVBl. 1982, S. 984 (987).
77 Näher *Th. Koch*, Jura 2021, S. 1151 (1155).

V. Die öffentliche Ordnung

sogenannten „Reichskriegsflagge" gekommen ist, erlässt das niedersächsische Innenministerium einen „Erlass zum Umgang mit dem öffentlichen Zeigen von Reichskriegsflaggen". In dem Erlass heißt es, bei der Reichskriegsflagge handele es sich um ein Symbol nationalsozialistischer Anschauungen und / oder von Ausländerfeindlichkeit, weshalb deren Verwendung in der Öffentlichkeit eine Beeinträchtigung der Voraussetzungen für ein geordnetes staatsbürgerliches Zusammenleben und damit eine Gefahr für die öffentliche Ordnung darstelle. Werde eine Reichskriegsflagge bei einer Versammlung gezeigt, sei dies daher zu unterbinden. Dem Erlass beigefügt waren Abbildungen entsprechender Flaggen und Fahnen aus der Zeit von 1867 bis 1935; spezifisch nationalsozialistische Symbole enthalten die Flaggen und Fahnen nicht. X, ein Mitglied einer als rechtsextrem geltenden Vereinigung, nimmt dies zum Anlass, eine Versammlung mit ca. 50 Teilnehmenden unter dem Motto „Ja zur Tradition: Kein Verbot stoppt Schwarz-Weiß-Rot!" anzumelden. Daraufhin ergeht ein „Auflagenbescheid", mit dem angeordnet wird, dass während der geplanten Versammlung Reichskriegsflaggen und Symbole, die Inhalt des Erlasses seien, nicht gezeigt werden dürften. ◀

Die Feststellung, dass auch das gefahrenabwehrrechtliche Schutzgut der „öffentlichen Ordnung" auf die Abwehr von Gefahren für konkret zu bezeichnende Rechts- und Schutzgüter zielt, lenkt den Blick auf einen weiteren Aspekt mit Bedeutung für die Frage, inwieweit eine Situation einen **Interventionsbedarf** aufgrund einer Beeinträchtigung der „öffentlichen Ordnung" auszulösen vermag oder vorrangig auf Normen des geschriebenen Rechts und damit Schutzgüter der öffentlichen Sicherheit zurückzugreifen ist: Grundsätzlich ist Voraussetzung für eine Maßnahme der Gefahrenabwehr die (konkret) drohende **Beeinträchtigung eines Rechtsguts**, das im Einzelfall zu benennen ist. Rechte und Rechtsgüter ergeben sich aber vielfach gerade daraus, das gesetzliche Regelungen zu deren Schutz existieren, die das schutzwürdige Rechtsgut definieren und damit erst konstituieren; eines Rückgriffs auf die öffentliche Ordnung bedarf es in diesen Fällen folglich nicht.[78] Fehlt es hingegen an einem feststellbaren Recht, Rechtsgut oder anderweitig rechtlich geschütztem Interesse, rechtfertigt dies nicht ohne Weiteres den Schluss auf eine (Regelungs-) Lücke, die durch einen Rückgriff auf die **öffentliche Ordnung** zu schließen wäre, weil auch möglich ist, dass der Gesetzgeber eine abschließende Regelung geschaffen hat und ein weitergehender Schutz vor Beeinträchtigungen nicht gewollt war;[79] dies ist aber zu respektieren und nicht durch Rückgriff auf die „öffentliche Ordnung" zu konterkarieren.[80]

42

Illustrieren lassen sich diese Zusammenhänge an dem Beispielsfall, der an Bemühungen einzelner Bundesländer anknüpft, das öffentliche Zeigen der sog. „Reichskriegsflagge" sowie auch anderer **Fahnen und Flaggen** bei Versammlungen durch ministerielle Erlasse und damit allein verwaltungsintern verbindliche Verwaltungsvorschriften als Gefahr für die öffentliche Ordnung zu qualifizieren. Das musste absehbar scheitern, weil mit Blick auf den Inhalt einer Meinungsäußerung, die auch im Zeigen einer Flagge oder eines anderen Symbols bestehen kann, eine Intervention unter Rückgriff auf gesetzlich nicht abgesicherte (Ordnungs-) Vorstellungen der (Mehrheits-) Gesellschaft ausscheidet. Das **Grundrecht der Meinungsfreiheit** ist nicht zuletzt „ein Recht auch zum Schutz von Minderheiten",[81] weshalb es nicht angängig ist, die Inanspruchnahme der Meinungsfreiheit unter den Vorbehalt zu stellen, dass geäußerte Meinungsinhalte den herrschenden sozialen oder ethischen Auffassungen nicht widersprechen.[82] Vielmehr schützt dieses Grundrecht gerade auch diejenigen, die nicht die herrschen-

43

---

78 *Th. Koch*, Jura 2021, S. 1151 (1159).
79 Dies betont *R. Störmer*, Die Verwaltung 30 (1997), S. 233 (254 f.).
80 *K. Waechter*, NVwZ 1997, S. 729 (735 f.); s. ferner *Th. Koch*, Jura 2021, S. 1151 (1159).
81 BVerfG, B. v. 23.6.2004 – 1 BvQ 19/04, Rn. 21; B. v. 19.12.2007 – 1 BvR 2793/04, Rn. 28.
82 BVerfG, B. v. 23.6.2004 – 1 BvQ 19/04, Rn. 21; B. v. 19.12.2007 – 1 BvR 2793/04, Rn. 28; s. ferner BVerfG, B. v. 4.11.2009 – 1 BvR 2150/08, Rn. 77; dies verkennend *Th. Attendorn / M. Schnell*, NVwZ 2020, S. 1224

den Auffassungen teilen,[83] selbst wenn damit Kritik oder Ablehnung der verfassungsmäßigen Ordnung[84] oder die Forderung nach einer anderen Staatsform[85] einhergeht. Die **Grenzen der Meinungsfreiheit** werden durch die einschlägigen Strafgesetze, namentlich § 130 StGB, gezogen; diese Regelungen sind grundsätzlich abschließend und hindern einen Rückgriff auf die öffentliche Ordnung zum Zwecke inhaltsbezogener Beschränkungen von Versammlungen.[86] Auch in den Entscheidungen betreffend das Zeigen der Reichskriegsflagge haben die Verwaltungsgerichte daher hervorgehoben, dass das Recht der freien Meinungsäußerung allein durch die Strafgesetze beschränkt wird und weitergehende Einschränkungen der Meinungsfreiheit durch einen Rückgriff auf die Kategorie der **öffentlichen Ordnung** nicht zulässig sind.[87] Entsprechendes muss für die Versammlungsfreiheit gelten,[88] da auch dieses Grundrecht nicht zuletzt dem **Minderheitenschutz** dient.[89]

44 Einschränkungen der **Meinungsfreiheit** sowie auf den Inhalt von Versammlungen bezogene Beeinträchtigungen der **Versammlungsfreiheit** sind daher nur möglich, wenn gegen Strafgesetze verstoßen wird, weil etwa Kennzeichen verfassungswidriger Organisationen verwendet werden (§ 86a StGB) oder der Tatbestand der Volksverhetzung (§ 130 StGB) erfüllt ist. Im Übrigen soll es besonderer Umstände bedürfen, wie sie etwa bei einem besonders martialischen oder einschüchternden Auftreten vorliegen können;[90] in Niedersachsen ist etwa ein „**paramilitärisches Auftreten**" ausdrücklich verboten (§ 3 Abs. 3 NVersG).

45 In den Entscheidungen betreffend das Zeigen der Reichskriegsflagge ist indes nicht nur mit der „öffentlichen Ordnung" als Schutzgut des Gefahrenabwehrrechts, sondern auch mit der Nennung der öffentlichen Ordnung in § 118 OWiG operiert worden.[91] Diese Vorschrift bestimmt, dass ordnungswidrig handelt, wer eine **grob ungehörige Handlung** vornimmt, die geeignet ist, die Allgemeinheit zu belästigen oder zu gefährden und die öffentliche Ordnung zu beeinträchtigen. Aus dieser Regelung folgt zunächst, dass die Beeinträchtigung der öffentlichen Ordnung durch eine „grob ungehörige Handlung" zugleich einen **Normverstoß** darstellt; damit bewirkt der Ordnungsverstoß notwendig eine Beeinträchtigung eines Schutzguts der öffentlichen Sicherheit.[92] Auf dieser Grundlage erscheint als fraglich, ob es überhaupt Verhaltensweisen unterhalb der von dieser Norm erfassten Handlungen gibt, die gegen ungeschriebene, aber gleichwohl unentbehrliche Verhaltensregeln verstoßen können.

(1227): „Eine unter der Flagge der Meinungsfreiheit segelnde Gefahr für die öffentliche Ordnung ist nicht zu tolerieren".
83 OVG Bremen, B. v. 16.10.2020 – 1 B 323/20, Rn. 8.
84 Vgl. BVerfG, B. v. 19.12.2007 – 1 BvR 2793/04, Rn. 28.
85 So schon PrOVGE 78, 261 (265): „Hiernach kann grundsätzlich in der Mitführung von Fahnen ... in einem Aufzug eine unzulässige Maßnahme auch dann nicht gefunden werden, wenn damit eine politische Gesinnung bekundet wird, die nicht auf dem Boden der verfassungsmäßigen Staatsform steht".
86 BVerfG, B. v. 24.3.2001 – 1 BvQ 13/01, Rn. 25 f.; B. v. 7.4.2001 – 1 BvQ 17/01 u. a., Rn. 33; zu Versuchen, die Befugnisnormen des Versammlungsrechts zwecks Abwehr rechtsextremistischer Bestrebungen unter Berufung auf die öffentliche Ordnung auszudehnen *U. Rühl*, NVwZ 2003, S. 531 (536 f.); *O. Dörr* VerwArch 93 (2002), S. 485 (492 ff.).
87 OVG Bremen, B. v. 16.10.2020 – 1 B 323/20, Rn. 8; s. ferner OVG Bremen, B. v. 23.10.20 – 1 B 331/20, Rn. 16; Nds. OVG, B. v. 13.11.2020 – 11 ME 293/20, Rn. 37; VG Bremen, B. v. 15.10.2020 – 5 V 2212/20, Rn. 38; VG Bremen, B. v. 22.10.2020 – 5 V 2328/20, Rn. 26; anders wohl OVG NW, B. v. 22.6.1994 – 5 B 193/94, Rn. 10 ff.; zust. *M. Thiel*, Polizei- und Ordnungsrecht, § 8 Rn. 49.
88 Vgl. BVerfG, B. v. 23.6.2004 – 1 BvQ 19/04, Rn. 19; s. ferner BVerfG, B. v. 24.3.2001 – 1 BvQ 13/01, Rn. 23; dies verkennend *Th. Attendorn / M. Schnell*, NVwZ 2020, S. 1224 (1226), die versuchen, Meinungsäußerungen im Interesse erleichterter Verbietbarkeit in den Schutzbereich von Art. 8 GG zu verlagern.
89 Vgl. Nds. StGH, Urt. v. 24.11.2020 – 6/19, Rn. 51.
90 Vgl. BVerfG, B. v. 24.3.2001 – 1 BvQ 13/01, Rn. 30; B. v. 7.4.2001 – 1 BvQ 17/01 u. a., Rn. 35; B. v. 5.9.2003 – 1 BvQ 32/03, Rn. 24; B. v. 19.12.2007 – 1 BvR 2793/04, Rn. 31.
91 Vgl. OVG Bremen, B. v. 16.10.2020 – 1 B 323/20, Rn. 4 f.; OVG Bremen, B. v. 23.10.20 – 1 B 331/20, Rn. 16; Nds. OVG, B. v. 13.11.2020 – 11 ME 293/20, Rn. 36; VG Bremen, B. v. 15.10.2020 – 5 V 2212/20, Rn. 36 ff.; VG Bremen, B. v. 22.10.2020 – 5 V 2328/20, Rn. 26.
92 *J. Ipsen*, Niedersächsisches Polizei- und Ordnungsrecht, Rn. 120.

V. Die öffentliche Ordnung

Auch im Übrigen ist vielfach zweifelhaft, ob Fallgestaltungen, in denen auf die „öffentliche Ordnung" rekurriert wird, nicht in anderer Weise zu lösen sind: So lässt sich das Phänomen der **„aggressiven Bettelei"** unter Rückgriff auf straßenrechtliche Normen steuern; auch kommt eine Beeinträchtigung des allgemeinen Persönlichkeitsrechts belästigter Personen in Betracht.[93] Das Verursachen **unangemessenen Lärms** oder das Verunreinigen öffentlicher Flächen ist regelmäßig spezialgesetzlich geregelt; jedenfalls kann in derartigen Fällen mit Verordnungen zur Gefahrenabwehr reagiert werden.

46

▸ **Fall:** Auf einem Platz in der Nähe einer U-Bahn-Station, der auf einer Seite an einen kleinen Park grenzt, hat sich eine „offene Drogenszene" entwickelt. Auf einem nahe gelegenen Spielplatz finden sich regelmäßig zu diesem Zweck verwendete Spritzen. Auch lagern obdachlose Personen in dem Park und konsumieren dort Alkohol. Aufgrund ständiger Belästigungen und Verunreinigungen auch privater Anlagen bis hin zu Hausfluren fordern die Anwohner ein härteres „Durchgreifen" gegen die Szene. ◂

In dem Beispielsfall ergeben sich aus dem Verhalten einzelner Personen unmittelbare Gefahren für die öffentliche Sicherheit. Namentlich von drogenabhängigen Personen benutzte Spritzen im öffentlichen Raum – gar auf Spielplätzen – bergen nicht nur ein **Verletzungsrisiko**, sondern die Gefahr der Weitergabe von Krankheitserregern. Allerdings wird es im Nachhinein auf Schwierigkeiten stoßen, einer bestimmten Person einzelne Abfälle oder Verunreinigungen zuzuordnen. Auch verstößt der schlichte Aufenthalt auch von drogenabhängigen Personen in bestimmten Bereichen des öffentlichen Raumes für sich genommen nicht gegen geschriebenes Recht. Desgleichen ist der Konsum von Alkohol in der Öffentlichkeit nicht ohne Weiteres unzulässig;[94] auch **freiwillige Obdachlosigkeit** verletzt weder Rechts- noch Sozialnormen.[95] Soweit nicht eine Überbeanspruchung des öffentlichen (Straßen-) Raums vorliegt, die als „Sondernutzung" einer straßenrechtlichen Erlaubnis bedarf, stellt das schlichte Vorhandensein lagernder Personen in der Öffentlichkeit für sich genommen daher keine Gefährdung oder Störung der öffentlichen Sicherheit dar. Aus der schlichten Anwesenheit von obdachlosen oder drogenabhängigen Personen in bestimmten Bereichen des öffentlichen Raumes wird sich zudem keine **Verletzung unerlässlicher Sozialnormen** ableiten lassen.[96]

47

Dies heißt andererseits nicht, dass der Konsum „harter" Drogen in der Öffentlichkeit toleriert werden müsste, zumal mit einer Gefährdung dritter Personen durch anschließend herumliegende Utensilien zu rechnen ist. So kann gegen einzelne Personen mit entsprechenden Instrumenten wie **Platzverweisen** oder **Aufenthaltsverboten** vorgegangen werden. Sofern sich feststellbar Verhaltensweisen etablieren, die in Belästigungen oder Gefahren für Dritte münden, lässt sich derartigen Vorkommnissen zudem mit einer Verordnung zur Gefahrenabwehr (§§ 54 ff. NPOG) begegnen, mit der gefahrträchtige oder störende Verhaltensweisen untersagt werden können. Ein **allgemeines Verbot** etwa des Alkoholkonsums im öffentlichen Raum wird hingegen nur in besonders gelagerten Ausnahmefällen in Betracht kommen;[97] in einigen Bundesländern existieren spezielle **landesrechtliche Ermächtigungsgrundlagen** für den Erlass entsprechender kommunaler Verordnungen.[98]

48

---

93 *Th. Koch*, Jura 2021, S. 1151 mit Fn. 8.
94 So auch *W.-R. Schenke*, Polizei- und Ordnungsrecht, Rn. 71.
95 Vgl. *K. Graulich*, in: Lisken/Denninger, Abschnitt E Rn. 846.
96 Dazu *Th. Finger*, Die Verwaltung 40 (2007), S. 105 (113 f.); *R. Störmer*, Die Verwaltung 30 (1997), S. 233 (237 f.); *W.-R. Schenke*, Polizei- und Ordnungsrecht, Rn. 71; demgegenüber will *F. Fechner*, JuS 2003, S. 734 (735), offenbar unfreiwillige Obdachlosigkeit als Verstoß gegen die öffentliche Ordnung einordnen.
97 Vgl. dazu *K. Stein*, NdsVBl. 2010, S. 193 (194 f.).
98 So etwa in Sachsen (§ 33 SächsPBG), in Baden-Württemberg (§ 18 PolG Ba.-Wü.) und in Bayern (§ 30 LStVG).

§ 5 Der Gefahrenbegriff

I. Konkrete Gefahr und Störung

▶ **Fall:** P hat einen Arzttermin. Da sie sich nicht verspäten möchte, parkt sie ihr Kraftfahrzeug im absoluten Halteverbot und sucht die Arztpraxis auf. Die Polizei lässt das Fahrzeug abschleppen. ◀

1   Voraussetzung für ein Einschreiten der Polizei oder der Verwaltungsbehörden zur Gefahrenabwehr ist, dass den **Schutzgütern des Gefahrenabwehrrechts** eine Gefahr droht: Die Erfüllung der „Aufgabe der Gefahrenabwehr" (§ 1 Abs. 1 Satz 1 NPOG) bedingt, dass Polizei und Verwaltungsbehörden die „notwendigen Maßnahmen" treffen können, um eine **Gefahr** abzuwehren (§ 11 NPOG).

2   Unter einer „Gefahr" versteht man umgangssprachlich eine Situation, in der ein **erhöhtes Risiko** eines schädigenden Ereignisses besteht. Dem entspricht im Grundsatz der **Gefahrenbegriff** des Gefahrenabwehrrechts. Mit der Anknüpfung an eine „Gefahr" zur Kennzeichnung der Voraussetzungen für ein verwaltungsbehördliches oder polizeiliches Einschreiten bedient sich der Gesetzgeber eines Begriffs aus der **Alltagssprache**, dem eine spezifische rechtliche Bedeutung zugewiesen wird (→ Rn. 11 f.): Im Sinne der gefahrenabwehrrechtlichen Generalklausel und anderer spezieller Befugnisnormen kennzeichnet der Begriff der Gefahr grundsätzlich eine **konkrete Gefahr**, die definiert ist als eine Sachlage, in der im einzelnen Fall die hinreichende Wahrscheinlichkeit besteht, dass bei **ungehindertem Geschehensablauf** in absehbarer Zeit ein **Schaden** für ein Schutzgut der öffentlichen Sicherheit oder Ordnung eintreten wird. Diese im Ausgangspunkt allgemein anerkannte Definition[1] ist vom Gesetzgeber in Niedersachsen ausdrücklich in das Gesetz übernommen worden (§ 2 Nr. 1 NPOG).

3   Der Begriff der „Gefahr" ist von zentraler Bedeutung für eine Rechtsmaterie, die die Abwehr von Gefahren zum Gegenstand hat, weshalb er sich auf den zweiten Blick als komplexer erweist, als es zunächst den Anschein hat. Dies beruht nicht zuletzt darauf, dass er für eine Vielzahl von Sachlagen die Voraussetzungen polizeilichen Einschreitens an ein **Wahrscheinlichkeitsurteil** koppelt.[2] Dabei ist zu beachten, dass mit zahlreichen alltäglichen Handlungen oder Verrichtungen das niemals völlig auszuschließende Risiko des **Eintritts eines Schadens** einhergeht. So besteht im Falle der Teilnahme am Straßenverkehr stets die Möglichkeit, dass es zu einem Unfallgeschehen kommt, ohne dass schon hieraus der Schluss auf eine polizeirechtlich relevante (konkrete) Gefahr für Sachwerte, die körperliche Unversehrtheit oder gar das Leben gezogen werden könnte. Eine solche „abstrakte", von einer **konkreten Gefahrenlage** abgelöste Gefahr ist daher regelmäßig nur Anlass für normative Regelungen etwa des Straßenverkehrsrechts oder des technischen Sicherheitsrechts, die den Eintritt einer konkreten Gefahr oder gar eines Schadens verhindern sollen. Eine konkrete Gefahr im Rechtssinne setzt hingegen voraus, dass sich ein **bestimmtes Schadensereignis** zumindest in groben Umrissen bereits abzeichnet;[3] da anderenfalls kein Wahrscheinlichkeitsurteil in Bezug auf den Eintritts

---

[1] Vgl. *W. Martens*, in: Drews/Wacke/Vogel/Martens, § 13, 1 (S. 220); *V. Götz / M.-E. Geis*, Allgemeines Polizei- und Ordnungsrecht, § 12 Rn. 3; *Th. Kingreen / R. Poscher*, Polizei- und Ordnungsrecht, § 8 Rn. 2; *M. Bäcker*, in: Lisken/Denninger, Abschnitt D Rn. 80; *C. Gusy*, Polizei- und Ordnungsrecht, Rn. 105; *F. Schoch*, in: ders. (Hrsg.), Besonderes Verwaltungsrecht, Kap. 1 Rn. 279; *M. Thiel*, Polizei- und Ordnungsrecht, § 8 Rn. 5.
[2] *M. Bäcker*, in: Lisken/Denninger, Abschnitt D Rn. 86.
[3] *M. Bäcker*, in: Lisken/Denninger, Abschnitt D Rn. 83.

eines Schadens möglich ist.⁴ Eine nur „latente" oder „potentielle" Gefahr ist keine konkrete Gefahr.⁵

Die Frage nach der **Wahrscheinlichkeit eines Schadenseintritts** stellt sich hingegen nicht mehr, wenn ein „Schaden" für ein Schutzgut der Gefahrenabwehr bereits eingetreten ist, weil beispielsweise gegen **ein rechtliches Gebot** verstoßen wurde. Wird etwa – wie im Beispielsfall – falsch geparkt, so ist eine Störung der öffentlichen Sicherheit durch Verletzung des Halteverbots bereits eingetreten; damit hat sich zugleich die Gefahr realisiert. Dies heißt indes nicht, dass die Gefahr mit ihrer Verwirklichung automatisch entfallen ist. Sofern der störende Zustand weiterhin andauert, lässt sich vielmehr annehmen, dass die Gefahr einer **Perpetuierung** und **Intensivierung** der bereits eingetretenen Störung besteht,⁶ gegen die folgerichtig vorgegangen werden darf.⁷ Im Falle einer **andauernden Rechtsverletzung** liegt danach eine Gefahr jedenfalls so lange vor, bis die Rechtsverletzung beendet wird; so verhält es sich auch im Falle eines verbotswidrig abgestellten Fahrzeugs. Nach der Rechtsprechung mutiert ein Halteverbot im Falle seiner Missachtung zudem zu einem (sofort vollziehbaren) „Gebot zum Weiterfahren",⁸ das durch den **Parkverstoß** fortlaufend missachtet wird. Dass in einem solchen Falle interveniert und bei Abwesenheit der verantwortlichen Person ein Abschleppvorgang initiiert werden darf, ist unproblematisch. 4

II. Risikolage und Wahrscheinlichkeitsurteil

▶ **Fall:** Bei Bauarbeiten wird im Boden eine „Fliegerbombe" aus dem zweiten Weltkrieg gefunden. Das Areal wird daraufhin weiträumig abgesperrt. Anschließend gelingt es, die Bombe zu entschärfen. ◀

Ist eine „Störung" der öffentlichen Sicherheit oder Ordnung noch nicht eingetreten, so bedarf eine potenziell gefahrenträchtige Situation einer **Bewertung des Risikos**, dass ein Schaden für ein Schutzgut der Gefahrenabwehr eintreten wird. Der Gefahrenbegriff erweist sich dabei als **zweigliedrig**, denn er ist gekennzeichnet zum einen durch eine bestehende **„Sachlage"**, in der es zum anderen eines **Wahrscheinlichkeitsurteils** über die Folgen eines ungehindert fortschreitenden Geschehens bedarf.⁹ Für die erforderliche Beurteilung, ob die Möglichkeit der Schädigung eines **Schutzguts des Gefahrenabwehrrechts** bei fortschreitendem Geschehensablauf und damit eine „Gefahr" besteht, soll es darauf ankommen, wie seitens einer gewissenhaft handelnden und gut ausgebildeten (Durchschnitts-) Person im Polizeidienst die Sachlage und die daraus resultierende **Schadenswahrscheinlichkeit** in der konkreten Situation des Einschreitens beurteilt worden wäre;¹⁰ es gilt ein **objektivierter ex ante-Maßstab.**¹¹ Dabei sind 5

---

4 Es ist daher missverständlich, wenn in der Rechtsprechung als Voraussetzung für verkehrsregelnde Anordnungen (§ 45 StVO) eine „konkrete Gefahr" gefordert wird, vgl. BVerwG, B. v. 12.9.1995 – 11 B 23/95, Rn. 5 ff.; VG Berlin, B. v. 4.9.2020 – 11 L 205/20, Rn. 34; VG Würzburg, Urt. v. 24.3.2021 – W 6 K 19.1594, Rn. 45; in der Sache gemeint ist eine gegenüber den allgemeinen Risiken des Straßenverkehrs gesteigerte Gefahr.
5 *W. Martens*, in: Drews/Wacke/Vogel/Martens, § 13, 2 b) (S. 223 f.).
6 Vgl. *F. Schoch*, in: ders. (Hrsg.), Besonderes Verwaltungsrecht, Kap. 1 Rn. 282.
7 Vgl. *C. Gusy*, Polizei- und Ordnungsrecht, Rn. 105; *J. Ipsen*, Niedersächsisches Polizei- und Ordnungsrecht, Rn. 134; *N. Ullrich*, in: Möstl/Weiner, Polizei- und Ordnungsrecht Niedersachsen, § 2 Rn. 69 ff.
8 BVerwG, Urt. v. 23.6.1993 – 11 C 32/92, Rn. 12; Urt. v. 11.12.1996 – 11 C 15/95, Rn. 10; Urt. v. 9.4.2014 – 3 C 5/13, Rn. 13; ebenso *K. Graulich*, in: Lisken/Denninger, Abschnitt E Rn. 858, 861; krit. *F. Schoch*, in: ders. (Hrsg.), Besonderes Verwaltungsrecht, Kap. 1 Rn. 946; *J. Ipsen*, Niedersächsisches Polizei- und Ordnungsrecht, Rn. 611.
9 Vgl. *J. Ipsen*, Niedersächsisches Polizei- und Ordnungsrecht, Rn. 127 ff.
10 *W. Martens*, in: Drews/Wacke/Vogel/Martens, § 13, 2 b) (S. 223); *M. Bäcker*, in: Lisken/Denninger, Abschnitt D Rn. 95; *M. Ibler*, in: FS Hailbronner (2013), S. 737 (738).
11 Vgl. *V. Götz / M.-E. Geis*, Allgemeines Polizei- und Ordnungsrecht, § 12 Rn. 52 f.

an die Wahrscheinlichkeit der Realisierung des Schadens desto geringere Anforderungen zu stellen, je gewichtiger das potenziell betroffene Rechtsgut und je höher der etwaige Schaden ist.[12]

6 Diese Anknüpfung an die Sachverhaltsbeurteilung durch sorgfältig handelnde Einsatzkräfte löst ein Problem und löst ein weiteres aus: Zum einen ist im Moment des Einschreitens eine Prognose über die **Gefährlichkeit der Situation** erforderlich. Allerdings ist möglich, dass sich der prognostizierte Schadenseintritt aus vorhersehbaren oder unvorhersehbaren Gründen nicht realisiert. Sofern aus der Perspektive der handelnden Einsatzkräfte zum Zeitpunkt ihres Handels die **hinreichende Wahrscheinlichkeit** bestand, dass es zu einer Schädigung eines Schutzguts des Gefahrenabwehrrechts kommen würde, ist die Intervention aber auch dann rechtmäßig, wenn das schädigende Ereignis tatsächlich ausbleibt.[13] Von Bedeutung ist dies namentlich dann, wenn Maßnahmen zur Verminderung und Eindämmung eines etwaigen Schadens ergriffen wurden, wie es im Beispielsfall mit der weiträumigen Absperrung des Areals der Fall ist. Wird ein Sprengkörper aufgefunden, so ist nach der Lebenserfahrung eine Explosion grundsätzlich denkbar. Unterstellt man diese grundsätzliche Möglichkeit, so sind wegen der Gefahr einer **Schädigung hochrangiger Rechtsgüter** wie Leben und körperliche Unversehrtheit an die Wahrscheinlichkeit eines Schadenseintritts keine übersteigerten Anforderungen zu stellen. Wird der Sprengkörper erfolgreich entschärft, so ändert dies an der Richtigkeit des Wahrscheinlichkeitsurteils nach Maßgabe des (objektivierten) Maßstabs der Perspektive der handelnden Einsatzkräfte aber nichts. Bezugspunkt der rechtlichen Beurteilung in derartigen Fällen ist vielmehr die potenzielle weitere Entwicklung einer gegebenen gefahrenträchtigen Sachlage. Die Anknüpfung an die Bewertung der Situation im **Moment des Einschreitens** trägt dabei dem Umstand Rechnung, dass ein (Wahrscheinlichkeits-) Urteil über den weiteren Fortgang der Ereignisse regelmäßig mit Unsicherheiten behaftet ist.

7 Nicht unmittelbar gelöst ist damit das weitere Problem, dass sich die Ungewissheit nicht nur auf das künftige Geschehen, sondern gerade auch auf die gegebene „Sachlage" beziehen kann: Eine Bewertung der **Wahrscheinlichkeit eines Schadenseintritts** ist umso belastbarer, je mehr Informationen zur Sachlage vorliegen. Im Idealfall ist Grundlage der Wahrscheinlichkeitsprognose ein aufgeklärter Sachverhalt.[14] Es sind jedoch verschiedenste Fallgestaltungen denkbar, in denen – bewusst oder unbewusst – auf **unvollständiger Tatsachengrundlage** über ein Einschreiten entschieden wird oder entschieden werden muss, weil (noch) nicht alle Informationen über den maßgeblichen Sachverhalt vorliegen. Dies kann auch im Falle des „Blindgängers" der Fall sein. So bestand im Beispielsfall objektiv eine Gefahr, wenn sich bei näherer Untersuchung des Sprengkörpers durch spezialisierte Fachkräfte herausstellte, dass die Möglichkeit einer Explosion gegeben war. Die ergriffenen (Vorsichts-) Maßnahmen waren dann ohne Weiteres rechtmäßig, auch wenn der Sprengkörper später erfolgreich entschärft (oder kontrolliert zur Explosion gebracht) werden konnte. Andererseits ist denkbar, dass ein Sprengkörper, der mehrere Jahrzehnte im Boden gelegen hat, nicht mehr explodieren kann und deshalb objektiv nicht mehr gefährlich ist. Es liegt nahe anzunehmen, dass auch in einer solchen **Situation der Ungewissheit** über die Sachlage vorsorgliche Maßnahmen zum Schutze der Bevölkerung möglich sind. Gleichwohl stellt sich die Frage nach der Rechtmäßigkeit der Intervention, wenn objektiv eine (Gefahren-) Situation, die durch eine Explosion zu einem Schaden hätte führen können, gar nicht vorlag.

---

12 *M. Bäcker*, in: Lisken/Denninger, Abschnitt D Rn. 101; *Th. Kingreen / R. Poscher*, Polizei- und Ordnungsrecht, § 8 Rn. 7 (unter Ablehnung einer Anknüpfung an die Bedeutung des Rechtsguts); *M. Ibler*, in: FS Hailbronner (2013), S. 737 (739 f.).
13 *W. Martens*, in: Drews/Wacke/Vogel/Martens, § 13, 2 b) (S. 223).
14 *U. Di Fabio*, DÖV 1991, S. 629 (631).

II. Risikolage und Wahrscheinlichkeitsurteil

Mit Blick auf das **Wahrscheinlichkeitsurteil** lassen sich danach zwei verschiedene Sachverhalte unterscheiden: Zum einen geht es um die Beurteilung der Frage, mit welcher Wahrscheinlichkeit sich eine **objektiv gefährliche Situation** in Richtung eines Schadenseintritts entwickeln wird. Diese Problematik wird durch die Anknüpfung an das Wahrscheinlichkeitsurteil nach Maßgabe der Perspektive und des Wissens um den potenziellen Geschehensablauf **zum Zeitpunkt des Handelns der Einsatzkräfte** bewältigt. Auf der anderen Seite kann noch unklar sein, ob eine bestimmte Situation objektiv überhaupt gefährlich ist. Von der mit jeder Prognose verbundenen Unsicherheit ist daher „die Ungewissheit zu unterscheiden, die bereits die tatsächlichen Grundlagen der **Gefahrenprognose** betrifft".[15] Eine solche Sachlage wirft zusätzliche Schwierigkeiten auf, weil sie im Grunde ein „doppeltes Wahrscheinlichkeitsurteil" erforderlich macht,[16] wobei beide Fragestellungen, wie das Beispiel des (mutmaßlichen) Sprengkörpers zeigt, auch ineinander übergehen können.

8

Diese Unterscheidung würde allerdings unnötig, wenn man bei einer noch unklaren Sachlage für das Vorliegen einer Gefahr daran anknüpfte, ob aus der Perspektive der handelnden Einsatzkräfte bei verständiger Würdigung der ihnen vorliegenden Informationen hinreichende Anhaltspunkte für eine (nur) möglicherweise gefährliche Sachlage und einen damit möglichen Schadenseintritt vorliegen. Mit dieser Auffassung einer ginge eine **Subjektivierung des Gefahrbegriffs**: Eine Gefahr im polizeirechtlichen Sinne ist danach nicht erst dann anzunehmen, wenn eine Situation tatsächlich („objektiv") zu einem Schaden führen kann. Vielmehr soll eine Gefahr bereits dann vorliegen, wenn von den Einsatzkräften zulässigerweise auf die **Möglichkeit oder Wahrscheinlichkeit einer schadenträchtigen Situation** geschlossen werden kann.[17] Dies müsste folgerichtig selbst dann gelten, wenn tatsächlich gar keine Gefahr eines Schadens besteht, also in dem Beispielsfall der Sprengkörper nicht mehr gefährlich ist. Auch bei objektivem Fehlen einer Gefahr ist nach dieser Auffassung eine Gefahr im polizeirechtlichen Sinne anzunehmen, sofern nur bei verständiger Würdigung des Sachverhalts angenommen werden kann, dass die Situation gefährlich ist. Konsequenzen hat dies namentlich für die Fälle der sogenannten **Anscheinsgefahr**, in denen polizeiliche Einsatzkräfte auf Basis der ihnen zur Verfügung stehenden Informationen zulässigerweise zu der Annahme einer Gefahr gelangen, die objektiv nicht vorliegt (→ Rn. 29 ff.).

9

Demgegenüber setzt nach dem klassischen polizeirechtlichen Verständnis das Bestehen einer „Gefahr" eine Situation voraus, in der es tatsächlich zu einem Schadenseintritt kommen kann, eine gefährliche Sachlage also objektiv gegeben ist.[18] Daran ist festzuhalten:[19] Eine „Gefahr" ist gekennzeichnet durch die **objektiv erhöhte Möglichkeit eines Schadenseintritts**; nur unter dieser Bedingung lässt sich ein Wahrscheinlichkeitsurteil über das Risiko der Realisierung eines Schadens bei ungehindertem Fortgang des Geschehens abgeben. Bei Fehlen einer objektiv bestehenden Gefahr ist hingegen die Möglichkeit der Realisierung des schädigenden Ereignisses von vornherein nicht gegeben.

10

---

15 BVerwG, Urt. v. 3.7.2002 – 6 CN 8/01, Rn. 35.
16 *W. Hoffmann-Riem*, in: FS Wacke (1972), S. 327 (328).
17 Vgl. *W.-R. Schenke*, Polizei- und Ordnungsrecht, Rn. 86; *M. Bäcker*, in: Lisken/Denninger, Abschnitt D Rn. 95 ff.; *N. Ullrich*, in: Möstl/Weiner, Polizei- und Ordnungsrecht Niedersachsen, § 2 Rn. 66; *M. Thiel*, Polizei- und Ordnungsrecht, § 8 Rn. 52; wohl auch *V. Mehde*, in Hartmann/Mann/Mehde, Landesrecht Niedersachsen, § 4 Rn. 29.
18 *Th. Kingreen / R. Poscher*, Polizei- und Ordnungsrecht, § 8 Rn. 33; s. ferner *W. Hoffmann-Riem*, in: FS Wacke (1972), S. 327 mwN.
19 *Th. Kingreen / R. Poscher*, Polizei- und Ordnungsrecht, § 8 Rn. 33 ff.; s. ferner *V. Götz / M.-E. Geis*, Allgemeines Polizei- und Ordnungsrecht, § 12 Rn. 32; *A. Gromitsaris*, DVBl. 2005, S. 535 (539 f.); *J. Schwabe*, DVBl. 1982, S. 655; *C. Tomerius*, DVBl. 2019, S. 1581 (1583); *K. Graulich*, in: Lisken/Denninger, Abschnitt E Rn. 161; *F. Schoch*, in: ders. (Hrsg.), Besonderes Verwaltungsrecht, Kap. 1 Rn. 288.

11 Die Diskussion um einen „objektiven" oder „subjektiven" Gefahrbegriff leidet etwas darunter, dass mit Blick auf das **Wahrscheinlichkeitsurteil** nicht immer zwischen der Beurteilung der (objektiven) Sachlage und der daran erst anknüpfenden **Prognoseentscheidung** unterschieden wird. Ein **subjektiver Gefahrbegriff**, der allein an die Beurteilung der Sachlage durch die jeweiligen Einsatzkräfte anknüpft, läuft im Ergebnis darauf hinaus, auch bei **objektivem Nichtbestehen einer Gefahr** eine Gefahrenlage anzunehmen, wenn sich die Sachlage entsprechend deuten lässt; statt der Wahrscheinlichkeit des Schadenseintritts reicht die **Möglichkeit der Wahrscheinlichkeit** des Schadenseintritts aus.[20] Damit wird aber der mögliche Sinn des Begriffs der Gefahr überschritten: Mit der „Gefahr" knüpft das Gefahrenabwehrrecht an einen Begriff an, denn es aus dem allgemeinen Sprachgebrauch übernommen hat. Es handelt sich daher nicht um einen echten Rechtsbegriff, der nur im Recht und der **Rechtssprache** existiert, außerhalb des rechtlichen Sprachgebrauchs aber keine eigene Bedeutung hat.[21] Der Begriff der „Gefahr" lässt sich vielmehr der Kategorie der „rechtlich relevanten" Begriffe zuordnen, mit der sich die rechtliche Begriffsbildung an die **Alltagssprache** anlehnt.[22] Daraus resultiert zwar keine strikte Bindung der Rechtsordnung an das vorgefundene Verständnis eines Begriffs nach Maßgabe der Alltagssprache oder einer anderweitigen spezifischen Terminologie etwa im Bereich der Naturwissenschaften;[23] vielmehr kann ein vom Recht adaptierter Begriff nach den **Erfordernissen des jeweiligen Sachzusammenhangs** umgeformt werden und einen spezifischen Inhalt bekommen. Eine vollständige Abkopplung von dem vorgefundenen Begriffsverständnis überschreitet aber die Grenze des möglichen Wortsinns.

12 Dies wiederum gilt auch für den rechtlich relevanten Begriff der „Gefahr". Umgangssprachlich beschreibt eine Gefahr eine gegenüber dem **Normalzustand** erhöhte Möglichkeit des Eintritts eines Schadens für ein Rechtsgut wie beispielsweise Leben, körperliche Unversehrtheit oder Sachwerte. Das entspricht im Ausgangspunkt dem Gefahrenbegriff des Gefahrenabwehrrechts, der aber wegen des Zusammenhangs mit den Aufgaben der Verwaltungsbehörden und der Polizei eine **spezifische Definition** erfahren hat und zudem auf ein Schutzgut wie die Unverletzlichkeit der Rechtsordnung bezogen ist. Demgegenüber würde die mögliche Bedeutung des Begriffs überschritten, wenn der Begriff der Gefahr weitergehend vom sprachlichen Alltagsgebrauch abgelöst würde, indem eine objektiv ungefährliche Situation als „gefährlich" im Rechtssinne qualifiziert wird. Der Gesetzgeber verlangt daher zu Recht das **objektive Vorhandensein** einer hinreichenden Wahrscheinlichkeit des Eintritts eines Schadens für die öffentliche Sicherheit oder Ordnung (§ 2 Nr. 1 NPOG).

13 Einer Umformung einer objektiv ungefährlichen Situation in eine „Gefahr" bedarf es zudem auch nicht deshalb, um zu verhindern, dass nach bestem Wissen und Gewissen handelnde Einsatzkräfte dem „Vorwurf" rechtswidrigen Handelns ausgesetzt werden, denn die **objektive Rechtswidrigkeit** einer Maßnahme aufgrund späterer besserer Erkenntnis und die **subjektive Vorwerfbarkeit** gegenüber den handelnden Personen sind im Verwaltungsrecht zwei verschiedene und zu trennende Kategorien.[24] Die Frage nach der Möglichkeit einer Gefahr einerseits und die Frage nach der Wahrscheinlichkeit eines Schadenseintritts im Falle des **objektiven Bestehens** einer Gefahrenlage sind daher grundsätzlich zu unterscheiden.

14 Allerdings sollte die Bedeutung dieser unterschiedlichen Ansätze nicht überbewertet werden: Es ist das gemeinsame Kennzeichen der Fälle einer im Ergebnis unrichtigen Annahme einer Gefahr, dass der **maßgebliche Sachverhalt** den handelnden Personen nicht vollständig be-

---

20 *V. Götz / M.-E. Geis*, Allgemeines Polizei- und Ordnungsrecht, § 12 Rn. 32.
21 Vgl. dazu *G. Radbruch*, Rechtsphilosophie, 3. Aufl. 1932, S. 117 f.
22 *G. Radbruch*, Rechtsphilosophie, 3. Aufl. 1932, S. 118; s. ferner *J. Ipsen*, Allgemeines Verwaltungsrecht, Rn. 451.
23 Zur „Autonomie der Begriffsbildung" *T. Barczak*, JuS 2020, S. 905 (906).
24 *Th. Kingreen / R. Poscher*, Polizei- und Ordnungsrecht, § 8 Rn. 46 f.

III. Scheingefahr, Anscheinsgefahr und Gefahrenverdacht

kannt ist, denn wenn alle relevanten Informationen vorlägen, wäre auch geklärt, ob objektiv eine Gefahr besteht oder nicht. In der Sache geht es daher stets um ein Handeln in einer Situation, in der – erkannt oder unerkannt – Informationen fehlen, deren es zur **abschließenden Beurteilung** der Sachlage und des Risikos eines Schadenseintritts bedarf. Wird in einer solchen Situation behördlich interveniert, so ist die daran anknüpfende Frage aber oftmals die nach der angemessenen Risikoverteilung zwischen einerseits dem Staat und andererseits den betroffenen, namentlich den pflichtigen Personen mit Blick auf **interventionsbedingte** Aufwendungen der Behörden und (Vermögens-) Schäden, die aus einem Einsatz resultieren. Dabei sind unterschiedliche Sachverhalte in den Blick zu nehmen, in denen etwa die Situation durch die Einsatzkräfte verkannt wird oder – umgekehrt – betroffene Personen vorwerfbar oder jedenfalls zurechenbar der Eindruck einer Gefahr hervorrufen. Ebenfalls in diesem Zusammenhang zu nennen ist der Fall, dass die Einsatzkräfte um die Unvollständigkeit der Informationen wissen, aber gleichwohl nicht untätig bleiben können. Angesprochen sind mithin die Fallgruppen der **Scheingefahr**, der **Anscheinsgefahr** und des **Gefahrenverdachts**.

III. Scheingefahr, Anscheinsgefahr und Gefahrenverdacht

Ein zentrales Problem des Gefahrenabwehrrechts liegt demnach in der Erfassung und sachgerechten Behandlung von Fällen, in denen auf Basis eines erkannt oder unerkannt **unvollständigen Sachverhalts** gehandelt wird. Dabei sind letztlich nur Fallgestaltungen problematisch, in denen sich im Nachhinein auf Basis vollständigerer Informationen herausstellt, dass zu keiner Zeit die Möglichkeit eines Schadenseintritts bestanden hat.[25] Sofern objektiv eine **gefährliche Situation** vorlag, handelte es sich hingegen um eine Gefahrenlage, so dass ein polizeiliches oder verwaltungsbehördliches Eingreifen grundsätzlich möglich und zulässig war.

15

1. Scheingefahr

Zunächst ist denkbar, dass von vornherein keine hinreichenden Anhaltspunkte für eine Gefahrenlage vorlagen, dies aber gleichwohl von den handelnden Personen angenommen worden ist. In diesen Fällen spricht man von einer **Putativ- oder Scheingefahr**.[26]

16

▶ **Fall:** A hat sich zum Karneval als Bankräuber verkleidet und führt eine Spielzeugpistole mit sich. Als der Festumzug eine Sparkasse passiert, fällt ihm ein, dass er noch Geld abheben muss. Mit der (Spielzeug-) Waffe in der Hand betritt er die Sparkasse ... ◀

Geht man in dem Beispielsfall davon aus, dass A ohne Weiteres als kostümierter Karnevalist zu erkennen ist, fehlt es nicht nur an einer Gefahr, sondern auch an Anhaltspunkten dafür, dass eine Gefahr bestehen könnte. Ist eine Sachlage, die ein **Wahrscheinlichkeitsurteil** über die drohende Schädigung eines Rechtsguts ermöglichen könnte, erkennbar nicht gegeben, so fehlt es aber an jedem Anlass für ein Einschreiten. Diese Fälle der **Putativ- oder Scheingefahr** sind mithin dadurch gekennzeichnet, dass objektiv keine Gefahr vorliegt und das wahrnehmbare Geschehen auch keinen Schluss auf eine Gefahr zulässt. Eine etwaige Intervention ist daher

17

---

25 Vgl. A. Saipa, in: Saipa u. a., NPOG, § 2 Rn. 3.
26 Vgl. M. Bäcker, in: Lisken/Denninger, Abschnitt D Rn. 95; C. Gusy, Polizei- und Ordnungsrecht, Rn. 112; Th. Kingreen / R. Poscher, Polizei- und Ordnungsrecht, § 8 Rn. 63; W.-R Schenke, Polizei- und Ordnungsrecht Rn. 88; J. Ipsen, Niedersächsisches Polizei- und Ordnungsrecht, Rn. 165 ff.; W. Martens, in: Drews/Wacke/Vogel/Martens, § 13, 2 c) (S. 225.).

ohne Weiteres rechtswidrig.[27] Allerdings sind derartige Sachverhalte in der behördlichen und gerichtlichen Praxis von erkennbar untergeordneter Bedeutung.

2. Gefahrenverdacht

▶ **Fall:** Der Finanzbeamte F macht sich wie jeden Morgen auf den Weg ins Amt. Mit sich führt er seine alte Aktentasche. Darin befindet sich ein silberner zylindrischer Thermosbehälter, der mit heißem Tee gefüllt ist. Der Behälter schaut oben ein wenig aus der Tasche heraus. F vergisst seine Tasche aus Zerstreutheit an einer Bushaltestelle. Die vorbeikommende Passantin P sieht die herrenlose Tasche mit dem zylindrischen Behälter und ruft die Polizei. Diese sperrt das Areal weiträumig ab und verständigt den Kampfmittelbeseitigungsdienst. ◀

18 Deutlich problematischer und praktisch relevanter sind Sachverhalte, in denen die handelnden Personen sich der **Unvollständigkeit** der ihnen zur Verfügung stehenden Informationen bewusst sind, aber mit Blick auf die Möglichkeit des Bestehens einer Gefahr und – damit einhergehend – eines möglicherweise drohenden Schadens nicht untätig bleiben können. In diesen Fällen eines „Gefahrenverdachts" steht kein Irrtum über eine angenommene, in Wahrheit aber nicht bestehende Gefahr in Rede. Aus der Perspektive der handelnden Personen handelt es sich vielmehr um eine „Situation der Ungewissheit",[28] weil eine Sachlage, in der die hinreichende Wahrscheinlichkeit eines Schadenseintritts besteht, lediglich möglich, aber nicht sicher ist.[29] Erweist sich im Nachhinein nach **vollständiger Aufklärung des Sachverhalts**, dass in Wahrheit (objektiv) keine Gefahr vorlag, so stellt sich die Frage, wie sich dieser – womöglich zufällige – Umstand auf die rechtliche Beurteilung der gleichwohl erfolgten Intervention auswirkt. Zusätzlich erschwert wird der Umgang mit derartigen Sachverhalten dadurch, dass sich auf der **Sekundärebene** die Frage stellt, wer die (Kosten-) Folgen einer nach Maßgabe nachträglicher besserer Erkenntnis unnötig gewesenen Intervention zu tragen hat.

19 Illustriert wird diese Problematik des „Gefahrenverdachts" durch den Beispielsfall: Aus Sicht der polizeilichen Einsatzkräfte ist in der gegebenen Situation ungewiss, um was es sich bei dem zylindrischen Gegenstand in der Tasche handelt. Es liegt mithin eine Sachlage vor, in der **noch weitergehende Feststellungen** zum Sachverhalt erforderlich sind, um beurteilen zu können, ob eine tatsächlich potenziell gefährliche Situation ein Wahrscheinlichkeitsurteil in Bezug auf das **Risiko eines Schadenseintritts** erlaubt; im Moment des Eingreifens besteht allein die „Möglichkeit einer Gefahr".[30] Die Polizei wird aber nicht deshalb untätig bleiben können, weil die ihr aktuell zur Verfügung stehenden Erkenntnismöglichkeiten ausgeschöpft sind und deshalb nicht sofort und ohne Weiteres feststellbar ist, ob von dem zylindrischen Gegenstand tatsächlich eine Gefahr ausgeht. Weitere Beispiele für derartige Sachverhalte bilden die Fälle der „herrenlosen" Gepäckstücke an Flughäfen oder Bahnhöfen, bei denen erst eine **nähere Untersuchung** durch spezialisierte Kräfte zu der Feststellung führen kann, ob es sich tatsächlich nur um vergessene Reiseutensilien handelt.

---

27 *C. Gusy*, Polizei- und Ordnungsrecht, Rn. 112; *Th. Kingreen / R. Poscher*, Polizei- und Ordnungsrecht, § 8 Rn. 63; *J. Ipsen*, Niedersächsisches Polizei- und Ordnungsrecht, Rn. 167; *W. Martens*, in: Drews/Wacke/Vogel/Martens, § 13, 2 c) (S. 225).
28 *C. Gusy*, Polizei- und Ordnungsrecht, Rn. 196; s. ferner *A. Gromitsaris*, DVBl. 2005, S. 535 (536).
29 Vgl. *J. Ipsen*, Niedersächsisches Polizei- und Ordnungsrecht, Rn. 143 f.; *W.-R. Schenke*, Polizei- und Ordnungsrecht, Rn. 89; *Th. Kingreen / R. Poscher*, Polizei- und Ordnungsrecht, § 8 Rn. 51; *M. Bäcker*, in: Lisken/Denninger, Abschnitt D Rn. 104; *K. Graulich*, in: Lisken/Denninger, Abschnitt E Rn. 161; *F. Schoch*, in: ders. (Hrsg.), Besonderes Verwaltungsrecht, Kap. 1 Rn. 295 f.; *R. Poscher*, NVwZ 2001, S. 141 (142); *J. Schwabe*, DVBl. 1982, S. 655.
30 *Th. Kingreen / R. Poscher*, Polizei- und Ordnungsrecht, § 8 Rn. 51.

III. Scheingefahr, Anscheinsgefahr und Gefahrenverdacht

Diese Gegebenheiten haben Konsequenzen für das Vorgehen in derartigen Fällen: Zwar werden Polizei- und Verwaltungsbehörden bei Vorliegen eines **Gefahrenverdachts** regelmäßig nicht untätig bleiben können. Die handelnden Personen sind sich aber der Unvollständigkeit der Informationen zum Sachverhalt bewusst. Es kann daher nur darum gehen, **neben vorsorglichen Maßnahmen** zur Sicherung von Rechtsgütern – im Beispielsfall also der Sperrung und Räumung des Areals – weitere Feststellungen zu treffen oder durch besonders geschulte Fachkräfte treffen zu lassen. Nach verbreiteter Ansicht sind in Fällen eines Gefahrenverdachts daher allein Maßnahmen zulässig, die der Feststellung dienen, ob tatsächlich die Möglichkeit eines Schadenseintritts besteht.[31]

20

Soweit zur Gefahrerforschung erforderlich, sollen in diesem Rahmen auch Eingriffe in Rechtspositionen betroffener Personen (**„Gefahrerforschungseingriffe"**) möglich sein. Unklarheiten bestehen indes über die dafür heranzuziehende **Rechtsgrundlage**. Zum Teil wird angenommen, dass die Rechtsgrundlagen für die Abwehr einer konkreten Gefahr – namentlich die gefahrenabwehrrechtliche Generalklausel (§ 11 NPOG) – unmittelbar anzuwenden sind.[32] Das ist folgerichtig, wenn man einem **subjektiven Gefahrenbegriff** (→ Rn. 9 ff.) folgt und die **Möglichkeit einer Gefahr** der Wahrscheinlichkeit eines Schadenseintritts gleichstellt: Sind sich die handelnden Einsatzkräfte der Unvollständigkeit der Informationen zum Sachverhalt bewusst, so lässt sich eine konkrete Gefahr im Sinne des Gesetzes (§ 2 Nr. 1 NPOG) nur bejahen, wenn man für eine hinreichende Wahrscheinlichkeit, „dass in absehbarer Zeit ein Schaden für die öffentliche Sicherheit oder Ordnung eintreten wird", auch die **Möglichkeit einer solchen Wahrscheinlichkeit** ausreichen lässt. Nach dieser Ansicht ist das Wahrscheinlichkeitsurteil auch auf die „Sachlage" zu beziehen, so dass der Gefahrenverdacht ebenfalls als Gefahr im gefahrenabwehrrechtlichen Sinne anzusehen ist; bei Beurteilung der Wahrscheinlichkeit eines Schadenseintritts soll es danach auch auf die Wahrscheinlichkeit einer tatsächlich bestehenden Gefahr ankommen. Bei Betrachtung ex ante lag auf dieser Grundlage eine Gefahr vor, wenn eine **hinreichende Wahrscheinlichkeit** für das Vorhandensein einer Sachlage bestand, die zu einem Schaden hätte führen können. Als **Verdachtsfälle** lassen sich dann nur noch Sachverhalte ansprechen, bei denen zwar die (entfernte) Möglichkeit, nicht aber die hinreichende Wahrscheinlichkeit eines Schadens besteht.[33]

21

Auch nach dieser Auffassung sollen sich indes Abstriche bei den zulässigen Maßnahmen aus dem **Verhältnismäßigkeitsprinzip** ergeben können. Insbesondere sind vorrangig Maßnahmen zur Aufklärung des Sachverhalts zu treffen.[34] Im Ergebnis wird danach bei Vorliegen einer **bekannt unvollständigen Sachlage** eine Gefahr angenommen, um Maßnahmen ergreifen zu können, die der Feststellung dienen, ob eine Gefahrenlage auch wirklich besteht.[35] Demgegenüber ist mit der Gegenauffassung daran festzuhalten, dass eine Gefahr im Sinne der gefahrenabwehrrechtlichen Generalklausel nur vorliegt, wenn tatsächlich die Möglichkeit eines Schadenseintritts besteht.

22

Diese Auffassung sieht sich allerdings mit dem Problem konfrontiert, dass Maßnahmen zur **Gefahrermittlung** dann nicht ohne Weiteres auf die gefahrenabwehrrechtliche Generalklausel

23

---

31 *B. Losch*, DVBl. 1994, S. 781; *Th. Kingreen / R. Poscher*, Polizei- und Ordnungsrecht, § 8 Rn. 59; *M. Bäcker*, in: Lisken/Denninger, Abschnitt D Rn. 105; *J. Ipsen*, Niedersächsisches Polizei- und Ordnungsrecht, Rn. 146; *A. Saipa*, in: Saipa u. a., NPOG, § 2 Rn. 3; *G. Böhrenz / P. Siefken*, § 2 Rn. 4.
32 OVG NW, Urt. v. 7.8.2018 – 5 A 294/16, Rn. 34 f.; Nds. OVG, B. v. 19.6.2013 – 11 LA 1/13, Rn. 7; *M. Bäcker*, in: Lisken/Denninger, Abschnitt D Rn. 108 ff.; *W.-R. Schenke*, Polizei- und Ordnungsrecht, Rn. 89; *W. Martens*, in: Drews/Wacke/Vogel/Martens, § 13, 2 c) (S. 226); *F. Schoch*, in: ders. (Hrsg.), Besonderes Verwaltungsrecht, Kap. 1 Rn. 298; in diese Richtung wohl auch *M. Ibler*, in: FS Hailbronner (2013), S. 737 (742).
33 So *W.-R. Schenke*, Polizei- und Ordnungsrecht, Rn. 89.
34 *W.-R. Schenke*, Polizei- und Ordnungsrecht, Rn. 95; *W. Martens*, in: Drews/Wacke/Vogel/Martens, § 13, 2 c) (S. 227); s. ferner *V. Götz / M.-E. Geis*, Allgemeines Polizei- und Ordnungsrecht, § 12 Rn. 35.
35 *A. Gromitsaris*, DVBl. 2005, S. 535 (540).

oder andere zum Einschreiten ermächtigende Normen – etwa aus dem Bereich der Standardmaßnahmen – gestützt werden können, sofern diese **eine konkrete Gefahr** erfordern, da die Möglichkeit einer Gefahr gerade noch keine Gefahr darstellt, die ein Einschreiten rechtfertigen könnte. Auch im Beispielsfall ist völlig unklar, ob von der Tasche mit dem zylindrischen Gegenstand eine Gefahr ausgeht. Über die **Hintergründe** des festgestellten Sachverhalts und damit den Inhalt des verdächtigen Behältnisses sind allenfalls Mutmaßungen möglich. Durchschnittlich geschulten Polizeikräften ist eine sofortige Untersuchung eines solchen Behältnisses aber regelmäßig weder möglich noch zumutbar. Zugleich kann eine Gefahr nicht völlig ausgeschlossen werden.

24 In einer solchen Situation liegt der Gedanke nahe, aufgrund des Fehlens einer ausdrücklichen Regelung des Gefahrenverdachts die vorläufige oder vorsorgliche Maßnahme der Gefahrerforschung auf eine **analoge Anwendung der Generalklausel** zu stützen.[36] Auch dies ist heute aber nicht mehr ohne Weiteres möglich: Zunächst versteht sich mit Blick auf den Grundsatz vom **Vorbehalt des Gesetzes** nicht von selbst, dass Eingriffsermächtigungen überhaupt analogiefähig sind;[37] jedenfalls für den Anwendungsbereich der sogenannten „**Wesentlichkeitstheorie**", der zufolge wesentliche Entscheidungen insbesondere mit Bedeutung für die Inanspruchnahme grundrechtlich geschützter Freiheit vom Gesetzgeber zu treffen sind,[38] dürfte dies zu verneinen sein. Zudem wurden in der jüngeren Vergangenheit in unterschiedlichen Zusammenhängen innerhalb und außerhalb der Gefahrenabwehrgesetze **besondere Regelungen** mit Blick auf näher aufzuklärende Sachverhalte geschaffen.[39] Insbesondere sind mit Blick auf spezielle, namentlich **umweltrechtliche** Materien gesetzliche Regelungen zur Gefahrerforschung ergangen. Beispielhaft hingewiesen sei auf § 9 Abs. 2 Satz 1 des Bundes-Bodenschutzgesetzes (BBodSchG):

> „Besteht aufgrund konkreter Anhaltspunkte der hinreichende Verdacht einer schädlichen Bodenveränderung oder einer Altlast, kann die zuständige Behörde anordnen, dass die in § 4 Abs. 3, 5 und 6 genannten Personen die notwendigen Untersuchungen zur Gefährdungsabschätzung durchzuführen haben."

25 Einen weiteren häufigen Anwendungsfall für **Gefahrerforschungseingriffe** bildeten Tierseuchen. Auch hierfür existiert heute eine spezielle Regelung in § 5 Abs. 3 des Tiergesundheitsgesetzes (TierGesG):

> „Soweit über den Ausbruch einer Tierseuche nur mittels bestimmter an einem verdächtigen Tier durchzuführender Maßnahmen diagnostischer Art Gewissheit zu erlangen ist, können diese Maßnahmen von der zuständigen Behörde angeordnet werden. Dies gilt auch, wenn die Gewissheit nur durch die Tötung und Zerlegung des verdächtigen Tieres zu erlangen ist ..."

26 Schon vor dem Hintergrund der Existenz spezieller **Befugnisnormen für Verdachtslagen** bestehen aber Bedenken, eine im Wege der Analogie zu schließende **Regelungslücke** für den Gefahrenverdacht im Bereich des allgemeinen Gefahrenabwehrrechts weiterhin zu bejahen. Zudem enthält auch das Gefahrenabwehrecht mittlerweile zahlreiche **Sonderregelungen** namentlich im Bereich der Standardmaßnahmen, die keine (konkrete) Gefahr voraussetzen, sondern ausreichen lassen, dass Tatsachen die Annahme einer als Gefahrenlage zu qualifizie-

---

36 Vgl. *V. Götz / M.-E. Geis*, Allgemeines Polizei- und Ordnungsrecht, § 12 Rn. 32; s. ferner *A. Gromitsaris*, DVBl. 2005, S. 535 (541); abl. *W.-R. Schenke*, Polizei- und Ordnungsrecht, Rn. 96 ff.
37 *M. Ibler*, in: FS Hailbronner (2013), S. 737 (742); s. ferner *J. Schwabe*, DVBl. 1982, S. 655 f.
38 Vgl. BVerfG, B. v. 8.8.1978 – 2 BvL 8/77, Rn. 77 ff., st. Rspr.; aus neuerer Zeit BVerfG, B. v. 21.4.2015 – 2 BvR 1322/12 u. a., Rn. 52 f.; Urt. v. 19.8.2018 – 2 BvF 1/15 u. a., Rn. 190 ff.
39 Vgl. *M. Ibler*, in: FS Hailbronner (2013), S. 737 (742 ff.); *W.-R. Schenke*, Polizei- und Ordnungsrecht, Rn. 101.

III. Scheingefahr, Anscheinsgefahr und Gefahrenverdacht

renden Situation tragen;[40] dabei handelt es sich letztlich um **gesetzlich normierte Fälle des Gefahrenverdachts**.[41] In Einzelfällen reicht sogar ein Bezug zur polizeilichen Aufgabenerfüllung aus (§ 45 Abs. 2 NPOG). Ebenfalls in diesen Kontext gehört die Ermächtigung der Verwaltungsbehörden und der Polizei zu **Befragungen**, sofern von der befragten Person Angaben erwartet werden können, die für die Erfüllung einer bestimmten Aufgabe der jeweiligen Verwaltungsbehörde oder der Polizei benötigt werden könnten (§ 12 Abs. 1 NPOG); damit einher geht eine Auskunftspflicht von (im Rechtssinne) verantwortlichen wie nichtverantwortlichen Personen, sofern die Angaben zur Abwehr einer tatsächlich bestehenden Gefahr „oder für die weitere Aufklärung des Sachverhalts" erforderlich sind (§ 12 Abs. 3 NPOG). Dabei handelt es sich folglich um eine eigene Vorschrift betreffend **Maßnahmen zur Aufklärung des Sachverhalts** in einer durch Unklarheiten über das Bestehen einer Gefahr gekennzeichneten Sachlage,[42] die aber letztlich nur Eingriffsermächtigungen für Interventionen von **geringer Beeinträchtigungsintensität** in Form der Befugnis zu Befragungen (§ 12 Abs. 1 NPOG) enthält (→ Kap 8 Rn. 8).

Angesichts dieses Vorhandenseins von besonderen Regelungen für „**Verdachtslagen**" in Fachgesetzen sowie spezieller gefahrenabwehrrechtlicher Regelungen zur Aufklärung des Sachverhalts und für Maßnahmen im Vorfeld einer konkreten Gefahr ist zu bezweifeln, dass es weiterhin angängig ist, verbliebene (Regelungs-) Lücken durch einen **Analogieschluss** oder einen Rückgriff auf „polizeiliches Gewohnheitsrecht" schließen zu wollen.[43] Dem entspricht, dass jedenfalls dann nicht auf die gefahrenabwehrrechtliche Generalklausel soll zurückgegriffen werden können, wenn die Möglichkeit eines Schadenseintritts sich deshalb nicht ausschließen lässt, weil nach dem derzeitigen Wissensstand bestimmte **Ursachenzusammenhänge** weder bejaht noch verneint werden können. In derartigen Fällen handele es sich nicht um eine konkrete Gefahr, sondern lediglich ein „Besorgnispotenzial"; dagegen biete das allgemeine Gefahrenabwehrrecht keine Handhabe.[44]

27

Für Fälle eines **Gefahrenverdachts** gilt daher, dass zunächst das vorhandene Arsenal an Regelungen etwa im Bereich der Standardmaßnahmen (§§ 12 ff. NPOG) darauf zu untersuchen ist, inwieweit **Interventionsmöglichkeiten** nach Maßgabe **spezieller Regelungen** bestehen. So wird im Beispielsfall neben einer Absperrung des Areals durch verkehrslenkende Maßnahmen (§ 45 iVm § 44 Abs. 2 Satz 2 StVO) eine Untersuchung der Tasche durch (spezialisierte) Einsatzkräfte auf der Grundlage der Vorschrift über die **Durchsuchung von Sachen** erfolgen können, da hinreichende Tatsachen die Annahme rechtfertigen, dass sich in der Tasche eine andere Sache befindet, die sichergestellt werden darf (§ 23 Abs. 1 Nr. 3 NPOG). Sofern „Tatsachen" – wie hier der zylindrische Behälter – den Schluss auf die **Möglichkeit einer Gefahrenlage** zulassen, schließen verbleibende (Rest-) Zweifel in Bezug auf den tatsächlichen Inhalt eines Behältnisses die polizeiliche Intervention in Form einer Durchsuchung naturgemäß nicht aus. Einer (konkreten) Gefahr bedarf es in diesem Falle nicht; eine Verdachtslage ist ausreichend. Soweit im Übrigen **Regelungslücken** in Bezug auf Fälle eines Gefahrenverdachts verbleiben, können diese allenfalls noch vorübergehend eine Gefahrerforschung trotz des Fehlens spezieller Rechtsgrundlagen im Wege des Analogieschlusses gestatten. Vielmehr ist letztlich der **Gesetzgeber** berufen, mit Blick auf polizeiliches Handeln weiter erforderliche

28

---

40 §§ 12 Abs. 6 Satz 5, 12a Abs. 12 Satz 1, 13 Abs. 1 Nr. 2 und 3, 14 Abs. 1 und 3, 16a Abs. 1, 17 Abs. 3 Satz 1, 22 Abs. 1 Nr. 2 und Abs. 4 Satz 1, 23 Abs. 1 Nr. 2 und 3, 24 NPOG, sowie vielfach im Bereich der Regelungen zur Datenerhebung und -verarbeitung.
41 *B. Beckermann*, in: Saipa u. a., NPOG, § 13 Rn. 8.
42 Vgl. *C. Tomerius*, DVBl. 2019, S. 1581 (1583).
43 Insoweit zu Recht krit. schon *J. Schwabe*, DVBl. 1982, S. 655 (656).
44 VGH Ba.-Wü. Urt. v. 25.10.2012 – 1 S 1401/11, Rn. 57, unter Berufung auf BVerwG, Urt. v. 3.7.2002 – 6 CN 8/01, Rn. 35 (betreffend allerdings eine Verordnung zur Gefahrenabwehr).

sowie hinreichend konkrete Befugnisnormen und Ermächtigungsgrundlagen auch für Maßnahmen im Vorfeld einer konkreten Gefahr zu schaffen.

3. Anscheinsgefahr

▶ **Fall:**[45] In der Wohnung der Rentnerin R brennt seit einiger Zeit das Licht, woraufhin Hausmeister H dort klingelt; es öffnet aber niemand. Auch die Nachbarschaft kann keine Auskünfte zum Aufenthalt der R geben. H verständigt die Polizei, die einen Handwerker die Tür aufbrechen lässt. R ist abwesend, hat aber das Licht zur Prävention gegen Einbrüche an eine Zeitschaltuhr gekoppelt. Als R aus ihrem Urlaub in Berchtesgaden zurückkehrt, findet sie neben der geöffneten Tür ein Schreiben des Polizeipräsidenten vor, mit dem die Erstattung der Handwerkerkosten verlangt wird. ◀

29 Ein weitere Kategorie von Sachverhalten, in denen eine Entscheidung auf unvollständiger Tatsachengrundlage getroffen wird, bilden nach verbreiteter Auffassung die Fälle einer „**Anscheinsgefahr**". Diese Fallgestaltungen sollen dadurch gekennzeichnet sein, dass nach ordnungsgemäßer Sachverhaltsaufklärung eine Gefahr angenommen werden kann, obwohl in Wahrheit eine Gefahrenlage nicht besteht.[46] Von der Sachlage eines **Gefahrenverdachts** unterscheidet sich die Anscheinsgefahr mithin dadurch, dass die handelnden Personen den Sachverhalt für hinreichend geklärt halten. Der Unterschied zur **Putativgefahr** ist, dass es sich nicht um einen vorwerfbaren Irrtum handelt. Da die Gefahrenprognose danach gerechtfertigt und demgemäß rechtmäßig ist, wird die Anscheinsgefahr als eine echte Gefahr im Sinne der gefahrenabwehrrechtlichen Generalklausel angesehen.[47]

30 Auch mit der Kategorie der Anscheinsgefahr geht folgerichtig eine **Subjektivierung des Gefahrenbegriffs** einher: Eine Gefahr wird angenommen, weil die handelnden Personen eine solche annehmen, ohne dass ein **vorwerfbarer Irrtum** vorliegt.[48] Es ist indes nicht erkennbar, warum das Vorliegen einer Gefahr im Rechtssinne bei Fehlen einer objektiv bestehenden Gefahr von der (Nicht-) Vorwerfbarkeit des Irrtums der handelnden Personen abhängig sein soll.[49] Nicht anders als im Falle eines **Gefahrenverdachts** wird im Falle einer **Anscheinsgefahr** auf Grundlage eines in Wahrheit unvollständig festgestellten Sachverhalts gehandelt, denn wäre dieser vollständig aufgeklärt, so wäre bekannt, dass eine Gefahr tatsächlich nicht besteht. Wieso „das Scheinbare gleichzeitig das Reale sein soll", bleibt aber unerfindlich.[50] Soweit sich die handelnden Personen des Umstands der **Unvollständigkeit der Sachlage** bewusst sind, liegt ein Gefahrenverdacht vor, sofern ihnen diese verborgen bleibt, ist zu fragen, wie ihnen das Fehlen von Informationen in nicht vorwerfbarer Weise entgangen sein kann.

31 Sachverhalte, in denen eine Anscheinsgefahr angenommen wurde, sind daher im Grunde selten und rechtfertigen eine eigene Gefahrenkategorie nicht, zumal sich nicht von selbst versteht, dass die Voraussetzungen einer **Anscheinsgefahr** in den gängigen Beispielen jeweils erfüllt waren. Dies gilt auch für die (ältere) Entscheidung, die dem Beispielsfall zugrunde

---

45 Nach VG Berlin, Urt. v. 28.11.1990 – 1 A 154/89.
46 Vgl. *Th. Kingreen / R. Poscher*, Polizei- und Ordnungsrecht, § 8 Rn. 49; *W.-R. Schenke*, Polizei- und Ordnungsrecht, Rn. 86; *F. Schoch*, in: ders. (Hrsg.), Besonderes Verwaltungsrecht, Kap. 1 Rn. 292; krit. *V. Götz / M.-E. Geis*, Allgemeines Polizei- und Ordnungsrecht, § 12 Rn. 54 ff.; *J. Ipsen*, Niedersächsisches Polizei- und Ordnungsrecht, Rn. 162 ff.; *A. Saipa*, in: Saipa u. a., NPOG, § 2 Rn. 3; *N. Ullrich*, in: Möstl/Weiner, Polizei- und Ordnungsrecht Niedersachsen, § 2 Rn. 64.
47 *F. Schoch*, in: ders. (Hrsg.), Besonderes Verwaltungsrecht, Kap. 1 Rn. 292.
48 So etwa OLG Braunschweig, B. v. 30.8.2018 – 1 W 114/17, Rn. 24.
49 Krit. auch *Th. Kingreen / R. Poscher*, Polizei- und Ordnungsrecht, § 8 Rn. 46 f.
50 *J. Schwabe*, DVBl. 1982, S. 655.

III. Scheingefahr, Anscheinsgefahr und Gefahrenverdacht

liegt: Das Verwaltungsgericht hat einen Gefahrenverdacht angenommen, zugleich aber den „Anschein einer Gefahr" bejaht.[51] Richtigerweise kommt allein ein **Gefahrenverdacht** in Betracht, da die Situation auf der anderen Seite der Wohnungstür objektiv ungewiss ist. So stellt das Verknüpfen des Lichts mit einer Zeitschaltuhr in Fällen der Abwesenheit eine übliche und völlig rechtskonforme **Maßnahme der Einbruchsprävention** dar,[52] die eine mögliche Erklärung dafür bildet, dass trotz eingeschalteter Beleuchtung niemand öffnet. Auch ist aus der Perspektive eines objektiven Betrachters denkbar, dass das Ausschalten der Beleuchtung beim Verlassen der Wohnung schlicht vergessen worden ist. Dass trotz des eingeschalteten Lichts niemand öffnet, begründet daher aus der Perspektive eines verständigen Betrachters allenfalls einen Gefahrenverdacht insofern, als sich (erste) Anhaltspunkte dafür ergeben, dass ein Notfall vorliegen könnte.

Es liegt daher nahe, dass Sachverhalte, in denen eine Anscheinsgefahr vorliegen soll, tatsächlich als Fälle der **Putativgefahr** oder des **Gefahrenverdachts**[53] zu erfassen sind.[54] Unter Aspekten der Gefahrenabwehr ist die Anscheinsgefahr als eigene polizeirechtliche Kategorie hingegen nicht veranlasst. Die eigentliche Bedeutung der Anscheinsgefahr liegt eher auf der **Sekundärebene des Haftungs- und Kostenrechts**, da regelmäßig eine Person existiert, die durch ihr Handeln den Anschein einer Gefahr – oder jedenfalls eine „Verdachtslage"[55] – hervorgerufen hat. Aufgrund der Gleichsetzung der Anscheinsgefahr mit einer echten Gefahr kann die Person gefahrenabwehrrechtlich in Anspruch genommen werden; dadurch ermöglicht wird auch die nachlaufende Heranziehung der (anscheins-) verantwortlichen Person zu etwaigen (Einsatz-) Kosten. 32

▶ **Fall:**[56] N kann seinen erkrankten (Erb-) Onkel O telefonisch nicht erreichen. Er sucht daher die Wohnung des O auf, um sich zu überzeugen, dass alles seine Ordnung hat. Als O auch auf Klingeln nicht öffnet, will sich N mit einem ihm überlassenen Nachschlüssel Zutritt verschaffen. Dies misslingt ebenfalls, da sich herausstellt, dass ein Schlüssel von innen in der Tür steckt. N ist jetzt äußerst besorgt und verständigt die Polizei, die das Öffnen der Tür veranlasst. Es stellt sich heraus, dass N bereits vor einigen Tagen verstorben ist. Da O von N beerbt wird, verlangt die Polizei von N die Erstattung der verauslagten Kosten für das Öffnen der Tür. ◀

In diesem Fall liegt die **Annahme einer Anscheinsgefahr** intuitiv näher, als in dem vorangegangenen Beispiel, denn wenn eine Tür von innen verschlossen ist, spricht der Anschein dafür, dass sich jemand in der Wohnung aufhält. Wird auf Klingeln gleichwohl nicht geöffnet, gibt dies mithin Anlass zur Besorgnis, dass sich in der Wohnung eine hilflose Person befinden könnte. Im Beispielsfall war diese Befürchtung in Ausgangspunkt auch nicht unberechtigt; objektiv lag eine Gefahr für **Leben** oder **körperliche Unversehrtheit** des O indes nicht mehr vor, da O bereits verstorben war. Das Verwaltungsgericht hat daher in der dem Beispielsfall zugrunde liegenden Entscheidung eine Anscheinsgefahr bejaht: Nach dem **Sach- und Erkenntnisstand** im Zeitpunkt des Einffgreifens (ex-ante-Betrachtung) durften die Einsatzkräfte demnach zu Recht annehmen, dass der Wohnungsinhaber sich in Lebensgefahr befand, da er auf das Klingeln nicht reagierte und zugleich aufgrund des von innen steckenden Wohnungsschlüssels seine Anwesenheit in der Wohnung nahelag.[57] 33

---

51 VG Berlin, Urt. v. 28.11.1990 – 1 A 154/89 = NJW 1991, S. 2854.
52 *J. Ipsen*, Niedersächsisches Polizei- und Ordnungsrecht, Rn. 163.
53 *W. Hoffmann-Riem*, in: FS Wacke (1972), S. 327 (328), identifiziert die Anscheinsgefahr mit dem Gefahrenverdacht.
54 *J. Ipsen*, Niedersächsisches Polizei- und Ordnungsrecht, Rn. 162.
55 So im Beispielsfall das VG Berlin, Urt. v. 28.11.1990 – 1 A 154/89 = NJW 1991, S. 2854.
56 Nach VG Berlin, Urt. V. 16.9.2011 – 1 K 318.10.
57 VG Berlin, Urt. V. 16.9.2011 – 1 K 318.10, Rn. 17.

34 Wird für eine solche Situation eine Anscheinsgefahr angenommen, so stellt sich die weitere Frage, ob O als dafür verantwortliche Person und damit als „**Anscheinsstörer**" angesprochen werden kann, da N nur unter dieser Voraussetzung als Erbe und damit (Gesamt-) Rechtsnachfolger des O auch für dessen **öffentlich**-rechtliche Verbindlichkeiten haftet (→ § 6 Rn. 38 ff.). Auch eine solche (Anscheins-) Verantwortlichkeit des Wohnungsinhabers hat das Verwaltungsgericht mit einer etwas gewundenen Begründung grundsätzlich bejaht: Obwohl der verstorbene Wohnungsinhaber die Gefahr objektiv nicht verursacht hatte, sei er „dennoch auf der Primärebene des ordnungsbehördlichen Einschreitens als Störer anzusehen", da er unbeabsichtigt den **Anschein einer Gefahr** durch die von innen verschlossene Wohnungstür und den in der Wohnungstür von innen steckenden Schlüssel gesetzt habe.[58] Das überzeugt nicht, da mit den genannten Vorgängen die Schwelle zu einer (Anscheins-) Gefahr noch nicht überschritten wurde. Eine (Anscheins-) Gefahr lässt sich erst in dem Moment annehmen, in dem der Wohnungsinhaber nicht mehr öffnen (und sich auch im Übrigen nicht mehr bemerkbar machen) kann. Diese Situation beruhte aber allein darauf, dass O bereits verstorben war, womit zugleich jegliche gefahrenabwehrrechtliche Verantwortlichkeit endete.[59] Wenn man im Beispielsfall eine Anscheinsgefahr bejahte, handelte es sich daher um eine Gefahr, die – ähnlich einem Naturereignis – niemandem unmittelbar zugerechnet werden könnte.

35 Das Verwaltungsgericht hat denn auch – im Widerspruch zu den vorangegangenen Ausführungen – auf der Sekundärebene der Haftung für entstandene Kosten eine **Anscheinsverantwortlichkeit** des Wohnungsinhabers mit der Erwägung verneint, dass der „Anschein der Lebensgefahr" allein aus dem in der Wohnungstür von innen steckenden Wohnungsschlüssel und der **fehlenden Reaktion** auf das Klingeln an der Tür resultierte.[60] Dies rechtfertige es nicht, dem Wohnungsinhaber den Anschein der Gefahr zuzurechnen, denn beide Tatbestände seien „normale Lebensäußerungen, die jeweils für sich als auch zusammen genommen keine Gefahr zu begründen vermögen". So gehöre es „zu den alltäglichen, üblichen Verrichtungen, dass Wohnungsinhaber, um der Gefahr eines Einbruchs vorzubeugen, ihre Wohnung von innen abschließen, wenn sie diese für längere Zeit, z. B. über Nacht, nicht verlassen werden". Auch sei der Wohnungsinhaber schon einige Zeit vor dem Öffnen der Tür verstorben, „so dass ihn gerade keine Zurechenbarkeit etwaiger, die Anscheinsgefahr begründender aktueller Handlungen trifft".[61] Dem ist im Ergebnis beizutreten: Der **Anschein einer Gefahr** resultiert nicht aus dem für sich genommen unerheblichen Umstand, dass die Tür von innen verschlossen war, sondern daraus, dass zudem nicht geöffnet wurde; das aber ist – wie dargelegt – dem Wohnungsinhaber von vornherein nicht mehr zuzurechnen.

36 Auch im Übrigen fehlt es letztlich an einem hinreichenden Grund, einerseits im Falle eines **Gefahrenverdachts** eine Verantwortlichkeit betroffener Personen vom objektiven Vorliegen einer Gefahr abhängig zu machen und andererseits eine **Kostentragungspflicht** anzunehmen, wenn und weil die Sicherheitskräfte in Fällen der Anscheinsgefahr eine in Wahrheit nicht bestehende Gefahr unverschuldet haben annehmen dürfen. Es mag eine **angemessene Risikoverteilung** sein, wenn eine Person, die – etwa durch Drohungen – in zurechenbarer Weise den Anschein einer Gefahr gesetzt oder auch nur eine Situation eines Gefahrenverdachts verursacht hat, zu den **Kosten der Gefahrerforschung** oder Gefahrenabwehr herangezogen werden kann.[62] Hierfür bedarf es indes einer entsprechenden Entscheidung des Gesetzgebers. Die vom Gefahrenverdacht kaum abzugrenzende Rechtsfigur der Anscheinsgefahr kann demgegenüber die Heranziehung einer **anscheinsverantwortlichen Person** zu den Kosten polizei-

---

58 VG Berlin, Urt. v. 16.9.2011 – 1 K 318.10, Rn. 19.
59 VG Berlin, Urt. v. 16.9.2011 – 1 K 318.10, Rn. 19.
60 VG Berlin, Urt. v. 16.9.2011 – 1 K 318.10, Rn. 23.
61 VG Berlin, Urt. v. 16.9.2011 – 1 K 318.10, Rn. 23.
62 Vgl. VG München, Urt. v. 23.11.2016 – M 7 K 15.3762, Rn. 21.

licher oder verwaltungsbehördlicher Maßnahmen nicht rechtfertigen.[63] Die Anscheinsgefahr erweist sich als insgesamt entbehrlich.

IV. Besondere Gefahrenbegriffe

Die **zentrale Eingriffsvoraussetzung** des Gefahrenabwehrrechts bildet weiterhin die **konkrete Gefahr** (§ 2 Nr. 1 NPOG), weil sie den Anknüpfungspunkt der gefahrenabwehrrechtlichen Generalklausel (§ 11 NPOG) und damit zugleich den Bezugspunkt **spezieller Eingriffsermächtigungen** für besondere Situationen (Standardmaßnahmen) bildet. In einzelnen Vorschriften des NPOG – wie auch anderer Gesetze – werden jedoch davon abweichende, insbesondere erhöhte Anforderungen an das Vorliegen einer **Risikosteigerung** („Gefahr") als Voraussetzung eines polizeilichen oder verwaltungsbehördlichen Tätigwerdens formuliert. 37

Zunächst wird in verschiedenen Vorschriften an das Vorhandensein einer „**gegenwärtigen Gefahr**" angeknüpft. So bedarf es einer gegenwärtigen Gefahr, wenn eine für die Gefahrensituation nicht verantwortliche Person („Nichtstörer/in") in Anspruch genommen werden soll (§ 8 Abs. 1 Nr. 1 NPOG). Ferner beispielhaft genannt seien das **Betreten** und **Durchsuchen** von Wohnungen (§ 24 Abs. 2 Nr. 3 NPOG), die Verweisung einer Person gegen ihren Willen aus ihrer Wohnung (§ 17 Abs. 2, § 17a Abs. 1 Satz 1 NPOG) und die **Sicherstellung** von Sachen (§ 26 Nr. 1 NPOG). Ferner eine Rolle spielt die Gegenwärtigkeit einer Gefahr im Zusammenhang mit dem Einsatz von **Zwangsmitteln** etwa mit Blick auf das Absehen vom Erfordernis der Androhung eines Zwangsmittels (§§ 70 Abs. 1 Satz 3, 74 Abs. 1 Satz 2 und Abs. 2 NPOG) oder der Zulässigkeit des **Schusswaffengebrauchs** (§§ 76, 77 NPOG). 38

Von einer **gegenwärtigen Gefahr** wird gesprochen, wenn die Einwirkung des schädigenden Ereignisses bereits begonnen hat oder wenn diese Einwirkung unmittelbar oder in allernächster Zeit mit einer an **Sicherheit grenzenden Wahrscheinlichkeit** bevorsteht (§ 2 Nr. 2 NPOG). Entgegen dem etwas missverständlichen Wortlaut dürfte damit gemeint sein, dass die Einwirkung auf ein Schutzgut des Gefahrenabwehrrechts durch das schädigende Ereignis entweder unmittelbar und damit **ohne weitere Zwischenschritte** „bevorsteht" oder in **allernächster Zeit** eintreten wird. Da die Gefahr gerade „gegenwärtig" sein muss, es also einer erhöhten zeitlichen Nähe bedarf, kann hingegen nicht ausreichend sein, wenn das schädigende Ereignis erst in allernächster Zeit „bevorsteht", es also erst in allernächster Zeit zu einer Situation erhöhter Gefährlichkeit kommen wird. Weiter gefordert wird zudem eine an Sicherheit grenzende Wahrscheinlichkeit des Schadenseintritts. Ob dies der Fall ist, kann nicht von der Bedeutung der betroffenen Rechtsgüter abhängen,[64] da sich der exakt vorgegebene **Gewissheitsgrad** des nahezu feststehenden Eintritts eines schädigenden Ereignisses nicht in Relation zu bestimmten Rechtsgütern setzen lässt. 39

Andere Normen des Gefahrenabwehrrechts verlangen das Vorliegen einer „**erheblichen Gefahr**". So ist **das Betreten von Wohnungen** jederzeit zulässig, um eine solche „erhebliche" Gefahr abzuwehren (§ 24 Abs. 5 NPOG); auch dürfen zu diesem Zweck **automatisierte Kennzeichenlesesysteme** eingesetzt (§ 32a Abs. 1 Satz 1 Nr. 1 NPOG) und in bestimmten Fällen **personenbezogene Daten** übermittelt werden (§§ 43 Ab. 2 Nr. 2, 44 Abs. 2 Satz 1 Nr. 2 NPOG). Häufig werden die Merkmale der Gegenwärtigkeit und Erheblichkeit der Gefahr auch miteinander kombiniert (§§ 8 Abs. 1 Nr. 1, 17 Abs. 2, 102 Abs. 2 Satz 1, 103 Abs. 1 Satz 1 Nr. 3 NPOG). 40

---

63 *J. Ipsen*, Niedersächsisches Polizei- und Ordnungsrecht, Rn. 164.
64 So aber Nds. OVG, Urt. v. 2.7.2009 – 11 LC 4/08, Rn. 38; zust. *N. Ullrich*, in: Möstl/Weiner, Polizei- und Ordnungsrecht Niedersachsen, § 2 Rn. 77.

41 Der Begriff der Erheblichkeit bezeichnet umgangssprachlich eine Situation, in der einem Sachverhalt eine gesteigerte – über das Übliche typischerweise hinausgehende – Bedeutung zukommt. Im Gefahrenabwehrrecht ergibt sich diese **Gefahrsteigerung** aus den jeweils im Falle einer erheblichen Gefahr bedrohten Rechtsgütern: Eine erhebliche Gefahr ist gekennzeichnet durch die **Gefährdung besonders bedeutsamer Rechtsgüter** wie Bestand oder Sicherheit des Bundes oder eines Landes, Leben, Gesundheit, Freiheit, nicht unwesentliche Vermögenswerte sowie andere strafrechtlich geschützte Güter von vergleichbarem Gewicht (§ 2 Nr. 3 NPOG). Eine gegenwärtige erhebliche Gefahr erfordert folgerichtig, dass die Einwirkung auf ein solches besonders bedeutsames Rechtsgut bereits begonnen hat oder unmittelbar bevorsteht. Bedenken mit Blick auf ihre **Bestimmtheit** bereitet indes die Anknüpfung an Rechtsgüter „von vergleichbarem Gewicht", da es an jeder normativen Vorgabe fehlt, anhand welcher Kriterien dies mit Blick auf welche Rechtsgüter der Fall sein könnte; das Bundesverfassungsgericht hat derartige Verknüpfungen in vergleichbaren Sachverhalten beanstandet.[65]

42 An verschiedenen Stellen werden die Rechtsgüter, denen eine Gefahr drohen muss, über die Definition der erheblichen Gefahr hinaus eingeschränkt, indem etwa an eine Gefahr für „**Leib und Leben**" angeknüpft wird (z. B. § 16 Abs. 3 Nr. 1, § 18 Abs. 1 Nr. 1, § 22 Abs. 2 bis 4, § 30 Abs. 3, § 32 Abs. 3 Satz 1 Nr. 3 und Abs. 4 Satz 1, § 37a Abs. 1 Satz 1, § 44 Abs. 2 Satz 1 Nr. 1 NPOG); insoweit finden sich wiederum Kombinationen mit der gegenwärtigen Gefahr (§ 17a Abs. 1 Satz 1, § 17c Abs. 2 Satz 4 Nr. 4, § 24 Abs. 2 Nr. 3, § 39 Abs. 2 Satz 1 Nr. 1 und Abs. 5 Satz 1, § 74 Abs. 2 NPOG). Als Gefahr für „Leib oder Leben" definiert ist eine Sachlage, bei der eine nicht nur leichte Körperverletzung oder der Tod einzutreten droht (§ 2 Nr. 5 NPOG); mit Blick auf die Voraussetzungen einer **Wegweisung** sollten dabei die Anforderungen an die hinreichende Erheblichkeit der Körperverletzung nicht überspannt werden.

43 Das Gesetz kennt weiter die „**dringende Gefahr**" (§§ 33a Abs. 1 Nr. 1, 33d Abs. 1 Satz 1 Nr. 1, 35a Abs. 1 NPOG). Ihr kommt namentlich bei Einwirkungen auf den grundrechtlich geschützten **Wohnraum** einige Bedeutung zu, da das Grundgesetz für die Wohnraumüberwachung zur Gefahrenabwehr (Art. 13 Abs. 4 Satz 1 GG) sowie bei sonstigen „Eingriffen und Beschränkungen", die keine Durchsuchungen sind (Art. 13 Abs. 7 GG), das Vorliegen einer dringenden Gefahr verlangt. Das NPOG beschreibt die dringende Gefahr als eine im Hinblick auf das **Ausmaß** des zu erwartenden Schadens und die **Wahrscheinlichkeit** des Schadenseintritts erhöhte Gefahr für den Bestand oder die Sicherheit des Bundes oder eines Landes oder für Leib, Leben oder Freiheit einer Person oder für Sachen von bedeutendem Wert, deren Erhaltung im öffentlichen Interesse liegt (§ 2 Nr. 4 NPOG). Diese Definition lässt sich auch als Kombination von Elementen der gegenwärtigen und der erheblichen Gefahr lesen.[66]

44 Soweit das Grundgesetz das Vorliegen einer dringenden Gefahr zur Voraussetzung für die Zulässigkeit von **Einwirkungen auf Wohnraum** gemacht hat (Art. 13 Abs. 4 Satz 1 und Abs. 7 GG), ist der Landesgesetzgeber bei derartigen Maßnahmen an diese verfassungsrechtliche Vorgabe grundsätzlich gebunden. Bei der Definition der „dringenden Gefahr" hat sich der Gesetzgeber daher an der einschlägigen Rechtsprechung des Bundesverfassungsgerichts orientiert,[67] die zum einen an das **Ausmaß** als auch die **Wahrscheinlichkeit** des zu erwartenden Schadens anknüpft und dabei eine Gefahr eines Schadenseintritts fordert, die über eine konkrete Gefahr hinausgeht.[68] Die vom niedersächsischen Gesetzgeber gefundene **Definition**

---

65 BVerfG, Urt. v. 27.7.2005 – 1 BvR 668/04, Rn. 131 (zu Straftaten, die mit Straftaten von erheblicher Bedeutung „vergleichbar" sein sollen); vgl. auch BVerfG, Urt. v. 27.2.2008 – 1 BvR 370/07 u. a., Rn. 212 (zu Maßnahmen, die Eingriffen in bestimmte Grundrechte „gleichkommen").
66 Vgl. *N. Ullrich*, in: Möstl/Weiner, Polizei- und Ordnungsrecht Niedersachsen, § 2 Rn. 89 ff.
67 Vgl. LT-Drs. 18/850, S. 37.
68 BVerfG, Urt. v. 20.4.2016 – 1 BvR 966/09 u. a., Rn. 184; s. ferner BVerfG, B. v. 7.12.2011 – 2 BvR 2500/09 u. a., Rn. 128.

der **dringenden Gefahr** bewegt sich damit im Rahmen des verbleibenden (Ausgestaltungs-) Spielraums des Gesetzgebers[69] bei der Konkretisierung eines von der Verfassung vorgegebenen Rechtsbegriffs.

Der konkreten Gefahr weiter gegenübergestellt wird die **abstrakte Gefahr**. Das NPOG definiert diese als eine nach allgemeiner Lebenserfahrung oder den Erkenntnissen fachkundiger Stellen mögliche Sachlage, die im Fall ihres Eintritts eine **konkrete Gefahr** darstellt (§ 2 Nr. 6 NPOG). Danach ist zwar bei einer abstrakten Gefahr die Möglichkeit schädigender Ereignisse nach allgemeiner (Lebens-) Erfahrung gegeben, ein bestimmtes rechtsgutgefährdendes Ereignis jedoch noch nicht konkret absehbar. Obwohl einerseits eine **Risikoerhöhung** vorliegt, ist es andererseits noch nicht zu einer konkreten Gefahr gekommen, so dass auch noch kein **Wahrscheinlichkeitsurteil** über den Eintritt eines bestimmten schädigenden Ereignisses erfolgen kann.[70] Die Voraussetzungen für ein Eingreifen der Verwaltungsbehörden oder der Polizei nach Maßgabe der **Generalklausel** oder spezieller Vorschriften liegen daher nicht vor.

45

Ein Beispiel für eine Situation einer abstrakten Gefahr bildet – wie bereits angedeutet (→ Rn. 3) – der **Straßenverkehr**: Dieser ist grundsätzlich mit einem erhöhten Risiko von Unfällen und damit einer Schädigung von Personen oder Sachwerten verbunden; ein **konkretes Unfallereignis** allein aufgrund der Teilnahme am Straßenverkehr lässt sich hingegen nicht prognostizieren. Auf diese abstrakte Gefahr reagieren Gesetz- und Verordnungsgeber, indem sie Rechtsvorschriften (StVG, StVO, StVZO, FeV) erlassen, deren Einhaltung grundsätzlich den **Eintritt eines Schadens** zu verhindern geeignet ist. Der Verstoß gegen die Vorschriften des Straßenverkehrsrechts etwa durch Verwendung eines verkehrsuntüchtigen Kraftfahrzeugs oder auch im Falle einer (drohenden) Trunkenheitsfahrt begründet hingegen eine konkrete Gefahr, da eine Verletzung **geschriebenen Rechts** bevorsteht oder vorliegt. Auch mit Blick auf andere Risikoerhöhungen ist das Vorliegen einer abstrakten Gefahr grundsätzlich geeignet, **vorsorgliche Maßnahmen** zu rechtfertigen. Das Vorliegen einer abstrakten Gefahr ist daher insbesondere Voraussetzung für den Erlass von Verordnungen zur Gefahrenabwehr namentlich durch die Gemeinden und Landkreise (§§ 54 ff. NPOG).

46

---

69 Vgl. dazu *G. Hermes*, in: Dreier (Hrsg.), GG, Art. 13 Rn. 116.
70 Vgl. *J. Ipsen*, Niedersächsisches Polizei- und Ordnungsrecht, Rn. 138.

§ 6 Inanspruchnahme von Personen

I. Verantwortlichkeit für Handlungen

▶ **Fall:** A ist Eigentümer eines älteren Kraftfahrzeugs, das seit einiger Zeit nicht mehr zuverlässig anspringt und dauerhaft dunklen Qualm aus dem Auspuff ausstößt. Nachdem A auch noch mehrfach mit dem Wagen liegenblieb, stellt er es in einer ruhigen Seitenstraße ab, entfernt zunächst die Kennzeichen und alsdann sich selbst. Die zuständige Behörde ermittelt den A über die Fahrgestellnummer als eingetragenen Fahrzeughalter. Sie will A zur Entfernung des Fahrzeugs auffordern. A meint, der Wagen gehe ihn nichts mehr an. ◀

1 Gefahren für die öffentliche Sicherheit entstehen im Regelfall aufgrund von **Handlungen** – oder auch Unterlassungen – von Personen. Es ist daher grundsätzlich sachgerecht, gegen Gefahren in der Weise vorzugehen, dass die aufgrund ihres Tuns für deren Entstehung verantwortlichen Personen dazu angehalten werden, das **gefahrenträchtige Tun** einzustellen oder eine bereits eingetretene Störung der öffentlichen Sicherheit oder Ordnung zu beenden. Dem entspricht die gesetzliche Regelung, indem sie vorsieht, dass Maßnahmen grundsätzlich gegen die Person zu richten sind, die eine Gefahr verursacht (§ 6 Abs. 1 NPOG). Soweit die handelnde Person noch nicht 14 Jahre alt ist oder unter Betreuung steht, können auch aufsichtspflichtige bzw. betreuende Personen herangezogen werden (§ 6 Abs. 2 NPOG). Entsprechendes gilt, wenn jemand in **„Ausübung einer Verrichtung"** handelt. In diesem Falle ist ebenfalls verantwortlich, wer die andere Person zu der Verrichtung bestellt hat (§ 6 Abs. 3 NPOG).

2 Mit diesen gesetzlichen Regelungen wird eine Verantwortlichkeit für eine Gefahr und damit den drohenden Schaden ausgestaltet, die an deren Verursachung durch vorangegangenes Tun anknüpft (**Verhaltensverantwortlichkeit**). Auf ein Verschulden kommt es dabei nicht an,[1] weil das Gefahrenabwehrrecht auf die effiziente Beseitigung der Gefahrenlage, nicht aber eine Sanktionierung ihrer Herbeiführung zielt. Allein erforderlich ist, dass der verantwortlichen Person die **Entstehung** einer Gefahr zugerechnet werden kann.

3 Als entscheidendes Problem erweist sich damit die Frage, wann eine solche Zurechnung möglich ist, denn die Entstehung einer Gefahrenlage beruht oftmals auf dem Ineinandergreifen einer Vielzahl von Geschehnissen, die **Verhaltensverantwortlichkeit** kann aber nicht durch jede beliebige Handlung ausgelöst werden, die kausal zu der Gefahr beigetragen hat. Da es an einem **Verschuldenserfordernis** als Korrektiv fehlt, wäre anderenfalls der Kreis der Verantwortlichen nicht sachgerecht zu begrenzen.[2] Auch die gängigen Instrumente etwa des zivilen Haftungsrechts zur Ermittlung der verschuldensabhängigen Verantwortlichkeit für die Herbeiführung eines Schadens wie namentlich die **Adäquanztheorie**[3] sind nicht auf das Gefahrenabwehrrecht übertragbar,[4] zumal die Feststellung der „adäquaten" Ursache einer Gefahr oder Störung eine **wertende Auswahlentscheidung** erfordern kann.[5]

---

1 V. Götz / M.-E. Geis, Allgemeines Polizei- und Ordnungsrecht, § 13 Rn. 10; J. Ipsen, Niedersächsisches Polizei- und Ordnungsrecht, Rn. 177; Th. Kingreen / R. Poscher, Polizei- und Ordnungsrecht, § 9 Rn. 12, 17; W.-R. Schenke, Polizei- und Ordnungsrecht, Rn. 313; K. Graulich, in: Lisken/Denninger, Abschnitt E Rn. 196.
2 J. Ipsen, Niedersächsisches Polizei- und Ordnungsrecht, Rn. 177; W.-R. Schenke, Polizei- und Ordnungsrecht, Rn. 313.
3 Dazu näher H. Oetker, in: Münchener Kommentar zum BGB, § 249 Rn. 109 ff.; s. ferner A. Saipa, in: Saipa u. a., NPOG, Vor §§ 6–8 Rn. 2.
4 Ohne weitere Begründung für Anknüpfung an die „adäquate Verursachung" K. Graulich, in: Lisken/Denninger, Abschnitt E Rn. 196.
5 J. Ipsen, Niedersächsisches Polizei- und Ordnungsrecht, Rn. 180.

I. Verantwortlichkeit für Handlungen

Nach einer an die Rechtsprechung des Preußischen Oberverwaltungsgerichts[6] anknüpfenden Auffassung trifft die Verhaltensverantwortlichkeit die Person, deren Handlung die Gefahr unmittelbar – ohne Dazwischentreten weiterer Schritte – verursacht[7] und damit die „**Gefahrenschwelle**" überschreitet[8] („Theorie der letzten Ursache"[9]). Da die Unverletzlichkeit der objektiven Rechtsordnung das wesentliche **Schutzgut des Gefahrenabwehrrechts** bildet, wird dies typischerweise die Handlung sein, aus der eine (drohende) Verletzung geltenden Rechts resultiert; damit einhergehen kann zugleich eine unmittelbare Gefährdung von Rechtsgütern einzelner Personen oder der Allgemeinheit. Verschiedentlich wird daher angenommen, dass die Überschreitung der Gefahrenschwelle gerade aus der **Rechts- oder Pflichtwidrigkeit** einer Handlung resultiert.[10] Dem liegt die zutreffende Erwägung zugrunde, dass ein nicht verbotenes Verhalten grundsätzlich keine Gefahr für die öffentliche Sicherheit zu begründen vermag.[11] Da zulässiges Handeln dann auch nicht die **unmittelbare Ursache** einer Gefahr sein kann, werden sich die beiden Ansichten im praktischen Ergebnis vielfach überschneiden.

4

Im Beispielsfall hat A versucht, sich seines Fahrzeugs durch Abstellen am Straßenrand zu entledigen. Wird ein Kraftfahrzeug im **öffentlichen Verkehrsraum** abgestellt, so handelt es sich weiterhin um eine Teilnahme am Straßenverkehr („ruhender Verkehr").[12] Hier will A das Fahrzeug aber nicht vorübergehend abstellen, um es später erneut in Betrieb zu nehmen. Vielmehr will er das Fahrzeug endgültig zurücklassen und damit den **Besitz** und offenbar auch das **Eigentum** an der Sache aufgeben (sog. Dereliktion, § 959 BGB). In diesem Falle handelt es sich nicht (mehr) um eine Teilnahme am Straßenverkehr.[13] Vielmehr liegt eine (unzulässige) **Sondernutzung des öffentlichen Raumes** vor, so dass der Sachverhalt in erster Linie nach Maßgabe des (Landes-) Straßenrechts zu beurteilen ist.

5

Gegenstand des **Straßenrechts** sind die Rechtsverhältnisse an öffentlichen Straßen und Wegen, namentlich die zulässigen Arten und Zwecke der Benutzung des öffentlichen Straßen- und Wegenetzes. Die betreffenden Vorschriften finden sich in erster Linie in den Straßengesetzen der Länder; in Niedersachsen im niedersächsischen Straßengesetz (NStrG). Das **Straßenverkehrsrecht** befasst sich hingegen unter gefahrenabwehrrechtlichen Aspekten mit der Sicherheit und Leichtigkeit des Straßenverkehrs.[14] Allerdings stehen beide **Rechtsmaterien** naturgemäß in einem engen sachlichen Zusammenhang. Das Straßenrecht ist dem Straßenverkehrsrecht gleichsam vorgelagert, denn das Straßenverkehrsrecht setzt straßenrechtliche Regelungen, die eine Straße dem (Straßen-) Verkehr öffnen (**Widmung**[15]), voraus.[16] Zugleich erfolgt die Umsetzung von straßenrechtlichen Regelungen über Arten und Zwecke der Nut-

6

---

6   Vgl. PrOVGE 31, 409 (411); 78, 261 (267); 80, 176 (189 f.); 82, 343 (350 f.); 103, 139 (141).
7   *J. Ipsen*, Niedersächsisches Polizei- und Ordnungsrecht, Rn. 181 ff.; *V. Götz / M.-E. Geis*, Allgemeines Polizei- und Ordnungsrecht, § 13 Rn. 11; *Th. Kingreen / R. Poscher*, Polizei- und Ordnungsrecht, § 9 Rn. 13; *A. Saipa*, in: Saipa u. a., NPOG, Vor §§ 6–8 Rn. 3; *G. Böhrenz / P. Siefken*, § 6 Rn. 4; grds. auch *W.-R. Schenke*, Polizei- und Ordnungsrecht, Rn. 314 ff.; *N. Ullrich*, in: Möstl/Weiner, Polizei- und Ordnungsrecht Niedersachsen, § 6 Rn. 15; krit. *M. Bäcker*, in: Lisken/Denninger, Abschnitt D Rn. 154; *F. Schoch*, in: ders. (Hrsg.), Besonderes Verwaltungsrecht, Kap. 1 Rn. 345.
8   In der Rechtsprechung wird die Anknüpfung an die Unmittelbarkeit gelegentlich mit diffusen „Wertungen" kombiniert, vgl. BVerwG, B. v. 12.4.2006 – 7 B 30/06, Rn. 4; BayVGH, B. v. 15.5.2018 – 22 CS 18.566, Rn. 22; OVG NW, Urt. v. 20.9.2017 – 16 A 1920/09, Rn. 82.
9   Krit. zur Anknüpfung an die letzte Ursache *W.-R. Schenke*, Polizei- und Ordnungsrecht, Rn. 315.
10 Für eine Anknüpfung an die Pflichtwidrigkeit *M. Bäcker*, in: Lisken/Denninger, Abschnitt D Rn. 149.
11 *Th. Kingreen / R. Poscher*, Polizei- und Ordnungsrecht, § 9 Rn. 19.
12 Vgl. *P. Axer*, in Schoch (Hrsg.), Besonderes Verwaltungsrecht, Kap. 6 Rn. 89.
13 Vgl. BVerwG, Urt. v. 12.12.1969 – VII C 76/78, Rn. 13, 19; anders HessVGH, Urt. v. 18.5.1999 – 11 UE 34/09, Rn. 20.
14 Vgl. BGH, B. v. 4.12.2001 – 4 StR 93/01, Rn. 20.
15 Näher zur Widmung *A. Rebler*, SVR 2017, S. 246 (247 f.).
16 BGH, B. v. 4.12.2001 – 4 StR 93/01, Rn. 22; s. ferner *P. Axer*, in Schoch (Hrsg.), Besonderes Verwaltungsrecht, Kap. 6 Rn. 17.

zung des **öffentlichen Raumes** sowie auch der Art und Weise der Ausübung zulässiger Nutzungen auf der „zweiten Stufe" mit den Instrumenten des Straßenverkehrsrechts, etwa in Form von Beschilderungen.

7 Das niedersächsische Straßenrecht räumt jedermann die Möglichkeit ein, das dem **Straßenverkehr** gewidmete Straßen- und Wegenetz „im Rahmen der Widmung und der Verkehrsvorschriften" zum Zwecke der **Fortbewegung** zu nutzen (§ 14 Abs. 1 Satz 1 NStrG). Dieser **Gemeingebrauch** schließt neben dem Straßenverkehr auch einen „kommunikativen Verkehr" ein,[17] so dass eine im öffentlichen Raum geführte Unterhaltung oder auch das Werben für politische Positionen etwa durch Verteilen von Flugschriften ebenfalls vom Gemeingebrauch umfasst ist.[18] Kein Gemeingebrauch liegt hingegen vor, wenn die Straße nicht vorwiegend zum Straßen- oder kommunikativen Verkehr, sondern zu anderen Zwecken genutzt wird (§ 14 Abs. 1 Satz 3 NStrG). Eine solche **Sondernutzung** (§ 18 Abs. 1 Satz 1 NStrG) bedarf daher einer gesonderten Genehmigung (§ 18 Abs. 1 Satz 2 NStrG).

8 Um eine solche Sondernutzung handelt es sich im Beispielsfall, weil A den öffentlichen Straßenraum zur Entsorgung von **Abfall** verwendet hat: Da A das Fahrzeug nicht weiterbenutzen, sondern sich dessen entledigen will, handelt es sich um „**Abfall**" (§ 3 Abs. 1 KrWG) und damit ein „**Altfahrzeug**" im Sinne der Altfahrzeugverordnung (§ 2 Abs. 1 Nr. 2 AltfahrzeugV), so dass es einer entsprechend zertifizierten Stelle überlassen werden muss (§ 4 Abs. 1 AltfahrzeugV). Das Vorgehen des A verletzt folglich gleich mehrere Rechtsvorschriften. Beeinträchtigt wird der **Gemeingebrauch** der Allgemeinheit am öffentlichen Grund sowie das öffentliche Interesse an der ordnungsgemäßen Entsorgung von Abfällen. Eine (fortdauernde) Störung der öffentlichen Sicherheit liegt daher vor. A ist hierfür auch verantwortlich, weil er diese Situation herbeigeführt hat. Er kann deshalb als „**Handlungsstörer**" zur ordnungsgemäßen Beseitigung des Fahrzeugs herangezogen werden. Wird das Fahrzeug stattdessen durch die zuständige Verwaltungsbehörde entfernt, schuldet A die Erstattung der durch diese **Ersatzvornahme** entstandenen Kosten (→ § 10 Rn. 15).

II. Verantwortlichkeit für den Zustand von Sachen

1. Die Zustandsverantwortlichkeit

▶ **Fall:** V ist der in den Fahrzeugpapieren eingetragene Halter eines Fahrzeugs, bei dem es sich um ein Geschenk des V an dessen Tochter T gehandelt hat. Das Fahrzeug wird ausschließlich von T unterhalten und genutzt. Nachdem T das Fahrzeug verbotswidrig abgestellt hatte, wurde es auf Veranlassung der Polizei von einem privaten Unternehmen abgeschleppt. Anschließend wird V zur Erstattung der Abschleppkosten iHv € 250,00 herangezogen. V wendet ein, er habe mit dem Fahrzeug nichts zu tun. ◀

▶ **Abwandlung:** V ist der in den Fahrzeugpapieren eingetragene Halter eines Fahrzeugs. Er hatte das Fahrzeug seiner Tochter T einmalig geliehen, als deren eigenes Fahrzeug in der Werkstatt war. Nachdem T das Fahrzeug verbotswidrig abgestellt hatte, wurde es auf Veranlassung der Polizei von einem privaten Unternehmen abgeschleppt. Anschließend wird V zur Erstattung der Abschleppkosten iHv € 250,00 herangezogen. V wendet ein, die Polizei könne sich an seine Tochter halten, da diese falsch geparkt habe. ◀

---

17 Vgl. OVG Berlin-Brandenburg, Urt. v. 26.9.2018 – OVG 1 B 14/18, Rn. 19; s. ferner *Ch. Hillgruber*, in: Merten/Papier (Hrsg.), Handbuch der Grundrechte, Band V (2013), § 118 Rn. 58; *F.-R. Herber*, in: Kodal, Handbuch Straßenrecht, Kap. 24 Rn. 11 ff.; *M. Sauthoff*, Öffentliche Straßen, Rn. 322 ff.; *P. Axer*, in Schoch (Hrsg.), Besonderes Verwaltungsrecht, Kap. 6 Rn. 90 ff.

18 OVG NW, B. v. 3.6.2014 – 11 A 2020/12, Rn. 9; *Ch. Hillgruber*, in: Merten/Papier (Hrsg.), Handbuch der Grundrechte, Band V (2013), § 118 Rn. 58; *P. Axer*, in Schoch (Hrsg.), Besonderes Verwaltungsrecht, Kap. 6 Rn. 90 m.w.N.

II. Verantwortlichkeit für den Zustand von Sachen

Neben der Verantwortlichkeit für Handlungen (§ 6 NPOG) kennt das Polizei- und Ordnungsrecht eine ebenfalls **verschuldensunabhängige** Verantwortlichkeit für den **Zustand von Sachen** sowie für Tiere: Soweit von einem Tier oder von einer Sache eine Gefahr ausgeht, sind die polizeilichen oder verwaltungsbehördlichen Maßnahmen gegen die Person zu richten, die die tatsächliche Gewalt über die Sache bzw. das Tier innehat (§ 7 Abs. 1 Satz 1 NPOG). Ebenfalls möglich ist eine Inanspruchnahme des Eigentümers / der Eigentümerin oder einer anderen berechtigten Person, sofern nicht die **tatsächliche Sachherrschaft** ohne den Willen des Eigentümers / der Eigentümerin bzw. der berechtigten Person ausgeübt wird (§ 7 Abs. 2 NPOG).

Diese zur Handlungsverantwortlichkeit hinzutretende **Zustandsverantwortlichkeit** nimmt damit Bezug auf zivilrechtliche Kategorien. Es beurteilt sich daher grundsätzlich nach den Regeln des Zivilrechts, wer aufgrund der Innehabung der **tatsächlichen Gewalt** und damit des (unmittelbaren) Besitzes und wer aufgrund Eigentums an einer Sache polizeipflichtige Person ist;[19] weder besteht eine Notwendigkeit zur Uminterpretation einer im Zivilrecht etablierten Begrifflichkeit durch das Gefahrenabwehrrecht noch existieren Anhaltspunkte für einen entsprechenden gesetzgeberischen Willen. Fallen Eigentum und Besitz auseinander, so ist daher grundsätzlich möglich, neben der besitzenden Person (§ 7 Abs. 1 Satz 1 NPOG) auch den Eigentümer / die Eigentümerin in Anspruch zu nehmen, sofern der Besitz berechtigterweise ausgeübt wird (§ 7 Abs. 2 NPOG). Dies ist etwa dann der Fall, wenn dem Besitz ein Mietverhältnis oder eine Leihe zugrunde liegt. Anders verhält es sich, wenn die Sache verloren gegangen ist oder gestohlen wurde, da dann die Ausübung der tatsächlichen Gewalt ohne bzw. gegen den Willen des Eigentümers / der Eigentümerin erfolgt. Dem liegt zugrunde, dass auch die Zustandsverantwortlichkeit an die Möglichkeit zur **Abwehr einer Gefahr** durch Einwirkung auf die Sache anknüpft. An der dafür erforderlichen Möglichkeit zur Einwirkung auf die Sache oder jedenfalls die (unmittelbar) verhaltensverantwortliche Person fehlt es aber, wenn die Sache abhandengekommen ist.[20]

Nach der gesetzlichen Regelung stehen Handlungs- und Zustandsverantwortlichkeit weitgehend unverbunden nebeneinander: Wird die Gefahr von einer Person verursacht, greift die **Verantwortlichkeit** für dieses **gefährdende Tun** zulasten der gefahrenverursachenden Person, geht die Gefahr von einer Sache aus, trifft die **Zustandsverantwortlichkeit** diejenigen, die als Eigentümer/innen oder Besitzer/innen zur Einwirkung auf die Sache in der Lage sind. Tatsächlich schließen sich Handlungs- und Zustandsverantwortlichkeit aber nicht wechselseitig aus, da Handlungen von Personen vielfach zu Gefahren durch den Zustand von Sachen (oder das Verhalten von Tieren) führen können.

So verhält es sich auch in den Beispielsfällen: Auf verbots- und verkehrswidrig abgestellte Fahrzeuge kann grundsätzlich mit Mitteln des Gefahrenabwehrrechts reagiert werden, denn in einem **Parkverstoß** liegt eine sich ständig erneuernde **Störung der öffentlichen Sicherheit**, zu deren Beseitigung durch Entfernung des Fahrzeugs die verantwortlichen Personen verpflichtet sind (→ § 5 Rn. 4). Dabei ist eine Anknüpfung sowohl an die Herbeiführung des störenden Zustands und damit die **Verhaltensverantwortlichkeit** als auch an die Zuordnung des Fahrzeugs zu einer Person und damit die **Zustandsverantwortlichkeit** denkbar. Sind verantwortliche Personen nicht greifbar, und können sie deshalb nicht unmittelbar herangezogen werden, so kann ferner „die Verwaltungsbehörde oder die Polizei auf Kosten der betroffenen Person die Handlung selbst ausführen oder eine andere Person mit der Ausführung beauftra-

---

19 Anders (für den Begriff der „tatsächlichen Gewalt") *V. Götz / M.-E. Geis*, Allgemeines Polizei- und Ordnungsrecht, § 13 Rn. 55; *M. Bäcker*, in: Lisken/Denninger, Abschnitt D Rn. 187.
20 *J. Ipsen*, Niedersächsisches Polizei- und Ordnungsrecht, Rn. 208; *Th. Kingreen / R. Poscher*, Polizei- und Ordnungsrecht, § 9 Rn. 41.

gen" (§ 66 Abs. 1 Satz 1 NPOG). Eine solche **Ersatzvornahme** löst mithin eine Pflicht der verantwortlichen Personen zur Erstattung der durch die Maßnahme entstandenen Kosten – hier der **Abschleppkosten** – aus. Damit verschiebt sich die Fragestellung auf die Sekundärebene der Kostentragung.

13 In der Praxis werden abgeschleppte Fahrzeuge vielfach von Abschleppunternehmen nur gegen Erstattung der entstandenen **Abschleppkosten** wieder herausgegeben. Allerdings liegt dem Abschleppvorgang in derartigen Fällen keine vertragliche Rechtsbeziehung zwischen dem Abschleppunternehmen und den verantwortlichen Personen zugrunde. Vielmehr schuldet die Verwaltungsbehörde bzw. die Polizei dem Abschleppunternehmen aufgrund des von ihr erteilten Abschleppauftrags das zu zahlende Entgelt. In der Sache geht es daher um die Geltendmachung eines **Kostenerstattungsanspruchs** der Verwaltungsbehörde bzw. der Polizei gegenüber den verantwortlichen Personen; das Abschleppunternehmen fungiert als behördliche „Inkassostelle". Die Geltendmachung des (öffentlich-rechtlichen) Kostenerstattungsanspruchs in der Weise, dass die entstandenen Kosten bei Abholung eines Fahrzeugs unmittelbar gegenüber abholenden Personen durch das Abschleppunternehmen liquidiert werden, setzt folglich einen **Forderungsübergang** durch **Abtretung** des Kostenerstattungsanspruchs der Verwaltungsbehörde oder der Polizei an das Abschleppunternehmen oder jedenfalls die Erteilung eines entsprechenden **Einziehungsauftrags** voraus. Eine solche Abtretung öffentlich-rechtlicher Forderungen durch einen zivilrechtlichen Vertrag ist auch grundsätzlich möglich,[21] da das Bürgerliche Recht keine Beschränkung auf Forderungen zivilrechtlicher Art kennt.[22] Im vorliegenden Zusammenhang bestehen gegen die Zulässigkeit derartiger Abtretungen aber Bedenken,[23] weil verfahrensrechtliche und materielle Vorgaben des öffentlichen Rechts – einschließlich des Vollstreckungsrechts – unterlaufen werden könnten.[24] Dies gilt etwa für die Erforderlichkeit einer Anhörung vor einer förmlichen Kostenfestsetzung durch **Heranziehungsbescheid** sowie die Ermessensbetätigung im Hinblick auf die Auswahl der heranzuziehenden Personen (→ Rn. 16).

14 Soweit danach eine Geltendmachung der Kosten des **Abschleppvorgangs** durch das Abschleppunternehmen nicht in Betracht kommt oder nicht erfolgt, werden die Behörden zunächst den eingetragenen Fahrzeughalter oder die Fahrzeughalterin ermitteln und zu den Kosten heranziehen. Diese wäre im ersten Beispielsfall der V. Indes ist im Ausgangsfall das **zivilrechtliche Eigentum** an dem Fahrzeug von V als dem ursprünglichen Eigentümer infolge der Schenkung auf T übergegangen; die Eintragung des V als Fahrzeughalter in den Papieren ist für diese zivilrechtliche Zuordnung ohne Relevanz. Ferner ist T auch Inhaberin der **tatsächlichen Sachherrschaft**, da sie das Fahrzeug ausschließlich nutzt. Aus der Perspektive des Zivilrechts ist sie daher „Halterin", denn hierfür kommt es ebenfalls darauf an, wem das Fahrzeug bei wirtschaftlicher Betrachtung zuzuordnen ist, wer also den Nutzen hat und die Kosten trägt;[25] auch die **zivilrechtliche Haltereigenschaft** kann daher von der Eintragung in den Fahrzeugpapieren abweichen. Die polizeirechtliche Zustandsverantwortlichkeit bemisst sich aber nach Maßgabe des Zivilrechts. Da V weder Eigentümer des Fahrzeugs noch Inhaber der Sachherrschaft oder **anderweitig Berechtigter** ist, kann er in Ermangelung der Voraussetzungen einer Zustandsverantwortlichkeit nicht zu den Abschleppkosten herangezogen werden.

15 Anders verhält es sich im Falle der Abwandlung. Hier bleibt die **Zustandsverantwortlichkeit** des V grundsätzlich unberührt, denn T ist das Fahrzeug nicht als Halterin (im zivilrechtlichen

---

21 Vgl. *E.-M. Kieninger*, in: Münchener Kommentar zum BGB, § 398 Rn. 9 mwN; s. ferner VG Düsseldorf, Urt. v. 27.6.1980 – 6 K 4740/78, Rn. 33; *J. Busche*, in: Staudinger, BGB, Einl. §§ 398 ff, Rn. 6 (2022).
22 Für (nur) entsprechende Anwendung von §§ 398 ff. BGB *J. Busche*, in: Staudinger, BGB, Einl. §§ 398 ff, Rn. 6 (2022).
23 Krit. auch *J. D. Roggenkamp / K. König*, in: Saipa u. a., NPOG, § 66 Rn. 4.
24 So zu Recht VG Düsseldorf, Urt. v. 27.6.1980 – 6 K 4740/78, Rn. 33 ff.
25 Vgl. KG, Urt. v. 25.5.2017 – (6) 121 Ss 91/17 (32/17), Rn. 8.

Sinne) zuzuordnen, da es ihr von V nur vorübergehend überlassen wurde. Auch wurde der Besitz nicht ohne den Willen des V ausgeübt, da es dafür auf die **Innehabung der Sachherrschaft,** nicht aber die konkrete rechtswidrige Handlung ankommt, die typischerweise nicht dem Willen der das Eigentum innehabenden Person entsprechen wird. Hier ist V daher zustandsverantwortliche Person, so dass er grundsätzlich zu den **Kosten der Abschleppmaßnahme** herangezogen werden könnte.

Damit gibt es im Falle der Abwandlung zwei verschiedene verantwortliche Personen: Zum einen T, weil sie die „polizeiwidrige" Handlung vorgenommen hat und sie zudem Inhaberin der tatsächlichen Sachherrschaft ist, zum anderen V, weil ihm als Eigentümer das Fahrzeug zivilrechtlich zuzuordnen ist. Von der Behörde ist daher einer **Auswahlentscheidung** zu treffen, welche der in Betracht kommenden Personen sie nachträglich zur Kostentragung heranziehen will. Die daran anknüpfende Frage ist, ob das der Behörde in diesem Zusammenhang zustehende **(Auswahl-) Ermessen** dahin gehend eingeschränkt ist, dass die Person primär heranzuziehen ist, die durch eine Handlung einen gefahrtragenden oder (bereits) störenden Zustand herbeigeführt hat. Dafür ließe sich anführen, dass die zustandsverantwortliche Person die **Gefahrenschwelle** durch ihr Verhalten nicht überschritten hat und damit gleichsam „schicksalhaft" für das Verhalten der verhaltensverantwortlichen Person in Haftung genommen wird. Allerdings hat in den „Abschleppfällen" die zustandsverantwortliche Person durch die Überlassung des Fahrzeugs an die verhaltensverantwortliche Person einen Beitrag zu dem Geschehen geleistet.[26] Im Übrigen ist den gesetzlichen Regelungen eine generelle Subsidiarität der Zustandsverantwortlichkeit nicht zu entnehmen;[27] sie stünde auch im Widerspruch zu dem Gebot der **Effektivität der Gefahrenabwehr,** dem zufolge unabhängig von einem Verschulden im Zweifel die effektivere Form der Beseitigung einer Gefahrenquelle zu wählen ist.[28] Auch auf der Sekundärebene der Kostentragung kann sich die Verwaltungsbehörde bzw. die Polizei an **Effektivitätsgesichtspunkten** orientieren und deshalb die leistungsfähigere oder leichter erreichbare Person in Anspruch nehmen.[29] Eine generelle Verpflichtung, vorrangig T statt V heranzuziehen, besteht daher nicht.

16

2. Grenzen der Zustandsverantwortlichkeit

Unabhängig von der Frage nach der Auswahl der zur **Gefahrenbeseitigung** oder **Kostentragung** heranzuziehenden Person lässt sich aber diskutieren, ob es Fälle gibt, in denen die „schicksalhafte" Belastung aufgrund einer (Zustands-) Verantwortlichkeit für das Eigentum mit Blick auf Aspekte der **Zumutbarkeit** und **Verhältnismäßigkeit** zu begrenzen ist.

17

a) Verschuldensunabhängigkeit und Verhältnismäßigkeit

▶ **Fall:** B ist Eigentümerin eines hochpreisigen SUV, den sie regelmäßig in einer Wohnstraße in der Nähe ihres Hauses abstellt. Des Nachts wird das Fahrzeug von Unbekannten mit Ben-

---

26 Nach der zivilgerichtlichen Rechtsprechung zu den Abschleppfällen" kann daher eine Besitzstörung durch unberechtigtes Parken dem Halter / der Halterin eines Fahrzeugs schon deshalb zugerechnet werden, weil das Fahrzeug „freiwillig Dritten zur Benutzung überlassen" wurde, vgl. BGH, Urt. v., 18.12.2015 – V ZR 160/14, Rn. 27, s. ferner BGH, Urt. v. 11.3.2016 – V ZR 102/15, Rn. 6; Urt. v. 18.12.2019 – XII ZR 13/19, Rn. 27.
27 *V. Götz / M.-E. Geis,* Allgemeines Polizei- und Ordnungsrecht, § 13 Rn. 91; s. ferner *C. Gusy,* Polizei- und Ordnungsrecht, Rn. 344; *A. Saipa,* in: Saipa u. a., NPOG, Vor §§ 6–8, Rn. 10; *F. Schoch,* in: ders. (Hrsg.), Besonderes Verwaltungsrecht, Kap. 1 Rn. 428.
28 Vgl. dazu *V. Götz / M.-E. Geis,* Allgemeines Polizei- und Ordnungsrecht, § 13 Rn. 91; *F. Schoch,* in: ders. (Hrsg.), Besonderes Verwaltungsrecht, Kap. 1 Rn. 425.
29 *A. Saipa,* in: Saipa u. a., NPOG, Vor §§ 6–8 Rn. 7; s. ferner *V. Götz / M.-E. Geis,* Allgemeines Polizei- und Ordnungsrecht, § 13 Rn. 96; anders *J. Ipsen,* Niedersächsisches Polizei- und Ordnungsrecht, Rn. 225 f. unter Berufung auf BayVGH, B. v. 8.9.1983 – 21 B 83 A.1465, an dieser Auffassung hat der BayVGH nicht festgehalten, s. BayVGH, B. v. 1.7.1986 – 21 B 85 A.3336 = NVwZ 1987, S. 912.

zin übergossen und angezündet; der Wagen brennt vollständig aus. Die zuständige Behörde fordert B daraufhin auf, das Wrack zu entfernen, widrigenfalls die Behörde dies auf Kosten der B veranlassen werde. B meint, die Behörde müsse sich an die Brandstifter halten. ◄

18 Mit dem Abstellen des Fahrzeugs hat B eine Ursache dafür gesetzt, dass das Fahrzeug von anderen Personen in Brand gesetzt werden konnte. Bei dem Parken des Fahrzeugs handelt es sich indes um ein **zulässiges Verhalten**, das für sich genommen keine Gefahr begründet. Dies würde selbst dann gelten, wenn das Fahrzeug etwa im **Halteverbot** gestanden hätte, denn die darin liegende Störung der öffentlichen Sicherheit stünde nicht in Beziehung zu der weiteren Störung der öffentlichen Sicherheit durch den Fahrzeugbrand sowie den weiteren Umstand, dass sich anschließend ein ausgebranntes Fahrzeug und damit **Abfall** (§ 3 KrWG) im öffentlichen Raum befindet. Die **Gefahrenschwelle** wurde daher erst durch die Brandstiftung überschritten, so dass die Verhaltensverantwortlichkeit allein diejenigen trifft, die das Fahrzeug in Brand gesetzt haben. Diese sind damit auch Abfallerzeuger im Sinne des Abfallrechts (§ 3 Abs. 8 KrWG), so dass sie nach Maßgabe der abfallrechtlichen Vorschriften für die ordnungsgemäße **Entsorgung des Fahrzeugs** Sorge zu tragen haben (§ 15 Abs. 1 Satz 1 KrWG).

19 Das Anzünden des Fahrzeugs durch die dafür verhaltensverantwortlichen Personen hat zu einer Gefahr bzw. Störung der öffentlichen Sicherheit durch ein (potenziell gefährliches) **Fahrzeugwrack** geführt; dies löst sowohl die Verhaltens- als auch die Zustandsverantwortlichkeit aus. Eine Heranziehung der für den Brand verhaltensverantwortlichen Personen wird jedoch auf praktische Schwierigkeiten stoßen, da diese nicht bekannt und wohl auch nicht kurzfristig ermittelbar sind. Die Behörde will sich daher an B halten, die als Inhaberin der **tatsächlichen Sachherrschaft** und Eigentümerin des Fahrzeugs zustandsverantwortliche Person (§ 7 Abs. 1 und Abs. 2 NPOG) ist. Auch in diesem Falle ginge danach mit der **Zustandsverantwortlichkeit** einher, dass die betreffende Person zur Beseitigung einer Gefahr oder aber auf der Sekundärebene zur Erstattung entstandener Kosten der Gefahrenabwehr herangezogen werden kann, ohne selbst zu der Gefahr oder Störung der öffentlichen Sicherheit etwas beigetragen zu haben. B wäre nicht nur das **Opfer von Vandalismus** geworden, sie müsste sich auch noch um die Beseitigung der Folgen kümmern und damit verbundene Kosten tragen.

20 Damit richtet sich der Blick auf etwaige **Begrenzungen der Zustandsverantwortlichkeit** unter Aspekten der Zumutbarkeit und der Verhältnismäßigkeit.[30] Dabei lässt sich sowohl auf der **Tatbestandsseite** der Zustandsverantwortlichkeit als auch auf der **Rechtsfolgenseite** ansetzen: So soll es keine Zustandsverantwortlichkeit unter dem Aspekt der Innehabung des Grundeigentums auslösen, wenn Abfälle auf einem frei zugänglichen Grundstück deponiert werden, da die Gefahr nicht von dem Grundstück, sondern den Abfällen ausgehe.[31] Auch wird angenommen, dass eine **Opfergrenze** der zustandsverantwortlichen Person überschritten sei, wenn beispielsweise ein Dieb ein Kraftfahrzeug entwendet, damit einen Unfall verursacht und sodann flüchtet;[32] Auf Basis dieser Erwägungen könnte man auch im Beispielsfall die Zulässigkeit einer Heranziehung von B verneinen. Auf die Rechtsfolgenseite gehört der Vorschlag einer Begrenzung der Zustandsverantwortlichkeit im Rahmen der **behördlichen Auswahlentscheidung** hinsichtlich der heranzuziehenden Person(en), soweit eine Gefahr auf Umständen beruht, die nicht von der zustandsverantwortlichen Person zu vertreten sind.[33]

---

30 Ausführl. *W.-R. Schenke*, Polizei- und Ordnungsrecht, Rn. 343 ff.
31 OVG NW, Urt. v. 13.6.2006 – 13 A 632/04, Rn. 54; zust. *W.-R. Schenke*, Polizei- und Ordnungsrecht, Rn. 340; s. ferner BVerwG, Urt. v. 8.5.2003 – 7 C 15/02, Rn. 11.
32 *W.-R. Schenke*, Polizei- und Ordnungsrecht, Rn. 345.
33 Vgl. *M. Bäcker*, in: Lisken/Denninger, Abschnitt D Rn. 196; s. ferner *V. Götz / M.-E. Geis*, Allgemeines Polizei- und Ordnungsrecht, § 13 Rn. 96.

Gleichwohl ist gegenüber derartigen Bemühungen um eine **Beschränkung der Zustandsver-** 21
antwortlichkeit namentlich von Eigentümerinnen und Eigentümern grundsätzlich Zurückhaltung geboten. So wird zunächst anzunehmen sein, dass mit dem **Grundeigentum** die Verpflichtung einhergeht, dafür Sorge zu tragen, dass von dem jeweiligen Grundstück keine Gefahren ausgehen; es liegt nahe, diese Verpflichtung auch auf Gegenstände zu beziehen, die sich auf dem Grundstück befinden.[34] Versuche einer vorrangigen Anknüpfung an die **Verhaltensverantwortlichkeit** oder die **unmittelbare Sachherrschaft** gehen jedenfalls dann ins Leere, wenn die verantwortlichen Personen nicht vorhanden oder nicht greifbar sind, was letztlich zur Folge hat, dass die Zulässigkeit der Inanspruchnahme einer Person aufgrund der **eigentumsbezogenen Zustandsverantwortlichkeit** von Zufälligkeiten des Sachverhalts abhängig gemacht würde. So sind im Beispielsfall die für den Brand (verhaltens-) verantwortlichen Personen unbekannt und ist B zugleich Inhaberin der tatsächlichen Sachherrschaft. Eine behördliche Verpflichtung, vorrangig an die Verhaltensverantwortlichkeit oder die Innehabung der tatsächlichen Sachherrschaft anzuknüpfen, würde B daher nicht nützen.

Damit kristallisiert sich die Grundsatzfrage heraus, inwieweit auf der **Primärebene** die Pflicht 22
zur Beseitigung einer Gefahr oder Störung und auf der **Sekundärebene** die Pflicht zur Tragung der damit einhergehenden Kosten an das die Zustandsverantwortlichkeit auslösende **Eigentum** geknüpft werden kann oder jedenfalls dann von der Allgemeinheit getragen werden sollte, wenn es im Innenverhältnis an der Möglichkeit eines **Rückgriffs** der zustandsverantwortlichen Person gegen diejenigen fehlt, die eine Gefahrenlage oder Störung durch die Einwirkung auf das Eigentum zu verantworten haben. Eine solche **Verlagerung** des mit dem Eigentum einhergehenden Schadensrisikos auf den Staat wäre rechtlich möglich, entspricht aber nicht der gesetzlichen Regelung über die Zustandsverantwortlichkeit und erforderte daher eine Intervention des Gesetzgebers. Die Heranziehung der B im Beispielsfall ist daher rechtmäßig, zumal mit der Heranziehung zu den Kosten der Entsorgung des Fahrzeugs eine unter Aspekten der Verhältnismäßigkeit zu ziehende „**Opfergrenze**"[35] voraussichtlich nicht überschritten wird.

b) Grundrechtsschutz des Eigentums

Gleichwohl sind besonders gelagerte Fällen denkbar, in denen eine **Opfergrenze** mit Blick auf 23
den **Grundrechtsschutz des Eigentums** (Art. 14 GG) ausnahmsweise zum Tragen kommen kann.

▶ **Fall:**[36] Die K-AG ist Eigentümerin eines Grundstücks, auf dem sie ein Einkaufszentrum nebst Parkhaus errichtete. Nach dessen Fertigstellung wurde bei Tiefbauarbeiten für einen Regenwasserkanal in einer Tiefe von zwei Metern eine 500 kg schwere Sprengbombe aus dem Zweiten Weltkrieg freigelegt. Nach fachkundiger Einschätzung konnte der Sprengkörper jederzeit detonieren, nachdem er mit einer Baggerschaufel berührt worden war. Die Bombe wurde noch am gleichen Tage durch den Kampfmittelbeseitigungsdienst entschärft. Die Bevölkerung musste den gesperrten Bereich verlassen; hierfür wurden Unterbringungsmöglichkeiten in Turnhallen bereitgestellt. Anschließend wird die K-AG zur Erstattung der Kosten (allein) für die Evakuierung der Bevölkerung in einer Größenordnung von € 25.000,00 herangezogen. Die Geschäftsführung der K-AG macht geltend, für die Kosten müsse die

---

34 V. *Götz* / *M.-E. Geis*, Allgemeines Polizei- und Ordnungsrecht, § 13 Rn. 62; vgl. auch BVerwG, Urt. v. 18.10.1991 – 7 C 2/91, Rn. 20.
35 Zurückhaltend gegenüber dem Gedanken der „Opfergrenze" auch *M. Bäcker*, in: Lisken/Denninger, Abschnitt D Rn. 195.
36 Nach Nds. OVG, Urt. v. 28.11.2019 – 11 LC 606/18; nachfolgend BVerwG, B. v. 22.7.2020 – 6 B 9/20.

Bundesrepublik Deutschland aufkommen, weil das Deutsche Reich den Zweiten Weltkrieg ausgelöst und damit den Abwurf von alliierten Fliegerbomben verursacht habe. ◄

24 Mit „**Altlasten**", also Kontaminationen namentlich des Bodens aufgrund früherer – meist gewerblicher – Grundstücksnutzungen, können erhebliche **Umweltgefahren** einhergehen. Zwar handelt es sich zunächst nur um einen Gefahrenverdacht, wenn sich Anhaltspunkte für giftige Chemikalien im Boden ergeben, denn regelmäßig muss erst durch weitere Ermittlungen das tatsächliche Bestehen und der Umfang eines etwaigen Schadstoffeintrags festgestellt werden. Schon diese Ermittlungen sind aber oftmals mit erheblichen Kosten verbunden. Diese (hohen) Kosten der **Gefahrermittlung** sowie der nachfolgenden **Beseitigung** von Altlasten können von den gegenwärtigen Eigentümern oder Eigentümerinnen eines Grundstücks zu tragen sein. Zunächst fällt schon die Feststellung, ob eine solche Situation vorliegt, in die Verantwortlichkeit der Eigentümer/innen eines Grundstücks. Das im Jahre 1998 erlassene **Bodenschutzgesetz** des Bundes sieht für einen Fall des „Altlastenverdachts" ausdrücklich vor, dass die für die Beseitigung von schädlichen Bodenveränderungen und Altlasten verantwortlichen Personen die „notwendigen Untersuchungen zur Gefährdungsabschätzung durchzuführen haben" (§ 9 Abs. 2 BBodSchG). Nach dieser gesetzlichen Regelung erstreckt sich die gefahrenabwehrrechtliche Verantwortlichkeit folglich auch auf die **Gefahrerforschung**.[37] Diese Verpflichtung obliegt zunächst dem „Verursacher einer schädlichen Bodenveränderung oder Altlast sowie dessen Gesamtrechtsnachfolger" (§ 9 Abs. 2 Satz 1 iVm § 4 Abs. 3 Satz 1 BBodSchG), sofern deren Ermittlung nach Jahren oder Jahrzehnten noch möglich ist, ferner aber auch dem gegenwärtigen Grundstückseigentümer oder der gegenwärtigen Grundstückseigentümerin sowie der Person, die derzeit die tatsächliche Gewalt über ein Grundstück innehat (§ 9 Abs. 2 Satz 1 iVm § 4 Abs. 3 Satz 1 BBodSchG). Die (Zustands-) Verantwortlichkeit für die Feststellung einer schädlichen Bodenveränderung oder Altlast kann danach auch die gegenwärtigen Eigentümer/innen eines Grundstücks treffen. Desgleichen trifft diese Personen auch die Verpflichtung zu einer etwa erforderlich werdenden Sanierung des Bodens (§ 4 Abs. 2 BBodSchG).

25 Ebenfalls mit einem erheblichen Kosten- und Haftungsrisiko verknüpft sind die immer noch auftretenden Fälle, in denen Sprengkörper aus dem zweiten Weltkrieg im Boden aufgefunden werden. Zwar resultiert auch aus der Feststellung eines solchen Sprengkörpers zunächst nur ein **Gefahrenverdacht**, weil erst festgestellt werden muss, ob tatsächlich eine fortbestehende Explosionsgefahr besteht. Sofern sich aufgrund von Maßnahmen zur Gefahrerforschung ergibt, dass der Sprengkörper – wie im Beispielsfall – weiterhin gefährlich ist, liegt aber objektiv eine Gefahr vor, so dass mit dem Eigentum an dem betreffenden Grundstück eine (Zustands-) Verantwortlichkeit für die Gefahrenlage einhergeht. Auf Basis des **subjektiven Gefahrbegriffs** (→ § 5 Rn. 9 ff.) könnte man für eine Gefahr im Rechtssinne wegen der Anknüpfung an die ex ante-Perspektive der handelnden Personen zudem ausreichen lassen, dass ein Sprengkörper potenziell gefährlich ist und damit die **Möglichkeit einer Explosionsgefahr** bestanden hat. Eine solche Subjektivierung des Gefahrbegriffs, mit der die Möglichkeit einer Gefahr einer Gefahr gleichgestellt und damit der **Gefahrenverdacht** als Gefahr behandelt wird, ist in der einschlägigen Rechtsprechung mit Blick auf Sprengkörper im Boden auch verschiedentlich vorgenommen worden.[38]

26 Soweit danach im Falle eines „Blindgängers" eine (Zustands-) Verantwortlichkeit in Betracht kommt, können die notwendigen Maßnahmen zur **Gefahrerforschung** und **Gefahrenbeseitigung** sowie auch eine erforderliche Evakuierung und anderweitige Unterbringung der Bevöl-

---

37 Vgl. *W. Ewer*, in: Landmann/Rohmer, Umweltrecht, § 9 BBodSchG Rn. 52 (2006).
38 Vgl. VG Hannover, Urt. v. 11.10.2012 – 10 A 423/11, Rn. 33; s. ferner OVG NW, Urt. v. 11.8.2017 – 11 A 704/15, Rn. 38; BVerwG, Urt. v. 31.5.2012, 3 A 1/11, Rn. 33 f.

kerung von den verantwortlichen Personen naturgemäß nicht selbst veranlasst werden. Letztlich steht daher eine Inanspruchnahme für die in diesem Zusammenhang entstehenden Kosten – mit potenziell ruinösen Folgen – etwa aufgrund einer **Ersatzvornahme** (§ 66 NPOG) im Raum. Ebenso wie in den Fällen einer **Altlast** trifft die Eigentümer/innen von Grundstücken dieses (Haftungs-) Risiko jedenfalls dann zufällig und schicksalhaft, wenn sie von dem Vorhandensein von **Kampfmitteln** im Boden weder Kenntnis hatten noch haben mussten.

Obwohl es sich bei dieser Zufälligkeit im Grunde um ein allgemeines Kennzeichen der verschuldensunabhängigen gefahrenabwehrrechtlichen **Zustandsverantwortlichkeit** handelt,[39] ist verschiedentlich versucht worden, nicht zuletzt im Verfassungsrecht wurzelnde „Grenzen der Zustandshaftung"[40] gerade mit Blick auf die Verknüpfung der gefahrenabwehrrechtlichen Verantwortlichkeit mit dem **Eigentum** zu beschreiben.[41] Das Bundesverfassungsgericht hat denn auch der möglichen Haftung und Inanspruchnahme namentlich bei **Altlasten** unter Hinweis auf das **Verhältnismäßigkeitsprinzip** äußerste Grenzen gesetzt; als Anhaltpunkt für die Zumutbarkeit der Heranziehung zu Kosten der Gefahrenabwehr dient dabei der **Verkehrswert** des Grundstücks.[42] Nach Maßgabe der Umstände des Einzelfalls kann der Verkehrswert aber dann überschritten werden, wenn die zustandsverantwortlichen Personen ein **Altlastenrisiko** bewusst in Kauf genommen haben.[43] Umgekehrt soll eine mögliche Inanspruchnahme über den Verkehrswert hinaus unzumutbar sein, wenn das Grundstück den **wesentlichen Teil des Vermögens** der betroffenen Person und ihrer Familie darstellt.[44] Eine solche (Haftungs-) Begrenzung auf den Wert einer Sache ist dem Gefahrenabwehrrecht im Grundsatz aber unbekannt;[45] in ihr kommt eine Überbewertung gerade des **Grundeigentums** im Kontext des Grundrechtsschutzes des Eigentums zum Ausdruck. Das Eigentum an einer Sache kann mit Risiken behaftet sein, „die sich aus der Sachqualität oder Sachherrschaft als solcher ergeben".[46] Sofern sich ein solches **Risiko** verwirklicht, liegt darin grundsätzlich keine Verletzung der Eigentumsgewährleistung.[47]

Im Beispielsfall wurde die Grundstückseigentümerin allein zu den Kosten der Evakuierung der Bevölkerung herangezogen. Dies ist darauf zurückzuführen, dass das Land aus „Billigkeitsgründen" jene Kosten der **Beseitigung von Kampfmitteln** trägt, die der Abwehr einer unmittelbaren Gefahr dienen und dadurch entstehen, dass die Gemeinde als für die Gefahrenabwehr zuständige Behörde den **Kampfmittelbeseitigungsdienst** (KBD) des Landes im Wege der Amtshilfe einschaltet; dies betrifft Kosten für die Bergung, die Entschärfung oder Sprengung, den Transport und die Vernichtung eines Kampfmittels.[48] Den Gefahrenabwehrbehörden ist demgegenüber unbenommen, ihnen entstehende Kosten geltend zu machen. Allerdings sind die **Kosten der Evakuierung** keine Kosten der Ersatzvornahme, da es sich nicht um Maßnahmen handelt, die von der Behörde anstelle des oder der Verantwortlichen vorgenommen werden,[49] denn eine Evakuierung könne Private weder anordnen noch durchführen. Es

---

39 Krit. zu Beschränkungen der finanziellen Folgen der Zustandsverantwortlichkeit daher *Th. Kingreen / R. Poscher*, Polizei- und Ordnungsrecht, § 9 Rn. 72.
40 *K. H. Friauf*, in: FS Wacke (1972), S. 293 (300).
41 Vgl. *K. H. Friauf*, in: FS Wacke (1972), S. 293 (300 ff.).
42 BVerfG, B. v. 16.2.2000 – 1 BvR 242/91 u. a., Rn. 54 ff.
43 BVerfG, B. v. 16.2.2000 – 1 BvR 242/91 u. a., Rn. 59.
44 BVerfG, B. v. 16.2.2000 – 1 BvR 242/91 u. a., Rn. 58.
45 *Th. Kingreen / R. Poscher*, Polizei- und Ordnungsrecht, § 9 Rn. 72.
46 Dezidiert BVerwG, B. v. 22.7.2020 – 6 B 9/20, Rn. 9.
47 BVerwG, B. v. 22.7.2020 – 6 B 9/20, Rn. 9.
48 Vgl. Nr. 4 der Hinweise, Informationen und Empfehlungen zu Verhaltensregeln bei Gefahren durch Kampfmittel sowie zur Abwehr dieser Gefahren, insbesondere zu Zuständigkeiten und Kostenregelungen (Stand: Juli 2019).
49 Nds. OVG, Urt. v. 28.11.2019 – 11 LC 606/18, Rn. 29 f.

können jedoch **Gebühren** und **Auslagen** nach Maßgabe des Niedersächsischen Verwaltungskostengesetzes für zusätzlich zur Ausführung der Handlung erforderliche Amtshandlungen erhoben werden (§ 66 Abs. 1 Satz 2 NPOG); diese Regelung erfasst auch die Kosten einer aus Anlass einer **Bombenentschärfung** erforderlich gewordenen Evakuierung.[50] Da die Grundstückseigentümerin aufgrund ihrer Zustandsverantwortlichkeit auch zu der Amtshandlung der Evakuierung Anlass gegeben hat (§§ 1 Abs. 1 Satz 1, 5 Abs. 2 NVwKostG), kann sie folglich zu den dabei entstandenen Kosten herangezogen werden; diese werden hier auch nicht die vom Bundesverfassungsgericht angenommene **Zumutbarkeitsgrenze** überschreiten.[51]

29 Einige ergänzende Regelungen gelten für Sachverhalte, in denen Altlasten aus einer früheren **militärischen Grundstücksnutzung** oder dem Vorhandensein von Kampfmitteln im Boden noch aus der Zeit vor Gründung der Bundesrepublik resultieren. Der Bund hat zur Regelung von Ansprüchen aufgrund von Schäden, die durch den Krieg und den Zusammenbruch des Deutschen Reiches entstanden sind, das **Allgemeine Kriegsfolgengesetz** vom 5.11.1957[52] erlassen, mit dem alle derartigen Ansprüche gegen das Deutsche Reich grundsätzlich zum Erlöschen gebracht wurden (§ 1 Abs. 1 AKG). Nach Auffassung des Bundesverwaltungsgerichts ist damit auch die Kostentragungspflicht für Altlasten entfallen.[53] Dem ist nicht zu folgen, weil es sich um einen **Sekundäranspruch** handelt, der an eine gefahrenabwehrrechtliche Verantwortlichkeit anknüpft, die zu regeln schon nicht in die Zuständigkeit des Bundes fällt.[54]

30 Soweit sich Sprengkörper im Boden finden, wird hingegen von einer „**Kriegsfolgelast**" iSv Art. 120 Abs. 1 Satz 1 GG ausgegangen. Dabei handelt es sich um eine Spezialvorschrift, die eine **Kostentragung des Bundes** im Verhältnis zu den Ländern vorsieht.[55] Die weiteren Voraussetzungen eines solchen Erstattungsanspruchs sollen sich aus einer analogen Anwendung einer Regelung des AKG ergeben, der zufolge Ansprüche zu erfüllen sind, wenn dies zur Abwendung einer unmittelbaren Gefahr für Leben oder Gesundheit erforderlich ist (§ 19 Abs. 2 Nr. 1 AKG).[56]

31 Mit Blick auf die **Zustandsverantwortlichkeit** von Eigentümerinnen und Eigentümern schließen daran (offene) Fragen an. Zwar betrifft die grundgesetzliche Regelung über **Kriegsfolgelasten** (Art. 120 Abs. 1 Satz 1 GG) allein das Verhältnis zwischen Bund und Ländern, so dass Dritte einschließlich der Einwohnerinnen und Einwohner daraus keine unmittelbaren Ansprüche herleiten können. Indes handelt es sich bei Art. 120 Abs. 1 GG um eine **verfassungsrechtliche Grundentscheidung** zu der Frage, wem die Kosten einer Kampfmittelbeseitigung endgültig anzulasten sind, so dass sich Einwohnerinnen und Einwohner im Falle einer Inanspruchnahme durch ein Bundesland sollten darauf berufen können, dass nach der Wertung des Art. 120 Abs. 1 GG der Bund die Kriegsfolgelasten zu tragen hat.[57] Jedenfalls ist naheliegend, betroffenen Einwohnerinnen und Einwohnern ebenfalls einen **Erstattungsanspruch** gegen den Bund unter den Voraussetzungen von § 19 Abs. 2 Nr. 1 AKG zuzubilligen. Eine Regelung derartiger Fragen durch ein „Rüstungsaltlastenfinanzierungsgesetz"[58] ist bislang aber nicht gelungen.

---

50 Nds. OVG, Urt. v. 28.11.2019 – 11 LC 606/18, Rn. 29 f.; s. ferner VG Hannover, Urt. v. 11.10.2012 – 10 A 423/11, Rn. 40.
51 So Nds. OVG, Urt. v. 28.11.2019 – 11 LC 606/18, Rn. 45.
52 BGBl. I 1957, S. 1747.
53 BVerwG, Urt. v. 3.11.2005 – 7 C 27/04, Rn. 9 ff.
54 Näher *Th. Koch*, in: Sachs (Hrsg.), GG, Art. 135a Rn. 4a.
55 Vgl. OVG NW, Urt. v. 11.8.2017 – 11 A 704/15, Rn. 59 ff.
56 BVerwG, Urt. v. 31.5.2012 – 3 A 1/11, Rn. 29.
57 Vgl. BVerwG, Urt. v. 31.5.2012 – 3 A 1/11, Rn. 42.
58 Vgl. dazu BT-Drs. 19/1718 v. 18.4.2018 (Gesetzentwurf des Bundesrates mit abl. Gegenäußerung der Bundesregierung).

3. Dereliktion

Die Frage, ob sich eine zustandsverantwortliche Person der daraus resultierenden Pflichten durch eine **Aufgabe des Eigentums** an der Sache (**Dereliktion**, § 959 BGB) entledigen kann,[59] ist für Niedersachsen wie auch die meisten anderen Bundesländer durch den Gesetzgeber geklärt worden: Geht eine Gefahr von einer „herrenlosen" Sache aus, können Maßnahmen „auch gegen diejenige Person gerichtet werden, die das Eigentum an der Sache aufgegeben hat" (§ 7 Abs. 3 NPOG). In dem obigen Beispielsfall des am Straßenrand abgestellten Altfahrzeugs (→ vor Rn. 1) kann A neben seiner **Verantwortlichkeit als „Handlungsstörer"** daher auch aufgrund einer fortwirkenden Zustandsverantwortlichkeit in Anspruch genommen werden. Dass er durch das Abstellen des Fahrzeugs offenbar das Eigentum wie auch den Besitz aufgeben wollte, steht dem nicht entgegen, da er sich auf diesem Wege der gefahrenabwehrrechtlichen Verantwortlichkeit nicht entziehen kann.

32

4. Rechtsnachfolge

Weiterhin nicht unumstritten ist hingegen, inwieweit es eine **Rechtsnachfolge** in die gefahrenabwehrrechtliche Verantwortlichkeit gibt. Dabei geht es in erster Linie um die Frage einer Überleitung einer bereits existierenden **Verfügung zur Gefahrenabwehr** (oder zur Kostenerstattung) auf eine/n Rechtsnachfolger/in. Die zu beantwortende Frage ist, ob im Falle einer Rechtsnachfolge eine bereits ergangene Verfügung fortwirkt oder neu erlassen werden muss und dann auch (erneut) mit Rechtsmitteln angegriffen werden kann. Dabei ist zwischen **Einzelrechtsnachfolge** und **Gesamtrechtsnachfolge** zu unterscheiden.

33

Tritt eine Gesamtrechtsnachfolge ein, weil etwa eine gefahrenabwehrrechtlich verantwortliche Person stirbt und beerbt wird (§§ 1922, 1967 BGB) oder eine Gesellschaft mit einer anderen verschmolzen wird (§ 2 UmwG), so fällt das bislang pflichtige Rechtssubjekt weg; an dessen Stelle tritt ein anderes Rechtssubjekt. Soweit eine **Zustandsverantwortlichkeit** an die rechtliche Innehabung einer Sache aufgrund des Eigentums anknüpft, ist mit einem **Eigentumswechsel** daher die Beendigung der bisherigen Verantwortlichkeit und deren Neuentstehung bei dem neuen Eigentümer oder der neuen Eigentümerin verbunden;[60] das gilt auch im Erbfall.[61] Zugleich geht mit der Rechtsnachfolge aber regelmäßig die Übernahme vorgefundener **Rechte und Pflichten** einher. Dazu lassen sich in (entsprechender) Anwendung der zivilrechtlichen Überleitungsvorschriften auch etwaige Pflichten aus **Verfügungen zur Gefahrenabwehr** zählen, indem der mit einem Erbfall einhergehende Wechsel der Rechtsinhaberschaft auf Rechte und Pflichten nach Maßgabe des öffentlichen Rechts erstreckt wird.[62] Soweit eine **Rechtspflicht** bereits durch eine Verfügung konkretisiert wurde, wirkt diese daher auch gegen den Rechtsnachfolger / die Rechtsnachfolgerin.

34

Auf eine solche konkretisierende Verfügung kann für den Eintritt einer **Rechtsnachfolge** auch nicht verzichtet werden, da anderenfalls eine überzuleitende Pflicht noch nicht existiert. Das ist relevant namentlich mit Blick auf die **Verhaltensverantwortlichkeit**, da diese bei einem Rechtsnachfolger oder einer Rechtsnachfolgerin anders als die Verantwortlichkeit für den

35

---

59 Vgl. zur (früheren) Diskussion dieser Frage *W.-R. Schenke*, Polizei- und Ordnungsrecht, Rn. 350 f.
60 *V. Götz / M.-E. Geis*, Allgemeines Polizei- und Ordnungsrecht, § 13 Rn. 87; *Th. Kingreen / R. Poscher*, Polizei- und Ordnungsrecht, § 9 Rn. 52; *W.-R. Schenke*, Polizei- und Ordnungsrecht, Rn. 364 mwN.
61 OVG LSA, B. v. 29.3.1016 – 2 M 156/15, Rn. 14; s. ferner Nds. OVG, Urt. v. 26.2.2014 – 1 LB 100/09, Rn. 55; *F. Schoch*, in: ders. (Hrsg.), Besonderes Verwaltungsrecht, Kap. 1 Rn. 406; *M. Thiel*, Polizei- und Ordnungsrecht, § 8 Rn. 153.
62 *C. Gusy*, Polizei- und Ordnungsrecht, Rn. 358; zur Gesamtrechtsnachfolge in noch nicht durch Verwaltungsakt konkretisierte Pflichten BVerwG, Urt. v. 16.3.2006 – 7 C 3/05, Rn. 19; abl. *M. Thiel*, Polizei- und Ordnungsrecht, § 8 Rn. 15.

Zustand einer übergegangenen Sache nicht neu entsteht. Die Inanspruchnahme eines Rechtsnachfolgers / einer Rechtsnachfolgerin kommt in diesen Fällen daher nicht in Betracht.[63] Der Gegenauffassung des Bundesverwaltungsgerichts,[64] der zufolge die **Übergangsfähigkeit von Rechtspflichten** ein „allgemeiner Grundsatz des Verwaltungsrechts" sein soll,[65] ist nicht zu folgen.[66] Sie beruht auf der weiterhin dem konstitutionellen Denken des 19. Jahrhunderts verhafteten Annahme einer allgemeinen „**Pflichtigkeit**" **des Bürgers** im Verhältnis zum Staat,[67] die durch Verfügungen zur Gefahrenabwehr lediglich konkretisiert werde.[68]

36 Wird nur eine **konkrete Rechtsposition** wie namentlich das Eigentum an einer Sache übernommen, geht eine damit in Zusammenhang stehende und durch **Verwaltungsakt** verbindlich geregelte Rechtspflicht nicht automatisch mit über. Insbesondere haften Rechtspflichten nicht einer Sache an; Pflichten können nur Rechtssubjekten (natürlichen oder juristischen Personen) zukommen.[69] Es bedarf daher **einer gesetzlichen Regelung**, wenn mit dem Rechtsübergang in Bezug auf eine einzelne Sache auch ein entsprechender Übergang von Rechtspflichten verbunden sein soll.[70] Dies ist etwa im **Bauordnungsrecht** der Fall, da ausdrücklich vorgesehen ist, dass bauaufsichtliche Anordnungen und Maßnahmen auch gegenüber den **Rechtsnachfolgern** der Personen gelten, an die die Anordnungen gerichtet worden sind (§ 79 Abs. 1 Satz 5 NBauO). Ein allgemeines Prinzip ist daraus nicht abzuleiten.[71] Soweit es an derartigen Regelungen fehlt, erlöschen behördliche Anordnungen daher mit dem Ende der gefahrenabwehrrechtlichen Verantwortlichkeit.

III. Die gefahrenabwehrrechtliche Verantwortlichkeit der Verwaltung

▶ **Fall:**[72] Die Schifffahrtsverwaltung des Bundes unterhält auf dem Gebiet der Stadt Hannover im Bereich des Mittellandkanals mehrere Schiffsanlegestellen. Dort befinden sich auch Abfallcontainer für auf Binnenschiffen anfallende Restabfälle. Im Bereich der Container deponierten Unbekannte mehrfach schadstoffhaltige Sonderabfälle (Altöl, Altlacke und Farben). Die Region Hannover forderte die Schifffahrtsverwaltung des Bundes zur Beseitigung der Abfälle auf, was diese ablehnte. Daraufhin ließ die Abfallbehörde die Sonderabfälle entsorgen und setzte die entstandenen Kosten gegen die Schifffahrtsverwaltung fest. ◀

37 Einige – wenngleich weitgehend unnötige – Aufmerksamkeit hat in der Vergangenheit die als „Polizeipflicht von Hoheitsträgern" diskutierte Frage auf sich gezogen, ob es auch eine gefahrenabwehrrechtliche **Verantwortlichkeit von Verwaltungsstellen** gibt, die Gegenstand von Verfügungen anderer Behörden sein kann. Dabei geht es um zwei zu unterscheidende Fragestellungen: Zum einen ist diskutiert worden, inwieweit bei Verwaltungsträgern mit Blick auf deren Aufgaben und Befugnisse die Pflicht zur Beachtung normativer Vorgaben eingeschränkt sein kann und deren gefahrenabwehrrechtliche Verantwortlichkeit insoweit entfällt (**materielle Polizeipflicht**); problematisiert wurde dies insbesondere mit Blick auf eine Bindung von Bundesbehörden an Landesrecht. Davon zu trennen ist die weitere Frage, ob

---

63 *F. Schoch*, in: ders. (Hrsg.), Besonderes Verwaltungsrecht, Kap. 1 Rn. 407; anders *V. Götz / M.-E. Geis*, Allgemeines Polizei- und Ordnungsrecht, § 13 Rn. 84.
64 BVerwG, Urt. v. 16.3.2006 – 7 C 3/05, Rn. 20 ff.
65 BVerwG, Urt. v. 16.3.2006 – 7 C 3/05, Rn. 21.
66 Zur Kritik *F. Schoch*, in: ders. (Hrsg.), Besonderes Verwaltungsrecht, Kap. 1 Rn. 408; zust. hingegen *V. Götz / M.-E. Geis*, Allgemeines Polizei- und Ordnungsrecht, § 13 Rn. 84.
67 Vgl. BVerwG, Urt. v. 16.3.2006 – 7 C 3/05, Rn. 22.
68 Auf dieser Grundlage dem BVerwG zustimmend *C. Palme*, NVwZ 2006, 1130 (1131 f.).
69 Vgl. *J. Ipsen*, Niedersächsisches Polizei- und Ordnungsrecht, Rn. 218.
70 *F. Schoch*, in: ders. (Hrsg.), Besonderes Verwaltungsrecht, Kap. 1 Rn. 409.
71 *V. Götz / M.-E. Geis*, Allgemeines Polizei- und Ordnungsrecht, § 13 Rn. 90.
72 Nach BVerwG, Urt. v. 8.5.2003 – 7 C 15/02.

III. Die gefahrenabwehrrechtliche Verantwortlichkeit der Verwaltung

die Verwaltungsbehörden und die Polizei mit Verfügungen zur Gefahrenabwehr gegen andere Behörden vorgehen können, um Gefahren entgegenzuwirken (**formelle Polizeipflicht**).

Dass öffentliche Stellen bei ihrem Handeln grundsätzlich das jeweils geltende Recht zu beachten haben und weder rechtswidrig handeln noch anderweitig Gefahren für die öffentliche Sicherheit herbeiführen dürfen, sollte eine schlichte Selbstverständlichkeit sein.[73] Auch in der älteren Rechtsprechung wurde bereits angenommen, dass **Träger öffentlicher Aufgaben** sowie ihre Organe auch bei „hoheitlicher" Tätigkeit grundsätzlich an alle einschlägigen Vorschriften gebunden sind.[74] Allerdings ist ein Vorbehalt dahin gehend gemacht worden, dass es im Einzelfall einer **Abwägung** dahin gehend bedürfen könne, ob die von einem Verwaltungsträger betreuten Belange hinter den jeweils gesetzlich geschützten Interessen zurücktreten müssen oder „umgekehrt das fachfremde Gesetz auf die hoheitliche Tätigkeit materiell nur in beschränktem Maße oder gar nicht anwendbar ist".[75] Diese Sichtweise kann heute als weitgehend überwunden gelten:[76] Regelungen über **Normsetzungsbefugnisse** begründen jeweils gegenständlich abgegrenzte Zuständigkeiten. Von einer normsetzenden Stelle im Rahmen ihrer Zuständigkeit erlassene Regelungen binden daher auch die Behörden anderer Verwaltungsträger, so dass nicht nur Landesbehörden an Bundesrecht, sondern umgekehrt auch Bundesbehörden an Landesrecht[77] oder auch Ortsrecht – etwa in Form kommunaler Satzungen – gebunden sind. Soweit davon abgewichen werden soll, bedarf es einer ausdrücklichen gesetzlichen Regelung,[78] wie sie etwa mit der Vorschrift über die **Sonderrechte** von Polizei und Rettungsdiensten bei Einsatzfahrten (§ 35 StVO) getroffen worden ist. Im Übrigen haben auch **Einsatzfahrzeuge der Polizei** die Verkehrsvorschriften einzuhalten. Desgleichen müssen Bundesbehörden bei Bauvorhaben die jeweiligen baurechtlichen Vorgaben beachten und die erforderlichen Genehmigungen der zuständigen Stellen einholen.

Demgegenüber wurde **eine formelle Polizeipflicht** von Verwaltungsträgern in der Vergangenheit grundsätzlich abgelehnt.[79] So entschied das Niedersächsische Oberverwaltungsgericht im Jahre 1957, dass die seinerzeit öffentlich-rechtlich organisierte „Bundespost" nicht durch eine ordnungsbehördliche Verfügung gehindert werden könne, das mit Ruhestörungen verbundene Entladen von Fahrzeugen in der Nacht zu verhindern. Dem lag die Vorstellung einer „als Einheit aufzufassenden Gesamtorganisation der Staatsverwaltung" zugrunde, deren „Aufgliederung und Untergliederung" zu einem „Behördensystem der Über- und Unterordnung" innerhalb des einzelnen Aufgabenträgers führe,[80] so dass die Verwaltungsbehörden nicht befugt seien, in die „staatshoheitlichen Funktionen" einer anderen Verwaltungsstelle „einzugreifen und ihr vorzuschreiben, auf welche Weise sie ihre Aufgaben wahrzunehmen hat".[81] Der Schluss liegt nahe, den Behörden dann gleichsam eine Zuständigkeit für **die Gefahrenabwehr in eigenen Angelegenheiten** zuzuweisen: Da „eine Hoheitsverwaltung nicht mit Anordnungen oder gar mit Zwang in die hoheitliche Tätigkeit einer anderen Hoheitsverwaltung, sei es derselben, sei es einer anderen Körperschaft, eingreifen" dürfe, sei für die Beachtung auch der fachfremden Gesetze „in der Regel die jeweils tätig werdende Hoheitsverwaltung selbst

---

73 M. Bäcker, in: Lisken/Denninger, Abschnitt D Rn. 19; M. Borowski, VerwArch 101 (2010), S. 58 (67).
74 BVerwG, Urt. v. 16.1.1968 – I A 1.67, Rn. 28.
75 BVerwG, Urt. v. 16.1.1968 – I A 1.67, Rn. 28.
76 Vgl. J. Ipsen, Niedersächsisches Polizei- und Ordnungsrecht, Rn. 233; Th. Kingreen / R. Poscher, Polizei- und Ordnungsrecht, § 3 Rn. 18; W.-R. Schenke, Polizei- und Ordnungsrecht, Rn. 305; V. Götz / M.-E. Geis, Allgemeines Polizei- und Ordnungsrecht, § 13 Rn. 80; A. Saipa, in: Saipa u. a., NPOG, Vor §§ 6–8 Rn. 14; F. Schoch, in: ders. (Hrsg.), Besonderes Verwaltungsrecht, Kap. 1 Rn. 338.
77 So grds. schon BVerwG, Urt. v. 16.1.1968 – I A 1.67, Rn. 27 f.
78 W.-R. Schenke, Polizei- und Ordnungsrecht, Rn. 305.
79 Darstellung der Rechtsprechung bei M. Borowski, VerwArch 101 (2010), S. 58 (61 ff.).
80 OVG Lüneburg, OVGE 12, 340 (341) – „Paketpostfall".
81 OVG Lüneburg, OVGE 12, 340 (341).

zuständig und verantwortlich, nicht die fremde Fachbehörde".[82] Staatliche Stellen hatten demnach selbst dafür Sorge zu tragen, dass von ihrer Tätigkeit keine Gefahren für die öffentliche Sicherheit ausgehen, ohne **Anordnungen** der für die Überwachung der Einhaltung der Gesetze zuständigen Stellen und Behörden zu unterliegen.

40 Dieser auch heute noch anzutreffenden Sichtweise[83] ist nicht zu folgen: Besteht vorbehaltlich gesetzlich geregelter Ausnahmen eine uneingeschränkte **Rechtsbindung** auch der Behörden, so ist nicht ersichtlich, aus welchem Grunde im Falle der Missachtung geltenden Rechts die für einen solchen Fall vorgesehenen Mechanismen nicht greifen sollten.[84] Für die von ihnen zu erfüllenden Aufgaben sind verschiedene Verwaltungsstellen jeweils nebeneinander zuständig und damit auch handlungsbefugt. In der Rechtsprechung ist die Zulässigkeit von Verfügungen durch (auch kommunale) Behörden gegen andere Behörden gleichwohl nur insoweit anerkannt worden, als deren **„hoheitliche"** Tätigkeit unberührt bleibt.[85] Ein solcher Zusammenhang mit der Wahrnehmung von Verwaltungsaufgaben wurde im Beispielsfall vom Bundesverwaltungsgericht indes verneint; angeknüpft worden ist vielmehr an die tatsächliche Sachherrschaft über die betreffenden Grundstücke.[86]

IV. Die Zweckveranlassung

▶ **Fall:**[87] In einem Kurpark tritt täglich ein Orchester mit einem eher überschaubaren Programm auf. Zur Melodie eines jeweils gespielten und weithin bekannten Marsches singen rechtsgerichtete Kurgäste regelmäßig einen antisemitischen und rassistischen Text. Die Verwaltungsbehörde möchte der Kapelle untersagen, den betreffenden Marsch weiterhin zu spielen. ◀

41 Als verantwortliche Person kann in Anspruch genommen werden, wer durch sein Verhalten die **Gefahrenschwelle** überschritten hat (**Verhaltensverantwortlichkeit**) oder aufgrund der rechtlichen oder tatsächlichen Möglichkeit zur Einwirkung auf eine Sache oder ein Tier für einen gefahrträchtigen Zustand verantwortlich ist (**Zustandsverantwortlichkeit**). Über diese Fälle hinaus wird – wiederum ohne hinreichende Notwendigkeit – diskutiert, inwieweit unter dem Aspekt einer **„Zweckveranlassung"** die Inanspruchnahme von Personen in Betracht kommt, die eine wesentliche Ursache für die Entstehung einer Gefahr gesetzt haben, ohne dass deren Verhalten selbst die Gefahrenschwelle überschreitet.

42 Obwohl sich das Institut der Zweckveranlassung schon in der Rechtsprechung des Preußischen Oberverwaltungsgerichts findet,[88] handelt es sich um eine „notorisch unscharfe Rechtsfigur",[89] **deren exakte Voraussetzungen** bis heute nicht geklärt sind. Da durch die Zweckveranlassung eine (Vor-) Verlagerung der gefahrenabwehrrechtlichen Verantwortlichkeit in das Vorfeld der **Überschreitung der Gefahrenschwelle** erfolgt, wird letztlich auf ein subjektives Element zurückgegriffen werden müssen, um einer Person die durch Dritte verursachten

---

82 BVerwG, Urt. v. 16.1.1968 – I A 1.67, Rn. 29.
83 Vgl. *W.-R. Schenke*, Polizei- und Ordnungsrecht, Rn. 306; differenzierend *M. Bäcker*, in: Lisken/Denninger, Abschnitt D Rn. 22 ff.
84 Vgl. *J. Ipsen*, Niedersächsisches Polizei- und Ordnungsrecht, Rn. 731; *Th. Kingreen / R. Poscher*, Polizei- und Ordnungsrecht, § 3 Rn. 18; *V. Götz / M.-E. Geis*, Allgemeines Polizei- und Ordnungsrecht, § 13 Rn. 82; *A. Saipa*, in: Saipa u. a., NPOG, Vor §§ 6–8 Rn. 14; *M. Borowski*, VerwArch 101 (2010), S. 58 (77 ff.).
85 BVerwG, Urt. v. 8.5.2003 – 7 C 15/02, Rn. 18; VG Schwerin, B. v. 21.10.2021 – 3 B 1447/21 SN, Rn. 60; s. hierzu auch *W. Martens*, in: Drews/Wacke/Vogel/Martens, § 15, 3 b) (S. 243).
86 BVerwG, Urt. v. 8.5.2003 – 7 C 15/02, Rn. 18.
87 Nach PrOVGE 80, 176 – „Borkumlied".
88 PrOVGE 40, 216 (217 f.) – „Schaufensterpuppen-Fall; einschr. aber schon PrOVGE 80, 176 (190) – „Borkumlied".
89 *M. Bäcker*, in: Lisken/Denninger, Abschnitt D Rn. 168.

IV. Die Zweckveranlassung

103

Effekte ihres Verhaltens zuzurechnen. Zwingende Voraussetzung hierfür ist naturgemäß, dass die **Entstehung einer Gefahrenlage** voraussehbar sein muss, da der Zweckveranlassung anderenfalls die Grundlage entzogen wäre. Die Frage ist, ob die Voraussehbarkeit eines bestimmten Effekts bereits eine hinreichende oder nur eine notwendige Bedingung der **Zweckveranlassung** ist und es weiterer subjektiver Anforderungen bedarf.

Es liegt im Ausgangspunkt nahe, einer Person das (rechtswidrige) Verhalten einer anderen Person zumindest dann zuzurechnen, wenn sie das Verhalten der anderen Person nicht nur voraussehbar verursacht, sondern es ihr auf dieses Verhalten gleich einer „**Anstiftung**" gerade ankommt und zu diesem Zwecke auf die (verhaltens-) verantwortliche Person eingewirkt wird.[90] Bevor in derartigen Fällen ein Rückgriff auf die Rechtsfigur der **Zweckveranlassung** erfolgt, bedarf aber der vorrangigen Prüfung, ob ein solches provozierendes Verhalten schon für sich genommen die **Gefahrenschwelle** überschreitet. Bringt etwa eine bekannte „Rechtsrock"-Band auf Konzerten regelmäßig Stücke zu Gehör, zu denen deren Fans typischerweise Texte mit rassistischen, antisemitischen oder den Nationalsozialismus verharmlosenden Inhalten absingen, liegt der Schluss nahe, dass nicht nur die **Reaktion des Publikums** der Band zuzurechnen ist, sondern ein „unmittelbarer Wirkungszusammenhang"[91] von Musik und Gesang die Handlungsverantwortlichkeit der Musiker begründet.[92] Das Verhalten von Band und Musikern bildet eine Einheit,[93] so dass die Beteiligten gemeinsam die Schwelle zur Störung der öffentlichen Sicherheit überschreiten.[94]

43

Das zentrale Problem im Kontext der Rechtsfigur der Zweckveranlassung erweist sich damit als **Abgrenzungsproblem**: Bestimmte Handlungen von Menschen haben nach der Lebenserfahrung mehr oder weniger voraussehbar auch potenziell störende Verhaltensweisen anderer Personen zur Folge, die meist unerwünscht sind, aber in Kauf genommen werden (müssen). So kommt es etwa im Kontext von öffentlichen **Großveranstaltungen** zu Menschenansammlungen und einem erhöhten Verkehrsaufkommen; bei Sportveranstaltungen sind Ausschreitungen und Konflikte zwischen Anhängern konkurrierender Teams möglich.[95] Desgleichen sind unfriedliche Gegendemonstrationen bei **öffentlichen Versammlungen** vielfach voraussehbar und zu erwarten. Würde man für eine Zweckveranlassung in derartigen Fällen genügen lassen, dass gleichsam „sehenden Auges" eine Bedingung für den Eintritt einer Gefahr gesetzt wird, so mündete dies in eine Verantwortlichkeit für voraussehbare Reaktionen dritter Personen. Die polizeiliche und verwaltungsbehördliche Intervention gegen ein (grund-) rechtlich geschütztes Verhalten würde mit der Begründung ermöglicht, der **voraussehbare Effekt** sei vielleicht nicht (subjektiv) gewollt, aber „objektiv bezweckt".[96] In der Sache liefe dies weithin auf eine **Täter-Opfer-Umkehr** hinaus, wenn die für öffentliche Versammlungen oder Veranstaltungen verantwortlichen Personen wegen der Gefahr gewalttätiger Auseinandersetzungen unter Berufung auf das Vorliegen einer **Zweckveranlassung** in Anspruch genommen werden könnten.

44

Verknüpft man die Zweckveranlassung allein mit der **Voraussehbarkeit einer Gefahr**, so muss mithin die Weite der daraus resultierenden Verantwortlichkeit unter Rückgriff auf gesetzliche

45

---

90 Vgl. *J. Ipsen*, Niedersächsisches Polizei- und Ordnungsrecht, Rn. 193.
91 OVG Bremen, B. v. 26.11.2011 – 1 B 309/11, Rn. 12.
92 Vgl. OVG Bremen, B. v. 26.11.2011 – 1 B 309/11, Rn. 8 ff.; s. ferner OVG Berlin-Brandenburg, B. v. 27.9.2013 – 1 S 245.13, Rn. 9; OVG NW, B. v. 11.4.2007 – 7 A 678/07, Rn. 4.
93 Aus diesem Grunde in derartigen Fällen eine Zweckveranlassung bejahend *F. Schoch*, in: ders. (Hrsg.), Besonderes Verwaltungsrecht, Kap. 1 Rn. 359, 362; s. ferner *M. Bäcker*, in: Lisken/Denninger, Abschnitt D Rn. 168.
94 So auch für den „Borkumlied"-Fall *Th. Kingreen / R. Poscher*, Polizei- und Ordnungsrecht, § 9 Rn. 32.
95 Für die Inanspruchnahme des Veranstalters in derartigen Fällen *V. Götz / M.-E. Geis*, Allgemeines Polizei- und Ordnungsrecht, § 13 Rn. 32 ff.; dagegen *W.-R. Schenke*, Polizei- und Ordnungsrecht, Rn. 318; *M. Bäcker*, in: Lisken/Denninger, Abschnitt D Rn. 170; zurückhaltend auch OVG Hamburg, B. v. 13.4.2012 – 4 Bs 78/12, Rn. 29.
96 So die Formulierung von *V. Götz / M.-E. Geis*, Allgemeines Polizei- und Ordnungsrecht, § 13 Rn. 21.

oder verfassungsrechtliche **Wertungen** korrigiert werden.[97] So soll etwa die voraussehbar eintretende Obdachlosigkeit im Falle der Kündigung eines Mietverhältnisses über Wohnraum keine Zweckveranlassung darstellen, da die Kündigung von der Rechtsordnung gebilligt werde (→ Rn. 61).[98] Das trifft gewiss zu, löst aber das Problem nicht, da es gerade das Kennzeichen der Zweckveranlassung ist, dass sich die verantwortliche Person (noch) rechtmäßig verhält, das Verhalten aber voraussehbar zu einer Gefahrenlage führen wird. Mit Blick auf Versammlungen bedarf es daher des Rückgriffs auf das Grundrecht der **Versammlungsfreiheit** (Art. 8 GG), um zu dem zutreffenden Ergebnis zu gelangen, dass bei drohenden Störungen durch Gegendemonstranten ein **Versammlungsverbot** grundsätzlich nur ultima ratio sein kann,[99] wenn die Polizei durch eigene Kräfte auch unter Heranziehung von Verstärkung (ggf. aus anderen Bundesländern) den Schutz der Versammlung nicht zu gewährleisten vermag;[100] dieser Grundsatz ist in Niedersachsen ausdrücklich im Versammlungsgesetz verankert worden (§ 8 Abs. 3 NVersG).

46 Eine Inanspruchnahme unter dem Gesichtspunkt der Zweckveranlassung kommt daher allenfalls dann in Betracht, wenn die in Anspruch genommene Person mit ihrer Handlung das Verhalten der **unmittelbar handlungsverantwortlichen Person** gerade selbst herbeiführen wollte[101] und damit „die durch den Verursacher bewirkte Polizeiwidrigkeit gezielt ausgelöst" hat;[102] eine Inanspruchnahme der Teilnehmenden an einer Versammlung unter Rückgriff auf die Rechtsfigur der Zweckveranlassung scheidet demgegenüber grundsätzlich aus.[103]

47 In dem Beispielsfall des Marschliedes ist die Beeinträchtigung der öffentlichen Sicherheit durch die in Rede stehenden Liedtexte zwar aus der Perspektive des Orchesters voraussehbar, sofern sich derartige Vorkommnisse mit einer gewissen Regelmäßigkeit wiederholen. Wird der Marsch gleichwohl gespielt, so kann darin folglich eine **Inkaufnahme** der erwartbaren und „objektiv bezweckten" Reaktion von Teilen des Publikums gesehen werden.[104] Dies reicht nach der Entscheidung des Preußischen Oberverwaltungsgerichts im **„Borkumlied"-Fall** aber nicht aus, um eine Verantwortlichkeit des Orchesters für die vom Publikum gesungenen Texte zu begründen.[105] Vielmehr wurde eine Inanspruchnahme des Orchesters als weder geeignet noch notwendig (= erforderlich) angesehen[106], da zum einen die betreffenden Texte auch ohne oder zu anderer musikalischer Begleitung hätten vorgetragen werden können[107] und zum anderen vorrangig gegen die Singenden vorzugehen sei;[108] eine **Inanspruchnahme des Orchesters** wegen einer Zweckveranlassung sei demgegenüber nachrangig.[109] Daran ist zutreffend, dass ein Vorgehen gegen Dritte kaum allein deshalb zulässig sein kann, weil eine Inanspruchnahme der verhaltensverantwortlichen Personen aufwändiger oder mit größeren Schwierigkeiten verbunden ist. Grundsätzlich erscheint daher auch als zweifelhaft, ob es der **Rechtsfigur der Zweckveranlassung** überhaupt (noch) bedarf: Ist eine Inanspruchnahme der

---

97 Hierfür ausdrücklich *W.-R. Schenke*, Polizei- und Ordnungsrecht, Rn. 318; s. ferner *V. Götz / M.-E. Geis*, Allgemeines Polizei- und Ordnungsrecht, § 13 Rn. 30.
98 Vgl. *W.-R. Schenke*, Polizei- und Ordnungsrecht, Rn. 315, 317.
99 *V. Götz / M.-E. Geis*, Allgemeines Polizei- und Ordnungsrecht, § 13 Rn. 36.
100 So schon PrOVGE 78, 261 (266).
101 In diese Richtung *A. Saipa*, in: Saipa u. a., NPOG, Vor §§ 6–8 Rn. 4.
102 BVerwG, B. v. 12.4.2006 – 7 B 30.06, Rn. 4 (zum Abfallrecht).
103 So zu Recht *M. Kniesel / R. Poscher*, in: Lisken/Denninger, Abschnitt J Rn. 351; s. ferner *Ch. Ernst*, in: v. Münch/Kunig, GG, Art. 8 Rn. 99.
104 So *V. Götz / M.-E. Geis*, Allgemeines Polizei- und Ordnungsrecht, § 13 Rn. 22.
105 PrOVGE 80, 176 (189 ff.); zum Hintergrund des „Bäder-Antisemitismus" vgl. *F. Bajohr*, „Unser Hotel ist judenfrei" – Bäder-Antisemitismus im 19. und 20. Jahrhundert, 2003.
106 PrOVGE 80, 176 (189, 192).
107 PrOVGE 80, 176 (191 f.).
108 PrOVGE 80, 176 (189 f.).
109 PrOVGE 80, 176 (190).

unmittelbar handlungs- oder zustandsverantwortlichen Personen nicht möglich, so besteht immer noch die Möglichkeit, zur Abwehr einer gegenwärtigen Gefahr ausnahmsweise **nicht verantwortliche Personen** in Anspruch zu nehmen (§ 8 NPOG).[110]

V. Die Inanspruchnahme nichtverantwortlicher Personen

▶ **Fall:** V hatte an die Eheleute M und F eine Wohnung vermietet, die diese mit ihren drei Kindern bewohnen. M und F konnten den Mietzins nicht mehr aufbringen. V kündigt den Mietvertrag und erwirkt ein Räumungsurteil. M und F finden keine andere Wohnung. Da die Stadt nicht über eine anderweitige Unterbringungsmöglichkeit verfügt, erlässt sie eine Verfügung, mit der die Familie „bis auf Weiteres" zur Abwendung von Obdachlosigkeit in die Wohnung eingewiesen wird. ◀

In der Regel sollen sich Maßnahmen der Gefahrenabwehr gegen die **verhaltens- oder zustandsverantwortlichen Personen** (§§ 6, 7 NPOG) richten. Sind den verantwortlichen Personen die notwendigen Maßnahmen nicht möglich oder sind verantwortliche Personen nicht erreichbar, so kann die Polizei oder Verwaltungsbehörde im Wege der **Ersatzvornahme** selbst tätig werden und später die Erstattung ihr entstehender Kosten von den verantwortlichen Personen fordern (§ 66 NPOG). Soweit die erforderlichen Personal- oder Sachmittel den Behörden nicht zur Verfügung stehen, bedarf es einer **Einschaltung Dritter**, namentlich privater Unternehmen, in die Gefahrenabwehr. Dies kann zunächst im Rahmen eines (üblicherweise) privatrechtlichen Vertrages geschehen, indem eine Beauftragung mit bestimmten (Dienst-) Leistungen erfolgt. So verhält es sich etwa, wenn **Abschleppunternehmen** mit der Entfernung falsch geparkter Fahrzeuge (→ Rn 15 ff.) oder **Schlüsseldienste** mit dem Öffnen von Wohnungstüren beauftragt werden. 48

Daneben ermöglicht das Gefahrenabwehrrecht, unter engen Voraussetzungen eine nicht polizeirechtlich verantwortliche Person durch **eine Verfügung zur Gefahrenabwehr** heranzuziehen (§ 8 NPOG). Hierfür ist zunächst Voraussetzung, dass verhaltens- oder zustandsverantwortliche Personen nicht vorhanden, nicht erreichbar oder ebenfalls nach ihren Möglichkeiten zur Gefahrenabwehr nicht in der Lage sind, so dass deren Inanspruchnahme nicht oder nicht rechtzeitig möglich ist oder keinen Erfolg verspricht (§ 8 Abs. 1 Nr. 2 NPOG). Ferner muss eine **gegenwärtige** und **erhebliche Gefahr** abzuwehren sein (§ 8 Abs. 1 Nr. 1 NPOG). Erforderlich ist mithin eine **Gefahr für ein bedeutsames Rechtsgut**, bei der das schädigende Ereignis bereits begonnen hat oder unmittelbar oder in allernächster Zeit mit einer an Sicherheit grenzenden Wahrscheinlichkeit bevorsteht (§ 2 Nr. 2 und 3 NPOG). Auch darf der Behörde nicht möglich sein, die Gefahr rechtzeitig selbst oder durch Beauftragte abzuwehren (§ 8 Abs. 1 Nr. 3 NPOG); hierin kommt der **Vorrang** der Einschaltung eines Dritten durch Abschlusses eines privatrechtlichen Vertrages zum Ausdruck. Schließlich muss die Inanspruchnahme der dritten Person zuzumuten sein. Weitere Voraussetzung ist daher, dass der herangezogenen Person ein Tätigwerden ohne erhebliche eigene Gefährdung sowie ohne Verletzung höherwertiger Pflichten möglich ist (8 Abs. 1 Nr. 4 NPOG). Soweit danach die Inanspruchnahme erfolgen kann, gilt ergänzend eine **Subsidiarität in zeitlicher Hinsicht**: Die Maßnahme darf nur so lange aufrechterhalten werden, wie nicht „die Abwehr der Gefahr ... auf andere Weise möglich ist" (§ 8 Abs. 2 NPOG). 49

Für den Schaden, den jemand aufgrund einer solchen Inanspruchnahme erleidet, ist ein „angemessener Ausgleich" zu gewähren (§ 80 Abs. 1 Satz 1 NPOG). Das entspricht dem Gedanken des **polizeirechtlichen „Aufopferungsanspruchs"** (→ § 11 Rn. 1 ff.): Wird ein Rechtsgut bei 50

---

110 So zu Recht *Th. Kingreen / R. Poscher*, Polizei- und Ordnungsrecht, § 9 Rn. 33; s. ferner *M. Bäcker*, in: Lisken/Denninger, Abschnitt D Rn. 170.

einer Tätigkeit im Interesse der Allgemeinheit „geopfert", so ist dafür eine Entschädigung in Geld zu zahlen (§ 81 Abs. 3 Satz 1 NPOG). Ausgleichspflichtig ist grundsätzlich die (Anstellungs-) **Körperschaft**, in deren Dienst diejenige Person steht, von der die Maßnahme getroffen wurde, die also die nicht verantwortliche Person herangezogen hat (§ 84 Abs. 1 NPOG). Die ausgleichspflichtige Körperschaft kann von handlungs- und zustandsverantwortlichen Personen den **Ersatz der Aufwendungen** verlangen, die ihr aufgrund der Ausgleichspflicht entstanden sind (§ 85 Abs. 1 Satz 1 NPOG).

51 Im Beispielsfall droht der Eintritt einer **unfreiwilligen Obdachlosigkeit**. Das ist kein primär gefahrenabwehrrechtliches, sondern ein sozialrechtliches Problem,[111] dem etwa durch eine (vorübergehende) Unterbringung betroffener Personen in kommunalen Einrichtungen begegnet werden kann. Ein Eingreifen aus Gründen der Gefahrenabwehr kommt nur in Betracht, wenn diese Möglichkeit – wie im Beispielsfall – nicht besteht. Allerdings ist **Wohnungslosigkeit** für sich genommen kein rechtswidriger Zustand, denn eine allgemeine Pflicht zur Wohnsitznahme gibt es nicht.[112] Eine Berechtigung zur Intervention gegen den Willen einer betroffenen Person kann daher nur ausnahmsweise etwa unter den Voraussetzungen einer **Ingewahrsamnahme** bei einer Person in hilfloser Lage (§ 18 Abs. 1 Nr. 1 NPOG) erfolgen. In Fällen unfreiwilliger Obdachlosigkeit wird hingegen eine (konkrete) Gefahr für die öffentliche Sicherheit angenommen.[113] Im Beispielsfall wird sich eine **freiwillige Obdachlosigkeit** aber nicht annehmen lassen; auch kann mit dem Eintritt der Obdachlosigkeit einer fünfköpfigen Familie eine Verletzung der Pflicht der Eltern zur Sorge für die Kinder (§ 1626 Abs. 1 BGB) einhergehen.

52 Die in einer unfreiwilligen Obdachlosigkeit liegende Gefahr ist hier durch die Beendigung des Mietverhältnisses durch V herbeigeführt worden. Dies heißt aber nicht, dass der Vermieter als verhaltensverantwortliche Person („Handlungsstörer") in Anspruch genommen werden könnte, denn die **Kündigung eines Mietverhältnisses** im Falle der Nichtzahlung des Mietzinses ist rechtmäßig und stellt deshalb keine Überschreitung der Gefahrenschwelle dar.[114] Erfüllt bei einem **Dauerschuldverhältnis** ein Teil eines Vertrages die ihm obliegenden Pflichten dauerhaft nicht, kann der andere Teil das Vertragsverhältnis beenden. Bei Mietverhältnissen über Wohnraum ist im Falle wiederholt unpünktlicher Zahlung des Mietzinses[115] sowie bei nicht unerheblichen Mietrückständen (§§ 543 Abs. 2 Satz 1 Nr. 3, 569 Abs. 3 Nr. 1 BGB) die **Beendigung des Mietverhältnisses** durch Kündigung möglich. Die Rechtsordnung würde sich zu sich selbst in Widerspruch setzen, wenn sie an dieses rechtmäßige Verhalten eine (Verhaltens-) Verantwortlichkeit knüpfte, die zur Abwehr der Gefahr – gar noch in der Form der Ermöglichung des Wiedereinzugs in die Wohnung – verpflichtete. Auch hieran lässt sich ablesen, dass **rechtmäßiges Verhalten** grundsätzlich keine Inanspruchnahme aufgrund einer Verhaltensverantwortlichkeit ermöglicht, mag damit auch eine Gefahrsteigerung einhergehen.

53 Eine Inanspruchnahme des V wegen einer Zweckveranlassung muss aus den gleichen Gründen ausscheiden, selbst wenn man für eine **Zweckveranlassung** nur eine wegen ihrer Voraus-

---

111 Vgl. *K. Graulich*, in: Lisken/Denninger, Abschnitt E Rn. 841.
112 So auch Nds. OVG, B. v. 27.3.1991 – 12 M 23/91, Rn. 4; s. ferner *W. Martens*, in: Drews/Wacke/Vogel/Martens, § 16, 3 c) (S. 258).
113 Nds. OVG, B. v. 27.3.1991 – 12 M 23/91, Rn. 3; Urt. v. 25.3.2004 – 11 LC 333/03, Rn. 35; B. v. 14.12.2009 – 11 ME 316/09, Rn. 5; B. v. 1.12.2015 – 11 ME 230/15, Rn. 23; OVG M.-V., B. v. 23.7.2009 – 3 M 92/09, Rn. 11; BayVGH, B. v. 11.1.2022 – 4 CE 21.3094, Rn. 11; *C. Gusy*, Polizei- und Ordnungsrecht, Rn. 343; *W. Martens*, in: Drews/Wacke/Vogel/Martens, § 16, 3 c) (S. 258); *A. Saipa*, in: Saipa u. a., NPOG, § 1 Rn. 14; *K. Graulich*, in: Lisken/Denninger, Abschnitt E Rn. 846; *M. G. Fischer*, NVwZ 2015, S. 1644 (1645); *Th. Kingreen / R. Poscher*, Polizei- und Ordnungsrecht, § 9 Rn. 84.
114 *V. Götz / M.-E. Geis*, Allgemeines Polizei- und Ordnungsrecht, § 14 Rn. 12.
115 Vgl. dazu BGH, Urt. v. 4.5.2011 – VIII ZR 191/10, Rn. 18 ff.

sehbarkeit zurechenbare ("objektiv bezweckte") Entwicklung des Geschehens verlangt (→ Rn 51 f.). V wird daher mit der Einweisung der Familie in deren bisherige Wohnung als **Nichtverantwortlicher** (§ 8 NPOG) in Anspruch genommen.[116] Diese Einweisung ist nur vorübergehend zulässig, bis entweder M und F oder die Gemeinde eine andere Lösung gefunden haben; aus Gründen der Rechtssicherheit bedarf es zudem einer **Befristung** der Einweisung auf einige Monate.[117] Die Einweisung der Familie „bis auf Weiteres" ist daher nicht zulässig und rechtswidrig.

Darüber hinaus entstünde bei einer befristeten Einweisung dann ein rechtswidriger Zustand, wenn die Familie länger als erforderlich in der Wohnung verbliebe.[118] Diese Situation wäre der einweisenden Behörde zuzurechnen, da sie ihn mit der **Einweisung** in die Wohnung verursachte. V könnte daher nach Ablauf einer Einweisungsfrist aufgrund des **allgemeinen Folgenbeseitigungsanspruchs** verlangen, dass die verantwortliche Behörde eine Beendigung dieser Situation durch einen Umzug der Familie bewirkt.[119] Für die Zeit des Aufenthalts der Familie in der Wohnung hat V einen Anspruch auf **angemessenen Ausgleich** für den Vermögensschaden, der dadurch entsteht, dass er die Wohnung nicht anderweitig vermieten kann (§ 80 Abs. 1 NPOG). Die Höhe dieses Anspruches besteht im Umfange des Ausfalls des gewöhnlichen Verdienstes oder Nutzungsentgelts (§ 81 Abs. 1 Satz 2 NPOG); sie ist daher auf den erzielbaren Mietzins begrenzt (→ § 11 Rn. 11). 54

Eine daran anknüpfende Frage ist, ob die Behörde von M und F die **Erstattung dieser Aufwendungen** verlangen kann. Liegt in der unfreiwilligen Obdachlosigkeit unbeschadet des Fehlens einer allgemeinen Pflicht zur Wohnsitznahme eine Gefahr für die öffentliche Sicherheit, so ist hierfür die Person verantwortlich, von der die Gefahr dadurch verursacht wurde, dass sie nicht über Wohnraum verfügt;[120] auf ein Verschulden kommt es – wie stets im Gefahrenabwehrrecht – nicht an. Im Beispielsfall ist die **Wohnungslosigkeit** daher M und F zuzurechnen, weil M und F mit der Nichtzahlung des Mietzinses den Grund für die Beendigung des Mietverhältnisses gesetzt und keine anderweitige Unterkunft gefunden haben. M und F trifft daher eine **Verhaltensverantwortlichkeit**, weil von ihnen eine gebotene Handlung – Schaffung und Erhaltung einer Unterkunft – unterlassen wurde.[121] Dies ändert zwar nichts an der Möglichkeit der Heranziehung des Vermieters, da Maßnahmen gegen M und F keinen Erfolg versprechen (§ 8 Abs. 1 Nr. 2 NPOG). Aufgrund der Verantwortlichkeit von M und F besteht aber grundsätzlich ein (derzeit allerdings nicht realisierbarer) **Rückgriffsanspruch** (§ 85 NPOG). Dem entspricht, dass M und F eine vertragliche Verpflichtung zur Mietzahlung träfe, wenn das Mietverhältnis nicht beendet oder ein anderes Mietverhältnis begründet worden wäre. Soweit es bei M und F an eigenen Einnahmen fehlt, kann allerdings ein **sozialrechtlicher Anspruch** auf Übernahme der Kosten für Unterkunft und Heizung etwa nach Maßgabe der Bestimmungen über das Bürgergeld und die Grundsicherung für Arbeitsuchende in Höhe der tatsächlichen Aufwendungen bestehen, soweit diese angemessen sind (§ 22 Abs. 1 Satz 1 SGB II). 55

---

116 Vgl. Nds. OVG, B. v. 14.12.2009 – 11 ME 316/09, Rn. 5; s. ferner *Th. Kingreen / R. Poscher*, Polizei- und Ordnungsrecht, § 9 Rn. 84; *C. Gusy*, Polizei- und Ordnungsrecht, Rn. 344; *W. Martens*, in: Drews/Wacke/Vogel/Martens, § 22, 3 b) (S. 336).
117 Nds. OVG, B. v. 14.12.2009 – 11 ME 316/09, Rn. 6; *C. Gusy*, Polizei- und Ordnungsrecht, Rn. 345; *V. Götz / M.-E. Geis*, Allgemeines Polizei- und Ordnungsrecht, § 14 Rn. 14.
118 Vgl. *W. Martens*, in: Drews/Wacke/Vogel/Martens, § 22, 3 c) (S. 339); *V. Götz / M.-E. Geis*, Allgemeines Polizei- und Ordnungsrecht, § 14 Rn. 14.
119 Vgl. *C. Gusy*, Polizei- und Ordnungsrecht, Rn. 345; *W. Martens*, in: Drews/Wacke/Vogel/Martens, § 22, 3 c) (S. 339); *V. Götz / M.-E. Geis*, Allgemeines Polizei- und Ordnungsrecht, § 14 Rn. 15.
120 Vgl. Nds. OVG, B. v. 27.3.1991 – 12 M 23/91, Rn. 3; s. ferner *J. Ipsen*, Niedersächsisches Polizei- und Ordnungsrecht, Rn. 241.
121 Vgl. OVG MV, B. v. 23.7.2009 – 3 M 92/09, Rn. 12 ff.

§ 7 Das Opportunitätsprinzip

I. Opportunitätsprinzip und Legalitätsprinzip

▶ **Fall:** Nach § 9 Abs. 2 NVersG ist es u. a. verboten, an einer Versammlung in einer Aufmachung teilzunehmen, die zur Verhinderung der Feststellung der Identität geeignet und bestimmt ist, oder den Weg zu einer Versammlung in einer solchen Aufmachung zurückzulegen. Zuwiderhandlungen werden mit Freiheitsstrafe bis zu einem Jahr oder mit Geldstrafe bestraft, wenn damit zugleich einer vollziehbaren (und rechtmäßigen) Anordnung der Versammlungsbehörde oder der Polizei zuwidergehandelt wird (§ 20 Abs. 2 Satz 1 Nr. 5 iVm Satz 2 NVersG). Seitens der die Landesregierung tragenden Fraktionen im Landtag ist beabsichtigt, solche Taten künftig nur noch als Ordnungswidrigkeiten zu ahnden;[1] hiervon erhofft man sich eine Entlastung der Polizei. ◀

1 Im Falle einer Begehung von Straftaten sind die zuständigen Behörden verpflichtet, den Sachverhalt aufzuklären und die Ermittlung der **verantwortlichen Personen** zu betreiben. Die Polizei hat „Straftaten zu erforschen und alle keinen Aufschub gestattenden Anordnungen zu treffen, um die Verdunkelung der Sache zu verhüten" (§ 163 Abs. 1 Satz 1 StPO), die Staatsanwaltschaften trifft die Pflicht, „wegen aller verfolgbaren Straftaten einzuschreiten" (§ 152 Abs. 2 StPO). In diesen rechtlichen Vorgaben manifestiert sich das **Legalitätsprinzip**: Durch die vorsätzliche Begehung von Straftaten wird zugleich die Unverbrüchlichkeit der Rechtsordnung in Frage gestellt. Hierauf muss die Rechtsordnung reagieren, indem sie gegen eine erfolgte Verletzung der allgemein geltenden Regeln jedenfalls nachträglich mit **Sanktionen** vorgeht. Demgegenüber ist bei kleineren Regelverletzungen und Bagatellverstößen im Alltag nicht stets eine Sanktionierung angezeigt. Hier gilt vielmehr das **Opportunitätsprinzip**: Die Verfolgung von Ordnungswidrigkeiten ist in das **pflichtgemäße Ermessen** von Polizei und Verwaltungsbehörden gestellt (§§ 47 Abs. 1 Satz 1, 53 Abs. 1 Satz 1 OWiG).

2 Allerdings existiert keine präexistente Grenze zwischen Straftaten und Ordnungswidrigkeiten; die **Zuordnung** von Sanktionen zu dem einen oder anderen Bereich steht vielmehr im Ermessen des Gesetzgebers. Es ist deshalb denkbar, dass **Ordnungswidrigkeiten** zu Straftaten „hochgestuft" oder umgekehrt aus **Straftaten** auch einmal Ordnungswidrigkeiten werden. Dies zeigt sich auch an Beispielen aus dem Versammlungsrecht: Im Jahre 1953 hat der Bund unter Inanspruchnahme der seinerzeitigen konkurrierenden Gesetzgebungszuständigkeit für das **Versammlungswesen** (Art. 74 Abs. 1 Nr. 3 GG a. F.) das Versammlungsgesetz des Bundes (VersG) erlassen.[2] Im Rahmen der **Föderalismusreform** (→ § 1 Rn. 18) ist die Zuständigkeit des Bundes für das Versammlungswesen entfallen; der Erlass von Versammlungsgesetzen ist seitdem Ländersache. Das VersG gilt aber nach allgemeinen Regeln sowie einer ausdrücklichen – wenngleich nur deklaratorischen – Anordnung im Grundgesetz (Art. 125a Abs. 1 GG) weiterhin in den Ländern, die bislang noch kein eigenes Versammlungsgesetz erlassen haben.[3] Es enthält einen **Straftatbestand**, dem zufolge es in Übereinstimmung mit der derzeitigen Rechtslage in Niedersachsen (§ 20 Abs. 2 Satz 1 Nr. 5 NVersG) strafbar ist, wenn jemand an einer Versammlung in einer Aufmachung teilnimmt, die geeignet und den Umständen nach

---

1 Vgl. den Koalitionsvertrag für 2022 - 2027, S. 95.
2 VersG v. 24.7.1953 idF v. 15.11.1978 (BGBl. I 1978, S. 1789), zul. geänd. durch G. v. 30.11.2020 (BGBl. I 2020, S. 2600).
3 Bayern: BayVersG v. 22.7.2008 (GVBl. S. 421), zul. geänd. durch G. v. 23.7.2021 (GVBl. S. 418); Berlin: VersFG v. 23.2.2021 (GVBl. S. 180); Niedersachsen: NVersG v. 7.10.2010 (Nds. GVBl. S. 465, ber. 532), zul. geänd. durch G. v. 20.5.2019 (GVBl. S. 88); Nordrhein-Westfalen: VersG NW v. 17.12.2021 (GVBl. 2022, S. 1); Sachsen: SächsVersG v. 25.1.2012 (GVBl. S. 54), zul. geänd. durch G. v. 11.5.2019 (GVBl. S. 358); Sachsen-Anhalt: VersG LSA v. 3.12.2009 (GVBl. S. 558); Schleswig-Holstein: VersFG v. 18.6.2015 (GVBl. S. 135).

I. Opportunitätsprinzip und Legalitätsprinzip

darauf gerichtet ist, die Feststellung der Identität zu verhindern (§ 27 Abs. 2 Nr. 2 VersG). Demgegenüber wurden in Schleswig-Holstein die Straftatbestände des Versammlungsgesetzes des Bundes im Wesentlichen als Ordnungswidrigkeiten ausgestaltet; dazu gehören auch **identitätsverschleiernde Maßnahmen** (§ 24 Abs. 1 Nr. 7 VersFG Schl.-H.).

Das **Opportunitätsprinzip** gilt auch für den Bereich der allgemeinen Gefahrenabwehr: Indem Polizei- und Verwaltungsbehörden bei Vorliegen einer Gefahr die notwendigen Maßnahmen zu deren Abwehr treffen „können" (§ 11 NPOG), werden sie zu einem Tätigwerden berechtigt, nicht aber verpflichtet.[4] Allerdings erweist sich in diesem Zusammenhang die Bezugnahme auf „notwendige" Maßnahmen in zwei Richtungen als bedeutsam: Zum einen konkretisiert sie das **Verhältnismäßigkeitsprinzip** (§ 4 NPOG), da unter dem Aspekt der Erforderlichkeit nur notwendige Maßnahmen zulässig sein können, zum anderen sind – umgekehrt – notwendige Maßnahmen dann auch erforderlich. Die gefahrenabwehrrechtliche Generalklausel gibt damit einerseits Raum für **Opportunitätserwägungen** im Einzelfall, signalisiert aber zugleich, dass bei Vorliegen einer Gefahr typischerweise ein Einschreiten angezeigt sein wird. Damit eröffnet die Generalklausel ein **„intendiertes Ermessen"**,[5] bei dem die **Ermessensbetätigung** im Regelfall in Richtung eines polizeilichen Einschreitens ausgeübt werden wird, sofern dies unter den gegebenen Bedingungen und mit Blick auf die vorhandenen Ressourcen möglich ist.

In dem Beispiel des Verstoßes gegen **versammlungsrechtliche Strafvorschriften** stoßen Legalitätsprinzip und Opportunitätsprinzip aufeinander: Die Teilnahme vermummter Personen an Versammlungen und Veranstaltungen unter freiem Himmel ist verboten (§ 9 Abs. 2 Nr. 1 NVersG) und verwirklicht in Niedersachsen einen Straftatbestand (§ 20 Abs. 2 Satz 1 Nr. 5 NVersG). Nach dem **Legalitätsprinzip** hat daher grundsätzlich eine Strafverfolgung zu erfolgen. Zugleich bewirkt der (strafbare) Verstoß gegen das gesetzliche Verbot einer die Feststellung der Identität hindernden Aufmachung durch die an einer Versammlung teilnehmenden Personen eine Störung der öffentlichen Sicherheit, was grundsätzlich Raum für **Opportunitätserwägungen** lässt. So könnten aus der Perspektive des Gefahrenabwehrrechts die Rückwirkungen einer sofortigen Intervention auf das Demonstrationsrecht und damit die **Versammlungsfreiheit** (Art. 8 GG) anderer Teilnehmender sowie Gefahren einer etwaigen Eskalation der Situation bei einer Einwirkung auf das Versammlungsgeschehen in Rechnung gestellt werden.

Würde aufgrund des **Legalitätsprinzips** in einer solchen Situation eingegriffen werden müssen, wäre für Erwägungen zu den Folgen einer Intervention und auch den gegebenen Handlungsmöglichkeiten unter Berücksichtigung der Zahl der zur Verfügung stehenden Einsatzkräfte kein Raum. Auch das Legalitätsprinzip kann aber nicht zu sofortigem Handeln „um jeden Preis" zwingen.[6] Es ist daher denkbar, dass im Einzelfall das (öffentliche) Interesse an der Sanktionierung eines Rechtsverstoßes durch **Opportunitätserwägungen** namentlich der Polizei vorübergehend überlagert und verdrängt wird. Die sachverständige Beurteilung der Gesamtlage durch die Einsatzleitung und ein daraus folgender Verzicht auf ein Einschreiten bleibt auch dann zulässig und rechtmäßig, wenn die strafrechtliche Verfolgung und Ahndung von Verstößen gegen das Versammlungsrecht einstweilen zurücktreten muss. Hieraus folgt zugleich, dass es einer „Herabstufung" der Straftatbestände des Versammlungsgesetzes zu Ordnungswidrigkeiten jedenfalls nicht deshalb bedarf, um dem **Opportunitätsprinzip** zur Geltung zu verhelfen.

---

4 *C. Gusy*, Polizei- und Ordnungsrecht, Rn. 391; s. ferner *Th. Kingreen / R. Poscher*, Polizei- und Ordnungsrecht, § 10 Rn. 34; *K. Graulich*, in: Lisken/Denninger, Abschnitt E Rn. 118.
5 Abl. gegenüber einem intendierten Ermessen *W.-R. Schenke*, Polizei- und Ordnungsrecht, Rn. 113.
6 *K. Graulich*, in: Lisken/Denninger, Abschnitt E Rn. 118; s. ferner *Th. Kingreen / R. Poscher*, Polizei- und Ordnungsrecht, § 2 Rn. 11.

II. Ermessen und Ermessensbetätigung

▶ **Fall:**[7] Die Firma E ist Eigentümerin eines leerstehenden Hauses, das sie modernisieren will, um anschließend die einzelnen Wohnungen in Wohneigentum umzuwandeln und zu verkaufen. Kurz vor Beginn der Arbeiten wird das Haus von „Autonomen" besetzt, die damit gegen Gentrifizierung protestieren wollen. Der Geschäftsführer G der Firma E versucht, die Besetzerinnen und Besetzer zum freiwilligen Verlassen des Hauses zu bewegen. Nachdem diese Bemühungen gescheitert sind, verlangt G von der Stadt die Räumung des Objektes. Stadtverwaltung und Polizei wollen indes eine Eskalation vermeiden und einstweilen von einer Räumung absehen. ◀

6   Hinsichtlich der Ausübung von Ermessen wird klassischerweise unterschieden zwischen einerseits der Entscheidung zu einem Einschreiten oder Nichteinschreiten, also das „Ob" eines Tätigwerdens (**Entschließungsermessen**), und andererseits der Entscheidung über die Art und Weise einer Intervention, also das „Wie" eines Tätigwerdens (**Auswahlermessen**).[8] Bei näherem Hinsehen erweist sich diese Differenzierung aber ein Stück weit als künstlich, weil die Entscheidung für oder gegen ein Einschreiten (das „Ob") nicht von den bestehenden Handlungsoptionen getrennt werden kann.[9] Letztlich wird die Ausübung des Entschließungsermessens daher im Hinblick auf die konkret möglichen Maßnahmen erfolgen.

7   Der Einräumung von **Ermessen** ist immanent, dass die zu treffende Entscheidung nicht abschließend determiniert ist und deshalb mehr als eine der möglichen Entscheidungen sowohl auf der Ebene des „Ob" als auch auf der Ebene des „Wie" rechtmäßig sein kann. Polizei und Verwaltungsbehörden können sich aus guten Gründen sowohl für als auch gegen ein Einschreiten entscheiden. Ebenso ist möglich, dass mehrere mögliche Maßnahmen jeweils rechtmäßig ergriffen werden können. Die **gerichtliche Kontrolle** von Ermessensentscheidungen ist folgerichtig darauf beschränkt, ob die gesetzlichen Grenzen des Ermessens überschritten sind oder von dem Ermessen in einer dem Zweck der Ermächtigung nicht entsprechenden Weise Gebrauch gemacht worden ist (§ 114 Satz 1 VwGO).

8   Dieser gesetzliche Rahmen bildet den Hintergrund einer relativ komplexen Dogmatik der Ermessensfehler, die zwischen „äußeren" und „inneren" **Ermessensfehlern** unterscheidet.[10] Zu den „äußeren" Ermessensfehlern, bei denen die Grenzen des Ermessens überschritten werden, (**Ermessensüberschreitung**) zählen insbesondere die **Nichtbeachtung** des Verhältnismäßigkeitsprinzips und des Gleichheitssatzes;[11] in diesen Fällen wird der Rahmen der in Ausübung des Ermessens möglichen Entscheidungen verlassen. Ebenfalls in diesem Zusammenhang zu nennen sind Fälle, in denen die handelnden Stellen das Vorhandensein von Ermessen nicht erkennen und sich deshalb irrtümlich für gebunden halten (**Ermessensnichtgebrauch**).[12] Ein „innerer" Ermessensfehler, bei dem der Zweck der Ermächtigung missachtet wird, liegt hingegen bei **sachwidrigen Erwägungen** vor (**Ermessensfehlgebrauch**).[13]

9   Mit der Einräumung von Ermessen geht notwendig einher, dass einzelne Personen keinen Anspruch auf ein behördliches Tätigwerden oder gar eine konkrete Maßnahme haben. In

---

7   Fall nach VG Berlin, B. v. 6.4.1981 – 1 A 87/81 = NJW 1981, S. 1748 f.
8   *C. Gusy*, Polizei- und Ordnungsrecht, Rn. 392; *Th. Kingreen / R. Poscher*, Polizei- und Ordnungsrecht, § 10 Rn. 35; *K. Graulich*, in: Lisken/Denninger, Abschnitt E Rn. 118; *V. Götz / M.-E. Geis*, Allgemeines Polizei- und Ordnungsrecht, § 16 Rn. 2; *F. Schoch*, in: ders. (Hrsg.), Besonderes Verwaltungsrecht, Kap. 1 Rn. 303.
9   *V. Götz / M.-E. Geis*, Allgemeines Polizei- und Ordnungsrecht, § 16 Rn. 2; s. ferner *J. Ipsen*, Niedersächsisches Polizei- und Ordnungsrecht, Rn. 267.
10 *J. Ipsen*, Niedersächsisches Polizei- und Ordnungsrecht, Rn. 269.
11 Vgl. dazu *V. Götz / M.-E. Geis*, Allgemeines Polizei- und Ordnungsrecht, § 16 Rn. 9 f.
12 *J. Ipsen*, Niedersächsisches Polizei- und Ordnungsrecht, Rn. 271; s. ferner *W.-R. Schenke*, Polizei- und Ordnungsrecht, Rn. 110.
13 *J. Ipsen*, Niedersächsisches Polizei- und Ordnungsrecht, Rn. 272.

II. Ermessen und Ermessensbetätigung

Betracht kommt allein ein Anspruch auf eine **ermessensfehlerfreie Ermessensbetätigung**.[14] Allerdings sind Fälle denkbar, in denen nur die Entscheidung für ein Einschreiten ermessensfehlerfrei möglich ist, weil sich jede andere Entscheidung nicht mehr durch **sachgerechte Ermessenserwägungen** rechtfertigen lässt. So wird im Falle einer gegenwärtigen Gefahr für bedeutsame Rechtsgüter oder gar Leib und Leben ein Tätigwerden regelmäßig geboten sein.[15] In diesen Fällen einer **„Ermessensreduktion auf Null"** haben diejenigen, die von einer Gefahr bedroht oder einer Störung betroffen sind, daher auch einen Anspruch auf die dem entsprechende Maßnahme.[16]

Im Beispielsfall beeinträchtigen die **Hausbesetzenden** zunächst das Eigentumsrecht der Hauseigentümerin, das auch die Befugnis umfasst, über die Nutzung des Eigentums entscheiden zu können. Soweit Regelungen bestehen, die Leerstände angesichts knappen Wohnraums entgegenwirken sollen, ist es Sache der zuständigen Behörden, diese Vorschriften durchzusetzen, nicht aber können beliebige Personen eine Umnutzung zu (kostenlosem) Wohnraum vornehmen. Dass mit dem Eigentum eine zivilrechtliche Rechtsposition betroffen ist, rechtfertigt auch nicht den Schluss, ein polizeiliches oder behördliches Einschreiten müsse mit Blick auf die nur **nachrangige Zuständigkeit** der Verwaltungsbehörden oder der Polizei (§ 1 Abs. 3 NPOG) für den Schutz privater Rechte unterbleiben. Zunächst ist mit dem Eindringen in ein leerstehendes Haus typischerweise ein Betreten von „befriedetem Besitztum" verbunden, so dass zugleich eine anderweitige Beeinträchtigung der öffentlichen Sicherheit durch Verwirklichung des Straftatbestandes des **Hausfriedensbruchs** (§ 123 StGB) vorliegen dürfte. Im Übrigen wäre es erkennbar nicht zielführend und als sachwidrige Erwägung ermessensfehlerhaft, wollte man die Hauseigentümerin aufgrund der nur nachrangigen Zuständigkeit der Polizei für den Schutz privater Rechte auf den (Zivil-) Rechtsweg verweisen, da die Erhebung einer Räumungsklage wie bei jeder anderen Klage voraussetzt, dass die beklagten Personen individualisiert und mit einer **ladungsfähigen Anschrift** bezeichnet werden (§ 253 Abs. 2 ZPO). Dies macht die Identifizierung der sich im Haus aufhaltenden Personen erforderlich, wozu es polizeilicher Hilfe bedürfen wird.[17]

Mit Blick auf Hausbesetzungen ergibt sich danach, das einerseits keine Verpflichtung zur sofortigen **Räumung** des Objekts besteht, weil dem jedenfalls für einen vorübergehenden Zeitraum gegenläufige Ermessenserwägungen entgegenstehen können,[18] es aber mit Blick auf das Vorliegen von Straftaten und damit das **Legalitätsprinzip** sowie das berechtigte Interesse des Eigentümers / der Eigentümerin (jedenfalls) an der Feststellung der Identität der sich im Hause aufhaltenden Personen andererseits nicht möglich ist, längere Zeit untätig zu bleiben. Ein **dauerhaftes Nichteinschreiten** gegen Hausbesetzungen gegen den Willen betroffener Hauseigentümer/innen über Wochen, Monate oder in Extremfällen sogar Jahre ist kaum in ermessensfehlerfreier Form denkbar.

---

14 Th. Kingreen / R. Poscher, Polizei- und Ordnungsrecht, § 10 Rn. 47; J. Ipsen, Niedersächsisches Polizei- und Ordnungsrecht, Rn. 275.
15 Vgl. W.-R. Schenke, Polizei- und Ordnungsrecht, Rn. 114 f.; Th. Kingreen / R. Poscher, Polizei- und Ordnungsrecht, § 10 Rn. 41; V. Götz / M.-E. Geis, Allgemeines Polizei- und Ordnungsrecht, § 16 Rn. 6.
16 Th. Kingreen / R. Poscher, Polizei- und Ordnungsrecht, § 10 Rn. 47; J. Ipsen, Niedersächsisches Polizei- und Ordnungsrecht, Rn. 278.
17 VG Berlin, B. v. 6.4.1981 – 1 A 87/81 = NJW 1981, S. 1748 f.
18 VG Berlin, B. v. 6.4.1981 – 1 A 87/81 = NJW 1981, S. 1748 (1749); s. ferner Th. Kingreen / R. Poscher, Polizei- und Ordnungsrecht, § 10 Rn. 45.

§ 8 Spezielle Eingriffsermächtigungen

I. Allgemeine und besondere Befugnisse

1 Die den Verwaltungsbehörden und der Polizei durch **Befugnisnormen** eingeräumten **Handlungsmöglichkeiten** sind Voraussetzung dafür, dass diese Stellen die ihnen zugewiesenen Aufgaben im Bereich der **Gefahrenabwehr** erfüllen können, denn die erforderlichen Befugnisse ergeben sich nicht schon aus der Zuweisung einer bestimmten Aufgabe. Vielmehr bedarf es hinreichend spezifischer **Ermächtigungen**, die erst die mit Maßnahmen der Gefahrenabwehr typischerweise verbundenen Einwirkungen auf (grund-) rechtlich geschützte Positionen betroffener Personen zulassen. Den heutigen gesetzlichen Regelungen liegt daher eine Unterscheidung zwischen **Aufgabenzuweisungen** (§ 1 NPOG) und **Befugnisnormen** (§§ 11 ff. NPOG) zugrunde (→ § 2 Rn. 1 ff.).

2 Im heutigen Gefahrenabwehrrecht findet sich nicht nur eine Trennung von Aufgaben- und Befugnisnormen. Vielmehr ist auch bei den Befugnisnormen seit längerem eine weitergehende Ausdifferenzierung zu beobachten, da mit Blick auf **bestimmte Situationen** und besonders **sensible Regelungsbereiche** jeweils bereichsspezifische Eingriffsgrundlagen geschaffen worden sind. Damit ermöglicht wurde zugleich, die Zulässigkeit einer Maßnahme von der anderenfalls nach der gefahrenabwehrrechtlichen **Generalklausel** stets erforderlichen Verhaltens- oder Zustandsverantwortlichkeit abzulösen und Regelungen zu schaffen, die das Erfordernis einer (konkreten) **Gefahr** in Abhängigkeit von den jeweiligen Gegebenheiten modifizieren.

3 Die **besonderen Befugnisse** für bestimmte Situationen (**Standardmaßnahmen**) können daher auch dann zu Interventionen berechtigen, wenn in Ermangelung einer konkreten Gefahr oder einer verantwortlichen Person der Rückgriff auf die gefahrenabwehrrechtliche Generalklausel (§ 11 NPOG) nicht ohne Weiteres möglich wäre. Namentlich bei der **vorbeugenden Bekämpfung von Straftaten** fehlt es typischerweise an einer hinreichend konkreten Gefahr und folgerichtig auch einer hierfür (bereits) verantwortlichen Person. Da in diesem Bereich in weitem Umfang mit einer (vorbeugenden) Speicherung **personenbezogener Daten** gearbeitet wird, müssen die Regelungen, die sich mit der Datenverarbeitung durch Polizei und Verwaltungsbehörden befassen, anderweitige Anknüpfungspunkte für deren Zulässigkeit finden. Mit der Erweiterung der Aufgaben sind daher gegenüber früheren Zeiten entsprechend erweiterte Handlungsmöglichkeiten verbunden.

4 Mit speziellen Ermächtigungen für besondere Sachlagen tragen die Polizeigesetze zudem der verfassungsrechtlichen Vorgabe Rechnung, dass es für Maßnahmen mit gesteigerter Relevanz für die **Grundrechte** betroffener Personen jeweils spezifischer und auf die erhöhte Eingriffsintensität zugeschnittener Ermächtigungsgrundlagen bedarf;[1] im Bereich der Datenerhebung und -verarbeitung gilt dies namentlich bei „verdachtslosen" Eingriffen und verdeckten Maßnahmen[2] sowie der damit einhergehenden Erhebung und nachfolgenden Weiterverarbeitung **personenbezogener Daten** (→ § 9 Rn. 18). Ebenfalls in diesem Zusammenhang zu nennen sind das physische Eindringen in Wohnungen (§§ 24 f. NPOG) und Einwirkungen auf die Freiheit der Person insbesondere durch eine Ingewahrsamnahme (§§ 18 ff. NPOG); dem entspricht die **grundlegende Unterscheidung** zwischen faktischen Beeinträchtigungen grundrechtlicher Freiheit durch tatsächliche Handlungen der Verwaltungsbehörde oder Polizei einerseits und Einwirkungen auf die Handlungsfreiheit durch Ge- oder Verbote andererseits (→ § 3 Rn. 18).

---

1 Vgl. BVerfG, B. v. 23.2.2007 – 1 BvR 2368/06, Rn. 46 ff.
2 Vgl. BVerfG, B. v. 4.4.2006 – 1 BvR 518/02, Rn. 93 ff.

II. Befragungen

Im Ergebnis hat durch den Ausbau der Befugnisnormen aufgrund einer ausführlichen Normierung von **Standardmaßnahmen** und auch **Datenverarbeitungsregelungen** die gefahrenabwehrrechtliche Generalklausel (§ 11 NPOG) ihre Bedeutung als (einstmals) zentrale Ermächtigung zu verwaltungsbehördlichen und polizeilichen Interventionen streckenweise eingebüßt. An deren Stelle treten **spezielle Handlungsermächtigungen**, die vorrangig zu prüfen sind, bevor auf die Generalklausel zurückgegriffen werden kann; diese ist damit zu einer Art „Auffangtatbestand" für nicht anderweitig geregelte Sachlagen geworden. Soweit allerdings mit Blick auf die Bedeutung einer Maßnahme für das **Recht auf informationelle Selbstbestimmung** oder andere Grundrechte betroffener Personen eine darauf zugeschnittene Regelung erforderlich ist, die Anlass, Zweck und Grenzen des Eingriffs bereichsspezifisch, präzise und normenklar regelt,[3] scheidet ein **Rückgriff** auf die insoweit zu unspezifische Generalklausel ebenfalls aus.

II. Befragungen

1. Befragung zur Sachverhaltsermittlung

▶ **Fall:** Eine Polizeistreife stellt fest, dass ein Kraftfahrzeug in verkehrsbehindernder Weise verbotswidrig abgestellt wurde; eine verantwortliche Person ist nicht anwesend. Daraufhin wird das Kennzeichen notiert, um das Abschleppen des Fahrzeugs zu veranlassen. ◀

Der Gesetzgeber hat die Verwaltungsbehörden und die Polizei zunächst zu „**Befragungen**" ermächtigt, sofern von der befragten Person jeweils Angaben erwartet werden können, „die für die Erfüllung einer bestimmten Aufgabe nach § 1 erforderlich sind" (§ 12 Abs. 1 NPOG). Die Vorschrift steht im Kontext von Regelungen, mit denen der niedersächsische Gesetzgeber auf die Ableitung des **Rechts auf informationelle Selbstbestimmung** aus dem allgemeinen Persönlichkeitsrecht durch das „Volkszählungsurteil" des Bundesverfassungsgerichts aus dem Jahre 1983[4] reagiert hat (→ § 1 Rn. 13),[5] bereitet im Hinblick auf ihre Bedeutung und Reichweite aber weiterhin einige Auslegungsschwierigkeiten.

Befragungen sind ein wesentliches Instrument insbesondere der Polizei zur Aufklärung einer **unklaren Sachlage**. Gleichwohl erschließt sich die Erforderlichkeit einer eigenständigen Regelung nicht auf den ersten Blick, da in der schlichten Befragung der in einer bestimmten Situation angetroffenen Personen für sich genommen jedenfalls solange keine **Rechtsbeeinträchtigung** liegt, als damit keine Pflicht zur Erteilung von Auskünften einhergeht.[6] Ist mit einer polizeilichen oder verwaltungsbehördlichen Maßnahme keine Rechtsbeeinträchtigung verbunden, ergibt sich die Befugnis zur **Klärung eines Sachverhalts** aber schon aus der Zuweisung einer Aufgabe; eine eigenständige Befugnisnorm ist im Grunde entbehrlich. Mit der Regelung der Befragung normiert das NPOG zunächst nur eine selbstverständliche Befugnis zur (eingriffslosen) **Gefahrerforschung** im Kontext der ausdrücklich in Bezug genommenen Erfüllung verwaltungsbehördlicher oder polizeilicher Aufgaben.

Indem Befragungen im Interesse von **Feststellungen zum Sachverhalt** und damit letztlich der Gefahrerforschung erfolgen, wirft deren Regelung allerdings die weitere Frage auf, ob sie

---

[3] Vgl. dazu BVerfG, Urt. v. 15.12.1983 – 1 BvR 209/83 u. a., Rn. 155; B. v. 13.6.2007 – 1 BvR 1550/03 u. a., Rn. 94; B. v. 23.2.2007 – 1 BvR 2368/06, Rn. 46 ff.; Urt. v. 11.3.2008 – 1 BvR 2074/05 u. a., Rn. 94 ff.; B. v. 11.8.2009 – 2 BvR 941/08, Rn. 17; s. ferner BVerfG, B. v. 18.12.2018 – 1 BvR 142/15, Rn. 82; Urt. v. 26.4.2022 – 1 BvR 1619/17, Rn. 200.
[4] BVerfG, Urt. v. 15.12.1983 – 1 BvR 209/83 u. a., Rn. 145 ff. (149 f.).
[5] Vgl. LT-Drs. 12/4140, S. 39 ff.
[6] *J. Ipsen*, Niedersächsisches Polizei- und Ordnungsrecht, Rn. 354; *Th. Kingreen / R. Poscher*, Polizei- und Ordnungsrecht, § 13 Rn. 2.

das Vorhandensein einer **konkreten Gefahr** voraussetzt oder aber eine spezielle Normierung (auch) für eine Situation der Möglichkeit einer Gefahr (**Gefahrenverdacht**) enthält. Der Gesetzgeber hat bei Erlass der Norm wohl eher auf die Situation einer bestehenden Gefahr gezielt, wie sich daraus folgern lässt, dass in den **Gesetzesmaterialien** im Zusammenhang mit einer Auskunftspflicht etwas unreflektiert an das Vorhandensein einer verantwortlichen Person angeknüpft wird.[7] Demgegenüber setzt eine Pflicht zur Auskunft nach dem Gesetzestext heute nur voraus, dass jemand aufgrund der Regelungen über die gefahrenabwehrrechtliche Verantwortlichkeit und die Inanspruchnahme nicht verantwortlicher Personen (§§ 6 bis 8 NPOG) als **potenzieller Maßnahmeadressat** „in Betracht" kommt (§ 12 Abs. 3 NPOG); eine Verantwortlichkeit muss danach noch nicht feststehen. Auch ist in diesem Falle weiter erforderlich, dass die Angaben entweder „zur Abwehr der Gefahr" oder für „die weitere Aufklärung des Sachverhalts" benötigt werden. Angesichts des Umstands, dass es einer Aufklärung des Sachverhalts (u. a.) durch Befragungen nur in einer jedenfalls teilweise noch **unklaren Situation** bedarf, ist daher der Schluss möglich, dass eine Antwortpflicht von Personen normiert wurde, die in Anspruch genommen werden könnten, wenn sich das Bestehen einer Gefahr herausstellt.

9 Gegenstand der Regelung über Befragungen ist demnach gerade auch eine Sachlage, in der zunächst nur die **Möglichkeit einer Gefahr** und damit ein **Gefahrenverdacht** besteht.[8] Es handelt sich daher um eine Vorschrift, die mit der Befragung zugleich ein Instrument der **Gefahrerforschung** im Falle eines **Gefahrenverdachts** bereitstellt. Auch hieran lässt sich ablesen, dass es heute nicht mehr ohne Weiteres möglich ist, beliebige Maßnahmen zur Gefahrerforschung auf die Generalklausel (§ 11 NPOG) zu stützen. Insoweit unproblematisch sind neben den (eingriffslosen) Ermittlungen allein Maßnahmen auf **spezialgesetzlicher Grundlage** und im Übrigen die gesetzlich vorgesehenen Befragungen. Ein Schließen angenommener Regelungslücken durch eine analoge Anwendung der Generalklausel in „**Verdachtslagen**" kann hingegen nur noch in Ausnahmefällen in Betracht kommen (→ § 5 Rn. 26 f.).

10 Die Befragung als Instrument der Informationsgewinnung ist zu trennen von einer Verpflichtung, Angaben zur Person oder Sache zu machen. Tatbestandliche Voraussetzung für die **Zulässigkeit der Befragung** ist allein, dass die befragte Person voraussichtlich sachdienliche Angaben im Kontext polizeilicher oder verwaltungsbehördlicher Aufgaben machen kann (§ 12 Abs. 1 NPOG). Der Berechtigung zur Befragung korrespondiert lediglich eine Pflicht zu deren Duldung; selbst eine **Anhalte- und Verweilpflicht** besteht nach dem Gesetzestext nur, wenn auch eine Antwortpflicht besteht (§ 12 Abs. 4 Satz 1 NPOG). Letzteres ist allerdings wenig folgerichtig, wenn in Rechnung gestellt wird, dass schon mit der Zulässigkeit der Befragung und damit unabhängig von einer **Auskunftspflicht** eine Pflicht zu Angaben zur Person einhergehen kann (§ 12 Abs. 2 NPOG), die sich kaum „im Vorübergehen" erledigen lässt.[9]

11 Die Verpflichtung, aufgrund einer Befragung weitgehende **Angaben zur Person** – einschließlich Geburtsdaten, Anschrift und Staatsangehörigkeit – zu machen, setzt voraus, dass diese Angaben für die Erfüllung der in Rede stehenden Aufgabe erforderlich sind (§ 12 Abs. 2 NPOG). Nach Ansicht des Gesetzgebers handelt es sich dabei um „zur Feststellung der Identität" der befragten Person erforderliche Angaben;[10] ihre **Erhebung** wurde aber bewusst nicht an die Zulässigkeit der Befragung gekoppelt, um ein „routinemäßiges Abfragen der

---

7 LT-Drs. 12/4140, S. 50.
8 Anders *K. Waechter*, in: Möstl/Weiner, Polizei- und Ordnungsrecht Niedersachsen, § 12 Rn. 54 f.
9 Insofern krit. auch *K. Waechter*, in: Möstl/Weiner, Polizei- und Ordnungsrecht Niedersachsen, § 12 Rn. 76.
10 LT-Drs. 12/4140, S. 49 f.

II. Befragungen

Personalien" auszuschließen.[11] Die Pflicht zu Angaben zur Person ermöglicht auch keine isolierte Identitätsfeststellung; es bedarf vielmehr eines Zusammenhangs mit der konkret zu erfüllenden Aufgabe. Ob die **Erhebung der Personalien** danach erforderlich ist, werden befragte Personen aber regelmäßig nicht beurteilen können; auch reicht die Möglichkeit aus, dass Rück- oder Nachfragen erforderlich werden. Unter welchem Aspekt die Angabe der **Staatsangehörigkeit** zur Feststellung der Identität einer Person im Rahmen einer Befragung von Belang sein könnte, erschließt sich allerdings nicht.[12]

Eine weitergehende **Auskunftspflicht** besteht nur, wenn eine Inanspruchnahme der befragten Person zur Gefahrenabwehr in Betracht kommt und die Angaben zur Sachverhaltsaufklärung oder Gefahrenabwehr benötigt werden (§ 12 Abs. 3 NPOG); nur für diesen Fall ist ferner eine **Anhalte- und Verweilpflicht** vorgesehen (§ 12 Abs. 4 NPOG). Mit der Anknüpfung an eine mögliche Inanspruchnahme der befragten Person aufgrund einer Verhaltens- oder Zustandsverantwortlichkeit oder auch als nicht verantwortliche Person enthält die Regelung ein **prognostisches Element**. Benötigt werden die Angaben, wenn sie sich nicht in anderer Weise beschaffen lassen.[13]

12

Die Verwaltungsbehörden und die Polizei sind bei einer Befragung nur auf **Verlangen** verpflichtet, betroffene Personen auf die **Rechtsgrundlage** einer etwaigen Auskunftspflicht oder die **Freiwilligkeit** ihrer Auskunft sowie die in diesem Zusammenhang bestehenden Rechte in Bezug auf die Datenverarbeitung hinzuweisen (§ 12 Abs. 5 Satz 1 NPOG). Personen, denen ein **Zeugnis- oder Auskunftsverweigerungsrecht** nach Maßgabe des Strafprozessrechts (§§ 52 ff. StPO) zusteht, sind zur Verweigerung von Auskünften berechtigt, sofern nicht die Auskunft zur Abwehr einer Gefahr für den Bestand oder die Sicherheit des Bundes oder eines Landes oder Leib, Leben oder Freiheit einer Person benötigt wird; auch in diesem Falle bleibt das Auskunftsverweigerungsrecht von Geistlichen, Strafverteidigerinnen und -verteidigern, anderen Angehörigen rechtsberatender Berufe sowie Parlamentarierinnen / Parlamentariern bestehen (§ 12 Abs. 5 Satz 2 bis 4 NPOG).

13

Die damit erfolgte **Inbezugnahme von Bundesrecht** durch den Landesgesetzgeber in Form einer Verweisung auf strafprozessuale Vorschriften lässt sich problematisieren, wenn man sie als „**dynamische**" Verweisung auf bundesrechtliche Regelungen in ihrer jeweils geltenden Fassung versteht, weil sich der Landesgesetzgeber damit seiner Regelungszuständigkeit ein Stück weit begibt; die **Zulässigkeit** dynamischer Verweisungen von **Landesrecht** auf **Bundesrecht** ist daher in der Rechtsprechung mit Blick auf gefahrenabwehrrechtliche Regelungen von erheblicher Grundrechtsrelevanz neuestens bezweifelt worden.[14] Überträgt man diesen Gedanken auf Zeugnis- und Auskunftsverweigerungsrechte, so müsste die Regelung als „statische" Verweisung auf das Bundesrecht zum Zeitpunkt des **Erlasses** der verweisenden Norm verstanden werden.

14

Bei der Befragung handelt es sich um schlichtes Verwaltungshandeln und damit einen Realakt. Ein **Verwaltungsakt** (§ 35 Satz 1 VwVfG) liegt erst vor, wenn eine Verpflichtung, Angaben zur Person oder zur Sache zu machen, ausdrücklich angeordnet wird. Auch die **Anhalte- und Verweilpflicht** ist einer konkretisierenden Anordnung durch Verwaltungsakt zugänglich. Darin wird verschiedentlich eine Beeinträchtigung **der Freiheit der Person** (Art. 2 Abs. 2 Satz 2 GG) gesehen.[15] Richtigerweise ist die Begründung (zunächst) nur einer Rechtspflicht zum Anhalten und Verweilen als ge- bzw. verbietende Regelung allein an der **allgemeinen**

15

---

11 LT-Drs. 12/4140, S. 50.
12 Zurückhaltend auch *K. Waechter*, in: Möstl/Weiner, Polizei- und Ordnungsrecht Niedersachsen, § 12 Rn. 47.
13 Vgl. LT-Drs. 12/4140, S. 50.
14 SaarlVerfGH, B. v. 22.4.2022 – Lv 1/21, S. 36 ff.
15 *K. Waechter*, in: Möstl/Weiner, Polizei- und Ordnungsrecht Niedersachsen, § 12 Rn. 78.

Handlungsfreiheit zu messen.¹⁶ Dier Freiheit der Person kommt erst zum Tragen, wenn eine Person durch Festhalten oder Einsperren tatsächlich ihrer Freiheit beraubt wird (→ § 3 Rn. 19 ff.).

16 Mit der Befragung geht eine Erhebung **personenbezogener Daten** jedenfalls dann einher, wenn Angaben zur Person sowie ihrer Beteiligung am untersuchten Sachverhalt abgefragt und gemacht werden. Dies wirft die Frage nach dem Verhältnis der Befragung zu der **Grundregel über die Datenerhebung** (§ 31 Abs. 1 NPOG) auf, der zufolge Verwaltungsbehörden und Polizei personenbezogene Daten zur „Abwehr einer Gefahr" erheben dürfen. Insoweit wird man sich daran orientieren können, dass die Regelung der Befragung als **speziellere Norm** für eine unklare – und nicht notwendig durch eine feststehende Gefahr gekennzeichnete – Sachlage ergebnisoffen auf die Erlangung von Informationen zum Sachverhalt, nicht aber primär auf personenbezogene Daten zielt, während die Regelung über die Datenerhebung in erster Linie auf die **Erlangung von Daten** über Personen gerichtet ist.

17 Sofern personenbezogener Daten erhoben werden, hat dies grundsätzlich „offen" zu geschehen (§ 30 Abs. 2 Satz 1 NPOG). Diese Bestimmung steht in Zusammenhang mit dem Umstand, dass mit der **Erhebung von Daten** über eine Person eine Einwirkung auf deren Rechtssphäre in Form einer Beeinträchtigung des Rechts auf informationelle Selbstbestimmung einhergeht (→ § 9 Rn. 6 f.). Eine solche Datenerhebung soll daher mit Wissen der betroffenen Person erfolgen und eine **heimliche Datenerhebung** eine – ohnehin besonderer Rechtfertigung sowie weiterer Schutzmaßnahmen bedürfende – Ausnahme bleiben. Personenbezogene Daten sind daher grundsätzlich bei der betroffenen Person mit ihrer Kenntnis zu erheben (§ 30 Abs. 1 Satz 1 NPOG). Auch für **Befragungen** wird daher zu gelten haben, dass grundsätzlich die betroffene Person zu befragen ist und eine Befragung dritter Personen nur ausnahmsweise in Betracht kommt. Dies kann etwa dann der Fall sein, wenn die betroffene Person nicht (rechtzeitig) befragt werden kann, weil sie nicht anwesend und erreichbar ist.

18 Von der Zielsetzung, Ermittlungen und Datenerhebungen mit Wissen der davon betroffenen Person durchzuführen, muss sich auch die Auslegung des Merkmals der **offenen** Durchführung einer Datenerhebung leiten lassen. Dessen ungeachtet ist eine „offene" Datenerhebung der **Gegenbegriff** zu einer verdeckten („heimlichen") Datenerhebung (§ 30 Abs. 2 Satz 2 NPOG), nicht aber zu einer solchen, von der die betroffene Person nichts weiß. Entscheidend für eine offene Datenerhebung ist das erkennbare Handeln zu Zwecken der Gefahrenabwehr, widrigenfalls eine verdeckte Datenerhebung vorliegt (§ 30 Abs. 2 Satz 2 NPOG).¹⁷ Soweit Polizeikräfte in Uniform und damit erkennbar in dieser Eigenschaft agieren, liegt daher auch dann eine offen in **amtlicher Eigenschaft** durchgeführte Maßnahme vor, wenn die betroffene Person davon aufgrund ihrer Abwesenheit nichts mitbekommt.¹⁸ Im Beispielsfall ist die im Erfassen des Kennzeichens liegende Erhebung personenbezogener Daten daher „offen" erfolgt; die **Ortsabwesenheit** der verantwortlichen Person fällt in deren Risikosphäre.

2. Lageabhängige Personenkontrollen mit Grenzbezug (Schleierfahndung)

19 Die allgemeine Regelung zu Befragungen wird ergänzt durch eine hinzutretende Befugnis, Personen an bestimmten Orten mit besonderer Relevanz für etwaige **Grenzübertritte** wie Bundesfernstraßen oder Verkehrseinrichtungen (z. B. Fernbahnhöfe) bzw. innerhalb eines Bereichs von 30 km zur niederländischen Grenze anzuhalten, zu befragen, mitgeführte Papiere zu überprüfen und mitgeführte Sachen in Augenschein zu nehmen, um Straftaten von

---

16 Vgl. BayVerfGH v. 17.12.2020 – Vf. 110-VII-20, Rn. 27.
17 *D. Heinemann*, in: Möstl/Weiner, Polizei- und Ordnungsrecht Niedersachsen, § 30 Rn. 32.
18 Vgl. *J. Reichert*, in: Saipa u. a., NPOG, § 30 Rn. 7.

erheblicher Bedeutung mit Grenzbezug zu verhüten (§ 12 Abs. 6 Satz 1 und 2 NPOG, sog. **Schleierfahndung**). Die Norm begründet damit eine **Anhalte- und Verweilpflicht** für jedermann sowie eine Befugnis zur Erhebung personenbezogener Daten allein deshalb, weil sich jemand an einem bestimmten Ort aufhält, ohne dass die betroffene Person im Übrigen einen Anlass zu der Überprüfung gegeben haben muss.

Im Ausgangspunkt mag den einzelnen Maßnahmen nur eine geringe belastende Wirkung zugemessen werden;[19] so ist nur eine **Überprüfung** von Papieren und keine Durchsuchung von Sachen, sondern allein eine Einnahme des **Augenscheins** zulässig. Mit Blick auf die **Anlasslosigkeit** der Maßnahme und die Vielzahl potenziell betroffener Personen handelt es sich gleichwohl um einen erheblichen Eingriff, da Grundrechtseingriffe, die sowohl durch **Verdachtslosigkeit** als auch durch eine große „**Streubreite**" gekennzeichnet sind, grundsätzlich eine hohe Eingriffsintensität aufweisen (→ § 9 Rn. 18).[20] Dem entspricht, dass es nach der gesetzlichen Regelung um die Abwehr von Straftaten von erheblicher Bedeutung (§ 2 Nr. 14 NPOG) gehen muss. Weiter verlangt werden entsprechende „polizeiliche Lageerkenntnisse". Dies ist erforderlich, weil die **Kontrollbefugnisse** mit Blick auf Vorgaben des EU-Rechts (Art. 67 Abs. 2 Satz 1, Art. 77 Abs. 1 lit. a) AEUV)[21] nicht die Wirkung der abgeschafften **Grenzübertrittskontrollen** an den EU-Binnengrenzen haben dürfen (§ 12 Abs. 6 Satz 3 NPOG).[22] Es bedarf daher hinreichender Anhaltspunkte dafür, dass relevante Straftaten mit Grenzbezug drohen. Einen solchen Grenzbezug weisen beispielsweise grenzüberschreitender Menschenhandel (§ 232 StGB) sowie die Einfuhr von Betäubungsmitteln auf. Im letztgenannten Fall müssen aber qualifizierende Voraussetzungen wie etwa der Einfuhr nicht geringer Mengen (§ 30 Abs. 1 Nr. 4, § 30a BtMG) erfüllt sein, damit eine Straftat von erheblicher Bedeutung in Form eines Verbrechens vorliegt (§ 2 Nr. 14 lit. a) NPOG).

Darüber hinaus besteht in Niedersachsen seit 2019 die Möglichkeit, eine **Überprüfung von Personen** im gesamten niedersächsischen Verkehrsraum für den Fall vorzunehmen, dass Tatsachen den Schluss auf einen örtlichen und zeitlichen Zusammenhang des Antreffens der Person mit der Vorbereitung oder Begehung einer Straftat von erheblicher Bedeutung mit Grenzbezug rechtfertigen (§ 12 Abs. 6 Satz 5 NPOG). Der **räumlichen Ausdehnung** des Bereichs der möglichen Maßnahmen korrespondieren damit erhöhte Anforderungen an deren Zulässigkeit. Zwar reicht grundsätzlich eine „Verdachtslage" aus; es bedarf aber einer **tatsächlichen Grundlage** sowohl für die Annahme einer relevanten Straftat als auch einer Beziehung der betroffenen Person zu dem mutmaßlichen Tatgeschehen.[23]

III. Vorladung

▶ **Fall:** A hat an einer Demonstration teilgenommen, bei der es zu Ausschreitungen gekommen ist. Nach Auffassung der Polizei war A einer der „Rädelsführer". Er wird deshalb von der Polizei einige Zeit später vorgeladen. In der Vorladung heißt es, die Vorladung erfolge zum Zwecke der Durchführung erkennungsdienstlicher Maßnahmen. ◀

Die Vorschrift über Befragungen wird ergänzt durch das Recht, eine Person vorzuladen. Die **Vorladung** kann gerade dem Zweck dienen, eine **Befragung** durchzuführen; weitere zulässige

---

19 So *K. Waechter*, in: Möstl/Weiner, Polizei- und Ordnungsrecht Niedersachsen, § 12 Rn. 140.
20 BVerfG, B. v. 4.4.2006 – 1 BvR 518/02, Rn. 116 f.; s. ferner OVG Hamburg, Urt. v. 13.5.2015 – 4 Bf 226/12, Rn. 71.
21 Vgl. auch die Verordnung (EU) 2016/399 v. 09.03. 2016 über einen Gemeinschaftskodex für das Überschreiten der Grenzen durch Personen (Schengener Grenzkodex), ABl. 2016, L 77/1.
22 Vgl. dazu EuGH, Urt. v. 21.6.2017, Rs. C-9/16, Rn. 37 ff.; hierzu *F. Michl*, DÖV 2018, S. 50 (53 ff.); *K. Graulich*, in: Lisken/Denninger, Abschnitt E Rn. 325 f.
23 *K. Waechter*, in: Möstl/Weiner, Polizei- und Ordnungsrecht Niedersachsen, § 12 Rn. 150h.

Zwecke sind die Durchführung einer **Gefährderansprache** oder von **erkennungsdienstlichen Maßnahmen** (§ 16 Abs. 1 NPOG).

23 Bei der **Vorladung** handelt es sich um einen Verwaltungsakt,[24] der eine entsprechende Pflicht zum Erscheinen begründet. Diese Pflicht kann aber nur dann zwangsweise im Wege der **Vorführung** durchgesetzt werden, wenn die erstrebten sachdienlichen Angaben zur Abwehr einer Gefahr für Leib, Leben oder Freiheit einer Person erforderlich sind oder eine erkennungsdienstliche Behandlung erfolgen soll (§ 16 Abs. 3 NPOG). Mit der Vorladung soll deren Grund angegeben (§ 16 Abs. 2 Satz 1 NPOG) und bei der Festsetzung des Zeitpunkts auf den Beruf und die Lebensverhältnisse der betroffenen Person Rücksicht genommen werden (§ 16 Abs. 2 Satz 2 NPOG). Sofern **erkennungsdienstliche Maßnahmen** erfolgen sollen, sind diese in der Vorladung ihrer Art nach hinreichend konkret zu bezeichnen.[25] Unterbleiben diese Angaben, ist die Vorladung mangels hinreichender Bestimmtheit rechtswidrig, da die erforderliche **Konkretisierung** der beabsichtigten Maßnahmen auch dem Schutz der betroffenen Person dient.[26] Im Beispielsfall ist der allgemeine Hinweis auf beabsichtigte erkennungsdienstliche Maßnahmen daher nicht ausreichend.

24 Nach dem Wortlaut des Gesetzes begründet die Vorladung ausschließlich eine **Pflicht zum Erscheinen** an einem bestimmten Ort, regelmäßig der Dienststelle. Sofern die Vorladung zum Zwecke der Befragung erfolgt, kann aus der **Verknüpfung** von Befragung und Vorladung aber abgeleitet werden, dass die vorgeladene Person auch befragt werden darf, wenn die Voraussetzungen einer Vorladung vorliegen. Sie hat daher für die Dauer der Befragung an dem betreffenden Ort zu verweilen;[27] eine weitergehende **Auskunfts- oder Antwortpflicht** begründet das Recht zur Vorladung (und Befragung) hingegen nicht. Gestellte Fragen müssen daher nur beantwortet werden, wenn sich eine solche Verpflichtung aus einer gesetzlichen Regelung ergibt, wie dies etwa bei der Antwortpflicht bestimmter Personen bei Befragungen (§ 12 Abs. 3 NPOG) der Fall ist.

25 Da es für die Zulässigkeit einer Vorladung zum Zwecke der Befragung ausreicht, wenn die vorgeladene Person voraussichtlich **sachdienliche Angaben** machen kann (§ 12 Abs. 1 NPOG), kommt es nicht darauf an, ob die Person auch Angaben machen will. Sie muss daher aufgrund der Vorladung selbst dann erscheinen und ihren etwa entgegenstehenden Willen bekunden, wenn sie bereits im **Vorfeld** erklärt hat, sich nicht äußern zu wollen.[28] Dem steht nicht entgegen, dass auch eine Vorladung am Verhältnismäßigkeitsprinzip zu messen ist und deshalb erforderlich sein muss, denn es ist nicht ausgeschlossen, dass es im Rahmen der Befragung zu einem **Sinneswandel** kommt, wenn der betroffenen Person die Bedeutung ihrer Angaben vor Augen geführt wird. Dies gilt namentlich dann, wenn eine Gefährdung hochrangiger Rechtsgüter auch eine Vorführung rechtfertigen würde (§ 16 Abs. 3 Nr. 1 NPOG).

---

24 *B. Beckermann*, in: Saipa u. a., NPOG, § 16 Rn. 1; *K. Waechter*, in: Möstl/Weiner, Polizei- und Ordnungsrecht Niedersachsen, § 16 Rn. 9; *K. Graulich*, in: Lisken/Denninger, Abschnitt E Rn. 371; *C. Gusy*, Polizei- und Ordnungsrecht, Rn. 225.
25 Vgl. Nds. OVG, B. v. 5.2.2004 – 11 ME 271/03, Rn. 2 ff; s. ferner *Th. Kingreen / R. Poscher*, Polizei- und Ordnungsrecht, § 13 Rn. 79; *G. Böhrenz / P. Siefken*, § 15 Rn. 5.
26 Nds. OVG, B. v. 5.2.2004 – 11 ME 271/03, Rn. 3 ff.
27 *Th. Kingreen / R. Poscher*, Polizei- und Ordnungsrecht, § 13 Rn. 77.
28 Anders wohl *K. Waechter*, in: Möstl/Weiner, Polizei- und Ordnungsrecht Niedersachsen, § 16 Rn. 15a.

IV. Identitätsfeststellungen

▶ **Fall:**[29] Personen aus dem rechten Spektrum haben eine Demonstration gegen die Flüchtlingspolitik der Bundesregierung angekündigt. Noch vor Beginn der Demonstration erscheint die 20jährige J vor Ort und fertigt mit einer Handykamera mehrere Fotos von aufgestellten Absperrungen sowie Einsatzfahrzeugen der Polizei. Ein Polizeibeamter weist J darauf hin, dass das Fotografieren von Polizeibeamten „illegal" sei und verlangt, die Bilder auf dem Handy der J zu sehen. Dies wird von J verweigert. Daraufhin erklärt der Polizeibeamte J für festgenommen, legt ihr Handschellen an und führt sie zu seinem Einsatzfahrzeug. Dort legt J einen Lichtbildausweis vor, der sie als Mitglied des Landtages ausweist. Der Polizeibeamte erklärt daraufhin diesen Ausweis für „ungültig". J wird zu einer Dienststelle verbracht, um deren Identität festzustellen. J bezweifelt die Rechtmäßigkeit dieses Vorgehens. ◀

Jede Person hat grundsätzlich das Recht, selbst darüber zu entscheiden, wem gegenüber sie Angaben über sich und ihre **Lebensverhältnisse** durch Preisgabe personenbezogener Daten macht; dies ist der Kern **des Rechts auf informationelle Selbstbestimmung**.[30] Zugleich sind vielfältige Gründe denkbar, die es rechtfertigen festzustellen, mit wem man es in einer konkreten Situation zu tun hat. Die Preisgabe grundlegender Personaldaten, die regelmäßig eine sichere **Identifizierung** einer Person ermöglichen (insbesondere Name und Vorname, Geburtstag und -ort, Anschrift), ist daher im Zusammenhang mit Befragungen unabhängig von einer konkreten Gefahr oder gefahrenabwehrrechtlichen Verantwortlichkeit für den Fall gesetzlich vorgesehen, dass es dieser Angaben im Kontext der jeweiligen polizeilichen oder verwaltungsbehördlichen **Aufgabenerfüllung** bedarf (§ 12 Abs. 2 NPOG). Die in dieser Pflicht zu Angaben über die eigene Identität liegende Beeinträchtigung des Rechts auf informationelle Selbstbestimmung wird mit Blick auf den Umstand, dass allein die **Personalien** in Rede stehen, grundsätzlich als Beeinträchtigung von eher geringer Intensität angesehen;[31] das mag im Regelfall auch zutreffen. Anders kann der Sachverhalt zu beurteilen sein, wenn etwa an einem kriminalitätsbelasteten Ort (→ Rn. 29 f.) eine **Vielzahl von Personen** einer Überprüfung unterzogen wird, ohne dass die einzelnen Personen über den Aufenthalt an dem betreffenden Ort hinaus dazu Anlass gegeben haben, denn in einem solchen Falle handelt es sich um eine verdachtslose Maßnahme mit erheblicher **Streubreite**, die damit mehrere der vom Bundesverfassungsgericht entwickelten Kriterien für das Vorliegen eines erheblichen Eingriffs in das Recht auf informationelle Selbstbestimmung erfüllt (→ § 9 Rn. 18).[32]

Von der schlichten Verpflichtung, Angaben zur Person zu machen, ist die behördliche Befugnis zur **Identitätsfeststellung** (§ 13 NPOG) sowie die korrespondierende Mitwirkungspflicht betroffener Personen zu unterscheiden. Eine Feststellung der Identität kann zunächst erfolgen, wenn diese Maßnahme zur **Abwehr** einer Gefahr erforderlich ist (§ 13 Abs. 1 Nr. 1 NPOG). Eine danach zur Identitätsfeststellung berechtigende **Gefahr** wird man auch dann annehmen können, wenn jemand im Rahmen einer Befragung die Angabe von **Personaldaten** verweigert, deren Erhebung mit Blick auf die Erfüllung der konkret in Rede stehenden Aufgabe der Verwaltungsbehörde oder der Polizei erforderlich ist (§ 12 Abs. 2 NPOG).[33] Auch durch dieses Verhalten wird eine **Rechtspflicht** verletzt, was grundsätzlich eine Gefahr für die öffentliche

---

29 Nach BVerfG, B. v. 27.1.1992 – 2 BvR 658/90; s. ferner TAZ v. 7.11.2016 (M. Gürgen): „Grüne gerät mit Polizei aneinander".
30 BVerfG, Urt. v. 15.12.1983 – 1 BvR 209/83 u. a., Rn. 149; B. v. 23.2.2007 – 1 BvR 2368/06, Rn. 37; B. v. 11.8.2009 – 2 BvR 941/08, Rn. 15; B. v. 24.7.2015 – 1 BvR 2501/13, Rn. 12.
31 BVerfG, B. v. 24.7.2015 – 1 BvR 2501/13, Rn. 12; s. ferner *V. Mehde*, in Hartmann/Mann/Mehde, Landesrecht Niedersachsen, § 4 Rn. 77; *K. Graulich*, in: Lisken/Denninger, Abschnitt E Rn. 320.
32 Vgl. OVG Hamburg, Urt. v. 13.5.2015 – 4 Bf 226/12, Rn. 71; *C. Tomerius*, DVBl. 2017, S. 1399 (1403 f.).
33 *J. Ipsen*, Niedersächsisches Polizei- und Ordnungsrecht, Rn. 361; zust. *B. Beckermann*, in: Saipa u. a., NPOG, § 13 Rn. 5.

Sicherheit oder gar deren Störung unter dem Aspekt der Unverbrüchlichkeit der objektiven Rechtsordnung auslöst. Zwar wird mit einer solchen Anknüpfung an die **Nichtangabe** von personenbezogenen Daten die eine Identitätsfeststellung rechtfertigende Gefahr gerade mit dem Fehlen dieser Personaldaten begründet, was ein wenig zirkulär anmutet. Die Verweigerung von Angaben zur Person ist aber zugleich eine **Ordnungswidrigkeit** (§ 111 Abs. 1 OWiG). Verneinte man in einem solchen Falle gleichwohl eine Gefahr, so könnte die Rechtspflicht zu Angaben zur Person regelmäßig auch nur mit dem umständlichen und zeitaufwendigen Einsatz des (Zwangs-) Mittels eines **Zwangsgeldes** (→ § 10 Rn. 22 ff.) durchgesetzt werden.

28 Dies heißt andererseits nicht, dass Identitätsfeststellungen gleichsam voraussetzungslos möglich wären, sofern nur die (geringen) **Voraussetzungen einer Befragung** vorliegen, da bei einer Befragung nicht automatisch auch Angaben zur Person zu machen sind und das (ausnahmsweise) Bestehen einer derartigen Verpflichtung nicht ohne Weiteres eine Identitätsfeststellung zur Überprüfung gemachter Angaben zu rechtfertigen vermag.[34] Auch im Übrigen bestehen Bedenken gegen die verbreitete Praxis gleichsam **regelhafter Identitätsfeststellungen** bei polizeilichen Einsätzen.[35] Insbesondere handelt es sich bei der Identitätsfeststellung nicht zuletzt vor dem Hintergrund einer eigenständigen Regelung zu Befragungen (§ 12 NPOG) nicht primär um ein Instrument zur Sachverhaltsaufklärung bei einem Gefahrenverdacht;[36] die dem entgegenstehende Auffassung des niedersächsischen Oberverwaltungsgerichts[37] findet schon im Wortlaut der an eine (konkrete) Gefahr anknüpfenden Regelung des (einfach-gesetzlichen) Gefahrenabwehrrechts keine Stütze und missachtet das Erfordernis einer **präzisen** und **normenklaren** Ermächtigungsgrundlage bei Eingriffen in das Recht auf informationelle Selbstbestimmung (→ Rn. 5). Vielmehr muss die Identitätsfeststellung zumindest mittelbar zur Abwehr einer konkreten Gefahr erforderlich sein, indem etwa im Interesse geschädigter Personen die Durchsetzung **privatrechtlicher Ansprüche** ermöglicht wird oder aus anderen Gründen eine (mögliche) Durchführung von **Folgemaßnahmen** nähere Informationen über die betroffene Person erfordert.[38]

29 Besonders geregelt ist die Identitätsfeststellung an bestimmten, durch spezifische Merkmale gekennzeichneten Orten. Dazu zählen **kriminalitätsbelastete Orte** („kbO"), die einen besonderen Bezug zu Straftaten oder Straftätern aufweisen (§ 13 Abs. 1 Nr. 2 lit. a) NPOG), **aufenthaltsrechtlich belastete Orte** (§ 13 Abs. 1 Nr. 2 lit. b) NPOG), mutmaßliche Aufenthaltsorte von gesuchten Straftäterinnen und Straftätern (§ 13 Abs. 1 Nr. 2 lit. c) NPOG), besonders wichtige **„gefährdete" Orte** wie beispielsweise Verkehrs- oder Versorgungsanlagen und Amtsgebäude (§ 13 Abs. 1 Nr. 3 NPOG) sowie schließlich **Kontrollstellen** (§ 13 Abs. 1 Nr. 4 NPOG). Für die Identitätsfeststellung an einem (kriminalitäts-) belasteten Ort (§ 13 Abs. 1 Nr. 2 NPOG) lässt die gesetzliche Regelung grundsätzlich ausreichen, dass eine Person an dem betreffenden Ort angetroffen wird. Schon dieser Umstand soll unabhängig von den tatsächlich dafür maßgeblichen Gründen eine **hinreichende Verdachtslage** begründen,[39] sofern nicht offensichtlich

---

34 Anders *J. Ipsen*, Niedersächsisches Polizei- und Ordnungsrecht, Rn. 362.
35 Beispielhaft OLG Brandenburg, B. v. 18.10.2018 – 1 Ws109/18, Rn. 12: Keine Notwendigkeit einer Identitätsfeststellung (nach § 163b StPO), wenn eine Person zu nachtschlafender Zeit im eigenen Schlafzimmer angetroffen wird.
36 Vgl. dazu *C. Tomerius*, DVBl. 2019, S. 1581 (1583).
37 Nds. OVG, B. v. 19.6.2013 – 11 LA 1/13, Rn. 7 (aufgehoben durch BVerfG, B. v. 24.7.2015 – 1 BvR 2501/13); ebenso *K. Waechter*, in: Möstl/Weiner, Polizei- und Ordnungsrecht Niedersachsen, § 13 Rn. 11; *K. Graulich*, in: Lisken/Denninger, Abschnitt E Rn. 320; *B. Beckermann*, in: Saipa u. a., NPOG, § 13 Rn. 5; s. ferner für Nordrhein-Westfalen OVG NW – Urt. v. 7.8.2018 – 5 A 294/16, Rn. 37; auf Basis der unzutreffenden Gleichsetzung von Gefahr und Gefahrenverdacht auch OVG Hamburg, Urt. v. 31.1.2022 – 4 Bf 10/21, Rn. 38 ff. (40).
38 Vgl. *K. Waechter*, in: Möstl/Weiner, Polizei- und Ordnungsrecht Niedersachsen, § 13 Rn. 8 und 16; s. ferner *Th. Kingreen / R. Poscher*, Polizei- und Ordnungsrecht, § 13 Rn. 37.
39 Dazu krit. *C. Tomerius*, DVBl. 2017, S. 1399 (1402 f.).

ist, dass die betreffende Person mit den Umständen, die eine Örtlichkeit zu einem kriminalitätsbelasteten Ort machen, nichts zu tun hat.[40] Demgegenüber ist der Aufenthalt an einem gefährdeten Objekt eine für sich genommen **neutrale Handlung**. Hier ist daher ergänzend erforderlich, dass Tatsachen die Annahme von Straftaten in oder an den geschützten Objekten rechtfertigen (§ 13 Abs. 1 Nr. 3 NPOG).

Anlass- und verdachtslose **Identitätsfeststellungen** an kriminalitätsbelasteten Orten, die zudem eine Vielzahl von Personen (potenziell) betreffen und deshalb eine erhebliche Streubreite aufweisen (→ Rn. 26), können nicht als nur geringfügige Beeinträchtigung eines grundrechtlichen Schutzguts – des Rechts auf **informationelle Selbstbestimmung** – angesehen werden.[41] Dies gilt um so mehr, als betroffene Personen nicht wissen können, ob sie sich in einem Bereich befinden, der als kriminalitätsbelasteter Ort eingestuft wird, denn der niedersächsische Gesetzgeber hat keine Festlegung von kriminalitätsbelasteten Orten in Listen oder gar deren Veröffentlichung vorgesehen.[42] Im Grunde besteht nicht einmal eine (Konkretisierungs-) Befugnis der Polizei, einen kriminalitätsbelasteten Ort verbindlich festzustellen. Gleichwohl wird es für die Einordnung eines bestimmten Orts als kriminalitätsbelastet letztlich auf polizeiliches **Erfahrungswissen** und eine daraus resultierende Lagebeurteilung ankommen. Es bedarf daher in Niedersachsen jeweils der (überprüfbaren) Entscheidung im Einzelfall, ob und in welchem räumlichen Umfang ein bestimmtes Areal insbesondere in Städten als kriminalitätsbelastet einzustufen ist, weil dort Straftaten von erheblicher Bedeutung (§ 2 Nr. 14 NPOG) verabredet, vorbereitet oder verübt werden. Dies ist etwa an einem innerstädtischen Ort, an dem sich ein Schwerpunkt der **örtlichen Drogenszene** befindet, dann der Fall, wenn dort Personen in qualifizierter Form – etwa bandenmäßig oder in nicht geringer Menge – mit Betäubungsmitteln handeln (§ 2 Nr. 14 lit. a) NPOG iVm §§ 29a ff. BtMG).

30

Für **Kontrollstellen** (§ 14 NPOG) gilt, dass es ebenfalls grundsätzlich ausreichend ist, wenn eine Person dort angetroffen wird. Kontrollstellen sind Sperren im öffentlichen Raum, die von der Polizei gerade zu dem Zweck eingerichtet werden, **Identitätsfeststellungen** und **Durchsuchungen** von Personen und Sachen zu ermöglichen.[43] Diese Maßnahmen sind daher an einer Kontrollstelle voraussetzungslos möglich; die rechtlichen Anforderungen betreffen vielmehr die **Zulässigkeit einer Kontrollstelle**. Eine Kontrollstelle darf eingerichtet werden, um Straftaten von erheblicher Bedeutung (§ 2 Nr. 14 NPOG) sowie weitere im Gesetz genannte Straftaten (Landfriedensbruch, Zuwiderhandlung gegen ein Vereinsverbot und bestimmte Straftaten im Zusammenhang mit Versammlungen) zu verhindern, sofern derartige Straftaten zu erwarten sind und die Kontrollstelle zu ihrer **Verhütung** erforderlich ist (§ 14 Abs. 1 NPOG).

31

Grundsätzlich keinen hinreichenden Grund für eine Identitätsfeststellung bildet es, dass eine Person nach **ihrem äußerlichen Erscheinungsbild** einer vordergründig herkunftsbezogen definierbaren Personengruppe angehört.[44] Namentlich die Hautfarbe lässt für sich genommen keine Rückschlüsse auf eine **nichtdeutsche Staatsangehörigkeit** und damit die Möglichkeit insbesondere der Verletzung aufenthaltsrechtlicher Bestimmungen durch die betreffende Person zu.[45] Eine Einschränkung der Unzulässigkeit einer Anknüpfung etwa an die **Hautfarbe** wird allerdings für den Fall gemacht, dass eine Person an einem Ort angetroffen wird, von

32

---

40 K. Waechter, in: Möstl/Weiner, Polizei- und Ordnungsrecht Niedersachsen, § 13 Rn. 24; ähnl. B. Beckermann, in: Saipa u. a., NPOG, § 13 Rn. 11.
41 OVG Hamburg, Urt. v. 13.5.2015 – 4 Bf 226/12, Rn. 71; C. Tomerius, DVBl. 2017, S. 1399 (1403 f.).
42 Anders jetzt die (zeitgemäßere) Regelung in § 21 Abs. 4 ASOG Bln; zur Praxis der Veröffentlichung kriminalitätsbelasteter Orte C. Tomerius, DVBl. 2017, S. 1399 (1400 f.).
43 J. Ipsen, Niedersächsisches Polizei- und Ordnungsrecht, Rn. 367.
44 Vgl. OVG Rh.-Pf., Urt. v. 21.4.2016 – 7 A 11108/14, Rn. 104 ff.; Th. Kingreen / R. Poscher, Polizei- und Ordnungsrecht, § 13 Rn. 56; s. ferner OVG NW, Urt. v. 7.8.2018 – 5 A 294/16, Rn. 48 ff.
45 Ähnl. K. Graulich, in: Lisken/Denninger, Abschnitt E Rn. 334.

dem bekannt ist, dass dort Personen aus bestimmten **Herkunftsländern** regelmäßig Straftaten – namentlich aus dem Bereich des Handeltreibens mit Betäubungsmitteln – begehen; in einem solchen Falle soll eine **Anknüpfung** an äußere Merkmale im Rahmen eines „**Motivbündels**" nicht völlig ausgeschlossen sein (→ Rn. 112 f.).[46]

33 Die Instrumente der Identitätsfeststellung sind gesetzlich nicht abschließend definiert; es können die „erforderlichen Maßnahmen" getroffen werden. Ausdrücklich vorgesehen ist, dass die betroffene Person angehalten und nach ihren **Personalien** befragt werden darf. Ferner sind auf Verlangen mitgeführte **Ausweispapiere** zur Überprüfung auszuhändigen (§ 13 Abs. 2 Satz 1 NPOG). Auf eine gefahrenabwehrrechtliche **Verantwortlichkeit** kommt es für diese Maßnahmen nicht an; im Grunde handelt es sich um einen Spezialfall einer Inanspruchnahme einer nicht verantwortlichen Person. Weitergehende Maßnahmen setzen hingegen voraus, dass die Identität auf den vorgenannten Wegen nicht oder nur unter erheblichen **Schwierigkeiten** festgestellt werden kann; in diesem Fall darf die Person auch festgehalten werden (§ 13 Abs. 2 Satz 2 NPOG). Allerdings ist das **Festhalten einer Person** für sich genommen kein Mittel, die Identitätsfeststellung zu bewirken. Es handelt sich vielmehr um ein Hilfsinstrument im Kontext anderer Maßnahmen wie etwa einem Herbeischaffen von Ausweisdokumenten durch Dritte. Ebenfalls möglich ist als ultima ratio die Durchführung **erkennungsdienstlicher Maßnahmen** zur Identitätsfeststellung (§ 15 Abs. 1 Satz 1 Nr. 1 NPOG).

34 Nicht völlig eindeutig ist, ob eine Person auch an einem anderen als dem Ort festgehalten werden kann, an dem sie angetroffen wurde, insbesondere zur **Dienststelle** verbracht werden kann. Würde man den Begriff des „Festhaltens" dahin interpretieren, dass er eine Verbringung der festgehaltenen Person an einen anderen Ort ausschließt, so wäre eine solche Maßnahme nur zum Zwecke der Durchführung **erkennungsdienstlicher Maßnahmen** zulässig; im Übrigen würde es an einer dem Gesetzesvorbehalt genügenden Regelung der Zulässigkeit eines Festhalten auf der Dienststelle fehlen. Das allerdings ist ein praktisch wenig überzeugendes Ergebnis. Hier sollte daher eine **Auslegung des Gesetzestextes** möglich sein, die nach dem gesetzgeberischen Gesamtkonzept auch die Verbringung zur Dienststelle allein zum Zwecke des Festhaltens einer Person ermöglicht.[47]

35 Mit dem Festhalten einer Person wie auch erkennungsdienstlichen Maßnahmen geht eine Beeinträchtigung der Freiheit der Person (Art. 2 Abs. 2 Satz 2 GG) einher.[48] Wird die betroffene Person zur Dienststelle verbracht, wird sogar eine Freiheitsentziehung (Art. 104 Abs. 2 GG) vorliegen.[49] Ebenfalls eine **Freiheitentziehung** ist bei einem mehr als kurzzeitigen Festhalten über mehrere Stunden anzunehmen.[50] Im Falle von **Identitätsfeststellungen** soll die Freiheitsentziehung spätestens nach sechs Stunden beendet und die betroffene Person wieder auf freien Fuß gesetzt werden (§ 21 Satz 4 NPOG).

36 Einer festgehaltenen Person ist unverzüglich der hierfür maßgebliche **Grund** bekannt zu geben (§ 20 Abs. 1 Satz 1 NPOG). Auch ist sie über die ihr zustehenden **Rechtsbehelfe** zu belehren (§ 20 Abs. 1 Satz 2 NPOG) und muss ihr Gelegenheit zur Benachrichtigung einer Person ihres Vertrauens gegeben werden (§ 20 Abs. 2 Satz 1 NPOG); bei **Minderjährigen** oder Personen unter **Betreuung** bedarf es der Benachrichtigung der sorgeberechtigten oder betreuenden Personen (§ 20 Abs. 2 Satz 3 NPOG). Weiter zu beachten sind Vorgaben für die Unterbringung und etwaige Überwachung festgehaltener Personen (§ 20 Abs. 4 NPOG).

---

46 Vgl. (wenig gradlinig) OVG NW, Urt. v. 7.8.2018 – 5 A 294/16, Rn. 60 ff.; ebenso *K. Waechter*, in: Möstl/Weiner, Polizei- und Ordnungsrecht Niedersachsen, § 13 Rn. 66a; *B. Beckermann*, in: Saipa u. a., NPOG, § 13 Rn. 12; krit. *C. Tomerius*, DVBl. 2019, S. 1581 (1587 f.).
47 *K. Waechter*, in: Möstl/Weiner, Polizei- und Ordnungsrecht Niedersachsen, § 13 Rn. 65.
48 Vgl. BVerfG, B. v. 27.1.1992 – 2 BvR 658/90, Rn. 14.
49 Vgl. ECHR, Urt. v. 7.3.2013 – 15598/08 (Ostendorf / Deutschland) = NVwZ 2014, S. 43 (Rn. 64 m. w.N); s. ferner *C. Gusy*, Polizei- und Ordnungsrecht, Rn. 234.
50 So auch *K. Waechter*, in: Möstl/Weiner, Polizei- und Ordnungsrecht Niedersachsen, § 13 Rn. 65.

IV. Identitätsfeststellungen

Im Beispielsfall wird für die Einsatzkräfte der Polizei nicht ohne Weiteres erkennbar gewesen sein, welche **Personen** oder **Objekte** von J mit welcher Zielsetzung fotografiert wurden. Es lag daher ein hinreichender Anlass für eine **Befragung** zur Aufklärung des Sachverhalts (§ 12 Abs. 1 NPOG) sowie ergänzend für die Frage nach Personaldaten (§ 12 Abs. 2 NPOG) vor. Sofern diese Angaben verweigert werden, kann dies eine **Identitätsfeststellung** rechtfertigen. Indes ist nicht ersichtlich, dass J Angaben zur Person verweigert hätte oder verweigern wollte; sie hat vielmehr einen **Lichtbildausweis** vorgelegt. Davon unabhängig ist auch bei einer Identitätsfeststellung aus Anlass von Bild- oder Filmaufnahmen grundsätzlich das objektive Vorliegen einer (konkreten) Gefahr erforderlich, das hier aber zweifelhaft ist: Weder hat J die Einsatzkräfte fotografiert noch wäre das Anfertigen derartiger Lichtbilder für sich genommen illegal. Bei Aufnahmen von **polizeilichen Einsätzen** liegt eine Verletzung des **Rechts am eigenen Bild** der Beamtinnen und Beamten durch die Anfertigung von Aufnahmen regelmäßig erst in der **Verbreitung** der gefertigten Aufnahmen, wofür es **tragfähiger Anhaltspunkte** bedarf.[51] Zudem kann die Verbreitung gefertigter Aufnahmen bei Vorliegen eines entsprechenden öffentlichen Interesses im Einzelfall zulässig sein.[52] Auch eine Verpflichtung, Einblick in die gefertigten Bilder zu gewähren, besteht nicht. Sofern **Videoaufnahmen** statt Fotos gefertigt werden, mit denen regelmäßig **Tonaufnahmen** einhergehen, wird darin verschiedentlich eine Verletzung der Vertraulichkeit des (nichtöffentlich) gesprochenen Wortes (§ 201 StGB) gesehen.[53] Mittlerweile setzt sich aber die zutreffende Einsicht durch, dass dies jedenfalls für den Fall verneint werden muss, dass eine „faktische Öffentlichkeit" vorhanden ist.[54]

Unterstellt man im Beispielsfall gleichwohl die Zulässigkeit einer Identitätsfeststellung, so ist die weitere Frage, ob hierdurch auch **weitergehende Maßnahmen** wie die Verbringung zur Dienststelle gerechtfertigt werden. Zwar sind grundsätzlich alle Deutschen verpflichtet, einen **Personalausweis** zu besitzen und ihn auf Verlangen zur Identitätsfeststellung vorzulegen (§ 1 Abs. 1 Satz 2 PAuswG). Eine Rechtspflicht, den Ausweis stets mitzuführen, besteht aber nicht.[55] Auch existiert keine allgemeine Verpflichtung, sich auf amtliche Aufforderung auszuweisen oder sonstige Angaben zu Personalien zu machen;[56] dies ist nur bei Vorliegen des Tatbestands entsprechender (Eingriffs-) Ermächtigungen (§§ 12 Abs. 2, 13 Abs. 2 Satz 1 NPOG) der Fall. Kann im Rahmen einer **zulässigen Identitätsfeststellung** ein Ausweis nicht vorgelegt werden, weil die überprüfte Person kein solches Dokument mitführt, wird dies indes in deren **Risikosphäre** fallen, so dass weitergehende Maßnahmen grundsätzlich zulässig sind. Im Beispielsfall ist indes nicht ersichtlich, dass J zur Vorlage ihres Personalausweises aufgefordert worden wäre oder sie diese verweigert hätte.

Davon unabhängig kommt es aus der Perspektive des Gefahrenabwehrrechts nicht darauf an, dass gerade der **Personalausweis** vorgelegt wird. Maßgeblich ist vielmehr, ob die betroffene Person hinreichend sicher identifiziert werden kann, was auch mittels anderer (amtlicher) Ausweisdokumente jedenfalls dann möglich ist, wenn diese ein **Lichtbild** und hinreichend

---

51 BVerwG, Urt. v. 14.07.99 – 6 C 7/98, Rn. 27; Urt. v. 28.03.12 – 6 C 12/11, Rn. 34; s. ferner BVerfG, B. v. 24.7.2015 – 1 BvR 2501/13, Rn. 14; VG Schl.-H., Urt. v. 23.06.18 – 3 A 117/16 (n. v.).
52 Vgl. *G. Kirchhoff*, NVwZ 2021, S. 1177 (1179 f.).
53 Vgl. LG München I, Urt. v. 11.2.2019 – 25 Ns 116 Js 165870/17, Rn. 2; LG Köln, B. v. 3.9.2020 – 111 Qs 45/20, Rn. 19 f.
54 LG Osnabrück, B. v. 24.9.2021 – 10 Qs/49/21, Rn. 6 ff.; s. ferner LG Kassel, B. v. 23.9.2019 – 2 Qs 111/19, Rn. 5 ff.; zust. LG Aachen, B. v. 15.1.2021 – 60 Qs 52/20, Rn. 33 f.; zuvor auch schon LG Aachen, B. v. 19.8.2020 – 60 Qs 34/20, Rn. 32 f.; vgl. auch LG Frankenthal, B. v. 17.12.2020 – 7 Qs 311/20, Rn. 2; OLG Düsseldorf, Urt. v. 04.11.2022 – 3 RVs 28/22, Rn. 12; aus dem Schrifttum *D. Ullenboom*, NJW 2019, S. 3108 ff.; *F. Roggan*, StV 2020, S. 328 (329 ff.).
55 *J. Ipsen*, Niedersächsisches Polizei- und Ordnungsrecht, Rn. 365; *C. Gusy*, Polizei- und Ordnungsrecht, Rn. 232.
56 BVerfG, B. v. 24.7.2015 – 1 BvR 2501/13, Rn. 11.

individualisierende Elemente enthalten.[57] Aufgrund des vorgelegten Lichtbildausweises, der J als Mitglied des Parlaments auswies, war deren Identität aber geklärt, so dass weitergehende Maßnahmen, namentlich die Verbringung auf die Dienststelle, unter keinem denkbaren Aspekt mehr erforderlich sein konnten.[58] Die Maßnahme war daher rechtswidrig.

40 Ergänzt werden die Regelungen über die Identitätsfeststellung durch eine Bestimmung, die Polizei und Verwaltungsbehörden berechtigt, sich **Berechtigungsscheine** zur Prüfung aushändigen zu lassen, sofern eine Verpflichtung zu deren Mitführung besteht (§ 13 Abs. 3 NPOG). Regelmäßig wird ein Anlass zur Überprüfung eines Berechtigungsscheins nur bestehen, wenn eine Person eine Handlung, für die es einer **Berechtigung** bedarf, aktuell vornimmt oder vornehmen will. Die Vorschrift ermöglicht damit, ohne großen Aufwand zu überprüfen, ob eine Befugnis zu dieser Handlung besteht. Erfasst werden Berechtigungsscheine aller Art, teilweise ist die Verpflichtung zur **Aushändigung** zwecks Überprüfung aber auch fachgesetzlich geregelt. So ist der Führerschein als Nachweis des Bestehens einer Fahrerlaubnis beim Führen eines Kraftfahrzeuges mitzuführen und zuständigen Personen auf Verlangen zur Prüfung auszuhändigen (§ 4 Abs. 2 Satz 2 FeV).

V. Erkennungsdienstliche Maßnahmen

41 **Die erkennungsdienstlichen Maßnahmen** dienen ebenfalls der Gewinnung von **Informationen** über Personen. Dies geschieht etwa durch die Anfertigung von **Lichtbildern** der Person oder auch (nur) von Körperteilen, die Abnahme von Finger- und Handflächenabdrücken sowie die Vornahme von **Messungen** und der Feststellung anderer äußerer körperlicher Merkmale wie etwa Narben (§ 15 Abs. 3 NPOG). Die Aufzählung der genannten Maßnahmen im Gesetz ist nicht abschließend, da auch „andere vergleichbare Maßnahmen" zulässig sind.[59] Mit Blick auf diese Wendung könnte man Bedenken gegen deren **Bestimmtheit** hegen wollen. Die eine Anfertigung von Lichtbildern, die Abnahme von Fingerabdrücken sowie „ähnliche Maßnahmen" ermöglichende Parallelnorm des Strafprozessrechts (§ 81b StPO) hat das Bundesverfassungsgericht aber auch unter dem Aspekt der hinreichenden Bestimmtheit unbeanstandet gelassen.[60] Eingriffe in die **körperliche Integrität** ermöglicht die Vorschrift nicht, da derartige Maßnahmen nicht mit der Feststellung äußerer körperlicher Merkmale vergleichbar sind. Auch die Entnahme von Körperzellen („Speichelprobe") kann daher nicht auf die allgemeine Befugnis zu erkennungsdienstlichen Maßnahmen gestützt werden,[61] zumal **molekulargenetische Untersuchungen** eine eigenständige Regelung gefunden haben (§ 15a NPOG). Auch sind entwürdigende Behandlungen wegen der Abwägungsfestigkeit der unantastbaren Menschenwürde[62] generell unzulässig, denn die **Menschenwürde** ist nicht nur „mit keinem Einzelgrundrecht abwägungsfähig",[63] sondern auch einer Abwägung mit gegenläufigen öffentlichen Belangen entzogen;[64] die Frage nach der Wahrung der **Verhältnismäßigkeit** stellt sich in derartigen Fällen nicht.[65]

42 Mit erkennungsdienstlichen Maßnahmen können zwei grundlegend verschiedene Zielsetzungen verfolgt werden: Zum einen handelt es sich um ein Instrument der **Identitätsfeststellung**

---

57 Vgl. (zu § 21 ASOG Bln) *M. Knape / S. Schönrock*, § 21 Rn. 20.
58 Vgl. BVerfG, B. v. 27.1.1992 – 2 BvR 658/90, Rn. 18 f.
59 *K. Waechter*, in: Möstl/Weiner, Polizei- und Ordnungsrecht Niedersachsen, § 15 Rn. 95.
60 BVerfG, B. v. 14.2.1978 – 2 BvR 406/77, Rn. 48.
61 Anders *Th. Kingreen / R. Poscher*, Polizei- und Ordnungsrecht, § 13 Rn. 62.
62 Näher *W. Höfling*, in: Sachs (Hrsg.), GG, Art. 1 Rn. 11; *H. Dreier*, in: ders. (Hrsg.), GG, Art 1 I Rn. 46, 130.
63 BVerfG, B. v. 10.10.1995 – 1 BvR 1476/91 u. a., Rn. 121; B. v. 11.3.2003 – 1 BvR 426/02, Rn. 26; s. ferner BVerfG, B. v. 3.6.1987 – 1 BvR 313/85, Rn. 25.
64 BVerfG, Urt. v. 3.3.2004 – 1 BvR 2378/98 u. a., Rn. 125.
65 Dies grundsätzlich verkennend Nds. OVG, B. v. 22.4.2015 – 11 ME 58/15, Rn. 17.

V. Erkennungsdienstliche Maßnahmen

(§ 13 NPOG), zum anderen geht es um **vorbeugende Bekämpfung** von Straftaten (§ 1 Abs. 1 Satz 3 NPOG). Zunächst können die Verwaltungsbehörden und die Polizei eine erkennungsdienstliche Maßnahme veranlassen, wenn die Feststellung der Identität auf andere Weise nicht oder nur unter erheblichen Schwierigkeiten möglich ist (§ 15 Abs. 1 Satz 1 Nr. 1 NPOG). Ferner zulässig ist die erkennungsdienstliche Behandlung zur Verhütung von Straftaten, weil die betroffene Person wegen einer Straftat verurteilt wurde oder (jedenfalls) verdächtig ist, eine Straftat begangen zu haben, und sich aus **Art oder Begehensweise** der Tat die (Wiederholungs-) Gefahr weiterer entsprechender Straftaten ableiten lässt (§ 15 Abs. 1 Satz 1 Nr. 2 NPOG).

Die erkennungsdienstlichen Maßnahmen zur Identitätsfeststellung bilden danach ein **letztes Mittel**, wenn nicht auf andere zumutbare Weise festgestellt werden kann, um wen es sich bei der betroffenen Person handelt (→ Rn. 33). Führt jemand keine **Ausweispapiere** mit sich, sind diese aber beschaffbar, so wird daher vorrangig dieser Weg zu gehen sein, zumal auch die erkennungsdienstliche Behandlung nicht zwangsläufig zu einem Erfolg führen muss. Demgegenüber kommt eine erkennungsdienstliche Behandlung in Betracht, wenn Dokumente nicht vorhanden sind und auch nicht herbeigeschafft werden können, sich Angaben als erkennbar falsch erweisen oder eine Person an der Feststellung der Identität nicht mitwirken will oder kann, weil sie etwa desorientiert ist. Sofern eine Person nicht aufgrund einer Verhaltens- oder Zustandsverantwortlichkeit als **Maßnahmeadressat** in Anspruch genommen werden kann, ist eine erkennungsdienstliche Behandlung zur Identitätsfeststellung indes nur zulässig, wenn Angaben zur Person verweigert werden oder tatsächliche Anhaltspunkte den Verdacht einer **Täuschung** über die Identität begründen (§ 15 Abs. 1 Satz 3 NPOG). Diese Rechtsfolge lässt sich nicht dadurch unterlaufen, dass im Falle einer auf anderen Gründen basierenden **Unmöglichkeit** der Feststellung der Identität eine polizeirechtliche Verantwortlichkeit der betroffenen Person angenommen wird;[66] die praktische Relevanz dieser Frage dürfte indes gering sein.[67] Wurde die Identität ermittelt, so sind die erhobenen personenbezogenen Daten und erstellten Unterlagen zu vernichten, sofern sie nicht für die **vorbeugende Kriminalitätsbekämpfung** benötigt werden (§ 15 Abs. 2 Satz 1 NPOG).

Nicht ganz leicht zu bestimmen ist der **Anwendungsbereich** der Regelung über erkennungsdienstliche Maßnahmen zum Zwecke der Verhütung von Straftaten, da das **Strafprozessrecht** derartige Maßnahmen nicht nur für Zwecke eines Strafverfahrens, sondern auch für „Zwecke des Erkennungsdienstes" ermöglicht (§ 81b StPO). Zudem existiert eine eigene Regelung über das Verhältnis der genannten Vorschriften zueinander, der zufolge gegen **„Beschuldigte"** keine erkennungsdienstlichen Maßnahmen nach Maßgabe des Polizei- und Ordnungsrechts angeordnet werden dürfen, solange „Maßnahmen zu Zwecken des Erkennungsdienstes" aufgrund des **Strafprozessrechts** zulässig sind (§ 111 NPOG).

Die Lösung für das **Kollisionsproblem**, dass sich aus diesem Nebeneinander erkennungsdienstlicher Maßnahmen aufgrund des Gefahrenabwehrrechts und des Strafprozessrechts ergibt, liegt wiederum in der Zuordnung von Maßnahmen entsprechend den unterschiedlichen **Gesetzgebungszuständigkeiten** von Bund und Ländern: Bei einer erkennungsdienstlichen Maßnahme zum Zwecke der Verhütung von Straftaten (§ 15 Abs. 1 Satz 1 Nr. 2 NPOG) handelt es sich um ein Instrument der Gefahrenabwehr, mit der eine künftige Begehung von Straftaten verhindert werden soll (§ 1 Abs. 1 Satz 3 NPOG). Dienen die Zwecke des strafprozessualen „Erkennungsdienstes" hingegen der Vorsorge für die Verfolgung von (künftigen) Straftaten, fällt dies als Teil des Strafverfahrensrechts in die Zuständigkeit des Bundesgesetzgebers (→ § 2

---

66 In diese Richtung auch *J. Ipsen*, Niedersächsisches Polizei- und Ordnungsrecht, Rn. 376.
67 Vgl. *K. Waechter*, in: Möstl/Weiner, Polizei- und Ordnungsrecht Niedersachsen, § 15 Rn. 70; *B. Beckermann*, in: Saipa u. a., NPOG, § 15 Rn. 7.

Rn. 14 ff.). Auf Basis des (Landes-) Gefahrenabwehrrechts können erkennungsdienstliche Maßnahmen daher nicht zu dem Zweck erfolgen, Tatverdächtige aufgrund des erhobenen und gespeicherten Datenmaterials – beispielsweise Fingerabdrücken – im Falle der (künftigen) Begehung einer weiteren Straftat zu überführen,[68] denn bei einer Datenerhebung zu diesem Zwecke handelte es sich um Vorsorge für die Verfolgung künftiger Straftaten, die in die konkurrierende Zuständigkeit des **Bundesgesetzgebers** fällt und in der Strafprozessordnung abschließend geregelt ist (§ 81b StPO). Zulässig ist es hingegen, mit einer erkennungsdienstlichen Maßnahme das Ziel zu verfolgen, eine potenziell tatgeneigte Person dadurch von ihrem Tun abzuhalten, weil sie um das Vorhandensein des erhobenen **Datenmaterials** und dessen etwaigen Nutzen im Rahmen von Ermittlungen weiß.

46 Die vom niedersächsischen Gesetzgeber ausdrücklich getroffene **Kollisionsregelung** (§ 111 NPOG) entfaltet daher von vornherein keine Sperrwirkung, solange und soweit eine erkennungsdienstliche Maßnahme allein der Gefahrenabwehr dient, da das Bundesrecht in diesem Falle schon nicht einschlägig ist. Bedeutung hat die Vorschrift allenfalls für die „Grauzone" **doppelfunktionaler Maßnahmen**, wie sie namentlich dann in Betracht kommen, wenn eine Person einer Straftat verdächtig und insofern „beschuldigt" ist; für diesen Fall soll es bei der bundesrechtlichen Regelung sein Bewenden haben.

47 Eine erkennungsdienstliche Maßnahme zur **vorbeugenden Kriminalitätsbekämpfung** erfordert zunächst nur den Verdacht einer begangenen Straftat. Erst recht ist eine solche Maßnahme zulässig, wenn die betreffende Person verurteilt wurde und die **Tatbegehung** damit über die Verdachtslage hinaus feststeht. Eine erkennungsdienstliche Behandlung kann aber auch dann erfolgen, wenn ein **Ermittlungsverfahren** eingestellt worden ist, weil eine Verurteilung nicht als überwiegend wahrscheinlich angesehen wurde (§ 170 Abs. 2 StPO), eine anderweitige Erledigung durch Einstellung erfolgte (§§ 153, 153a StPO) oder die Person schuldunfähig oder noch nicht strafmündig ist und deshalb nicht verurteilt werden kann. Dem steht die im Rechtsstaatsprinzip wurzelnde Unschuldsvermutung (→ § 9 Rn. 116 f.) nicht entgegen, denn ein „Tatverdacht" ist etwas substantiell anderes als die Schuldfeststellung, die erst die Unschuldsvermutung entfallen lässt.[69] Allerdings bedarf es fortbestehender **Verdachtsmomente** für die Begehung einer Straftat durch die betroffene Person sowie einer **Wiederholungsgefahr**,[70] die sich etwa aus Art oder Begehungsweise der in Rede stehenden Taten ergeben kann.

VI. Gefährderansprache

▶ **Fall:**[71] K hat in der Vergangenheit wiederholt an Versammlungen und Demonstrationen linksgerichteter Kreise teilgenommen, aus deren Anlass es auch zu gewalttätigen Ausschreitungen und Auseinandersetzungen mit polizeilichen Einsatzkräften gekommen ist. Nachdem im Vorfeld eines EU-Gipfels verschiedene Initiativen aus der sogenannten „autonomen Szene" sowie globalisierungskritische Initiativen zu Demonstrationen aufrufen, erhält K ein Schreiben der zuständigen Polizeiinspektion, in dem es heißt, zur Vermeidung präventiv-polizeilicher Maßnahmen im Rahmen der Gefahrenabwehr oder strafprozessualer Maßnahmen aus Anlass der Begehung von Straftaten im Rahmen der demonstrativen Aktionen werde K nahegelegt, sich nicht an den Demonstrationen zu beteiligen. ◀

---

68 Nds. OVG, B. v. 22.4.2015 – 11 ME 58/15, Rn. 6; s. ferner *B. Beckermann*, in: Saipa u. a., NPOG, § 15 Rn. 9; *K. Waechter*, in: Möstl/Weiner, Polizei- und Ordnungsrecht Niedersachsen, § 15 Rn. 28.
69 BVerfG, B. v. 16.5.2002 – 1 BvR 2257/01, Rn. 9.
70 BVerfG, B. v. 16.5.2002 – 1 BvR 2257/01, Rn. 15.
71 Nach Nds. OVG, Urt. v. 22.9.2005 – 11 LC 51/04.

VI. Gefährderansprache

Die **Gefährderansprache** ist ein seit langem etabliertes Instrument der Gefahrenabwehr, das im Jahre 2019 eine eigene gesetzliche Regelung erfahren hat (§ 12a NPOG).[72] Mit der Gefährderansprache soll eine konkrete **Gefahr** abgewehrt oder eine **Straftat** verhindert werden, indem gegenüber den Adressaten einer solchen Maßnahme offengelegt wird, welche **Informationen** den Behörden zu diesen Personen bereits vorliegen. Damit wird zugleich signalisiert, dass die betreffenden Personen „aus der Anonymität der Masse herausgehoben und ... einem erhöhten Entdeckungsrisiko ausgesetzt sind".[73]

48

Nach der gesetzlichen Regelung können Verwaltungsbehörden und Polizei einzelne Personen ansprechen (Gefährderansprache) oder anschreiben (Gefährderanschreiben), wenn die betreffende Person eine **Gefahr** verursacht oder Tatsachen die Annahme rechtfertigen, dass sie innerhalb eines **übersehbaren Zeitraums** auf eine zumindest ihrer Art nach konkretisierte Weise eine Straftat begehen wird (§ 12a Abs. 1 S. 1 NPOG). Mit dieser Formulierung lehnt sich die Regelung an eine Wendung aus der Rechtsprechung des Bundesverfassungsgerichts an, der zufolge die Zulässigkeit insbesondere **verdeckter Datenerhebungen** wie etwa Online-Durchsuchungen[74] jedenfalls voraussetzt, dass Tatsachen den Schluss auf ein wenigstens seiner Art nach konkretisiertes und zeitlich absehbares Geschehen zulassen.[75] Auf diese Vorgabe hat der niedersächsische Gesetzgeber auch an anderer Stelle (§§ 16a Abs. 1, 17a Abs. 1 Satz 1 Nr. 1, 17c Abs. 1 Nr. 1, 33a Abs. 1 Nr. 2, 33d Abs. 1 Satz 1 Nr. 2, 34 Abs. 1 Satz 1 Nr. 2, 37 Abs. 1, 39 Abs. 2 Satz 1 Nr. 2 lit. a) NPOG) zurückgegriffen; ein besonderer Zusammenhang dieser Rechtsprechung gerade mit der **Gefährderansprache** besteht indes nicht.

49

Zum Inhalt der Gefährderansprache verhält sich die gesetzliche Regelung nicht. In der Sache geht es darum, gegenüber der betroffenen Person die vorhandenen **Informationen**, die den Schluss insbesondere auf eine bevorstehende Straftat tragen, zu offenbaren. Damit soll das erwartete Geschehen zugleich verhindert werden, indem den Maßnahmeadressaten signalisiert wird, dass sie im **Fokus der behördlichen Aufmerksamkeit** stehen; es bedarf daher einer hinreichend spezifischen Mitteilung des erwarteten Geschehens.[76] Auch müssen die der Maßnahme zugrunde liegenden und der betroffenen Person übermittelten Informationen zutreffen und ferner rechtmäßig erhoben sowie weiterverarbeitet worden sein, da rechtswidrig erhobene Daten schon aufgrund von **Vorgaben des EU-Rechts**[77] (→ § 9 Rn. 94) nicht verarbeitet und rechtswidrig verarbeitete Daten nicht (weiter-) verwendet werden dürfen.[78]

50

Aus **grundrechtlicher Sicht** soll es sich bei der Gefährderansprache jedenfalls dann um eine (influenzierende) Einwirkung auf das jeweils einschlägige Grundrecht handeln, wenn die Maßnahme gerade auf eine **Verhaltenssteuerung** abzielt,[79] was bei Gefährderansprachen regelmäßig der beabsichtigte Effekt sein dürfte;[80] bei Versammlungen einschlägig ist danach die Versammlungsfreiheit (Art. 8 GG) und im Übrigen die allgemeine Handlungsfreiheit (Art. 2 Abs. 1 GG)[81] oder ein anderes spezielleres Grundrecht wie etwa die Meinungs- oder

51

---

72 Nds. GVBl. 2019, S. 88.
73 So die Antwort der Landesregierung auf eine Mündliche Anfrage (LT-Drs. 16/2160, Nr. 39), Nds. Landtag, 16. WP, StenogrBer, S. 8037.
74 Vgl. BVerfG, Urt. v. 27.2.2008 – 1 BvR 370/07 u. a., Rn. 251.
75 Vgl. BVerfG, Urt. v. 20.4.2016 – 1 BvR 966/09 u. a., Rn. 112, 164 f.
76 *K. Waechter*, in: Möstl/Weiner, Polizei- und Ordnungsrecht Niedersachsen, § 12a Rn. 45 ff.
77 Vgl. Art. 5 Abs. 1 lit. a), b), f) VO (EU) 2016/679 v. 27.4.2016, ABl. 2016 L 119/1 (Datenschutz-Grundverordnung) sowie Art. 4 Abs. 1 lit. a), b) f) RL (EU) 2016/680 v. 27.4.2016, ABl. 2016 L 119/89 (JI-Richtlinie).
78 Insoweit anders *K. Waechter*, in: Möstl/Weiner, Polizei- und Ordnungsrecht Niedersachsen, § 12a Rn. 22.
79 Nds. OVG, Urt. v. 22.9.2005 – 11 LC 51/04, Rn. 27.
80 Differenzierend das Nds. Innenministerium in einer Antwort auf eine Kleine Anfrage, LT-Drs. 16/4946 v. 5.7.2012, S. 2.
81 VG München, Urt. v. 18.2.2020 – M/K 18/5065, Rn. 13.

auch Berufsfreiheit.[82] Die Annahme einer Einwirkung auf grundrechtlich geschützte Freiheit begegnet in dieser Allgemeinheit aber Bedenken, denn die schlichte Einflussnahme auf eine **Willensbildung** durch Übermittlung von Informationen über polizeiliche Erkenntnisse belässt den betroffenen Personen die freie Entscheidung darüber, wie sie sich unter Berücksichtigung dieser Sachlage entscheiden will. An der für einen Grundrechtseingriff erforderlichen **Zwangswirkung**[83] wird es daher regelmäßig fehlen, so dass die Information einer Person über die zu ihr vorliegenden Erkenntnisse unbeschadet der damit beabsichtigten Einflussnahme auf deren Verhalten in Ermangelung einer rechtlich oder auch nur tatsächlich damit einhergehenden Zwangswirkung grundrechtlich irrelevant ist.[84] Anders ist dies zu beurteilen, wenn eine konkrete **Verhaltensaufforderung** ergeht, die mit einer **Sanktionsandrohung** verbunden wird.[85] Im Beispielsfall dürfte die Schwelle zur grundrechtlichen Relevanz der polizeilichen Empfehlung hingegen noch nicht überschritten sein.[86]

52 Im Übrigen liegt eine **Grundrechtsbeeinträchtigung** bei einer Gefährderansprache zumindest insoweit vor, als jemand zum Zwecke der Gefährderansprache kurzzeitig angehalten wird. Dabei handelt es sich im Normalfall um eine Beeinträchtigung der allgemeinen Handlungsfreiheit, für die eine gesonderte gesetzliche Ermächtigung existiert (§ 12a Abs. 1 Satz 2 NPOG). Weitere **Vorgaben** zur Art und Weise der Durchführung einer Gefährderansprache finden sich jenseits einer Sonderregelung mit Blick **auf minderjährige Personen** (§ 12a Abs. 2 NPOG) nicht. Die betroffene Person kann etwa bei einem Antreffen im öffentlichen Raum – beispielsweise im unmittelbaren Vorfeld einer öffentlichen Veranstaltung oder Versammlung – angesprochen, telefonisch kontaktiert, in ihrer Wohnung aufgesucht oder auch vorgeladen werden (§ 16 Abs. 1 NPOG).

VII. Aufenthaltssteuerung und -kontrolle

1. Platzverweisung

▶ **Fall:** Bei Straßenarbeiten wird in einem Stadtbezirk ein Sprengkörper aus dem zweiten Weltkrieg aufgefunden, der entschärft werden muss. Die Bewohner eines näher bezeichneten Gebiets im Umfeld der Fundstelle werden daher aufgefordert, ihre Wohnungen für die Dauer der Entschärfung zu verlassen. Die 90jährige N erklärt daraufhin, sie sei als Kind ständig vor Bomben geflüchtet, im Alter wolle sie das nicht mehr. ◀

53 Zu den klassischen Instrumenten des Gefahrenabwehrrechts gehört die Befugnis, eine Person vorübergehend von einem bestimmten Ort zu verweisen oder ihr vorübergehend das Betreten eines Ortes zu verbieten. Begrifflich unterscheiden lassen sich mithin der eigentliche **Platzverweis** und ein **Betretensverbot**. In der gesetzlichen Terminologie werden beide Maßnahmen als „Platzverweisung" zusammengefasst (§ 17 Abs. 1 Satz 1 NPOG) und von einem **Aufenthaltsverbot** (§ 17 Abs. 3 NPOG) unterschieden.

54 Voraussetzung für eine Platzverweisung ist allein das Vorliegen einer **(konkreten) Gefahr** (§ 17 Abs. 1 Satz 1 NPOG); dem gleichgestellt wird die Behinderung des Einsatzes der Feuerwehr sowie von Hilfs- oder Rettungsdiensten (§ 17 Abs. 1 Satz 2 NPOG). Sofern Personen aus ihrer **Wohnung** verwiesen werden sollen, bedarf es allerdings einer gegenwärtigen und erheblichen Gefahr (§ 17 Abs. 2 NPOG).

---

82 Vgl. HessVGH, B. v. 28.11.2011 – 8 A 199/11.Z, Rn. 14.
83 Vgl. dazu *Th. Koch*, Der Grundrechtsschutz des Drittbetroffenen, S. 72 ff. (80 f.) mwN.
84 Anders *V. Mehde*, in Hartmann/Mann/Mehde, Landesrecht Niedersachsen, § 4 Rn. 89.
85 Vgl. OVG LSA, Urt. v. 21.3.2012 – 3 L 341/11, Rn. 4 ff., 30.
86 Anders Nds. OVG, Urt. v. 22.9.2005 – 11 LC 51/04, Rn. 27 ff.

Grundsätzlich nicht erforderlich ist, dass die Anordnung an eine verantwortliche Person (§§ 6 und 7 NPOG) gerichtet wird oder die Voraussetzungen für die Inanspruchnahme nicht verantwortlicher Personen (§ 8 NPOG) vorliegen; potenzielle **Maßnahmeadressaten** sind daher beliebige Personen. Anders verhält es sich, soweit die Anordnung zur Abwehr der Behinderung von Einsätzen der Feuerwehr oder von Hilfs- oder Rettungsdiensten erfolgt (§ 17 Abs. 1 Satz 2 NPOG). In diesen Fällen ist weiter erforderlich, dass das Verhalten der betroffenen Person geeignet ist, die Effektivität des Einsatzgeschehens zu beeinträchtigen.[87] Damit handelt es sich bei dieser Regelung im Ergebnis um eine restringierende **Sondervorschrift** gegenüber dem „allgemeinen" Platzverweis (§ 17 Abs. 1 Satz 1 NPOG), die im Grunde nicht notwendig war[88] und sich sonderbarerweise nicht auf die Behinderung polizeilicher Einsätze erstreckt.[89]

In zeitlicher Hinsicht ist die **Platzverweisung** grundsätzlich als „vorübergehend" (§ 17 Abs. 1 Satz 1 NPOG) gedacht. Eine lang anhaltende oder gar dauerhafte Beschränkung der Möglichkeit des Aufenthalts an einem bestimmten Ort kommt daher nicht in Betracht; ein exakter und allgemeingültiger **Endtermin** ist dem Gesetz allerdings nicht zu entnehmen. Letztlich wird man sich an der voraussichtlichen (Fort-) Dauer der Gefahr zu orientieren haben.[90] Eine konkrete Gefahr ist typischerweise ein vorübergehendes Phänomen und die Platzverweisung jedenfalls dann nicht mehr erforderlich, wenn die **Gefahrenlage** oder ein Einsatz beendet wurde. Sofern die Gefahr gerade daraus resultiert, dass eine Person sich an einem bestimmten Ort aufhält und dort auf andere Personen einzuwirken versucht, wird der schlichte Platzverweis ebenfalls nur eine zeitlich begrenzte Maßnahme sein können. Bei wiederholten störenden Handlungen kommen mehrfache Platzverweise und letztlich auch weitergehende Maßnahmen bis hin zur **Ingewahrsamnahme** zwecks Durchsetzung der Platzverweisung (§ 18 Abs. 1 Nr. 3 NPOG) in Betracht.

Anders als zur zeitlichen Dimension des Platzverweises („vorübergehend") verhält sich die gesetzliche Regelung zu dessen **räumlicher Reichweite** nicht. Der Begriff „Ort" kann jedenfalls nicht im Sinne einer Siedlung („Ortschaft") verstanden werden; er bezeichnet vielmehr ein hinreichend konkretes **Gebiet im Raum**. Dabei wird es sich regelmäßig um öffentliche Flächen wie Straßen, Plätze, Parks, Sportanlagen o. ä. handeln; möglich ist aber auch die Anknüpfung an eine einzelne Wohnung oder ein bestimmtes Grundstück. Allerdings ist die mögliche **Reichweite** eines Platzverweises nicht auf ein Gebäude, eine Straße oder einen Platz beschränkt.[91] Letztlich wird auch in diesem Zusammenhang auf die in Rede stehende Gefahr und deren räumliche Reichweite abzustellen sein.[92] Allerdings folgt im Umkehrschluss aus der Regelung über **Aufenthaltsverbote**, die sich ausdrücklich auf „ein Gebiet innerhalb einer Gemeinde oder auch ein gesamtes Gemeindegebiet" erstrecken können (§ 17 Abs. 3 Satz 2 NPOG), dass der „Ort" als Bezugspunkt des Platzverweises einen kleinräumigeren Bereich meint. Jedenfalls nicht möglich ist ein Platzverweis für „ganz Niedersachsen";[93] dessen **Verhältnismäßigkeit** erscheint im Übrigen auch nur schwer vorstellbar.

Aus der Perspektive der Adressatinnen und Adressaten ist namentlich bei mündlich ausgesprochenen Platzverweisen von Bedeutung, dass dessen **räumlicher Umfang** hinreichend bestimmt und eindeutig sein muss. Im öffentlichen Interesse und im Interesse der Betroffenen

---

87 Ähnl. *Th. Kingreen / R. Poscher*, Polizei- und Ordnungsrecht, § 15 Rn. 16.
88 So zu Recht *K. Waechter*, in: Möstl/Weiner, Polizei- und Ordnungsrecht Niedersachsen, § 17 Rn. 35.
89 Anders z. B. § 29 Abs. 1 Satz 2 ASOG Bln.
90 *K. Waechter*, in: Möstl/Weiner, Polizei- und Ordnungsrecht Niedersachsen, § 17 Rn. 28; *K. Graulich*, in: Lisken/Denninger, Abschnitt E Rn. 438; s. ferner *V. Götz / M.-E. Geis*, Allgemeines Polizei- und Ordnungsrecht, § 17 Rn. 22.
91 Nds. OVG, B. v. 4.2.2019 – 11 LA 366/18, Rn. 8.
92 Nds. OVG, B. v. 4.2.2019 – 11 LA 366/18, Rn. 8.
93 So der Sachverhalt von OLG Braunschweig, B. v. 30.8.2018 – 1 W 114/17, Rn. 14.

muss klar erkennbar sein, welchen **Bereich** die betroffene Person zu verlassen hat oder nicht betreten darf. Die schlichte Bezeichnung des betreffenden Areals etwa als „Innenstadt" verlagert die Risiken damit einhergehender **Unsicherheiten** über die Abgrenzung einseitig auf die betroffene Person und ist daher entgegen der Auffassung des Niedersächsischen Oberverwaltungsgerichts[94] zu unbestimmt.

59 Nicht unproblematisch ist auch die grundrechtliche Einordnung des Platzverweises. In diesem Zusammenhang genannt wird zunächst die **Freizügigkeit** (Art. 11 GG).[95] Dieses Grundrecht gewährleistet die Freiheit, Aufenthalt und Wohnsitz an einem beliebigen Ort im Bundesgebiet zu nehmen.[96] Eine **Wohnsitznahme** ist indes auf eine längere Dauer angelegt, desgleichen wird auch für den Aufenthalt ein gewisses Element der Dauer zu fordern sein.[97] Die grundsätzliche Möglichkeit eines dauerhaften Aufenthalts an einem bestimmten Ort wird durch einen vorübergehenden Platzverweis aber nicht beschränkt.[98] Zudem ist zu berücksichtigen, dass die Freizügigkeit nicht zur Abwehr beliebiger Gefahren, sondern nur unter engen Voraussetzungen eingeschränkt werden kann (Art. 11 Abs. 2 GG). Es ist jedoch nichts dafür ersichtlich, dass mit Art. 11 GG die Möglichkeit der Erteilung von Platzverweisen begrenzt werden sollte.[99] Ein punktueller und zeitlich beschränkter Platzverweis ist daher nicht an dem Grundrecht der Freizügigkeit zu messen.[100]

60 Ebenfalls nicht einschlägig ist bei Platzverweisen die **Freiheit der Person** (Art. 2 Abs. 2 GG),[101] da dieses Grundrecht als Teil des Schutzes der Person und persönlichen Sphäre auf die Abwehr von Beeinträchtigungen ausgelegt ist, die „aufgrund Gesetzes" (Art. 2 Abs. 2 Satz 3 GG) durch **tatsächliche Handlungen** („Realakte") erfolgen (→ § 3 Rn. 19 ff.). Folgerichtig ist auch ein Platzverweis aus grundrechtlicher Sicht allein an der allgemeinen Handlungsfreiheit (Art. 2 Abs. 1 GG) zu messen, denn die betroffene Person wird nicht (tatsächlich) eingesperrt, sondern allein am Aufenthalt an einer bestimmten Stelle gehindert. In Rede steht daher auch keine „**Bagatellgrenze**" in Bezug auf Freiheitsbeschränkungen, die bei einem Platzverweis wohl auch überschritten wäre.[102]

61 Im Beispielsfall besteht offenbar die Möglichkeit, dass der Sprengkörper explodieren wird. Dies reicht für eine **konkrete Gefahr** aus, da angesichts der möglichen Schäden für wichtige Rechtsgüter wie Leib und Leben an die Wahrscheinlichkeit des Schadenseintritts bei einer drohenden Explosion eines Sprengkörpers keine hohe Anforderungen zu stellen sind. Allerdings steht eine Platzverweisung aus der **Wohnung** in Rede, so dass die Sonderregelung eingreift, der zufolge eine solche Maßnahme gegen den Willen der berechtigten Person nur zur Abwehr einer gegenwärtigen erheblichen Gefahr zulässig ist (§ 17 Abs. 2 NPOG). Diese Regelung zielt erkennbar auf den grundrechtlichen Schutz der Wohnung, da Beeinträchtigungen in diesem Bereich eine „dringende" Gefahr erfordern (Art. 13 Abs. 7 GG), die in Niedersachsen

---

94 Nds. OVG, B. v. 4.2.2019 – 11 LA 366/18, Rn. 7.
95 Vgl. *J. Ipsen*, Niedersächsisches Polizei- und Ordnungsrecht, Rn. 400.
96 BVerfG, Urt. v. 17.3.2004 – 1 BvR 1266/00, Rn. 33; Urt. v. 17.12.2013 – 1 BvR 3139/08 u. a., Rn. 253; s. ferner *J. Ipsen*, Staatsrecht II – Grundrechte, Rn. 612; *M. Pagenkopf*, in: Sachs (Hrsg.), GG, Art. 11 Rn. 14; *F. Wollenschläger*, in: Dreier (Hrsg.), GG, Art. 11 Rn. 25; *Ph. Kunig / S. Graf v. Kielmansegg*, in: v. Münch/Kunig, GG, Art. 11 Rn. 27.
97 *M. Pagenkopf*, in: Sachs (Hrsg.), GG, Art. 11 Rn. 16; s. ferner *F. Schoch*, in: ders. (Hrsg.), Besonderes Verwaltungsrecht, Kap. 1 Rn. 537.
98 *K. Graulich*, in: Lisken/Denninger, Abschnitt E Rn. 437.
99 Ähnl. (für § 29 ASOG Bln) *M. Knape / S. Schönrock*, § 29 Rn. 9.
100 BVerfG, B. v. 25.3.2008 – 1 BvR 1548/02, Rn. 25; *F. Wollenschläger*, in: Dreier (Hrsg.), GG, Art. 11 Rn. 25; *F. Schoch*, in: ders. (Hrsg.), Besonderes Verwaltungsrecht, Kap. 1 Rn. 537.
101 *F. Schoch*, in: ders. (Hrsg.), Besonderes Verwaltungsrecht, Kap. 1 Rn. 537; anders aber *K. Graulich*, in: Lisken/Denninger, Abschnitt E Rn. 437; in diese Richtung auch *St. Rixen*, in: Sachs (Hrsg.), GG, Art. 2 Rn. 240.
102 Vgl. *St. Rixen*, in: Sachs (Hrsg.), GG, Art. 2 Rn. 240.

VII. Aufenthaltssteuerung und -kontrolle

in Einklang mit den Vorgaben der Verfassung[103] durch die Erfordernisse einer **erhöhten Schadenswahrscheinlichkeit** in Bezug auf besonders **bedeutsame Rechtsgüter** definiert ist (§ 2 Nr. 4 NPOG). Eine gegenwärtige Gefahr liegt aber erkennbar nicht vor, denn das potenziell schädigende Ereignis ist nicht die bevorstehende Entschärfung des Sprengkörpers,[104] sondern die mögliche Explosion. Dass ein solches schädigenden Ereignis bereits begonnen hat oder unmittelbar oder in allernächster Zeit mit einer an Sicherheit grenzenden Wahrscheinlichkeit bevorsteht (§ 2 Nr. 2 NPOG), wird für Fälle der Entschärfung eines Sprengkörpers aber nicht angenommen werden können.

Dieses Ergebnis ist schon deshalb unbefriedigend, weil es mit der Anknüpfung an das Vorhandensein einer Wohnung das eigentliche Problem verfehlt: Im Beispielsfall ist N erkennbar bereit, das mit dem Verweilen in ihrer Wohnung verbundene Risiko einzugehen. Die daran anknüpfende Frage ist, ob Personen, denen eine Gefahr droht, gegen ihren Willen ein bestimmtes Verhalten zur Abwendung einer Gefahr auferlegt werden kann. Auf der einen Seite schließt das **Selbstbestimmungsrecht** des Einzelnen grundsätzlich auch das Eingehen von Risiken – von ungesunder Lebensweise bis Risikosportarten – ein (→ Rn. 86). Der Beispielsfall illustriert damit eine Facette der Problematik des Schutzes des Menschen „vor sich selbst", mit der sehr grundsätzliche Fragestellungen – denen hier nicht im Einzelnen nachgegangen werden kann – verbunden sind.[105] Mit Blick auf Sachverhalte, in denen (drohende) **Katastrophen** in Rede stehen, wird man andererseits zu berücksichtigen haben, dass Personen, die das Risiko der Realisierung der Gefahr einzugehen bereit sind, möglicherweise Hilfe benötigen (und dann auch wünschen), wenn dieser Fall tatsächlich eintritt; dadurch können ohnehin knappe und anderweitig benötigte Ressourcen gebunden werden und zudem **Gefahren für die Helfenden** entstehen. Die Folgen der Inkaufnahme eines Risikos reichen daher über die dazu bereiten Personen hinaus.

62

Sieht man von dem Spezialproblem der Erforderlichkeit einer gegenwärtigen Gefahr ab, so ist daher grundsätzlich möglich, Anwohnerinnen und Anwohnern bei der Entschärfung von Sprengkörpern im öffentlichen Interesse die Pflicht zur Befolgung einer Verfügung in Form einer **Platzverweisung** auch dann aufzuerlegen, wenn betroffene Personen bereit sind, die mit einem Verbleiben an Ort und Stelle verbundenen Risiken einzugehen. Für die Rechtmäßigkeit einer solchen Verfügung kommt es dann weiter darauf an, ob sich die betroffenen Personen tatsächlich in einem räumlichen Bereich befinden, in dem sie zu Schaden kommen können. Das lässt sich in derartigen Fällen nicht immer mit letzter Sicherheit prognostizieren, so dass man sich mit realistischen **Schätzungen** wird begnügen müssen. Eine polizeirechtliche Verantwortlichkeit der Betroffenen ist nicht erforderlich.

63

2. Aufenthaltsverbot

▶ **Fall:**[106] K ist Anhänger eines Fußballvereins und wirkt in einer als gewaltbereit geltenden Gruppe von „Problemfans" mit. In der vergangenen Saison sind verschiedene Aktivitäten des K im Zusammenhang mit Fußballspielen dokumentiert worden. So sei er Teil von „Störergruppen" gewesen, die aus Anlass von Auswärtsspielen in der jeweiligen Stadt der gegnerischen Mannschaft aufgefallen sind. Zudem sei mehrfach seine Identität im Zusammenhang mit gewalttätigen Auseinandersetzungen zwischen rivalisierenden Anhängern von Fußballmannschaften festgestellt worden. Die Polizei erließ daher ein Aufenthaltsverbot, mit dem K untersagt wurde, sich in der kommenden Fußballsaison an Tagen mit Heimspielen seines

---

103 *K. Waechter*, in: Möstl/Weiner, Polizei- und Ordnungsrecht Niedersachsen, § 17 Rn. 46.
104 Daran anknüpfend *J. Ipsen*, Niedersächsisches Polizei- und Ordnungsrecht, Rn. 393.
105 Ausführl. und mit zahlr. Beispielen *Ch. Hillgruber*, Der Schutz des Menschen vor sich selbst, 1992.
106 Nach Nds. OVG, Urt. v. 26.4.2018 – 11 LC 288/16.

Vereins in dem Zeitraum von sechs Stunden vor Spielbeginn bis sechs Stunden nach Spielende in einem konkret bezeichneten Bereich im Umfeld des Fußballstadions aufzuhalten. Zur Begründung heißt es, aufgrund des bisherigen Verhaltens des K und den Feststellungen szenekundiger Polizeikräfte sei zu erwarten, dass K an den Heimspieltagen erneut Gelegenheit zur Auseinandersetzung mit gegnerischen Fans suchen und dabei Straftaten begehen werde. ◂

64 Anders als bei der Platzverweisung handelt es sich bei dem **Aufenthaltsverbot** um eine Maßnahme der vorbeugenden Bekämpfung von Straftaten. Die Polizei ist danach befugt, einer Person das Betreten eines bestimmten örtlichen Bereichs oder den Aufenthalt in diesem Bereich zu verbieten, wenn Tatsachen die Annahme rechtfertigen, dass die Person dort eine Straftat begehen wird (§ 17 Abs. 3 NPOG). Es bedarf daher der **Prognose** einer Begehung von Straftaten gerade durch die betroffene Person.[107] Aus der Perspektive zum Zeitpunkt der Entscheidung müssen Erkenntnisse über das Verhalten dieser Person in der Vergangenheit vorliegen, die die Annahme tragen, dass sie künftig Straftaten in dem betreffenden örtlichen Bereich begehen wird.[108] Diese Tatsachengrundlage bieten allein nachprüfbare und dem Beweis zugängliche Geschehnisse;[109] Mutmaßungen oder Einschätzungen spekulativen Charakters reichen nicht aus. Nicht gefordert wird hingegen eine vorangegangene **strafgerichtliche Verurteilung**.[110] Maßgeblich ist vielmehr eine Gesamtbeurteilung der vorliegenden polizeilichen Erkenntnisse. So kann etwa ein Aufenthaltsverbot gegen Personen ergehen, die erkennbar der örtlichen Drogenszene zuzuordnen sind, auch wenn es bislang lediglich zu **Ermittlungsverfahren** gekommen ist;[111] ebenfalls unbeanstandet blieben mehrmonatige Aufenthaltsverbote gegen sogenannte „Hütchenspieler".[112]

65 Erhöhte Aufmerksamkeit beanspruchen seit einiger Zeit polizeiliche Aufenthaltsverbote gegen als potenziell gewaltbereit geltende **„Problemfans"** im Zusammenhang mit Fußballspielen. Auch in derartigen Fällen bedarf es einer Gesamtbetrachtung der Informationen über das bisherige Verhalten; die schlichte Zugehörigkeit einer Person zu einer gewaltbereiten Fangruppe wird daher für sich genommen regelmäßig nicht ausreichen.[113] Gerade in diesem Zusammenhang von besonderer Relevanz für die **Gefahrenprognose** sind Erkenntnisse aus Ermittlungs- oder Strafverfahren, selbst wenn sie nicht zu einer Ahndung geführt haben,[114] sofern sich nur belastbare Tatsachen ergeben, die die Prognose künftiger Straftaten tragen können. Dafür kann bereits ausreichen, dass eine Person zu einem unterstützenden Umfeld von Gleichgesinnten gehört, durch das aus einer Gruppe heraus Straftaten durch seine Anwesenheit und Solidarisierung gefördert werden.[115] Im Beispielsfall reichen daher die K nachgewiesenen Aktivitäten aus, um ein **Aufenthaltsverbot** zu rechtfertigen. Des Nachweises, dass K selbst an den gewalttätigen Auseinandersetzungen beteiligt gewesen ist, bedarf es hingegen nicht.

---

107 Vgl. OLG Braunschweig, B. v. 30.8.2018 – 1 W 114/17, Rn. 32, das insoweit von einer „doppelten Prognose" spricht.
108 So Nds. OVG, Urt. v. 26.4.2018 – 11 LC 288/16, Rn. 32; s. ferner *F. Schoch*, in: ders. (Hrsg.), Besonderes Verwaltungsrecht, Kap. 1 Rn. 551.
109 So Nds. OVG, Urt. v. 26.4.2018 – 11 LC 288/16, Rn. 32; s. ferner OVG Bremen, B. v. 10.2.2010 – 1 B 30/10, Rn. 9; HessVGH, B. v. 1.2.2017 – 8 A 2105/14.Z, Rn. 29; VGH Ba.-Wü., Urt. v. 18.5.2017 – 1 S 160/17, Rn. 37.
110 BayVGH, B. v. 18.9.2018 – 10 CS 18.1599, Rn. 16.
111 Vgl. VG Berlin, B. v. 1.6.2004 – 1 A 111.04, Rn. 7.
112 VG Berlin, B. v. 30.6.2011 – 1 L 188.11, Rn. 9; B. v. 30.8.2012 – 1 L 196.12, Rn. 10.
113 Vgl. HessVGH, B. v. 1.2.2017 – 8 A 2105/14.Z, Rn. 36 ff.; Nds. OVG, Urt. v. 26.4.2018 – 11 LC 288/16, Rn. 34; anders BayVGH, B. v. 9.6.2006 – 24 CS 06.1521, Rn. 15 (für Zugehörigkeit zur „Hooligan-Szene"); vgl. auch VGH Ba.-Wü., Urt. v. 18.5.2017 – 1 S 160/17, Rn. 38; *Th. Siegel*, NJW 2013, S. 1035 (1037).
114 Nds. OVG, Urt. v. 26.4.2018 – 11 LC 288/16, Rn. 34; VGH Ba.-Wü., Urt. v. 18.5.2017 – 1 S 160/17, Rn. 40.
115 Nds. OVG, Urt. v. 26.4.2018 – 11 LC 288/16, Rn. 34; VGH Ba.-Wü., Urt. v. 18.5.2017 – 1 S 160/17, Rn. 38; HessVGH, B. v. 1.2.2017 – 8 A 2105/14.Z, Rn. 39.

Unter Aspekten der **Verhältnismäßigkeit** ist das Aufenthaltsverbot zeitlich und örtlich auf 66
den zur Verhütung der Straftat erforderlichen Umfang zu beschränken ist (§ 17 Abs. 3 Satz 3
NPOG). Gleichwohl kann der zeitliche Rahmen mehrere Monate betragen[116] und damit deutlich über die Dauer von Platzverweisungen hinausgehen. Anders als für Platzverweisungen ist daher das Grundrecht der **Freizügigkeit** (Art. 11 GG) für Aufenthaltsverbote potenziell relevant.[117] Allerdings kann dieses Grundrecht unter anderem eingeschränkt werden, „um strafbaren Handlungen vorzubeugen" (Art. 11 Abs. 2 GG), so dass auch länger andauernde Aufenthaltsverbote möglich bleiben; das von einem Aufenthaltsverbot betroffene Gebiet darf aber die **Wohnung** der betroffenen Person nicht mit umfassen (§ 17 Abs. 3 Satz 1 aE NPOG).

3. Wegweisung

Eine weitere Maßnahme, die Parallelen sowohl zur Platzverweisung als auch dem Aufenthalts- 67
verbot aufweist, ist die **Weg(ver)weisung**. Dabei handelt es sich um ein Instrument der „**Erstintervention**",[118] das in Fällen häuslicher Gewalt eine vorläufige Regelung zum Schutze vor (weiteren) Gewalttaten oder Nachstellungen durch die zu verweisende Person ermöglicht. Die Polizei kann danach eine Person aus ihrer Wohnung verweisen, wenn von ihr eine gegenwärtige Gefahr für Leib, Leben, Freiheit oder die sexuelle Selbstbestimmung einer in derselben Wohnung wohnenden Person ausgeht (§ 17a Abs. 1 Satz 1 NPOG). Ergänzend möglich sind Betretens- und Aufenthaltsverbote für die Wohnung, einen bestimmten Umkreis um die Wohnung sowie bestimmte andere Orte und einen bestimmten Umkreis um andere Orte, an denen sich die gefährdete Person regelmäßig aufhält (§ 17a Abs. 1 Satz 1 und Satz 2 NPOG). Die Maßnahme gilt zunächst für 14 Tage und verlängert sich um weitere 10 Tage, wenn die gefährdete Person einen (Schutz-) Antrag auf gerichtliche Maßnahmen nach dem **Gewaltschutzgesetz** stellt, endet aber mit einer Einigung oder Entscheidung in diesem gerichtlichen Verfahren (§ 17a Abs. 2 Satz 1 und Satz 3 NPOG).

Die letztgenannten Regelungen machen deutlich, dass die polizeiliche Wegweisung wie auch 68
die Anordnung eines Betretens- oder Aufenthaltsverbots nur **vorläufiger Natur** sind, indem sie auf eine erste Bereinigung der Situation zielen. Eine solche Regelung ermöglicht der Behörde

> „... eine erste kurzfristige Krisenintervention mit dem Ziel, akute Auseinandersetzungen mit Gefahren für Leib, Leben oder Freiheit einer Person zu entschärfen, den Beteiligten Wege aus der Krise zu eröffnen und ihnen die Möglichkeit zu verschaffen, in größerer Ruhe und ohne das Risiko von Gewalttätigkeiten Entscheidungen über ihre künftige Lebensführung sowie gegebenenfalls die Inanspruchnahme gerichtlichen Schutzes nach Maßgabe des Gesetzes zum zivilrechtlichen Schutz vor Gewalttaten und Nachstellungen (Gewaltschutzgesetz – GewSchG) zu treffen".[119]

Die verletzte oder gefährdete Person hat es daher in der Hand, einen auf das **Gewaltschutzge-** 69
setz gestützten Antrag insbesondere auf Zuweisung einer gemeinsamen Wohnung zur alleinigen Nutzung zu stellen (§ 2 GewSchG) und damit eine **gerichtliche Regelung** zu erwirken; hierüber ist sie von der Polizei zu informieren (§ 17a Abs. 1 Satz 5 NPOG). Lehnt das Gericht einen solchen Antrag – gleichviel aus welchen Gründen – ab, so erledigt sich damit die vorangegangene polizeiliche Verfügung. Das Gericht wird durch das Gesetz daher auch verpflichtet, die Polizei über einen Antrag auf gerichtliche Maßnahmen nach dem Gewaltschutzgesetz

---

116 So auch *B. Beckermann*, in: Saipa u. a., NPOG, § 17 Rn. 21.
117 Nds. OVG, Urt. v. 26.4.2018 – 11 LC 288/16, Rn. 76; *Th. Siegel*, NJW 2013, S. 1035 (1037); *F. Schoch*, in: ders. (Hrsg.), Besonderes Verwaltungsrecht, Kap. 1 Rn. 547; *J. Ipsen*, Niedersächsisches Polizei- und Ordnungsrecht, Rn. 400.
118 So (zu § 29a ASOG Bln) *M. Knape / S. Schönrock*, § 29a Rn. 2.
119 BVerfG, B. v. 22.2.2002 – 1 BvR 300/02, Rn. 7.

sowie über gerichtliche Entscheidungen oder eine anderweitige Beendigung des gerichtlichen Verfahrens zu unterrichten (§ 17a Abs. 3 NPOG). Die **Zuständigkeit** des Landesgesetzgebers für die Begründung einer solchen Verpflichtung des Gerichts versteht sich indes nicht von selbst, da zweifelhaft erscheint, dass die einschlägigen bundesrechtlichen Regelungen des FamFG noch Raum für ergänzendes Landesrecht lassen.

70 Schon mit Blick auf deren mögliche Dauer berühren die Wegweisung und das Betretensverbot regelmäßig das Grundrecht der **Freizügigkeit**, das aber Einschränkungen zur Vorbeugung gegen strafbare Handlungen gestattet (Art. 11 Abs. 2 GG). Auch kommt es für die Zulässigkeit der Maßnahme nicht darauf an, wer Mieterin oder Mieter der Wohnung ist oder ob die Wohnung im alleinigen Eigentum oder Miteigentum der betroffenen Person steht.[120] Möglich ist daher auch eine Beeinträchtigung der Nutzung des verfassungsrechtlich geschützten (Mit-)Eigentums (Art. 14 Abs. 1 GG), die aber durch überwiegende Belange der verletzten oder gefährdeten Person gerechtfertigt wird. Entsprechendes gilt für den Schutz der Wohnung (Art. 13 GG), sofern man diesem Grundrechtstatbestand nicht nur eine Schutzwirkung vor dem Eindringen in den geschützten Bereich, sondern auch eine Befugnis zum Aufenthalt in der Wohnung und damit ein Abwehrrecht gegenüber einem **Raumentzug** entnimmt.[121]

4. Die Meldeauflage

▶ **Fall:** H ist Rentnerin. Sie tritt regelmäßig auf Veranstaltungen rechtsextremistischer Parteien und Organisationen auf, wo sie als Rednerin den Holocaust leugnet. R wurde deshalb mehrfach rechtskräftig verurteilt. Als bekannt wird, dass H im Rahmen eines „Balladenabends" mit Musikern aus der rechtsextremen Szene in Lingen sprechen soll, ergeht seitens der Polizei eine Anordnung, der zufolge sich H am Abend der Veranstaltung um 18 Uhr und um 21 Uhr auf der Polizeiwache ihres Wohnorts melden soll. Damit will die Polizei verhindern, dass H nach Lingen reisen und erneut den Holocaust leugnen kann.[122] ◀

71 Um – meist gewaltbereite – Personen von einer **Versammlung** oder (sonstigen) öffentlichen Veranstaltung fernzuhalten, können Verwaltungsbehörden und Polizei anordnen, dass die betreffende Person sich regelmäßig bei einer **Polizeidienststelle** vorzustellen hat. Voraussetzung für eine solche **Meldeauflage** ist, dass es ihrer zur Abwehr einer Gefahr bedarf oder Tatsachen die Annahme rechtfertigen, dass die betreffende Person innerhalb eines übersehbaren Zeitraums auf eine zumindest ihrer Art nach konkretisierte Weise eine Straftat begehen wird (§ 16a Abs. 1 NPOG). Diese Voraussetzungen werden vielfach vorliegen, wenn ein **Aufenthaltsverbot** ergehen kann, weil Tatsachen die Annahme der Begehung einer Straftat durch eine bestimmte Person rechtfertigen (§ 17 Abs. 3 Satz 1 NPOG), oder eine **Wegweisung** in Fällen häuslicher Gewalt möglich ist (§ 17a Abs. 1 NPOG); in diesen Fällen kann eine Meldeauflage als flankierende Maßnahme in Betracht kommen. Bei der Meldeauflage handelt es sich aber um eine eigenständige Regelung und damit einen **Verwaltungsakt**, der nicht notwendig eine selbstständige Nebenbestimmung zu einem anderen Verwaltungsakt („Auflage", § 36 Abs. 2 Nr. 4 VwVfG) darstellt.

72 In formeller Hinsicht ist zunächst zu beachten, dass die **Anordnung** einer Meldeauflage schriftlich ergehen muss, sowie zu begründen und grundsätzlich auf maximal drei Monate zu befristen ist (§ 16a Abs. 2 Satz 1 und Satz 3 NPOG). **Verlängerungen** um jeweils maximal drei Monate sind möglich (§ 16a Abs. 2 Satz 2 NPOG), bedürfen aber bei einer Verlängerung über

---

120 Vgl. *B. Beckermann*, in: Saipa u. a., NPOG, § 17a Rn. 7.
121 In diese Richtung *J.-D. Kühne*, in: Sachs (Hrsg.), GG, Art. 13 Rn. 10 f.; anders *G. Hermes*, in: Dreier (Hrsg.), GG, Art. 13 Rn. 113; *F. Schoch*, in: ders. (Hrsg.), Besonderes Verwaltungsrecht, Kap. 1 Rn. 562.
122 Fall nach einer Meldung aus dem „Westfalen-Blatt" v. 27.2.2018 („Polizei verhindert Auftritt von Holocaust-Leugnerin").

VII. Aufenthaltssteuerung und -kontrolle

drei Monate hinaus der (amts-) gerichtlichen Anordnung (§ 16a Abs. 2 Satz 5 NPOG). Hat sich die betroffene Person nicht mehr als einmal im Monat auf der **Polizeidienststelle** zu melden, so verlängern sich diese Fristen auf sechs Monate (§ 16a Abs. 2 Satz 8 NPOG).

Mit der Meldeauflage kann ein Eingriff in grundrechtlich geschützte Freiheit von erheblicher **Intensität** einhergehen. Zwar ist bei der Begründung einer nur kurzzeitigen, etwa wenige Stunden umfassenden Meldepflicht allein die allgemeine Handlungsfreiheit betroffen.[123] Wird aber die Teilnahme an einer **Versammlung** verhindert, sind auch die Versammlungs- sowie regelmäßig die Meinungsfreiheit berührt. Zudem ist die betroffene Person gehindert, entferntere Orte aufzusuchen, von denen aus eine rechtzeitige Rückkehr zu dem Ort der **Meldepflicht** nicht möglich ist.[124] Damit einhergehen kann namentlich bei länger andauernden Meldepflichten eine Beeinträchtigung der Freizügigkeit (Art. 11 GG),[125] deren Beschränkbarkeit an hohe Anforderungen gekoppelt ist; insbesondere bedarf es einer **drohenden Gefahr** für bedeutsame Rechtsgüter oder der Vorbeugung gegen strafbare Handlungen (Art. 11 Abs. 2 GG). Eine schlichte (konkrete) Gefahr im Sinne der gefahrenabwehrrechtlichen Generalklausel, wie sie als Voraussetzung auch einer Meldeauflage vorgesehen ist (§ 16a Abs. 1 Satz 1 NPOG), wird eine derartige Beeinträchtigung daher nicht rechtfertigen können.

73

Demgegenüber hat das **Bundesverwaltungsgericht** es (sogar) als zulässig angesehen, eine Meldelauflage bei Fehlen einer speziellen Ermächtigungsgrundlage in einem (Landes-) Polizeigesetz auf die gefahrenabwehrrechtliche **Generalklausel** zu stützen.[126] Auch soll eine mit der Verpflichtung zur Erfüllung einer Meldeauflage einhergehende Beschränkung der **Freizügigkeit** (Art. 11 Abs. 1 GG) nicht über das Maß an Beeinträchtigungen hinausgehen, das in der Generalermächtigung für die Fälle einer drohenden Straftat des Adressaten einer Polizeiverfügung allgemein angelegt ist.[127] Diese im Kontext der Frage nach einer spezifischen Ermächtigungsgrundlage für eine Meldeauflage stehende Erwägung besagt indes nicht, dass beliebige Gefahren eine Meldeauflage rechtfertigen können; im konkreten Fall rekurrierte das Bundesverwaltungsgericht denn auch auf die **Verhinderung von Straftaten** in Form von Ausschreitungen bei Versammlungen, die Einschränkungen der Freizügigkeit rechtfertigen können.[128]

74

Ob danach eine Meldeauflage auch heute noch auf die gefahrenabwehrrechtliche Generalklausel gestützt werden könnte,[129] mag dahingestellt bleiben. Jedenfalls ist die Verknüpfung einer Meldeauflage mit **beliebigen Gefahren** aus verfassungsrechtlichen Gründen nicht möglich, wenn damit eine Beeinträchtigung der Freizügigkeit einhergeht,[130] so dass es zumindest einer einschränkenden Auslegung der gesetzlichen Regelung bedarf. Die gesetzliche Regelung ist **verfassungskonform** dahin gehend zu interpretieren, dass eine Meldeauflage, die eine Einschränkung der Freizügigkeit bewirkt, nur zur Verhinderung strafbarer Handlungen oder zur Abwehr von Gefahren für solche Rechtsgüter zulässig ist, die im Falle einer „drohenden Gefahr" Einschränkungen der Freizügigkeit rechtfertigen können (Art. 11 Abs. 2 GG);[131] eine entsprechende gesetzgeberische Klarstellung wäre wünschenswert. Im Übrigen versteht sich von selbst, dass unter **Verhältnismäßigkeitsgesichtspunkten** die Meldeauflage nicht länger

75

---

123 Anders S. *Bretthauer*, DVBl. 2022 S. 89 (93).
124 Dies betont G. *Kirchhoff*, NVwZ 2020, S. 1617 (1620).
125 So auch B. *Beckermann*, in: Saipa u. a., NPOG, § 16a Rn. 3.
126 BVerwG, Urt. v. 25.7.2007 – 6 C 39/06, Rn. 31 ff.
127 BVerwG, Urt. v. 25.7.2007 – 6 C 39/06, Rn. 36.
128 BVerwG, Urt. v. 25.7.2007 – 6 C 39/06, Rn. 45.
129 Verneinend S. *Bretthauer*, DVBl. 2022, S. 89 (93 f.); zweifelnd auch G. *Kirchhoff*, NVwZ 2020, S. 1617 (1620 f.).
130 Vgl. G. *Kirchhoff*, NVwZ 2020, S. 1617 (1621).
131 Vgl. K. *Waechter*, in: Möstl/Weiner, Polizei- und Ordnungsrecht Niedersachsen, § 16a Rn. 28.

andauern darf, als zur Gefahrenabwehr notwendig ist;[132] das ist auch gesetzlich so vorgesehen (§ 16a Abs, 2 Satz 4 NPOG).

76 Im Beispielsfall wird durch die Meldeauflage allein die **allgemeine Handlungsfreiheit** der H beeinträchtigt: Zunächst steht der relativ kurze Zeitraum der Maßnahme von wenigen Stunden der Annahme einer Beeinträchtigung des Grundrechts der Freizügigkeit entgegen. Die **Meinungsfreiheit** ist ebenfalls nicht berührt, da das Leugnen des Holocausts von diesem Grundrecht schon nicht erfasst wird[133] und im Falle der Eignung zur Störung des öffentlichen Friedens[134] strafbar ist (§ 130 Abs. 3 StGB); darin findet auch die **Versammlungsfreiheit** ihre Grenze.[135] Das bisherige Verhalten von H lässt ferner den Schluss zu, dass sie im Rahmen der bevorstehenden Veranstaltung wiederum den Holocaust leugnen wird. Die Voraussetzungen einer Meldeauflage liegen daher vor; die Maßnahme bewirkt mit Blick auf den **überschaubaren Zeitraum** von wenigen Stunden auch keine unverhältnismäßige Beeinträchtigung der allgemeinen Handlungsfreiheit.

5. Aufenthaltsvorgabe, Kontaktverbot und elektronische Aufenthaltsüberwachung

77 Mit der Meldeauflage funktional verwandt sind weitere im Jahre 2019 neu in das Gesetz eingefügte Maßnahmen zur **Steuerung** und **Überwachung** des Aufenthalts einer Person. Allerdings dienen diese Maßnahmen der Verhütung schwerer Straftaten und sind deshalb auch nur zu diesen Zwecken zulässig. So kann (nur) die Polizei einer Person zur Verhütung einer **terroristischen Straftat** (§ 2 Nr. 15 NPOG) untersagen, sich ohne Erlaubnis von ihrem Wohn- oder Aufenthaltsort oder aus einem bestimmten Bereich zu entfernen oder sich an bestimmten Orten aufzuhalten, wenn entweder (tatbezogen) bestimmte **Tatsachen** die Annahme rechtfertigen, dass die betroffene Person innerhalb eines übersehbaren Zeitraums auf eine zumindest ihrer Art nach konkretisierte Weise eine terroristische Straftat begehen wird, oder (täterbezogen), das **individuelle Verhalten** der betroffenen Person die konkrete Wahrscheinlichkeit begründet, dass sie innerhalb eines übersehbaren Zeitraums eine terroristische Straftat begehen wird (§ 17b Abs. 1 Satz 1 NPOG).

78 Mit diesen tatbestandlichen Voraussetzungen lehnt sich die Regelung über **Aufenthaltsvorgaben** an verfassungsrechtliche Vorgaben an, die das Bundesverfassungsgericht insbesondere mit Blick auf heimliche Überwachungsmaßnahmen etwa in Form von Online-Durchsuchungen oder den verdeckten Einsatz technischer Mittel zur Abwehr terroristischer Straftaten formuliert hat.[136] Danach ist der Gesetzgeber in derartigen Fällen nicht auf die Schaffung von **Eingriffstatbeständen** entsprechend „dem tradierten sicherheitsrechtlichen Modell der Abwehr konkreter, unmittelbar bevorstehender oder gegenwärtiger Gefahren" beschränkt.[137] Auch wenn die Anforderungen an die Vorhersehbarkeit des Kausalverlaufs reduziert werden könnten, müssten aber tatsächliche Anhaltspunkte für die Entstehung einer konkreten Gefahr bestehen, indem bestimmte Tatsachen „den Schluss auf ein wenigstens seiner Art nach konkretisiertes und zeitlich absehbares Geschehen zulassen".[138] Zudem könnten **Überwachungsmaßnahmen** dann erlaubt sein, wenn zwar noch kein seiner Art nach konkretisiertes und zeitlich absehbares Geschehen erkennbar ist, „jedoch das individuelle Verhalten einer Person die konkrete Wahrscheinlichkeit begründet, dass sie solche Straftaten in überschaubarer Zukunft

---

132 *B. Beckermann*, in: Saipa u. a., NPOG, § 16a Rn. 13.
133 Vgl. BVerfG, B. v. 22.6.2018 – 1 BvR 673/18, Rn. 28 f.
134 Vgl. Zu diesem Merkmal BVerfG, B. v. 22.6.2018 – 1 BvR 2083/15, Rn. 24 ff.
135 Vgl. *Th. Koch*, Jura 2021, S. 1151 (1157).
136 Vgl. BVerfG, Urt. v. 20.4.2016 – 1 BvR 966/09 u. a., Rn. 112, 164, 213.
137 Vgl. BVerfG, Urt. v. 20.4.2016 – 1 BvR 966/09 u. a., Rn. 112.
138 Vgl. BVerfG, Urt. v. 20.4.2016 – 1 BvR 966/09 u. a., Rn. 112.

begehen wird", weil sie etwa aus einem Ausbildungslager für Terroristen nach Deutschland eingereist ist.[139] Der niedersächsische Landesgesetzgeber hat hieraus abgeleitet, dass unter diesen Voraussetzungen auch Einschränkungen der **Freizügigkeit** (Art. 11 GG) möglich sind, weil dieses Grundrecht auch eingeschränkt werden kann, „um strafbaren Handlungen vorzubeugen".[140]

Unter den Voraussetzungen, die eine **Aufenthaltsvorgabe** ermöglichen, kann zudem einer Person untersagt werden, ohne Erlaubnis in Kontakt mit bestimmten Personen oder Personen einer bestimmten Gruppe zu treten (§ 17b Abs. 2 Satz 1 NPOG); damit soll die Verabredung **von terroristischen Straftaten** verhindert werden. Will die betroffene Person das von einer Aufenthaltsvorgabe erfasste Gebiet verlassen (bzw. betreten) oder einen verbotenen Kontakt aufnehmen, muss sie jeweils um eine **Erlaubnis** ersuchen, was eine entsprechende Begründung erfordert. Soweit danach das Interesse an der Befreiung von der Aufenthaltsvorgabe oder dem **Kontaktverbot** überwiegt, ist die Erlaubnis zu erteilen (§ 17b Abs. 1 Satz 2 und Abs. 2 Satz 2 NPOG). Eine solche Situation wird aber nur angenommen werden können, wenn die vorgetragenen Gründe plausibel sind und eine Vorbereitung oder Begehung von Straftaten aufgrund der zeitweiligen **Befreiung** von der Aufenthaltsvorgabe oder dem Kontaktverbot nicht zu gewärtigen ist; das ist zumindest mit Blick auf das Kontaktverbot nur schwer vorstellbar.

In der Sache dem Bereich der Datenerhebung und -weiterverarbeitung zuzuordnen, gleichwohl aber im Kontext der Standardmaßnahmen geregelt worden ist ferner die **elektronische Aufenthaltsüberwachung** mittels eines technischen Mittels, das am Körper der betroffenen Person angebracht wird („elektronische Fußfessel"). Diese Maßnahme beschränkt rechtlich die **Bewegungsmöglichkeiten** der betroffenen Person nicht,[141] bewirkt aber eine Beeinträchtigung des Rechts auf informationelle Selbstbestimmung, da sie gerade auf die ständige Überwachung des Aufenthalts zielt, um die Person von der Begehung von Straftaten abzuhalten (§ 17c Abs. 1 NPOG). Die tatbestandlichen Voraussetzungen entsprechen im Ausgangspunkt den Anforderungen an die Zulässigkeit einer Aufenthaltsvorgabe oder eines Kontaktverbots; die tatbezogene Variante des Tatbestandes ist allerdings um **schwere organisierte Gewalttaten** (§ 2 Nr. 16 NPOG) ergänzt worden (§ 17c Abs. 1 Nr. 1 NPOG). Die danach zulässigerweise erhobenen Daten dürfen nur für bestimmte Zwecke wie etwa die Feststellung von Verstößen gegen Aufenthaltsvorgaben und Kontaktverbote verwendet werden (§ 17c Abs. 2 Satz 4 NPOG).

Die Beeinträchtigung des Rechts auf **informationelle Selbstbestimmung** durch die elektronische Aufenthaltsüberwachung stellt einen „tiefgreifenden Grundrechtseingriff" dar,[142] was vor allem darauf beruht, dass eine permanente (automatisierte) Datenerhebung auf eine längerfristige Aufenthaltsüberwachung angelegt ist[143] und damit die Erstellung von **Bewegungsprofilen** ermöglicht, die in Niedersachsen bei Vorliegen einer entsprechenden Genehmigung (§ 17c Abs. 3 Satz 1 NPOG) auch vorgesehen ist (§ 17c Abs. 2 Satz 2 NPOG). Mit der ständigen Erhebung der Aufenthaltsdaten der betroffenen Person geht nach Auffassung des Bundesverfassungsgerichts ein Grundrechtseingriff von **hoher Intensität** einher, weil diese Maßnahme tief in die **Privatsphäre** der weisungsunterworfenen Person eindringe.[144] Der Gesetzgeber war daher gehalten, mit Blick auf die Möglichkeit der Erstellung von Bewegungsprofilen ergänzende Schutzvorkehrungen zu treffen, was auch geschehen ist (§ 17c Abs. 2 Satz 6 NPOG). Ferner ist erforderlich, dass der Einsatz des Instruments der Aufenthaltsüberwachung dem Schutz

---

139 Vgl. BVerfG, Urt. v. 20.4.2016 – 1 BvR 966/09 u. a., Rn. 112.
140 Vgl. LT-Drs. 18/3723, S. 15 f.
141 Dies betont A. *Guckelberger*, DVBl. 2017, S. 1121.
142 BVerfG, B. v. 1.12.2020 – 2 BvR 916/11 u. a., Rn. 272.
143 BVerfG, B. v. 1.12.2020 – 2 BvR 916/11 u. a., Rn. 274.
144 BVerfG, B. v. 1.12.2020 – 2 BvR 916/11 u. a., Rn. 273.

hochrangiger **Verfassungsgüter** dient und nur in Ausnahmefällen bei Vorliegen einer hinreichend konkretisierten Gefahrenlage zur Anwendung gelangt.[145] Auch dies wird sich für das niedersächsische Recht noch bejahen lassen, zumal die erhobenen Daten nur dann verwendet werden dürfen, wenn dies für bestimmte Zwecke wie etwa die Abwehr einer gegenwärtigen Gefahr für Leib oder Leben, die Feststellung von Verstößen gegen Aufenthaltsvorgaben und Kontaktverbote oder die Verfolgung bestimmter Straftaten erforderlich ist (§ 17c Abs. 2 Satz 4 NPOG).

82 Diskutieren lässt sich die permanente Überwachung des Aufenthalts einer Person zudem unter dem Aspekt einer Verletzung der **Menschenwürde**.[146] Allerdings handelt es sich bei dem Aufenthaltsort einer Person für sich genommen nicht um eine Information, die den **Kernbereich privater Lebensgestaltung** (→ § 9 Rn. 198 ff.) berührt.[147] Dies könnte dann anders zu beurteilen sein, wenn der Anlass des Aufenthalts der überwachten Person an einem bestimmten Ort und die dort entfalteten Tätigkeiten festgestellt werden.[148] Der Gesetzgeber war daher gehalten, **Schutzvorkehrungen** für derartige Fälle zu schaffen. Dies ist in der Weise geschehen, dass innerhalb der Wohnung der betroffenen Person keine über den Umstand ihrer Anwesenheit hinausgehenden Aufenthaltsdaten erhoben werden dürfen, soweit dies technisch vermeidbar ist (§ 17c Abs. 2 Satz 3 NPOG). Geschieht dies gleichwohl, dürfen die erhobenen Daten nicht verwendet werden; vielmehr sind sie sogleich zu löschen und die Löschung ist zu dokumentieren (§ 17c Abs. 2 Satz 8 und 9 NPOG); das entspricht der Rechtsprechung des Bundesverfassungsgerichts.[149] Trotz der permanenten Erhebung von Daten zum Aufenthalt einer Person liegt nach Auffassung des Bundesverfassungsgerichts jedenfalls dann keine unzulässige „**Rundumüberwachung**" vor, wenn die Daten nur automatisiert erhoben werden und nur für bestimmte, gesetzlich festgelegte Zwecke verwendet werden dürfen;[150] auch diesen Vorgaben genügt das niedersächsische Recht (§ 17c Abs. 2 Satz 1 und Satz 4 NPOG).

83 Die Anwendung des Instrumentariums von Aufenthaltsvorgaben, Kontaktverboten und elektronischer Aufenthaltsüberwachung setzt grundsätzlich eine schriftliche und zu begründende **Anordnung** eines Amtsgerichts auf einen entsprechenden Antrag der Polizei voraus (§ 17b Abs. 3 Satz 1 bis 4, § 17c Abs. 3 Satz 1, 2, 4 und 5 NPOG). Die Anordnung ist auf den zur Verhütung der jeweils in Rede stehenden Straftat zu beschränken und auf drei Monate zu befristen; auch mehrfache **Verlängerungen** um jeweils weitere drei Monate sind möglich (§ 17b Abs. 3 Satz 5 und 6, § 17c Abs. 3 Satz 6 und 7 NPOG). Bei Gefahr im Verzuge kann die Polizei eine vorläufige Anordnung treffen, die eine Begründung für das Vorliegen von Gefahr im Verzug enthalten muss. Die polizeiliche Anordnung bedarf der **gerichtlichen Bestätigung**, die spätestens mit Ablauf des dritten Tages nach Erlass der Anordnung vorliegen muss, widrigenfalls die Anordnung außer Kraft tritt (§ 17b Abs. 4, § 17c Abs. 4 NPOG). Das gerichtliche Verfahren richtet sich nach den Regelungen über das Verfahren und den Rechtsschutz im Falle gerichtlicher Entscheidungen über eine Ingewahrsamnahme (§ 17b Abs. 3 Satz 8 iVm § 19 Abs. 4 NPOG, 17c Abs. 3 Satz 9 iVm § 19 Abs. 4 NPOG).

---

145 BVerfG, B. v. 1.12.2020 – 2 BvR 916/11 u. a., Rn. 275.
146 Verneinend *A. Guckelberger*, DVBl. 2017, S. 1121 (1123).
147 BVerfG, B. v. 1.12.2020 – 2 BvR 916/11 u. a., Rn. 246 f.; Urt. v. 12.4.2005 – 2 BvR 581/01, Rn. 54.
148 Vgl. BVerfG, B. v. 1.12.2020 – 2 BvR 916/11 u. a., Rn. 246.
149 Vgl. BVerfG, B. v. 1.12.2020 – 2 BvR 916/11 u. a., Rn. 248 f.
150 BVerfG, B. v. 1.12.2020 – 2 BvR 916/11 u. a., Rn. 250.

VIII. Polizeilicher Gewahrsam

▶ **Fall:**[151] Im Vorfeld einer Begegnung zweier Fußballvereine ergeben sich Anhaltspunkte dafür, dass rivalisierende Fangruppen eine sogenannte „Drittortauseinandersetzung" an einem abgelegenen Ort planen. Zwei Tage vor dem Spiel stellte die Polizei fest, dass sich auf dem Parkplatz eines Baumarkts mehrere Dutzend schwarz gekleidete Personen versammelt hatten. Daraufhin wurde die Zufahrtstraße zu dem Parkplatz abgesperrt und über Lautsprecher die Ingewahrsamnahme der auf dem Parkplatz befindlichen Personen angeordnet. Als die Personen auf dem Parkplatz die Polizeikräfte bemerkten, laufen sie zu einem großen Teil in die entgegengesetzte Richtung davon. Einige versuchten aber auch, mit Fahrzeugen die Polizeisperren zu passieren. Eines der Fahrzeuge fuhr direkt auf einen Polizeibeamten zu, der nur durch einen Sprung zur Seite ausweichen konnte. Es gelang, das Fahrzeug zu stoppen. Am Steuer saß der Fahrzeughalter H, auf dem Beifahrersitz dessen Bruder B und auf dem Rücksitz die Partnerin P des B. In dem Fahrzeug fanden sich diverse Schlagwerkzeuge, Zahnschutzschienen und Vermummungsgegenstände, die H und B zugeordnet wurden. H, B und P wurden in einem Polizeifahrzeug zum Polizeipräsidium befördert und dort jeweils in einer Einzelzelle untergebracht. Das Amtsgericht ordnete am folgenden Morgen die Ingewahrsamnahme auch der P bis höchstens zum Abend des folgenden Tages an. Am nächsten Tag wurde die P nach Beendigung des Fußballspiels aus dem Polizeigewahrsam entlassen. P bezweifelt die Rechtmäßigkeit der Ingewahrsamnahme. Als sie auch noch zu deren Kosten herangezogen wird, erhebt sie dagegen Klage. ◀

Der (polizeiliche) **Gewahrsam** ist dadurch gekennzeichnet, dass eine Person von der Polizei auf begrenztem Raum festgehalten wird.[152] Es handelt sich daher um eine **Freiheitsentziehung**,[153] mit der ein erheblicher Eingriff in die Freiheit der Person verbunden ist. Der Gewahrsam ist gesetzlich für unterschiedliche Situation vorgesehen, dabei aber an enge Voraussetzungen gebunden. Sein **Ausnahmecharakter** zeigt sich auch daran, dass seine Erforderlichkeit – als Teil des Verhältnismäßigkeitsprinzips – bei Maßnahmen gegen verdächtige oder störende Personen (§ 18 Abs. 1 Nr. 2 und Nr. 3 NPOG) sprachlich verstärkend mit dem Begriff der „**Unerlässlichkeit**" gekennzeichnet wird; in Ermangelung der Möglichkeit einer gesteigerten Erforderlichkeit ergibt sich daraus in der Sache aber kein Unterschied.[154] Als Beseitigung der grundrechtlich geschützten (Bewegungs-) Freiheit (Art. 2 Abs. 2 Satz 2 GG) gelten für die Ingewahrsamnahme die Bestimmungen über Freiheitsentziehungen; insbesondere bedarf es der Beteiligung eines **Gerichts** (Art. 104 Abs. 2 GG). Dem soll mit relativ komplexen gesetzlichen Regelungen über Voraussetzungen und Durchführung des Gewahrsams Rechnung getragen werden.

84

Eine **Ingewahrsamnahme** kann zunächst im Interesse der betroffenen Person erfolgen, weil die Maßnahme zum Schutz der Person gegen eine **Gefahr** für Leib oder Leben erforderlich ist (§ 18 Abs. 1 Nr. 1 NPOG). Im öffentlichen Interesse liegt hingegen die Ingewahrsamnahme, sofern die unmittelbar bevorstehende Begehung oder Fortsetzung einer **Straftat** oder Ordnungswidrigkeit von erheblicher Gefahr für die Allgemeinheit verhindert werden soll oder eine **Platzverweisung** durchzusetzen ist (§ 18 Abs. 1 Nr. 2 und 3 NPOG). Ferner kann eine

85

---

151 Nach Nds. OVG, Urt. v. 10.10.2019 – 11 LB 108/18.
152 *Th. Kingreen / R. Poscher*, Polizei- und Ordnungsrecht, § 16 Rn. 1; *V. Götz / M.-E. Geis*, Allgemeines Polizei- und Ordnungsrecht, § 17 Rn. 32; *W.-R. Schenke*, Polizei- und Ordnungsrecht, Rn. 157; *F. Schoch*, in: ders. (Hrsg.), Besonderes Verwaltungsrecht, Kap. 1 Rn. 573.
153 *Th. Kingreen / R. Poscher*, Polizei- und Ordnungsrecht, § 16 Rn. 2; *V. Götz / M.-E. Geis*, Allgemeines Polizei- und Ordnungsrecht, § 17 Rn. 31; *J. Ipsen*, Niedersächsisches Polizei- und Ordnungsrecht, Rn. 407; *W.-R. Schenke*, Polizei- und Ordnungsrecht, Rn. 157; *F. Schoch*, in: ders. (Hrsg.), Besonderes Verwaltungsrecht, Kap. 1 Rn. 573.
154 So auch *B. Beckermann*, in: Saipa u. a., NPOG, § 18 Rn. 11, 13; anders *K. Waechter*, in: Möstl/Weiner, Polizei- und Ordnungsrecht Niedersachsen, § 18 Rn. 44.

Person, die aus dem Vollzug einer richterlich angeordneten **Freiheitsentziehung** entwichen ist, (wieder) in Gewahrsam genommen und in die jeweilige Anstalt zurückgeführt werden (§ 18 Abs. 3 NPOG). Weiter vorgesehen ist, dass **Minderjährige**, die sich der Obhut der Erziehungsberechtigten entzogen haben, in Obhut genommen werden können, um sie den Erziehungsberechtigten oder dem Jugendamt zuzuführen (§ 18 Abs. 4 NPOG).

1. Schutzgewahrsam

86 Ein sogenannter „**Schutzgewahrsam**" (§ 18 Abs. 1 Nr. 1 NPOG) ist im Falle einer Gefahr für Leib oder Leben der zu schützenden Person nach der gesetzlichen Regelung „insbesondere" dann erforderlich, wenn die Person sich „in einem die freie Willensbestimmung ausschließenden Zustand oder sonst in hilfloser Lage befindet". In diesen als (Regel-) Beispielen für die Zulässigkeit der Ingewahrsamnahme ausgestalteten Tatbestandsmerkmalen kommt ein **wichtiges Prinzip** zum Ausdruck: Sofern nicht Anhaltspunkte dafür bestehen, dass eine Person in ihrer Entscheidungs- oder Steuerungsfähigkeit aus medizinischen Gründen oder aufgrund äußerer Umstände eingeschränkt ist, muss auch eine nicht irrationale Entscheidung für das im Alltag nicht völlig vermeidbare Eingehen von **Risiken** von der Rechtsordnung grundsätzlich respektiert werden, sofern keine (konkrete) Mitbeeinträchtigung von Dritten droht.[155] Das Ausüben beispielsweise von **gefährlichen Sportarten** sowie auch andere risikoträchtige und damit womöglich „unvernünftige" Verhaltensweisen können für sich genommen keine Ingewahrsamnahme rechtfertigen.[156] Allerdings kann namentlich **Alkohol- oder Drogenkonsum** eine Situation herbeiführen, in der eine Person ihr Verhalten nicht mehr sachgerecht zu steuern vermag und deshalb sich und andere gefährdet. In einem solchen Falle ist eine **Intervention** nicht zuletzt zum Schutze und damit im Interesse der betroffenen Person möglich.[157] Da diese den sie gefährdenden Zustand selbst herbeigeführt hat, sind Maßnahmeadressat/in und handlungsverantwortliche Person in einem solchen Falle identisch. Sofern hingegen eine Ingewahrsamnahme erfolgen soll, weil jemand etwa in alkoholisiertem Zustand in der **Öffentlichkeit** randaliert, wird nicht zu dessen Schutz, sondern zum Schutz der Rechtsgüter des jeweiligen Umfelds gehandelt; in dieser Situation kann daher eine Ingewahrsamnahme zur Abwehr von Straftaten oder erheblichen Ordnungswidrigkeiten veranlasst sein (§ 18 Abs. 1 Nr. 2 NPOG).

87 Unter dem Aspekt des Schutzes einer Person vor Folgen ihrer Handlungen zu problematisieren sind ferner Sachverhalte, in denen eine Person die Absicht eines **Suizids** erkennen lässt. Die komplexen verfassungsrechtlichen und ethischen Fragen, die mit derartigen Fällen verbunden sein können, lassen sich letztlich nicht mit Instrumenten des Gefahrenabwehrrechts lösen. Verfehlt ist insbesondere, in diesem Zusammenhang eine polizeiliche Intervention mit einer Verletzung **der öffentlichen Ordnung** unter dem Aspekt der Sittenwidrigkeit oder einer negativen Vorbildwirkung begründen zu wollen,[158] zumal das allgemeine Persönlichkeitsrecht als Teil des Grundrechtsschutzes (→ § 9 Rn. 3 ff.). nach der Rechtsprechung des Bundesverfassungsgerichts „als Ausdruck persönlicher Autonomie auch ein Recht auf selbstbestimmtes Sterben" umfasst, „welches das Recht auf Selbsttötung einschließt".[159] Auch ist dem Staat

---

155 Vgl. *H. Dreier*, in: ders. (Hrsg.), GG, Art. 2 I Rn. 29; *Ch. Starck*, in: v. Mangoldt/Klein/Starck, GG, Art. 1 Rn. 124 f.; *M. Bäcker*, in: Lisken/Denninger, Abschnitt D Rn. 59; ausführl. *Ch. Hillgruber*, Der Schutz des Menschen vor sich selbst, 1992, insbes. S. 111 ff. (120), 158 ff.
156 *Th. Kingreen / R. Poscher*, Polizei- und Ordnungsrecht, § 7 Rn. 23 f.; s. ferner *K. Waechter*, in: Möstl/Weiner, Polizei- und Ordnungsrecht Niedersachsen, § 18 Rn. 27.
157 Vgl. z. B. VG München, B. v. 6.2.2020 – M 7 K 19.1778, Rn. 19.
158 Einen Verstoß gegen die öffentliche Ordnung offenbar bejahend *K. Waechter*, in: Möstl/Weiner, Polizei- und Ordnungsrecht Niedersachsen, § 18 Rn. 27.
159 BVerfG, B. v. 26.2.2020 – 2 BvR 2347/15 u. a., LS 1. a) und Rn. 208.

eine Überprüfung der hierfür maßgeblichen Motive am **Maßstab objektiver Vernünftigkeit** grundsätzlich verwehrt und die Entscheidung, dem eigenen Leben entsprechend dem jeweiligen Verständnis von **Lebensqualität** und Sinnhaftigkeit der eigenen Existenz ein Ende zu setzen, als Akt autonomer Selbstbestimmung von Staat und Gesellschaft grundsätzlich zu respektieren.[160] Davon unabhängig kann jedenfalls ein **Schutzgewahrsam** nach der gesetzlichen Regelung schon tatbestandlich nicht auf einen Verstoß gegen die öffentliche Ordnung gestützt werden.

Auf der anderen Seite ist nicht nur denkbar, sondern wahrscheinlich, dass zumindest eine nicht erkennbar auf einem längeren Entscheidungsprozess basierende Äußerung von Selbsttötungsabsichten auf einem **psychischen Ausnahmezustand** beruht, der die freie Willensbetätigung ausschließt.[161] Auch wenn dies in der konkreten Situation nicht mit letzter Sicherheit festzustellen ist, wird ein solcher Sachverhalt aus der Perspektive polizeilicher Einsatzkräfte regelmäßig naheliegen, so dass jedenfalls zur (Gefahr-) **Erforschung der Motivationslage** interveniert und die Person gerettet werden darf.[162]

2. Unterbindungsgewahrsam

Der **Unterbindungsgewahrsam** ist auf die Verhinderung von Straftaten oder Ordnungswidrigkeiten von erheblicher Gefahr für die Allgemeinheit gerichtet (§ 18 Abs. 1 Nr. 2 NPOG). Gerade mit Blick auf die Anknüpfung an die mit einer **Ordnungswidrigkeit** verknüpfte Gefahr bereitet der Unterbindungsgewahrsam aber einige Auslegungs- und Anwendungsschwierigkeiten, denn Ordnungswidrigkeiten sind typischerweise Regelverstöße von untergeordneter Bedeutung und damit im Grunde definitionsgemäß nicht mit Folgen verknüpft, die als „gemeingefährlich" bezeichnet werden könnten. Da das Gefahrenabwehrrecht keinen Sanktionscharakter hat und die gesetzliche Regelung ausdrücklich auf die Bedeutung „für die Allgemeinheit" abhebt, ist der Regelung aber zu entnehmen, dass sich die Einordnung einer ordnungswidrigen Handlung als Anlass für eine **Ingewahrsamnahme** daran zu orientieren hat, inwieweit mit dem in Rede stehenden Verhalten eine nicht nur geringfügige Gefährdung der Rechtsgüter einer größeren Anzahl von Personen einhergehen kann.[163]

Ein weiteres Problem im Zusammenhang mit dem Unterbindungsgewahrsam namentlich im Hinblick auf Ordnungswidrigkeiten resultiert aus den Vorgaben der **Europäischen Menschenrechtskonvention** für Freiheitsentziehungen (Art. 5 EMRK). Die EMRK enthält zwei verschiedene Regelungen, die sich mit Blick auf die Zulässigkeit eines (Unterbindungs-) Gewahrsams zur Verhinderung rechtswidriger Handlungen thematisieren lassen: Eine **Freiheitsentziehung** ist zunächst möglich, wenn jemand „zur Erzwingung der Erfüllung einer durch das Gesetz vorgeschriebenen Verpflichtung" festgenommen wurde (Art. 5 Abs. 1 Satz 2 lit. b) EMRK). Ferner erfolgen kann eine Freiheitsentziehung, wenn begründeter Anlass zu der Annahme besteht, dass die Maßnahme notwendig ist, um die betroffene Person an der „Begehung einer strafbaren Handlung" zu hindern (Art. 5 Abs. 1 Satz 2 lit. c) EMRK).

Mit Blick auf die letztgenannte Regelung hat der Europäische Gerichtshof für Menschenrechte unter Einengung des Wortlauts der Norm über längere Zeit die Auffassung vertreten, der Anwendungsbereich der Vorschrift sei auch bei Freiheitsentziehungen im Vorfeld einer Tat

---

160 BVerfG, B. v. 26.2.2020 – 2 BvR 2347/15 u. a., LS 1. b) und Rn. 210.
161 Vgl. *G. Kirchhoff / F. Mischke*, Die Polizei 2021, S. 141 (142).
162 Vgl. *M. Bäcker*, in: Lisken/Denninger, Abschnitt D Rn. 60; *Th. Kingreen / R. Poscher*, Polizei- und Ordnungsrecht, § 7 Rn. 27 f.; *V. Götz / M.-E. Geis*, Allgemeines Polizei- und Ordnungsrecht, § 10 Rn. 32.
163 *G. Kirchhoff / F. Mischke*, Die Polizei 2021, S. 141 (142 f.); ähnl. (zu § 30 ASOG Bln) *M. Knape / S. Schönrock*, § 30 Rn. 28; s. ferner *K. Waechter*, in: Möstl/Weiner, Polizei- und Ordnungsrecht Niedersachsen, § 18 Rn. 43; *B. Beckermann*, in: Saipa u. a., NPOG, § 18 Rn. 8.

nur im Kontext von **Maßnahmen der Strafverfolgung** eröffnet. Postuliert wurde, es sei „die Freiheitsentziehung ... nur in Verbindung mit einem Strafverfahren zulässig".[164] Auf dieser Grundlage wäre folglich ein allein gefahrenabwehrrechtlich motivierter **Unterbindungsgewahrsam** nur möglich, wenn dieser „zur Erzwingung der Erfüllung einer durch das Gesetz vorgeschriebenen Verpflichtung" (Art. 5 Abs. 1 Satz 2 lit. b) EMRK) erfolgte. Es bedürfte mithin für eine Ingewahrsamnahme einer konkreten Pflicht unmittelbar kraft Gesetzes oder einer diese konkretisierenden Verfügung; ein Anwendungsfall wäre etwa die Durchsetzung eines **Platzverweises**. Nicht zulässig war nach dieser Rechtsprechung hingegen eine administrative Freiheitsentziehung zu dem Zweck, die „allgemeine Verpflichtung zur Befolgung der Gesetze" durchzusetzen.[165] Mit Blick auf Festnahmen im Kontext von **Demonstrationen** und **Sportveranstaltungen** ist demgemäß ausgeführt worden, die betreffende Verpflichtung müsse „real und spezifisch und der betreffenden Person bereits auferlegt sein".[166] Auch eine **Freiheitsentziehung** zur Durchsetzung der allgemeinen Verpflichtung, in unmittelbarer Zukunft keine Straftat zu begehen, sollte danach nicht in Betracht kommen, da eine solche rechtliche Vorgabe „nicht als hinreichend konkret und spezifisch angesehen werden kann, ... solange keine Anordnung spezifischer Maßnahmen erging und dieser nicht Folge geleistet wurde".[167] Vielmehr müssten Ort und Zeit der Tat sowie das potenzielle Opfer oder die potenziellen Opfer bereits im Grundsatz feststehen.[168]

92 Die skizzierte Rechtsprechung des Europäischen Gerichtshofes für Menschenrechte zu den Voraussetzungen eines vorbeugenden **Unterbindungsgewahrsams** vermochte indes nicht zu überzeugen,[169] soweit ein (Unterbindungs-) Gewahrsam zur Verhinderung einer Straftat nur im Kontext eines Strafverfahrens zulässig sein sollte.[170] In neuerer Zeit ist denn auch eine Abkehr von dieser **restriktiven Linie** des Gerichtshofes feststellbar, indem die Möglichkeit der Ingewahrsamnahme zur Verhinderung einer Straftat von dem Erfordernis eines Strafverfahrens abgelöst wurde. In einem wiederum Ausschreitungen im Kontext eines Fußballspiels betreffenden Fall wurde entschieden, dass „die rechtmäßige Anhaltung einer Person außerhalb des Kontexts eines Strafverfahrens nach Art. 5 Abs. 1 lit. c) EMRK zulässig sein kann, um es der Polizei nicht unmöglich zu machen, ihre Verpflichtung zur Aufrechterhaltung der Ordnung und zum Schutz der Öffentlichkeit zu erfüllen".[171] Das weitere Erfordernis, dass eine **Festnahme** gerade zum Zwecke der Vorführung der betroffenen Person „vor die zuständige Gerichtsbehörde" erfolgen muss (Art. 5 Abs. 1 lit. c EMRK), bedurfte auf dieser Grundlage einer restriktiven Interpretation.[172]

93 Unter der Prämisse, dass die Regelung über eine **Festnahme** zwecks Verhinderung der Begehung einer Straftat (Art. 5 Abs. 1 lit. c EMRK) auch präventiv-polizeiliche Interventionen im Vorfeld rechtswidriger Handlungen ermöglicht, stellt sich mit Blick auf die Rechtslage in Niedersachsen (und anderen Bundesländern) die weitere Frage, inwieweit eine Ingewahrsam-

---

164 ECHR, Urt. v. 1.12.2011 – 8080/08 (Schwabe / Deutschland), Rn. 72, s. auch ebd., Rn. 79; ECHR, Urt. v. 7.3.2013 – 15598/08 (Ostendorf / Deutschland), Rn. 68.
165 ECHR, Urt. v. 1.12.2011 – 8080/08 (Schwabe / Deutschland), Rn. 73; Urt. v. 7.3.2013 – 15598/08 (Ostendorf / Deutschland), Rn. 70.
166 ECHR, Urt. v. 1.12.2011 – 8080/08 (Schwabe / Deutschland), Rn. 82.
167 ECHR, Urt. v. 1.12.2011 – 8080/08 (Schwabe / Deutschland), Rn. 82; s. ferner ECHR, Urt. v. 7.3.2013 – 15598/08 (Ostendorf / Deutschland), Rn. 70; Urt. v. 22.10.2018 – 35553/12 u. a. (V. u.a. / Dänemark), Rn. 83.
168 Vgl. ECHR, Urt. v. 7.3.2013 – 15598/08 (Ostendorf / Deutschland), Rn. 93.
169 Krit. etwa *W.-R. Schenke*, Polizei- und Ordnungsrecht, Rn. 156; *F. Schoch*, in: ders. (Hrsg.), Besonderes Verwaltungsrecht, Kap. 1 Rn. 582.
170 Vgl. dazu auch das Sondervotum des Richters Lemmers und der Richterin Jäderblom zu ECHR, Urt. v. 7.3.2013 – 15598/08 (Ostendorf / Deutschland), insbes. sub 4.
171 ECHR, Urt. v. 22.10.2018 – 35553/12 u. a. (V. u.a. / Dänemark), Rn. 116.
172 Vgl. ECHR, Urt. v. 22.10.2018 – 35553/12 u. a. (V. u.a. / Dänemark), Rn. 118 ff.

nahme auch zur Verhinderung von **Ordnungswidrigkeiten** (§ 18 Abs. 1 Nr. 2 lit. b) NPOG) zulässig ist, da die EMRK ausdrücklich an drohende strafbare Handlungen anknüpft. Allerdings existiert keine präexistente Unterscheidung zwischen einerseits Straftaten und andererseits Ordnungswidrigkeiten (→ § 7 Rn. 2); diese beruht vielmehr auf einer gesetzgeberischen Entscheidung über die Bedeutung eines **Normverstoßes**. Auch das „kleine Strafrecht" der Ordnungswidrigkeiten wird daher in den Anwendungsbereich von Art. 5 EMRK einbezogen werden können.[173]

Gleichwohl stellen nicht nur das Grundgesetz, sondern auch die EMRK unter Aspekten der **Verhältnismäßigkeit** weiterhin hohe Anforderungen an die Zulässigkeit einer Freiheitsentziehung durch eine **präventive Ingewahrsamnahme**.[174] Stets bedarf es eines angemessenen Ausgleichs „zwischen der Bedeutung, die der Abwendung einer unmittelbaren Gefahr der Begehung einer Straftat in einer demokratischen Gesellschaft zukommt, und der Bedeutung des Rechts auf Freiheit der Person".[175] Es ist daher angezeigt, zunächst **mildere Mittel** zu versuchen, bevor eine Ingewahrsamnahme erfolgt. Auch im Übrigen ist ein strenger Maßstab anzulegen: So fordert der Europäische Gerichtshof für Menschenrechte weiterhin das Vorliegen einer **unmittelbaren Gefahr**[176] in Bezug auf eine konkrete und spezifische[177] Straftat. Dem entspricht die niedersächsische Regelung mit ihrer Anknüpfung an die unmittelbar bevorstehende Begehung einer Straftat oder Ordnungswidrigkeit (§ 18 Abs. 1 Nr. 2 NPOG). Wurde die in Rede stehende Tat noch nicht begonnen, so muss sie daher entsprechend der Definition der gegenwärtigen Gefahr (§ 2 Nr. 2 NPOG) jedenfalls in allernächster Zeit mit einer an Sicherheit grenzenden Wahrscheinlichkeit bevorstehen.[178] Ferner ist wegen des Merkmals der „**Unerlässlichkeit**" erforderlich, dass es an anderen Möglichkeiten der Gefahrenabwehr fehlt und die Begehung der Tat gerade durch die betroffene Person droht.[179]

94

Im Ausgangsfall wird P zu den **Kosten** der polizeilichen Maßnahmen herangezogen. Die Pflicht zur Zahlung der Einsatzkosten setzt voraus, dass das polizeiliche Vorgehen rechtmäßig war, was das Verwaltungsgericht als **Vorfrage** der Rechtmäßigkeit der Heranziehung unabhängig von einer vorangegangenen amtsrichterlichen Bestätigung des Freiheitsentzugs zu prüfen hat.[180] Die Voraussetzungen einer **Ingewahrsamnahme** lagen indes nicht vor, da P lediglich im Vorfeld einer erwarteten Auseinandersetzung zwischen verfeindeten Fangruppen als Mitfahrerin in einem Kraftfahrzeug angetroffen wurde. Zwar lässt sich annehmen, dass das Geschehen unmittelbar bevorstand. Es fehlt jedoch an Anhaltspunkten dafür, dass P sich aktiv beteiligen wollte, zumal die **vorgefundenen Gegenstände** nicht ihr, sondern H und B zugeordnet wurden.[181] Ebenso wenig ist ersichtlich, dass es nicht ausgereicht hätte, gegenüber P in der konkreten Situation einen **Platzverweis** auszusprechen. Auch reicht die abstrakte) Gefahr etwa anderweitig drohender, aber noch nicht hinreichend konkret absehbarer Auseinandersetzungen im Vorfeld des Fußballspieles nicht aus, um eine Ingewahrsamnahme zu rechtfertigen.

95

---

173 Anders *Th. Kingreen / R. Poscher*, Polizei- und Ordnungsrecht, § 16 Rn. 18.
174 Eine Aufweichung der bisherigen Voraussetzungen für Präventivhaft befürchtet *B. Elberling*, in: Karpenstein/Mayer, EMRK, Art. 5 Rn. 56.
175 ECHR, Urt. v. 22.10.2018 – 35553/12 u. a. (V. u.a. / Dänemark), Rn. 161; s. ferner ECHR, Urt. v. 1.12.2011 – 8080/08 (Schwabe / Deutschland), Rn. 73.
176 ECHR, Urt. v. 22.10.2018 – 35553/12 u. a. (V. u.a. / Dänemark), Rn. 161.
177 Vgl. ECHR, Urt. v. 22.10.2018 – 35553/12 u. a. (V. u.a. / Dänemark), Rn. 156.
178 Nds. OVG, Urt. v. 10.10.2019 – 11 LB 108/18, Rn. 36.
179 Nds. OVG, Urt. v. 10.10.2019 – 11 LB 108/18, Rn. 35.
180 Nds. OVG, Urt. v. 10.10.2019 – 11 LB 108/18, Rn. 29 ff.
181 Vgl. Nds. OVG, Urt. v. 10.10.2019 – 11 LB 108/18, Rn. 39.

3. Verbringungsgewahrsam

96 Gelegentlich wird drohenden Gefahren, namentlich der bevorstehenden Begehung von Straftaten, dadurch entgegengewirkt, dass die betreffende Person in Einsatzfahrzeugen der Polizei an einen anderen Ort – etwa am Stadtrand – verbracht und dort entlassen wird. Bei diesem **Verbringungsgewahrsam** handelt es sich ebenfalls um einen Fall des Gewahrsams, da es der Annahme einer Freiheitsentziehung[182] durch Ingewahrsamnahme[183] nicht entgegensteht, dass sich der **Aufenthaltsort** der festgehaltenen Person fortbewegt.[184] Unschädlich ist auch, dass es der Behörde nicht gerade auf den Gewahrsam, sondern die **Verbringung** der Person an einen anderen Ort ankommen wird,[185] denn der polizeiliche Gewahrsam kann niemals ein „Selbstzweck", sondern immer nur ein Instrument zur Verfolgung eines anderen gefahrenabwehrenden Zwecks sein. Auch für den Verbringungsgewahrsam ist daher seine „**Unerlässlichkeit**" etwa zur Durchsetzung eines Platzverweises (§ 18 Abs. 2 Nr. 3 NPOG) erforderlich. Fragwürdig ist der Verbringungsgewahrsam im Übrigen dann, wenn die betreffende Person an einem ihr unbekannten Ort und / oder unter dem Einfluss von Alkohol oder Drogen wieder freigelassen wird; in derartigen Fällen kann sogar der Tatbestand der **Aussetzung** (§ 221 StGB) durch die Einsatzkräfte verwirklicht sein, wenn hieraus eine „hilflose Lage" der betroffenen Person resultiert.[186]

4. Verfahrensrechtliche Sicherungen

97 Eine Ingewahrsamnahme muss **erhöhten formellen Anforderungen** genügen: Als Freiheitsentziehung unterliegt sie einem Vorbehalt gerichtlicher Entscheidung („Richtervorbehalt", Art. 104 Abs. 2 Satz 1 GG), den das Gefahrenabwehrrecht in Erfüllung der grundgesetzlichen Pflicht des Gesetzgebers zur Schaffung entsprechender Regelungen (Art. 104 Abs. 2 Satz 4 GG) vorsieht (§ 19 Abs. 1 Satz 1 und 2 NPOG). Im Falle einer **Ingewahrsamnahme** ist daher ebenso wie bei einer zwangsweisen Durchsetzung einer **Vorladung** (§ 16 NPOG) oder dem Festhalten einer Person zu Zwecken der **Identitätsfeststellung** (§ 13 Abs. 2 Satz 2 NPOG) unverzüglich eine gerichtliche Entscheidung über Zulässigkeit und Fortdauer der **Freiheitsentziehung** herbeizuführen, sofern nicht die Entscheidung voraussichtlich erst ergehen würde, wenn der Grund für die Maßnahme weggefallen ist (§ 19 Abs. 1 Satz 3 NPOG). Unterbleibt die unverzügliche Einholung der gerichtlichen Entscheidung, so wird eine Freiheitsentziehung in dem Moment rechtswidrig, in dem der Antrag spätestens hätte gestellt werden müssen.[187] Ein **Verzicht** der festgehaltenen Person auf eine gerichtliche Entscheidung kommt nicht in Betracht, da die Notwendigkeit der gerichtlichen Entscheidung der Dispositionsbefugnis betroffener Personen entzogen ist.[188] Wird die Freiheitsentziehung beendet, bevor es zu der **gerichtlichen Entscheidung** kommt, kann auch eine nachlaufende Feststellung der Rechtswidrigkeit der erfolgten Freiheitsentziehung erfolgen (§ 19 Abs. 2 bis 4 NPOG). Diese Regelung ist verfassungsrechtlich

---

182 Eine Freiheitsentziehung generell verneinend *B. Beckermann*, in: Saipa u. a., NPOG, § 17 Rn. 9.
183 Anders *V. Götz / M.-E. Geis*, Allgemeines Polizei- und Ordnungsrecht, § 17 Rn. 41, denen zufolge mit einer Ingewahrsamnahme keine Freiheitsentziehung einhergeht, sondern eine Ingewahrsamnahme erst anzunehmen ist, wenn auch eine Freiheitsentziehung vorliegt.
184 *Th. Kingreen / R. Poscher*, Polizei- und Ordnungsrecht, § 16 Rn. 5; *J. Ipsen*, Niedersächsisches Polizei- und Ordnungsrecht, Rn. 420; anders *W.-R. Schenke*, Polizei- und Ordnungsrecht, Rn. 157.
185 Anders *Th. Finger*, NordÖR 2006, S. 423 (426); s. ferner *F. Schoch*, in: ders. (Hrsg.), Besonderes Verwaltungsrecht, Kap. 1 Rn. 577.
186 Vgl. BGH, Urt. v. 10.1.2008 – 3 StR 463/07, Rn. 9 ff.; nachfolgend LG Kiel, Urt. v. 17.9.2008 – 8 Ks 6/08, Rn. 110 ff.
187 Vgl. OLG Braunschweig, B. v. 8.3.2021 – 3 W 104/20, Rn. 79 ff.
188 BVerfG, B. v. 14.2.2017 – 1 BvR 2639/15, Rn. 21; s. ferner OLG Braunschweig, B. v. 8.3.2021 – 3 W 104/20, Rn. 83.

geboten, da bei Freiheitsentziehungen wegen ihrer erheblichen Grundrechtsrelevanz ein nachträglicher Rechtsschutz möglich sein muss.[189]

Eine festgehaltene Person ist über den **Grund der Ingewahrsamnahme** und die ihr zustehenden **Rechtsbehelfe** zu unterrichten (§ 20 Abs. 1 NPOG). Auch ist ihr grundsätzlich Gelegenheit zu geben, eine dritte Person zu benachrichtigen (§ 20 Abs. 2 Satz 1 NPOG); bei Minderjährigen oder Betreuten besteht eine Pflicht zur Benachrichtigung der sorgeberechtigten oder betreuenden Person (§ 20 Abs. 2 Satz 3 NPOG). Weitere Vorgaben gelten für die **Unterbringung** festgehaltener Personen (§ 20 Abs. 4 NPOG). Insbesondere darf eine dauerhafte **Videoüberwachung** nur erfolgen, wenn diese Maßnahme aufgrund des Verhaltens oder seelischen Zustands der festgehaltenen Person zur Abwehr von Selbst- oder Fremdgefährdungen unerlässlich ist (§ 20 Abs. 4 Satz 4 NPOG). 98

Die **Entlassung** der festgehaltenen Person hat zunächst dann zu erfolgen, wenn der Grund für die Maßnahme weggefallen ist oder wenn die **Fortdauer** der Freiheitsentziehung durch gerichtliche Entscheidung für unzulässig erklärt wird (§ 21 Satz 1 Nr. 1 und 2 NPOG). Diese Regelungen verstehen sich von selbst, da im erstgenannten Falle eine nunmehr unnötig gewordene Freiheitsentziehung vorläge und **die gerichtliche Entscheidung** über die Unzulässigkeit der erfolgten Freiheitsentziehung naturgemäß auch die Rechtswidrigkeit ihrer gleichwohl fortdauernden Vollziehung zur Folge hat. Im Übrigen ist die Entlassung festgehaltener Personen spätestens am Ende des Tages nach dem **Tag des Ergreifens** vorzunehmen, sofern nicht zuvor die Fortdauer der Freiheitsentziehung durch gerichtliche Entscheidung angeordnet wurde (§ 21 Satz 1 Nr. 3 NPOG). Dies kann aus präventiven Gründen in unterschiedlichem Umfang geschehen. Sofern es sich bei der Straftat, zu deren Verhinderung die Ingewahrsamnahme erfolgt ist, um eine terroristische Straftat (§ 2 Nr. 15 NPOG) handelt, beträgt die **Höchstfrist** 14 Tage (§ 21 Satz 2 Nr. 1 NPOG); sie ist einmalig um weitere 14 Tage sowie nochmals um weitere sieben Tage verlängerbar (§ 21 Satz 3 NPOG). Bei sonstigen bevorstehenden Straftaten beträgt die Höchstfrist 10 Tage (§ 21 Satz 2 Nr. 2 NPOG) und in den „übrigen Fällen" sechs Tage (§ 21 Satz 2 Nr. 3 NPOG). 99

Diese Regelungen begegnen **verfassungsrechtlichen Bedenken**, die weniger an die angeordneten Höchstfristen als an die fehlende tatbestandliche Bestimmtheit anknüpfen. Die Freiheit der Person darf nur aus besonders gewichtigem Grund angetastet werden,[190] weshalb sie einer strengen Prüfung am **Grundsatz der Verhältnismäßigkeit** unterliegt. Dies gilt in besonderem Maße für präventive, nicht dem Schuldausgleich dienende Eingriffe, die im Allgemeinen nur zulässig sind, wenn der Schutz anderer oder der Allgemeinheit dies erfordert.[191] Der Gesetzgeber ist verpflichtet, die Voraussetzungen der Zulässigkeit einer Freiheitsentziehung hinreichend klar zu bestimmen, indem **Freiheitsentziehungen** in berechenbarer, messbarer und kontrollierbarer Weise geregelt werden; insoweit ergibt sich aus dem Grundgesetz ein gesteigertes **Bestimmtheitsgebot**.[192] Der niedersächsischen Regelung fehlt es aber an rechtlichen Vorgaben für die Zulässigkeit einer Freiheitsentziehung über den Tag nach dem Tag des Ergreifens hinaus, die über die grundsätzlichen Anforderungen an die Gewahrsamsbegründung (§ 18 NPOG) hinausgehen. Auch werden beliebige Straftaten unterhalb der Schwelle terroristischer Straftaten gleich behandelt (§ 21 Satz 2 Nr. 2 NPOG) und bleibt unklar, auf welche Sachverhalte sich die Regelung über die „übrigen Fälle" (§ 21 Satz 2 Nr. 3 NPOG) bezieht. 100

---

189 Vgl. BVerfG, B. v. 16.4.2021 – 2 BvR 2470/17, Rn. 15 = BayVBl. 2021, S. 480; s. ferner B. v. 5.12.2001 – 2 BvR 527/99 u. a., Rn. 38 ff. (41).
190 BVerfG, Urt. v. 24.7.2018 – 2 BvR 309/15 u. a., Rn. 73; BVerfG, B. v. 27.3.2012 – 2 BvR 2258/09, Rn. 50.
191 Vgl. BVerfG, Urt. v. 24.7.2018 – 2 BvR 309/15 u. a., Rn. 73; s. ferner BVerfG, Urt. v. 4.50.2011 – 2 BvR 2333/08 u. a., Rn. 98; Urt. v. 5.2.2004 – 2 BvR 2029/01, Rn. 94.
192 Vgl. BVerfG, Urt. v. 24.7.2018 – 2 BvR 309/15 u. a., Rn. 79; B. v. 11.7.2013 – 2 BvR 2302/11 u. a., Rn. 111; B. v. 20.6.2012 – 2 BvR1048/11, Rn. 117; Urt. v. 5.2.2004 – 2 BvR 2029/01, Rn. 192.

Das kann den **verfassungsrechtlichen Anforderungen** an die Bestimmtheit von Vorschriften über Freiheitsentziehungen nicht genügen. Daran ändert auch der Umstand nichts, dass auch die Entscheidung über den längeren Gewahrsam durch ein Gericht in einem formalisierten Verfahren (§ 19 Abs. 4 Satz 1 NPOG iVm §§ 3 bis 48 FamFG) mit der Möglichkeit eines Rechtsbehelfs (§ 19 Abs. 4 Satz 1 NPOG iVm §§ 58 ff. FamFG) zu treffen ist, da es gleichwohl an hinreichend bestimmten gesetzlichen Maßstäben für eine solche Entscheidung fehlt.

101 Geht man hingegen von der gesetzlichen Regelung aus, so war im Ausgangsfall grundsätzlich möglich, eine **Ingewahrsamnahme** von Personen, die sich an den **Drittortauseinandersetzung** beteiligen wollten, nicht nur bis zum Ende des Tages nach der Ingewahrsamnahme, sondern am folgenden Morgen für einen **Zeitraum** bis zum Ende des darauf folgenden Tages und damit einen weiteren Tag anzuordnen. Eine solche Anordnung war auch nicht unverhältnismäßig, weil es sachgerecht erschien, potenzielle Teilnehmer und Teilnehmerinnen an Ausschreitungen bis nach dem **Ende des Spiels** in Gewahrsam zu halten. Das gilt aber nicht mit Blick auf P, da es an Anhaltspunkten dafür fehlt, dass P an anderweitigen Ausschreitungen teilgenommen hätte.

IX. Durchsuchungen

1. Durchsuchung von Personen und Sachen

▶ **Fall:** Medizinstudent S, dessen Vater aus Nigeria stammt, sitzt an einem Sommertag auf einer Parkbank und liest ein Fachbuch. Da polizeibekannt ist, dass in dem Park auch Personen meist nordafrikanischer Herkunft mit Drogen handeln, wird S von zwei Polizeibeamten angesprochen und nach seinem Ausweis befragt. S händigt seine Dokumente aus; ein Datenabgleich bleibt ergebnislos. Gleichwohl wollen die Polizeibeamten nunmehr die Kleidung und die Tasche von S durchsuchen. Damit ist S nicht einverstanden. ◀

102 Bei der **Durchsuchung** von Personen oder Sachen handelt es sich typischerweise nicht um isolierte Vorgänge, sondern Maßnahmen, die im Kontext anderer Interventionen stehen oder zur **Eigensicherung** von Einsatzkräften erfolgen. So kann eine Durchsuchung angezeigt sein, wenn sich im Zusammenhang mit anderen Maßnahmen Anhaltspunkte dafür ergeben, dass von einer Person Gegenstände mitgeführt werden, nach denen gesucht werden darf. Die Durchsuchung einer Person gestattet grundsätzlich nur Handlungen, mit denen am Körper oder in der am Körper getragenen Kleidung der betroffenen Person nach Gegenständen gesucht wird;[193] weitergehende Beeinträchtigungen **der körperlichen Integrität** sind unter ergänzenden Voraussetzungen zur Abwehr einer Gefahr für Leib zulässig, wenn die Möglichkeit einer vorangegangenen Übertragung gefährlicher **Krankheitserreger** besteht (§ 22 Abs. 4 NPOG).

103 Durchsuchungen von Personen sind zunächst für den Fall vorgesehen, dass eine Person festgehalten werden darf (§ 22 Abs. 1 Nr. 1 NPOG). Neben dem Fall einer **Ingewahrsamnahme** hiervon ebenfalls erfasst ist nach Maßgabe des Gefahrenabwehrrechts die zwangsweise Durchsetzung einer **Vorladung** (§ 16 Abs. 3 NPOG) sowie das Festhalten zwecks Durchführung einer **Identitätsfeststellung** (§ 13 Abs. 2 Satz 2 NPOG).[194] Zweck der Durchsuchung ist

---

193 Vgl. *Th. Kingreen / R. Poscher*, Polizei- und Ordnungsrecht, § 17 Rn. 2; *B. Beckermann*, in: Saipa u. a., NPOG, § 22 Rn. 1; weitergehend *G. A. Neuhäuser*, in: Möstl/Weiner, Polizei- und Ordnungsrecht Niedersachsen, § 22 Rn. 7; *C. Gusy*, Polizei- und Ordnungsrecht, Rn. 245.

194 *G. A. Neuhäuser*, in: Möstl/Weiner, Polizei- und Ordnungsrecht Niedersachsen, § 22 Rn. 13; *B. Beckermann*, in: Saipa u. a., NPOG, § 22 Rn. 4.

IX. Durchsuchungen

in diesen Fällen regelmäßig die **Eigensicherung** der Einsatzkräfte.[195] Allerdings existiert für Identitätsfeststellungen eine Sonderregelung, die ebenfalls auf die Eigensicherung zielt (§ 22 Abs. 2 NPOG). Deren **spezielle Tatbestandsvoraussetzungen** dürfen nicht durch Rückgriff auf eine allgemeine Regelung unterlaufen werden. Auch kann eine Durchsuchung nur die Folge eines **aus anderen Gründen** erfolgenden Festhaltens sein, nicht aber darf umgekehrt eine Person festgehalten werden, um sie zu durchsuchen. Eine Durchsuchung einer Person allein zum Zwecke der **Identitätsfeststellung** ist daher in Niedersachsen nicht vorgesehen und daher nicht zulässig.[196]

Eine Durchsuchung einer Person durch die Verwaltungsbehörden oder die Polizei ist ferner möglich, wenn Tatsachen die Annahme rechtfertigen, dass in Bezug auf die von jemandem mitgeführten Sachen die Voraussetzungen einer **Sicherstellung** vorliegen (§ 22 Abs. 1 Nr. 2 NPOG). Damit wird zunächst verwiesen auf Sicherstellungen zur Gefahrenabwehr (§ 26 Nr. 1 NPOG). Für diesen Fall bewirkt die **Verweisung** auf die Regelung über Sicherstellungen, dass die Zulässigkeit der Durchsuchung an eine Gefahrsteigerung in Form der gegenwärtigen Gefahr geknüpft ist.[197] Eine Sicherstellung und damit auch eine Durchsuchung können ferner erfolgen, um die Eigentümerin oder den Eigentümer oder die Person, die rechtmäßig die tatsächliche Gewalt innehat, vor **Verlust** oder **Beschädigung** einer Sache zu schützen (§ 26 Nr. 2 NPOG). Dabei wird es sich oftmals um Fälle handeln, in denen der Intervention eine Straftat vorausgegangen ist. Die Intervention zum Schutz privater Rechte ist in diesen Fällen zulässig, weil ohne die Sicherstellung die Verwirklichung der Rechte der berechtigten Person voraussichtlich vereitelt oder wesentlich erschwert würde (§ 1 Abs. 3 NPOG).

104

Die Sicherstellung von Sachen ist ferner vorgesehen, wenn es um **gefährliche Gegenstände** geht, die von einer festgehaltenen Person gegen sich selbst oder andere Personen oder Sachen eingesetzt werden können oder als **Hilfsmittel** einer Flucht in Betracht kommen (§ 26 Nr. 3 NPOG). Die danach mögliche Sicherstellung von Sachen festgehaltener Personen ist mit Blick auf die Zulässigkeit von Durchsuchungen aber letztlich nicht von Relevanz, da festgehaltene Personen ohnehin durchsucht werden dürfen (§ 22 Abs. 1 Nr. 1 NPOG).

105

Gesetzlich vorgesehen ist ferner die Zulässigkeit der Durchsuchung von Personen, die sich erkennbar in einem **die freie Willensbestimmung** ausschließenden Zustand oder sonst in **hilfloser Lage** befinden (§ 22 Abs. 1 Nr. 3 NPOG). Man wird die Regelung zunächst als spezielle Vorschrift betreffend die Feststellung der **Identität** einer solchen Person verstehen können.[198] Ferner in Betracht kommt eine Anwendung der Vorschrift auf Sachverhalte, in denen Anhaltspunkte dafür vorliegen, dass sich über die Durchsuchung die **Ursache** für den Zustand der betreffenden Person feststellen lässt.[199]

106

Des Weiteren sind Durchsuchungen in Fällen möglich, in denen Personen an Orten angetroffen werden, an denen auch Identitätsfeststellungen erfolgen können, weil es sich um **kriminalitätsbelastete Orte** (§ 13 Abs. 1 Nr. 2 NPOG) handelt (§ 22 Abs. 1 Nr. 4 NPOG) oder sich dort **gefährdete Objekte** (§ 13 Abs. 1 Nr. 3 NPOG) befinden (§ 22 Abs. 1 Nr. 5 NPOG); im letztgenannten Fall müssen zudem die weiteren Voraussetzungen einer **Identitätsfeststellung** vorliegen. Voraussetzungen der Durchsuchung sind danach zunächst Tatsachen, die die Annahme rechtfertigen, dass Straftaten in oder an einem gefährdeten Objekten begangen werden sollen, durch die in oder an dem Objekt befindliche Personen oder diese Objekte selbst

107

---

195 G. A. *Neuhäuser*, in: Möstl/Weiner, Polizei- und Ordnungsrecht Niedersachsen, § 22 Rn. 15; B. *Beckermann*, in: Saipa u. a., NPOG, § 22 Rn. 4.
196 Anders G. A. *Neuhäuser*, in: Möstl/Weiner, Polizei- und Ordnungsrecht Niedersachsen, § 22 Rn. 14 f.
197 So auch G. A. *Neuhäuser*, in: Möstl/Weiner, Polizei- und Ordnungsrecht Niedersachsen, § 22 Rn. 18.
198 G. A. *Neuhäuser*, in: Möstl/Weiner, Polizei- und Ordnungsrecht Niedersachsen, § 22 Rn. 22.
199 Vgl. G. A. *Neuhäuser*, in: Möstl/Weiner, Polizei- und Ordnungsrecht Niedersachsen, § 22 Rn. 22; Th. *Kingreen / R. Poscher*, Polizei- und Ordnungsrecht, § 17 Rn. 7.

unmittelbar gefährdet sind; ferner muss die Durchsuchung aufgrund der **Gefährdungslage** oder aufgrund von auf die Person bezogenen Anhaltspunkten erforderlich sein (§ 13 Abs. 1 Nr. 3 NPOG).

108 Eine Sonderregelung findet sich schließlich – wie erwähnt (→ Rn. 103) – für Durchsuchungen im Kontext einer **Identitätsfeststellung** sowie außerdem für Sachverhalte, in denen Personen an **Kontrollstellen** angetroffen werden (§ 22 Abs. 2 NPOG). Die betroffenen Personen können danach auch nach Waffen, anderen gefährlichen Werkzeugen und Explosivmitteln durchsucht werden, „wenn dies nach den Umständen zum Schutz gegen eine Gefahr für Leib oder Leben erforderlich ist. Die Vorschrift betrifft damit primär die **Eigensicherung** der Einsatzkräfte,[200] ermächtigt aber auch zu einem Tätigwerden, wenn hinreichend belastbare Anhaltspunkte für eine Gefährdung dritter Personen bestehen.

109 Mit Blick auf die Durchsuchung von Sachen hat der Gesetzgeber eine verweisungsreiche Regelung getroffen, die zunächst auf die **Zulässigkeitsvoraussetzungen** für die Durchsuchung von Personen verweist (§ 23 Abs. 1 Nr. 1 NPOG). Soweit Personen durch die Verwaltungsbehörden und die Polizei durchsucht werden dürfen, ist danach auch eine Durchsuchung mitgeführter Sachen zulässig. Damit dürften für die Durchsuchung von Sachen bei Kontrollen von Personen im öffentlichen Raum die wesentlichen Fallgestaltungen abgedeckt sein. Die **Parallelisierung** der Durchsuchung von Personen und Sachen wird gleichwohl um weitere Regelungen ergänzt, die in der Sache im Wesentlichen auf (gesuchte) Personen zielen. So ist die Durchsuchung einer Sache zulässig, wenn Tatsachen die Annahme rechtfertigen, dass sich in ihr eine Person versteckt (oder versteckt wird), die in **Gewahrsam** genommen werden darf (§ 23 Abs. 1 Nr. 2 lit. a) NPOG). Gleiches gilt mit Blick auf den Fall, dass sich in einem Objekt eine widerrechtlich festgehaltene oder hilflose Person befinden könnte (§ 23 Abs. 1 Nr. 2 lit. b) und c) NPOG). Die Regelung zielt damit augenscheinlich auf größere Objekte, insbesondere **Transportmittel**, in denen sich Personen verstecken oder versteckt werden können.

110 Analog der Durchsuchung von Personen möglich sind auch Durchsuchungen von Sachen, die an **kriminalitätsbelasteten Orten** (§ 21 Abs. 1 Nr. 4 NPOG) oder im Bereich **gefährdeter Objekte** aufgefunden werden (§ 21 Abs. 1 Nr. 5 NPOG). Diese Regelungen lassen sich als besondere Ermächtigungen zu **Gefahrerforschungseingriffen** mit Blick auf Gegenstände unklarer Herkunft oder Zweckbestimmung verstehen. Entsprechendes gilt für die Zulässigkeit einer Durchsuchung von Sachen, bei denen Tatsachen die Annahme rechtfertigen, dass sich in ihr eine andere Sache befindet, die sichergestellt werden darf (§ 21 Abs. 1 Nr. 3 NPOG). Schließlich möglich ist die Durchsuchung von Land-, Wasser- oder Luftfahrzeugen sowie von Sachen in einem solchen **Beförderungsmittel** an Kontrollstellen (§ 21 Abs. 1 Nr. 6 NPOG).

111 Im Ergebnis sind die Voraussetzungen für Durchsuchungen von Personen oder Sachen von der **Verantwortlichkeit** der betroffenen Person für eine Gefahr weitgehend abgelöst worden. Vielmehr hängt die Zulässigkeit der Durchsuchung einer Person oder ihrer Sachen in weitem Umfang allein von äußeren Umständen – und Zufälligkeiten – ab, indem eine Durchsuchung ermöglicht wird, weil sich eine Person etwa an **einem kriminalitätsbelasteten Ort** aufhält oder absichtlich oder unabsichtlich eine **Kontrollstelle** passieren will. Schon die in derartigen Fällen regelmäßig mögliche Identitätsfeststellung ist aber wegen ihrer **Anlasslosigkeit** und **Streubreite** nicht als mehr als geringfügige Beeinträchtigung eines grundrechtlichen Schutzguts – des Rechts auf **informationelle Selbstbestimmung** – zu qualifizieren (→ Rn. 30). Erst recht handelt es sich bei anlasslosen Durchsuchungen beliebiger Personen und ihrer Sachen

---

[200] G. A. *Neuhäuser*, in: Möstl/Weiner, Polizei- und Ordnungsrecht Niedersachsen, § 22 Rn. 38; s. ferner J. *Ipsen*, Niedersächsisches Polizei- und Ordnungsrecht, Rn. 434.

um Maßnahmen von hoher Eingriffsintensität.²⁰¹ Gleichwohl sind derartige Maßnahmen an kriminalitätsbelasteten Orten oder an Kontrollstellen – anders als im Umfeld gefährdeter Objekte – nach den gesetzlichen Regelungen unabhängig von Anhaltspunkten für konkrete Gefahren zulässig. Namentlich die Zulassung **anlassloser Kontrollen** in einem bestimmten Gebiet begegnet daher erheblichen verfassungsrechtlichen Bedenken. Die Regelung bedarf zumindest einer **verfassungskonformen Interpretation** dahin gehend, dass Kontrollen von Personen, die an einem „gefährlichen Ort" angetroffen werden, nur zulässig sind, wenn **objektive Anhaltspunkte** für einen Bezug der betroffenen Person zu der von dem Ort ausgehenden Gefahr vorliegen.²⁰²

Im Beispielsfall geht von dem lesenden S keinerlei konkrete Gefahr aus, die eine **Identitätsfeststellung** rechtfertigen könnte; erst recht fehlt es an einer gegenwärtigen Gefahr als Voraussetzung einer Durchsuchung mit dem Ziel einer **Sicherstellung** (§ 22 Abs. 1 Nr. 2 i. V. m. § 26 Nr. 1 NPOG). Allerdings wird eine Identitätsfeststellung auch bei einem **Gefahrenverdacht** vielfach als zulässig angesehen (→ Rn. 28).²⁰³ Für sich genommen ergibt sich aus dem Verhalten des S jedoch nicht einmal ein Anhaltspunkt für eine Gefahr, der die Grundlage eines Gefahrenverdachts bilden könnte. Geht man von der (unzutreffenden) Annahme aus, dass ein Gefahrenverdacht eine **Identitätsfeststellung** rechtfertigen könne, so ließe sich ein Gefahrenverdacht allenfalls daraus herleiten, dass S nach seinem **äußeren Erscheinungsbild** den in dem Park agierenden Drogenhändlern ähneln könnte. Grundsätzlich darf eine polizeiliche Maßnahme aber nicht an das äußere Erscheinungsbild, namentlich die **Hautfarbe** der betroffenen Person anknüpfen, auch wenn sie nur ein (mit-) tragendes Kriterium neben anderen Aspekten innerhalb eines **Motivbündels** darstellt (→ Rn. 32).²⁰⁴ Allein an die Hautfarbe anknüpfende Maßnahmen (racial profiling) sind daher stets unzulässig. Allerdings soll (ausnahmsweise) zulässig sein, dann innerhalb eines Motivbündels auch auf herkunftsbezogene Merkmale abzustellen, wenn sich aus orts- oder situationsbezogenen **Lagebildern** eine erhöhte Delinquenz bestimmter Gruppen ergibt.²⁰⁵ Nach Maßgabe dieser Rechtsprechung kommt eine Identitätsfeststellung in Betracht, wenn belastbare Anhaltspunkte für eine bestimmte, durch äußerlich erkennbare Merkmale gekennzeichnete Tätergruppen bestehen und die betroffene Person die entsprechenden **Charakteristika** aufweist.

112

Indes kann das **äußere Erscheinungsbild** jedenfalls dann nicht für die Annahme eines Gefahrenverdachts ausreichen, wenn es sich – wie im Beispielsfall – um eine rein **zufällige Übereinstimmung** mit äußeren Merkmalen von Angehörigen einer Personengruppe handeln kann, von denen nach polizeilichen Erkenntnissen in einer bestimmten Situation oder einem bestimmten Gebiet Gefahren ausgehen. Vielmehr sind auch in diesem Falle **zusätzliche Anhaltspunkte** für das Vorliegen einer Gefahr oder von Straftaten aufgrund des Verhaltens der betroffenen Person zu fordern, um eine polizeiliche Maßnahme zu rechtfertigen, widrigenfalls letztlich wieder nur die **Hautfarbe** (oder ein anderes äußeres Merkmal) den maßgeblichen Anknüpfungspunkt für die Intervention bildet.²⁰⁶ Sofern es sich bei dem Park, in dem S angetroffen wurde, um einen **kriminalitätsbelasteten Ort** handelte, wären zwar anlasslose

113

---

201 Anders *J. Ipsen*, Niedersächsisches Polizei- und Ordnungsrecht, Rn. 436.
202 *B. Beckermann*, in: Saipa u. a., NPOG, § 22 Rn. 7; *G. A. Neuhäuser*, in: Möstl/Weiner, Polizei- und Ordnungsrecht Niedersachsen, § 22 Rn. 36; *Th. Kingreen / R. Poscher*, Polizei- und Ordnungsrecht, § 17 Rn. 9; ebenso für Identitätsfeststellungen an „gefährlichen Orten" nach Maßgabe hamburgischen Rechts VG Hamburg, Urt. v. 10.11.2020 – 20 K 1515/17, Rn. 56 mwN; anders OVG Hamburg, Urt. v. 31.1.2022 – 4 Bf 10/21, Rn. 89 ff. (100 ff.).
203 Vgl. OVG NW, B. v. 7.8.2018 – 5 A 294/16, Rn. 35; OVG Hamburg, Urt. v. 31.1.2022 – 4 Bf 10/21, Rn. 38 ff.
204 Vgl. OVG NW, B. v. 7.8.2018 – 5 A 294/16, Rn. 48 ff.
205 Vgl. OVG NW, B. v. 7.8.2018 – 5 A 294/16, Rn. 66 ff.
206 Dass damit in der Sache an angebliche unveränderliche Unterschiede zwischen „Kulturkreisen" angeknüpft wird, betont *T. Tabbara*, Der Staat 60 (2021), S. 577 (586) mwN.

Kontrollen und auch Identitätsfeststellungen oder gar Durchsuchungen grundsätzlich zulässig (§ 13 Abs. 1 Nr. 2, § 22 Abs. 1 Nr. 4 NPOG); auch dies kann eine Anknüpfung an **äußere Merkmale** bei polizeilichen Maßnahmen aber nicht rechtfertigen. Bestehen Anhaltspunkte für eine solche unzulässige Anknüpfung an äußere Merkmale, so bedarf es nach der Rechtsprechung des Europäischen Gerichtshofs für Menschenrechte auch der Möglichkeit einer Überprüfung des Geschehens durch eine unabhängige Stelle;[207] ein Rechtsschutzbedürfnis für eine nachlaufende gerichtliche Überprüfung kann daher nicht verneint werden.[208]

2. Betreten und Durchsuchen von Wohnungen

114 Die gesetzliche Regelung über die **Durchsuchung von Sachen** (§ 23 NPOG) erfasst sowohl bewegliche als auch unbewegliche Gegenstände und damit grundsätzlich auch **Immobilien**. Mit Blick auf den grundrechtlichen **Schutz der Wohnung** (Art. 13 GG) hat das Betreten und Durchsuchen von Wohnungen jedoch eine eigenständige gesetzliche Regelung gefunden (§§ 24 f. NPOG), die den verfassungsrechtlichen Vorgaben Rechnung tragen soll. Ablesen lässt sich dies zunächst daran, dass zur „Wohnung" nicht nur Wohn- und Nebenräume sowie sonstiges **befriedetes Besitztum**, sondern ebenso Arbeits-, Betriebs- und Geschäftsräume zählen (§ 24 Abs. 1 NPOG), da mit dieser Regelung an Rechtsprechung des Bundesverfassungsgerichts angeknüpft wird, der zufolge auch Betriebs- und Geschäftsräume zu den Wohnungen im verfassungsrechtlichen Sinne gehören.[209] Allerdings geht das Bundesverfassungsgericht davon aus, dass das grundrechtliche **Schutzbedürfnis** bei reinen Betriebs- und Geschäftsräumen hinter dem der Privaträume zurückbleibt.[210] Diese Räume sollen daher von Bediensteten der Verwaltungsbehörden und der Polizei etwa zu **Besichtigungs- und Prüfzwecken** zu den Zeiten betreten werden dürfen, zu denen die jeweilige geschäftliche oder betriebliche Nutzung erfolgt.[211] Daran anknüpfend sieht die gesetzliche Regelung weiter vor, dass Arbeits-, Betriebs- und Geschäftsräume sowie weitere der **Öffentlichkeit** zugängliche Räumlichkeiten zum Zwecke der Gefahrenabwehr während der Arbeits-, Betriebs-, Geschäfts- oder Öffnungszeit sowie in Zeiten der Anwesenheit von Beschäftigten oder Publikum betreten werden dürfen (§ 24 Abs. 6 NPOG).

115 Die Vorschrift über das Betreten und Durchsuchen von Wohnungen bezieht sich nur auf Fälle, in denen physisch in eine Wohnung eingedrungen wird; die **Überwachung** einer Wohnung mit **technischen Mitteln** ist Gegenstand anderweitiger Regelung (§ 35a NPOG). Die Verwaltungsbehörden und die Polizei können eine Wohnung ohne Einwilligung der Inhaberin oder des Inhabers zunächst dann betreten und durchsuchen, wenn Tatsachen die Annahme rechtfertigen, dass sich in ihr eine Person befindet, die zur Durchsetzung einer **Vorladung** vorgeführt oder die in **Gewahrsam** genommen werden darf (§ 24 Abs. 2 Nr. 1 NPOG). Gleiches gilt, wenn nach einer Sache gesucht wird, die sichergestellt werden darf (§ 24 Abs. 2 Nr. 2 NPOG), oder wenn von der Wohnung **Emissionen** ausgehen, die nach Art, Ausmaß und Dauer die Gesundheit in der Nachbarschaft wohnender Personen beeinträchtigen können (§ 24 Abs. 2 Nr. 4 NPOG). Weiter vorgesehen ist die Zulässigkeit des Betretens oder Durchsuchens, wenn dies zur Abwehr **einer gegenwärtigen Gefahr** für Leib, Leben oder Freiheit einer Person oder für Sachen von bedeutendem Wert erforderlich ist (§ 24 Abs. 2 Nr. 3 NPOG). Eine zusätzliche Regelung ermöglicht das Betreten und Durchsuchen aller Wohnungen in einem **Gebäude**,

---

207 ECHR, Urt. v. 18.10.2022 – 215/19 (Basu / Germany), Rn. 33.
208 Vgl. ECHR, Urt. v. 18.10.2022 – 215/19 (Basu / Germany), Rn. 37 f.
209 Grundlegend BVerfG, B. v. 13.10.1971 – 1 BvR 280/66, Rn. 37 ff.; s. ferner B. v. 24.5.1977, 2 BvR 988/75, Rn. 55; B. v. 16.6.1987 – 1 BvR 1202/84, Rn. 23; aus neuerer Zeit Urt. v. 27.2.2008 – 1 BvR 370/07 u. a., Rn. 192; B. v. 30.7.2015 – 1 BvR 1951/13, Rn. 15.
210 BVerfG, B. v. 13.10.1971 – 1 BvR 280/66, Rn. 51.
211 BVerfG, B. v. 13.10.1971 – 1 BvR 280/66, Rn. 57.

IX. Durchsuchungen

wenn Tatsachen die Annahme rechtfertigen, dass sich in dem Gebäude eine Person befindet, die widerrechtlich festgehalten wird oder hilflos ist und für die dadurch Gefahr für Leib oder Leben besteht, sofern die Gefahr nicht auf andere Weise beseitigt werden kann (§ 24 Abs. 3 NPOG).

Während der **Nachtzeit** ist ein Betreten und Durchsuchen nur zum Zwecke der Abwehr gesundheitsgefährdender Emissionen sowie zur Abwehr einer gegenwärtigen Gefahr für Leib, Leben oder Freiheit einer Person oder für Sachen von bedeutendem Wert zulässig (§ 24 Abs. 4 i. V. m. Abs. 2 Nr. 3 und 4 sowie Abs. 3 NPOG). Als Nachtzeit galt bis in das Jahr 2021 im Zeitraum vom 1. April bis 30. September die Zeit von 9.00 Uhr abends bis 4.00 Uhr morgens und im Übrigen die Zeit von 9.00 Uhr abends bis 6.00 Uhr morgens (§ 104 Abs. 3 StPO a. F.); dem lagen erkennbar überholte Vorstellungen über die **Wach- und Schlafenszeiten** der Bevölkerung zugrunde. Mittlerweile wird im Bundesrecht die „Nachtzeit" einheitlich als der Zeitraum von 9.00 Uhr abends bis 6.00 Uhr morgens definiert (§ 104 Abs. 3 StPO). Interpretiert man die Inbezugnahme des Bundesrechts durch das Landesrecht (§ 24 Abs. 4 NPOG) als **dynamische Verweisung**,[212] so hat der Bundesgesetzgeber mit der Änderung der StPO das Landesrecht sogleich mitgeändert (→ Rn. 14). 116

Auch in dem danach als Nachtzeit geltenden **Zeitfenster** ist (allein) das Betreten einer Wohnung zur Verhütung des Eintritts erheblicher Gefahren zulässig, wenn Tatsachen die Annahme rechtfertigen, dass dort Straftaten von erheblicher Bedeutung verabredet, vorbereitet oder verübt werden (§ 24 Abs. 5 Nr. 1 NPOG), sich dort Personen treffen, die gegen aufenthaltsrechtliche Strafvorschriften verstoßen (§ 24 Abs. 5 Nr. 2 NPOG), oder sich dort wegen Straftaten gesuchte Personen aufhalten (§ 24 Abs. 5 Nr. 3 NPOG). Damit hat der Gesetzgeber eine merkwürdig hybride Regelung geschaffen, in dem zwar die einzelnen Tatbestandselemente der Norm erkennbar an hinreichend konkrete Sachverhalte wie das Verabreden oder gar Verüben von Straftaten (§ 24 Abs. 5 Nr. 1 NPOG) anknüpfen, auf der anderen Seite aber keine konkrete Gefahr verlangt wird, sondern ein Handeln im **Vorfeld** einer Gefahr zur Verhütung einer (erheblichen) Gefahr für ein bedeutsames Rechtsgut (§ 2 Nr. 3 NPOG) ausreicht, so dass die **Eilbedürftigkeit** zweifelhaft erscheint. Auch erschließt sich nicht ohne Weiteres, wie ein schlichter Verstoß gegen aufenthaltsrechtliche Bestimmungen geeignet sein soll, eine weitergehende erhebliche Gefahr für hochrangige Rechtsgüter zu begründen. Das ist jedenfalls nicht schon dann der Fall, wenn sich eine ausreisepflichtige Person beispielsweise der **Abschiebung** zu entziehen versucht; vielmehr sind die Regelungen des NPOG bei Abschiebungen aufgrund der vorrangigen Vorschriften des Bundesrechts über deren Durchführung (§ 56 AufenthG) schon nicht anwendbar.[213] 117

Darüber hinaus steht die Norm auch mit den **verfassungsrechtlichen Vorgaben** für ein Betreten von Wohnungen nicht in Einklang. Da nach dem ausdrücklichen Wortlaut der Vorschrift allein ein **Betreten**, nicht aber auch ein Durchsuchen der Räumlichkeiten zulässig ist, sind die grundgesetzlichen Maßstäbe der Regelung über sonstige Eingriffe und Beschränkungen, die keine Durchsuchungen sind, zu entnehmen (Art. 13 Abs. 7 GG). Danach erforderlich ist eine dringende Gefahr, die gegenüber einer erheblichen Gefahr nochmals **gesteigerte Anforderungen** enthält, da dieser Begriff sich sowohl auf das Ausmaß als auch auf die Wahrscheinlichkeit eines Schadens bezieht und dabei eine Gefahr eines Schadenseintritts fordert, die über eine konkrete Gefahr hinausgeht (→ Rn. 61).[214] Demnach ist die dringende Gefahr dadurch gekennzeichnet, dass nicht nur eine (erhebliche) Gefahr für bedeutsame 118

---

212 So G. A. *Neuhäuser*, in: Möstl/Weiner, Polizei- und Ordnungsrecht Niedersachsen, § 26 Rn. 49.
213 VG Göttingen, B. v. 25.8.2022 – 1 E 189/22, Rn. 4.
214 BVerfG, Urt. v. 20.4.2016 – 1 BvR 966/09 u. a., Rn. 184; s. ferner BVerfG, B. v. 7.12.2011 – 2 BvR 2500/09 u. a., Rn. 128.

Rechtsgüter, sondern auch eine **erhöhte Schadenswahrscheinlichkeit** gefordert wird. Entgegen namentlich älterer Rechtsprechung,[215] die dem Begriff der dringenden Gefahr keine zeitliche Dimension entnehmen will, kann der Begriff daher als **Kombination** von Elementen sowohl einer gegenwärtigen als auch einer erheblichen Gefahr interpretiert werden.[216] Dem trägt die landesrechtliche Legaldefinition der „dringenden Gefahr" Rechnung, indem eine im Hinblick auf das Ausmaß des zu erwartenden Schadens und die Wahrscheinlichkeit des Schadenseintritts erhöhte Gefahr für den Bestand oder die Sicherheit des Bundes oder eines Landes oder für Leib, Leben oder Freiheit einer Person oder für Sachen von bedeutendem Wert, deren Erhaltung im öffentlichen Interesse liegt, gefordert wird (§ 2 Nr. 4 NPOG). Eine gesetzliche Regelung, die das **Betreten von Wohnungen** zur Nachtzeit schon im Vorfeld einer (konkreten) Gefahr ermöglicht, genügt diesen Vorgaben hingegen nicht.

119 Aufgrund der entsprechenden Vorgaben des Grundgesetzes (Art. 13 Abs. 2 GG) unterliegt (allein) die **Durchsuchung** einer Wohnung einem grundsätzlichen Vorbehalt gerichtlicher Entscheidung, von dem nur bei „Gefahr im Verzug" abgewichen werden darf (§ 25 Abs. 1 Satz 1 NPOG). Ist allein das **Betreten** der Wohnung beabsichtigt, ohne dass eine Durchsuchung erfolgen soll, besteht hingegen kein derartiger Vorbehalt. Unter einer Durchsuchung ist das ziel- und zweckgerichtete Suchen nach (verborgenen) Personen oder Sachen zu verstehen.[217] Die Person, die die Wohnung innehat, ist berechtigt, bei der Durchsuchung anwesend zu sein; im Falle der **Abwesenheit** soll eine ihr nahestehende oder zumindest ihr bekannte Person hinzugezogen werden (§ 25 Abs. 2 Satz 1 NPOG). Der Grund der Durchsuchung ist bekannt zu geben, sofern dem nicht der Durchsuchungszweck entgegensteht (§ 25 Abs. 3 NPOG); ferner erforderlich ist grundsätzlich die Anfertigung einer **Niederschrift** (§ 25 Abs. 4 NPOG).

X. Sicherstellungen

120 Mit einer **Sicherstellung** wird der betroffenen Person die **Sachherrschaft** über den sichergestellten Gegenstand entzogen und eine behördliche Sachherrschaft begründet.[218] Sie ist gesetzlich vorgesehen zur Abwehr einer gegenwärtigen Gefahr (§ 26 Nr. 1 NPOG), die von der sichergestellten Sache ausgehen oder jedenfalls aus einem **Verhalten** der die Sachherrschaft innehabenden Person resultieren muss;[219] die Sicherstellung von Sachen einer nichtverantwortlichen Person kommt daher nicht in Betracht.[220] Ferner kann eine Sicherstellung erfolgen im Interesse der berechtigten Person zum Schutze vor Beschädigung oder Verlust (§ 26 Nr. 2 NPOG) sowie in Fällen, in denen **eine festgehaltene Person** eine Sache mitführt, die verwendet werden kann, um sich selbst zu verletzen oder zu töten, andere an Leben oder Gesundheit zu schädigen, fremde Sache zu beschädigen oder um eine Flucht zu erleichtern oder zu ermöglichen (§ 26 Nr. 3 lit. a) bis d) NPOG).

121 Aufgrund der Sicherstellung entsteht ein **öffentlich-rechtliches Verwahrungsverhältnis**. Die sichergestellte Sache ist grundsätzlich in amtliche Verwahrung zu nehmen (§ 27 Abs. 1 NPOG) und nach Wegfall der Voraussetzungen der Sicherstellung wieder herauszugeben (§ 29 Abs. 1

---
215 BVerwG, Urt. v. 6.9.1974 – I C 17.73, Rn. 23.
216 Vgl. *N. Ullrich*, in: Möstl/Weiner, Polizei- und Ordnungsrecht Niedersachsen, § 2 Rn. 89 ff.
217 Vgl. *J.-D. Kühne*, in: Sachs (Hrsg.), GG, Art. 13 Rn. 27; *G. A. Neuhäuser*, in: Möstl/Weiner, Polizei- und Ordnungsrecht Niedersachsen, § 24 Rn. 23.
218 *G. A. Neuhäuser*, in: Möstl/Weiner, Polizei- und Ordnungsrecht Niedersachsen, § 26 Rn. 11; *B. Beckermann*, in: Saipa u. a., NPOG, § 26 Rn. 3; *V. Mehde*, in Hartmann/Mann/Mehde, Landesrecht Niedersachsen, § 4 Rn. 105.
219 Nds. OVG, Urt. v. 7.3.2013 – 11 LB 438/10, Rn. 35; *V. Mehde*, in Hartmann/Mann/Mehde, Landesrecht Niedersachsen, § 4 Rn. 105; *K. Graulich*, in: Lisken/Denninger, Abschnitt E Rn. 609.
220 Anders *G. A. Neuhäuser*, in: Möstl/Weiner, Polizei- und Ordnungsrecht Niedersachsen, § 26 Rn. 3, 30; *Th. Kingreen / R. Poscher*, Polizei- und Ordnungsrecht, § 18 Rn. 6.

X. Sicherstellungen

Satz 3 NPOG). In bestimmten Fällen kann eine sichergestellte Sache auch verwertet werden, was grundsätzlich im Wege der **öffentlichen Versteigerung** zu geschehen hat (§ 28 Abs. 3 Satz 1 NPOG). Eine Verwertung kommt namentlich dann in Betracht, wenn eine Verwahrung nicht sinnvoll möglich ist (§ 28 Abs. 1 Nr. 1 bis 3 NPOG). Entsprechendes gilt, wenn die nach Ablauf einer Frist von einem Jahr erfolgende **Herausgabe** der Sache an eine berechtigte Person das erneute Vorliegen der Voraussetzungen einer Sicherstellung auslösen würde (§ 28 Abs. 1 Nr. 4 NPOG) oder die Sache von einer berechtigten Person nicht innerhalb einer ihr gesetzten Frist abgeholt wurde (§ 28 Abs. 1 Nr. 5 NPOG). Sofern eine **Verwertung** ausscheidet, weil diese nicht möglich ist oder hierdurch neue Gründe für eine Sicherstellung entstehen würden, kann die Sache auch unbrauchbar gemacht, eingezogen oder vernichtet werden (§ 28 Abs. 4 NPOG).

Eine sichergestellte Sache ist grundsätzlich an die Person herauszugeben, bei der sie sichergestellt wurde (§ 29 Abs. 1 Satz 1 NPOG). Ist dies unmöglich, kann die Sache auch an eine andere Person herausgegeben werden, sofern diese ihre **Berechtigung zur Entgegennahme** und zum Besitz der Sache glaubhaft machen kann (§ 29 Abs. 1 Satz 2 NPOG). Eine Herausgabe ist ausgeschlossen, wenn dadurch erneut die Voraussetzungen für eine Sicherstellung eintreten würden (§ 29 Abs. 1 Satz 3 NPOG). Wurde etwa **Diebesgut** bei einem mutmaßlichen Dieb oder Hehler sichergestellt, so scheidet eine Herausgabe an diese Person naturgemäß aus. Hier kommt allein eine Herausgabe an die Person in Betracht, die ihre Berechtigung – namentlich das Eigentum an der Sache – dartun kann. Im Falle der Verwertung ist der Erlös herauszugeben (§ 29 Abs. 2 Satz 1 NPOG). 122

Für **die Kosten der Sicherstellung** und (Verwahrung) haften die verhaltens- und zustandsverantwortlichen Personen (§ 29 Abs. 3 Satz 1 NPOG). Zur Kostentragung nicht verpflichtet sind daher Personen, denen eine sichergestellte Sache gestohlen wurde, da es an einer **Verhaltensverantwortlichkeit** fehlt und die **Zustandsverantwortlichkeit** mit dem Abhandenkommen der Sache endet (§ 7 Abs. 2 Satz 2 NPOG). In diesem Falle sind die sichergestellten Sachen daher unbedingt herauszugeben. Für die Kosten haftet dann regelmäßig die Person, bei der die Sache rechtmäßigerweise sichergestellt worden ist. Die Herausgabe der Sache kann von der vorgängigen Zahlung der Kosten abhängig gemacht werden; im Falle der **Verwertung** ist eine Verrechnung mit dem Erlös möglich (§ 29 Abs. 3 Satz 2 und 3 NPOG). 123

§ 9 Datenverarbeitung

1 Im Rahmen der Erfüllung ihrer Aufgaben werden von der Polizei und den Verwaltungsbehörden in erheblichem Umfang **personenbezogene Daten** erhoben und weiterverarbeitet. Schon mit den klassischen Standardmaßnahmen wie etwa Identitätsfeststellungen und Durchsuchungen von Personen oder Sachen geht eine Erhebung von Daten einher, die von der Polizei in einem eigenen **Vorgangsbearbeitungssystem** erfasst und gespeichert werden. Dazu gehören auch Daten der **beteiligten Personen** sowie weitere **vorgangsbezogene Informationen** wie etwa KFZ-Kennzeichen. Von der Datenverarbeitung betroffen sind neben etwaigen mutmaßlichen Straftäterinnen und Straftätern sowie (anderen) polizeipflichtigen Personen auch Geschädigte, Zeugen, Hinweisgebende, Kontaktpersonen oder anderweitig (Un-) Beteiligte. In Niedersachsen erfolgt diese Weiterverarbeitung von Daten in dem polizeilichen Vorgangsbearbeitungssystem **NIVADIS**. In diesem System können Vorgänge und dazu gehörige Dokumente **gespeichert**, weiterverarbeitet und verändert werden. Das System ist zudem mit **Schnittstellen** zu anderen Verbunddatenbanken und Informationssystemen des Bundes wie dem Ausländer-Zentralregister, dem Schengen-Informationssystem und dem zentralen polizeilichen Fahndungssystem INPOL ausgestattet. Die Datenspeicherung erfolgt zentral; es bestehen aber **differenzierte Zugriffsberechtigungen**. Auch werden alle Zugriffe auf gespeicherte Daten erfasst und protokolliert.

I. Datenverarbeitung und Grundrechtsschutz

1. Das Recht auf informationelle Selbstbestimmung

▶ **Fall:**[1] Im Jahre 1953 gründete der Ökonom Hjalmar Schacht, der während der NS-Zeit zeitweise Präsident der Reichsbank sowie Reichswirtschaftsminister gewesen war, ein Bankhaus. Aus diesem Anlass veröffentlichte das Nachrichtenmagazin „Der Spiegel" einen kritischen Artikel über Schacht. Dieser beauftragte einen Anwalt mit einer Gegendarstellung, die aber nur als Leserbrief veröffentlicht wurde. Der Anwalt meint, damit würde ihm der Inhalt der Gegendarstellung als eigene Erklärung zugeordnet, obwohl er lediglich im Auftrag seines Mandanten dessen Darstellung übermittelt habe. Er verlangte eine entsprechende Korrektur; dies lehnte „Der Spiegel" ab. ◀

2 Das Grundgesetz wie auch die niedersächsische Landesverfassung enthalten keine ausdrückliche Erwähnung eines (Grund-) Rechts auf **Datenschutz**. Gleichwohl gewährleistet das Grundgesetz ein Recht auf **informationelle Selbstbestimmung** dergestalt, dass es grundsätzlich Sache des Individuums ist, über die Preisgabe und Verwendung seiner personenbezogenen Daten zu entscheiden.[2] In dieses Recht wird mit einer Erhebung und Verarbeitung personenbezogener Daten eingegriffen, soweit nicht **speziellere Grundrechtsgewährleistungen** einschlägig sind.

3 Das Recht auf informationelle Selbstbestimmung wurzelt in dem **allgemeinen Persönlichkeitsrecht**, bei dem es sich um einen (ebenfalls) ungeschriebenen Teil des personen- und sphärenbezogenen Grundrechtsschutzes handelt.[3] Das allgemeine Persönlichkeitsrecht ist vom Bundesgerichtshof in den fünfziger Jahren des vergangenen Jahrhunderts als Teil **zivilrechtlicher Rechtspositionen** aus dem Grundgesetz abgeleitet worden. Dabei handelt es sich

---

1 Nach BGH, Urt. v. 25.5.1954 – I ZR 211/53.
2 Grundlegend BVerfG, Urt. v. 15.12.1983 – 1 BvR 209/83 u. a., Rn. 145 ff. (149 f.).
3 Vgl. *St Rixen*, in: Sachs (Hrsg.), GG, Art. 2 Rn. 60; *W. Kahl*, in: Merten/Papier (Hrsg.), Handbuch der Grundrechte, Band V (2013), § 124 Rn. 63; s. ferner *J. Ipsen*, Staatsrecht II – Grundrechte, Rn. 315;

I. Datenverarbeitung und Grundrechtsschutz

um eine Korrektur der vorangegangenen zivilgerichtlichen Rechtsprechung, da ein umfassendes allgemeines Persönlichkeitsrecht in der älteren Judikatur namentlich des Reichsgerichts nicht anerkannt worden war.[4] Dem trat der Bundesgerichtshof unter Hinweis auf die besondere Betonung der **Menschenwürde** durch das Grundgesetz in dem (Beispiels-) Fall des „Schacht-Briefs" entgegen:

> „Nachdem nunmehr das Grundgesetz das Recht des Menschen auf Achtung seiner Würde (Art. 1 GrundG) und das Recht auf freie Entfaltung seiner Persönlichkeit auch als privates, von jedermann zu achtendes Recht anerkennt, ... muß das allgemeine Persönlichkeitsrecht als ein verfassungsmäßig gewährleistetes Grundrecht angesehen werden"[5]

Diese Entscheidung ist zunächst deshalb bemerkenswert, weil der Bundesgerichtshof in einem knappen Satz unter Hinweis auf die Garantie der **Menschenwürde** (Art. 1 Abs. 1 GG) und den Grundrechtsschutz der freien Entfaltung der Persönlichkeit (Art. 2 Abs. 1 GG) das **allgemeine Persönlichkeitsrecht** in die (Zivil-) Rechtsordnung implementiert hat. Damit ist dem Grundgesetz eine Rechtsposition des Individuums entnommen worden, die (Abwehr-) Rechte gegen andere **Privatrechtssubjekte** begründet. Dem klagenden Rechtsanwalt in dem Beispielsfall wurde dem entsprechend ein zivilrechtlicher Widerrufs- bzw. Korrekturanspruch zugebilligt.[6] Ebenfalls anerkannt wurde in der Folgezeit ein Anspruch auf Ausgleich des immateriellen Schadens („**Schmerzensgeld**") bei Verletzungen des allgemeinen Persönlichkeitsrechts.[7]

Bei dieser Anerkennung von Abwehr- und Schadensersatzansprüchen aufgrund der Verletzung von **Persönlichkeitsrechten** handelt es sich um ein frühes Beispiel dafür, dass grundgesetzlich verbürgte Grundrechte sich auch auf **zivilrechtliche Rechtspositionen** und damit die Rechtsbeziehungen unter Privaten auswirken können: Auch wenn die staatsgerichteten Grundrechte die Privaten nicht unmittelbar untereinander verpflichten, sollen sie eine „**Ausstrahlungswirkung**" auf privatrechtliche Rechtsbeziehungen entfalten, so dass sie bei der Auslegung des Fachrechts durch die Zivilgerichte insbesondere über zivilrechtliche **Generalklauseln** und **unbestimmte Rechtsbegriffe** zur Geltung zu bringen sind.[8] Damit einhergehen kann im praktischen Ergebnis eine eingeschränkte **Bindung von Privatpersonen** und damit Grundrechtsträgern an die Grundrechte anderer Personen, die zugleich in Einzelfällen eine Einschränkung der Möglichkeit zu beliebigen Handlungen, namentlich willkürlichen **Ungleichbehandlungen**, zu bewirken vermag.[9] Allerdings bedarf es jedenfalls bei gesetzlichen Schuldverhältnissen des Umwegs über die Ausstrahlungs- oder **Drittwirkung** im Grunde nicht, weil Gesetzgebung sowie Rechtsprechung auch bei der Ausgestaltung des Zivilrechts die Grundrechte der jeweils an einem Rechtsverhältnis beteiligten Personen zu beachten haben und in diesen Fällen anders als im Vertragsrecht kein gegenläufiges Prinzip in Form der **Vertragsfreiheit** zu beachten ist.[10]

Die Bedeutung der Anerkennung des allgemeinen Persönlichkeitsrechts durch den Bundesgerichtshof erschöpft sich nicht darin, dass es die Grundlage **zivilrechtlicher Ansprüche** bilden kann. Vielmehr reicht sie über den Bereich zivilrechtlicher Rechtsbeziehungen hinaus, weil

---

Ch. Starck, in: v. Mangoldt/Klein/Starck, GG, Art. 2 Abs. 1 Rn. 86 f; H. Dreier, in: ders. (Hrsg.), GG, Art. 2 I Rn. 69 f.
4 Vgl. RGZ 79, 397 (398) – „Felseneiland mit Sirenen".
5 BGH, Urt. v. 25.5.1954 – I ZR 211/53, Rn. 20.
6 BGH, Urt. v. 25.5.1954 – I ZR 211/53, Rn. 24 ff.
7 BGH, Urt. v. 14.2.1958 – I ZR 151/56 („Herrenreiter"), Rn. 15 ff.
8 Vgl. BVerfG, B. v. 11.4.2018 – 1 BvR 3080/09, Rn. 32; grundlegend BVerfG, Urt. v. 15.1.1958 – 1 BvR 400/51 („Lüth"), Rn. 22 ff.
9 Vgl. BVerfG, B. v. 11.4.2018 – 1 BvR 3080/09, Rn. 39 ff.
10 Näher Th. Koch, Der Grundrechtsschutz des Drittbetroffenen, S. 51, 455 ff.

damit das allgemeine Persönlichkeitsrecht zugleich als Grundrecht qualifiziert wurde,[11] womit es die Grundlage für ein staatsgerichtetes **Abwehrrecht** bildet: Aufgrund der Verankerung in grundrechtlichen Bestimmungen des Grundgesetzes (Art. 2 Abs. 1 iVm Art. 1 Abs. 1 GGG) handelt es sich um eine genuin verfassungsrechtliche und damit primär auf das Verhältnis zwischen **Staat** und **Bürger** zielende Rechtsposition. Auf dieser Grundlage hat das Bundesverfassungsgericht in seinem „Mikrozensus"-Urteil von 1969 entschieden, dass die **Menschenwürde** und das Recht auf freie Entfaltung der Persönlichkeit auch dann einschlägig sind, wenn Staat und Verwaltung versuchen, „den Menschen bei der Erhebung und Verarbeitung personenbezogener Daten zwangsweise in seiner ganzen Persönlichkeit zu registrieren und zu katalogisieren".[12] Damit war der Boden bereitet, in einer weiteren – wiederum eine Auseinandersetzung um eine Meinungsäußerung betreffenden – Entscheidung das allgemeine Persönlichkeitsrecht als **„,unbenanntes' Freiheitsrecht"** den speziellen („benannten") Freiheitsrechten an die Seite zu stellen und damit das Grundrecht auf freie Entfaltung der Persönlichkeit (Art 2 Abs 1 GG) um ein **zusätzliches Element** zu ergänzen, „das sich als Recht auf Respektierung des geschützten Bereichs von dem ‚aktiven' Element dieser Entfaltung, der allgemeinen Handlungsfreiheit ... abhebt".[13] Hieran anknüpfend ist in dem **Volkszählungs-Urteil** von 1985 das Recht auf informationelle Selbstbestimmung als Teilaspekt des allgemeinen Persönlichkeitsrechts entwickelt worden.[14] Mit der Erhebung von Daten, ihrer Eingabe in ein **Vorgangsbearbeitungssystem** sowie ihrer etwaigen Verknüpfung, sonstigen Weiterverarbeitung und Übermittlung geht demnach eine Beeinträchtigung des allgemeinen Persönlichkeitsrechts betroffener Personen in seiner Ausprägung als Recht auf informationelle Selbstbestimmung einher, weil es nicht die betroffene Person ist, die über die **Preisgabe** und **Verwendung** ihrer personenbezogenen Daten entscheidet.

7 Eine Erhebung, Speicherung, Übermittlung oder anderweitige Verarbeitung **personenbezogener Daten** muss sich daher (jedenfalls) an dem Recht auf informationelle Selbstbestimmung messen lassen und bedarf der **verfassungsrechtlichen Rechtfertigung**.[15] Folglich ist für die Datenerhebung und -verarbeitung sowohl zur Gefahrenabwehr als auch zur Strafverfolgung jeweils eine gesetzliche Grundlage erforderlich.[16] Auch der niedersächsische Gesetzgeber hat derartige Regelungen geschaffen (§§ 30 ff. NPOG). Diese Vorschriften bilden oftmals – man denke an die **Vorratsdatenspeicherung**[17] – den Gegenstand auch rechtspolitischer Kontroversen, denn der Gesetzgeber agiert bei Regelungen zur Datenerhebung und -verarbeitung in einem Spannungsverhältnis zwischen einerseits dem berechtigten Interesse an der Verhinderung und Verfolgung von Straftaten und andererseits dem Interesse betroffener – und potenziell völlig unbeteiligter – Personen, von staatlichen Eingriffen in ihren **persönlichen Lebensbereich** verschont zu werden. Mit Blick auf dieses Spannungsverhältnis hat das Bundesverfassungsgericht in zahlreichen Entscheidungen die verfassungsrechtlichen, namentlich grundrechtlichen Grenzen der Datenerhebung und -verarbeitung nicht zuletzt mit Blick auf verdeckte Datenerhebungen konkretisiert.[18] Das **Spannungsverhältnis** zwischen einerseits

---

11 So (deutlich) BGH, Urt. v. 2.4.1957 – VI ZR 9/56, Rn. 13 f.; s. ferner BGH, Urt. v. 20.5.1958 – VI ZR 104/57, Rn. 4.
12 BVerfG, B. v. 16.7.1969 – 1 BvL 19/63, Rn. 20.
13 BVerfG, B. v. 3.6.1980 – 1 BvR 185/77, Rn. 13.
14 BVerfG, Urt. v. 15.12.1983 – 1 BvR 209/83 u. a., Rn. 145 ff.
15 Vgl. BVerfG, B. v. 18.12.2018 – 1 BvR 142/15, Rn. 82; Urt. v. 20.4.2016 – 1 BvR 966/09 u. a., Rn. 90.
16 BVerfG, B. v. 4.4.2006 – 1 BvR 518/02, Rn. 81; Urt. v. 11.3.2008 – 1 BvR 2074/05 u. a., Rn. 75.
17 Vgl. dazu den (knappen) Überblick über die Rechtsentwicklung und (ausufernde) Diskussion bei Th. Petri, ZD 2021, S. 493 (494 ff.); zusammenfassend zur Beurteilung nach Maßgabe des EU-Rechts EuGH, Urt. v. 20.9.2022 – Rs. C-793/19 u. a., Rn. 49 ff.
18 Nur beispielhaft genannt seien BVerfG, Urt. v. 27.7.2005 – 1 BvR 668/04 (Telekommunikationsüberwachung); B. v. 4.4.2006 – 1 BvR 518/02 (Rasterfahndung); Urt. v. 27.2.2008 – 1 BvR 370/07 u. a. (VSG NW); Urt. v. 11.3.2008 – 1 BvR 2074/05 u. a. (Kfz-Kennzeichenerfassung I); Urt. v. 2.3.2010 – 1 BvR 256/08 u. a.

I. Datenverarbeitung und Grundrechtsschutz

der Gewährleistung von Sicherheit und andererseits dem Schutz der Freiheit berührt damit zugleich das nicht immer konfliktfreie Verhältnis zwischen Gesetzgebung und Verfassungsgerichtsbarkeit.

2. Weitere datenverarbeitungsbezogene Grundrechte

▶ **Fall:**[19] Eine 2006 erfolgte Neufassung des Verfassungsschutzgesetzes von Nordrhein-Westfalen ermächtigte den Verfassungsschutz zur Erhebung personenbezogener Daten über das Internet sowie auch zu einem verdeckten Zugriff auf Endgeräte zur Datenverarbeitung und Kommunikation, namentlich PC-Systeme und Mobiltelefone, sofern tatsächliche Anhaltspunkte für die Annahme vorlagen, dass auf diese Weise Erkenntnisse über verfassungsfeindliche Bestrebungen zu gewinnen waren. Die Neuregelung ermöglichte der Verfassungsschutzbehörde insbesondere ein „heimliches Beobachten und sonstiges Aufklären des Internets" auch durch „die verdeckte Teilnahme an seinen Kommunikationseinrichtungen bzw. die Suche nach ihnen", (sog. „serverorientierte Internetaufklärung"), sowie einen heimlichen Zugriff auf „informationstechnische Systeme auch mit Einsatz technischer Mittel" (sog. „clientorientierte Internetaufklärung"). ◀

Unter den heutigen Bedingungen der **Kommunikation** und der **Datenverarbeitung** bedürfen die Menschen des Schutzes davor, dass der Staat unkontrolliert über personenbezogene Daten verfügt, diese insbesondere uneingeschränkt erhebt und zu beliebigen Zwecken speichert. Die **heutigen technischen Gegebenheiten** waren indes bei Schaffung des Grundgesetzes zur Mitte des 20. Jahrhunderts weder vorhanden noch absehbar, so dass auch keine umfassende grundrechtliche Gewährleistung des Datenschutzes erfolgte; den veränderten technischen Gegebenheiten und erweiterten technischen Möglichkeiten ist erst später durch die Ableitung des Rechts auf **informationelle Selbstbestimmung** aus dem allgemeinen Persönlichkeitsrecht Rechnung getragen worden (→ Rn. 6). 8

Schon seinerzeit bestand aber **Regelungsbedarf** mit Blick auf die damals bekannten Formen der (Fern-) Kommunikation. Ausdrücklich im Grundgesetz verankert wurde daher das Brief-, Post- und Fernmeldegeheimnis (Art. 10 GG). Namentlich das **Fernmeldegeheimnis** wird heute als umfassende Gewährleistung des Schutzes der Telekommunikation und damit des **Telekommunikationsgeheimnisses** verstanden;[20] es bezieht sich auf jede unkörperliche Übermittlung von Informationen an individuelle Empfänger mithilfe von Telekommunikationseinrichtungen.[21] Ebenfalls erfasst werden daher die **Kommunikationsdienste des Internets**;[22] hierzu gehören namentlich eMails[23] sowie heute auch Messenger-Dienste sowie Kommunika- 9

(Vorratsdatenspeicherung); Urt. v. 20.4.2016 – 1 BvR 966/09 (BKA-Gesetz); B. v. 18.12.2018 – 1 BvR 142/15 (Kfz-Kennzeichenerfassung II); B. v. 27.5.2020 – 1 BvR 1873/13 u. a. (Bestandsdatenauskunft II); Urt. v. 26.4.2022 – 1 BvR 1619/17 (VSG Bayern).
19 Nach BVerfG, Urt. v. 27.2.2008 – 1 BvR 370/07 u. a.
20 Vgl. *G. Hermes*, in: Dreier (Hrsg.), GG, Art. 10 Rn. 36; s. ferner *J. Ipsen*, Staatsrecht II – Grundrechte, Rn. 306; *R. Stettner*, in: Merten/Papier (Hrsg.), Handbuch der Grundrechte, Band IV (2011), § 92 Rn. 55; *P. Badura*, in: Bonner Kommentar, Art. 10 Rn. 51.
21 Vgl. BVerfG, B. v. 27.5.2020 – 1 BvR 1873/13 u. a., Rn. 98; Urt. v. 2.3.2010 – 1 BvR 256/08 u. a., Rn. 189; Urt. v. 27.2.2008 – 1 BvR 370/07 u. a., Rn. 182.
22 BVerfG, Urt. v. 27.2.2008 – 1 BvR 370/07 u. a., Rn. 183; *G. Hermes*, in: Dreier (Hrsg.), GG, Art. 10 Rn. 36; *Ch. Gusy*, in: v. Mangoldt/Klein/Starck, GG, Art. 10 Rn. 60.
23 *Ch. Gusy*, in: v. Mangoldt/Klein/Starck, GG, Art. 10 Rn. 60; *R. Stettner*, in: Merten/Papier (Hrsg.), Handbuch der Grundrechte, Band IV (2011), § 92 Rn. 55; *M. Martini*, in: v. Münch/Kunig, GG, Art. 10 Rn. 63.

tionsvorgänge in sozialen Netzwerken.²⁴ Geschützt werden sowohl die Inhalte als auch die Beteiligten sowie Art, Zeit und Ort der Kommunikation.²⁵

10 Soweit danach das seinerzeitige Verfassungsschutzgesetz von Nordrhein-Westfalen das heimliche Überwachen von **Kommunikationsprozessen** über das Internet, namentlich das (Mit-) Lesen von eMails sowie von Einträgen in social media-Kanälen oder auch die verdeckte Beteiligung an Internet-Foren gestattete, ist folgerichtig das Grundrecht der **Telekommunikationsfreiheit** (Art. 10 GG) sachlich einschlägig. Geschützt wird nach Auffassung des Bundesverfassungsgerichts aber nur die laufende Kommunikation; außerhalb eines laufenden Kommunikationsvorgangs gespeicherte **Kommunikationsinhalte** wie etwa archivierte Chat-Verläufe seien hingegen von dem Grundrecht nicht erfasst.²⁶ Das Telekommunikationsgrundrecht ist danach auch dann nicht einschlägig, wenn derartige Daten im Rahmen eines **heimlichen Zugriffs** auf ein informationstechnisches System ausgelesen werden;²⁷ etwas anderes soll wiederum für den Zugriff auf bei einem **Provider** gespeicherte eMails gelten.²⁸

11 Mit Blick auf **Datenerhebungen** differenzierend zu beurteilen ist auch der grundrechtliche Schutz der Person und der persönlichen Sphäre durch die Gewährleistung der **Unverletzlichkeit der Wohnung** (Art. 13 GG). Zwar ist der Schutzbereich dieses Grundrechts berührt, wenn etwa zu Zwecken der Datenerhebung in eine Wohnung eingedrungen wird oder eine akustische oder optische **Überwachung der Kommunikation** durch Abhöreinrichtungen erfolgt (Rn. 186 f.). Für den Zugriff auf gespeicherte Daten spielt der **Standort** eines informationstechnischen Systems aber keine Rolle, so dass es auch nicht darauf ankommen kann, ob sich ein betroffenes informationstechnisches System in einem geschützten (Wohn-) Raum oder in der Öffentlichkeit befindet. Der Grundrechtsschutz der Wohnung ist daher bei einem Zugriff auf ein **informationstechnisches System** auch dann nicht einschlägig, wenn das betreffende System in einer Wohnung aufbewahrt oder genutzt wird.²⁹

12 Man könnte erwägen, danach etwa verbleibende **Lücken des Grundrechtsschutzes** namentlich im Bereich des Telekommunikationsgeheimnisses durch eine Ausdehnung des Rechts auf informationelle Selbstbestimmung zu begegnen,³⁰ da dieses Element eines personen- und sphärenbezogenen Grundrechtsschutzes gerade vor einer **unfreiwilligen Preisgabe** und **Verwendung** personenbezogener Daten schützen soll. Das Bundesverfassungsgericht hat in seiner 2008 ergangenen Entscheidung zum nordrhein-westfälischen Verfassungsschutzgesetz von 2006 indes einen anderen Weg eingeschlagen: Die aus dem Recht auf informationelle Selbstbestimmung resultierende **Rechtsposition** wird primär auf die Erhebung, Verarbeitung und Verknüpfung konkreter personenbezogener Daten bezogen.³¹ Ein (Online-) Zugriff gehe hingegen in seinem Gewicht für die Persönlichkeit des Betroffenen über **einzelne Datenerhebungen** weit hinaus, weshalb das Recht auf informationelle Selbstbestimmung den Persönlichkeitsgefährdungen nicht vollständig Rechnung trage, die sich daraus ergäben, dass der

---

24 Vgl. dazu *G. Hermes*, in: Dreier (Hrsg.), GG, Art. 10 Rn. 39.
25 BVerfG, Urt. v. 14.7.1999 – 1 BvR 2226/94 u. a., Rn. 162 f.; Urt. v. 12.3.2003 – 1 BvR 330/96 u. a., Rn. 50; s. ferner BVerfG, B. v. 27.5.2020 – 1 BvR 1873/13 u. a., Rn. 98; Urt. v. 27.2.2008 – 1 BvR 370/07 u. a., Rn. 183; *G. Hermes*, in: Dreier (Hrsg.), GG, Art. 10 Rn. 42; *P. Badura*, in: Bonner Kommentar, Art. 10 Rn. 54; *M. Martini*, in: v. Münch/Kunig, GG, Art. 10 Rn. 69.
26 Vgl. BVerfG, B. v. 16.6.2009 – 2 BvR 902/06, Rn. 45 (betr. eMails); Urt. v. 27.2.2008 – 1 BvR 370/07 u. a., Rn. 185; krit. *J. Ipsen*, Staatsrecht II – Grundrechte, Rn. 307.
27 BVerfG, Urt. v. 27.2.2008 – 1 BvR 370/07 u. a., Rn. 186.
28 BVerfG, B. v. 16.6.2009 – 2 BvR 902/06, Rn. 46; zust. *G. Hermes*, in: Dreier (Hrsg.), GG, Art. 10 Rn. 38; *M. Martini*, in: v. Münch/Kunig, GG, Art. 10 Rn. 76.
29 BVerfG, Urt. v. 27.2.2008 – 1 BvR 370/07 u. a., Rn. 194.
30 Dafür *H. Dreier*, in: ders. (Hrsg.), GG, Art. 2 I Rn. 84; s. ferner *G. Britz*, DÖV 2008, S. 411 (413).
31 BVerfG, Urt. v. 27.2.2008 – 1 BvR 370/07 u. a., Rn. 199.

I. Datenverarbeitung und Grundrechtsschutz 159

Einzelne auf die **Nutzung informationstechnischer Systeme** angewiesen sei.³² Die durch eine (zum Teil unnötig)³³ enge Auslegung des Telekommunikationsgeheimnisses (Art. 10 GG), des Grundrechtsschutzes der Wohnung (Art. 13 GG) sowie des Rechts auf informationelle Selbstbestimmung (angeblich) gelassenen Lücken des Grundrechtsschutzes beim **verdeckten Zugriff** auf Datenverarbeitungs-Endgeräte – namentlich Online-Durchsuchungen – hat das Bundesverfassungsgericht daher durch Entwicklung einer **weiteren Ausprägung** des allgemeinen Persönlichkeitsrechts geschlossen: Das „Grundrecht auf Gewährleistung der Vertraulichkeit und Integrität informationstechnischer Systeme".³⁴

Dieses neu entwickelte „Computer-Grundrecht" tritt nach der Rechtsprechung des Bundesverfassungsgerichts zu dem Recht auf informationelle Selbstbestimmung und den Freiheitsgewährleistungen der Art. 10 und Art. 13 GG hinzu, soweit diese keinen oder keinen hinreichenden Schutz gewähren.³⁵ Es soll gerade dann einschlägig sein, wenn **die Integrität der Datenverarbeitung** bzw. eines Endgeräts durch einen verdeckten Zugriff „von außen" beeinträchtigt wird. Damit handelt es sich um ein – mit Blick auf seine Erforderlichkeit weiterhin umstrittenes³⁶ – Teilelement des allgemeinen Persönlichkeitsrechts, das den persönlichen und privaten Lebensbereich vor dem Zugriff auf informationstechnische Systeme wie Desktop-Computer und Notebooks sowie heute auch Tablets und Smartphones schützen soll, indem es die **Vertraulichkeit gespeicherter Daten** einschließlich der Daten in einer Cloud insbesondere vor Ausspähung gewährleistet.³⁷

13

Im Ergebnis sind danach bei Vorgängen der Datenerhebung und -weiterverarbeitung insgesamt **vier verschiedene Elemente des Grundrechtsschutzes** als potenziell einschlägig in den Blick zu nehmen: Neben dem (Grund-) Recht auf informationelle Selbstbestimmung (Art. 2 Abs. 1 iVm Art. 1 Abs. 1 GG) sind dies das Telekommunikationsgeheimnis (Art. 10 GG), der Grundrechtsschutz der Wohnung (Art. 13 GG) und die Gewährleistung der Vertraulichkeit und Integrität informationstechnischer Systeme als weitere Ausprägung des allgemeinen Persönlichkeitsrechts (Art. 2 Abs. 1 iVm Art. 1 Abs. 1 GG). Dabei zielen die letztgenannten drei (Grund-) Rechtspositionen auf **spezifische Situationen** und Schutzbedürfnisse, indem sie den (Tele-) Kommunikationsprozess und jeweils als Teil der persönlichen Sphäre die Wohnung sowie informationstechnische Systeme vor einem **staatlichen Zugriff mit technischen Mitteln** schützen.

14

Soweit ein solcher Zugriff erfolgt, handelt es sich dabei aber zugleich um eine **Datenerhebung** ohne den Willen der betroffenen Person, so dass begrifflich das Recht auf informationelle Selbstbestimmung ebenfalls berührt ist, denn über die Preisgabe und Verwendung personenbezogener Daten entscheidet in **der konkreten Situation** gerade nicht die betroffene Person. Auch bei dem Schutz des Telekommunikationsgeheimnisses, der Unverletzlichkeit der Wohnung und der Vertraulichkeit und Integrität informationstechnischer Systeme handelt es sich daher im Grunde um „spezielle Ausprägungen des Grundrechts auf informationelle Selbstbestimmung".³⁸ Das Verhältnis der vier genannten Grundrechtsgewährleistungen zueinander lässt sich daher – analog dem Verhältnis der allgemeinen Handlungsfreiheit zu speziellen Freiheitsrechten – als Verhältnis **spezieller Gewährleistungen** zu einem allgemeinen **(Auffang-)**

15

---

32 BVerfG, Urt. v. 27.2.2008 – 1 BvR 370/07 u. a., Rn. 200.
33 Vgl. zur Kritik *M. Sachs / Th. Krings*, JuS 2008, S. 481 (483 f.); *G. Britz*, DÖV 2008, S. 411 (413 f.).
34 Grundlegend BVerfG, Urt. v. 27.2.2008 – 1 BvR 370/07 u. a., Rn. 166 ff.
35 BVerfG, Urt. v. 27.2.2008 – 1 BvR 370/07 u. a., Rn. 168.
36 Abl. *M. Pagenkopf*, in: Sachs (Hrsg.), GG, Art. 10 Rn. 6b; *H. Dreier*, in: ders. (Hrsg.), GG, Art. 2 I Rn. 84; *M. Sachs / Th. Krings*, JuS 2008, S. 481 (483 f.); *G. Britz*, DÖV 2008, S. 411 (413 f.); zweifelnd auch *St. Rixen*, in: Sachs (Hrsg.), GG, Art. 2 Rn. 73d; *M. Martini*, in: v. Münch/Kunig, GG, Art. 10 Rn. 82.
37 Vgl. BVerfG, B. v. 20.4.2016 – 1 BvR 966/09 u. a., Rn. 210.
38 So BVerfG, B. v. 4.4.2006 – 1 BvR 518/02, Rn. 95.

Grundrecht beschreiben. Das Recht auf informationelle Selbstbestimmung ist mit anderen Worten (nur) dann einschlägig, wenn nicht eine spezielle, auf die **konkrete Beeinträchtigungssituation** spezifisch zugeschnittene Grundrechtsgewährleistung eingreift;[39] anderenfalls tritt das Recht auf informationelle Selbstbestimmung als **subsidiäre Gewährleistung** dahinter zurück.

3. Anforderungen an die verfassungsrechtliche Rechtfertigung

16 Die Einschlägigkeit des Rechts auf informationelle Selbstbestimmung oder einer anderen grundrechtlichen Gewährleistung im Kontext der **Erhebung** oder (Weiter-) **Verarbeitung** personenbezogener Daten hat zur Folge, dass auch eine Datenverarbeitung im Zusammenhang mit der Gefahrenabwehr, zu anderen präventiv-polizeilichen Zwecken oder zur Strafverfolgung der **verfassungsrechtlichen Rechtfertigung** bedarf. Eine Datenerhebung und Weiterverarbeitung erfordert daher eine gesetzliche Grundlage, die hinreichend bestimmt ist und den **Geboten der Normenklarheit** genügt,[40] insbesondere den Verwendungszweck erhobener Daten bereichsspezifisch und präzise bestimmt.[41] Ferner muss die Datenverarbeitung am Maßstab des **Verhältnismäßigkeitsprinzips** gerechtfertigt werden können.[42] Erforderlich ist mithin ein legitimer Zweck, der mit der Datenverarbeitung verfolgt wird, die Geeignetheit zur Zweckverfolgung sowie deren Erforderlichkeit und Angemessenheit. Danach darf die Schwere der Grundrechtsbeeinträchtigung durch die Datenverarbeitung nicht außer Verhältnis zum Gewicht der sie rechtfertigenden Gründe stehen, wobei ein gesetzgeberischer **Einschätzungsspielraum** zu respektieren ist.

17 Die danach geltenden **Anforderungen** an die Rechtfertigung von Beeinträchtigungen des Rechts auf informationelle Selbstbestimmung hat das Bundesverfassungsgericht in einer Fülle von Entscheidungen etwa zur akustischen Wohnraumüberwachung,[43] zur „Rasterfahndung",[44] zu den Befugnissen nach dem BKA-Gesetz,[45] zur Erfassung von Kfz-Kennzeichen[46] oder zur Vorratsdatenspeicherung[47] und zur Bestandsdatenauskunft[48] konkretisiert. Dabei ergeben sich in der Gesamtschau und unter Vernachlässigung von Details einige **wiederkehrende Aspekte**, die für die Beurteilung von Datenerhebungen aus grundrechtlicher Sicht von Bedeutung sind, wenn es darum geht, das **Gewicht einer Beeinträchtigung** zu ermitteln und in Relation zu den jeweils verfolgten Zwecken zu setzen.

18 Einige wesentliche Aussagen zu diesem Themenkreis finden sich etwa in der Entscheidung zu der sogenannten „Rasterfahndung" aus dem Jahre 2006, mit der dieses (Fahndungs-) Instrument (→ Rn. 206 ff.). vom Bundesverfassungsgericht als eine Beeinträchtigung grund-

---

39 Vgl. (mit Blick auf Art. 10 GG) BVerfG, Urt. v. 2.3.2010 – 1 BvR 256/08 u. a., Rn. 191; B. v. 27.5.2020 – 1 BvR 1873/13 u. a., Rn. 100; s. ferner B. v. 13.6.2007 – 1 BvR 1550/03 u. a., Rn. 86.
40 Vgl. BVerfG, B. v. 27.5.2020 – 1 BvR 1873/13 u. a., Rn. 123; B. v. 18.12.2018 – 1 BvR 142/15, Rn. 82; Urt. v. 20.4.2016 – 1 BvR 966/09 u. a., Rn. 90, 94; Urt. v. 11.3.2008 – 1 BvR 2074/05 u. a., Rn. 75; B. v. 4.4.2006 – 1 BvR 518/02, Rn. 81.
41 Vgl. BVerfG, B. v. 13.6.2007 – 1 BvR 1550/03 u. a., Rn. 94; Urt. v. 27.7.2005 – 1 BvR 668/04, Rn. 118; B. v. 4.4.2006 – 1 BvR 518/02, Rn. 150; Urt. v. 11.3.2008 – 1 BvR 2074/05 u. a., Rn. 94; Urt. v. 2.3.2010 – 1 BvR 256/08 u. a., Rn. 226.
42 BVerfG, B. v. 27.5.2020 – 1 BvR 1873/13 u. a., Rn. 123; B. v. 18.12.2018 – 1 BvR 142/15, Rn. 82; BVerfG, Urt. v. 20.4.2016 – 1 BvR 966/09 u. a., Rn. 90, 93; BVerfG, B. v. 4.4.2006 – 1 BvR 518/02, Rn. 81.
43 Vgl. BVerfG, Urt. v. 3.3.2004 – 1 BvR 2378/98 u. a., Rn. 162 ff.
44 BVerfG, B. v. 4.4.2006 – 1 BvR 518/02, insbes. Rn. 82 ff.
45 BVerfG, Urt. v. 20.4.2016 – 1 BvR 966/09 u. a., insbes. Rn. 103 ff.
46 BVerfG, Urt. v. 11.3.2008 – 1 BvR 2074/05 u. a., insbes. Rn. 62 ff; B. v. 18.12.2018 – 1 BvR 142/15, insbes. Rn. 89 ff.
47 BVerfG, Urt. v. 2.3.2010 – 1 BvR 256/08 u. a., insbes. Rn. 204 ff.
48 BVerfG, B. 27.5.2020 – 1 BvR 1873/13 u. a., insbes. Rn. 127 ff.

I. Datenverarbeitung und Grundrechtsschutz

rechtlicher Schutzgüter von erheblicher Intensität qualifiziert worden ist.[49] Neben der Art der persönlichkeitsbezogenen Informationen wurde in diesem Zusammenhang weiter berücksichtigt, wie hoch die Zahl der betroffenen Personen ist und ob diese einen **Anlass zu der Datenerhebung** und -verarbeitung gegeben haben.[50] Nach dieser Rechtsprechung sind insbesondere „verdachtslose Grundrechtseingriffe mit großer Streubreite"[51] von **herausgehobener grundrechtlicher Relevanz**; zudem führt die „Heimlichkeit einer staatlichen Eingriffsmaßnahme ... zur Erhöhung ihrer Intensität".[52] In einer Entscheidung zur **Bestandsdatenauskunft** aus dem Sommer 2020 wird dem entsprechend festgestellt, für das „Eingriffsgewicht" sei „bedeutsam, welche und wie viele Grundrechtsträger wie intensiven Beeinträchtigungen ausgesetzt sind und unter welchen Voraussetzungen dies geschieht, insbesondere, ob diese Personen hierfür einen Anlass gegeben haben";[53] auch führe die **Heimlichkeit** einer staatlichen Eingriffsmaßnahme zur Erhöhung des Eingriffsgewichts.[54]

Nach Maßgabe dieser Grundsätze lassen sich folglich mit Blick auf die **modale Seite** der Einwirkung auf Grundrechte durch Prozesse der Datenerhebung und -weiterverarbeitung drei Kriterien für das Vorliegen eines schwerwiegenden Eingriffs ausmachen: Deren Anlass- bzw. **Verdachtslosigkeit** sowie ferner deren **Heimlichkeit** und eine große **Streubreite** im Hinblick auf die Zahl etwaiger Maßnahmeadressaten oder zufällig (mit-) betroffener Personen.[55] Aus dem Vorliegen eines oder gar mehrerer dieser die Eingriffsintensität erhöhenden Kriterien resultieren folglich erhöhte Anforderungen an die Eingriffsrechtfertigung. Eine „verdachtslose" Datenerhebung, zu der die betreffende Person keine Veranlassung gegeben hat, kann namentlich bei Hinzutreten weiterer Faktoren sogar unzulässig sein. So hat das Bundesverfassungsgericht mit Blick auf heimliche und tief in die Privatsphäre eingreifende Überwachungsmaßnahmen wie etwa **Wohnraumüberwachungen** mit technischen Mitteln festgestellt, dass diese nur zulässig sind, wenn die betreffende Person „in die mögliche Rechtsgutverletzung aus Sicht eines verständigen Dritten den objektiven Umständen nach verfangen ist".[56] Auch wenn es sich danach nicht um die **unmittelbare Zielperson** handeln muss,[57] ist danach eine gewisse „Nähe der betroffenen Personen zur fraglichen Rechtsgutbedrohung" erforderlich, wenn etwa besonders sensible Daten betroffen sind oder der Gesetzgeber die Anforderungen an die Wahrscheinlichkeit des Schadenseintritts absenken will.[58] Zudem bedarf es bei einer **heimlichen Datenerhebung** namentlich durch verdeckte Ermittlungen im Regelfall einer vorgängigen gerichtlichen Anordnung der jeweiligen Maßnahme.[59]

Im Übrigen erfordert gerade eine **gesteigerte Eingriffsintensität** aufgrund einer verdeckten Datenerhebung und / oder verdachtsloser Eingriffe mit erheblicher Streubreite, dass hinreichend bestimmte und spezifische **Ermächtigungsgrundlagen** existieren, die typischerweise erhöhte Anforderungen an die Zulässigkeit der Datenerhebung und -verarbeitung insbesondere in Hinblick auf die Bedeutung der gefährdeten Rechtsgüter sowie die Wahrscheinlichkeit

---

49 BVerfG, B. v. 4.4.2006 – 1 BvR 518/02, Rn. 96 ff.
50 BVerfG, B. v. 4.4.2006 – 1 BvR 518/02, Rn. 94; s. ferner BVerfG, Urt. v. 14.7.1999 – 1 BvR 2226/94 u. a., Rn. 221; Urt. v. 3.3.2004 – 1 BvR 2378/98 u. a., Rn. 263.
51 BVerfG, B. v. 4.4.2006 – 1 BvR 518/02, Rn. 116.
52 BVerfG, B. v. 4.4.2006 – 1 BvR 518/02, Rn. 113; s. ferner BVerfG, B. v. 18.12.2018, 1 BvR 142/15, Rn. 53, 101.
53 BVerfG, B. 27.5.2020 – 1 BvR 1873/13 u. a., Rn. 129; s. ferner Urt. v. 3.3.2004 – 1 BvR 2378/98 u. a., Rn. 263.
54 BVerfG, B. 27.5.2020 – 1 BvR 1873/13 u. a., Rn. 129; s. ferner BVerfG, Urt. v. 27.2.2008 – 1 BvR 370/07 u. a., Rn. 238.
55 Vgl. auch BVerfG, Urt. v. 2.3.2010, 1 BvR 256/08 u. a., Rn. 210 ff.; Urt. v. 27.2.2008 – 1 BvR 370/07 u. a., Rn. 231 ff.; Urt. v. 27.7.2005 – 1 BvR 668/04, Rn. 142 ff.; Urt. v. 12.3.2003 – 1 BvR 330/96 u. a., Rn. 75 ff.; Urt. v. 14.7.1999 – 1 BvR 2226/94 u. a., Rn. 233, 272.
56 BVerfG, Urt. v. 20.4.2016 – 1 BvR 966/09 u. a., Rn. 104, vgl. auch ebd., Rn. 109.
57 Vgl. BVerfG, Urt. v. 20.4.2016 – 1 BvR 966/09 u. a., Rn. 116, 167 ff.
58 BVerfG, B. v. 4.4.2006 – 1 BvR 518/02, Rn. 137.
59 BVerfG, Urt. v. 27.2.2008 – 1 BvR 370/07 u. a., Rn. 257 ff.; Urt. v. 20.4.2016 – 1 BvR 966/09 u. a., Rn. 117.

eines **Schadenseintritts** stellen[60] und die behördlichen **Eingriffsbefugnisse** hinreichend normenklar begrenzen.[61] Dies gilt etwa dann, wenn Anbieter von Kommunikationsdiensten sowie Netzbetreiber verpflichtet werden sollen, **Verbindungsdaten** der Kundinnen und Kunden für einen bestimmten Zeitraum zu speichern und auf Anforderung an Behörden herauszugeben („Vorratsdatenspeicherung").[62]

21 Neben den **Modalitäten der Datenerhebung** ist für die Bewertung der Intensität einer Grundrechtsbeeinträchtigung auch die Art und Schutzwürdigkeit der erhobenen Daten von Bedeutung.[63] So wird die Erfassung eines Kfz-Kennzeichens anders zu gewichten sein als die Erhebung von **Gesundheitsdaten** oder Daten zur politischen oder religiösen Überzeugung einer Person. Gleichwohl ist mit Blick auf die genannten Kriterien der Anlasslosigkeit, Heimlichkeit und Streubreite einer Datenerhebung auch bei der Erhebung vergleichsweise weniger sensiblen Daten eine **erhöhte Eingriffsintensität** denkbar. Beispielhaft genannt sei der Fall, dass die Kennzeichen aller eine bestimmte Stelle passierenden Fahrzeuge automatisiert erfasst und nachfolgend mit polizeilichen Fahndungsdateien abgeglichen werden. Nach Auffassung des Bundesverfassungsgerichts ist eine solche Maßnahme am Recht auf informationelle Selbstbestimmung zu messen, ohne dass es darauf ankommt, ob die **Datenerhebung** sowie ein etwaiger nachfolgender **Datenabgleich** einen Anlass zu weitergehenden Maßnahmen geben;[64] die sofortige Löschung der Daten im Falle eines Nichttreffers lässt den Eingriff daher nicht wieder entfallen.[65] Zudem handele es sich auch bei der Erfassung von **KFZ-Kennzeichen** um „Eingriffe von erheblichem Gewicht",[66] da die Maßnahme verdeckt durchgeführt werde und sich nicht auf Personen beschränke, die „objektiv in einer Gefahrenlage verfangen sind". Vielmehr gehe es um eine Maßnahme, die sich „auf eine unbestimmte Vielzahl von Personen" erstrecke und zu der die Betroffenen „keinerlei Anlass gegeben haben"; die Erfassung könne daher „praktisch jede und jeden treffen".[67] Auch in diesem Falle gelten **daher erhöhte Anforderungen** an die Eingriffsrechtfertigung,[68] die durch normenklare und hinreichend bestimmte Regelungen getroffen werden müssen.[69]

22 In den Kontext von Entscheidungen des Bundesverfassungsgerichts, in denen die Anforderungen des **Verhältnismäßigkeitsprinzips** namentlich mit Blick auf das Element der Angemessenheit (Verhältnismäßigkeit im engeren Sinne) näher aufbereitet worden sind, gehört auch das mit dem Beispielsfall in Bezug genommene Urteil zum nordrhein-westfälischen Verfassungsschutzgesetz aus dem Jahre 2008, in der das Recht auf Gewährleistung der Vertraulichkeit und Integrität informationstechnischer Systeme entwickelt worden ist.[70] In dieser Entscheidung findet sich zudem eine **instruktive Angemessenheitsprüfung**, indem die in diesem Zusammenhang zu treffende – und häufig als schwierig oder gar willkürlich empfundene – Abwägungsentscheidung zwischen kollidierenden Rechtsgütern oder Interessen auf Basis einer **sorgfältigen Herausarbeitung** der kollidierenden öffentlichen und privaten Belange sowie einer Gewichtung nach Maßgabe der konkreten Sachzusammenhänge erfolgte.

---

60 Vgl. BVerfG, B. v. 27.5.2020 – 1 BvR 1873/13 u. a., Rn. 123, 127 ff.; Urt. v. 20.4.2016 – 1 BvR 966/09 u. a., Rn. 103 ff.; Urt. v. 2.3.2010 – 1 BvR 256/08 u. a., Rn. 227, 231; Urt. v. 27.2.2008 – 1 BvR 370/07 u. a., Rn. 242; Urt. v. 27.7.2005 – 1 BvR 668/04, Rn. 147 ff.; Urt. v. 14.7.1999 – 1 BvR 2226/94 u. a., Rn. 167.
61 BVerfG, B. v. 27.5.2020 – 1 BvR 1873/13 u. a., Rn. 127.
62 Vgl. BVerfG, Urt. v. 2.3.2010 – 1 BvR 256/08 u. a., Rn. 226 ff.
63 Vgl. BVerfG, B. v. 4.4.2006 – 1 BvR 518/02, Rn. 97.
64 BVerfG, B. v. 18.12.2018 – 1 BvR 142/15, Rn. 45 ff.
65 BVerfG, B. v. 18.12.2018 – 1 BvR 142/15, Rn. 49 ff.
66 BVerfG, B. v. 18.12.2018 – 1 BvR 142/15, Rn. 96.
67 BVerfG, B. v. 18.12.2018 – 1 BvR 142/15, Rn. 98.
68 BVerfG, B. v. 18.12.2018 – 1 BvR 142/15, Rn. 99 f.
69 Vgl. BVerfG, B. v. 18.12.2018 – 1 BvR 142/15, Rn. 82.
70 BVerfG, Urt. v. 27.2.2008 – 1 BvR 370/07 u. a., Rn. 166 ff.

I. Datenverarbeitung und Grundrechtsschutz

Wie zunächst außer Frage steht, werden mit der Gefahrenabwehr oder der Strafverfolgung **legitime öffentliche Zwecke** verfolgt. Auch die Geeignetheit und Erforderlichkeit der durch die gesetzlichen Regelungen ermöglichten Maßnahmen war unter Anerkennung einer gesetzgeberischen Einschätzungsprärogative zu bejahen.[71] Mit Blick auf die Wahrung des Gebots der **Verhältnismäßigkeit** im engeren Sinne arbeitet das Bundesverfassungsgericht sodann heraus, dass die mit Online-Durchsuchungen einhergehenden Einwirkungen auf grundrechtlich geschützte Rechtsgüter zu „Grundrechtseingriffen von hoher Intensität" führen:[72] Zunächst ermöglichten **Online-Durchsuchungen** den heimlichen Zugriff auf einen umfassenden Datenbestand mit potenziell detaillierten Informationen über die persönlichen Verhältnisse[73] sowie eine längerfristige Überwachung der Nutzung eines informationstechnischen Systems.[74] Damit einher gehe „eine beträchtliche, das Gewicht des Eingriffs erhöhende Streubreite", weil möglicherweise völlig **unbeteiligte Dritte** notwendig miterfasst würden.[75]

23

Aufgrund der deutlich erhöhten Eingriffsintensität sind folglich erhöhte Anforderungen an die **Eingriffsrechtfertigung** zu stellen. Im Rahmen einer präventiven Zielsetzung als Voraussetzung für einen heimlichen Zugriff auf ein **informationstechnisches System** müssen danach „bestimmte Tatsachen auf eine im Einzelfall drohende Gefahr für ein überragend wichtiges Rechtsgut hinweisen".[76] Erforderlich seien tatsächliche Anhaltspunkte, dass **eine konkrete Gefahr** für ein überragend wichtiges Rechtsgut wie Leib, Leben oder Freiheit einer Person vorliege;[77] Vermutungen oder allgemeine Erfahrungssätze reichen nicht aus.[78] Es bedürfe vielmehr eines wenigstens seiner Art nach konkretisierten und zeitlich absehbaren Geschehens, an dem bestimmte Personen beteiligt sein werden, gegen die eine **Überwachungsmaßnahme** gezielt eingesetzt werden könne.[79]

24

Diesen Vorgaben genügten die Vorschriften zur **verdeckten Datenerhebung** im nordrhein-westfälischen Verfassungsschutzgesetz nicht. Zwar hatte der Landesgesetzgeber mit diesen Regelungen seinerzeit insofern „Neuland" betreten, als ein rechtlicher Rahmen für den Einsatz neuer technischer Möglichkeiten geschaffen werden sollte. Dieser Regelungsrahmen sah indes vor, dass die unterschiedlichsten gesetzlichen Maßnahmen jeweils schon dann zulässig sein sollten, wenn Tatsachen die Annahme rechtfertigen, es könnten Erkenntnisse über Bestrebungen oder Tätigkeiten gewonnen werden, die sich gegen die **freiheitlich-demokratische Grundordnung** richten oder aus anderen Gründen in das Aufgabenfeld des Verfassungsschutzes fallen.[80] Damit waren Maßnahmen unterschiedlichster Eingriffsqualität, die vom grundrechtlich irrelevanten Aufrufen von Webseiten mittels eines Browsers bis hin zu heimlichen **Online-Durchsuchungen** reichten, an die jeweils gleichen tatbestandlichen Voraussetzungen gebunden worden. Dies stellte hinsichtlich der tatsächlichen Voraussetzungen für den Eingriff wie auch des Gewichts der zu schützenden Rechtsgüter keine hinreichende materielle **Eingriffsschwelle** dar, zumal auch der erforderliche Vorbehalt vorgängiger gerichtlicher Entscheidung fehlte.[81]

25

---

71 BVerfG, Urt. v. 27.2.2008 – 1 BvR 370/07 u. a., Rn. 221 ff.
72 BVerfG, Urt. v. 27.2.2008 – 1 BvR 370/07 u. a., Rn. 229 ff.
73 BVerfG, Urt. v. 27.2.2008 – 1 BvR 370/07 u. a., Rn. 231.
74 BVerfG, Urt. v. 27.2.2008 – 1 BvR 370/07 u. a., Rn. 234 ff.
75 BVerfG, Urt. v. 27.2.2008 – 1 BvR 370/07 u. a., Rn. 233.
76 BVerfG, Urt. v. 27.2.2008 – 1 BvR 370/07 u. a., Rn. 242.
77 BVerfG, Urt. v. 27.2.2008 – 1 BvR 370/07 u. a., Rn. 247.
78 BVerfG, Urt. v. 27.2.2008 – 1 BvR 370/07 u. a., Rn. 250.
79 BVerfG, Urt. v. 27.2.2008 – 1 BvR 370/07 u. a., Rn. 251.
80 § 7 Abs. 1 iVm § 3 Abs. 1 VSG NW idF v. 20.12.2006.
81 BVerfG, Urt. v. 27.2.2008 – 1 BvR 370/07 u. a., Rn. 263.

II. Regelungen zur Datenerhebung und -verarbeitung

1. Der gesetzliche Sprachgebrauch

26 Im Gefahrenabwehrrecht finden sich heute zahlreiche Regelungen, die sich zunächst mit der Erhebung von Daten durch die Verwaltungsbehörden und die Polizei befassen; weitere Vorschriften regeln sodann die (Weiter-) Verarbeitung der erhobenen Daten. Das Gesetz unterscheidet daher zwischen einerseits der **Datenerhebung** (§ 31 NPOG) und dabei zu beachtenden Vorgaben (§ 30 NPOG) sowie andererseits der nachfolgenden **Datenverarbeitung**, die im Gefahrenabwehrrecht typischerweise mit den Begriffen „speichern, verändern und nutzen" (38 Abs. 1 Satz 1 NPOG) umschrieben wird. Davon weicht der Sprachgebrauch im **Datenschutzrecht** aber mittlerweile ab. Aufgrund von Vorgaben des europäischen Rechts (→ Rn. 28 ff.) wird als Verarbeitung von Daten heute jeder im Zusammenhang mit (personenbezogenen) Daten stehende Vorgang verstanden, der mit deren Erhebung beginnt, nachfolgende Handlungen und Prozesse (z. B. das Abfragen, Verknüpfen oder Übermitteln) einschließt und schließlich mit der Löschung endet (§ 24 Nr. 2 NDSG). Aus dieser Perspektive ist aber auch die Datenerhebung ein **Datenverarbeitungsprozess** und damit Teil der Datenverarbeitung.[82] Zu konstatieren sind mithin Unterschiede in der **Terminologie** zwischen einerseits dem Gefahrenabwehrrecht und andererseits dem Datenschutzrecht bei gleichzeitigem Vorhandensein unterschiedlicher Regelungen für einerseits die Erhebung und andererseits die nachfolgende Weiterverarbeitung von Daten. Vor diesem Hintergrund empfiehlt es sich, begrifflich der Datenerhebung die **Weiterverarbeitung** der erhobenen Daten gegenüberzustellen.

2. Der gesetzliche Regelungsrahmen

27 Namentlich im Gefahrenabwehrrecht bildet die **Erhebung** und nachfolgende **Weiterverarbeitung** von Daten den Gegenstand einer auf den ersten Blick verwirrenden Vielfalt von Vorschriften. So existiert zunächst eine **Generalklausel zur Datenerhebung**, die dazu ermächtigt, insbesondere die jeweils zur Abwehr einer (konkreten) Gefahr erforderlichen Daten zu erheben (§ 31 Abs. 1 NPOG). Allerdings finden sich einschlägige Regelungen über Datenerhebungen auch schon im Kontext der **Standardmaßnahmen**, da etwa Befragungen (§ 12 NPOG), Identitätsfeststellungen (§ 13 NPOG) oder Durchsuchungen (§§ 22 ff. NPOG) in der Sache ebenfalls darauf ausgelegt sind, Erkenntnisse im Wege der Erhebung personenbezogener Daten zu gewinnen. Auch kann nicht mit einer Generalklausel operiert werden, wenn eine Maßnahme aufgrund ihrer **gesteigerten Grundrechtsrelevanz** einer spezifischen Ermächtigungsgrundlage bedarf. Das NPOG enthält daher eine Fülle weiterer Regelungen für besondere Situationen einer Erhebung von Daten namentlich mit „**besonderen Mitteln und Methoden**" (§ 30 Abs. 2 Satz 2 Nr. 2 iVm §§ 33a bis 37 NPOG), mit denen gerade auf derartige Sachverhalte gezielt wird. Hinter diesen **spezielleren Vorschriften** tritt die Generalklausel zur Datenerhebung zurück. Vergleichbares gilt für die Weiterverarbeitung von Daten, die ebenfalls Gegenstand einer allgemeinen Regelung mit **Nachrang** gegenüber spezielleren Vorschriften ist (§ 38 Abs. 1 NPOG).

28 Bei diesen Vorschriften hat es indes nicht sein Bewenden, da die Datenverarbeitung im Bereich der Strafverfolgung sowie auch der Gefahrenabwehr mittlerweile den Gegenstand von Regelungen und Vorgaben **der Europäischen Union** bildet, die sich wiederum im Landesrecht, namentlich dem Landesdatenschutzgesetz widerspiegeln. Zu erwähnen ist zunächst

---

[82] Dies betont *M. Schröder*, in: Möstl/Weiner, Polizei- und Ordnungsrecht Niedersachsen, Einführung in die JI-RL, Rn. 19.

II. Regelungen zur Datenerhebung und -verarbeitung

die seit dem 25.5.2018 anzuwendende **EU-Datenschutz-Grundverordnung** (DSGVO).[83] Mit Blick auf die Tätigkeit zur Strafverfolgung und Gefahrenabwehr existiert zudem eine eigene EU-Richtlinie über die **Datenverarbeitung durch Polizei und Justiz** vom 27.4.2016 (JI-Richtlinie),[84] deren Regelungen in der Sache denen der Datenschutz-Grundverordnung im Wesentlichen entsprechen.

Eine **Verordnung** der Europäischen Union ist dadurch gekennzeichnet, dass sie **allgemeine Geltung** besitzt, in allen ihren Teilen verbindlich ist und unmittelbar in jedem EU-Mitgliedstaat gilt (Art. 288 Abs. 2 AEUV). **Richtlinien** der Europäischen Union sind hingegen für die Mitgliedstaaten nur hinsichtlich des zu erreichenden Ziels verbindlich, überlassen aber den jeweils zuständigen **innerstaatlichen Stellen** die Wahl der Form und der Mittel der Zielerreichung (Art. 288 Abs. 3 AEUV). Während die Datenschutz-Grundverordnung seit Beginn ihrer Geltung unmittelbar anzuwenden ist, bedurfte die JI-Richtlinie daher der Umsetzung in **mitgliedstaatliches Recht**, die bis zum 6.5.2018 zu erfolgen hatte. Auf der Ebene des Bundes ist dies im Jahre 2017 durch Erlass eines neuen Bundesdatenschutzgesetzes (BDSG) geschehen.[85]

29

Das **Bundesdatenschutzgesetz** gilt auch für die Verwaltungstätigkeit der Länder, soweit datenschutzrechtliche Regelungen nicht durch das Landesrecht getroffen worden sind und (!) Bundesgesetze ausgeführt werden (§ 1 Abs. 1 Satz 1 Nr. 2 lit. a) BDSG). Für die landesgesetzlich geregelte Tätigkeit der (Landes-) Polizei und der Verwaltungsbehörden im Bereich der Gefahrenabwehr bleibt daher das Landesrecht schon deshalb maßgeblich, weil landesrechtliche Vorschriften ausgeführt und angewendet werden; auch die Umsetzung von Richtlinien der **Europäischen Union** ist daher vom **Landesgesetzgeber** vorzunehmen. In Niedersachsen ist dies mit Blick auf die JI-Richtlinie durch Erlass eines (neuen) Landesdatenschutzgesetzes im Mai 2018 geschehen.[86] Dieses Gesetz enthält im ersten Teil „Ergänzende Vorschriften für Verarbeitungen zu Zwecken gemäß Artikel 2 der Verordnung (EU) 2016/679" und im zweiten Teil „Bestimmungen für Verarbeitungen zu Zwecken gemäß Artikel 1 Abs. 1 der Richtlinie (EU) 2016/680". In diesen Unterschieden in den Überschriften spiegelt sich der Unterschied zwischen **Richtlinien** und **Verordnungen** der Europäischen Union wider: Während der erste Teil des Gesetzes lediglich „ergänzende Vorschriften" zu den unmittelbar geltenden Vorgaben der DSGVO enthält, wird mit dem zweiten Teil die JI-Richtlinie in Landesrecht transformiert.

30

Das Nebeneinander einer unmittelbar geltenden **Verordnung** und einer vom Gesetzgeber in Landesrecht übernommenen **Richtlinie** der Europäischen Union mit Relevanz für **Datenverarbeitung** und **Datenschutz** muss zu der Frage führen, welche Regelungen von den Verwaltungsbehörden und der Polizei bei ihrer Tätigkeit anzuwenden sind. Diese Frage erweist sich bei näherem Hinsehen als durchaus komplex: Die DSGVO sieht vor, dass sie grundsätzlich auch im Falle der „Ausübung öffentlicher Gewalt" gilt (Art. 6 Abs. 1 lit. e) DSGVO). Allerdings findet dieses Regelwerk von vornherein keine Anwendung auf die „Tätigkeit der zuständigen Behörden zum Zwecke der Verhütung, Ermittlung, Aufdeckung oder Verfolgung von Straftaten oder der Strafvollstreckung, einschließlich des Schutzes vor und der Abwehr von Gefahren für die öffentliche Sicherheit" (Art. 2 Abs. 2 lit. d) DSGVO). Derartige Tätigkeiten unterfallen vielmehr der **JI-Richtlinie**, die gerade die vom Anwendungsbereich der DSGVO ausgenommenen Tätigkeiten im Bereich der Strafverfolgung und Gefahrenabwehr erfasst (Art. 1 Abs. 1 JI-RL). Daran anknüpfend bestimmt das NDSG, dass der **zweite Teil** des Gesetzes, in dem sich die Vorschriften zur Umsetzung der JI-Richtlinie in mitgliedstaatliches (Landes-) Recht

31

---

83 VO (EU) 2016/679, ABl. L 119 v. 4.5.2016; ber. ABl. L 127 v. 23.5.2018.
84 RL (EU) 2016/680 v. 27.4.2016, ABl. L 119 v. 4.5.2016.
85 Art. 1 Datenschutz-Anpassungs- und -Umsetzungsgesetz-EU vom 30.6.2017, BGBl. I 2017, S. 2097.
86 Art. 1 des Gesetzes zur Neuordnung des niedersächsischen Datenschutzrechts vom 16.5.2018, Nds. GVBl. 2018, S. 66.

finden, für die öffentlichen Stellen gilt, „die zuständig sind für die Verarbeitung personenbezogener Daten zur Verhütung, Ermittlung, Aufdeckung, Verfolgung oder Ahndung von Straftaten, einschließlich des Schutzes vor und der Abwehr von Gefahren für die öffentliche Sicherheit, soweit sie zum Zweck der Erfüllung dieser Aufgaben personenbezogene Daten verarbeiten" (§ 23 Abs. 1 Satz 1 NDSG).

32 Diese Regelung des **Anwendungsbereichs** der zur Umsetzung der JI-Richtlinie ergangenen Vorschrift formuliert die Abgrenzungsfrage nach dem Verhältnis dieser Regelungen zu den unmittelbar geltenden Vorschriften der DSGVO indes nur neu, entbehrt aber letztlich einer eindeutigen Antwort. Zwar ist nicht zweifelhaft, dass namentlich die Polizei für die Verhütung, Ermittlung, Aufdeckung oder Verfolgung von Straftaten einschließlich der – die Verhütung von Straftaten mit umfassenden – Gefahrenabwehr zuständig ist. Die entscheidende Frage ist indes, ob **jegliche Gefahrenabwehr** auch bei Fehlen eines Zusammenhangs mit Straftaten den Anwendungsbereich der Regelungen eröffnet, die zur Umsetzung der JI-Richtlinie erlassen worden sind.[87] So wird aus der **primären Bezugnahme** auf die Strafverfolgung sowie der sprachlichen Verknüpfung mit der Gefahrenabwehr („einschließlich") gefolgert, dass die JI-Richtlinie und die zu deren Umsetzung ergangenen Vorschriften im zweiten Teil des Landesdatenschutzgesetzes nur Fälle eines **Zusammenhangs mit der Strafverfolgung** erfassen, während es im Übrigen bei der Anwendung der DSGVO sein Bewenden haben soll. Erforderlich ist danach ein „Straftatbezug" der Maßnahmen zur Gefahrenabwehr.[88]

33 Auf dieser Grundlage bedürfte es folglich einer Unterscheidung zwischen einerseits „straftatnaher" Gefahrenabwehr und andererseits sonstigen gefahrenabwehrenden Maßnahmen.[89] Der **Anwendungsbereich** der Vorschriften zur Umsetzung der JI-Richtlinie im zweiten Teil des NDSG wäre nur eröffnet, wenn ein Zusammenhang mit der **Strafverfolgung** besteht, im Übrigen bliebe es für ausschließlich präventiv-gefahrenabwehrendes Handeln der Verwaltungsbehörden und der Polizei bei der unmittelbaren Anwendbarkeit der DSGVO. In die Richtung einer solchen Unterscheidung deutet auch eine Regelung betreffend die teilweise Nichtanwendbarkeit des Landesdatenschutzgesetzes auf die Tätigkeit der Verwaltungsbehörden und der Polizei im Bereich der Gefahrenabwehr (§ 49 NPOG), da diese Vorschrift sowohl **Ausnahmetatbestände** zu einigen der ergänzenden Bestimmungen zur DSGVO als auch für Vorschriften des zweiten Teils enthält, soweit der „Anwendungsbereich des § 23 des Niedersächsischen Datenschutzgesetzes" eröffnet ist.

34 Praktisch sinnvoll ist eine solche Unterscheidung nicht. Sie ist zudem nur in Grenzen durch die JI-Richtlinie vorgezeichnet, da sich in den – dem eigentlichen Richtlinientext vorgeschalteten – **„Erwägungsgründen"** zur JI-Richtlinie auch Ausführungen finden, die eine weite Auslegung dieser Richtlinie und ihres Anwendungsbereichs jedenfalls ermöglichen. So heißt es im Erwägungsgrund 12, die Tätigkeiten (u. a.) der Polizei seien hauptsächlich auf die Verhütung, Ermittlung, Aufdeckung oder Verfolgung von Straftaten ausgerichtet; dazu zählten auch **polizeiliche Tätigkeiten** in Fällen, in denen nicht von vornherein bekannt ist, ob es sich um Straftaten handelt oder nicht. Derartige Tätigkeiten könnten ferner die Ausübung hoheitlicher Gewalt durch „Ergreifung von Zwangsmitteln" etwa bei Demonstrationen, großen Sportveranstaltungen oder Ausschreitungen umfassen. Ferner erfasst sei auch die Aufrechterhaltung der **öffentlichen Ordnung**, soweit dies zum Zwecke des Schutzes vor und der Abwehr von Bedrohungen der öffentlichen Sicherheit und Bedrohungen für durch Rechtsvorschriften

---

87 So wohl *Th. Kingreen / R. Poscher*, Polizei- und Ordnungsrecht, § 12 Rn. 1.
88 So *M. Schröder*, in: Möstl/Weiner, Polizei- und Ordnungsrecht Niedersachsen, Einführung in die JI-RL, Rn. 26 f.; s. ferner *J. D. Roggenkamp*, in: Specht/Mantz, Handbuch Europäisches und deutsches Datenschutzrecht, § 21 Rn. 6 ff.; für die Anknüpfung an einen „potentiellen" Straftatenbezug *M. W. Müller / Th. Schwabenbauer*, in: Lisken/Denninger, Abschnitt G Rn. 457.
89 So *M. Schröder*, in: Möstl/Weiner, Polizei- und Ordnungsrecht Niedersachsen, Einführung in die JI-RL, Rn. 32.

II. Regelungen zur Datenerhebung und -verarbeitung

geschützte grundlegende Interessen der Gesellschaft, die zu einer Straftat führen können, erforderlich sei.

Diese Erwägungen hat sich der Landesgesetzgeber erkennbar zu eigen gemacht: Im Bericht des Landtagsausschusses für Inneres und Sport zum Landesdatenschutzgesetz wird mit Blick auf die vorgeschlagene Regelung zum **Anwendungsbereich** des zweiten Teils des Gesetzes (§ 23 NDSG) ausgeführt, es werde damit dem Ziel gefolgt, unter **weiter Auslegung** des Texts der JI-Richtlinie „die Arbeit der Polizeibehörden weitgehend einem einheitlichen Datenschutzregime zu unterwerfen". Selbst wenn bei polizeilichem Handeln zur Gefahrenabwehr nicht bereits von vornherein die **Verhütung von Straftaten** als Zweck oder Ergebnis feststehe, bestehe nahezu immer zumindest die Möglichkeit, dass die Gefahrenlage zu einer Straftat führen könne bzw. dass eine Gefahr nicht ausgeschlossen sei. Gerade in diesen Zweifelsfällen solle aber nach dem Erwägungsgrund 12 der JI-Richtlinie das „**Datenschutzregime**" dieses Regelwerks gelten. Sogar der Schutz privater Rechte könne im Rahmen der Gefahrenabwehr unter dieses Regelungsregime fallen, „wenn ein Straftatenbezug auch nur entfernt darstellbar ist", was umso eher in Betracht komme, „als ohne polizeiliches Handeln ggf. Straftaten drohen oder fortdauern würden – etwa Unterschlagungen und andere Eigentumsdelikte". Vom Anwendungsbereich des Zweiten Teils nicht erfasst seien hingegen Datenverarbeitungen etwa zu **verwaltungsinternen Zwecken**; hierfür gelte die Datenschutz-Grundverordnung und der Erste Teil des neuen Landesdatenschutzgesetzes.[90] 35

Diese **gesetzgeberische Auslegung** des Unionsrechts erscheint als sachgerecht, weil sie es weitgehend vermeidet, unterschiedliche Regelungen auf die Erfüllung verschiedener, gleichwohl aber kaum zu trennender und vielfach miteinander verknüpfter Aufgaben anwenden zu müssen. Ihr sollte daher gefolgt werden. Regelmäßig werden daher polizeiliche **Datenverarbeitungsvorgänge** den Vorgaben des zweiten Teils des Landesdatenschutzgesetzes unterfallen.[91] 36

Weiterer Klärungsbedarf besteht mit Blick auf das Verhältnis der Regelungen des **Landesdatenschutzgesetzes** zu den Vorschriften des **Gefahrenabwehrrechts** über die Datenverarbeitung durch die Verwaltungsbehörden und die Polizei. Im Ausgangspunkt enthalten zwar das Unionsrecht und die zu dessen Umsetzung ergangenen Vorschriften des Landesrechts primär **modale Regelungen** betreffend die Art und Weise der Datenverarbeitung und dabei zu beachtende Maßgaben, während sich die Ermächtigungen zur Erhebung und (Weiter-) Verarbeitung der Daten eher im NPOG finden. Allerdings gibt es **Überschneidungen**, auf die der Gesetzgeber reagiert hat, indem eine vorhandene Kollisionsregel zum Verhältnis zwischen Gefahrenabwehrrecht und Datenschutzrecht (§ 49 NPOG) im Rahmen der Schaffung eines neuen Landesdatenschutzgesetzes entsprechend modifiziert wurde. 37

Bei der Erfüllung namentlich von **Aufgaben der Gefahrenabwehr** nicht anzuwenden sind danach im Anwendungsbereich der Datenschutz-Grundverordnung die Regelungen im ersten Teil des Landesdatenschutzgesetzes betreffend Hinweispflichten im Falle der Erhebung von Daten bei Dritten sowie zur Übermittlung von Daten und zur Zweckbindung (§§ 4 bis 6 NDSG). Diese **Abweichung vom Datenschutzrecht** ist möglich, weil der Gesetzgeber über Standort und Reichweite zulässiger Regelungen zur Ergänzung oder Modifikation der Datenschutz-Grundverordnung (Art. 6 Abs. 2 und 3 DSGVO) disponieren kann; die unmittelbare Geltung der DSGVO bleibt im Übrigen aber selbstverständlich unberührt. 38

Für den Anwendungsbereich des NPOG in weitergehendem Umfang suspendiert wurden zudem Regelungen zur **Umsetzung der JI-Richtlinie** im zweiten Teil des Landesdatenschutzgesetzes. Dies betrifft zunächst verschiedene Grundsätze der Datenverarbeitung (§§ 25 bis 27 39

---
90 LT-Drs. 18/901, S. 7.
91 In diese Richtung wohl auch Nds. OVG, Urt. v. 14.1.2020 – 11 LC 191/17, Rn. 27.

NDSG) sowie Vorschriften über die **automatisierte Entscheidungsfindung**. Ebenfalls von dem Ausschlusstatbestand erfasst werden **Datenübermittlungen** (§§ 29 bis 32 NDSG) einschließlich der Vorschriften über Übermittlungen von Daten an Drittländer und an internationale Organisationen (§§ 46 ff. NDSG), da diese Vorgänge ebenfalls Gegenstand spezieller Regelungen des Gefahrenabwehrrechts sind. Diese Regelungen müssen aber gleichwohl im Einklang mit den Vorgaben des Unionsrechts aus der JI-Richtlinie stehen, was sich namentlich mit Blick auf die **Datenübermittlung** ins EU-Ausland nicht von selbst versteht (→ Rn. 82 f.).

40 Die danach grundsätzlich im Bereich der **Gefahrenabwehr** nicht anwendbaren Vorschriften des Datenschutzgesetzes bleiben aber anwendbar, soweit im NPOG „ausdrücklich auf diese Vorschriften verwiesen wird"; das ist nur vereinzelt der Fall (§§ 40 Abs. 4, 42 Abs. 4 NPOG). Es kann daher vorkommen, dass gleiche oder ähnliche Sachverhalte sowohl Gegenstand von Regelungen des Gefahrenabwehrrechts als auch des Datenschutzrechts sind; so finden sich in beiden Gesetzen jeweils Vorschriften über **Datenlöschungen** (§ 39a NPOG, § 28 NDSG). Da keinem der Regelwerke ein erkennbarer Vorrang zukommt, ist in derartigen Fällen anzunehmen, dass die betreffenden Vorschriften im Falle von **Überschneidungen** nebeneinander anwendbar sind.

3. Grundlegende Regelungen zur Datenerhebung und -verarbeitung

a) Datenerhebung

▶ **Fall:**[92] In der niedersächsischen Stadt S findet aus Anlass des Jahrestages des schweren Störfalls in dem japanischen Kernkraftwerk Fukushima Daiichi ein „Fukushima-Gedenktag" mit verschiedene Aktionen und Demonstrationen statt. An den Veranstaltungen nimmt der Polizeibeamte P in Zivil teil. Er beobachtet unter anderem einige nahegelegene Gebäude, die nach polizeilichen Erkenntnissen in zahlreichen Fällen als Flucht- und Rückzugsraum von Täterinnen und Tätern nach Gewaltdelikten dienen. Dabei fällt ihm der T auf, der eines der Häuser verlässt. T ist ein Angehöriger der örtlichen „linken Szene" und als Kontakt- und Begleitperson im Zusammenhang mit politisch motivierten Straf- und / oder Gewalttaten polizeibekannt. T wird daher von P für einige Minuten dabei beobachtet, wie er das Haus verlässt, sich zu einer Buchhandlung begibt, dort einige Zeit verweilt und nach ca. 30 Minuten wieder in das Haus zurückkehrt. Als T später durch einen Zufall hiervon erfährt, erhebt er Klage, gerichtet auf die Feststellung der Rechtswidrigkeit des Handelns des P. ◀

41 Mit Blick auf die gesteigerten Anforderungen an die rechtssichere Regelung von **Datenerhebungen** und **Weiterverarbeitungen** hat der Gesetzgeber eine allgemeine Regelung über die Grundsätze der Datenerhebung geschaffen (§ 30 NPOG) und ferner eine daran anknüpfende Ermächtigungsgrundlage vorgesehen (§ 31 NPOG). Diese geht der allgemeinen gefahrenabwehrrechtlichen **Generalklausel** (§ 11 NPOG) als speziellere Regelung vor, tritt aber hinter anderweitigen und spezielleren Vorschriften über besondere Situationen und Arten der Datenerhebung ihrerseits zurück.[93] Die danach für Datenerhebungen geltenden Grundsätze beziehen sich jeweils auf die Erhebung **personenbezogener Daten**. Unter personenbezogenen Daten werden Informationen verstanden, die sich auf eine bestimmte identifizierte oder identifizierbare natürliche Person beziehen (Art. 3 Nr. 1 JI-RL, Art. 4 Nr. 1 DSGVO, § 24 Nr. 1 NDSG). Hierzu zählen beispielsweise der Name, Geburtsdatum und -ort, die Anschrift, der Beruf und Familienstand, der Gesundheitszustand, etwaige Vorstrafen, Mitgliedschaften in Vereinen

---

92 Nach VG Göttingen Urt. v. 4.10.2021, 1 A 295/18.
93 *J. Reichert*, in: Saipa u. a., NPOG, § 30 Rn. 1.

II. Regelungen zur Datenerhebung und -verarbeitung

und Organisationen oder ein religiöses Bekenntnis.[94] Im Beispielsfall hat der Polizeibeamte P daher personenbezogene Daten in Bezug auf T erhoben, denn auch der **Aufenthalt** und das **Verhalten** einer Person in einer bestimmten Situation, zu einem bestimmten Zeitpunkt und an einem bestimmten Ort zählen zu den personenbezogenen Daten.

Personenbezogene Daten sind grundsätzlich **bei der betroffenen Person** mit deren Kenntnis (§ 30 Abs. 1 Satz 1 NPOG) sowie „offen" zu erheben (§ 30 Abs. 2 Satz 1 NPOG); sie müssen daher **als Maßnahme der Gefahrenabwehr** erkennbar sein (§ 30 Abs. 2 Satz 2 NPOG). Diese beiden Grundsätze sind insofern eng aufeinander bezogen, als sie jeweils der Erkennbarkeit einer Datenerhebung und nachfolgenden Weiterverarbeitung dienen. Eine Erhebung personenbezogener Daten bei Dritten ist jedoch zulässig, wenn eine der Voraussetzungen eines recht umfangreichen Katalogs unterschiedlicher **Ausnahmefälle** vorliegt (§ 30 Abs. 1 Satz 2 NPOG). Dazu zählen die Überprüfung von Angaben der betroffenen Person, eine Datenerhebung in deren Interesse und mit ihrer (auch mutmaßlichen) Einwilligung und ein Zugriff auf Daten aus **allgemein zugänglichen Quellen**. Ferner in Betracht kommt eine Erhebung von Daten bei Dritten, wenn deren Erhebung bei der betroffenen Person einen **unverhältnismäßigen Aufwand** erfordern oder dies die Erfüllung der jeweils in Rede stehenden Aufgaben „gefährden oder wesentlich erschweren würde". Entsprechendes gilt, wenn die Datenerhebung zur Abwehr einer schwerwiegenden Beeinträchtigung der Rechte einer anderen Person erforderlich ist. 42

Desgleichen finden sich in Bezug auf den Grundsatz der offenen Datenerhebung diverse Durchbrechungen, mit denen eine **verdeckte Datenerhebung** zugelassen wird (§ 30 Abs. 2 Satz 2 NPOG). Auch ohne dass dies ausdrücklich hätte erwähnt werden müssen (§ 30 Abs. 2 Satz 2 Nr. 1 bis 3 NPOG), gilt dies ohne Weiteres in jenen Fällen, in denen verdeckte Datenerhebungen **eine spezielle gesetzliche Regelung** erfahren haben. Allerdings wird dieser Katalog insofern ausgedehnt, als die Liste der betreffenden Vorschriften die Regelung betreffend die Beobachtung des **öffentlichen Verkehrsraums** einschließt (§ 30 Abs. 2 Satz 2 Nr. 1 iVm § 32 Abs. 5 NPOG), denn die damit in Bezug genommene Ermächtigung zur Datenerhebung bezieht sich im Ausgangspunkt allein auf **offene Bildübertragungen** (§ 32 Abs. 5 Satz 1 NPOG). Ferner gestattet wird eine verdeckte Datenerhebung, wenn anderenfalls die Erfüllung der jeweils in Rede stehenden Aufgaben erheblich gefährdet wäre oder – was allenfalls in besonders gelagerten **Ausnahmefällen** in Betracht kommen wird – dies dem Interesse der betroffenen Person entspricht (§ 30 Abs. 2 Satz 2 Nr. 4 und 5 NPOG). 43

Die verdeckte Datenerhebung ist der **Polizei** vorbehalten (§ 30 Abs. 2 Satz 3 NPOG). Weiter ist vorgesehen, dass dabei keine Mittel eingesetzt oder Methoden angewendet werden dürfen, „die nach Art oder Schwere des Eingriffs den besonderen Mitteln oder Methoden vergleichbar sind" (§ 30 Abs. 2 Satz 4 NPOG). Damit in Bezug genommen werden die Ermächtigungen zu **speziellen Maßnahmen** in den nachfolgenden Bestimmungen (§ 30 Abs. 2 Satz 2 Nr. 2 iVm §§ 33a bis 37 NPOG). Auch mit dieser Konkretisierung ist die Regelung aber im Grunde einer Subsumtion und Anwendung nicht zugänglich. Das Bundesverfassungsgericht hat denn auch in einer vergleichbaren Vorschrift in einem allerdings etwas anderen Zusammenhang einen Verstoß gegen das **Gebot der Normenklarheit** gesehen, weil mit der Bezugnahme auf eine vergleichbare „Art und Schwere" eines Eingriffs dessen tatbestandliche Voraussetzungen „von einem wertenden Vergleich zwischen diesem Zugriff und einer Maßnahme, die als Eingriff in ein bestimmtes Grundrecht anzusehen wäre, abhängig gemacht" würden, ohne dass das 44

---

94 Vgl. *Th. Kingreen / R. Poscher*, Polizei- und Ordnungsrecht, § 12 Rn. 7 ff.; *D. Heinemann*, in: Möstl/Weiner, Polizei- und Ordnungsrecht Niedersachsen, § 30 Rn. 5; *J. Reichert*, in: Saipa u. a., NPOG, § 30 Rn. 2.

Gesetz dafür Maßstäbe bereithielte.⁹⁵ Auch im vorliegenden Zusammenhang geht es zu weit, einen derartigen Vergleich **der normvollziehenden Verwaltung** überantworten zu wollen.

45 Nach Abschluss von Datenerhebungen mit **besonderen Mitteln und Methoden** (§§ 33a ff. NPOG) oder verdeckt gefertigten Aufzeichnungen (§ 32 Abs. 2 NPOG) sind betroffene Personen grundsätzlich über die erfolgten Maßnahmen zu unterrichten (§ 30 Abs. 4 NPOG). Die **Unterrichtung** kann aber – auch wiederholt – zurückgestellt werden, soweit mit ihr nachteilige Folgen verbunden sein können (§ 30 Abs. 5 NPOG). Mit **gerichtlicher Zustimmung** endgültig abgesehen werden kann schließlich von der Benachrichtigung, wenn die Voraussetzungen einer Zurückstellung auch nach fünf Jahren weiterhin vorliegen, in absehbarer Zeit auch nicht entfallen werden und die **Löschung** der Daten erfolgen kann (§ 30 Abs. 7 NPOG).

46 Im Beispielsfall hat P den T eine gewisse Zeit beobachtet und damit (personenbezogene) Daten erhoben. Zwar soll eine **Datenerhebung** (noch) nicht vorliegen, wenn polizeiliche Einsatzkräfte auf einem Streifengang oder im Rahmen einer Streifenfahrt durch (kurzes) Hinschauen oder Ausschauhalten ihre Umwelt wahrnehmen, weil das Beschaffen von Daten **eine zielgerichtete Aktivität** zur Erlangung der Informationen voraussetze, durch welche willentlich Kenntnis von den Daten erlangt oder die **Verfügungsmöglichkeit** über sie begründet wird.⁹⁶ T ist aber von P für einen nicht völlig geringfügigen Zeitraum gezielt beobachtet worden. Die Daten wurden damit zwar bei der betroffenen Person, aber nicht offen erhoben, weil P in ziviler Kleidung unterwegs war und sich nicht zu erkennen gegeben hat. Damit hängt die Rechtmäßigkeit der Beobachtung des T von zwei Bedingungen ab: Zunächst muss die Datenerhebung durch die **Observation** überhaupt zulässig gewesen, ferner müssen die weiteren Voraussetzungen einer **verdeckten Datenerhebung** vorgelegen haben. Insbesondere besagt das (etwaige) Vorliegen der Voraussetzungen einer verdeckten Datenerhebung für sich genommen nicht, dass überhaupt Daten erhoben werden dürfen, denn Gegenstand der Regelungen über die Zulässigkeit verdeckter Datenerhebungen sind allein die zusätzlichen Anforderungen an eine nicht offen erfolgende Datenerhebung; sie setzen daher die **grundsätzliche Zulässigkeit** der Datenerhebung nach Maßgabe der dafür geltenden Vorschriften voraus.

47 In Ermangelung spezieller Regelungen kommt als Ermächtigungsgrundlage für die Datenerhebung durch P und den damit einhergehenden Eingriff in das Recht auf informationelle Selbstbestimmung des T allein die **Generalklausel zur Datenerhebung** (§ 31 NPOG) in Betracht. Diese Norm verknüpft die Befugnis zur Datenerhebung entsprechend einem überkommenen polizeirechtlichen Prinzip mit der **Aufgabe der Gefahrenabwehr**,⁹⁷ indem die Polizei und die Verwaltungsbehörden zur Erhebung personenbezogener Daten ermächtigt werden, soweit es dessen zur Abwehr einer Gefahr bedarf (§ 31 Abs. 1 Satz 1 und 2 NPOG). Ferner darf die Polizei dann Daten erheben, wenn sie im Rahmen einer **Vollzugshilfe** (§§ 51 bis 53 NPOG) sowie zur Erfüllung ihr anderweitig durch Rechtsvorschriften übertragenen Aufgaben tätig wird (§ 31 Abs. 1 Satz 1 iVm § 1 Abs. 4 und 5 NPOG). Erweitert werden diese Befugnisse zugunsten der Polizei im Hinblick auf die (Vorfeld-) Aufgabe der **Verhütung von Straftaten**. In diesem Falle können nicht nur Daten potenzieller Täterinnen oder Täter, sondern auch **Daten anderer Personen** erhoben werden, die in den Vorgang als Kontakt- oder Begleitpersonen, als potenzielle Opfer sowie als Zeuginnen oder Zeugen, Hinweisgeberinnen oder Hinweisgeber oder sonstige Auskunftspersonen involviert sind oder sich schlicht im Umfeld einer gefährdeten Person aufhalten (§ 31 Abs. 2 NPOG).

---

95 BVerfG, Urt. v. 27.2.2008 – 1 BvR 370/07 u. a., Rn. 214.
96 VG Göttingen Urt. v. 4.10.2021, 1 A 295/18, Rn. 23.
97 Vgl. *J. Ipsen*, Niedersächsisches Polizei- und Ordnungsrecht, Rn. 486.

Nach Maßgabe dieser Regelungen hat das **Verwaltungsgericht** in der dem Beispielsfall zugrunde liegenden Entscheidung die Voraussetzungen eines Tätigwerdens zur **Verhütung von Straftaten** (§ 31 Abs. 2 Nr. 1 NPOG) bejaht, weil T ein Mitglied oder jedenfalls eine **Kontaktperson** der „gewaltbereiten linken Szene" sei und es sich bei der Datenerhebung um einen „Baustein eines tagesbezogenen Lagebildes" handele.[98] Die Datenerhebung sei auch zur Erfüllung polizeilicher Aufgaben erforderlich gewesen, denn es habe kein weniger einschneidendes Mittel zur Erfüllung des verfolgten Zwecks zur Verfügung gestanden.[99] Verneint wurde hingegen das Vorliegen der Voraussetzungen einer **verdeckten Datenerhebung**. Da es sich mit Blick auf den Zeitraum von maximal 30 Minuten nicht um eine „längerfristige Observation" (§ 34 NPOG) gehandelt hat, kann die verdeckte Datenerhebung durch P nur zulässig gewesen sein, wenn andernfalls die Erfüllung der von P wahrgenommenen Aufgabe erheblich gefährdet worden wäre (§ 30 Abs. 2 Satz 2 Nr. 4 NPOG); insbesondere lag die Beobachtung auch nicht im Interesse des T (§ 30 Abs. 2 Satz 2 Nr. 5 NPOG). Nach Auffassung des Verwaltungsgerichts ist indes nicht ersichtlich, dass die Erfüllung der Aufgabe der **Straftatenverhütung** „erheblich gefährdet" worden wäre, wenn der Polizeibeamte den Betroffenen nicht beobachtet hätte.[100] In Ermangelung der Voraussetzungen einer verdeckten Datenerhebung war die Maßnahme danach rechtswidrig. 48

Diese Begründung vermag in keine Richtung zu überzeugen. Zunächst ist schon im Ausgangspunkt zweifelhaft, dass die Observation des T auf dem Weg zu einer Buchhandlung zur **Verhütung von Straftaten** deshalb erforderlich war, weil gleichzeitig Demonstrationen in der Nähe stattfanden. Jedenfalls erfordert aber eine Datenerhebung bei potenziellen Täterinnen und Tätern das Vorliegen von Tatsachen, die die Annahme rechtfertigen, die betreffende Person werde „künftig" Straftaten begehen (§ 31 Abs. 2 Nr. 1 NPOG); dafür ist hier nichts ersichtlich. auch war T erkennbar nicht als **Kontakt- oder Begleitperson** (§ 31 Abs. 2 Nr. 2 NPOG) in einen gefahrenabwehrrechtlich relevanten Sachverhalt involviert. Erachtete man die Datenerhebung gleichwohl als zulässig, so ist hingegen nicht erkennbar, wie sie in anderer Weise als in verdeckter Form hätte erfolgen können. Auch bestehen keine Bedenken, eine Datenerhebung, „die nicht als Maßnahme der Gefahrenabwehr erkennbar sein soll" (§ 30 Abs. 2 Satz 2 NPOG) im Rahmen der **Vorfeldaufgabe** der Verhütung von Straftaten zuzulassen, denn dabei handelt es sich ebenfalls um Gefahrenabwehr.[101] 49

b) Weitere Datenverarbeitung

▶ **Fall:**[102] Die niedersächsische Polizei betreibt das elektronische Vorgangsbearbeitungssystem (VBS) NIVADIS, in dem Informationen über polizeilich relevante Sachverhalte gespeichert werden. K hat durch eine entsprechende Anfrage in Erfahrung bringen können, dass über ihn im NIVADIS-System zwei Einträge existieren. Zum einen wurde er als Beschuldigter in einem strafrechtlichen Ermittlungsverfahren wegen des Vorwurfs eines Verstoßes gegen das Versammlungsgesetz geführt, zum anderen ist K am gleichen Tage als zu „überprüfende Person" bei einer Personenkontrolle im Rahmen eines „sonstigen Ereignisses" erfasst worden. Beide Vorgänge liegen einige Jahre zurück. K begehrt nunmehr die Löschung dieser Daten. ◀

Die Verwaltungsbehörden und die Polizei sind grundsätzlich befugt, rechtmäßig erhobene personenbezogene Daten im Rahmen **der Erfüllung ihrer Aufgaben** zu speichern, zu verän- 50

---

98 VG Göttingen Urt. v. 4.10.2021, 1 A 295/18, Rn. 24.
99 VG Göttingen Urt. v. 4.10.2021, 1 A 295/18, Rn. 25.
100 VG Göttingen Urt. v. 4.10.2021, 1 A 295/18, Rn. 30.
101 Offenlassend VG Göttingen Urt. v. 4.10.2021, 1 A 295/18, Rn. 30.
102 Nach Nds. OVG, Urt. v. 14.1.2020 – 11 LC 191/17.

dern und zu nutzen (§ 38 Abs. 1 Satz 1 NPOG). Mit der Nennung der Speicherung, Veränderung und Nutzung von Daten beschreibt das Gesetz zwar wesentliche Prozesse der Datenverarbeitung; allerdings ist diese Beschreibung insofern unvollständig, als es sich – wie erwähnt (→ Rn. 29) – bei allen auf Daten oder Dateien bezogenen Maßnahmen von deren Erhebung über die Speicherung, Verwendung und Übermittlung bis hin zur Löschung oder Vernichtung um **Datenverarbeitung** handelt (§ 24 Nr. 2 NDSG). Auch die Datenerhebung ist danach eine Form der Datenverarbeitung, ohne dass es auf die Art und Weise der Beschaffung ankäme; ebenfalls erfasst wird folglich auch eine **Feststellung von Personalien** etwa im Rahmen einer Befragung (§ 12 NPOG) oder einer Identitätsfeststellung (§ 13 NPOG).

51 Die Vorschriften des NPOG beziehen sich naturgemäß im Ausgangspunkt auf Datenerhebungen und (Weiter-) Verarbeitungen im Rahmen der Wahrnehmung von Aufgaben der Gefahrenabwehr. Für die Datenverarbeitung im Rahmen der **Strafverfolgung** enthält die Strafprozessordnung zahlreiche eigene Regelungen. Dass repressiv-strafprozessuale und präventiv-gefahrenabwehrende Maßnahmen oftmals eng miteinander verknüpft sind oder gar miteinander einhergehen, wirkt sich aber naturgemäß auch im Bereich der **Datenverarbeitung** aus. Mit Blick auf den Umstand, dass die Polizeibehörden zugleich Funktionen als **Strafverfolgungsbehörden** wahrnehmen, bedurfte es daher gesetzgeberischer Vorkehrungen, um ein Nebeneinander strafprozessualer und gefahrenabwehrrechtlicher Vorschriften zu vermeiden. Auch ist denkbar, dass zunächst im Kontext der Strafverfolgung erhobene und gespeicherte Daten später zu Zwecken der vorbeugenden Bekämpfung und Verhütung von Straftaten weiterhin gespeichert und genutzt werden (§ 39 Abs. 3 NPOG).

52 Soweit mit der Verarbeitung von personenbezogenen Daten in einer bestimmten Datei repressive wie präventive Zwecke verfolgt werden können, handelt es sich mit Blick auf deren Zwecke um eine „**Mischdatei**". Zu diesen Mischdateien zählt auch das Vorgangsbearbeitungssystem NIVADIS, da personenbezogene Daten in diesem System nicht nur für Zwecke von **Strafverfahren** verarbeitet werden, sondern auch dann, „wenn die Daten für die den Polizeibehörden des Landes obliegende **Gefahrenabwehr** (präventiver Zweck) erforderlich sind".[103] Für derartige „Mischdateien" enthält das Strafprozessrecht hinsichtlich des anzuwendenden Rechts eine **Sonderregelung**: Soweit im Zusammenhang mit der Verfolgung von Straftaten in einem Dateisystem der Polizei die Speicherung von Daten zusammen mit Daten erfolgt, deren Speicherung sich nach den Polizeigesetzen richtet, ist für die Verarbeitung personenbezogener Daten und die Rechte der Betroffenen das für die **speichernde Stelle** geltende Recht maßgeblich (§ 483 Abs. 3 StPO). Damit richtet sich die Datenverarbeitung in „Mischdateien" im Ergebnis nach den Polizeigesetzen;[104] dies gilt folglich auch für das System NIVADIS.[105]

53 Eine weitere Regelung betrifft die **Vorfeldaufgaben**: Während Maßnahmen zum Zwecke der Vermeidung und Verhinderung von Straftaten dem Gefahrenabwehrrecht zuzuordnen sind, bilden Vorkehrungen für die **Verfolgung künftiger Straftaten** einen Teil des Strafverfahrensrechts, das in die konkurrierende Gesetzgebungszuständigkeit des Bundes fällt (→ § 2 Rn. 14). In den letztgenannten Fällen gilt daher grundsätzlich das Strafprozessrecht. Für Landesrecht bleibt daher nur Raum, „solange und soweit" der Bundesgesetzgeber von seiner **Gesetzgebungszuständigkeit** keinen Gebrauch gemacht hat (Art. 72 Abs. 1 GG). Die Unterscheidung zwischen Vorkehrungen einerseits zur Vermeidung und andererseits zur Verfolgung noch nicht begangener Straftaten ist unbeschadet ihrer erheblichen Bedeutung für das **maßgebliche Normenregime** aber nicht immer leicht zu treffen. Mit Blick auf die Datenverarbeitung für

---

103 Nds. OVG, Urt. v. 14.1.2020 – 11 LC 191/17, Rn. 36; Urt. v. 11.7.2017 – 11 LC 222/16, Rn. 33; s. ferner Nds. OVG, Urt. v. 30.1.2013 – 11 LC 470/10, Rn. 39.
104 Vgl. *T. Singelnstein*, in: Münchener Kommentar zur StPO, Band 3/1, 2019, § 483 Rn. 40.
105 Vgl. Nds. OVG, Urt. v. 11.7.2017 – 11 LC 222/16, Rn. 33; Urt. v. 30.1.2013 – 11 LC 470/10, Rn. 39.

II. Regelungen zur Datenerhebung und -verarbeitung

Zwecke künftiger Strafverfahren existiert daher ebenfalls eine spezielle Regelung, die wiederum vorsieht, dass sich die Verarbeitung personenbezogener Daten, die für Zwecke künftiger Strafverfahren von der Polizei gespeichert sind oder werden, „nach den Polizeigesetzen" richtet, soweit sie nicht im Rahmen eines (konkreten) Strafverfahrens verwendet werden (§ 484 Abs. 4 StPO). Im praktischen Ergebnis gelten danach für die Datenverarbeitung durch die Polizei grundsätzlich die **Regelungen des Gefahrenabwehrrechts**, soweit nicht ausschließlich die Verfolgung einer konkreten bereits begangenen Straftat in Rede steht.[106]

Nach Maßgabe der „Grundnorm" für die Verarbeitung personenbezogener Daten (§ 38 Abs. 1 Satz 1 NPOG) ist die grundsätzliche Zulässigkeit einer Datenverarbeitung nur von **wenigen Voraussetzungen** abhängig: Zunächst findet sich erneut eine Verknüpfung von Aufgaben und Befugnissen dergestalt, dass Verwaltungsbehörden und Polizei im Rahmen der **Erfüllung ihrer Aufgaben** erhobene Daten auch zu diesem Zweck speichern, verändern und nutzen dürfen. Ebenfalls zulässig ist es, personenbezogene Daten, die zu Zwecken der Gefahrenabwehr oder Strafverfolgung nicht (mehr) benötigt werden, zu Zwecken der **Dokumentation** ergriffener Maßnahmen sowie zur **Vorgangsverwaltung** weiterhin vorzuhalten;[107] auch das Gesetz setzt dies als selbstverständlich voraus (§ 39 Abs. 2 Satz 1 NPOG). Die **Vorgangsverwaltung** soll einen eigenständigen Zweck im Rahmen der Erfüllung polizeilicher Aufgaben bilden.[108] In der Sache handelt es sich indes um eine **Hilfsfunktion**,[109] die insbesondere Tätigkeiten umfasst, die dem Nachweis des Eingangs, der Bearbeitung, des Ausgangs und des Verbleibs von Vorgängen dienen.[110]

54

Soweit Daten zum Zwecke der Gefahrenabwehr verarbeitet werden, besteht grundsätzlich eine **Zweckbindung**: Die Datenverarbeitung muss zu dem Zweck erforderlich sein, zu dem die Daten erhoben worden sind (§ 38 Abs. 1 Satz 1 NPOG). Sollen Daten zu anderen Zwecken verarbeitet werden, setzt dies regelmäßig voraus, dass die Daten auch zu diesem Zweck mit der Maßnahme hätten erhoben werden dürfen, mit der sie erhoben worden sind (§ 39 Abs. 1 Satz 1 Nr. 1 NPOG). Mit dem darin zum Ausdruck kommenden Prinzip der „**hypothetischen Datenneuerhebung**" wird zugleich verfassungsrechtlichen Vorgaben entsprochen, denn die Rechtfertigung einer Beeinträchtigung des Rechts auf **informationelle Selbstbestimmung** durch eine Datenerhebung erfolgt stets in Bezug auf einen bestimmten (legitimen) Zweck. Die nachfolgende Nutzung von Daten zu anderen als diesen Zwecken begründet daher einen **neuen Eingriff** in die informationelle Selbstbestimmung oder ein anderes einschlägiges Grundrecht,[111] für dessen **Rechtfertigung** es nach dem „Kriterium der hypothetischen Datenneuerhebung grundsätzlich darauf ankommt, ob die Daten auch für den geänderten Zweck mit vergleichbar schwerwiegenden Mitteln hätten erhoben werden dürfen.[112]

55

Eine (Weiter-) Verarbeitung von Daten setzt ferner voraus, dass die Daten rechtmäßig erhoben wurden (§ 38 Abs. 1 Satz 1 NPOG). Dem gleichgestellt wird der Fall, dass die Verwaltungsbehörde oder die Polizei auf anderen Wegen rechtmäßig **Kenntnis** von personenbezogenen Daten erhält, ohne sie erhoben zu haben (§ 38 Abs. 1 Satz 2 NPOG). Diese im Rahmen von Ausschussberatungen in das Gesetz eingefügte Vorschrift[113] kann nicht als Regelung der Zuläs-

56

---

106 Vgl. *T. Singelnstein*, in: Münchener Kommentar zur StPO, Band 3/1, 2019, § 484 Rn. 22.
107 Nds. OVG, Urt. v. 11.7.2017 – 11 LC 222/16, Rn. 33.
108 Nds. OVG, Urt. v. 11.7.2017 – 11 LC 222/16, Rn. 33; Urt. v. 30.1.2013 – 11 LC 470/10, Rn. 40.
109 *C. Arzt*, in: Lisken/Denninger, Abschnitt G Rn. 1179.
110 Nds. OVG, Urt. v. 11.7.2017 – 11 LC 222/16, Rn. 33; Urt. v. 30.1.2013 – 11 LC 470/10, Rn. 39.
111 Vgl. BVerfG, B. v. 20.4.2016 – 1 BvR 966/09 u. a., Rn. 285; s. ferner BVerfG v. 27.7.2005 – 1 BvR 668/04, Rn. 145.
112 BVerfG, Urt. v. 26.4.2022 – 1 BvR 1619/17, Rn. 231; B. v. 10.11.2020 – 1 BvR 3214/15, Rn. 99; Urt. v. 19.5.2020 – 1 BvR 2835/17, Rn. 216; B. v. 20.4.2016 – 1 BvR 966/09 u. a., Rn. 287.
113 Vgl. LT-Drs. 13/3399, S. 14.

sigkeit von Datenübermittlungen durch andere Behörden an die Verwaltungsbehörden oder die Polizei angesehen werden,[114] da diese Vorgänge den Gegenstand spezieller Regelungen bilden (§§ 41ff. NPOG) und sich im Übrigen nach dem **Fachrecht** der übermittelnden Stelle gerade auch im Hinblick auf **Zweckänderungen** richten. Der Norm zuzuordnen sind vielmehr Fallgestaltungen, in denen sich jemand mit der Polizei **zwecks Mitteilung eines Sachverhalts** in Verbindung setzt und bei dieser Gelegenheit eigene Daten oder auch Daten über Dritte übermittelt. In diesem Kontext steht auch die weitere Befugnis, eingehende Anrufe namentlich im Falle von **Notrufen** aufzuzeichnen (§ 38 Abs. 3 Satz 1 NPOG).

57 Eine **Sonderregelung** existiert schließlich in Bezug auf die **Weiterverarbeitung** von Daten, die von der Polizei im Rahmen der Verfolgung von Straftaten rechtmäßig erhoben wurden oder die sie rechtmäßig erlangt hat. Derartige Daten dürfen zunächst zu Zwecken der Gefahrenabwehr weiterverarbeitet werden (§ 39 Abs. 3 Satz 1 NPOG). Eine Verwendung zu Zwecken der **vorbeugenden Bekämpfung** von Straftaten in Form ihrer Verhütung ist hingegen nur unter engeren Voraussetzungen zulässig (§ 39 Abs. 3 Satz 2 NPOG); im Übrigen gilt auch in diesem Zusammenhang das Prinzip der **hypothetischen Datenneuerhebung** (§ 39 Abs. 3 Satz 3 NPOG). Ferner dürfen Daten in Bezug auf Dritte nur gespeichert werden, wenn es sich um Kontakt- oder Begleitpersonen, potenzielle Opfer von Straftaten oder Zeuginnen oder Zeugen, Hinweisgeberinnen oder Hinweisgeber oder sonstige Auskunftspersonen handelt (§ 39 Abs. 3 Satz 4 iVm § 31 Abs. 2 Nr. 2, 3 und 5 NPOG).

4. Ergänzende Vorgaben zum Datenschutz

▶ **Fall:**[115] Die Polizei betreibt die „Arbeitsdatei Szenekundige Beamte" (SKB-Datei). In dieser Datenbank werden personenbezogene Daten zu Personen gespeichert, die der „Problemfanszene" im Fußball zuzurechnen sein sollen. Nachdem gegenüber der A (Spitzname „Ultra") ein Betretensverbot für die Stadt S aus Anlass eines Fußballspiels ausgesprochen worden war, begehrte diese Auskunft und nachfolgend Löschung der über sie gespeicherten Daten aus der Datenbank. A macht geltend, die Datenspeicherung sei unzulässig, weil es an einer ordnungsgemäßen Risikoanalyse und einem hinreichenden Datenschutzkonzept fehle. ◀

58 Werden personenbezogene Daten in einer Datei gespeichert und (weiter-) verarbeitet so sind einige weitere **datenschutzrechtliche Vorgaben** einzuhalten. So sieht das Strafprozessrecht vor, dass es einer **Errichtungsanordnung** bedarf, in der etwa Rechtsgrundlage und Zweck des Dateisystems, der betroffene Personenkreis, die Art der zu verarbeitenden Daten und verschiedene verfahrensrechtliche Vorgaben niederzulegen sind (§ 490 StPO). Entsprechende Regelungen haben auch Eingang in das Polizeirecht gefunden.[116] In Niedersachsen war früher eine dem entsprechende **Verfahrensbeschreibung** für den Fall einer automatisierten Datenverarbeitung vorgesehen (§ 8 NDSG a. F.). Nach der Rechtsprechung des Niedersächsischen Oberverwaltungsgerichts führten Mängel dieser Verfahrensbeschreibung zur **Unzulässigkeit** der automatisierten Datenverarbeitung;[117] es bedurfte vielmehr einer rechtmäßigen Verfahrensbeschreibung.[118] Auch musste deren gesetzlich vorgesehene (§ 22 Abs. 5 NDSG a. F.) Übermittlung an den / die **Landesbeauftragte/n für den Datenschutz** erfolgt sein.[119] Bei

---

114 So aber *B. Beckermann*, in: Saipa u. a., NPOG, § 38 Rn. 5; *S. Graf*, in: Möstl/Weiner, Polizei- und Ordnungsrecht Niedersachsen, § 38 Rn. 21.
115 Nach Nds. OVG, Urt. v. 18.11.2016 und 10.10.2019 (= Folgeentscheidung nach Zurückverweisung durch das BVerwG) – 11 LC 148/15.
116 Vgl. z. B. § 36 BPolG, § 49 ASOG Bln.
117 Vgl. Nds. OVG, Urt. v. 18.11.2016 – 11 LC 148/15, Rn. 47; Urt. v. 10.10.2019 – 11 LC 148/15, Rn. 69.
118 Vgl. dazu auch VG Gießen, Urt. v. 20.4.2002 – 10 E 141/01, Rn. 53.
119 Nds. OVG, Urt. v. 10.10.2019 – 11 LC 148/15, Rn. 74.

II. Regelungen zur Datenerhebung und -verarbeitung

dieser Vorgabe handelt es sich folglich nicht um eine reine Ordnungsvorschrift, sondern eine formelle Voraussetzung für die Rechtmäßigkeit der Datenverarbeitung, um eine **effektive Wahrnehmung** der Kontrollbefugnisse des / der Landesbeauftragten für den Datenschutz zu ermöglichen.[120] Die Datenspeicherung in der auch politisch nicht unumstrittenen[121] SKB-Datei war daher so lange rechtswidrig, als es an dieser **Übermittlung der Verfahrensbeschreibung** an den / die Landesbeauftragte/n für den Datenschutz fehlte.

Das im Jahre 2018 mit Blick auf die Regelungen der DSGVO und die Notwendigkeit einer Umsetzung der JI-Richtlinie geschaffene Landesdatenschutzgesetz sieht eine Verfahrensbeschreibung nicht mehr vor. Weiter vorgesehen ist hingegen eine „**Dateibeschreibung**" (§ 46 NPOG), deren Inhalt vom Gesetz nicht weiter spezifiziert wird, aber in der Sache der zuvor datenschutzrechtlich vorgeschriebenen Verfahrensbeschreibung entsprechen dürfte. Darüber hinaus erforderlich ist zudem das vom EU-Recht vorgeschriebene „**Verzeichnis von Verarbeitungstätigkeiten**" (Art. 30 DSGVO, Art. 24 JI-RL), das dazu verpflichtet, ein Verzeichnis aller im jeweiligen **Zuständigkeitsbereich** anfallenden Tätigkeiten im Bereich der Datenverarbeitung zu führen, das bestimmte Angaben etwa zu den verantwortlichen Personen, den Zwecken der Verarbeitung sowie zu Übermittlungsvorgängen und Rechtsgrundlagen enthält.[122] Diese **Vorgabe** gilt im Anwendungsbereich der DSGVO unmittelbar. Im Anwendungsbereich der JI-Richtlinie wird sie durch eine Vorschrift umgesetzt, die nicht die Vorgaben der JI-Richtlinie in das Landesrecht übernimmt, sondern **eine entsprechende Anwendung** von Art. 30 Abs. 1 DSGVO anordnet und diese Regelung insofern ergänzt, als auch „die Rechtsgrundlage der Verarbeitung sowie gegebenenfalls die Verwendung von Profiling" aufzunehmen sind (§ 38 Satz 1 NDSG). Diese Ergänzung ist darauf zurückzuführen, dass die beiden genannten Elemente allein in der JI-Richtlinie, nicht aber in der DSGVO gefordert werden, so dass **ihre zusätzliche Benennung** zur korrekten Umsetzung der Vorgaben der JI-Richtlinie erforderlich ist, wenn im Übrigen zur Umsetzung der JI-Richtlinie auf die DSGVO verwiesen wird.

Unabhängig von dieser wenig geglückten Regelungstechnik ist auf dieser Grundlage aber anzunehmen, dass nunmehr das **Vorhandensein** eines ordnungsgemäßen **Verzeichnisses der Verarbeitungstätigkeiten** eine Bedingung für eine zulässige Datenverarbeitung darstellt, die dann auch im Einklang mit dem so beschriebenen und sich mit der **Dateibeschreibung** überschneidenden Rahmen der Datenverarbeitung erfolgen muss. Demgegenüber wird die Einschaltung des / der **Datenschutzbeauftragten** jedenfalls heute nicht mehr zu den nicht hinwegzudenkenden Rechtmäßigkeitsbedingungen der Datenverarbeitung zu zählen sein, da der Aufsichtsbehörde das Verzeichnis nur „**auf Anfrage**" zur Verfügung gestellt werden muss (§ 38 Satz 2 NDSG iVm Art. 30 Abs. 4 DSGVO; Art. 24 Abs. 3 Satz 2 JI-RL).

Das EU-Recht sieht im Übrigen noch **weitere Vorgaben** zum Schutz personenbezogener Daten vor. So besteht im Anwendungsbereich der JI-Richtlinie eine Verpflichtung, nach Maßgabe von Art, Umfang, Umständen und Zwecken der Datenverarbeitung auf Basis einer Risikobewertung geeignete technische und organisatorische Maßnahmen zu treffen, um bei der Verarbeitung personenbezogener Daten ein **risikoadäquates Schutzniveau** zu gewährleisten (§ 34 Abs. 1 NDSG). Auch sind zum Zeitpunkt der Festlegung der Mittel für die Verarbeitung als auch zum Zeitpunkt der Verarbeitung selbst **angemessene Vorkehrungen** zu treffen, die geeignet sind, die Datenschutzgrundsätze – wie etwa den Grundsatz der Datensparsamkeit – wirksam umzusetzen (§ 34 Abs. 2 Satz 1 NDSG). Folgerichtig muss gewährleistet sein, dass grundsätzlich nur personenbezogene Daten verarbeitet werden, deren Verarbeitung für den

---

120 Vgl. Nds. OVG, Urt. v. 10.10.2019 – 11 LC 148/15, Rn. 74.
121 Vgl. etwa LT-Drs. 17/6102 v. 18.7.2016 (Kleine Anfrage) sowie 17/6334 (neu) v. 7.10.2016 (Antwort der Landesregierung).
122 Vgl. dazu LT-Drs. 18/901, S. 14.

jeweiligen **Verarbeitungszweck** erforderlich ist (§ 34 Abs. 3 Satz 1 NDSG). Hierzu bedarf es diverser (Kontroll-) Mechanismen zur Gewährleistung der Datensicherheit (§ 35 NDSG); auch kann erforderlich sein, eine **Datenschutz-Folgenabschätzung** vorzunehmen (§ 39 NDSG) und vor der Inbetriebnahme neuer Datenverarbeitungssysteme den Landesbeauftragten / die Landesbeauftragte für den Datenschutz anzuhören (§ 40 Abs. 1 NDSG).

62 Diese Regelungen machen es erforderlich, allgemein[123] und im Einzelfall „technische und organisatorische Maßnahmen zum Datenschutz und der Datensicherheit … in Abwägung zu dem mit der Datenverarbeitung einhergehenden Risiko für die Rechte und Freiheiten der betroffenen Personen" umzusetzen.[124] Soweit es daran fehlt, muss sich dies folglich auf **die Rechtmäßigkeit der Datenverarbeitung** auswirken, zumal zwingende Vorgaben des Unionsrechts in Rede stehen, denen zu praktischer Wirksamkeit zu verhelfen ist.

5. Eine „Grundregel für die Datenverarbeitung"

63 Aus den bisherigen Überlegungen lässt sich eine **„Grundregel"** für die Zulässigkeit einer Verarbeitung personenbezogener Daten ableiten, die notwendig Unschärfen aufweist, aber im Alltag einen **praktischen Orientierungsmaßstab** bieten kann. Eine Datenverarbeitung ist danach grundsätzlich zulässig, wenn die Daten (1) im Rahmen der jeweils zu erfüllenden Aufgaben (2) zu dem Zweck, zu dem sie (3) rechtmäßig erhoben wurden, und (4) im Einklang mit einem (5) ordnungsgemäßen Verzeichnis von Verarbeitungstätigkeiten verarbeitet werden. Dies schließt nicht aus, dass im Einzelfall auch eine **weitergehende Datenverarbeitung** auf der Grundlage spezieller Vorschriften für bestimmte Datenverarbeitungssituationen oder etwa nach Maßgabe der Regelungen für **Zweckänderungen** möglich und zulässig ist, was im Einzelfall durch Konsultation der gesetzlichen Regelungen festgestellt werden muss.

III. Datenübermittlung

64 Hinsichtlich der Übermittlung erhobener (und gespeicherter) personenbezogener Daten bedarf es einiger **grundlegender Unterscheidungen**: So existieren zunächst gesetzliche Vorschriften für Datenübermittlungen zwischen der Polizei und den Verwaltungsbehörden. Sofern Daten durch die Polizei oder die Verwaltungsbehörden an andere Behörden oder andere öffentliche Stellen übermittelt werden, gelten hingegen differenzierende Regelungen für unterschiedliche Arten von Empfängern. Insbesondere kommt es darauf an, ob Daten **innerhalb** des öffentlichen Bereichs verbleiben oder an Stellen **außerhalb** des öffentlichen Bereichs übermittelt werden.

1. Allgemeine Grundsätze der Datenübermittlung

65 Die **Übermittlung** von Daten an andere Stellen begründet einen eigenständigen und weiteren Eingriff in das Grundrecht, in das mit der ursprünglichen Datenerhebung eingegriffen wurde.[125] Regelmäßig ist mit diesem Vorgang zudem eine **Änderung des Verarbeitungszwecks** verbunden, wenn und soweit die empfangende Stelle die übermittelten Daten für andere

---

123 Vgl. die „Leitlinie zur Gewährleistung der Informationssicherheit (ISLL)", Gem. RdErl. v. 9.11.2016, Nds. MBl. 2016 Nr. 47, S. 1193, die „Informationssicherheitsrichtlinie zur einheitlichen Begriffsdefinition im Informationssicherheitsmanagement des Landes Niedersachsen (ISRL Glossar)", Gem. RdErl. v. 5.5.2021, Nds. MBl. 2021 Nr. 24, S. 1075, die „Informationssicherheitsrichtlinie für IT-Nutzung (ISRL IT-Nutzung)", Gem. RdErl. v. 5.5.2021, Nds. MBl. 2021 Nr. 24, S. 1078.
124 So LT-Drs. 18/901, S. 12 (zu § 34 NDSG).
125 Vgl. BVerfG, Urt. v. 20.4.2016 – 1 BvR 966/09 u. a., Rn. 305; Urt. v. 19.5.2020 – 1 BvR 2835/17, Rn. 212; Urt. v. 26.4.2022 – 1 BvR 1619/17, Rn. 230; B. v. 28.9.2022 – 1 BvR 2354/13, Rn. 96.

III. Datenübermittlung

Zwecke und Aufgaben benötigt als die übermittelnde Stelle. Der Gesetzgeber hat daher die Zulässigkeit von Datenübermittlungen durch eine Verweisung auf die Vorschrift über **Zweckänderungen** begrenzt (§ 40 Abs. 1 iVm § 39 NPOG). Danach ist eine Datenübermittlung zunächst nach Maßgabe des Kriteriums der **hypothetischen Datenneuerhebung** zulässig (§ 40 Abs. 1 Satz 1 iVm § 39 Abs. 1 Satz 1 Nr. 1 NPOG). Gleiches gilt, wenn die Datenübermittlung zur Behebung einer **Beweisnot** unerlässlich ist oder die betroffene Person freiwillig der Übermittlung zugestimmt hat (§ 40 Abs. 1 Satz 1 iVm § 39 Abs. 1 Satz 1 Nr. 2 und 3 NPOG). Soweit Daten nur (noch) zur **Vorgangsverwaltung** und anderen verwaltungsinternen Zwecken wie etwa Dokumentationszwecken gespeichert werden, kommt eine Übermittlung nur in Betracht, wenn dies zur Abwehr einer **gegenwärtigen Gefahr** für Leib, Leben oder Freiheit einer Person erforderlich oder zur Verhinderung einer terroristischen Straftat unerlässlich ist (§ 40 Abs. 1 Satz 1 iVm § 39 Abs. 2 Satz 1 NPOG). Bei einer Übermittlung zwecks **Verfolgung einer Straftat** gilt wiederum das Kriterium der hypothetischen Datenneuerhebung (§ 40 Abs. 1 Satz 1 iVm § 39 Abs. 2 Satz 3 NPOG); zudem unterliegt die Übermittlung der mit technischen Mitteln aus Wohnungen oder im Wege der **Rasterfahndung** gewonnenen Daten zusätzlichen Einschränkungen (§ 40 Abs. 1 iVm § 39 Abs. 2 Satz 2 NPOG). Im Übrigen ist eine Übermittlung von Daten, die im Kontext der Gefahrenabwehr erhoben wurden, nur dann zu Zwecken der **Strafverfolgung** zulässig, wenn die Daten zur Verfolgung der in Rede stehenden Straftat auch mit einer Maßnahme nach der Strafprozessordnung hätten erhoben werden dürfen, die der Maßnahme entspricht, durch die die Daten erhoben worden sind (§ 40 Abs. 1 Satz 1 iVm § 39 Abs. 6 NPOG). Schließlich zugelassen wird eine Datenübermittlung zu wissenschaftlichen Zwecken und zu Zwecken der Ausbildung, Fortbildung und Prüfung (§ 40 Abs. 1 Satz 1 iVm § 39 Abs. 7 NPOG).

Nach ihrem Sinn und Zweck sind diese rechtlichen Vorgaben dahin auszulegen, dass sie sich allein auf Datenübermittlungen an **öffentliche Stellen im Inland** beziehen,[126] da die Datenübermittlungen an Personen oder Stellen außerhalb des öffentlichen Bereichs sowie ins Ausland eine gesonderte und eigenständige Regelung erfahren haben (§§ 43, 44 NPOG). Dem entspricht, dass mit der Verweisung auf die Regelung über **Zweckänderungen** (§ 39 NPOG) auf eine Vorschrift über Datenspeicherungen durch die Verwaltungsbehörden und die Polizei Bezug genommen wird, so dass sich die Frage nach der Zulässigkeit einer Datenübermittlung an nicht-öffentliche Stellen nach Maßgabe der darin genannten Kriterien kaum sinnvoll stellen lässt. So könnte schon die Kontaktierung der Eltern eines **in hilfloser Lage** angetroffenen Jugendlichen auf Bedenken stoßen,[127] weil nach einer Ingewahrsamnahme des Betroffenen keine konkrete Gefahr mehr besteht.

66

Zu beachten sind zudem einige **Verfahrensregelungen.** So ist die zweckändernde Datenübermittlung so zu dokumentieren, dass ihre Rechtmäßigkeit überprüft werden kann (§ 40 Abs. 1 Satz 2 NPOG). Daran anknüpfende Regelungen enthalten zusätzliche Vorgaben für den Umgang mit der **Dokumentation,** sofern die betreffenden Daten verdeckt aus Anlass einer öffentlichen Veranstaltung oder mit besonderen Mitteln oder Methoden (§ 32 Abs. 2 und §§ 33a ff. NPOG) erhoben wurden (§ 40 Abs. 1 Satz 5 und 6 NPOG). Durch eine weitere Verweisung auf eine Regelung des Landesdatenschutzgesetzes ist ferner bestimmt, dass die übermittelnde Stelle für die Zulässigkeit der Übermittlung personenbezogener Daten verantwortlich ist, sofern nicht die empfangende Stelle um die Datenübermittlung ersucht hat. In diesem Falle hat die übermittelnde Stelle lediglich zu prüfen, ob sich das **Übermittlungsersuchen** im Rahmen der Aufgaben der ersuchenden Stelle hält, sofern nicht im Einzelfall ein Anlass zur Überprüfung der Rechtmäßigkeit des Ersuchens besteht (§ 40 Abs. 4 NPOG iVm § 5 Abs. 2 NDSG).

67

---

126 Anders *A. Saipa,* in: Saipa u. a., NPOG, § 40 Rn. 2.
127 Beispiel von *S. Graf,* in: Möstl/Weiner, Polizei- und Ordnungsrecht Niedersachsen, § 40 Rn. 21.1.

Die insoweit in Bezug genommen Vorgaben des NDSG finden sich zwar in dem Abschnitt betreffend ergänzende Vorschriften zur DSGVO. Aufgrund der **Verweisung** werden sie aber richtigerweise unabhängig davon anzuwenden sein, ob es sich um eine Datenübermittlung im Geltungsbereich der DSGVO handelt oder der Anwendungsbereich der Regelungen zur Umsetzung der JI-Richtlinie im zweiten Teil des NDSG eröffnet ist.

68 Betrachtet man den Vorgang einer Datenübermittlung näher, so ist im Übrigen festzustellen, dass dieser oftmals auf **einer Interaktion** zwischen zwei Stellen beruht, indem eine Stelle um die Übermittlung von Daten bittet, woraufhin diese durch die andere Stelle übermittelt werden.[128] Hieran anknüpfend unterscheidet das Bundesverfassungsgericht zwischen einerseits der Regelung **der Datenübermittlung** seitens der auskunftserteilenden Stelle und dem **Datenabruf** seitens der um Auskunft ersuchenden Stelle: Ein Datenaustausch vollziehe sich „durch die einander korrespondierenden Eingriffe von Abfrage und Übermittlung", die jeweils einer eigenen Rechtsgrundlage bedürften. Der Gesetzgeber müsse, „bildlich gesprochen, nicht nur die Tür zur Übermittlung von Daten öffnen, sondern auch die Tür zu deren Abfrage". Erst beide **Rechtsgrundlagen** gemeinsam, die „wie eine Doppeltür" zusammenwirken müssten, berechtigten zu einem Austausch personenbezogener Daten.[129] Nach dem Bild dieser „**Doppeltür**" müssen daher die jeweils zuständigen Gesetzgeber nicht nur die Tür zur Übermittlung der Daten öffnen, sondern auch die Tür zu deren Abfrage.[130] Dies gilt nicht nur bei Datenübermittlungen von **privaten Stellen** in den öffentlichen Bereich, wie dies beispielsweise bei Auskünften von Telekommunikationsanbietern der Fall ist, sondern auch bei Interaktionen zwischen **verschiedenen Behörden**.[131]

69 Die genaue Reichweite dieses **Doppeltür-Modells** ist nicht abschließend geklärt. Grundsätzlich dürfte es sachgerecht sein, den Anwendungsbereich auf Sachverhalte zu begrenzen, in denen von beiden Seiten **personenbezogene Daten** übermittelt werden, wie es etwa im Falle einer polizeilichen Halteranfrage mit Blick auf das Kfz-Kennzeichen und die alsdann rückübermittelten Halterdaten der Fall ist. Im Übrigen relativiert sich die Problematik des Doppeltür-Modells dadurch, dass gleichsam die Schlüssel für beide Türen in einer gesetzlichen Regelung enthalten sein können, denn der Gesetzgeber kann die Übermittlung und den Abruf von Daten für die in seinem **Kompetenzbereich** liegenden Materien auch in einer Norm zusammenfassen.[132] Problematischer sind Sachverhalte, in denen sich die Gesetzgebungskompetenzen für Abfrage und Übermittlung auf Bund und Länder verteilen, da in diesem Falle jeweils Regelungen auf beiden Ebenen erforderlich sind.

2. Datenübermittlung innerhalb des öffentlichen Bereichs

▶ **Fall:**[133] F und M sind Polizeibeamte im Dienste des Landes Niedersachsen und miteinander verheiratet. F soll zu Unterhaltsbeiträgen für Sozialleistungen zugunsten ihrer Mutter herangezogen werden. Die Eheleute schicken daraufhin ein als „Belehrung" bezeichnetes Dokument an den zuständigen Landkreis, in dem sich Ausführungen finden, die in der „Reichsbürger-Szene" kursieren. Unter anderem heißt es, das Grundgesetz sei 1990 „erloschen" und „die BRD ein Besatzungskonstrukt für das Deutsche Reich". Der Landrat übermittelt diesen Sachverhalt an die Dienstvorgesetzten von M und F. Daraufhin wird deren Entlassung aus dem Polizeidienst betrieben. ◀

---

128 *Th. Schwabenbauer*, in: Lisken/Denninger, Abschnitt G Rn. 232.
129 BVerfG, B. v. 27.5.2020 – 1 BvR 1873/13 u. a., Rn. 93; B. v. 24.1.2012 – 1 BvR 1299/05, Rn. 123; s. ferner BVerfG, Urt. v. 20.4.2016 – 1 BvR 966/09 u. a., Rn. 305.
130 BVerfG, B. v. 27.5.2020 – 1 BvR 1873/13 u. a., Rn. 93, 201.
131 Vgl. BVerfG, B. v. 18.12.2018 – 1 BvR 142/15, Rn. 80; Urt. v. 20.4.2016 – 1 BvR 966/09 u. a., Rn. 305.
132 BVerfG, B. v. 27.5.2020 – 1 BvR 1873/13 u. a., Rn. 134; B. v. 24.1.2012 – 1 BvR 1299/05, Rn. 123.
133 Nach OVG LSA, Urt. v. 15.3.2018 – 10 L 9/17, sowie B. v. 21.5.2015 – 10 M 4/15 u. a.

III. Datenübermittlung

a) Datenübermittlung zwischen Verwaltungsbehörden und Polizei

Relativ unproblematisch und in weitem Umfang zulässig ist zunächst die Datenübermittlung zwischen den für die **Gefahrenabwehr** zuständigen Verwaltungsbehörden und der Polizei. Diese öffentlichen Stellen können untereinander personenbezogene Daten austauschen, wenn die Übermittlung zur Erfüllung der Aufgabe der Gefahrenabwehr – regelmäßig durch die empfangende Stelle – erforderlich ist (§ 41 Satz 1 NPOG). Auch in dieser Regelung findet sich wieder die bekannte Verknüpfung zwischen (Verwaltungs-) Aufgabe und Befugnisnorm, indem **die Zulässigkeit der Datenübermittlung** an die Erfüllung der Aufgabe der Gefahrenabwehr gekoppelt wird. Soweit eine Zweckänderung vorliegt, wird daher der regelmäßig erforderliche Zusammenhang mit der Gefahrenabwehr nach Maßgabe des Kriteriums **der hypothetischen Datenneuerhebung** (§ 40 Abs. 1 Satz 1 iVm § 39 Abs. 1 Satz 1 Nr. 1 NPOG) ebenfalls vorliegen. Gesondert geregelt ist die Datenübermittlung zwischen Polizeibehörden im Rahmen **automatisierter Abruferfahren** (§ 42 NPOG) sowie die regelmäßige Übermittlung von **Meldedaten** durch die Meldebehörden zum Zwecke des standardmäßigen Abgleichs der in den polizeilichen Informationssystemen gespeicherten Daten (§ 42a NPOG). Die Norm bewirkt eine anlasslose Übermittlung von Daten mit großer Streubreite und ohne **gesonderte Benachrichtigung** der betroffenen Personen. Mit der Datenübermittlung geht daher eine erhebliche Beeinträchtigung des Rechts auf informationelle Selbstbestimmung einher, die durch das Interesse an aktuellen Daten in Bezug auf Personen, die in einem polizeilichen Informationssystem erfasst sind, kaum gerechtfertigt werden kann.

70

b) Datenübermittlungen an andere öffentliche Stellen

Eine etwas weiter ausdifferenzierte, im praktischen Ergebnis aber ähnliche Regelung findet sich für Übermittlungen **an andere öffentliche Stellen** im Inland. Eine Datenübermittlung ist danach zulässig, wenn sie zur Erfüllung der Aufgaben der übermittelnden Stelle, zur Gefahrenabwehr durch die empfangende Stelle oder „zur Abwehr erheblicher Nachteile für das Gemeinwohl oder zur Abwehr einer schwerwiegenden Beeinträchtigung der Rechte einer Person" erforderlich ist (§ 43 Abs. 1 NPOG). Im letztgenannten Fall wird unbeschadet der Fragwürdigkeit der Verknüpfung einer **behördlichen Befugnis** mit dem unbestimmten und nicht abstrakt definierbaren Begriff des Gemeinwohls[134] aber ebenfalls eine Gefahr für die öffentliche Sicherheit vorliegen, so dass sich die Norm auf einen **Tatbestand** reduzieren lässt, dem zufolge die Datenübermittlung der Gefahrenabwehr durch die übermittelnde oder die empfangende Stelle dienen muss. Ersteres wird etwa dann der Fall sein, wenn die übermittelnde Stelle – etwa die Polizei – von einer anderen Stelle **ergänzende Informationen** benötigt,[135] dazu aber ihrerseits Daten übermitteln muss. So können die Kraftfahrzeug-Zulassungsstellen und das Kraftfahrt-Bundesamt jeweils Auskünfte (§ 32 Abs. 2 StVG) über die bei ihnen gespeicherten Informationen über Personen und Fahrzeuge (§ 33 StVG) auch zur Abwehr von Gefahren für die öffentliche Sicherheit erteilen (§ 35 Abs. 1 Nr. 5 StVG). Um konkrete Informationen über eine Person oder ein Fahrzeug erhalten zu können, bedarf es aber **individualisierbarer Angaben** in einer Anfrage, wie sie etwa mit der Übermittlung des Kfz-Kennzeichens erfolgen. Hierfür erforderlich ist nach dem „**Doppeltür-Modell**" (→ Rn. 68 f.) auch eine Ermächtigung (u. a.) der Polizei, Daten zur Erfüllung ihrer Aufgabe der Gefahrenabwehr übermitteln zu dürfen (§ 43 Abs. 1 Nr. 1 NPOG).

71

In dem Beispielsfall handelt es sich um eine Datenübermittlung durch eine öffentliche Stelle an die Polizeibehörde. Dieser Übermittlungsvorgang kann nicht auf die allgemeine Regelung

72

---

134 Krit. auch *M.W. Müller / Th. Schwabenbauer*, in: Lisken/Denninger, Abschnitt G Rn. 906.
135 So auch *S. Graf*, in: Möstl/Weiner, Polizei- und Ordnungsrecht Niedersachsen, § 43 Rn. 3.

über den Datenaustausch zwischen Verwaltungsbehörden und Polizei (§ 41 NPOG) gestützt werden. Zwar verletzen Beamtinnen und Beamte, die sich als „Reichsbürger" betätigen, nicht nur ihre **Pflicht zur Verfassungstreue**, sondern zugleich die Pflicht zu achtungs- und vertrauensgerechtem Verhalten,[136] woraus eine Gefahr für die Funktionsfähigkeit oder (jedenfalls) das **Ansehen des öffentlichen Dienstes** resultieren kann.[137] Es versteht sich aber schon nicht von selbst, dass der Landkreis im konkreten Zusammenhang eine Zuständigkeit für die Abwehr dieser Gefahren besitzt. Auch geht es in der Sache nicht um die Wahrnehmung der Funktion einer gefahrenabwehrenden Behörde, sondern eine Reaktion auf das Verhalten von M und F mit den Mitteln **des öffentlichen Dienstrechts**, die sich nicht als Erfüllung der Aufgabe der Gefahrenabwehr (§ 1 Abs. 1 NPOG) qualifizieren lässt.

73 Mit Blick auf die Zulässigkeit der Datenübermittlung ist daher das für die übermittelnde Behörde – den Landrat – geltende Recht zu befragen. Dabei ist daran anzuknüpfen, dass die Erklärungen der Eheleute im Rahmen eines **sozialrechtlichen Verwaltungsverfahrens** abgegeben worden sind und damit auf Grundlage von Regelungen des SGB XII erhoben und verarbeitet wurden. Es liegt daher nahe, dass es sich um Sozialdaten (§ 67 Abs. 2 Satz 1 SGB X) handelt. Mit Blick auf die **Übermittlung von Sozialdaten** ist zunächst deren Anforderung durch Polizeibehörden für deren Zwecke gesetzlich geregelt. Danach dürfen bestimmte personenbezogene Grunddaten wie insbesondere Name und Anschrift einer Person „zur Erfüllung der Aufgaben der Polizeibehörden", auf deren Ersuchen an diese übermittelt werden, soweit kein Grund zu der Annahme besteht, dass dadurch schutzwürdige Interessen der betroffenen Person beeinträchtigt werden (§ 68 Abs. 1 Satz 1 SGB X). Keine dieser Voraussetzungen ist hier erfüllt: Weder liegt **ein „Ersuchen"** vor, noch handelt es sich um Daten, deren Übermittlung gesetzlich gestattet wurde. Weiter möglich ist eine Übermittlung von Sozialdaten, soweit diese für die Erfüllung **einer gesetzlichen Aufgabe** der übermittelnden Stelle nach Maßgabe des SGB X oder einer solchen Aufgabe des Dritten, an den die Daten übermittelt werden, erforderlich ist (§ 69 Abs. 1 Nr. 1 SGB X). Ein solcher Zusammenhang mit (sozialen) Aufgaben der beteiligten Stellen[138] besteht hier ebenfalls nicht.

74 In dieser Situation hat das Oberverwaltungsgericht des Landes Sachsen-Anhalt sich eines bemerkenswerten Kunstgriffs bedient, indem es die Zulässigkeit der Datenübermittlung auf die Vorschrift über die strafrechtliche Rechtfertigung der **Nothilfe** in § 34 StGB stützte: Sowohl die Übermittlung der Namen der Eheleute als auch des Inhalts des Schreibens sei (jedenfalls) in Wahrnehmung eines **berechtigten Interesses** gerechtfertigt.[139] Das ist nicht angängig: § 34 StGB beseitigt allein die Rechtswidrigkeit der tatbestandlichen Verwirklichung einer **Strafnorm** auch zugunsten polizeilicher Einsatzkräfte, ersetzt aber nicht die verfassungsrechtlich erforderliche Ermächtigungsgrundlage für eine Einwirkung auf grundrechtliche Schutzgüter;[140] hier also das Recht auf informationelle Selbstbestimmung. Zwischen **der strafrechtlichen Rechtfertigung** einer Handlung einerseits und der öffentlich-rechtlichen Zulässigkeit ist zu unterscheiden. Soweit das Gefahrenabwehrrecht der Länder in Rede steht, wäre der Bundesgesetzgeber zudem nicht dafür zuständig, eine derartige Eingriffsgrundlage zu schaffen.[141] Demgegenüber geht es im Beispielsfall zwar um das bundesgesetzlich geregelte Sozialrecht. Auch in diesem Falle kann das ausdifferenzierte und bereichsspezifische **Regelungssystem**

---

136 BVerwG, Urt. v. 2.12.2021 – 2 A 7/21, Rn. 44.
137 OVG LSA, B. v. 21.5.2015 – 10 M 4/15, u. a., Rn. 32; Urt. v. 15.3.2018 – 10 L 9/17, Rn. 66.
138 Zur Zulässigkeit einer Übermittlung von Sozialdaten an die Staatsanwaltschaft bei Verdacht auf (Sozial-)Leistungsbetrug vgl. OLG Dresden, B. v. 5.7.2021 – 4 U 270/21, Rn. 12 f.
139 OVG LSA, B. v. 30.7.2015 – 10 M 4/15, n. v., zit. nach VG Magdeburg, Urt. v. 30.03.17 – 15 A 16/16, Rn. 55.
140 Vgl. *G. Beaucamp*, JA 2003, S. 403 (405); *Th. Kingreen / R. Poscher*, Polizei- und Ordnungsrecht, § 11 Rn. 27; *W.-R. Schenke*, Polizei- und Ordnungsrecht, Rn. 39; s. ferner *K. Vogel*, in: Drews/Wacke/Vogel/Martens, § 28, 8 b) (S. 547 f.); *C. Gusy*, Polizei- und Ordnungsrecht, Rn. 177 f.
141 *G. Beaucamp*, JA 2003, S. 403 (404).

III. Datenübermittlung

für **Datenübermittlungen** aber nicht von einem Gericht unter Rückgriff auf eine Rechtfertigungsnorm des Strafrechts überspielt werden; dies stellt vielmehr eine Grenzüberschreitung im Verhältnis zum Gesetzgeber dar.

Im Ergebnis fehlt es daher im Beispielsfall an einer **Rechtsgrundlage** für die Datenübermittlung. Dies bedeutet andererseits nicht, dass die Verwertung der übermittelten Daten in einem dienstrechtlichen Verfahren automatisch unzulässig gewesen ist. Auch im Verwaltungsrecht gibt es keinen allgemeinen Grundsatz, dass rechtswidrig bekannt gewordene Tatsachen in einem Verwaltungs- oder Gerichtsverfahren nicht verwertet werden können. Vielmehr bedarf es einer **Abwägung der kollidierenden Belange**,[142] deren Bezugspunkt hier allein die Unzulässigkeit der Datenübermittlung, nicht aber die mögliche Folge einer Entfernung aus dem Dienst ist. Danach überwiegt das öffentliche Interesse daran, dass polizeiliche Aufgaben nicht von Personen wahrgenommen werden, die die Existenz des Staates und der **staatlichen Rechtsordnung** in Abrede stellen.

c) Öffentliche und nicht-öffentliche Stellen

Von der Regelung einer Datenübermittlung an „andere" öffentliche Stellen (§ 43 Abs. 1 NPOG) werden alle Übermittlungsvorgänge erfasst, die nicht Gegenstand der vorhergehenden Bestimmungen über Datenübermittlungen insbesondere zwischen den für die Gefahrenabwehr zuständigen Verwaltungsbehörden und der Polizei (§ 41 NPOG) sind. In der Gesamtschau ergibt sich damit ein **Regelungssystem**, das Datenübermittlungen an inländische öffentliche Stellen in Abgrenzung zu einer Übermittlung von Daten an Personen oder Stellen **außerhalb des öffentlichen Bereichs** vollständig erfasst. Vor diesem Hintergrund erhebt sich die Frage nach der Unterscheidung zwischen dem öffentlichen und dem nicht-öffentlichen Bereich: Zwar liegt auf der Hand, dass es sich bei Behörden, die für die „klassische" Eingriffsverwaltung und damit auch die Gefahrenabwehr zuständig sind, um **öffentliche Stellen** handelt. In Grenzbereichen namentlich der Leistungsverwaltung etwa durch rechtlich in **Privatrechtsform** gekleidete Stellen können indes Zweifelsfragen auftreten.

An dieser Stelle bietet eine **Legaldefinition** erste Orientierung, die sich im Landesdatenschutzgesetz findet (§ 1 Abs. 1 Satz 1 NDSG). **Öffentliche Stellen** sind danach „Behörden, Organe der Rechtspflege und andere öffentlich-rechtlich organisierte Einrichtungen" des Landes, der kommunalen Gebietskörperschaften und der sonstigen der Aufsicht des Landes unterstehenden Körperschaften, Anstalten und Stiftungen des öffentlichen Rechts (§ 1 Abs. 1 Satz 1 Nr. 1 NDSG); dem gleichgestellt werden Personen und Stellen außerhalb des öffentlichen Bereichs, soweit ihnen **Aufgaben der öffentlichen Verwaltung** übertragen sind (§ 1 Abs. 1 Satz 1 Nr. 2 und Satz 2 NDSG). Ferner grundsätzlich als öffentliche Stellen anzusehen sind **Vereinigungen des privaten Rechts**, die Aufgaben der öffentlichen Verwaltung wahrnehmen und an denen eine oder mehrere der zuvor genannten juristischen Personen des öffentlichen Rechts unmittelbar oder durch eine solche Vereinigung beteiligt sind (§ 1 Abs. 1 Satz 3 NDSG).

Bei dem Rückgriff auf diese Vorschrift im Kontext von **Datenübermittlungen** an Stellen des öffentlichen Bereichs gilt es zu beachten, dass die genannten Bestimmungen des NDSG allein die nach Maßgabe des Landesrechts zur Beachtung der Vorgaben des ersten und auch des zweiten Teils (§ 23 Abs. 1 Satz 1 NDSG) dieses Gesetzes verpflichteten Stellen regeln, weshalb keine **vollständige Kongruenz** mit der Beschreibung des öffentlichen Bereichs besteht, wenn es um empfangende Stellen bei Datenübermittlungen geht. So sind auch **Stellen des Bundes** selbstverständlich öffentliche Stellen im Kontext von Datenübermittlungen. Auch

---

142 *W.-R. Schenke*, in: Kopp/Schenke, VwGO, § 98 Rn. 4.

wird das Verständnis der komplexen Regelung erleichtert, wenn man sich den Unterschied zwischen **rechtsfähigen juristischen Personen** (hier des öffentlichen Rechts) als rechtlich verselbständigten „Endsubjekten rechtstechnischer Zuordnung"[143] einerseits und den rechtlich unselbständigen, aber organisatorisch verselbständigten Stellen von öffentlich-rechtlichen Rechtssubjekten vergegenwärtigt.

79 Öffentliche Stellen sind zunächst **alle juristischen Personen des öffentlichen Rechts**. Dazu werden typischerweise Körperschaften, Anstalten und Stiftungen (des öffentlichen Rechts) gezählt;[144] diese Rechtssubjekte nimmt auch das Landesdatenschutzgesetz in Bezug (§ 1 Abs. 1 Satz 1 Nr. 1 lit. c) NDSG). Bei **Stiftungen** handelt es sich um rechtlich verselbständigte Vermögensmassen,[145] der Unterschied zwischen **Körperschaften** und **Anstalten** lässt sich dahin beschreiben, dass Körperschaften mitgliedschaftlich organisiert sind,[146] während Anstalten bestimmte **Leistungen** erbringen, die im Rahmen eine (Be-) Nutzungsverhältnisses in Anspruch genommen werden können.[147] Juristische Personen in körperschaftlicher Form sind danach zunächst der **Bund** selbst sowie die **Länder**, ferner die kommunalen (Gebiets-) Körperschaften (Gemeinden, Samtgemeinden und Landkreise). Ebenfalls zu nennen sind rechtlich verselbständigte und mitgliedschaftlich organisierte Organisationen, die vom Staat (Bund und Ländern) oder den Kommunen getragen oder organisiert werden; hierzu zählen die **Hochschulen** und **Universitäten** (§ 15 Satz 1 NHG), berufsständische **Kammern** wie beispielsweise die Handwerkskammern (§ 90 Abs. 1 HwO) oder kommunale Zweckverbände (§ 8 Abs. 1 Satz 1 NKomZG). Rechtlich verselbständige Anstalten sind auf staatlicher Ebene etwa die **Rundfunkanstalten**[148] und auf kommunaler Ebene die **Sparkassen** (§ 3 NSpG).

80 Diese juristischen Personen des öffentlichen Rechts können als „öffentliche Stellen" angesprochen werden. Das Gesetz beschreibt sie demgegenüber als **Träger öffentlicher Stellen**, die wiederum als Behörden, Organe der Rechtspflege und andere öffentlich-rechtlich organisierte Einrichtungen bezeichnet werden (§ 1 Abs. 1 Satz 1 Nr. 1 NDSG). Dem liegt zugrunde, dass juristische Personen des öffentlichen Rechts typischerweise durch ihre Behörden und Einrichtungen handeln, weshalb zwischen einerseits dem Verwaltungsträger als rechtsfähiger Organisation und damit **Rechtssubjekt** sowie andererseits den (Verwaltungs-) Behörden zu unterscheiden ist.[149] Behörden sind alle Stellen, die Aufgaben der öffentlichen Verwaltung wahrnehmen (§ 1 Abs. 4 VwVfG); weiter vorausgesetzt wird dabei ein **Handeln im Außenverhältnis**.[150] Als Behörden anzusprechen sind daher auf kommunaler Ebene jene Verwaltungsapparate, die unter der (Behörden-) Bezeichnung agieren, die mit der Bezeichnung der jeweiligen Verwaltungsspitze – also bei Landkreisen Landrat/Landrätin und bei Städten und Gemeinden (Ober-) Bürgermeister/in – übereinstimmt;[151] auch die Polizei ist eine (Landes-) Behörde. Unter den sonstigen öffentlich-rechtlich organisierten Einrichtungen sind demgegenüber **Untereinheiten der Verwaltung** zu verstehen, die nur organisatorisch, aber nicht

---

143 *H. J. Wolff*, Verwaltungsrecht I, 8. Aufl., 1971, § 32 III b), (S. 195); vgl. auch *ders.*, Organschaft und juristische Person, Band 1, 1933, S. 149 f.
144 Vgl. *H. Maurer / Ch. Waldhoff*, Allgemeines Verwaltungsrecht, § 21 Rn. 8 f.; *M. Jestaedt*, in: Hoffmann-Riem/ Schmidt-Aßmann/Voßkuhle (Hrsg.), Grundlagen des Verwaltungsrechts, Band I, § 14 Rn. 27.
145 *M. Jestaedt*, in: Hoffmann-Riem/Schmidt-Aßmann/Voßkuhle (Hrsg.), Grundlagen des Verwaltungsrechts, Band I, § 14 Rn. 27.
146 *H. Maurer / Ch. Waldhoff*, Allgemeines Verwaltungsrecht, § 21 Rn. 38.
147 *H. Maurer / Ch. Waldhoff*, Allgemeines Verwaltungsrecht, § 23 Rn. 48.
148 Vgl. § 1 Abs. 1 NDR-Staatsvertrag: „Der Norddeutsche Rundfunk (NDR) ist eine gemeinnützige, rechtsfähige Anstalt des öffentlichen Rechts ...".
149 *J. Ipsen*, Allgemeines Verwaltungsrecht, Rn. 213.
150 *M. Jestaedt*, in: Hoffmann-Riem/Schmidt-Aßmann/Voßkuhle (Hrsg.), Grundlagen des Verwaltungsrechts, Band I, § 14 Rn. 36; *S. Korte*, in: Wolff/Bachof/Stober/Kluth, Verwaltungsrecht I, § 45 Rn. 26; *J. Ipsen*, Allgemeines Verwaltungsrecht, Rn. 213.
151 Vgl. *J. Ipsen*, Allgemeines Verwaltungsrecht, Rn. 216 f.

III. Datenübermittlung

rechtlich verselbständigt sind. Dazu gehören etwa die Eigenbetriebe (§§ 136 Abs. 2 Nr. 1, 140 NKomVG) aber auch wiederum anstaltlich organisierte, aber rechtlich unselbständige Verwaltungsstellen wie etwa kommunale **Badeanstalten** oder auch kommunale **Krankenhäuser**, die früher als „Krankenanstalten" bezeichnet wurden.

Vielfach machen kommunale Gebietskörperschaften von der gesetzlich vorgesehenen (§ 136 Abs. 2 Nr. 2 und Abs. 4 Satz 2 und 4 NKomVG) Option Gebrauch, insbesondere leistungserbringende Stellen in **Formen des privaten Rechts** zu organisieren; häufige Beispiele sind die kommunale Energieversorgung und die Bereitstellung eines öffentlichen Personennahverkehrs durch Einschaltung kommunaler Gesellschaften in Privatrechtsform („Stadtwerke GmbH"). Auch im Bereich der **Gesundheitsdienstleistungen** ist dies denkbar, indem Krankenhäuser in der Rechtsform einer (gemeinnützigen) GmbH betrieben werden (§ 136 Abs. 4 Satz 4 NKomVG). Diese Einrichtungen bilden unbeschadet ihrer rechtlichen Verselbständigung einen Teil des (kommunalen) **Verwaltungsapparats**[152] und sind daher mit Blick auf Datenübermittlungen ebenfalls als öffentliche Stellen anzusehen. Soweit bestimmte öffentliche Unternehmen als **Teilnehmer am Wettbewerb** sowie kommunale Sparkassen als nicht-öffentliche Stellen zu behandeln sind (§ 1 Abs. 4 und 5 NDSG), betrifft dies allein den Anwendungsbereich der Vorschriften des NDSG, so dass es darauf mit Blick auf Datenübermittlungen nicht ankommt.

d) Ausländische öffentliche Stellen

Einige besondere Schwierigkeiten bereitet die Zulässigkeit einer Datenübermittlung an **ausländische öffentliche Stellen**. Der Gesetzgeber hat hierfür eine Spezialregelung geschaffen und das **differenzierte Regelungssystem** des Datenschutzgesetzes (§§ 46 ff. NDSG), mit dem Vorgaben insbesondere der JI-Richtlinie umgesetzt wurden, im Bereich des Gefahrenabwehrrechts für unanwendbar erklärt (§ 49 NPOG). Personenbezogene Daten sollen danach an ausländische öffentliche Stellen sowie an über- und zwischenstaatliche Stellen zunächst dann übermittelt werden können, wenn dies ein anderes Gesetz, ein „Rechtsakt der Europäischen Gemeinschaften" (= Europäische Union) oder ein internationaler Vertrag vorsieht (§ 43 Abs. 2 Nr. 1 NPOG). Ferner zugelassen wird die **Datenübermittlung ins Ausland**, wenn diese zur Abwehr einer Gefahr durch die übermittelnde Stelle oder zur Abwehr einer erheblichen Gefahr durch die empfangende Stelle erforderlich ist (§ 43 Abs. 2 NPOG). Für diesen Fall gelten weitere Einschränkungen: So dürfen mit besonderen Mitteln und Methoden (§ 30 Abs. 2 Satz 2 Nr. 2 NPOG) gewonnene Daten nur nach Maßgabe der Regelung über **Zweckänderungen** übermittelt werden (§ 43 Abs. 3 iVm § 39 Abs. 1 Satz 1 NPOG). Auch ist eine Datenübermittlung im Kontext der Gefahrenabwehr (§ 43 Abs. 2 Nr. 2 NPOG) nur zulässig, wenn für die **empfangende Stelle** den Vorschriften des NPOG vergleichbare Datenschutzregelungen gelten, sofern nicht die Belange der internationalen polizeilichen Zusammenarbeit unter Berücksichtigung der schutzwürdigen Belange der betroffenen Person und der Bedeutung der Erfüllung der Aufgabe der Gefahrenabwehr überwiegen (§ 43 Abs. 4 NPOG). Generell ausgeschlossen wird eine Übermittlung von Daten an ausländische öffentliche Stellen sowie über- und zwischenstaatliche Stellen, wenn Grund zu der Annahme besteht, dass dies einen Verstoß gegen wesentliche Grundsätze des deutschen Rechts, insbesondere gegen **Grundrechte**, zur Folge haben würde (§ 43 Abs. 5 NPOG).

Es darf zunächst angenommen werden, dass nach Maßgabe dieser Regelungen eine Datenübermittlung an **Stellen der Europäischen Union** und in **andere EU-Staaten** typischerweise

---

[152] *J. Ipsen*, Allgemeines Verwaltungsrecht, Rn. 268; s. ferner *H. Maurer / Ch. Waldhoff*, Allgemeines Verwaltungsrecht, § 23 Rn. 63.

unproblematisch ist. Gleichwohl ist grundsätzlich zweifelhaft, ob die von den Vorschriften des NDSG abweichenden Regelungen des NPOG mit den Vorgaben der JI-Richtlinie in Einklang stehen, zumal das EU-Recht ein **ausdifferenziertes System** für die Zulässigkeit von Datenübermittlungen (und deren Dokumentation) vorsieht (Art. 35 ff. JI-RL), das sich in den Regelungen des NDSG widerspiegelt, während das Gefahrenabwehrrecht nur grundsätzlich ein **vergleichbares Datenschutzniveau** fordert (§ 43 Abs. 4 Satz 1 NPOG). Zudem gilt für Datenübermittlungen innerhalb der EU der Grundsatz, dass bei einer Datenübermittlung durch eine Stelle in einem EU-Mitgliedstaat keine **besonderen Bedingungen** auf empfangende Stellen in anderen EU-Mitgliedstaaten sowie auf die im Rahmen der justiziellen Zusammenarbeit in Strafsachen und der polizeilichen Zusammenarbeit geschaffenen Stellen (Art. 82 ff., 87 ff. AEUV) angewendet werden dürfen, die nicht auch für entsprechende Datenübermittlungen **innerhalb des eigenen Mitgliedstaats** gelten (Art. 9 Abs. 4 JI-RL); diese Stellen und inländische Stellen sind danach grundsätzlich gleich zu behandeln. Mit diesen Vorgaben ist es kaum zu vereinbaren, dass mit Blick auf Datenübermittlungen auch in das EU-Ausland oder die genannten EU-Stellen eine Regelung für Übermittlungen personenbezogener Daten **an ausländische öffentliche Stellen** anzuwenden ist, die von der Regelung für innerstaatliche Datenübermittlungen abweicht und außerdem nicht zwischen Übermittlungen personenbezogener Daten einerseits im EU-Binnenbereich und anderseits an Stellen in anderen Staaten unterscheidet.

3. Datenübermittlung an Stellen außerhalb des öffentlichen Bereichs

▶ **Fall:**[153] A gilt als gewaltbereiter Fußballfan; er begleitete seine Mannschaft zu einem auswärtigen Fußballspiel. Nach der Niederlage seiner Mannschaft kam es zu Ausschreitungen, an denen A beteiligt war; er wurde vorübergehend in Gewahrsam genommen. Im Rahmen eines „Fanprojekts" erfolgte einige Zeit später ein Treffen des Vereinsvorstands mit Vertretern der Polizei, bei der auch Sicherheitsfragen erörtert wurden. Bei dieser Gelegenheit unterrichtete die Polizei den Vereinsvorstand über den Vorfall und übermittelte auf dessen Bitten die Daten des A; auch wurde auf einen ähnlichen Vorfall im vorangegangenen Jahr unter Beteiligung des A hingewiesen. Unter Bezugnahme auf die „Richtlinien zur einheitlichen Behandlung von Stadionverboten" des DFB erteilt der Verein dem A daraufhin ein befristetes Stadionverbot. A begehrt nunmehr mit einer Klage vor dem Verwaltungsgericht die Feststellung, dass die Weitergabe von Informationen über die genannten Vorgänge an den Verein unzulässig gewesen sei. ◀

84 Der Beispielsfall betrifft die Übermittlung von Daten durch die Polizei an einen **Fußballverein**; dabei handelt es sich um eine Stelle außerhalb des öffentlichen Bereichs. Die Übermittlung von Daten an eine solche Stelle kann zunächst erfolgen, wenn dies zur Abwehr einer Gefahr erforderlich ist (§ 44 Abs. 1 Satz 1 Nr. 1 NPOG). Ferner ist eine solche Datenübermittlung möglich, wenn die private Stelle ein **rechtliches Interesse** an der Kenntnis der ihr zu übermittelnden Daten glaubhaft macht und kein Grund zu der Annahme besteht, dass dem **überwiegende schutzwürdige Interessen** betroffener Personen an der **Geheimhaltung** der Daten gegenüberstehen (§ 44 Abs. 1 Satz 1 Nr. 2 NPOG). Schließlich ist eine Übermittlung von Daten für den Fall vorgesehen, dass ein öffentliches Interesse an dem Übermittlungsvorgang besteht oder von der privaten Stelle **ein berechtigtes Interesse** geltend gemacht wird und betroffene Personen der Übermittlung nicht widersprochen haben (§ 44 Abs. 1 Satz 1 Nr. 3 NPOG). Dies wiederum setzt naturgemäß voraus, dass betroffene Personen über die **beabsichtigte Übermittlung**, die Art der zu übermittelnden Daten und den Verwendungszweck vorab unterrichtet wurden (§ 44 Abs. 1 Satz 2 NPOG).

---

153 Nach SächsOVG, Urt. v. 10.11.2016 – 3 A 318/16.

III. Datenübermittlung

Bei der Übermittlung von Daten an private Stellen handelt es sich um eine rein **tatsächliche Handlung** und damit einen **Realakt**, nicht aber einen Verwaltungsakt, denn der Datenübermittlung fehlt es an einem **Regelungscharakter**.[154] Zwar bedarf es in derartigen Fällen regelmäßig einer rechtlichen Prüfung und Entscheidung über die Zulässigkeit der Datenübermittlung und der Betätigung des der übermittelnden Stelle eingeräumten Ermessens. Diese der Datenübermittlung vorgelagerten Schritte einschließlich der behördlichen Feststellung der Rechtmäßigkeit ihrer Handlungen machen die **Datenübermittlung** aber nicht zu einem **Verwaltungsakt**, denn deren Erklärungsgehalt wäre allein, dass die Maßnahme rechtmäßig und (deshalb) zu dulden ist. Eine solcher **Erklärungsgehalt** lässt sich aber mit jeder behördlichen Maßnahme verknüpfen. Ließe man dies für eine Regelungswirkung ausreichen, wäre jeder Realakt automatisch ein Verwaltungsakt (→ § 10 Rn. 30).

In dem Beispielsfall sind die Daten an den Fußballverein übermittelt worden, um diesem eine Reaktion auf das Verhalten des A zu ermöglichen. Mit Blick auf den Umstand, dass A schon in der Vergangenheit in vergleichbarer Weise aufgefallen ist, könnte man daher erwägen, dass hier eine Übermittlung erfolgte, um der **Gefahr einer Wiederholung** derartiger Vorkommnisse entgegenzuwirken. Allerdings handelt es sich dabei in Ermangelung eines konkret bevorstehenden Ereignisses um eine eher **abstrakte Gefahr**. Sofern das Gesetz (§ 44 Abs. 1 Satz 1 Nr. 1 NPOG) den Begriff der Gefahr verwendet, ist damit aber eine konkrete Gefahr (§ 2 Nr. 1 NPOG) gemeint. Da auch keine vorgängige Unterrichtung des A erfolgt ist und A in diesem Falle der Datenübermittlung voraussichtlich widersprochen hätte (§ 44 Abs. 1 Satz 1 Nr. 3 NPOG), kommt allein eine Zulässigkeit der Datenübermittlung aufgrund eines **rechtlichen Interesses** des Vereins an den Informationen über A und dessen Verhalten in Betracht (§ 44 Abs. 1 Satz 1 Nr. 2 NPOG).

Ein rechtliches Interesse liegt vor, wenn die Daten für die **Rechtswahrung** benötigt werden,[155] es also um die Feststellung, Durchsetzung oder Verteidigung von Rechten oder Ansprüchen geht.[156] Damit unterscheidet sich das rechtliche Interesse von einem berechtigten Interesse (§ 44 Abs. 1 Satz 1 Nr. 3 NPOG), das darüber hinausgehend jedes beliebige ideelle oder wirtschaftliche Interesse ausreichen lässt,[157] sofern nur legitime und nicht rechtlich missbilligte Ziele verfolgt werden. Dieser **Weite des Tatbestands** entsprechen im letztgenannten Fall weitgehende Beschränkungsmöglichkeiten; schon ein **Widerspruch** der betroffenen Person steht der **Datenweitergabe** entgegen. Demgegenüber ermöglicht das Bestehen eines rechtlichen Interesse die Datenweitergabe nach Maßgabe einer Abwägung der wechselseitigen Belange auch unabhängig vom Willen der betroffenen Person.

Die Übermittlung personenbezogener Daten aufgrund eines **rechtlichen Interesses** einer privaten Stelle erfordert des Weiteren, dass ein entsprechendes Auskunftsbegehren an die Verwaltungsbehörde oder die Polizei herangetragen wurde, wie sich daraus ergibt, dass das rechtliche Interesse „glaubhaft gemacht" werden muss (§ 44 Abs. 1 Satz 1 Nr. 2 NPOG). Dazu bedarf es der **schlüssigen Darlegung**, dass die angeforderten Daten für die **Rechtswahrung** benötigt werden.[158]

Im Beispielsfall kann der handelnde Vereinsvorstand geltend machen, dass die angeforderten Daten des A für die Entscheidung über etwaige **Sanktionen** benötigt werden. Dem stehen

---
154 SächsOVG, Urt. v. 10.11.2016 – 3 A 318/16, Rn. 20.
155 OVG Berlin-Brandenburg, Urt. v. 6.11.2013 – OVG 1 B 11.12, Rn. 21; SächsOVG, Urt. v. 10.11.2016 – 3 A 318/16, Rn. 30.
156 SächsOVG, Urt. v. 10.11.2016 – 3 A 318/16, Rn. 30; s. ferner *G. Böhrenz / P. Siefken*, § 44 Rn. 5.
157 *S. Graf*, in: Möstl/Weiner, Polizei- und Ordnungsrecht Niedersachsen, § 44 Rn. 14.
158 Vgl. OVG Berlin-Brandenburg, Urt. v. 6.11.2013 – OVG 1 B 11.12, Rn. 21; SächsOVG, Urt. v. 10.11.2016 – 3 A 318/16, Rn. 30.

keine überwiegenden Interessen des Betroffenen an der **Geheimhaltung** der Daten entgegen, denn das Interesse an der Abwehr von weiteren sicherheitsgefährdenden Handlungen eines mehrfach einschlägig aufgefallenen Fans hat erkennbar **Vorrang** vor dessen Recht auf informationelle Selbstbestimmung.[159] Liegen die tatbestandlichen Voraussetzungen für die Zulässigkeit der Datenübermittlung demnach vor, so steht die Entscheidung, ob tatsächlich Daten weitergegeben werden, nach dem **Gesetzeswortlaut** („können") im Ermessen der handelnden Stelle. Hier handelt es sich indes um ein sogenanntes „**intendiertes Ermessen**": Nach der gesetzlichen Regelung erfordert schon die Entscheidung über eine Datenübermittlung bei Vorliegen eines rechtlichen Interesses eine **Abwägung** der wechselseitigen Belange. Hat die auskunftsbegehrende Stelle ein rechtliches Interesse an der Datenübermittlung und stehen dem keine überwiegenden Belange der betroffenen Person entgegen, so wird es aber an einem Grund fehlen, die Datenübermittlung nicht vorzunehmen, sofern nicht ausnahmsweise besondere Umstände vorliegen. Die **Ermessensentscheidung** ist daher durch das Vorliegen der tatbestandlichen Voraussetzungen der Norm dahin gehend vorgezeichnet, dass die angeordnete Rechtsfolge grundsätzlich eintreten soll; weitergehender Ermessenserwägungen bedarf es in einem solchen Falle eines intendierten Ermessens nicht mehr.[160]

90 Auch mit Blick auf die Übermittlung personenbezogener Daten an nicht-öffentliche Stellen ist vorgesehen, dass die übermittelnde Stelle die empfangende Stelle verpflichtet, die Daten nur für die Zwecke zu verarbeiten, zu denen sie ihr übermittelt wurden (§ 44 Abs. 1 Satz 3 NPOG). Bei der Verpflichtung zur Beachtung dieser **Verwendungsbeschränkung** dürfte es sich um eine reine **Ordnungsvorschrift** handeln, deren Nichtbeachtung der Rechtmäßigkeit der Datenübermittlung nicht entgegensteht.[161] Im Beispielsfall wäre danach unschädlich, wenn die Verpflichtung des Vereins zur Einhaltung der **Zweckbindung** unterblieben sein sollte. Im Ergebnis wäre das Handeln der Polizei daher nicht zu beanstanden.

4. Sonstige Übermittlungssituationen

a) Datenabgleich

▶ **Fall:** Die Polizeibeamten A und B treffen zu später Stunde auf der Straße den Studenten S an, der sich nach einem Gaststättenbesuch mit Kommilitonen leicht alkoholisiert und ein Fahrrad schiebend auf dem Nachhauseweg befindet. S wird einer Personenkontrolle unterzogen. A fragt sich, ob er außerdem prüfen kann, ob S zur Fahndung ausgeschrieben ist. ◀

91 Der **Abgleich** von (typischerweise) im Einsatz gewonnenen Daten mit bereits anderweitig erhobenen und gespeicherten Daten bildet einen **Spezialfall** der Datennutzung und -übermittlung. Insoweit regelt das Gesetz zwei verschiedene Anwendungsfälle: Zum einen ermöglicht wird ein polizeilicher Abgleich von Daten mit **(Fahndungs-) Dateien**, die der Suche nach Personen oder Sachen dienen (§ 45 Abs. 1 Satz 1 NPOG), zum anderen können die Polizei und die Verwaltungsbehörden auch Daten mit **eigenen Dateien** abgleichen (§ 45 Abs. 2 NPOG).

92 Der Datenabgleich mit dem **Fahndungsbestand** setzt allein voraus, dass die abzugleichenden Daten rechtmäßig erlangt worden sind (§ 45 Abs. 1 Satz 1 NPOG). Im Übrigen sind in Abweichung von den Vorschriften in anderen Bundesländern keine weiteren tatbestandlichen Voraussetzungen normiert worden. Nach dem Wortlaut der gesetzlichen Regelung ist daher weder erforderlich, dass die betreffende Person einen Anlass zu dem Datenabgleich gegeben

---

159 Vgl. SächsOVG, Urt. v. 10.11.2016 – 3 A 318/16, Rn. 40.
160 SächsOVG, Urt. v. 10.11.2016 – 3 A 318/16, Rn. 42; s. ferner *W. Kluth*, in: Wolff/Bachof/Stober/Kluth, Verwaltungsrecht I, § 32 Rn. 43.
161 Vgl. SächsOVG, Urt. v. 10.11.2016 – 3 A 318/16, Rn. 43.

III. Datenübermittlung

hat, noch bedarf es irgendeiner Gefahrenlage oder auch nur eines Gefahrenverdachts. Eine solche **anlass- und verdachtslose** Maßnahme muss allerdings mit Blick auf das (Grund-) Recht auf informationelle Selbstbestimmung unter Aspekten der **Verhältnismäßigkeit** auf Bedenken stoßen. Mindestens zu fordern ist deshalb, dass die (Ermessens-) Entscheidung für einen Datenabgleich nicht völlig anlasslos erfolgt,[162] sondern (mindestens) **tatsächliche Anhaltspunkte** für die Annahme bestehen, es könnten von dem Datenabgleich sachdienliche Hinweise zu erwarten sein.

Eine Sonderregelung hat zudem der Abgleich von KFZ-Kennzeichendaten mit **Fahndungsdateien** erfahren. Hierfür bedarf es grundsätzlich einer Erforderlichkeit zur Gefahrenabwehr (§ 45 Abs. 1 Satz 2 NPOG). Danach wäre sogar eine (konkrete) Gefahr erforderlich. Das wird dem **Normzweck** aber wohl nicht gerecht. Eine **Verdachtslage** dahin gehend, dass eine konkrete Gefahr vorliegen könnte, dürfte vielmehr ausreichend sein. Verzichtet wird zudem auf das Erfordernis einer Rechtmäßigkeit der Erhebung der abzugleichenden Daten.[163] Das dürfte allerdings deshalb unproblematisch sein, weil das Kennzeichen eines Fahrzeugs ohne Weiteres wahrgenommen werden kann.

93

Der **Abgleich** erhobener Daten mit vorhandenen Daten in eigenen Datenverarbeitungssystemen ist nach der gesetzlichen Regelung zulässig, wenn Tatsachen die Annahme rechtfertigen, dass der Datenabgleich zur Erfüllung einer Aufgabe der Gefahrenabwehr erforderlich ist und die **Zweckbestimmung** der Datei gewahrt wird (§ 45 Abs. 2 NPOG). Auch nach dieser Regelung wird nicht ausdrücklich gefordert, dass die abzugleichenden Daten rechtmäßig erlangt wurden.[164] Man könnte daher aus der anderslautenden Regelung zum Abgleich von Daten mit dem **Fahndungsbestand** (§ 45 Abs. 1 Satz 1 NPOG) im Umkehrschluss folgern wollen, dass es in Abweichung von der Grundregel für die Datenverarbeitung auf die **Rechtmäßigkeit** der Datenerhebung bei einem Abgleich mit eigenen Dateien nicht ankommen soll. Allerdings widerstreiten diesem Ergebnis die im NDSG verankerten Grundsätze über die Verarbeitung von personenbezogenen Daten durch Polizei und Justiz, da personenbezogene Daten nach diesen Regelungen auf **rechtmäßige Weise** sowie nach **Treu und Glauben** verarbeitet werden müssen und sie ferner für festgelegte, eindeutige und rechtmäßige Zwecke zu erheben und im **Einklang** mit diesen Zwecken zu verarbeiten sind (§ 25 Abs. 2 Nr. 1 und 2 NDSG). Zwar soll diese Vorschrift für die Datenverarbeitung im Rahmen der Gefahrenabwehr nicht gelten (§ 49 NPOG). Es handelt sich bei der datenschutzrechtlichen Regelung aber um eine Wiedergabe von Bestimmungen der JI-Richtlinie (Art. 4 Abs. 1 lit. a) und b) JI-RL), die **zwingende Vorgaben** auch für den Landesgesetzgeber enthalten, denen dieser sich nicht entziehen darf. Dem Sinn dieser Vorgaben würde man nicht gerecht, wenn man es als ausreichend erachtete, dass Daten isoliert betrachtet entweder rechtmäßig erhoben oder aber rechtmäßig – im Einklang mit den gesetzlichen Vorgaben – verarbeitet werden. Vielmehr ist zu fordern, dass nach „Treu und Glauben" nur rechtmäßig erhobene Daten auch in Form eines **Datenabgleichs** (rechtmäßig) weiterverarbeitet werden dürfen.

94

Die betroffene Person darf für die Dauer des Datenabgleichs angehalten werden. Zudem ist ein **Festhalten** für die regelmäßige Dauer eines Datenabgleichs zulässig, wenn eine parallele polizeiliche Maßnahme während des **Datenabgleichs** beendet wird (§ 45 Abs. 3 NPOG). Bei einer entsprechenden Anordnung handelt es sich um eine Beeinträchtigung der allgemeinen Handlungsfreiheit (Art. 2 Abs. 1 GG), nicht aber eine Beeinträchtigung der Freiheit der Person (Art. 2 Abs. 2 Satz 2 GG), solange die betreffende Person nicht tatsächlich – durch physisches Festhalten – gehindert wird, sich zu entfernen (→ § 3 Rn. 19 ff.).

95

---

162 So auch *A. Saipa*, in: Saipa u. a., NPOG, § 45 Rn. 4; *G. Böhrenz / P. Siefken*, § 45 Rn. 3.
163 Anders *S. Graf*, in: Möstl/Weiner, Polizei- und Ordnungsrecht Niedersachsen, § 45 Rn. 19.
164 Dies ohne Angaben von Gründen voraussetzend *S. Graf*, in: Möstl/Weiner, Polizei- und Ordnungsrecht Niedersachsen, § 45 Rn. 28.

96 Im Beispielsfall ist nicht erkennbar, dass von S eine Gefahr für die öffentliche Sicherheit oder Ordnung ausgeht, da er allein als **Fußgänger** am Straßenverkehr teilnimmt und auch keine Anhaltspunkte für eine **Selbstgefährdung** aufgrund übermäßiger Alkoholisierung vorliegen. Schon eine „Personenkontrolle" war daher nicht veranlasst. Ein Abgleich der bei der Kontrolle erlangten Daten mit eigenen polizeilichen Dateien wäre folglich wegen des Fehlens einer **rechtmäßigen Datenerhebung** unzulässig. Auch fehlt es an jedwedem Anhaltspunkt dafür, dass nach S gefahndet würde, so dass ein entsprechender Datenabgleich „ins Blaue hinein" jedenfalls **ermessensfehlerhaft** wäre.

97 Weitere Regelungen über **Datenübermittlungen** im Rahmen eines Datenabgleichs finden sich im Übrigen in mehreren speziellen gesetzlichen Vorschriften. Zu nennen ist insbesondere die Zulässigkeit der Verwendung von Daten aus **Personalausweisen** und **Reisepässen** zum automatisierten Abruf personenbezogener Daten durch Polizeibehörden (§ 15 Abs. 1 Satz 2 PAuswG, § 17 Abs. 1 Satz 2 PaßG) sowie die Zulässigkeit des Zugriffs auf Daten der **Fahrzeugregister** zum Abgleich von Halter- und Fahrzeugdaten (§ 35 Abs. 1 i. V. m. § 32 Abs. 2 StVG). Mit Blick auf das **„Doppeltür-Modell"** wird der Abruf von Halter- oder Fahrzeugdaten aber regelmäßig nur bei Vorliegen einer konkreten Gefahr zulässig sein (§ 40 Abs. 1 iVm § 39 Abs. 1 Satz 1 Nr. 1 NPOG).

b) Zuverlässigkeitsüberprüfungen

▶ **Fall:** Aus Anlass eines internationalen Sportereignisses vertreten die Sicherheitsbehörden die Auffassung, dass Journalistinnen und Journalisten sowie Fotografinnen und Fotografen, die über die Veranstaltung berichten wollen, vor der Akkreditierung durch den Veranstalter einer Zuverlässigkeitsüberprüfung („background check") unterzogen werden sollten. Die betreffenden Personen werden daher um ihre Zustimmung zu dieser Maßnahme gebeten, um prüfen zu können, ob Informationen zu einer Person in Dateisystemen der Landes- und Bundespolizeibehörden gespeichert sind. Als ein Journalist hingegen erklärt, mit der Zuverlässigkeitsüberprüfung nicht einverstanden zu sein, wird ihm die Akkreditierung verweigert. ◀

98 Mit **großen Veranstaltungen** gehen besondere Gefahren für die öffentliche Sicherheit einher; dies gilt namentlich im Bereich des Sports oder für Events wie Festivals und andere große Konzertveranstaltungen. Es liegt daher nahe, dass Personen, denen ein näherer Zugang zu einer solchen Veranstaltung und damit auch **Einwirkungsmöglichkeiten** eröffnet werden, zuvor einer (Sicherheits-) Überprüfung auf ihre Zuverlässigkeit unterzogen werden. In Niedersachsen sind nicht dem Versammlungsrecht unterfallende Veranstaltungen etwa im Bereich des Sports aber nur rudimentär mit Blick auf eine **Kameraüberwachung** geregelt (§ 32 Abs. 1 und 2 NPOG). So fehlen bislang auch Vorschriften über **Zuverlässigkeitsüberprüfungen**, wie sie in anderen Bundesländern geschaffen worden sind.[165] Ein Vorschlag, eine entsprechende Regelung als § 41a NPOG in das Gesetz einzufügen,[166] ist in der 18. Legislaturperiode des niedersächsischen Landtags nicht mehr Gesetz geworden.

99 Eine **Zuverlässigkeitsüberprüfung** erfolgt regelmäßig in der Weise, dass die für ein Event verantwortliche Stelle die Daten einer akkreditierungswilligen Person an die Polizei übermittelt, die sodann das Vorliegen von **Erkenntnissen** zu der Person prüft und das Ergebnis an die veranstaltende Stelle zurückmeldet. Soweit es an eigenen Rechtsgrundlagen für diese Datenübermittlungen fehlt (oder in der Vergangenheit fehlte), lässt sich daher die Frage stellen, ob eine aus Anlass von Zuverlässigkeitsüberprüfungen erfolgende Übermittlung von Daten durch

---

165 Vgl. Art. 60a BayPAG, § 45a ASOG Bln.
166 LT-Drs. 18/8111, S. 10 f.

III. Datenübermittlung

die Polizei an den Veranstalter / die Veranstalterin einer **Großveranstaltung** auch in den allgemeinen Regeln über die Übermittlung personenbezogener Daten eine Rechtsgrundlage finden kann. Da derartige Events typischerweise **von privaten Stellen** veranstaltet werden, käme als Ermächtigungsgrundlage allein die jeweilige Vorschrift über Datenübermittlungen an Stellen außerhalb des öffentlichen Bereichs bei Vorliegen eines **berechtigten Interesses** in Betracht, was in anderen Bundesländern das ausdrückliche Einverständnis und in Niedersachsen jedenfalls das Fehlen eines **Widerspruchs** der betroffenen Person in Kenntnis der vorgesehenen Datenübermittlung erfordert (§ 44 Abs. 1 Nr. 3 NPOG). Sofern ein solcher Widerspruch – wie im Beispielsfall – erfolgt, kann die Polizei auch das Fehlen von Bedenken gegen die Zuverlässigkeit einer akkreditierungswilligen Person folglich nicht bescheinigen. Allerdings wird der Veranstalter die Veranstalterin eines Events die **Akkreditierung** dann regelmäßig verweigern,[167] was einen gewissen Zwang zur Erteilung des Einverständnisses mit der Datenübermittlung auszulösen vermag.

Ein solches Einverständnis löst die **verfassungsrechtliche Problematik** mit Blick auf die Erforderlichkeit einer Rechtsgrundlage für Datenübermittlungen daher nicht: Zwar ist ein Einverständnis oder eine Einwilligung in eine Beeinträchtigung grundsätzlich geschützter Freiheit einschließlich des Rechts auf **informationelle Selbstbestimmung** grundsätzlich geeignet, das Erfordernis einer gesetzlichen Grundlage entfallen zu lassen, weil – von Sonderfällen abgesehen – weder schutzbedürftig noch schutzwürdig ist, wer einer Freiheitseinbuße zustimmt.[168] Erforderlich ist indes, dass die betroffene Person bei der Erteilung des Einverständnisses **eine freie Entscheidung** über die Erteilung der Zustimmung treffen kann. Hieran fehlt es, wenn mit der Entscheidung gegen eine Datenübermittlung absehbar ein weiterer Nachteil – im Beispielsfall die Nichtakkreditierung – einhergeht. Zu Recht hat daher der Bayerische Verfassungsgerichtshof entschieden, dass die Zustimmung zu einer Zuverlässigkeitsüberprüfung zwar eine **umfassende Information** über Ablauf und Inhalt des polizeilichen Überprüfungsverfahrens erfordert, der Eingriffscharakter der Maßnahme in Ermangelung „**echter Wahlfreiheit**" durch die Zustimmung aber nicht entfalle.[169] Dem entspricht das niedersächsische Landesrecht, indem es für eine Einwilligung mit einer Erhebung von Daten über eine Person verlangt, dass „bei Erteilung der Einwilligung eine echte Wahlfreiheit" bestanden haben muss (§ 31 Abs. 4 Satz 2 NPOG); dies gilt in gleicher Weise auch für eine **Nutzung** personenbezogener Daten (§ 39 Abs. 1 Satz 1 Nr. 3 NPOG).

Da es demnach für **Zuverlässigkeitsüberprüfungen** einer qualifizierten Rechtsgrundlage bedarf, an der es in Niedersachsen derzeit fehlt, ist die Datenübermittlung durch die Polizei an eine veranstaltende Stelle unabhängig davon unzulässig, ob eine „informierte Einwilligung" der betroffenen Person[170] vorliegt. Das ist im Beispielsfall für den betroffenen Journalisten insofern misslich, als ihm wegen der **verweigerten Zustimmung** zu der Zuverlässigkeitsüberprüfung gleichwohl die Akkreditierung verweigert wurde. Daran schließt die Frage an, ob auch ein Anspruch auf Zulassung zu der Veranstaltung gegen die veranstaltende Stelle verfolgt werden kann oder die Verweigerung der Akkreditierung trotz der **Unzulässigkeit** der Zuverlässigkeitsüberprüfung möglich ist.

---

167 Vgl. zu einem solchen Fall in Berlin (nach früherem Landesrecht) M. Völker, „Vorsicht, Journalisten", TAZ v. 6.8.2009, S. 3.
168 Näher Th. Koch Der Grundrechtsschutz des Drittbetroffenen, S. 126 ff. (140 f.).
169 BayVerfGH, Entsch. v. 17.5.2022 – Vf 47-VII-21, LS 1; s. ferner (zu Art. 7 DSGVO) ÖOGH v. 31.8.2018 – 6 Ob 140/18 h = ZD 2019, S. 72 f. in Rn. 46; allg. zur Diskussion um die „Freiwilligkeit" im Zusammenhang mit Art. 7 DSGVO (und den Erwägungsgründen 42, 43) J. Taeger, in: Taeger / Gabel (Hrsg.), DSGVO – BDSG – TTDSG, 4. Aufl., 2022, Art. 7 DSGVO Rn. 88 ff. m.w.N.
170 So die verfehlte Formulierung in LT-Drs. 18/8111, S. 32.

102 Soweit ein (Sport-) Event von einer **privaten Stelle**, etwa einem Verein oder einem (Dach-) Verband von Vereinen, veranstaltet wird, ist diese Organisation grundsätzlich nicht Adressatin von Grundrechten und daher nicht grundrechtsgebunden. Nach der Rechtsprechung des Bundesverfassungsgerichts entfalten die Grundrechte in ihrer Eigenschaft als **objektive Wertordnung** indes eine „Ausstrahlungswirkung" auf das Privatrecht, die bei der Rechtsanwendung durch die Zivilgerichte bei der Anwendung ausgestaltungs- und konkretisierungsbedürftiger **Generalklauseln** zu beachten ist (→ Rn. 5).[171] Dies wiederum gilt gerade auch dann, wenn einzelne Personen von Veranstaltungen ausgeschlossen werden, die von Privaten „einem großen Publikum ohne Ansehen der Person geöffnet werden", sofern der Ausschluss für die Betroffenen in erheblichem Umfang über die Teilhabe am gesellschaftlichen Leben entscheidet.[172] Mit Blick auf den **allgemeinen Gleichheitssatz** (Art. 3 Abs. 1 GG) darf die veranstaltende Stelle ihre Entscheidungsmacht in einem solchen Falle nicht dazu nutzen, bestimmte Personen ohne sachlichen Grund auszuschließen.[173]

103 Es liegt nahe, diese Grundsätze auch dann zur Anwendung zu bringen, wenn die Teilnahme an einer Veranstaltung aus **beruflichen Gründen** gewollt ist, so dass eine **Gleichbehandlungspflicht** gerade auch mit Blick auf den Grundrechtsschutz beruflicher Betätigungen bestehen kann (Art 3 Abs. 1 iVm Art. 12 Abs. 1 GG). Allerdings werden der veranstaltenden Stelle auch in diesem Zusammenhang allein **willkürliche Entscheidungen** verwehrt sein. Die Fragestellung lässt sich mithin dahin zuspitzen, ob diese Voraussetzung bereits dann vorliegt, wenn eine Akkreditierung mit Blick auf die Reaktion der betroffenen Person auf **das rechtswidrige Ansinnen** der Durchführung einer Zuverlässigkeitsüberprüfung verweigert wurde. Dass dies bereits für die Annahme von **Willkür** ausreicht, erscheint aber nicht als selbstverständlich, da mit einer gewissen Berechtigung der Nachweis der Zuverlässigkeit der betroffenen Person erwartet werden kann.

IV. Betroffenenrechte bei der Datenverarbeitung

1. Auskunftserteilung

104 Die wesentlichen Regelungen über die **Rechte** der betroffen Personen bei einer Verarbeitung personenbezogener Daten finden sich mittlerweile im NDSG; sie beruhen auf entsprechenden Vorgaben der DSGVO und der JI-Richtlinie. Danach trifft die für eine Datenverarbeitung verantwortliche Stelle (§ 24 Nr. 7 NDSG) zunächst eine **allgemeine Verpflichtung**, einige **grundlegende Informationen** über die Zwecke der Datenverarbeitung, die Rechte betroffener Personen und ferner die Kontaktdaten von Datenschutzbeauftragten für jedermann zugänglich zur Verfügung zu stellen (§ 50 NDSG). Die Informationen über diese Rechte betreffen namentlich das Recht auf **Auskunft** über die verarbeiteten Daten, das Recht auf **Berichtigung** und **Löschung** unrichtiger sowie nicht mehr benötigter Daten und schließlich das Recht auf **Einschränkungen** der Verarbeitung.

105 Die Verwaltungsbehörden und die Polizei sind grundsätzlich zur **Auskunft** über verarbeitete, insbesondere **gespeicherte Daten** gegenüber betroffenen Personen verpflichtet; das schließt Angaben über die verarbeiteten Daten, den **Zweck** und die **Rechtsgrundlage** der Verarbeitung, die **Herkunft** der verarbeiteten Daten, etwaige empfangende Stellen im Falle einer Datenübermittlung sowie die **Dauer** der Speicherung ein (§ 51 Abs. 1 Satz 1 NDSG). Keine Pflicht zur Auskunftserteilung besteht allerdings, wenn personenbezogene Daten ausschließlich zu Zwecken der Gewährleistung der **Datensicherheit** oder der **Datenschutzkontrolle** verarbeitet

---

171 Grundlegend BVerfG, Urt. v. 15.1.1958 – 1 BvR 400/51 („Lüth"), Rn. 22 ff.
172 BVerfG, B. v. 11.4.2018 – 1 BvR 3080/09, Rn. 41.
173 Vgl. BVerfG, B. v. 11.4.2018 – 1 BvR 3080/09, Rn. 45.

IV. Betroffenenrechte bei der Datenverarbeitung

werden, eine Verarbeitung zu anderen Zwecken durch geeignete technische und organisatorische Maßnahmen ausgeschlossen ist und die Auskunftserteilung einen **unverhältnismäßigen Aufwand** erfordern würde (§ 50 Abs. 2 NDSG). Ferner kann die Auskunft eingeschränkt oder ganz abgelehnt werden, wenn die (uneingeschränkte) **Auskunftserteilung** die Erfüllung der Aufgaben der Verwaltungsbehörden oder der Polizei gefährden würde (§ 50 Abs. 3 Satz 1 Nr. 1 NDSG), durch die Auskunftserteilung die öffentliche Sicherheit gefährdet oder sonst dem Wohl des Bundes oder eines Landes ein Nachteil bereitet würde (§ 50 Abs. 3 Satz 1 Nr. 2 NDSG) oder durch die Auskunft die Interessen einer anderen Person an der Geheimhaltung gefährdet werden könnten (§ 50 Abs. 3 Satz 1 Nr. 3 NDSG), sofern nicht das **Informationsinteresse** der betroffenen Person das Interesse an der Vermeidung dieser Gefahren überwiegt.

Sofern die tatbestandlichen Voraussetzungen dieser Regelung vorliegen, insbesondere das **Interesse** der betroffenen Person an der Auskunftserteilung gegenüber dem öffentlichen oder privaten (Dritt-) Interesse an der **Geheimhaltung** nicht überwiegt, entfällt nach dem Wortlaut der Vorschrift nur die Verpflichtung zur Auskunftserteilung, nicht aber deren Möglichkeit. Damit stünde im Ermessen der Behörden, ob die Auskunft eingeschränkt oder gar nicht erteilt wird. Da allerdings auf der **Tatbestandsseite** der Norm eine **Abwägung** der kollidierenden Interessen vorgesehen ist, wird die Vorschrift dahin zu interpretieren sein, dass die Erteilung der Auskunft regelmäßig nicht in Betracht kommt, wenn sich die ihr **entgegenstehenden Belange** und Interessen als so gewichtig erwiesen haben, dass sich das Interesse an der Auskunft demgegenüber nicht durchzusetzen vermochte. Das Ergebnis der im Rahmen der **Ermessensbetätigung** vorzunehmenden Abwägung der kollidierenden Belange ist insoweit durch die gesetzlichen Tatbestandsmerkmale, die einen Vorrang des Auskunftsinteresses verlangen, bereits vorgezeichnet. Es handelt sich daher ebenfalls um ein **intendiertes Ermessen** (→ § 7 Rn. 3), so dass die Auskunft regelmäßig zu versagen sein wird.

106

Die **Ablehnung** einer Auskunft ist der betroffenen Person mitzuteilen und grundsätzlich zu begründen, sofern nicht die **Mitteilung der Gründe** den mit der Ablehnung oder Einschränkung der Auskunft verfolgten Zweck gefährden würde (§ 51 Abs. 5 Satz 1 und 2 NDSG); in diesem Falle sind die dafür maßgeblichen Gründe **aktenkundig** zu machen (§ 51 Abs. 5 Satz 3 NDSG). Daran anschließend ist eine ausdifferenzierte Regelung über die Einschaltung der Behörde des / der Landesbeauftragten für den Datenschutz getroffen worden (§ 51 Abs. 6 NDSG). Die betroffene Person ist zunächst über diese Möglichkeit sowie die (selbstverständliche) Möglichkeit des Nachsuchens um **gerichtlichen Rechtsschutz** zu unterrichten (51 Abs. 6 Satz 2 NDSG). Sodann kann die betroffene Person verlangen, dass der **potenzielle Inhalt der Auskunft** und die **Gründe für die Ablehnung** oder Einschränkung der Auskunftserteilung dem / der Landesbeauftragten für den Datenschutz mitgeteilt werden (51 Abs. 6 Satz 3 NDSG). Daran anknüpfend bestehen **Unterrichtungspflichten** gegenüber der betroffenen Person in Bezug auf die Durchführung oder Nichtdurchführung einer Überprüfung des Vorgangs durch die Behörde des / der Landesbeauftragten für den Datenschutz (51 Abs. 6 Satz 4 NDSG). Diese Mitteilung darf keine Rückschlüsse auf den Erkenntnisstand der ursprünglich um Auskunftserteilung ersuchten Verwaltungs- oder Polizeibehörde enthalten, sofern diese nicht einer **weitergehenden Auskunft** zustimmt (51 Abs. 6 Satz 6 NDSG); die Zustimmung darf aber nur bei fortbestehenden Gründen für eine Ablehnung oder Einschränkung der Auskunft versagt werden (51 Abs. 6 Satz 7 NDSG).

107

2. Berichtigung unrichtiger Daten

▶ **Fall:**[174] B meldet in ihrer Eigenschaft als Vorsitzende des Vereins „Flüchtlingshilfe e. V." eine Demonstration an, mit der gegen die Lebensbedingungen von Geflüchteten demonstriert werden soll. In einem anschließenden Bericht der Polizei ist unter namentlicher Nennung der B vermerkt, dass an der Veranstaltung etwa „100 Flüchtlinge zusammen mit 200 Unterstützern aus der autonomen Szene" teilgenommen hätten. Entsprechend wird in der Presse unter Berufung auf polizeiliche Quellen berichtet. B verlangt eine Korrektur des Polizeiberichts. Sie weist zutreffend darauf hin, dass an der Veranstaltung auch Vertreterinnen und Vertreter von Kirchen und zivilgesellschaftlichen Organisationen teilgenommen haben. ◀

108 Unrichtige personenbezogene Daten bedürfen grundsätzlich einer Berichtigung (§ 52 Abs. 1 Satz 1 NDSG). Kann die **Richtigkeit** oder **Unrichtigkeit** von Daten nicht festgestellt werden, tritt an die Stelle der Berichtigung eine Einschränkung der Verarbeitung (§ 52 Abs. 1 Satz 4 NDSG). Ferner in Betracht kommen kann ein **Datenergänzungsanspruch** (§ 52 Abs. 1 Satz 6 NDSG). Das Recht auf Berichtigung wird allerdings in einer etwas kryptischen Formulierung insofern eingeschränkt, als es heißt, die Frage der Richtigkeit insbesondere im Falle von **Aussagen** oder **Beurteilungen** betreffe nicht den Inhalt der Aussage oder der Beurteilung, sondern die Tatsache, dass die Aussage oder Beurteilung so erfolgt ist (§ 52 Abs. 1 Satz 2 NDSG). Dabei soll es sich um eine **Klarstellung** handeln, dass Gegenstand einer Berichtigung allein Tatsachen in Bezug auf die betroffene Person sein können und deshalb mit Blick etwa auf (Zeugen-) Aussagen und **Bekundungen** dritter Personen sowie auch polizeifachliche **Bewertungen** mit wertenden Elementen keine Berichtigung wegen einer (behaupteten) Unrichtigkeit dieser Daten verlangt werden kann.[175]

109 Die Regelung über die Berichtigung unrichtiger personenbezogener Daten räumt ausdrücklich ein (subjektives) **Recht auf Berichtigung** ein („Die betroffene Person hat das Recht ..."); dem entspricht eine objektiv-rechtliche Verpflichtung der datenverarbeitenden Stelle, den **Berichtigungsanspruch** zu erfüllen. Allerdings handelt es sich bei dem Berichtigungsanspruch betroffener Personen lediglich um die **einfach-gesetzliche Konkretisierung** einer Rechtsstellung, die sich bereits unmittelbar aus dem Grundgesetz ergibt, da eine Datenerhebung und -speicherung stets in das Recht auf informationelle Selbstbestimmung eingreift und nicht ersichtlich ist, aus welchem Grunde eine **Speicherung unrichtiger Daten** danach zulässig sein könnte. Vielmehr entbehrt eine Speicherung unzutreffender Daten automatisch eines rechtfertigenden Grundes, da die „legitime Aufgabenerfüllung des Staates ... keinesfalls die Speicherung unzutreffender Daten" erfordern kann.[176]

110 Werden Daten berichtigt, so ist die Stelle, von der die betreffenden Daten an die berichtigende Stelle übermittelt wurden, hierüber zu unterrichten (§ 52 Abs. 1 Satz 3 NDSG). Wurden die **berichtigten Daten** zuvor an eine andere Stelle übermittelt, ist die empfangende Stelle ebenfalls zu informieren. Die empfangende Stelle ist wiederum verpflichtet, die übermittelten Daten zu **berichtigen** oder in ihrer Verarbeitung **einzuschränken**. Zwar gehört die dies anordnende Vorschrift (§ 32 Abs. 2 NDSG) wiederum zu den Regelungen, die auf die Erfüllung von Aufgaben der Verwaltungsbehörden und der Polizei nur anwendbar sind, wenn im NPOG ausdrücklich auf diese Vorschriften verwiesen wird (§ 49 NPOG). Zu beachten ist aber, dass in der nicht von der Anwendung ausgeschlossenen **Regelung über Berichtigungen** (§ 52 Abs. 3 NDSG) eine Verweisung auf § 32 NDSG enthalten ist. Dass der Ausschlusstatbestand

---

174 Fall nach VG Weimar, Urt. v. 28.11.2006 – 1 K 6268/04.We.
175 Vgl. LT-Drs. 18/901, S. 20.
176 VG Weimar, Urt. v. 28.11.2006 – 1 K 6268/04.We, Rn. 42.

auch diese **mittelbare Inbezugnahme** erfassen soll, erscheint als fernliegend, zumal sich eine Regelungslücke im Hinblick auf die Benachrichtigung der datenempfangenden Stellen ergäbe.

Im Beispielsfall ist die Information in dem **Polizeibericht** unzutreffend. Auch handelt es sich bei der Zuordnung der Teilnehmenden zur „autonomen Szene" nicht um eine polizeifachliche Bewertung, sondern um eine (unzutreffende) Mitteilung über Eigenschaften der teilnehmenden Personen, die einen **eindeutigen Tatsachenkern** aufweist. Nicht durchgreifend wäre auch der Einwand, die Mitteilung der Polizei sei allenfalls unvollständig, nicht aber unzutreffend, wenn und soweit sie lediglich die Anwesenheit bestimmter Personen und nicht auch die Anwesenheit anderer Person mitteilt, denn der Bericht muss aus dem **Empfängerhorizont** als abschließende Information über die Anwesenden verstanden werden. 111

Allerdings lässt sich die weitere Frage stellen, ob es sich bei B als der Vorsitzenden des organisierenden Vereins überhaupt um eine **„betroffene Person"** (§ 52 Abs. 1 Satz 1 NDSG) handelt, wenn ein Polizeibericht eine (unzutreffende) Meldung über die Teilnehmenden an der von ihr namens des Vereins angemeldeten Veranstaltung enthält. Wenn erklärt wird, dass an einer Demonstration allein Angehörige der autonomen Szene und im Übrigen Angehörige einer anderen Personengruppe – der Gruppe der Geflüchteten – teilgenommen haben, lässt dies wiederum aus der Perspektive von Empfängerinnen und Empfängern dieser Information aber nur den Schluss auf eine **Zugehörigkeit** auch der namentlich genannten Anmelderin der Veranstaltung zur autonomen Szene zu. Die Zuordnung zu einer Gruppierung, die als gewaltbereit gilt und der **Beobachtung** durch den Verfassungsschutz unterliegt, ist jedoch geeignet, das Ansehen der Klägerin in der Öffentlichkeit zu beeinträchtigen. Ein **Berichtigungsanspruch** der Vereinsvorsitzenden ist daher zu bejahen.[177] 112

3. Datenlöschung

▶ **Fall:**[178] A ist seit seinem 13 Lebensjahr polizeilich – vorwiegend wegen Btm-Delikten – in Erscheinung getreten; ein letztes einschlägiges Verfahren wurde gem. § 153a StPO eingestellt. Im polizeilichen Vorgangsbearbeitungssystem befinden sich mittlerweile über 40 Einträge betreffend A, er wird teilweise als Täter oder Tatverdächtiger und im Übrigen als Zeuge oder Geschädigter geführt. Bei einer Polizeikontrolle wird A vorgehalten, es sei polizeibekannt, dass er mit Betäubungsmitteln Handel treibe. A verlangt nunmehr, dass die Einträge gelöscht werden, weil er nicht fortwährend mit dem unberechtigten Vorwurf konfrontiert werden wolle, ein Drogenhändler zu sein. ◀

Mit Blick auf **Datenlöschungen** hat der Gesetzgeber ein kompliziertes System sich überlappender und überlagernder Regelungen geschaffen, die sich sowohl im Datenschutz- als auch im Gefahrenabwehrrecht finden. So sieht das NDSG zunächst vor, dass Daten zu löschen sind, wenn deren **Verarbeitung** als solche unzulässig ist, es ihrer Kenntnis für die **Aufgabenerfüllung** der datenverarbeitenden Stelle nicht mehr bedarf oder sie zur Erfüllung einer **rechtlichen Verpflichtung** gelöscht werden müssen (§ 28 Abs. 1 NDSG); diese Regelung gehört ausdrücklich nicht zu den Vorschriften, deren Anwendung im Bereich des Gefahrenabwehrrechts ausgeschlossen ist, da insoweit gerade auf „§§ 25 bis 27, 29 bis 32" NDSG verwiesen wird (§ 49 NPOG). Gleichwohl findet sich im NPOG eine (Parallel-) Regelung (§ 39a Satz 1 NPOG), die durch eine Verweisung auf die „in den §§ 38 und 39 genannten Zwecke" auf eine **Löschungspflicht** für den Fall hinausläuft, dass Daten für Zwecke der Erfüllung von Aufgaben der Verwaltungsbehörden und der Polizei im Bereich der Gefahrenabwehr auch unter Berücksichtigung der Möglichkeit von **Zweckänderungen** nach Maßgabe 113

---

177 Vgl. VG Weimar, Urt. v. 28.11.2006 – 1 K 6268/04.We, Rn. 32, 43.
178 Fall nach Nds. OVG, Urt. v. 11.7.2017 – 11 LC 222/16.

etwa des Kriteriums der **hypothetischen Datenneuerhebung** nicht mehr benötigt werden. Schließlich existiert im NDSG noch eine weitere Regelung, die ein **subjektives Recht** auf eine **Datenlöschung** begründet, wenn die Verarbeitung der Daten unzulässig ist, ihre Kenntnis für die Aufgabenerfüllung nicht mehr erforderlich ist oder sie zur Erfüllung einer rechtlichen Verpflichtung gelöscht werden müssen (§ 52 Abs. 2 NDSG); diese Anforderungen stimmen mit den Voraussetzungen der **objektiv-rechtlichen Pflicht** zur Datenlöschung (§ 28 Abs. 1 NDSG) überein.

114 Ein **Recht** der betroffenen Person sowie eine **korrespondierende Pflicht** der datenverarbeitenden Stelle zur Löschung personenbezogener Daten wird ferner vorliegen, wenn es an den gesetzlichen Voraussetzungen für die Verarbeitung von Daten zur Zwecken der Gefahrenabwehr etwa nach Maßgabe der **datenverarbeitungsrechtlichen Generalklausel** (§ 38 NPOG) fehlt, da die Datenverarbeitung dann unzulässig ist. Dies führt zu der Frage, inwieweit es zulässig ist, Daten zu Zwecken der Gefahrenabwehr etwa mit Blick auf die (vorbeugende) Verhütung von Straftaten zu speichern und zu verarbeiten, wenn diese Daten im Rahmen **strafrechtlicher Ermittlungen** erhoben wurden, die betreffende Tat einer tatverdächtigen Person aber nicht nachgewiesen werden konnte oder es aus anderen Gründen nicht zu einer Verurteilung gekommen ist.

115 Nach Maßgabe der gesetzlichen Regelung ist **Anknüpfungspunkt** für die (Weiter-) Verarbeitung personenbezogener Daten in derartigen Fällen das Vorhandensein einer **tatverdächtigen Person**: Die Polizei kann Daten, die sie im Rahmen der Verfolgung von Straftaten über eine tatverdächtige Person und in Zusammenhang damit über Dritte rechtmäßig erhoben oder rechtmäßig erlangt hat, zu Zwecken der Gefahrenabwehr speichern, verändern oder nutzen, sofern nicht besondere Vorschriften der Strafprozessordnung entgegenstehen (§ 39 Abs. 3 Satz 1 NPOG). Allerdings ist die **Verarbeitung** dieser Daten zu Zwecken der Verhütung von Straftaten insoweit eingeschränkt, als diese mit Blick auf Art, Ausführung oder Schwere der Tat sowie die Persönlichkeit der tatverdächtigen Person zur Verhütung von vergleichbaren künftigen Straftaten dieser Person erforderlich sein muss (§ 39 Abs. 3 Satz 2 NPOG). Zudem ist erforderlich, dass die Daten zu dem nunmehr verfolgten Zweck der (vorbeugenden) Gefahrenabwehr ebenfalls mit dem **Mittel** oder der **Methode** hätten erhoben werden dürfen, mit denen sie nach der Strafprozessordnung erhoben worden sind (§ 39 Abs. 3 Satz 3 NPOG); hierin klingt wiederum der Gesichtspunkt der **hypothetischen Datenneuerhebung** an.[179] Unabhängig vom zu dokumentierenden (§ 39 Abs. 3 Satz 5 NPOG) Ausgang eines etwaigen Strafverfahrens ist danach eine Datenverarbeitung gesetzlich zugelassen, wenn sich gegen jemanden ein Tatverdacht richtet oder gerichtet hat.

116 Diese Anknüpfung an einen „Tatverdacht" wirft die Frage nach ihrer Vereinbarkeit mit der im **Rechtsstaatsprinzip** wurzelnden[180] sowie in der Europäischen Menschenrechtskonvention und auch in der EU-Grundrechtecharta ausdrücklich verankerten **Unschuldsvermutung** auf, der zufolge jede Person bis zum „gesetzlichen" (Art. 6 Abs. 2 EMRK) bzw. „rechtsförmlich erbrachten" (Art. 48 Abs. 1 GrCh) Beweis ihrer **Schuld** als unschuldig gilt. Es bedarf danach der Schuldfeststellung in einem justizförmigen und „prozessordnungsgemäßen"[181] Verfahren, was regelmäßig die Durchführung einer **Hauptverhandlung** erfordern wird.[182] Die Unschuldsvermutung entfällt daher nicht, wenn ein Verfahren zuvor in anderer Weise als durch eine Verurteilung beendet wird. Das gilt nicht nur dann, wenn kein hinreichender Tatverdacht

---

179 B. Beckermann, in: Saipa u. a., NPOG, § 39 Rn. 3.
180 BVerfG, B. v. 26.3.1987 – 2 BvR 589/79, Rn. 34 f.; B. v. 16.5.2002 – 1 BvR 2257/01, Rn. 9; B. v. 19.12.2012 – 1 BvL 18/11, Rn. 90; Urt. v. 19.3.2013 – 2 BvR 2628/10, Rn. 61.
181 BVerfG, Urt. v. 19.3.2013 – 2 BvR 2628/10, Rn. 61; B. v. 26.3.1987 – 2 BvR 589/79, Rn. 36.
182 BVerfG, B. v. 26.3.1987 – 2 BvR 589/79, Rn. 40.

IV. Betroffenenrechte bei der Datenverarbeitung

für eine Anklageerhebung besteht (§ 170 Abs. 2 StPO), sondern auch bei anderen Formen der Verfahrensbeendigung wie der **Einstellung des Verfahrens** bei geringer Schuld oder gegen Erfüllung von Auflagen und Weisungen (§§ 153, 153a StPO), da auch in diesen Fällen die Schuld nicht in einem formalisierten Verfahren festgestellt worden ist.[183]

Allerdings handelt es sich bei der Unschuldsvermutung zunächst um eine genuin strafprozessuale Kategorie. Es wird daher als mit der **Unschuldsvermutung** vereinbar angesehen, dass personenbezogene Daten, die im Rahmen strafrechtlicher Ermittlungen gewonnen wurden, zu Zwecken der **Gefahrenabwehr** einschließlich der vorbeugenden Verhütung von Straftaten weiterhin gespeichert werden, auch wenn es nicht zu einer **Verurteilung** der betroffenen Person gekommen ist.[184] Ein „Tatverdacht", an den die Datenspeicherung anknüpft, sei „etwas substantiell anderes als eine Schuldfeststellung", die erst die Unschuldsvermutung entfallen lässt.[185] Bei der **Verfahrensbeendigung** durch Einstellung und selbst bei einem **Freispruch** ist der Tatverdacht aber nicht notwendig ausgeräumt.[186] Besteht (weiterhin) ein Tatverdacht, so soll dieser nach Ansicht des Bundesverfassungsgerichts[187] auch die Grundlage einer weiteren Datenspeicherung sein können.[188] Hierfür ist jedoch (selbstverständliche) Voraussetzung, dass trotz der Verfahrenseinstellung oder gar eines Freispruchs fortbestehende Verdachtsmomente im Sinne eines „**Restverdachts**" vorhanden sind, die eine Fortdauer der Datenspeicherung zu präventiv-polizeilichen Zwecken rechtfertigen; weitere notwendige Voraussetzung der Datenspeicherung ist eine **Wiederholungsgefahr**,[189] die eine entsprechende **Gefahrenprognose** erfordert. Zu Recht stellt das Gesetz daher hohe Anforderungen an eine Datenverarbeitung zur Verhütung von Straftaten (§ 39 Abs. 3 Satz 2 NPOG). Ist hingegen die betreffende Person offensichtlich unschuldig, so sind die personenbezogenen Daten zu löschen; eine tatverdächtige Person ist in diesem Falle in Ermangelung eines „Restverdachts" schon nicht mehr vorhanden.

117

Dass eine **weitere Datenspeicherung** entbehrlich geworden ist und Daten nicht mehr benötigt werden, kann sich auch bei der Sachbearbeitung im **Einzelfall** herausstellen. Zudem ist die fortdauernde Erforderlichkeit der Speicherung von Daten in regelmäßigen Abständen zu überprüfen (§ 39a Satz 1 NPOG, § 28 Abs. 4 NDSG) Hierfür sind **differenzierende Höchstfristen** in Abhängigkeit vom Lebensalter vorgesehen, die nicht überschritten werden dürfen. Sie betragen bei Erwachsenen zehn Jahre, bis zur Vollendung des 18. Lebensjahres fünf Jahre und bis zur Vollendung des 14. Lebensjahres zwei Jahre, gerechnet aber der **ersten Speicherung** eines personenbezogenen Datums (§ 47 Abs. 1 Satz 2 und 3 NPOG); kürzere Fristen können im Wege einer **Verwaltungsvorschrift** angeordnet werden.

118

Von der **grundsätzlichen Verpflichtung** zur Löschung von Daten, die aus der Perspektive der datenverarbeitenden Stelle nicht mehr benötigt werden, sehen sowohl das NPOG als auch das NDSG nicht völlig aufeinander abgestimmte Ausnahmen vor. Datenschutzrechtlich ist vorgesehen, dass statt der Datenlöschung eine **Einschränkung der Verarbeitung** erfolgen kann, wenn durch die Löschung schutzwürdige Interessen einer betroffenen Person beeinträchtigt werden könnten, die Daten zu **Beweiszwecken** in behördlichen oder gerichtlichen Verfahren weiter aufbewahrt werden müssen oder eine Löschung wegen der besonderen Art der Speicherung nicht oder nur mit unverhältnismäßigem Aufwand möglich ist (§ 28 Abs. 2 Satz 1 NDSG). Die erste und die dritte dieser Voraussetzungen finden ihre Entsprechung in einer

119

---

183 Vgl. BVerfG, B. v. 26.3.1987 – 2 BvR 589/79, Rn. 41.
184 *K. Graulich*, in: Lisken/Denninger, Abschnitt E Rn. 359.
185 BVerfG, B. v. 16.5.2002 – 1 BvR 2257/01, Rn. 9.
186 *K. Graulich*, in: Lisken/Denninger, Abschnitt E Rn. 359.
187 BVerfG, B. v. 16.5.2002 – 1 BvR 2257/01, Rn. 11.
188 Krit. *C. Arzt* in: Lisken/Denninger, Abschnitt G Rn. 1220.
189 BVerfG, B. v. 16.5.2002 – 1 BvR 2257/01, Rn. 15.

gefahrenabwehrrechtlichen Parallelvorschrift, die allerdings kein Ermessen einräumt, sondern die Löschung in diesem Fällen untersagt (§ 39a Satz 2 NPOG: „Die Löschung unterbleibt ..."). Diese Anordnung eines **gebundenen Verwaltungshandeln** ist weitergehend, so dass sie als vorrangig zu behandeln sein wird. Die betreffenden Daten sind aber zu sperren (§ 39a Satz 3 NDSG). Allenfalls möglich ist eine Verarbeitung mit **Einwilligung** der betroffenen Person oder zu dem Zweck, der ihrer Löschung entgegenstand (§ 28 Abs. 2 Satz 2 NDSG). Sofern unrichtige, gelöschte oder in der Verarbeitung beschränkte bzw. gesperrte Daten zuvor einer anderen Stelle übermittelt worden sind, ist diese über den jeweiligen **Sachverhalt** zu unterrichten. Die empfangende Stelle ist ihrerseits verpflichtet, entsprechende Maßnahmen zu ergreifen (§ 32 Abs. 2 und 3 NDSG).

120 Im Beispielsfall greift zugunsten des A weiterhin die strafprozessuale **Unschuldsvermutung**, nachdem das letzte Verfahren gegen Auflagen und Weisungen eingestellt wurde (§ 153a StPO). Zwar scheint der Wortlaut der Norm gerade in diesem Falle eine **feststehende Schuld** der tatverdächtigen Person vorauszusetzen („... wenn ... die Schwere der Schuld nicht entgegensteht."); indes wurde die Schuld nicht in einem formalisierten Verfahren durch **gerichtliches Urteil** festgestellt. Die Unschuldsvermutung steht aber einer fortdauernden Speicherung der Daten von A als tatverdächtiger Person bei Vorhandensein eines hinreichenden **Restverdachts** nicht entgegen (→ Rn. 117). Auch ist A offenbar fest in der „Szene" verwurzelt, wie die Vielzahl der Eintragungen zeigt, so dass die strengeren Voraussetzungen für eine **Datenspeicherung** zur Verhütung von vergleichbaren künftigen Straftaten der betreffenden Person (§ 39 Abs. 3 Satz 2 NPOG) ebenfalls vorliegen dürften.

121 Zudem wird auch eine **fortdauernde Verarbeitung** der Daten des A aufgrund von Vorkommnissen, in denen er nicht als Tatverdächtiger oder Täter involviert war oder ist, grundsätzlich möglich sein. Insbesondere können sich Daten, die im Rahmen der Verfolgung von Straftaten gewonnen wurden, im Falle einer **Weiterverarbeitung** zu Zwecken der Gefahrenabwehr nicht nur auf tatverdächtige Personen, sondern auch auf Dritte beziehen (§ 39 Abs. 3 Satz 1 NPOG). Dabei muss es sich aber um Daten von Kontakt- oder Begleitpersonen, potenziellen Opfern von Straftaten oder Zeuginnen / Zeugen, Hinweisgeberinnen / Hinweisgebern oder sonstigen Auskunftspersonen handeln, die zur Aufklärung des Sachverhalts beitragen können.

V. Datenerhebung bei Versammlungen und Veranstaltungen

122 Mit Blick auf den Grundrechtsschutz der **Versammlungsfreiheit** (Art. 8 GG) bilden Versammlungen den Gegenstand einer eigenständigen gesetzlichen Regelung durch das niedersächsische Versammlungsgesetz (NVersG), in dem sich auch eine Reihe **spezieller Regelungen** für die Erhebung und Verarbeitung personenbezogener Daten im Zusammenhang mit Versammlungen finden (§§ 5 Abs. 2 Nr. 4 und Abs. 3 Nr. 3, 10 Abs. 1, 12, 15 Abs. 1 und 2, 17 NVersG). Bei anderen (öffentlichen) Veranstaltungen, die nicht als **Versammlungen** im Rechtssinne zu qualifizieren sind, bleibt es hingegen bei den allgemeinen gefahrenabwehrrechtlichen Vorschriften, soweit nicht anderweitige spezielle Regelungen existieren. Es ist daher zunächst erforderlich, die jeweils in Rede stehende Veranstaltung rechtlich einzuordnen, um die **einschlägigen Vorschriften** ermitteln zu können.

123 Nach dem Versammlungsgesetz ist eine **Versammlung** eine ortsfeste oder sich fortbewegende Zusammenkunft von mindestens zwei Personen zur gemeinschaftlichen, auf die Teilhabe an der **öffentlichen Meinungsbildung** gerichteten Erörterung oder Kundgebung (§ 2 NVersG). Damit angeknüpft wird an die Rechtsprechung des Bundesverfassungsgerichts zum Begriff der Versammlung im Sinne des Grundgesetzes, in der eine Versammlung als örtliche Zusammenkunft mehrerer Personen zur gemeinschaftlichen, auf die Teilhabe an der öffentlichen

Meinungsbildung gerichteten Erörterung oder Kundgebung[190] definiert worden ist. Keine Versammlung ist daher **ein zufälliges Zusammentreffen** mehrerer Personen. Von einer solchen **Ansammlung** unterscheidet sich die Versammlung dadurch, dass die Teilnehmenden einen gemeinsamen Zweck verfolgen.[191] Keine Voraussetzung für eine Versammlung ist hingegen, dass die Kundgabe einer übereinstimmenden und gemeinsamen Auffassung der Teilnehmenden zu einer Sachfrage beabsichtigt ist; in einer Versammlung kann vielmehr auch eine **kontroverse Diskussion** eines Gegenstandes durch dessen Erörterung erfolgen.[192] Podiumsdiskussionen, Mitgliederversammlungen von Vereinen oder Parteitage politischer Parteien sind daher ebenfalls als Versammlungen einzuordnen. Nicht zu den Versammlungen im Rechtssinne zählen hingegen **kulturelle Veranstaltungen** und **Sportereignisse**.[193] Zum einen fehlt es an einem Zusammenhang mit der öffentlichen Meinungsbildung, zum anderen beschränken sich die Anwesenden typischerweise auf die Rolle von Zuschauenden;[194] es handelt sich daher um (sonstige) öffentliche Veranstaltungen.

▶ **Fall:**[195] A ist Anmelder und Leiter einer Demonstration, die unter dem Motto „Kein Platz für Nazis" aus Anlass einer Zusammenkunft von Mitgliedern der NPD stattfinden soll. Der Demonstrationszug wird von der Polizei u. a. mit einem Fahrzeug begleitet, das mit einer beweglichen, auf einem Mast montierten Kamera ausgestattet ist; die Bilder werden nach dem Kamera-Monitor-Prinzip – d. h. ohne Aufzeichnung und Speicherung der Aufnahmen – an die Einsatzleitung übertragen, um eine jederzeitige Orientierung über die Lage zu gewährleisten. A verwahrt sich gegen die „Überwachung" der Veranstaltung mittels einer Kamera. ◀

Bei der von A angemeldeten und geleiteten Demonstration handelt es sich um eine **Versammlung** iSv Art. 8 GG, da die Teilnehmenden sich zu einem gemeinsamen Zweck zusammengefunden haben und auch ein Zusammenhang mit einem **Gegenstand öffentlicher Meinungsbildung** besteht. Die Versammlung unterfällt damit den Regelungen des NVersG, das im Jahre 2010 an die Stelle des Versammlungsgesetzes des Bundes getreten ist, nachdem die **konkurrierende Gesetzgebungszuständigkeit** des Bundes für das Versammlungswesen im Zuge der Föderalismusreform entfallen war (→ § 7 Rn. 2), so dass nunmehr die Länder für diese Regelungsmaterie zuständig sind.

124

Für Versammlungen gilt der Grundsatz der „**Polizeifestigkeit**" des Versammlungsrechts. Dieser resultierte früher aus der Zuständigkeit des Bundes für das Versammlungsrecht und der damit einhergehenden „Sperrwirkung" für den Landesgesetzgeber; nach deren Fortfall aufgrund der Föderalismusreform manifestiert sich darin heute das Erfordernis **spezialgesetzlicher Eingriffsgrundlagen** bei „grundrechtssensiblen" Regelungsmaterien.[196] Danach sind die allgemeinen Vorschriften des Gefahrenabwehrrechts unanwendbar, soweit die Anwendbarkeit

125

---

190 Vgl. BVerfG, B. v. 24.10.2001 – 1 BvR 1190/90 u. a., Rn. 41; B. v. 30.4.2007 – 1 BvR 1090/06, Rn. 19; B. v. 20.6.2014 – 1 BvR 980/13, Rn. 15; s. ferner BVerfG, Urt. v. 22.2.2011 – 1 BvR 699/06, Rn. 63.
191 Vgl. *W. Höfling*, in: Sachs (Hrsg.), GG, Art. 8 Rn. 14; *B. J. Hartmann*, in: Bonner Kommentar, Art. 8 Rn. 158; *H. Schulze-Fielitz*, in: Dreier (Hrsg.), GG, Art. 8 Rn. 25; *C. Gusy*, in: v. Mangoldt/Klein/Starck, GG, Art. 8 Rn. 20; *Ch. Ernst*, in: v. Münch/Kunig, GG, Art. 8 Rn. 45; *V. Götz / M.-E. Geis*, Allgemeines Polizei- und Ordnungsrecht, § 24 Rn. 6.
192 Vgl. BVerfG, B. v. 20.6.2014 – 1 BvR 980/13, Rn. 15; *W. Höfling*, in: Sachs (Hrsg.), GG, Art. 8 Rn. 14; *B. J. Hartmann*, in: Bonner Kommentar, Art. 8 Rn. 160.
193 Vgl. *Ch. Ernst*, in: v. Münch/Kunig, GG, Art. 8 Rn. 4n; tendenziell anders *H. Schulze-Fielitz*, in: Dreier (Hrsg.), GG, Art. 8 Rn. 25; für Sportveranstaltungen auch *B. J. Hartmann*, in: Bonner Kommentar, Art. 8 Rn. 159.
194 Vgl. *W. Höfling*, in: Sachs (Hrsg.), GG, Art. 8 Rn. 19.
195 Fall nach OVG Koblenz, Urt. v. 5.3.2015 – 7 A 10683/14, s. ferner VG Berlin, Urt. v. 5.7.2010 – 1 K 905.09.
196 Vgl. *M. Kniesel / R. Poscher*, in: Lisken/Denninger, Abschnitt J Rn. 24 f.

des spezielleren und deshalb **vorrangigen Versammlungsrechts** reicht.[197] Sofern Gefahren für eine Versammlung drohen oder von einer Versammlung oder einzelnen Teilnehmenden ausgehen, ist daher grundsätzlich das **spezialgesetzliche Instrumentarium** des Versammlungsrechts anzuwenden. So können Versammlungen in Fällen einer „unmittelbaren" Gefahr beschränkt (§ 8 Abs. 1 NVersG) sowie als letztes Mittel auch verboten oder aufgelöst werden (§ 8 Abs. 2 Satz 1 NVersG).

126 Geht die Gefahr nicht von der Versammlung aus, so ist aber vorrangig gegen die verantwortlichen Personen wie **namentlich gewaltbereite Gegendemonstranten** vorzugehen (→ § 6 Rn. 44 ff.).[198] Dieser Grundsatz ist in Niedersachsen im Versammlungsrecht einfach-gesetzlich verankert worden. **Beschränkungen** einer Versammlung kommen danach erst und nur in Betracht, wenn Maßnahmen gegen die eine Gefahr verursachenden Dritten „nicht oder nicht rechtzeitig möglich sind oder keinen Erfolg versprechen" und „die zuständige Behörde die Gefahr nicht oder nicht rechtzeitig selbst oder mit durch Amts- und Vollzugshilfe ergänzten Mitteln und Kräften abwehren kann" (§ 8 Abs. 3 NVersG). Im Falle angekündigter oder absehbarer **Gegendemonstrationen** obliegt es danach der Versammlungsbehörde, einem möglicherweise mit Ausschreitungen verbundenen Zusammentreffen unterschiedlicher Gruppen von Demonstrierenden durch eine **räumliche Trennung** entgegenzuwirken.[199] Sofern hingegen eine unmittelbare Gefahr einer erheblichen Störung der „Ordnung der Versammlung" durch teilnehmende Personen besteht, können Maßnahmen auch gegen diese Personen gerichtet werden (§ 10 Abs. 2 Satz 1 Nr. 2 NVersG); als letztes Mittel ist auch eine **Untersagung** der Teilnahme oder ein Ausschluss von der Versammlung möglich (§ 10 Abs. 3 Satz 1 NVersG).

127 Das Versammlungsrecht regelt ferner **Datenerhebungen** und Weiterverarbeitungen durch den Einsatz technischer Mittel zur **Bildübertragung** oder zur Anfertigung von Bild- und Tonaufzeichnungen. Die allgemeine Regelung des Gefahrenabwehrrechts, die derartige Maßnahmen nur **unter engen Voraussetzungen** und nur gegen Einzelpersonen ermöglicht (§ 32 Abs. 1 und 2 NPOG), gilt daher nur für eine öffentliche Veranstaltung (oder Ansammlung), „die nicht dem Niedersächsischen Versammlungsgesetz unterliegt" (§ 32 Abs. 1 Satz 1 NPOG). Das Versammlungsrecht unterscheidet demgegenüber zwischen einerseits Bild- und Tonaufzeichnungen in Bezug auf **einzelne Personen** sowie andererseits Bild- und Tonübertragungen sowie -aufzeichnungen mit Blick auf die **Versammlung als Ganzes**.

128 **Bild- und Tonaufzeichnungen** von einer bestimmten Person, die sich auf dem Weg zu einer Versammlung unter freiem Himmel befindet oder an dieser teilnimmt, sind nur zur Abwehr einer **erheblichen Gefahr** für die öffentliche Sicherheit zulässig, die von der überwachten Person verursacht wird (§ 12 Abs. 1 Satz 1 NVersG). Bei einer Versammlung in geschlossenen Räumen muss von der betreffenden Person eine **unmittelbare Gefahr** für die „Friedlichkeit der Versammlung" ausgehen (§ 17 Abs. 1 Satz 1 NVersG). Klarstellend ist geregelt, dass es der Maßnahme jeweils nicht entgegensteht, wenn Dritte unvermeidbar mitbetroffen sind (§§ 12 Abs. 1 Satz 2, 17 Abs. 1 Satz 2 NVersG).

129 Mit Blick auf die Überwachung der Versammlung als Ganzes ist weiter zu unterscheiden zwischen einerseits der **offenen Beobachtung** der Versammlung und ihres Umfelds mittels Bild- und Tonübertragungen einerseits sowie der **Fertigung von Aufzeichnungen** andererseits. Der Gesetzgeber hat beides geregelt und an unterschiedliche Voraussetzungen geknüpft: Bei **Versammlungen unter freiem Himmel** sind offene Bild- und Tonübertragungen zulässig,

---

197 Vgl. *Th. Kingreen / R. Poscher*, Polizei- und Ordnungsrecht, § 19 Rn. 17; *W.-R. Schenke*, Polizei- und Ordnungsrecht, Rn. 447.
198 Vgl. BVerfG, B. v. 10.5.2006 – 1 BvQ 14/06, Rn. 9 mwN; s. ferner *M. Kniesel / R. Poscher*, in: Lisken/Denninger, Abschnitt J Rn. 352 f.; *H. Schulze-Fielitz*, in: Dreier (Hrsg.), GG, Art. 8 Rn. 113; *B. J. Hartmann*, in: Bonner Kommentar, Art. 8 Rn. 392 f.
199 Nds. OVG, B. v. 19.2.2021 – 11 ME 34/21, Rn. 11; B. v. 13.11.2020 – 11 ME 293/20, Rn. 39.

wenn es sich um eine „unübersichtliche" Versammlung handelt, von der eine Gefahr für die öffentliche Sicherheit oder Ordnung ausgeht (§ 12 Abs. 2 Satz 1 NVersG). Weitergehend setzen **offene Bild- und Tonaufzeichnungen** „von nicht bestimmten teilnehmenden Personen" („Übersichtsaufzeichnungen") voraus, dass erhebliche Gefahren für die öffentliche Sicherheit abzuwehren sind (§ 12 Abs. 2 Satz 2 NVersG). Für Versammlungen in geschlossenen Räumen existiert eine Parallelregelung, die wiederum an Gefahren für die **Friedlichkeit** einer Versammlung anknüpft (§ 17 Abs. 2 NVersG).

Im Beispielsfall erfolgt keine Aufzeichnung der erhobenen Bilddaten; diese werden zur vereinfachten Einsatzleitung lediglich auf einen Monitor übertragen und ersetzen damit die eigene Wahrnehmung von polizeilichen Einsatzkräften („**Kamera-Monitor-Prinzip**"). Diese Maßnahme setzt voraus, dass von einer „unübersichtlichen" Versammlung eine Gefahr ausgeht (§ 12 Abs. 2 Satz 1 NVersG). Indes ist weder ersichtlich, dass es sich bei der Demonstration um eine „unübersichtliche" Versammlung handelt, noch ist eine Gefahr erkennbar; **Erhebung** und **Übermittlung** der Bilddaten sind danach nicht zulässig.

Dieses Ergebnis überrascht ein wenig, weil sich nicht von selbst versteht, dass es sich bei der schlichten Erhebung von Bilddaten ohne Fertigung von Aufzeichnungen oder Erfassung konkreter Personen um eine relevante Beeinträchtigung **grundrechtlicher Freiheit** handelt, die an strikte (Eingriffs-) Voraussetzungen zu knüpfen ist. In der Sache geht es letztlich darum, dass sich polizeiliche Einsatzkräfte durch den Blick auf einen **Monitor** orientieren und über das Geschehen informieren können. So ging der Bundesgesetzgeber noch 1989 bei der Einfügung versammlungsrechtlicher Regelungen zur Datenerhebung in das Versammlungsgesetz des Bundes (§ 12a VersG) davon aus, dass jedenfalls die **Anfertigung von Übersichtsaufnahmen** keine grundrechtliche Relevanz besitze und es deshalb auch keiner spezialgesetzlichen Ermächtigungsgrundlage bedürfe. Aufnahmen, die keine **Identifizierung** ermöglichten, tangierten keine Grundrechte von Teilnehmenden; eine „besondere gesetzliche Ermächtigungsgrundlage" sei nicht erforderlich.[200]

Demgegenüber wird mittlerweile für eine kameragestützte **Überwachung bei Versammlungen** nach dem „Kamera-Monitor-Prinzip" vielfach eine gesetzliche Ermächtigungsgrundlage unter dem Aspekt einer Beeinträchtigung der Versammlungsfreiheit (Art. 8 GG) gefordert,[201] weil schon die Möglichkeit, dass Aufnahmen aufgezeichnet werden, eine einschüchternde oder gar abschreckende und damit die **Teilnahme an der Versammlung** hindernde Wirkung zeigen könne.[202] Ein faktischer Eingriff in die Versammlungsfreiheit liege jedenfalls dann vor, „wenn das staatliche Handeln einschüchternd oder abschreckend wirkt bzw. geeignet ist, die freie Willensbildung und die Entschließungsfreiheit derjenigen Personen zu beeinflussen, die an Versammlungen teilnehmen wollen."[203] Dagegen lässt sich einwenden, dass Demonstrationen gerade dem Zweck dienen, die Auffassung der Teilnehmenden zu einem **Gegenstand öffentlicher Meinungsbildung** auch Staatsorganen zur Kenntnis zu bringen, wenn mit einer Versammlung für politische Maßnahmen geworben oder gegen politische Entscheidungen

---

200 BT-Drs. 11/4359, S. 17.
201 Grundlegend VG Berlin, Urt. v. 5.7.2010 – 1 K 905.09, Rn. 15; s. ferner VG Magdeburg, Urt. v. 14.3.2019 – 7 A 472/17, Rn. 20; Nds. OVG, Urt. v. 24.9.2015 – 11 LC 215/14, Rn. 22; VG Gelsenkirchen, Urt. v. 19.2.2019 – 14 K 7046/16, Rn. 28; OVG Rh.-Pf., Urt. v. 5.2.2015 – 7 A 10683/14, Rn. 29; VerfGH Berlin, Urt. v. 11.4.2014 – 129/13, Rn. 47; OVG NW, B. v. 23.11.2010 – 5 A 2288/09, Rn. 2; *M. Kniesel / R. Poscher*, in: Lisken/Denninger, Abschnitt J Rn. 388; anders *K. Graulich*, in: Lisken/Denninger, Abschnitt E Rn. 385.
202 VG Berlin, Urt. v. 5.7.2010 – 1 K 905.09, Rn. 16 ff.; s. ferner VG Magdeburg, Urt. v. 14.3.2019 – 7 A 472/17, Rn. 18 ff.; Nds. OVG, Urt. v. 24.9.2015 – 11 LC 215/14, Rn. 20 ff.; VG Gelsenkirchen, Urt. v. 19.2.2019 – 14 K 7046/16, Rn. 21 ff.; OVG Rh.-Pf., Urt. v. 5.2.2015 – 7 A 10683/14, Rn. 32; VerfGH Berlin, Urt. v. 11.4.2014 – 129/13, Rn. 48 f.; OVG NW, B. v. 23.11.2010 – 5 A 2288/09, Rn. 3 f.; B. v. 23.9.2022 – 5 B 303/21, Rn. 182; *M. Kniesel / R. Poscher*, in: Lisken/Denninger, Abschnitt J Rn. 389.
203 BVerwG, Urt. v. 25.10.2017 – 6 C 46/16, Rn. 31.

protestiert wird. Jedenfalls in diesen Fällen ist daher ein Grundrechtsschutz „vor dem ‚Gesehenwerden' in der Öffentlichkeit"[204] nicht ohne Weiteres plausibel.

133 Damit in Zusammenhang steht die immer noch nicht vollständig geklärte Frage, ob mit dem **Kamera-Monitor-Prinzip** eine Beeinträchtigung (auch) des Rechts auf informationelle Selbstbestimmung einhergeht.[205] Nicht zweifelhaft ist zunächst, dass dies dann der Fall ist, wenn **Bild- oder Tonaufnahmen** aufgezeichnet und später ausgewertet und aufbereitet werden können.[206] Auf dieser Grundlage wird verschiedentlich daran angeknüpft, inwieweit auch die nur beobachteten Personen individualisierbar sind.[207] Zumindest in diesen Fällen wird eine Beeinträchtigung des **Rechts auf informationelle Selbstbestimmung** unabhängig von einer Aufzeichnung der Bilddaten anzunehmen sein. Auch kann von der (technischen) Möglichkeit einer solchen Individualisierung heute wohl grundsätzlich ausgegangen werden,[208] so dass auch das Kamera-Monitor-Prinzip eine **Beeinträchtigung** des Rechts auf informationelle Selbstbestimmung bewirkt.[209] Dem entspricht, dass es nach Maßgabe des EU-Rechts und des zu dessen Umsetzung ergangenen einfachen Rechts für das Vorliegen **einer Erhebung von Bilddaten** nicht auf eine Aufzeichnung ankommt (Art. 4 Nr. 2 DSGVO, Art. 3 Nr. 2 JI-RL, § 24 Nr. 2 NDSG). Auch wenn dies nicht über die **verfassungsrechtlichen Anforderungen** an eine Beeinträchtigung des Rechts auf informationelle Selbstbestimmung zu entscheiden vermag, erschiene es vor diesem Hintergrund wenig folgerichtig, das schlichte „Erheben" von Bild- oder Tondaten als grundrechtlich unerheblich anzusehen.

134 Auch die Übertragung von **Übersichtsaufnahmen** nach dem „Kamera-Monitor-Prinzip" bedarf demnach einer gesetzlichen Regelung. Soweit eine solche existiert, ist der Einsatz von Kameras durch die Polizei bei Versammlungen auch in der Sache mit der **Versammlungsfreiheit** (und dem Recht auf informationelle Selbstbestimmung) jedenfalls dann vereinbar, wenn eine offene und nicht auf die **Identifizierung** von Teilnehmenden gerichtete Erhebung von Bilddaten ohne Aufzeichnung erfolgt.[210] Diesen Anforderungen genügt die niedersächsische Regelung erkennbar nicht, weil sie lediglich die gezielte Fertigung von Bildern bestimmter Personen verbietet (§ 12 Abs. 2 Satz 2 NPOG). Auch hat der Gesetzgeber die **Auswertung von Übersichtsaufzeichnungen** mit dem Ziel der Identifizierung einer Person mit Blick auf Versammlungen unter freiem Himmel für den Fall gestattet, dass von der betreffenden Person **eine erhebliche Gefahr** für die öffentliche Sicherheit ausgeht (§ 12 Abs. 2 Satz 3 NVersG). Für Versammlungen in geschlossenen Räumen existiert eine Parallelregelung (§ 17 Abs. 2 Satz 3 NVersG). Die sachliche Notwendigkeit einer solchen Vorschrift erschließt sich indes nicht.

135 **Bild- und Tonaufzeichnungen** von Versammlungen sind nach Beendigung der Versammlung unverzüglich, spätestens aber nach zwei Monaten zu löschen oder unumkehrbar zu anonymisieren. Etwas anderes gilt nur, soweit die Daten für die **Verfolgung von Straftaten** benötigt

---

204 Diesen verneinend *J. Ipsen*, Staatsrecht II – Grundrechte, Rn. 325.
205 Bejahend *J. D. Roggenkamp*, in: Specht/Mantz, Handbuch Europäisches und deutsches Datenschutzrecht, § 21 Rn. 58; *J. Reichert*, in: Saipa u. a., NPOG, § 32 Rn. 1a; *F. Albrecht*, in: Möstl/Weiner, Polizei- und Ordnungsrecht Niedersachsen, § 32 Rn. 5; *F. Schoch*, in: ders. (Hrsg.), Besonderes Verwaltungsrecht, Kap. 1 Rn. 683; *M. Thiel*, Polizei- und Ordnungsrecht, § 10 Rn. 47; abl. *J. Ipsen*, Niedersächsisches Polizei- und Ordnungsrecht, Rn. 496.
206 BVerfG, B. v. 23.2.2007 – 1 BvR 2368/06, Rn. 37 f.; s. ferner VG Berlin, Urt. v. 5.7.2010, 1 K 905.09, Rn. 19; einen Eingriff in das Recht auf informationelle Selbstbestimmung bei fehlender Individualisierbarkeit verneinend OVG M.-V., Urt. v. 7.9.2021 – 1 L 9/12, Rn. 115.
207 Vgl. VG Berlin, Urt. v. 5.7.2010, 1 K 905.09, Rn. 19; OVG NW, B. v. 23.11.2010 – 5 A 2288/09, Rn. 6; B. v. 23.9.2022 – 5 B 303/21, Rn. 182; offenlassend VerfGH Berlin, Urt. v. 11.4.2014 – 129/13, Rn. 50.
208 Vgl. dazu *J. D. Roggenkamp*, in: Specht/Mantz, Handbuch Europäisches und deutsches Datenschutzrecht, § 21 Rn. 59; s. ferner *F. Albrecht*, in: Möstl/Weiner, Polizei- und Ordnungsrecht Niedersachsen, § 32 Rn. 5; *M. Kniesel / R. Poscher*, in: Lisken/Denninger, Abschnitt J Rn. 388.
209 Vgl. OVG NW, B. v. 2.7.2020 – 15 B 950/20, Rn. 10.
210 VerfGH Berlin, Urt. v. 11.4.2014 – 129/13, Rn. 60 ff.

werden oder ihre weitere Speicherung „zur Behebung einer Beweisnot unerlässlich" ist (§§ 12 Abs. 3, 17 Abs. 3 NVersG).

VI. Datenerhebung im öffentlichen Raum

1. Überwachung von Straßen und Plätzen

▶ **Fall:**[211] Über den Resten einer ehemaligen Synagoge, die sich auf einem öffentlich zugänglichen Platz befindet, ist ein Bodenrelief erstellt worden, das den Grundriss der ehemaligen Synagoge andeutet; der Platz ist als Begegnungsstätte für die Bevölkerung konzipiert. Nachdem es wiederholt zu Zwischenfällen kam – u. a. wurden antisemitische Parolen angebracht – stellt die Verwaltung mehrere schwenkbare Kameras zur Überwachung des Areals auf; eine Aufzeichnung von Bildmaterial ist nur für besondere Situationen vorgesehen. A, der den Platz täglich überquert, fühlt sich nicht be-, sondern überwacht. ◀

Die Anfertigung von Aufnahmen aus Anlass von Veranstaltungen und Versammlungen bildet mit Blick auf **kameragestützte Datenerhebungen** im öffentlichen Raum im Grunde nur einen **Spezialfall**, der dadurch gekennzeichnet ist, dass er zeitlich und örtlich auf ein bestimmtes Ereignis beschränkt wird. Daneben existieren gesonderte Regelungen für eine **Kameraüberwachung** des öffentlichen Raums, die aber nicht flächendeckend, sondern nur bei Vorliegen bestimmter tatbestandlicher Voraussetzungen gestattet wird; dabei bedarf es wiederum einer Unterscheidung zwischen der (offenen) Beobachtung mittels **Bildübertragung** und der **Aufzeichnung** von Bilddaten. 136

Öffentliche Straßen und Plätze sowie „andere öffentlich zugängliche Orte" können mittels (Echtzeit-) **Bildübertragung** ohne Speicherung[212] beobachtet werden, wenn an der betreffenden Stelle wiederholt Straftaten oder nicht geringfügige Ordnungswidrigkeiten begangen wurden und die **Beobachtung** zur Verhütung entsprechender Straftaten oder Ordnungswidrigkeiten erforderlich ist (§ 32 Abs. 3 Satz 1 Nr. 1 NPOG). Ferner zulässig ist eine solche Maßnahme, um im zeitlichen und örtlichen Zusammenhang mit einer „Veranstaltung oder einem sonstigen Ereignis" die Begehung von Straftaten und nicht geringfügigen Ordnungswidrigkeiten zu verhüten oder Gefahren für Leib und Leben abzuwehren (§ 32 Abs. 3 Satz 1 Nr. 2 und 3 NPOG). Im Übrigen können auch **gefährdete Objekte** (§ 13 Abs. 1 Nr. 3 NPOG) auf diese Weise überwacht werden (§ 32 Abs. 3 Satz 1 Nr. 4 NPOG). Soweit danach eine Anknüpfung an Straftaten erfolgt, ist eine **Aufzeichnung** der Bilddaten möglich, wenn dies zur Verhütung der Straftaten erforderlich ist (§ 32 Abs. 3 Satz 3 NPOG). Mit Blick auf gefährdete Objekte ist die Aufzeichnung an die Voraussetzung geknüpft, dass **tatsächliche Anhaltspunkte** für die Annahme vorliegen, es könnten an oder in einem solchen Objekt dieser Art terroristische Straftaten begangen werden (§ 32 Abs. 3 Satz 4 NPOG). Dass gerade der Vorgang der Aufzeichnung statt der Beobachtung einen Beitrag zur **Verhinderung** – nicht der Verfolgung – einer Straftat leisten kann, versteht sich indes nicht von selbst. Zwar ist denkbar, dass gerade die Aufzeichnung von Bilddaten eine **präventive Wirkung** entfaltet.[213] Hierfür dürfte aber Voraussetzung sein, dass über den vorgeschriebenen Hinweis auf die Beobachtung (§ 32 Abs. 3 Satz 2 NPOG) hinaus auch auf die Aufzeichnung hingewiesen wird. 137

Aus grundrechtlicher Perspektive wird der **Kameraüberwachung** des öffentlichen Raumes, bei der es sich stets um eine Datenverarbeitung im Sinne der DSGVO und der JI-Richtlinie (Art. 4 Nr. 2 DSGVO, Art. 3 Nr. 2 JI-RL) handelt, die **Eingriffsqualität** unabhängig von 138

---
211 Fall nach BVerfG, B. v. 23.2.2007 – 1 BvR 2368/06.
212 Vgl. LT-Drs. 18/850, S. 54.
213 Nds. OVG, Urt. v. 6.10.2020 – 11 LC 149/16, Rn. 39.

einer Aufzeichnung / Speicherung der erhobenen Daten nicht abgesprochen werden können: Im Rahmen von **Versammlungen** ist die Erhebung von Bilddaten nach dem **Kamera-Monitor-Prinzip** nach verbreiteter Auffassung als Beeinträchtigung der Versammlungsfreiheit zu qualifizieren (→ Rn. 132). Für den Fall der Erhebung von Bilddaten außerhalb eines Versammlungsgeschehens liegt dann nahe, dem entsprechend eine Beeinträchtigung der **allgemeinen Handlungsfreiheit** (Art. 2 Abs. 1 GG) anzunehmen, zumal mit der Videobeobachtung auch verhaltenslenkende Zwecke verfolgt werden.[214] In der Rechtsprechung ist der Aspekt der **Verhaltenssteuerung** zudem im Kontext der Frage nach der grundrechtlichen Erheblichkeit des Kamera-Monitor-Prinzips mit Blick auf das Grundrecht auf informationelle Selbstbestimmung thematisiert worden,[215] was insofern ungenau ist, als sich die **informationelle Selbstbestimmung** auf die Befugnis zur Verfügung über Daten, nicht aber unmittelbar auf steuernde Einwirkungen auf das menschliche Verhalten bezieht.[216] Bei einer kameragestützten **Beobachtung** von Personen liegt eine Beeinträchtigung des Rechts auf informationelle Selbstbestimmung aber vor, wenn Bilddaten aufgezeichnet werden[217] oder eine Individualisierung von Personen erfolgen kann (→ Rn. 133).[218]

139 Das Bundesverfassungsgericht bejaht in derartigen Fällen zudem eine erhebliche Eingriffsintensität, weil der Aufenthaltsort beliebiger Personen ohne Anhaltspunkte für eine von ihnen ausgehende Gefahr erfasst und gespeichert werde, so dass ein **verdachtsloser Eingriff mit großer Streubreite** vorliege.[219] Werden zahlreiche Personen, die in keiner Beziehung zu einem konkreten Fehlverhalten stehen und den Eingriff durch ihr Verhalten nicht veranlasst haben, in den „Wirkungsbereich" einer Maßnahme einbezogen, ist danach von einer hohen Eingriffsintensität auszugehen.[220] Dem ist für die **Überwachung** des öffentlichen Raumes zuzustimmen. Insbesondere weist die Maßnahme auch dann noch eine hohe Streubreite auf, wenn in Bezug auf einen Teil der betroffenen Personen die **Eingriffswirkung** deshalb entfallen sollte, weil aufgrund einer damit einhergehenden Verbesserung der Sicherheitslage ein (nicht ausdrücklich geäußertes) **Einverständnis** mit der Datenerhebung vorliegt.[221] Auch willigen betroffene Personen nicht in eine Datenerhebung ein, indem sie den betreffenden Bereich in Kenntnis des Vorhandenseins einer **Kameraüberwachung** betreten oder Durchqueren.[222] Die Aufzeichnung von Bilddaten bedarf daher einer spezifischen Ermächtigungsgrundlage unter strikter Wahrung des Verhältnismäßigkeitsgrundsatzes auch mit Blick auf die Auswertung des Bildmaterials;[223] insbesondere erforderlich ist eine zeitnahe **Löschung** nicht benötigter Daten.

---

214 So (mit Blick auf bodycams) zu Recht *F. Albrecht*, in: Möstl/Weiner, Polizei- und Ordnungsrecht Niedersachsen, § 32 Rn. 143 ff.; s. ferner (für Kameraattrappen) *J. Reichert*, in: Saipa u. a., NPOG, § 32 Rn. 1a.; einen Eingriff verneinend *K. Graulich*, in: Lisken/Denninger, Abschnitt E Rn. 377.
215 BVerfG, B. v. 23.2.2007 – 1 BvR 2368/06, Rn. 387; daran anschließend (zu § 15a PolG NW) OVG NW, B. v. 16.5.2022 – 5 B 137/21, Rn. 15; B. v. 23.9.2022 – 5 B 303/21, Rn. 20; Nds. OVG, Urt. v. 6.10.2020 – 11 LC 149/16, Rn. 34; s. ferner VGH Ba.-Wü., Urt. v. 21.7.2003 – 1 S 377/02, Rn. 35; *M. Thiel*, Polizei- und Ordnungsrecht, § 10 Rn. 47.
216 So auch *J. Reichert*, in: Saipa u. a., NPOG, § 32 Rn. 1a.
217 BVerfG, B. v. 23.2.2007 – 1 BvR 2368/06, Rn. 38; vgl. auch Nds. OVG, Urt. v. 6.10.2020 – 11 LC 149/16, Rn. 33.
218 BVerfG, B. v. 23.2.2007 – 1 BvR 2368/06, Rn. 38; OVG NW, B. v. 16.5.2022 – 5 B 137/21, Rn. 17 ff.; s. ferner OVG NW, B. v. 23.9.2022 – 5 B 303/21, Rn. 20 ff.
219 BVerfG, B. v. 23.2.2007 – 1 BvR 2368/06, Rn. 51; s. ferner OVG NW, B. v. 23.9.2022 – 5 B 303/21, Rn. 151; *J. D. Roggenkamp*, in: Specht/Mantz, Handbuch Europäisches und deutsches Datenschutzrecht, § 21 Rn. 58; *C. Arzt*, Die Polizei 2019, S. 353 (355).
220 BVerfG, B. v. 23.2.2007 – 1 BvR 2368/06, Rn. 51; Nds. OVG, Urt. v. 6.10.2020 – 11 LC 149/16, Rn. 33.
221 Einen intensiven Eingriff aus diesem Grunde zu Unrecht verneinend *V. Götz / M.-E. Geis*, Allgemeines Polizei- und Ordnungsrecht, § 17 Rn. 94.
222 BVerfG, B. v. 23.2.2007 – 1 BvR 2368/06, Rn. 40; Nds. OVG, Urt. v. 6.10.2020 – 11 LC 149/16, Rn. 33; *M. Thiel*, Polizei- und Ordnungsrecht, § 10 Rn. 47.
223 Vgl. BVerfG, B. v. 23.02.07 – 1 BvR 2368/06, Rn. 56.

VI. Datenerhebung im öffentlichen Raum

Dem trägt das NPOG auch Rechnung, indem vorgesehen ist, dass das Bildmaterial unverzüglich, spätestens jedoch nach sechs Wochen zu löschen ist, soweit die Aufzeichnungen nicht zur **Verfolgung einer Straftat** erforderlich oder zur Behebung einer Beweisnot unerlässlich sind (§ 32 Abs. 3 Satz 5 NPOG). Im Ergebnis ist die Regelung über die Erhebung von Bilddaten im öffentlichen Raum zwar wegen ihrer Weite und geringen sprachlichen Klarheit fragwürdig, aber noch nicht in verfassungswidriger Weise zu unbestimmt[224] und auch im Übrigen eine noch verhältnismäßige Ermächtigungsgrundlage für die Datenerhebung.

Im Beispielsfall wird das betreffende Areal jedenfalls als öffentlich zugänglicher Ort zu qualifizieren sein; die **Beobachtung** ist daher mit Blick auf die vorangegangenen Straftaten zulässig, um weiteren derartigen Vorkommnissen durch eine sichtbare Überwachung des Platzes entgegenzuwirken (§ 32 Abs. 3 Satz 1 Nr. 1 NPOG). Für eine **Aufzeichnung** der Bilddaten kommt es hingegen darauf an, ob diese Maßnahme für eine wirksame Abschreckung und damit einen Schutz der Begegnungsstätte erforderlich ist (§ 32 Abs. 3 Satz 3 NPOG). 140

2. Bodycams

Mit der Gesetzesreform im Jahre 2019 hat der Gesetzgeber eine Rechtsgrundlage für die Fertigung von Bild- und Tonaufnahmen mittels am Körper getragener Bild- und Tonaufzeichnungsgeräte (**bodycams**) geschaffen. Man verspricht sich von diesem Instrument eine „deeskalierende Wirkung" in Form einer **Verringerung von Widerstandshandlungen**, einer gesteigerten „Kooperationsbereitschaft" betroffener Personen und eine Vermeidung von „Solidarisierungseffekten" unbeteiligter Dritter.[225] Bei dieser einseitigen Fokussierung auf den Schutz der Einsatzkräfte etwas aus dem Blick geraten ist der weitere Effekt, dass die Aufzeichnung eines Einsatzgeschehens auch aus **Gründen der Beweissicherung** sinnvoll sein kann, um später feststellen zu können, ob betroffene Personen etwa Widerstand geleistet haben (§ 113 StGB) und wie – umgekehrt – das Verhalten der Einsatzkräfte rechtlich und einsatztaktisch zu würdigen ist;[226] dem Aspekt der Beweissicherung kommt namentlich mit Blick auf das **Pre-Recording** (§ 32 Abs. 4 Satz 4 bis 6 NPOG) einige Bedeutung zu.[227] Unter Berücksichtigung einer gesetzgeberischen **Einschätzungsprärogative** werden aber grundsätzliche verfassungsrechtliche Bedenken gegen den Einsatz der bodycams unbeschadet des Vorliegens eines Eingriffs in das Recht betroffener Personen auf informationelle Selbstbestimmung auch dann nicht zu erheben sein, wenn die **gesetzgeberischen Erwartungen** an die Wirksamkeit dieses Instruments überzogen sein sollten.[228] 141

Polizeiliche Einsätze können unabhängig von einem Tätigwerden zur Gefahrenabwehr oder zur Strafverfolgung mit bodycams aufgezeichnet werden (§ 32 Abs. 4 Satz 1 NPOG). Dem liegt erkennbar die (zutreffende) Annahme zugrunde, dass das **Strafverfahrensrecht** des Bundes eine landesrechtliche Regelung des Einsatzes von bodycams im Bereich von Maßnahmen zur Strafverfolgung nicht ausschließt.[229] **Tatbestandliche Voraussetzung** ist das Vorliegen von tatsächlichen Anhaltspunkten, die zu der Annahme einer Gefahr für Leib oder Leben der polizeilichen Einsatzkräfte berechtigen. Damit wird einerseits der Einsatz der bodycams an 142

---

224 Nds. OVG, Urt. v. 6.10.2020 – 11 LC 149/16, Rn. 42 ff.; zu der Parallelregelung in § 15a PolG NW s. OVG NW, B. v. 16.5.2022 – 5 B 137/21, Rn. 31 ff.
225 LT-Drs. 18/850, S. 56.
226 Vgl. *M. Lachenmann*, NVwZ 2017, S. 1424 (1425); s. ferner LT-Drs. 18/850, S. 57.
227 *M.W. Müller / Th. Schwabenbauer*, in: Lisken/Denninger, Abschnitt G Rn. 691.
228 Krit. zur Wirksamkeit von bodycams *F. Albrecht*, in: Möstl/Weiner, Polizei- und Ordnungsrecht Niedersachsen, § 32 Rn. 140.1 ff.
229 *Ch. Wefelmeier*, NdsVBl. 2020, S. 301 (302); krit. zur Gesetzgebungskompetenz der Länder *C. Arzt / St. Schmidt*, in: FS Feltes (2021), S. 319 (321).

eine deutlich gesteigerte **Erheblichkeit der Gefahr** gekoppelt und andererseits bereits dann ermöglicht, wenn eine Eskalation der Situation zu gewärtigen ist; eine derartige Sachlage muss sich aber hinreichend konkret abzeichnen.[230]

143 Gleichwohl kann es sich ergeben, dass zwischen dem Eintritt und der Feststellung einer eskalierenden Situation sowie der nachfolgenden **Aktivierung** der Kamera einige Zeit vergeht. Hier setzt die weitere Regelung über das **Pre-Recording** an: Danach dürfen Aufzeichnungen der jeweils letzten 30 Sekunden auch im Bereitschaftsbetrieb erfolgen. Diese Daten werden sogleich wieder gelöscht, sofern nicht eine **Aufnahme** gestartet wird (§ 32 Abs. 4 Satz 4 und 5 NPOG). Erfolgt eine Aufzeichnung, werden hingegen die letzten 30 Sekunden vor deren Beginn mit abgespeichert, um auch das Geschehen zu dokumentieren, das Anlass zur Fertigung der Aufnahme gegeben hat.[231]

144 Nach Auffassung des Gesetzgebers handelt es sich bei dem **Pre-Recording** um „einen flüchtigen, oberflächlichen Eingriff, der verfassungsrechtlich unbedenklich erscheint".[232] Dem ist zu widersprechen: Das Pre-Recording bewirkt eine Datenerhebung mit **erheblichem Persönlichkeitsbezug**, die von den betroffenen Personen meist nicht bemerkt werden wird und eine große **Streubreite** aufweisen kann. Daraus resultiert aber auch dann ein Eingriff in das Recht auf informationelle Selbstbestimmung, wenn **erhobene Daten** sogleich wieder spurenlos gelöscht werden: Zwar ist es im Ausgangspunkt grundrechtlich unerheblich, wenn Daten ungezielt und allein technikbedingt zunächst miterfasst, aber unmittelbar nach der Erfassung technisch wieder anonym, spurenlos und ohne Erkenntnisinteresse für die Behörden ausgesondert werden.[233] Anders verhält es sich aber, wenn sich bei einer **Gesamtbetrachtung** mit Blick auf den durch den Überwachungs- und Verwendungszweck bestimmten Zusammenhang das **behördliche Interesse** an den betroffenen Daten bereits derart verdichtet hat, dass ein Betroffensein in einer einen Grundrechtseingriff auslösenden Qualität zu bejahen ist.[234] Beim Pre-Recording werden Bild- und Tondaten jedoch nicht zufällig, sondern gezielt erfasst; allein die **fortdauernde Speicherung** steht unter der Bedingung einer aktivierten Aufzeichnung. Um einen zufälligen und aus polizeilicher Sicht irrelevanten Datenerfassungsvorgang handelt es sich daher nicht mehr,[235] zumal mit dem pre-recording die – freilich durch nichts untermauerte – Vorstellung des Gesetzgebers verbunden ist, dass „schon durch die **Vorabaufnahmen** potenzielle Täterinnen / Täter abgeschreckt, schnell gefasst und an weiteren Taten gehindert werden könnten".[236] Im Grunde handelt es sich daher um eine **anlasslose Vorratsdatenspeicherung**,[237] woraus durchgreifende verfassungsrechtliche Bedenken resultieren.[238]

145 Zulässig ist der **Einsatz der bodycams** zunächst auf öffentlichen Straßen und Plätzen. Weiter genannt wird die Möglichkeit der Fertigung von Aufnahmen „an anderen öffentlich zugänglichen Orten" (§ 32 Abs. 4 Satz 1 NPOG). Es liegt nahe, dieses **Tatbestandsmerkmal** in Abgrenzung zu (gewidmeten) öffentlichen Flächen auf private, aber der Öffentlichkeit zugängliche

---

230 *Ch. Wefelmeier*, NdsVBl. 2020, S. 301 (305); s. ferner *F. Albrecht*, in: Möstl/Weiner, Polizei- und Ordnungsrecht Niedersachsen, § 32 Rn. 158.
231 LT-Drs. 18/850, S. 57.
232 LT-Drs. 18/850, S. 57.
233 BVerfG, B. v. 18.12.2018 – 1 BvR 142/15, Rn. 43, 48.
234 BVerfG, B. v. 18.12.2018 – 1 BvR 142/15, Rn. 43.
235 *F. Roggan*, NVwZ 2019, S. 344 (347); *Th. Schwabenbauer*, in: Lisken/Denninger, Abschnitt G Rn. 47.
236 LT-Drs. 18/3723, S. 36.
237 *F. Albrecht*, in: Möstl/Weiner, Polizei- und Ordnungsrecht Niedersachsen, § 32 Rn. 146.
238 *F. Roggan*, NVwZ 2019, S. 344 (347); *F. Albrecht*, in: Möstl/Weiner, Polizei- und Ordnungsrecht Niedersachsen, § 32 Rn. 146; *J. D. Roggenkamp*, in: Specht/Mantz, Handbuch Europäisches und deutsches Datenschutzrecht, § 21 Rn. 64; *J. Reichert*, in: Saipa u. a., NPOG, § 32 Rn. 8; *C. Arzt / St. Schmidt*, in: FS Feltes (2021), S. 319 (323); *Ch. Wefelmeier*, NdsVBl. 2020, S. 301 (310).

Areale zu beziehen.²³⁹ Das betrifft zunächst Flächen, die an öffentliche Straßen und Wege angrenzen. Eine andere Frage ist, ob hierzu auch **Betriebs- und Geschäftsräume** zählen können. Auch nach Auffassung des Gesetzgebers müsste es indes auf Bedenken stoßen, wenn auch Örtlichkeiten erfasst würden, die vom Grundrechtsschutz der Wohnung (Art. 13 GG) erfasst werden.²⁴⁰ Möglich bleibt eine Einbeziehung privater Parkplätze und -häuser²⁴¹ sowie etwa von Einkaufszentren.²⁴²

Damit die bodycams ihren Zweck erfüllen können, ist im Übrigen vorgesehen, dass die Aufzeichnungen „offen" zu erfolgen haben (§ 32 Abs. 4 Satz 1 NPOG) und der **Kameraeinsatz** kenntlich zu machen ist (§ 32 Abs. 4 Satz 3 NPOG). Dafür wird das Leuchten einer Kontrolllampe bei Aufzeichnungen oder ein eingeschaltetes Display kaum ausreichen.²⁴³ Vielmehr bedarf es weiterer **Vorkehrungen** oder auch mündlicher **Hinweise**, damit betroffene Personen von der Aufzeichnung zuverlässig Kenntnis erlangen

146

Der niedersächsische Gesetzgeber hat den betroffenen Personen nicht die Möglichkeit eingeräumt, bei polizeilichen Einsätzen deren Aufzeichnung zu verlangen.²⁴⁴ Zudem wird den Betroffenen selbst im Falle **der Einlegung eines Rechtsbehelfs** die Möglichkeit vorenthalten, auf die erhobenen Bild- und Tondaten zuzugreifen. Auch in diesem Falle sind die Daten vielmehr unverzüglich, spätestens aber nach sechs Wochen zu löschen, soweit sie nicht für **polizeiliche Zwecke** benötigt werden (§ 32 Abs. 4 Satz 7 NPOG). Diese gesetzlich angeordnete Beweisvereitelung muss mit Blick auf das **Rechtsstaatsprinzip** durchgreifenden Bedenken begegnen.²⁴⁵

147

3. Straßenverkehrsbezogene Maßnahmen

a) Abschnittskontrolle

▶ **Fall:**²⁴⁶ Das Land Niedersachsen hat an der B 6 in der Region Hannover eine Messanlage installiert, mit der die Durchschnittsgeschwindigkeit von Fahrzeugen auf einem bestimmten Streckenabschnitt von ca. 2 km Länge ermittelt wird; zu diesem Zwecke wird das Kennzeichen der in den überwachten Abschnitt einfahrenden oder ihn verlassenden Fahrzeuge unabhängig von ihrer Geschwindigkeit erfasst. Sofern sich ergibt, dass das Fahrzeug bei Einhaltung der vorgeschriebenen Höchstgeschwindigkeit den Bereich nicht in der ermittelten Zeit hätte durchfahren können, werden die Kennzeichendaten gespeichert, anderenfalls erfolgt sogleich eine Löschung. A ist Ärztin und muss den Abschnitt täglich auf dem Weg zu dem Krankenhaus, in dem sie tätig ist, durchfahren. Sie wendet sich gegen diese Form der Geschwindigkeitsüberwachung. ◀

Das NPOG enthält ferner Regelungen, die sich mit der Überwachung des öffentlichen Raumes im Kontext des **Straßenverkehrs** befassen. So kann eine offene Beobachtung des öffentlichen Verkehrsraums mittels Bildübertragung erfolgen, soweit dies zur Lenkung und Leitung des Straßenverkehrs erforderlich ist und Bestimmungen des **Straßenverkehrsrechts** nicht entgegenstehen (§ 32 Abs. 5 NPOG). Mit dem NPOG ausdrücklich ermöglicht worden

148

---

239 Vgl. LT-Drs. 18/850, S. 54.
240 Vgl. LT-Drs. 18/3723, S. 33; s. ferner OVG Hamburg, Urt. v. 22.6.2010 – 4 Bf 276/07, Rn. 74.
241 *F. Albrecht*, in: Möstl/Weiner, Polizei- und Ordnungsrecht Niedersachsen, § 32 Rn. 102.
242 LT-Drs. 18/3723, S. 33; krit. *F. Albrecht*, in: Möstl/Weiner, Polizei- und Ordnungsrecht Niedersachsen, § 32 Rn. 103.
243 *C. Arzt / St. Schmidt*, in: FS Feltes (2021), S. 319 (324).
244 Anders zum Beispiel § 24c Abs. 2 Satz 1 ASOG Bln.
245 Krit auch *F. Albrecht*, in: Möstl/Weiner, Polizei- und Ordnungsrecht Niedersachsen, § 32 Rn. 185; s. ferner *C. Arzt*, in: Lisken/Denninger, Abschnitt G Rn. 1153.
246 Fall nach Nds. OVG, Urt. v. 13.11.2019 – 12 LC 79/19.

ist zudem die im Beispielsfall erfolgende **Geschwindigkeitsüberwachung** in Form der **Abschnittskontrolle** („section control") durch die Verwaltungsbehörden und die Polizei (§ 32 Abs. 6 NPOG). Danach ist zur Verhütung der Überschreitung der zulässigen Höchstgeschwindigkeit von Kraftfahrzeugen die **offene Anfertigung** von Bildaufzeichnungen zulässig, um auf einer festgelegten Wegstrecke die Durchschnittsgeschwindigkeit eines Kraftfahrzeugs zu ermitteln (§ 32 Abs. 6 Satz 1 NPOG). Die **Bildaufzeichnungen** dürfen nur das Fahrzeug, sein Kennzeichen, die Fahrtrichtung sowie Zeit und Ort, nicht aber die Insassen erfassen (§ 32 Abs. 6 Satz 2 NPOG). Im Falle der Nichtüberschreitung der zulässigen Höchstgeschwindigkeit sind die erhobenen Daten sofort automatisch zu löschen (§ 32 Abs. 6 Satz 3 NPOG). Ferner ist die Abschnittskontrolle etwa durch eine **Beschilderung** kenntlich zu machen (§ 32 Abs. 6 Satz 4 NPOG).

149 Diese Bestimmungen lassen sich unter **formellen** wie **materiellen** Aspekten thematisieren: Zunächst ist auch bei der Überwachung des (fließenden) Verkehrs sowie der Erfassung etwa von Fahrzeugdaten, namentlich der Kennzeichen, eine Beeinträchtigung des **Rechts auf informationelle Selbstbestimmung** anzunehmen, da das Fahrzeug über das Kennzeichen einer Halterin oder einem Halter zugeordnet werden kann. Weiter handelt es sich um Regelungen mit Bezug zum Straßenverkehrsrecht, was die Frage nach der **Regelungszuständigkeit der Länder** auslöst. Auch wird auf die Feststellung von Geschwindigkeitsverstößen typischerweise mit der Verfolgung und Sanktionierung als Ordnungswidrigkeiten reagiert, so dass sich auch unter diesem Aspekt eine Zuordnung namentlich der Abschnittskontrolle zur **Gefahrenabwehr** und damit eine Zuständigkeit der Länder nicht von selbst versteht.

150 Nach der Rechtsprechung des Bundesverfassungsgerichts betreffend die verdeckte Erhebung von Kfz-Kennzeichen zu Fahndungszwecken sind diese Maßnahmen aus grundrechtlicher Sicht als „Eingriffe von erheblichem Gewicht" zu qualifizieren.[247] Zwar handelt es sich um Maßnahmen im **öffentlichen Verkehrsraum**, die sich auf das für jedermann ohne Weiteres erkennbare Kennzeichen beziehen und im Übrigen mit keinen unmittelbar beeinträchtigenden Folgen verbunden sind.[248] Auf der anderen Seite werden alle Fahrzeuge erfasst, die die betreffende Stelle passieren, so dass es sich um eine **anlass- und verdachtslose** Datenerhebung handelt, die zudem eine erhebliche **Streubreite** aufweist. Sofern außerdem eine verdeckte Kennzeichenerfassung vorliegt, werden im Ergebnis alle **modalen Kriterien** für Grundrechtsbeeinträchtigungen von erhöhter Eingriffsintensität erfüllt.[249] In der Erfassung und dem Abgleich eines Kraftfahrzeugkennzeichens handelt es sich folglich um einen Eingriff in das Grundrecht auf **informationelle Selbstbestimmung** von erheblicher Intensität, ohne dass es darauf ankommt, ob die erhobenen Daten zur weiteren Verwendung gespeichert bleiben oder sofort wieder gelöscht werden.[250]

151 Eine offene, aber ebenfalls anlasslose **Datenerhebung** mit großer **Streubreite** zu Zwecken der Geschwindigkeitsüberwachung wie bei der **Abschnittskontrolle** kann daher ebenfalls nicht als geringfügige Beeinträchtigung angesehen werden, selbst wenn kein Geschwindigkeitsverstoß festgestellt und die Daten daher sofort wieder gelöscht werden.[251] Eine solche (Überwachungs-) Maßnahme unterscheidet sich zudem von der herkömmlichen Geschwindigkeitsüberwachung, bei der die Feststellung der Überschreitung der Höchstgeschwindigkeit

---

247 BVerfG, B. v. 18.12.2018 – 1 BvR 142/15, Rn. 96.
248 BVerfG, B. v. 18.12.2018 – 1 BvR 142/15, Rn. 97.
249 BVerfG, B. v. 18.12.2018 – 1 BvR 142/15, Rn. 98.
250 Vgl. BVerfG, B. v. 18.12.2018 – 1 BvR 142/15, Rn. 45, unter ausdrücklicher Abweichung von BVerfG, Urt. v. 11.3.2008 – 1 BvR 2074/05 u. a., Rn. 68.
251 So auch VG Hannover, Urt. v. 12.3.2019 – 7 A 849/19, Rn. 38 ff.

der nachfolgenden **Datenerhebung** vorausgeht.²⁵² Sie bedarf infolgedessen einer hinreichend bereichsspezifischen, präzisen und normenklaren Ermächtigungsgrundlage,²⁵³ so dass ein Rückgriff auf die gefahrenabwehrrechtliche **Generalklausel** (§ 11 NPOG) bei Fehlen einer entsprechenden **Befugnisnorm** nicht in Betracht kommen kann. Auch die Annahme, die Benutzung eines Kraftfahrzeugs an einem Unfallschwerpunkt begründe für sich genommen eine konkrete Gefahr für die öffentliche Sicherheit,²⁵⁴ ist in Ermangelung der **Absehbarkeit** eines hinreichend konkreten Unfallgeschehens erkennbar unzutreffend.

Seitens des Landesgesetzgebers ist daher im Jahre 2019 mit der Vorschrift über die Abschnittskontrolle (§ 32 Abs. 6 NPOG) eine **spezifische gesetzliche Regelung** geschaffen worden, gegen die Einwendungen unter dem Aspekt der materiellen Verfassungsmäßigkeit letztlich nicht zu erheben sind: Das Bundesverfassungsgericht hat mit Blick auf die Kennzeichenerfassung ausdrücklich anerkannt, dass anlasslose polizeiliche Kontrollen „an ein **gefährliches oder risikobehaftetes Tun** beziehungsweise an die Beherrschung besonderer Gefahrenquellen" und damit einer „besonderen Verantwortung der Betroffenen gegenüber der Allgemeinheit" anknüpfen können;²⁵⁵ insbesondere kann eine automatisierte Kennzeichenerfassung auch zur Bekämpfung gewichtiger Ordnungswidrigkeiten zulässig sein.²⁵⁶ Eine Abschnittskontrolle mit Erfassung von Kraftfahrzeugkennzeichen auch ohne konkreten Verdacht ist daher auf Basis **eine qualifizierten Rechtsgrundlage** grundsätzlich möglich.²⁵⁷

Es bleibt die Frage, ob die erforderlichen gesetzlichen Regelungen vom **Bundesgesetzgeber** aufgrund seiner Zuständigkeit für das **Straßenverkehrsrecht** geschaffen werden müssen oder auch eine Regelungszuständigkeit der Länder mit Blick auf das **Gefahrenabwehrrecht** besteht. Zwar betrifft die Überwachung der Einhaltung von Geschwindigkeitsbegrenzungen erkennbar das in die **konkurrierende Gesetzgebungszuständigkeit** des Bundes (Art. 74 Abs. 1 Nr. 22 GG) fallende Straßenverkehrsrecht. Soweit es um die Verhütung von Überschreitungen der zulässigen Höchstgeschwindigkeit geht, handelt es sich indes um eine Maßnahme der Gefahrenabwehr. Auch an dieser Stelle wirkt sich mithin aus, dass für **repressive Maßnahmen** in Form der Verfolgung von Straftaten und Ordnungswidrigkeiten einerseits und präventives Handeln zur Gefahrenabwehr andererseits unterschiedliche gesetzgeberische Zuständigkeiten bestehen, beides in der Praxis aber häufig miteinander einhergeht.

Mit Blick auf den Umstand, dass Gefahrenabwehr und Strafverfolgung „oft nahe beieinander" liegen,²⁵⁸ so dass die **Regelungsbefugnisse** von Bund und Ländern „Hand in Hand" gehen und „in ihren Wirkungen miteinander eng verwoben" sind,²⁵⁹ hat das Bundesverfassungsgericht jedoch einen **Überschneidungsbereich** der Gesetzgebungszuständigkeiten anerkannt (→ § 2 Rn. 12 f.). Dies gelte namentlich für Regelungen, die „**doppelfunktional ausgerichtet**" sind und sowohl der Strafverfolgung als auch der Gefahrenabwehr – und entsprechend sowohl der Strafverfolgungsvorsorge als auch der Gefahrenvorsorge – dienten, so dass sich ein **eindeutiger Schwerpunkt** weder im präventiven noch im repressiven Bereich ausmachen lasse. In diesen Fällen stehe dem Gesetzgeber ein **Entscheidungsspielraum** für die Zuordnung zu; entsprechende Befugnisse könnten unter Umständen sowohl auf Bundes- als auch auf

---

252 BVerfG, B. v. 18.12.2018 – 1 BvR 142/15, Rn. 52; auch in diesem Falle einen Eingriff bejahend *Th. Schwabenbauer*, in: Lisken/Denninger, Abschnitt G Rn. 47.
253 VG Hannover, Urt. v. 12.3.2019 – 7 A 849/19, Rn. 48.
254 So das Vorbringen des beklagten Landes in VG Hannover, Urt. v. 12.3.2019 – 7 A 849/19, Rn. 20.
255 BVerfG, B. v. 18.12.2018 – 1 BvR 142/15, Rn. 94.
256 BVerfG, B. v. 18.12.2018 – 1 BvR 142/15, Rn. 99.
257 Nds. OVG, Urt. v. 13.11.2019 – 12 LC 79/19, Rn. 42 f.
258 BVerfG, B. v. 18.12.2018 – 1 BvR 142/15, Rn. 71.
259 BVerfG, B. v. 18.12.2018 – 1 BvR 142/15, Rn. 72.

Landesebene geregelt werden.²⁶⁰ Demnach können **Überwachungsmaßnahmen** auch nach dem Gefahrenabwehrrecht der Länder zulässig sein, wenn sie präventiv und repressiv zugleich wirken, eine sachliche Überschneidung von Regelungen ist nicht völlig ausgeschlossen.²⁶¹

155 Hier soll die **Abschnittskontrolle** nach der gesetzlichen Regelung „der Verhütung der Überschreitung der zulässigen Höchstgeschwindigkeit" dienen (§ 32 Abs. 6 Satz 1 NPOG); dies kann regelmäßig nur durch die **nachlaufende** Feststellung der Geschwindigkeitsüberschreitung und ihre Ahndung (sowie ggf. administrative Maßnahmen wie den Entzug der Fahrerlaubnis) geschehen. Insoweit geht **eine präventive Zielsetzung** mit **einem repressiven Instrumentarium** einher. Es liegt daher nahe, diese Regelung dem „Überschneidungsbereich" präventiver und repressiver Regelungen zuzuordnen.²⁶²

156 Im Übrigen entfaltet das Bundesrecht im Bereich der konkurrierenden Gesetzgebungszuständigkeiten eine **Sperrwirkung** für den Landesgesetzgeber nur in dem Umfang, in dem der Bundesgesetzgeber von seiner Gesetzgebungszuständigkeit auch Gebrauch gemacht hat (Art. 72 Abs. 1 GG: „soweit"). Das Bundesrecht ist daher zunächst darauf zu befragen, ob eine **abschließende Regelung** getroffen worden ist oder noch Raum für ergänzendes Landesrecht verbleibt. Hierbei liegt die Schwierigkeit darin, dass auch eine **unvollständige Regelung** als abschließend gemeint sein kann, wenn sich der Gesetzgeber bewusst gegen weitergehende Vorschriften entschieden hat, denn auch das **„absichtsvolle Unterlassen"** einer Regelung kann eine Sperrwirkung für die Länder entfalten (→ § 2 Rn. 16 f.).²⁶³ Für den vorliegenden Zusammenhang hat das niedersächsische Oberverwaltungsgericht eine solche abschließende Regelung durch das Straßenverkehrsrecht des Bundes aber verneint.²⁶⁴ Die Abschnittskontrolle ist demnach formell und materiell verfassungsgemäß.

b) Kennzeichenerfassung zu Fahndungszecken

157 Neben der **offenen Erhebung** von Bilddaten zu Zwecken der Geschwindigkeitskontrolle ist gesetzlich ein gefahrenabwehrender Einsatz von **automatisierten Kennzeichenlesesystemen** (AKLS) zum Zwecke der heimlichen Erhebung und des Abgleichs von Kfz-Kennzeichendaten vorgesehen (§ 32a NPOG). Auch für diese Regelung wird zu gelten haben, dass der Landesgesetzgeber aufgrund sich überschneidender Regelungsbefugnisse von Bund und Ländern in den Bereichen der Strafverfolgung und der Gefahrenabwehr (→ Rn. 154) an deren Erlass aus Gründen der Gefahrenabwehr nicht schon deshalb gehindert war, weil die Vorschrift nach ihren **tatsächlichen Wirkungen** auch Interessen der Strafverfolgung dient und damit Regelungsbereiche in Bundeszuständigkeit berührt. In der Sache bewirkt eine Durchführung **automatisierter Kennzeichenkontrollen** nebst einem nachfolgenden Datenabgleich nach der neueren Rechtsprechung des Bundesverfassungsgerichts einen Eingriff in das Recht auf informationelle Selbstbestimmung auch dann, wenn die erhobenen Daten im Falle eines Nichttreffers sogleich wieder gelöscht werden.²⁶⁵ Zudem handelt es sich bei einer anlasslosen und (oftmals) verdeckten Maßnahme mit erheblicher Streubreite²⁶⁶ um einen Eingriff von erheblicher Intensität (→ Rn. 150),²⁶⁷ was höhere Anforderungen an deren Rechtfertigung nach

---

260 BVerfG, B. v. 18.12.2018 – 1 BvR 142/15, Rn. 72.
261 BVerfG, B. v. 18.12.2018 – 1 BvR 142/15, Rn. 73.
262 Anders wohl Nds. OVG, Urt. v. 13.11.2019 – 12 LC 79/19, Rn. 33 ff.
263 Vgl. BVerfG, Urt. v. 27.7.2005 – 1 BvR 668/04, Rn. 105.
264 Nds. OVG, Urt. v. 13.11.2019 – 12 LC 79/19, Rn. 37 ff.
265 BVerfG, B. v. 18.12.2018 – 1 BvR 142/15, Rn. 45 ff.
266 BVerfG, B. v. 18.12.2018 – 1 BvR 142/15, Rn. 98.
267 Vgl. BVerfG, B. v. 18.12.2018 – 1 BvR 142/15, Rn. 96 ff.

Maßgabe des **Verhältnismäßigkeitsprinzips** stellt.[268] An diesen Vorgaben hat sich der niedersächsische Gesetzgeber orientiert[269] und die **landesrechtlichen Regelungen** entsprechend angepasst, indem im Jahre 2019 die automatisierten Kennzeichenkontrollen zum Gegenstand einer ausführlichen und eigenständigen Vorschrift gemacht wurden.

Mit Blick auf die **Voraussetzungen** des Einsatzes eines automatisierten Kennzeichenlesesystems knüpft der Gesetzgeber folgerichtig an die Landesaufgabe der Gefahrenabwehr an: Ein AKLS kann zunächst zur Abwehr **einer erheblichen Gefahr** zum Einsatz kommen (§ 32a Abs. 1 Satz 1 Nr. 1 NPOG). Des Weiteren findet sich eine Regelung zur **Schleierfahndung,** die in ihren Voraussetzungen mit der entsprechenden Vorschrift im Kontext der Befragungen (§ 12 Abs. 6 NPOG) übereinstimmt (§ 32a Abs. 1 Satz 1 Nr. 2 NPOG). Darüber hinaus wird auch im vorliegenden Zusammenhang an bestimmte kriminalitätsbelastete Orte (§ 32a Abs. 1 Satz 1 Nr. 3 iVm § 13 Abs. 2 Nr. 1 lit. a) NPOG) und Gefahren für Verkehrs- und Versorgungsanlagen angeknüpft (§ 32a Abs. 1 Satz 1 Nr. 4 iVm § 13 Abs. 2 Nr. 3 NPOG). Schließlich können AKLS an einer **Kontrollstelle** zur Verhütung bestimmter Straftaten (§ 32a Abs. 1 Satz 1 Nr. 5 iVm § 14 Abs. 1 NPOG) und zur Verhinderung des Gebrauchs von Kraftfahrzeugen ohne Versicherungsschutz eingesetzt werden (§ 32a Abs. 1 Satz 1 Nr. 6 NPOG). Zulässig ist die Erfassung von Zeit und Ort der Datenerhebung und die Fertigung einer **Bildaufzeichnung** des Fahrzeugs, nicht aber der Insassen (§ 32a Abs. 1 Satz 2 NPOG); die Daten können mit einschlägigen (Fahndungs-) Dateien abgeglichen werden, deren Zwecke dem jeweils verfolgten Zweck der Datenerhebung entsprechen (§ 32a Abs. 2 Satz 2 und 3). Im Falle eines **Nichttreffers** sind die erhobenen Daten sofort automatisiert zu löschen (§ 32a Aba. 3 Satz 1 NPOG).

Nach niedersächsischem Recht ist auch der Einsatz eines AKLS offen durchzuführen und kenntlich zu machen (§ 32a Abs. 4 Satz 1 NPOG). Eine **verdeckte Datenerhebung** setzt voraus, dass durch eine offene Datenerhebung der Zweck der Maßnahme gefährdet würde. Das wird beispielsweise dann anzunehmen sein, wenn damit zu rechnen ist, dass es zu einer **bewussten Umfahrung** der Kontrollstellen kommt.[270] Im Übrigen bedarf es mit Blick auf Vorgaben des Verhältnismäßigkeitsgrundsatzes einer „Dokumentation der Entscheidungsgrundlagen",[271] weshalb weiter vorgesehen ist, dass **der Einsatz eines AKLS** schriftlich unter Angabe von Zweck, Ort, Umfang und Dauer des Einsatzes, der zum Abgleich heranzuziehenden Dateien und der wesentlichen Gründe für die Maßnahme anzuordnen ist (§ 32a Abs. 5 NPOG).

VII. Verdeckte Datenerhebungen

Zu den rechtspolitisch regelmäßig besonders umstrittenen Phänomenen gehört die **heimliche** (verdeckte) Datenerhebung und -verarbeitung ohne (konkrete) Kenntnis der betroffenen Personen von diesen Vorgängen. Es ist **Aufgabe des Gesetzgebers**, die erforderlichen gesetzlichen Grundlagen für derartige Maßnahmen zu schaffen und dabei die notwendigen rechtsstaatlichen Sicherungen zu gewährleisten, um eine „angemessene Balance zwischen Freiheit und Sicherheit"[272] herzustellen. So existieren auf der Ebene des Bundesrechts zahlreiche strafprozessuale Instrumente zur verdeckten Datenerhebung. Genannt seien die Vorschriften über die **Überwachung** der **Telekommunikation** (§ 100a StPO), **Online-Durchsuchungen** (§ 100b StPO), das heimliche Abhören von Gesprächen in Wohnungen durch eine akustische **Wohnraumüberwachung** (§ 100c StPO), die akustische Überwachung außerhalb von Woh-

---
268 BVerfG, B. v. 18.12.2018 – 1 BvR 142/15, Rn. 99.
269 Vgl. LT-Drs. 18/4852, S. 7 ff.
270 *F. Albrecht*, in: Möstl/Weiner, Polizei- und Ordnungsrecht Niedersachsen, § 32a Rn. 71.
271 BVerfG, B. v. 18.12.2018 – 1 BvR 142/15, Rn. 156.
272 BVerfG, B. v. 4.4.2006 – 1 BvR 518/02, Rn. 128.

nungen (§ 100f StPO), die Möglichkeit heimlicher **Bildaufnahmen** (§ 100h StPO) sowie die Möglichkeit zur Erhebung gespeicherter **Bestands-** und **Verkehrsdaten** bei Telekommunikationsanbietern (§§ 100g, 100j StPO). Derartige Maßnahmen können auch im Vorfeld von Straftaten zu deren Verhinderung bei einer entsprechenden **Verdachtslage** angezeigt sein, so dass das (niedersächsische) Gefahrenabwehrrecht ebenfalls ein entsprechendes Instrumentarien bereithält. Insbesondere finden sich Regelungen zur Datenerhebung durch **Überwachung** der **Telekommunikation** (§ 33a NPOG), die Geräte- und Standortermittlung (§ 33b NPOG) und **Auskunftsverlangen** gegenüber Diensteanbietern (§ 33c NPOG), den Zugriff auf **informationstechnische Systeme** (§ 33d NPOG) eine längerfristige **Observation** (§ 34 NPOG) sowie den Einsatz technischer Mittel (§§ 35 f. NPOG). Auch können Daten durch **Vertrauenspersonen** (§ 36 NPOG), verdeckt ermittelnde Personen (§ 36a NPOG) sowie **Ausschreibungen** zu polizeilichen Beobachtung (§ 37 NPOG) erhoben werden. Diese Maßnahmen werden unter dem Oberbegriff der „**besonderen Mittel und Methoden**" (§ 30 Abs. 2 Satz 2 Nr. 2 NPOG) zusammengefasst.

1. Verfassungsrechtlicher Rahmen

161 Die Grundsatzentscheidung des Bundesverfassungsgerichts aus dem Jahre 2005 betreffend die Zuständigkeiten für die Gesetzgebung im Bereich der **Vorfeldaufgaben**, mit der zum einen die **vorbeugende Bekämpfung** von Straftaten in Form ihrer Verhütung der landesrechtlichen Zuständigkeit für die Gefahrenabwehr und zum anderen die **Vorsorge** für die **Verfolgung** von Straftaten dem Strafverfahrensrecht zugeordnet worden ist[273] (→ § 2 Rn. 14 ff.), betraf in der Sache die seinerzeitigen Vorschriften des niedersächsischen Landesrechts zur (heimlichen) Überwachung der **Telekommunikation** (§ 33a NSOG a. F.). Die damalige Regelung gab daher Veranlassung, sich auch mit den materiellrechtlichen Maßstäben für die Zulässigkeit einer **verdeckten Datenerhebung** nicht zuletzt zu Zwecken der vorbeugenden Bekämpfung von Straftaten zu befassen; diese Maßstäbe wurden in weiteren Entscheidungen, namentlich der Entscheidung zum BKA-Gesetz aus dem Jahre 2016, bestätigt und präzisiert.[274] Sie bilden die Grundlage für das heute geltende Landesrecht (u. a.) im Bereich der Überwachung der Telekommunikation, da sich der Gesetzgeber bei dem Erlass der einschlägigen Vorschriften an diesen Vorgaben orientiert hat.[275]

162 Das Bundesverfassungsgericht hat die **verdeckte Erhebung** personenbezogener Daten mit Blick auf die Überwachung der Telekommunikation am **Telekommunikationsgeheimnis** (Art. 10 GG) gemessen[276] und in diesem Zusammenhang drei für eine rechtsstaatliche Ordnung wesentliche Aspekte in den Blick genommen: Zum einen werden die **Bestimmtheit** und die **Verhältnismäßigkeit** einer Regelung der Zulässigkeit eines (erheblichen) Eingriffs in das Telekommunikationsgeheimnis im Vorfeld einer Straftat thematisiert, zum anderen geht das Gericht auf die Folgen der **Unantastbarkeit der Menschenwürde** (Art. 1 Abs. 1 Satz 1 GG) für den Schutz eines Kernbereichs privater Lebensgestaltung ein. Die verfassungsrechtliche Rechtfertigung einer solchen Maßnahme erfordert danach präzise und normenklare **Ermächtigungsgrundlagen**,[277] die hohen Anforderungen an die **Verhältnismäßigkeit**, namentlich die

---

[273] BVerfG, Urt. v. 27.7.2005 – 1 BvR 668/04, Rn. 95 ff., 99 ff.
[274] Vgl. BVerfG, Urt. v. 20.4.2016 – 1 BvR 966/09 u. a., Rn. 90 ff.
[275] Vgl. LT-Drs. 18/850, S. 58 f.
[276] BVerfG, Urt. v. 27.7.2005 – 1 BvR 668/04, Rn. 80.
[277] Vgl. BVerfG, Urt. v. 27.7.2005 – 1 BvR 668/04, Rn. 118 ff.

VII. Verdeckte Datenerhebungen

Angemessenheit einer gesetzlichen Regelung genügen müssen;[278] zudem sind Vorkehrungen zum Schutze eines **Kernbereichs privater Lebensgestaltung** (→ Rn. 198 ff.) geboten.[279]

Das Erfordernis der **Bestimmtheit** von Ermächtigungen zur Überwachung und Aufzeichnung der Telekommunikation leitet das Bundesverfassungsgericht unmittelbar aus dem **Telekommunikationsgeheimnis** ab.[280] Danach bedarf es für Eingriffe in dieses Grundrecht hinreichend bestimmter Ermächtigungsgrundlagen, damit Betroffene die Rechtslage erkennen und ihr Verhalten danach ausrichten können, die Verwaltung steuernde und begrenzende **Handlungsmaßstäbe** vorfindet und die Justiz die Verwaltung anhand rechtlicher Maßstäbe kontrollieren kann.[281] Dies gilt namentlich dann, wenn Maßnahmen im Bereich der vorbeugenden Bekämpfung von Straftaten erfolgen sollen, in der die Sachlage häufig noch durch **Unsicherheiten** hinsichtlich der weiteren Entwicklung des Geschehens gekennzeichnet ist. Auch in diesem Bereich müsse eine Rechtsnorm handlungsbegrenzende Tatbestandselemente enthalten, die einen Standard an **Vorhersehbarkeit** und **Kontrollierbarkeit** schaffen, der mit dem vergleichbar ist, der für die überkommenen Aufgaben der Gefahrenabwehr und der Strafverfolgung gilt.[282]

163

Von grundsätzlicher Bedeutung sind zudem die Erwägungen zur **Verhältnismäßigkeit im engeren Sinne**. Zunächst wird hervorgehoben, dass die seinerzeitige landesrechtliche Regelung zu schwer wiegenden Grundrechtsbeeinträchtigungen ermächtige: Regelungen zur Überwachung der Telekommunikation ermöglichten die Erfassung von **Kommunikationsinhalten** und damit die Erhebung von Daten in einer Situation vermeintlicher Vertraulichkeit.[283] Auch besäßen die Maßnahmen eine große **Streubreite**, da das Abhören von Gesprächen alle Personen betreffe, mit denen die Zielperson über Telekommunikationsverbindungen in Kontakt stehe, wozu auch „gänzlich unbeteiligte Dritte" gehörten.[284] Der **Erheblichkeit** der Beeinträchtigung korrespondieren entsprechend hohe Anforderungen an die Bedeutung der zu schützenden Belange: Eine **Telekommunikationsüberwachung** müsse sich auf den Schutz „besonders hochrangiger Rechtsgüter" beziehen und beschränken.[285]

164

Die skizzierten Grundsätze entsprechen den Maßstäben, an denen das Bundesverfassungsgericht in der Folgezeit anderweitige Maßnahmen betreffend verdeckte Datenerhebungen und -verarbeitungen wie etwa **Online-Durchsuchungen**[286] oder die **Vorratsdatenspeicherung**[287] gemessen hat. Eine heimliche Überwachung der Telekommunikation und andere verdeckte Überwachungsmaßnahmen im Bereich der Gefahrenabwehr setzen danach im Grundsatz voraus, dass sie zum Schutze besonders gewichtiger Rechtsgüter wie Leib, Leben oder Freiheit einer Person sowie Bestand und Sicherheit des Bundes oder eines Landes erfolgen,[288] wenn eine **Gefährdung** dieser Rechtsgüter im Einzelfall hinreichend konkret absehbar ist.[289] Auch bedarf es einer Beziehung der betroffenen Person zum Sachverhalt, wenngleich es sich bei

165

---

278 Vgl. BVerfG, Urt. v. 27.7.2005 – 1 BvR 668/04, Rn. 137 ff.
279 Vgl. BVerfG, Urt. v. 27.7.2005 – 1 BvR 668/04, Rn. 162 ff.
280 BVerfG, Urt. v. 27.7.2005 – 1 BvR 668/04, Rn. 118.
281 Vgl. BVerfG, Urt. v. 27.7.2005 – 1 BvR 668/04, Rn. 118 ff.; s. hierzu auch BVerfG, B. v. 28.9.2022 – 1 BvR 2354/13, Rn. 109.
282 BVerfG, Urt. v. 27.7.2005 – 1 BvR 668/04, Rn. 124.
283 BVerfG, Urt. v. 27.7.2005 – 1 BvR 668/04, Rn. 143.
284 BVerfG, Urt. v. 27.7.2005 – 1 BvR 668/04, Rn. 142.
285 BVerfG, Urt. v. 27.7.2005 – 1 BvR 668/04, Rn. 154.
286 Vgl. dazu BVerfG, Urt. v. 27.2.2008 – 1 BvR 370/07 u. a., Rn. 218 ff.
287 Vgl. dazu BVerfG, Urt. v. 2.3.2010 – 1 BvR 256/08 u. a., Rn. 209 ff.
288 BVerfG, Urt. v. 27.2.2008 – 1 BvR 370/07 u. a., Rn. 247; Urt. v. 2.3.2010 – 1 BvR 256/08 u. a., Rn. 231; Urt. v. 20.4.2016 – 1 BvR 966/09 u. a., Rn. 108.
289 Vgl. BVerfG, Urt. v. 27.7.2005 – 1 BvR 668/04, Rn. 124 ff.; Urt. v. 27.2.2008 – 1 BvR 370/07 u. a., Rn. 249 ff.; Urt. v. 2.3.2010 – 1 BvR 256/08 u. a., Rn. 231; Urt. v. 20.4.2016 – 1 BvR 966/09 u. a., Rn. 109.

der Zielperson nicht notwendig um die als Täterin oder Täter in Betracht kommende Person handeln muss.[290] In der Entscheidung betreffend **die heimliche Überwachung** und **Datenerhebung** nach Maßgabe von Vorschriften des BKA-Gesetzes aus dem Jahre 2008 ist diese Rechtsprechung wie folgt zusammengefasst worden:

> „Heimliche Überwachungsmaßnahmen, sofern sie … tief in die Privatsphäre eingreifen, sind mit der Verfassung nur vereinbar, wenn sie dem Schutz oder der Bewehrung von hinreichend gewichtigen Rechtsgütern dienen, für deren Gefährdung oder Verletzung im Einzelfall belastbare tatsächliche Anhaltspunkte bestehen. Sie setzen grundsätzlich voraus, dass der Adressat der Maßnahme in die mögliche Rechtsgutverletzung aus Sicht eines verständigen Dritten den objektiven Umständen nach verfangen ist. Eine vorwiegend auf den Intuitionen der Sicherheitsbehörden beruhende bloße Möglichkeit weiterführender Erkenntnisse genügt zur Durchführung solcher Maßnahmen nicht …".[291]

2. Telekommunikationsbezogene Maßnahmen

a) Überwachung der Telekommunikation

166 Unter Anknüpfung an diese verfassungsrechtlichen Vorgaben[292] sieht das niedersächsische Landesrecht die Überwachung und Aufzeichnung der Telekommunikation zunächst zur Abwehr einer **dringenden Gefahr** durch die Polizei vor (§ 33a Abs. 1 Nr. 1 NPOG). Mit dieser Anknüpfung an eine dringende Gefahr wird auf gewichtige Rechtsgüter wie Bestand und Sicherheit des Bundes oder eines Landes sowie Leib, Leben oder Freiheit einer Person oder Sachen von bedeutendem Wert, deren Erhaltung im öffentlichen Interesse liegt (§ 2 Nr. 4 NPOG), Bezug genommen. Gegen eine Bezugnahme auch auf **Sachen von bedeutendem Wert**, deren Erhaltung im öffentlichen Interesse liegt, hat das Bundesverfassungsgericht in der Entscheidung zum BKA-Gesetz keine Einwendungen erhoben.[293]

167 Die Maßnahme kann sich zunächst gegen eine **verantwortliche Person** richten (§ 33a Abs. 1 Nr. 1 NPOG), ferner gegen eine Person, die Mitteilungen für die verantwortliche Person entgegennimmt oder weitergibt oder deren **Telekommunikationsanschluss** oder Endgerät von der verantwortlichen Person benutzt wird (§ 33a Abs. 1 Nr. 4 und 5 NPOG). Das ist ebenfalls zulässig, da eine solche Person hinreichend in das (Tat-) Geschehen eingebunden ist.[294] Mit Blick auf die (Vorfeld-) Aufgabe der Verhinderung von Straftaten ist eine **Telekommunikationsüberwachung** zudem dann möglich, wenn (tatbezogen) Tatsachen die Annahme rechtfertigen, dass die betreffende Person innerhalb eines übersehbaren Zeitraums auf eine zumindest ihrer Art nach konkretisierte Weise eine **terroristische Straftat** oder eine **schwere organisierte Gewalttat** begehen wird oder (täterbezogen) das individuelle Verhalten der Person die konkrete Wahrscheinlichkeit der Begehung einer terroristischen Straftat innerhalb eines übersehbaren Zeitraums begründet (§ 33a Abs. 1 Nr. 2 und 3 NPOG). Auch damit wird an entsprechende Formulierungen aus dem **BKA-Urteil** des Bundesverfassungsgerichts angeknüpft, deren Übertragung in eine gesetzliche Regelung aber unter Aspekten der Bestimmtheit auf Bedenken stoßen muss.[295] Weiter bedarf es jeweils der „**Unerlässlichkeit**" der Maßnahme zur Abwehr der Gefahr oder Verhinderung der Straftat.

---

290 Vgl. BVerfG, Urt. v. 20.4.2016 – 1 BvR 966/09 u. a., Rn. 104; s. ferner BVerfG, B. v. 4.4.2006 – 1 BvR 518/02, Rn. 137.
291 BVerfG, Urt. v. 20.4.2016 – 1 BvR 966/09 u. a., Rn. 104.
292 Vgl. LT-Drs. 18/850, S. 58 f.
293 Vgl. BVerfG, Urt. v. 20.4.2016 – 1 BvR 966/09 u. a., Rn. 155.
294 Vgl. BVerfG, Urt. v. 20.4.2016 – 1 BvR 966/09 u. a., Rn. 233.
295 BVerfG, Urt. v. 20.4.2016 – 1 BvR 966/09 u. a., Rn. 112, 164, 213; die Vorschrift für verfassungswidrig haltend *F. Albrecht*, in: Möstl/Weiner, Polizei- und Ordnungsrecht Niedersachsen, § 33a Rn. 34; krit. auch *J. D. Roggenkamp*, in: Saipa u. a., NPOG, § 33a Rn. 14.

In verfahrensmäßiger Hinsicht erfordert die **Telekommunikationsüberwachung** eine schriftliche und zu begründende **Anordnung** durch das Amtsgericht auf einen ebenfalls zu begründenden Antrag der Polizei (§ 33a Abs. 5 NPOG). Bei **Gefahr im Verzug** ist eine vorläufige Anordnung durch die Polizei möglich; die gerichtliche Entscheidung ist unverzüglich einzuholen. Ergeht diese nicht spätestens am dritten Tage nach polizeilicher Anordnung der Maßnahme, muss die Überwachung beendet werden; bereits erhobene Daten unterliegen einem **Verwendungsverbot** und sind zu löschen (§ 33a Abs. 6 NPOG).

168

Über die „klassische" Überwachung und Aufzeichnung der Telekommunikation hinaus kennt das niedersächsische Gefahrenabwehrrecht noch weitere telekommunikationsbezogene Maßnahmen. So kann in besonderen Fällen eine **Überwachung** und **Aufzeichnung** der Telekommunikation in der Weise erfolgen, dass mit technischen Mitteln in ein von der betroffenen Person genutztes informationstechnisches System eingegriffen wird (§ 33a Abs. 2 und 3 NPOG). Diese sogenannte **Quellen-Telekommunikationsüberwachung** soll insbesondere ermöglichen, eine in verschlüsselter Form erfolgende Kommunikation zu überwachen (§ 33a Abs. 2 Nr. 2 NPOG).

169

Gesetzlich ferner vorgesehen ist eine Verpflichtung der **Anbieter** von Telemedien- und Telekommunikationsdienstleistungen (Provider) zur **Auskunftserteilung** insbesondere über Bestands- und Nutzungsdaten (§ 33c NPOG). Insoweit nimmt das Gesetz derzeit noch auf frühere Fassungen sowohl des Telemediengesetzes (TMG) als auch des Telekommunikationsgesetzes (TKG) Bezug, da der Bundesgesetzgeber im Juni 2021 mit Wirkung zum 1.12.2021 eine **Neuregelung** durch das Gesetz über den Datenschutz und den Schutz der Privatsphäre in der Telekommunikation und bei Telemedien (TTDSG) bei gleichzeitiger Aufhebung von Vorschriften des Telemediengesetzes vorgenommen hat[296] und zudem das TKG durch das Telekommunikationsmodernisierungsgesetz ebenfalls mit Wirkung zum 1.12.2021 neu erlassen wurde.[297] Zwar existieren Parallel- und **Ersatzvorschriften** zu den früheren Regelungen. So finden sich auf das jeweilige Gesetz bezogene Definitionen von **Bestandsdaten** (§ 2 Abs. 2 Nr. 2 TTDSG, § 3 Nr. 6 TKG), **Nutzungsdaten** (§ 2 Abs. 2 Nr. 3 TTDSG) und **Verkehrsdaten** (§ 3 Nr. 70 TKG), die sich zur Interpretation auch der Auskunftspflichten der Anbieter aufgrund des Gefahrenabwehrrechts heranziehen lassen. Vor dem Hintergrund der vom Bundesverfassungsgericht in der neueren Entscheidung zum bayerischen Verfassungsschutzgesetz formulierten Anforderungen an **Verweisungsketten**[298] ist das Vorhandensein einer hinreichend normenklaren Ermächtigungsgrundlage gleichwohl zweifelhaft, zumal die Abgrenzung der verschiedenen **Datenkategorien** durchaus Schwierigkeiten bereiten kann. Dies bestätigt die grundsätzlichen Bedenken gegen **dynamische Verweisungen** auf das Bundesrecht, die der saarländische Verfassungsgerichtshof mit Blick auf landesrechtliche Vorschriften über die polizeiliche Datenverarbeitung erhoben hat.[299]

170

b) Standortabfragen und -ermittlungen

▶ **Fall:** In einem Seniorenheim wird festgestellt, dass eine ältere und gebrechliche sowie zeitweilig desorientierte Bewohnerin die Einrichtung unbemerkt verlassen hat. Die besorgte Heimleitung unterrichtet die Polizei. Da die Bewohnerin offenbar ihr Mobiltelefon mit sich führt, erwägt die Polizei, den Mobilfunkanbieter um eine Standortermittlung zu ersuchen. ◀

---

296 BGBl. I 2021, S. 1982.
297 BGBl. I 2021, S. 1858.
298 BVerfGE, Urt. v. 26.4.2022 – 1 BvR 1619/17, Rn. 272; s. ferner BVerfG, B. v. 28.9.2022 – 1 BvR 2354/13, Rn. 112.
299 SaarlVerfGH, B. v. 22.4.2022 – Lv 1/21, S. 36 ff.

171 Der Gesetzgeber hat zudem diverse **Auskunftspflichten** von Anbietern von Dienstleistungen im Bereich der Telekommunikation vorgesehen. Die Verpflichtung zur Erteilung einer Auskunft über **Bestandsdaten** (§ 3 Nr. 6 TKG, § 2 Abs. 2 Nr. 2 TTDSG) ist grundsätzlich an das Erfordernis einer **konkreten Gefahr** für die öffentliche Sicherheit geknüpft und gegen eine verantwortliche Person zu richten (§ 33c Abs. 1 Satz 3, und Abs. 2 Satz 3 NPOG). Mit Blick auf **Nutzungsdaten** (§ 2 Abs. 2 Nr. 3 TTDSG) und im Bereich der Telekommunikation auch **Verkehrsdaten** (§ 3 Nr. 70 TKG) müssen hingegen die Voraussetzungen für eine **Überwachung** der Telekommunikation vorliegen (§ 33c Abs. 1 Satz 4, und Abs. 2 Satz 4 NPOG). Die Abfrage kann auf die – zu den Verkehrsdaten zählenden – **Standortdaten** beschränkt werden (§ 33c Abs. 5 Satz 1). Dies soll namentlich dann in Betracht kommen, wenn der **Aufenthaltsort** einer suizidgefährdeten oder hilflosen Person festzustellen ist (§ 33c Abs. 5 Satz 2 NPOG).[300] Die Norm setzt damit im Grunde voraus, dass es sich bei einer sich selbst gefährdenden oder etwa aufgrund **Hilflosigkeit** gefährdeten Person zugleich um eine (handlungs-) verantwortliche Person handelt, da die mittelbar in Bezug genommene Regelung über die Überwachung der Telekommunikation (§ 33c Abs. 5 Satz 1 iVm Abs. 2 Satz 1 Nr. 3, Satz 4 und § 33a Abs. 1 Nr. 1 NPOG) an die **Verantwortlichkeit** anknüpft. Demgegenüber konnte bei Schaffung der Vorschrift die Überwachung der Telekommunikation von polizeirechtlich verantwortlichen wie auch nicht verantwortlichen Personen erfolgen, wenn eine gegenwärtige Gefahr für Leib, Leben oder Freiheit einer Person vorlag (§ 33a SOG Abs. 1 und Abs. 6 idF vom 25.11.2007).[301] Aufgrund der regelmäßig gegebenen **Eilbedürftigkeit** bei der Suche nach gefährdeten Personen sowie des mutmaßlichen (wahren) Interesses einer betroffenen Person an der **Standortermittlung** wird in diesen Fällen auf eine gerichtliche Anordnung verzichtet (§ 33c Abs. 5 Satz 2 NPOG).

172 Anstelle der **Standortabfrage** bei einem Anbieter von Telekommunikationsdienstleistungen ist die Ermittlung des Standortes eines **Mobilfunkgerätes** auch mit eigenen technischen Mitteln der Polizei zulässig. Gesetzlich weiter vorgesehen ist der Einsatz eines **IMSI-Catchers**, mit dem eine eindeutige Kennung eines Mobiltelefons innerhalb einer simulierten Funkzelle abgefragt wird. Allerdings ist die Reichweite dieses Systems begrenzt, so dass es einer zumindest ungefähren Kenntnis des Standortes eines Mobilfunkgerätes und damit der **gesuchten Person** bedarf. Gesetzlich vorgesehen ist der Einsatz des IMSI-Catchers wiederum unter den Voraussetzungen der **Telekommunikationsüberwachung** zum einen zur Ermittlung der Gerätekennung und zum anderen zur Standortermittlung (§ 33b Abs. 1 Satz 1 NPOG).

173 Sowohl bei dem **Aufenthaltsort** einer Person als auch der **Gerätekennung** handelt es sich um personenbezogene Daten, so dass mit dem Einsatz eines **IMSI-Catchers** keine Beeinträchtigung das Fernmeldegeheimnisses,[302] sondern des Rechts auf informationelle Selbstbestimmung einhergeht.[303] Im Falle der Gefährdung einer Person wird die **Datenerhebung** aber regelmäßig dem mutmaßlichen Willen und objektiven Interesse der betroffenen Person entsprechen. Auch handelt es sich um einen relativ geringfügigen Eingriff zum Schutze hochrangiger Rechtsgüter. Die Maßnahme bedarf gleichwohl der (amts-) gerichtlichen Anordnung, die wiederum **bei Gefahr im Verzug** vorläufig durch eine Anordnung der Polizei ersetzt werden kann (§ 33b Abs. 3 NPOG).

174 Im Beispielsfall wird die Bewohnerin von der Einrichtung „vermisst". Eine **Abwesenheit** einer Person reicht zwar für sich genommen nicht aus, um eine Standortermittlung zu rechtfertigen, da weiter eine (dringende) Gefahr etwa für Leib oder Leben erforderlich ist. Bei einer

---

300 Vgl. LT-Drs. 15/3810, S. 31.
301 Nds. GVBl. 2007 S. 654.
302 BVerfG, B. v. 22.8.2006 – 2 BvR 1345/03, Rn. 55 ff.
303 BVerfG, B. v. 22.8.2006 – 2 BvR 1345/03, Rn. 64 ff.; s. ferner F. Albrecht, in: Möstl/Weiner, Polizei- und Ordnungsrecht Niedersachsen, § 33b Rn. 4; M. Martini, in: v. Münch/Kunig, GG, Art. 10 Rn. 71.

verschwundenen Person lässt sich eine solche Situation aber jedenfalls dann annehmen, wenn – wie hier – bekannt ist, dass bei der betreffenden Person alters- oder krankheitsbedingte Beeinträchtigungen vorhanden sind; letztlich ist dies aber erst im Nachhinein sicher festzustellen. Es geht bei der Standortermittlung daher im Grunde um einen Spezialfall eines **Gefahrenverdachts**, denn die Polizei kann im Moment des Handelns nach Maßgabe der verfügbaren Informationen nur eine (Wahrscheinlichkeits-) Prognose abgeben, ob tatsächlich eine Gefahr für ein hochrangiges Individualrechtsgut droht.

c) Unterbrechung des Mobilfunks

Gesetzlich weiter vorgesehen ist, dass „unter den Voraussetzung des Absatzes 1" des § 33b NPOG auch **Telekommunikationsverbindungen** unterbrochen oder verhindert werden dürfen (§ 33b Abs. 2 NPOG). Diese Regelung soll dem Zweck dienen zu verhindern, dass eine **Sprengvorrichtung** vermittels eines Mobiltelefons ferngezündet wird.[304] Richtigerweise ist die etwas missglückte Inbezugnahme der „Voraussetzungen des Absatzes 1" daher allein als mittelbare Verweisung auf die Voraussetzungen der **Telekommunikationsüberwachung** (§ 33a Abs. 1 NPOG), nicht aber auf den Zweck des Einsatzes der technischen Mittel – Ermittlung der Gerätekennung oder des Standortes – zu beziehen; anderenfalls bliebe die Vorschrift ohne erkennbaren Sinn. Eine eigene Regelung einer solchen Maßnahme, wie sie etwa in Berlin existiert (§ 29b ASOG), ist aber schon mit Blick auf die **Grundrechtsrelevanz** der vollständigen Unterbindung des **Mobilfunkverkehrs** in einem bestimmten Bereich nebst der damit einhergehenden Verhinderung von **Notrufen** zu empfehlen.

3. Online-Durchsuchungen

Von herausgehobener grundrechtlicher Relevanz ist der Zugriff auf Daten auf **mobilen** und **stationären Endgeräten** wie Mobiltelefonen, Tablets, Notebooks und Desktop-Computern im Wege der **Online-Durchsuchung**; sachlich einschlägig ist in diesen Fällen regelmäßig die grundrechtliche Gewährleistung der Vertraulichkeit und Integrität informationstechnischer Systeme (→ Rn. 12 f.). Eine Online-Durchsuchung bleibt in ihrer **Eingriffstiefe** hinter einer Überwachung der **Telekommunikation** nicht zurück, sondern geht darüber womöglich noch hinaus;[305] auch in einem solchen Fall gelten daher hohe Anforderungen sowohl an die **Bestimmtheit** der zur Online-Durchsuchung ermächtigenden Normen als auch mit Blick auf die zu schützenden **Rechtsgüter**.

Der niedersächsische Gesetzgeber hat die Zulässigkeit von **Online-Durchsuchungen** parallel zu den Voraussetzungen einer Überwachung der Telekommunikation geregelt. Danach kann die Polizei zunächst dann in ein informationstechnisches System einer Person eingreifen und Daten erheben, wenn dies zur Abwehr einer **dringenden Gefahr** geschieht und die betroffene Person verhaltens- oder zustandsverantwortlich ist (§ 33d Abs. 2 Satz 1 Nr. 1 NPOG). Diese Voraussetzung ist nach der gesetzlichen Regelung grundsätzlich auch dann erfüllt, wenn Sachen von bedeutendem Wert, deren Erhaltung im öffentlichen Interesse liegt, ein Schaden droht (§ 2 Nr. 4 NPOG). Das auch in diesem Falle eine Online-Durchsuchung angesichts ihrer **Beeinträchtigungsintensität** gerechtfertigt ist, muss indes bezweifelt werden.[306]

Weiter zulässig sind **Online-Durchsuchungen**, wenn (tatbezogen) Tatsachen die Annahme rechtfertigen, dass die betroffene Person innerhalb eines **übersehbaren Zeitraums** auf eine zu-

---

304 F. Albrecht, in: Möstl/Weiner, Polizei- und Ordnungsrecht Niedersachsen, § 33b Rn. 27.
305 So F. Albrecht, in: Möstl/Weiner, Polizei- und Ordnungsrecht Niedersachsen, § 33d Rn. 5 f.; s. ferner J. D. Roggenkamp, in: Saipa u. a., NPOG, § 33d Rn. 7.
306 Verneinend J. D. Roggenkamp, in: Saipa u. a., NPOG, § 33d Rn. 11.

mindest ihrer Art nach konkretisierte Weise eine terroristische Straftat begehen wird oder aber (täterbezogen) deren individuelles Verhalten **die konkrete Wahrscheinlichkeit** der Begehung einer solchen Straftat innerhalb eines übersehbaren Zeitraums begründet (§ 33d Abs. 1 Satz 1 Nr. 2 und 3 NPOG). Gegenüber der Regelung über die Überwachung der **Telekommunikation** entfallen ist die mit Blick auf Online-Durchsuchungen nicht sinnvolle Anknüpfung an eine informationsvermittelnde Person sowie die Bezugnahme auf eine „schwere organisierte Gewalttat".

179 Auch mit Blick auf **Online-Durchsuchungen** gilt, dass die Maßnahme jeweils unerlässlich sein muss. Dass Dritte unvermeidbar mitbetroffen sind, steht ihr nicht entgegen (§ 33d Abs. 2 NPOG). Ferner bedarf es ebenfalls einer amtsgerichtlichen Anordnung, die schriftlich zu begründen ist (§ 33d Abs. 3 NPOG) und bei **Gefahr im Verzug** durch eine polizeiliche Anordnung ersetzt werden kann, die ebenfalls der Begründung bedarf und das Vorliegen von Gefahr im Verzug darlegen muss (§ 33d Abs. 4 NPOG).

4. Datenerhebung durch längerfristige Observation und Einsatz technischer Mittel

a) Das gesetzliche Regelungssystem

180 Ebenfalls um eine Form der **Datenerhebung** handelt es sich, wenn Erkenntnisse über das Verhalten einer Person oder deren Absichten durch Beobachtung (**Observation**) oder durch einen Einsatz verdeckter **technischer Mittel** in Form von Vorrichtungen zum Abhören des gesprochenen Wortes oder zur Übertragung und Aufzeichnung von Bilddaten erhoben werden. Der Gesetzgeber behandelt diese Instrumente im Ausgangspunkt gleich. Allerdings bedarf es mit Blick auf den **Grundrechtsschutz der Wohnung** (Art. 13 GG) einer Unterscheidung danach, ob der Einsatz der technischen Mittel außerhalb von Wohnungen oder in Wohnungen erfolgt. Grundsätzlich zu unterscheiden ist daher die (längerfristige) Observation (§ 34 NPOG) und der Einsatz technischer Mittel außerhalb von Wohnungen (§ 35 NPOG) sowie der Einsatz technischer Mittel in Wohnungen (§ 35a NPOG).

181 Bei den technischen Mitteln zur **Datenerhebung** handelt es sich um Vorrichtungen, die es ermöglichen, eine Person mittels **Bildübertragungen** zu beobachten und **Bildaufzeichnungen** von ihr anzufertigen, das nicht öffentlich gesprochene Wort abzuhören und aufzuzeichnen sowie den jeweiligen **Aufenthaltsort** der beobachteten Person zu bestimmen (§ 35 Abs. 1 Satz 1 NPOG). Als längerfristige Observation definiert das Gesetz eine verdeckte **Personenbeobachtung**, die planmäßig angelegt ist und innerhalb einer Woche insgesamt länger als 24 Stunden oder über den Zeitraum von einer Woche hinaus durchgeführt werden soll oder die über diese Zeiträume hinaus tatsächlich weitergeführt wird (§ 34 Abs. 1 Satz 1 NPOG). Eine längerfristige Observation ist danach die auf die genannten (Mindest-) Zeiträume angelegte Beobachtung einer Person oder ein **Beobachtungsvorgang**, der ursprünglich nicht auf einen solchen Zeitraum angelegt war, aber ungeplant über einen solchen Zeitraum hinaus durchgeführt wird; nicht erfasst wird die offene, für die betroffene Person erkennbare Beobachtung.

182 Soweit ein kürzerer Zeitraum in Rede steht, soll eine Observation auf die allgemeine Regelung über die **Datenerhebung** gestützt werden können.[307] Allerdings ist zweifelhaft, ob es sich dabei um eine hinreichend spezifische Ermächtigung etwa für eine Erhebung personenbezogener Daten durch **fortdauernde Beobachtung** über mehrere Tage handelt; jedenfalls müssen auch die weiteren Voraussetzungen für verdeckte Datenerhebungen (§ 30 Abs. 2 Satz 2 NPOG) erfüllt sein. Auch eine nur kurzzeitige verdeckte **Überwachung** wird daher regelmäßig nur

---

307 *H. Wellhausen*, in: Möstl/Weiner, Polizei- und Ordnungsrecht Niedersachsen, § 34 Rn. 9.

VII. Verdeckte Datenerhebungen

in Betracht kommen, wenn anderenfalls die Erfüllung der polizeilichen Aufgaben erheblich gefährdet würde (§ 30 Abs. 2 Satz 2 Nr. 4 NPOG).[308]

Mit Blick auf die **Tatbestandsvoraussetzungen** ergibt sich eine strukturelle Parallele zu den Voraussetzungen für die Telekommunikationsüberwachung und Online-Durchsuchungen; allerdings werden **Observationen** und den Einsatz technischer Mittel in etwas weitergehendem Umfang zugelassen. Grundsätzlich orientiert sich die gesetzliche Regelung wiederum an den Vorgaben zur Zulässigkeit namentlich verdeckter Datenerhebungen in der **BKA-Entscheidung** des Bundesverfassungsgerichts. Observiert werden darf demnach eine handlungs- oder zustandsverantwortliche Person, wenn eine Gefahr für den Bestand oder die Sicherheit des Bundes oder eines Landes oder für Leib, Leben oder Freiheit einer Person oder für Sachen von bedeutendem Wert, deren Erhaltung im öffentlichen Interesse liegt, abgewehrt werden soll (§ 34 Abs. 1 Satz 1 Nr. 1 NPOG). Das entspricht den Schutzgütern der **dringenden Gefahr** (§ 2 Nr. 4 NPOG) bei gleichzeitigem Verzicht auf die ansonsten bei einer dringenden Gefahr erhöhten Anforderungen an Schadenshöhe und -wahrscheinlichkeit; vielmehr soll eine konkrete Gefahr ausreichend sein.

183

Mögliche **Maßnahmeadressaten** sind auch nicht verantwortliche Personen, sofern die Voraussetzungen ihrer Inanspruchnahme (§ 8 NPOG) vorliegen. Ferner observiert werden darf eine Person, bei der Tatsachen die Annahme rechtfertigen, dass sie (tatbezogen) innerhalb eines **übersehbaren Zeitraums** auf eine zumindest ihrer Art nach konkretisierte Weise eine Straftat von erheblicher Bedeutung (§ 2 Nr. 14 NPOG) oder eine terroristische Straftat (§ 2 Nr. 15 NPOG) begehen wird oder wenn (täterbezogen) ihr individuelles Verhalten die konkrete Wahrscheinlichkeit begründet, dass sie innerhalb eines übersehbaren Zeitraums eine terroristische Straftat begehen wird (§ 34 Abs. 1 Satz 1 Nr. 2 und 3 NPOG). Sofern diese Voraussetzungen vorliegen, können **Kontakt- und Begleitpersonen** ebenfalls observiert werden (§ 34 Abs. 1 Satz 1 Nr. 4 NPOG); auch die Observation muss jeweils „unerlässlich" sein. Für die Zulässigkeit eines verdeckten Einsatzes technischer Mittel wird auf die Voraussetzungen der Observation verwiesen (§ 35 Abs. 1 Satz 1 NPOG).

184

In verfahrensmäßiger Hinsicht bedarf auch die Observation einer (amts-) gerichtlichen Anordnung, die bei **Gefahr im Verzug** wiederum durch eine polizeiliche Anordnung ersetzt werden kann, in der auch darzulegen ist, aus welchem Grunde eine Gefahr im Verzug angenommen wurde. Bei einem **Einsatz technischer Mittel** bedarf es der gerichtlichen Anordnung nur, wenn das gesprochene Wort abgehört und aufgezeichnet werden soll oder eine andere **Überwachungsmaßnahme** innerhalb einer Woche insgesamt länger als 24 Stunden oder über einen Zeitraum von einer Woche hinaus zum Einsatz kommt (§ 35 Abs. 2 Satz 1 NPOG). Zudem entfällt das Erfordernis der gerichtlichen Anordnung in diesen Fällen, wenn die Maßnahme „ausschließlich zum Schutz von Leib, Leben oder Freiheit einer bei einem polizeilichen Einsatz tätigen Person" erfolgt (§ 35 Abs. 4 Satz 1 NPOG).

185

b) Besonderheiten bei der Überwachung von Wohnungen

Eine komplexe Regelung, die dem grundrechtlichen **Schutz der Wohnung** durch Art. 13 GG Rechnung tragen soll, findet sich für eine **Datenerhebung** in (oder aus) Wohnungen durch **den Einsatz technischer Mittel**. Als Maßnahmen kommen auch in diesen Fällen zunächst das Abhören und Aufzeichnen des in einer Wohnung nicht öffentlich gesprochenen Wortes sowie die Beobachtung einer Person mittels **Bildübertragung** und die Fertigung von **Bildaufzeichnungen** in Betracht. Bei der betroffenen Wohnung muss es sich nicht notwendig um die Wohnung der betroffenen Person handeln. Vielmehr kann auch die Wohnung einer / eines

186

---

308 Vgl. VG Göttingen, Urt. v. 4.10.2021 – 1 A 295/18, Rn. 29.

Dritten überwacht werden, sofern Tatsachen die Annahme rechtfertigen, dass die verantwortliche Person sich dort aufhält und der Einsatz technischer Mittel in einer Wohnung dieser Person nicht möglich oder allein zur **Abwehr der Gefahr** nicht ausreichend ist (§ 35a Abs. 2 Satz 1 NPOG); auch im Übrigen steht eine unvermeidbare Mitbetroffenheit von Dritten der Überwachung nicht entgegen (§ 35a Abs. 2 Satz 1 NPOG).

187 Die Maßnahme muss zur Abwehr einer dringenden Gefahr unerlässlich sein und darf sich nur gegen eine **verantwortliche Person** richten (§ 35a Abs. 1 Satz 1 NPOG). Mit dieser Anknüpfung an eine dringende Gefahr wird ebenfalls eine verfassungsrechtliche Vorgabe umgesetzt, weil **technische Mittel** zur Überwachung von **Wohnungen** zu Zwecken der Gefahrenabwehr nur bei Vorliegen dringender Gefahren aufgrund einer gerichtlichen Anordnung eingesetzt werden dürfen (Art. 13 Abs. 4 Satz 1 GG). Eine gerichtliche Anordnung, die einer schriftlichen Begründung bedarf, ist daher auch einfach-gesetzlich vorgesehen (§ 35a Abs. 3 NPOG); sie kann bei **Gefahr im Verzug** wiederum durch eine vorläufige polizeiliche Anordnung ersetzt werden (§ 35a Abs. 3 und 4 NPOG). Das steht mit einer entsprechenden Ausnahmeklausel des Grundgesetzes (Art. 13 Abs. 4 Satz 2 GG) im Einklang. Ferner bedarf es einer gerichtlichen Anordnung dann nicht, wenn die Maßnahme ausschließlich zum Schutz von Leib, Leben oder Freiheit einer bei einem polizeilichen Einsatz tätigen Person erfolgt (§ 35a Abs. 5 Satz 1 NPOG). Damit wird von einer **grundgesetzlichen Ermächtigung** Gebrauch gemacht, der zufolge „eine gesetzlich bestimmte Stelle" den Einsatz technischer Mittel anordnen kann, wenn die Maßnahme „ausschließlich zum Schutze der bei einem Einsatz in Wohnungen tätigen Personen vorgesehen" ist (Art. 13 Abs. 5 Satz 1 GG).

5. Vertrauenspersonen und verdeckt ermittelnde Personen

188 Zum **klassischen Arsenal** polizeilicher Datenerhebung gehört der Einsatz von **Vertrauenspersonen** („V-Leuten") **und verdeckt ermittelnden Personen**. Vertrauenspersonen sind definiert als Personen, deren Zusammenarbeit mit der Polizei Dritten nicht bekannt ist (§ 36 Abs. 1 Satz 1 NPOG). Es handelt sich typischerweise um Personen, die Teil einer bestimmten **Szene** sind und die Polizei über **Sachverhalte** unterrichten, von denen sie Kenntnis erlangen. Im Unterschied dazu werden verdeckte Ermittlerinnen und Ermittler unter einer **„Legende"**, also unter Vortäuschen eines anderen persönlichen und biographischen Hintergrundes, in die Szene entsandt (§ 36a Abs. 1 Satz 1 NPOG). In beiden Fällen wird die Zulässigkeit der jeweiligen Maßnahme wiederum an die Voraussetzungen gebunden, unter denen eine Datenerhebung durch **längerfristige Observation** zulässig ist. Danach kann sich eine solche Maßnahme zunächst gegen verantwortliche Personen richten, sofern eine Gefahr für den Bestand oder die Sicherheit des Bundes oder eines Landes oder für Leib, Leben oder Freiheit einer Person oder für Sachen von bedeutendem Wert, deren Erhaltung im öffentlichen Interesse liegt, abgewehrt werden soll; zudem kann sich die Maßnahme auch gegen nicht verantwortliche Personen richten, sofern die Voraussetzungen für deren Inanspruchnahme (§ 8 NPOG) vorliegen (§ 36 Abs. 1 Satz 1 iVm § 34 Abs. 1 Satz 1 Nr. 1 NPOG und § 36a Abs. 1 Satz 1 iVm § 34 Abs. 1 Satz 1 Nr. 1 NPOG).

189 Ferner zulässig ist der Einsatz von **Vertrauenspersonen** und **verdeckt ermittelnden Personen**, wenn Tatsachen die Annahme rechtfertigen, dass die zu überwachende Person (tatbezogen) innerhalb eines übersehbaren Zeitraums auf eine zumindest ihrer Art nach konkretisierte Weise eine Straftat von erheblicher Bedeutung (§ 2 Nr. 14 NPOG) oder eine terroristische Straftat (§ 2 Nr. 15 NPOG) begehen wird oder wenn (täterbezogen) ihr individuelles Verhalten die konkrete Wahrscheinlichkeit begründet, dass sie innerhalb eines übersehbaren Zeitraums eine terroristische Straftat begehen wird. Sofern diese Voraussetzungen vorliegen, kann sich die Maßnahme auch gegen **Kontakt- und Begleitpersonen** richten; sie muss aber stets „uner-

VII. Verdeckte Datenerhebungen

lässlich" sein (§ 36 Abs. 1 Satz 1 iVm § 34 Abs. 1 Satz 1 Nr. 2 bis 4 NPOG und § 36a Abs. 1 Satz 1 iVm § 34 Abs. 1 Satz 1 Nr. 2 bis 4 NPOG). Soweit es um den Einsatz von **Vertrauenspersonen** geht, ist zudem der Kreis der in Betracht kommenden Personen in verschiedener Hinsicht beschränkt (§ 36 Abs. 2 NPOG).

Unzulässig ist der Einsatz von Vertrauenspersonen, um **Daten** mit Mitteln oder Methoden zu erheben, die die Polizei nicht einsetzen dürfte (§ 36 Abs. 3 Nr. 3 NPOG). Auch dürfen Vertrauenspersonen nicht eingesetzt werden, um in einer Person, die nicht zur Begehung von Straftaten bereit ist, den Entschluss zu wecken, **Straftaten** zu begehen oder eine zur Begehung von Straftaten bereite Person zur Begehung einer Straftat zu bestimmen, die mit einem erheblich höheren **Strafmaß** bedroht ist, als ihre Bereitschaft erkennen lässt (§ 36 Abs. 3 Nr. 1 und 2 NPOG): Das entspricht den Grundsätzen über den sogenannten **agent provocateur** im Straf(prozess)recht, denen zufolge es mit dem **Rechtsstaatsprinzip** und Art. 6 Abs. 1 EMRK nicht zu vereinbaren ist, wenn staatliche Stellen jemanden zur Begehung einer Straftat oder zur Begehung einer schwereren als der ursprünglich geplanten Straftat veranlassen.[309] Eine gleichwohl erfolgende **Tatprovokation** zieht zudem ein Verbot der Verwertung aller damit in Zusammenhang stehenden Beweismittel nach sich, wie der Europäische Gerichtshof für Menschenrechte mit Blick nicht zuletzt auf entgegenstehende Rechtsprechung deutscher Gerichte, die der Tatprovokation allein bei der **Strafzumessung** Rechnung tragen wollten,[310] klargestellt hat.[311]

190

Der Einsatz von **verdeckt ermittelnden Personen** und **Vertrauenspersonen** erfordert ebenfalls eine gerichtliche Anordnung, für die eine Zuständigkeit des Amtsgerichts Hannover begründet wurde (§ 36 Abs. 4 Satz 1, § 36a Abs. 3 Satz 1 NPOG). Die Entscheidung bedarf der Schriftform und ist zu begründen (§ 36 Abs. 4 Satz 3 und 4 NPOG, § 36a Abs. 3 Satz 3 und 4 NPOG); bei **Gefahr im Verzuge** ist eine vorläufige polizeiliche Anordnung möglich, die auch eine Begründung für die Eilbedürftigkeit enthalten muss (§ 36 Abs. 5 Satz 1 und 2, § 36a Abs. 4 Satz 1 und 2 NPOG).

191

Bei dem Einsatz von Vertrauenspersonen und verdeckt ermittelnden Personen zum Zwecke der Erhebung **personenbezogener Daten** (§ 36 Abs. 1 Satz 1, § 36a Abs. 1 Satz 1 NPOG) handelt es sich um eine heimliche Maßnahme, die regelmäßig auch dritte Personen einbeziehen wird und damit eine potenziell große **Streubreite** aufweist; mit Blick auf nicht verantwortliche Personen erfolgt sie zudem anlasslos. Damit liegt wiederum eine Beeinträchtigung des Grundrechts auf **informationelle Selbstbestimmung** von erheblichem Gewicht vor.[312] Dem hat der Gesetzgeber Rechnung getragen, indem er den erforderlichen Vorbehalt gerichtlicher Entscheidung sowie eine regelmäßige **Überprüfung** der Voraussetzungen für eine Fortsetzung der Maßnahme in relativ geringen zeitlichen Abständen von einem Monat vorgesehen hat (§ 36 Abs. 4 Satz 5 iVm § 33a Abs. 5 Satz 5 ff. und § 36 Abs. 3 Satz 5 iVm § 33a Abs. 5 Satz 5 ff. NPOG); die ursprünglich vorgesehene Jahresfrist bei Vertrauenspersonen[313] wäre deutlich zu lang bemessen gewesen.[314] Bedenken begegnet hingegen, dass auch nicht verantwortliche und damit in die potenzielle Rechtsgutverletzung gerade nicht involvierte Personen nach den Grundsätzen für deren Inanspruchnahme (§ 8 NPOG) zulässigerweise Adressaten einer Aus-

192

---

309 Vgl. BGH, Urt. v. 11.12.2013 – 5 StR 240/13, Rn. 33 ff.; s. ferner *Th. Rönnau*, JuS 2015, S. 19 (21); *M. Payandeh*, JuS 2021, S. 185 ff.; zum Überholen als Tatprovokation AG Frankfurt (Main), Urt. v. 18.10.2021 – 975 Ds 3230 Js 217464/21, Rn. 42 ff.
310 BGH, Urt. v. 11.12.2013 – 5 StR 240/13, Rn. 37; BVerfG, B. v. 18.12.2014 – 2 BvR 209/14 u. a., Rn. 33 ff.
311 ECHR, Urt. v. 15.10.2020 – 40495/15, Rn. 123 f., 136 ff. (mit deutlicher Kritik am BVerfG in Rn. 138).
312 Vgl. BVerfG, Urt. v. 26.4.2022 – 1 BvR 1619/17, Rn. 191, 337; s. ferner BVerfG, Urt. v. 20.4.2016 – 1 BvR 966/09 u. a., Rn. 160.
313 Vgl. LT-Drs. 18/850, S. 18 (§ 36 Abs. 2 Satz 2 des Gesetzentwurfs).
314 Vgl. BVerfG, Urt. v. 26.4.2022 – 1 BvR 1619/17, Rn. 354.

spähung durch Vertrauenspersonen und verdeckte Ermittlerinnen / Ermittler sein können. Mit Blick auf den Einsatz verdeckter Ermittlerinnen und Ermittler fehlt zudem eine Regelung über die Unzulässigkeit von **Tatprovokationen** analog der Bestimmung betreffend die Vertrauenspersonen (§ 36 Abs. 3 NPOG); regelmäßig läge darin aber zugleich eine (unzulässige) Überschreitung des Auftrags einer verdeckt ermittelnden Person.[315]

193 Nicht fernliegend sind zudem praktische Probleme: Der Einsatz von verdeckt ermittelnden Personen und Vertrauenspersonen ist tendenziell auf einen **längeren Zeitraum** angelegt. Gleichwohl bedarf es schon bei der Entscheidung über einen solchen Einsatz einer konkreten und damit hinreichend konkretisierten Gefahr (§ 36 Abs. 1 Satz 1 iVm § 34 Abs. 1 Satz 1 Nr. 1 NPOG und § 36a Abs. 1 Satz 1 iVm § 34 Abs. 1 Satz 1 Nr. 1 NPOG). Auch ist denkbar, dass die **Datenerhebung** in diesen Fällen auf einer persönlichen Beziehung zu der überwachten Person beruht, so dass der **Kernbereich privater Lebensgestaltung** berührt sein kann. Hierdurch werden einer Datenerhebung durch verdeckt operierende Personen schon im Ausgangspunkt **enge Grenzen** gesetzt (§ 33 Abs. 1 Satz 1, Abs. 2 Satz 1 NPOG).

194 Um den Einsatz von verdeckten Ermittlerinnen und Ermittlern zu ermöglichen, werden die verdeckt tätigen Einsatzkräfte ausdrücklich ermächtigt, unter ihrer Legende am **Rechtsverkehr** teilzunehmen (§ 36a Abs. 2 Satz 1 NPOG) und mit dem Einverständnis berechtigter Personen deren **Wohnungen** zu betreten (§ 36a Abs. 2 Satz 1 NPOG). Da die berechtigte Person in diesen Fällen über die Identität der verdeckt ermittelnden Person (und deren Motive) getäuscht wird, liegt nach allgemeinen Grundsätzen eine wirksame **Einwilligung** in das Betreten der Wohnung nicht vor.[316] Es bedurfte daher einer gesetzlichen Ermächtigung, um das **administrative Eindringen** in den von Art. 13 GG geschützten Bereich zu ermöglichen.

6. Ausschreibung zur polizeilichen Beobachtung

195 Die **Ausschreibung zu polizeilichen Beobachtung** (§ 37 NPOG) dient der Gewinnung von Erkenntnissen über das Bewegungsverhalten von Personen. Dies geschieht, indem die Personalien einer Person sowie das Kennzeichen eines von ihr benutzten oder eingesetzten Kraftfahrzeugs in einer (Fahndungs-) Datei gespeichert werden, damit andere Stellen eine **Rückmeldung** geben können, wenn sie die Person und / oder das benutzte Fahrzeug antreffen. Mit dieser „**Kontrollmeldung**" werden Erkenntnisse über Ort und Zeit des Antreffens der Person, etwaige Begleiterinnen und Begleiter, das Kraftfahrzeug und die das Fahrzeug führende Person sowie mitgeführte Sachen und Umstände des Antreffens an die ausschreibende Polizeibehörde übermittelt (§ 37 Abs. 3 NPOG); weitere Maßnahmen erfolgen zunächst aber nicht. Dessen ungeachtet geht mit einer Maßnahme, die auf die Erzielung eines **Bewegungsbildes** gerichtet ist, ein Eingriff in das allgemeine Persönlichkeitsrecht in Form des Rechts auf informationelle Selbstbestimmung einher.[317]

196 Voraussetzung für die Ausschreibung ist, dass Tatsachen die Annahme rechtfertigen, die betreffende Person werde innerhalb eines **übersehbaren Zeitraums** auf eine zumindest ihrer Art nach konkretisierte Weise eine Straftat von erheblicher Bedeutung begehen; auch muss die Ausschreibung zur Verhütung dieser Straftat erforderlich sein (§ 37 Abs. 1 NPOG). Es handelt sich mithin um eine spezielle Maßnahme zur vorbeugenden Bekämpfung von Straftaten in der Situation eines **Gefahrenverdachts**.

197 Die Anordnung der Ausschreibung zur polizeilichen Beobachtung erfolgt grundsätzlich durch die **Behördenleitung** (§ 37 Abs. 2 Satz 1 NPOG); sie ergeht schriftlich (§ 37 Abs. 2 Satz 3

---

315 Vgl. *A. Saipa*, in: Saipa u. a., NPOG, § 36a Rn. 5.
316 *G. Hermes*, in: Dreier (Hrsg.), GG, Art. 13 Rn. 111; *Ph. Kunig / A. Berger*, in: v. Münch/Kunig, GG, Art. 13 Rn. 33.
317 *J. Ipsen*, Niedersächsisches Polizei- und Ordnungsrecht, Rn. 565.

NPOG und ist zu begründen (§ 37 Abs. 2 Satz 4 Nr. 3 NPOG) sowie auf längstens ein Jahr zu begrenzen (§ 37 Abs. 2 Satz 5 NPOG). Nach Ablauf von spätestens sechs Monaten ist zu prüfen, ob Anlass zur Fortsetzung der Maßnahme besteht (§ 37 Abs. 2 Satz 6 NPOG). Soll die Maßnahme über insgesamt ein Jahr hinaus fortgesetzt werden, so bedarf die **Verlängerung** der (amts-) gerichtlichen Anordnung (§ 37 Abs. 2 Satz 9 NPOG).

7. Der Schutz des Kernbereichs privater Lebensgestaltung

Für Maßnahmen mit Bezug zu Wohnraum wie **Durchsuchungen** oder auch nur das Betreten sowie eine optische oder akustische **Überwachung** gelten grundsätzlich Sonderregeln (→ Rn. 203 f.), die gerade darauf beruhen, dass das Grundgesetz die Wohnung für „unverletzlich" erklärt. Dieser besondere grundrechtliche **Schutz der Wohnung** wurzelt in dessen Bedeutung als „Rückzugsraum" für das Individuum und damit dem Schutz der **Privatsphäre**, so dass es sich im Grunde um eine spezielle Ausprägung des allgemeinen Persönlichkeitsrechts handelt,[318] das wiederum auf den Schutz der **Menschenwürde** durch das Grundgesetz zurückzuführen ist (→ Rn. 4 ff.). Die Unverletzlichkeit der Wohnung hat daher einen engen Bezug zur Menschenwürde:[319] Dem Einzelnen soll die Möglichkeit eröffnet werden, die eigene Wohnung „bei Bedarf als ‚letztes Refugium' zur Wahrung seiner Menschenwürde" zu nutzen.[320] Hieraus wird gefolgert, dass dem Individuum ein „**Kernbereich privater Lebensgestaltung**" verbleiben müsse, der es ermöglicht, innere Vorgänge wie Empfindungen und Gefühle sowie Überlegungen, Ansichten und Erlebnisse höchstpersönlicher Art ohne die Angst zum Ausdruck zu bringen, dass staatliche Stellen dies überwachen.[321]

198

Dieser Kernbereich privater Lebensgestaltung ist einem staatlichen Zugriff aber nicht nur bei der technischen Überwachung des **Wohnraums**, sondern auch bei anderen Überwachungsmaßnahmen wie dem Abhören und Aufzeichnen der **Telekommunikation**[322] oder **Online-Durchsuchungen**[323] entzogen. Schon in der Entscheidung zur Überwachung der Telekommunikation nach dem damaligen niedersächsischen Recht hat das Bundesverfassungsgericht das Fehlen von Vorkehrungen zu einem Schutz dieses Kernbereichs privater Lebensgestaltung beanstandet (→ Rn. 162). Zwar sei der Schutz des **Fernmeldegeheimnisses** anders ausgestaltet als der Grundrechtsschutz der Wohnung, denn aus dem besonders engen Bezug der **Unverletzlichkeit der Wohnung** zur Menschenwürde resultiere ein absoluter Schutz des Verhaltens in den Wohnräumen, soweit es sich als **individuelle Entfaltung** im Kernbereich privater Lebensgestaltung darstelle.[324] Auch im Gewährleistungsbereich des Fernmeldegeheimnisses (Art. 10 GG) seien aber Vorkehrungen zum Schutz individueller Entfaltung im Kernbereich privater Lebensgestaltung erforderlich, um zu gewährleisten, dass bei einer **Überwachung der Telekommunikation** die Erfassung von Inhalten, die zum Kernbereich zählen, so weit als möglich vermieden werde.[325] Ferner seien besondere Vorkehrungen zum Schutze dieses Kernbereichs auch bei einem heimlichen Zugriff auf **informationstechnische**

199

---

318 BVerfG, B. v. 4.4.2006 – 1 BvR 518/02, Rn. 95.
319 Vgl. BVerfG v. 3.3.2004 – 1 BvR 2378/98 u. a., Rn. 123.
320 BVerfG, Urt. v. 27.7.2005 – 1 BvR 668/04, Rn. 164; s. ferner BVerfG, Urt. v. 3.3.2004 – 1 BvR 2378/98 u. a., Rn. 124.
321 BVerfG, Urt. v. 27.2.2008 – 1 BvR 370/07 u. a. Rn. 271; BVerfG v. 3.3.2004 – 1 BvR 2378/98 u. a., Rn. 124; s. ferner BVerfG, Urt. v. 20.4.2016 – 1 BvR 966/09 u. a., Rn. 121; Urt. v. 26.4.2022 – 1 BvR 1619/17, Rn. 275 f.
322 Vgl. BVerfG, Urt. v. 27.7.2005 – 1 BvR 668/04, Rn. 162 ff.
323 Vgl. BVerfG, Urt. v. 27.2.2008 – 1 BvR 370/07 u. a. Rn. 271 ff.; s. ferner BVerfG, Urt. v. 26.4.2022 – 1 BvR 1619/17, Rn. 284.
324 BVerfG, Urt. v. 27.7.2005 – 1 BvR 668/04, Rn. 164; s. ferner BVerfG, Urt. v. 3.3.2004 – 1 BvR 2378/98 u. a., Rn. 123; *G. Hermes*, in: Dreier (Hrsg.), GG, Art. 13 Rn. 116.
325 BVerfG, Urt. v. 27.7.2005 – 1 BvR 668/04, Rn. 165.

Systeme erforderlich.[326] Soweit eine Überwachung zur Erhebung von absolut geschützten Informationen führt, muss sie daher abgebrochen werden; erfolgte Aufzeichnungen sind zu löschen.[327]

200 Da das Erfordernis eines solchen **Kernbereichsschutzes** aus der grundgesetzlichen Garantie der Menschenwürde abgeleitet wird, ist dieser grundsätzlich „abwägungsfest"; auch überwiegende Belange der Allgemeinheit können einen Eingriff in den „Kernbereich" nicht rechtfertigen.[328] So hat der Bundesgerichtshof ein in einem geschützten Raum – einem Kraftfahrzeug – im Rahmen eines Selbstgesprächs abgelegtes und heimlich abgehörtes **Geständnis** des Verdächtigen eines Tötungsdelikts dem Kernbereich privater Lebensgestaltung zugeordnet und daraus ein **Beweisverwertungsgebot** abgeleitet.[329] Das ist allerdings fragwürdig, weil Gespräche über geplante oder begangene Straftaten grundsätzlich nicht zum Kernbereich privater Lebensgestaltung gehören.[330]

201 Nach Auffassung des Bundesverfassungsgerichts erfordert ein effektiver Schutz des Kernbereichs privater Lebensgestaltung ein gleichsam **„zweistufiges" Schutzkonzept**,[331] indem Schutzvorkehrungen sowohl auf der Ebene der **Datenerhebung** als auch bei der **Auswertung** erhobener Daten implementiert werden. Auf der ersten Stufe ist schon eine Erhebung von **kernbereichsrelevanten Daten** möglichst zu vermeiden.[332] Sofern dies im Einzelfall nicht gelingt, ist grundsätzlich vorzusehen, dass eine **unabhängige Stelle** etwaige kernbereichsrelevante Informationen vor der Verwendung erhobener Daten herausfiltert.[333] Dem hat der niedersächsische Gesetzgeber entsprochen, indem er eine eigenständige Regelung zum **Kernbereichsschutz** getroffen hat, die zwischen der **Erhebungs-** und der **Auswertungsebene** unterscheidet und ferner Schutzvorkehrungen auch auf der Anordnungsebene vorsieht (§ 33 NPOG).[334] Danach darf eine Überwachung der Telekommunikation (§ 33a NPOG), ein verdeckter Eingriff in ein informationstechnisches System (§ 33d NPOG), eine Datenerhebung durch längerfristige Observation (§ 34 NPOG) oder mit Einsatz technischer Mittel in Wohnungen (§ 35a NPOG) oder außerhalb von Wohnungen (§ 35 NPOG) sowie ein Einsatz von Vertrauenspersonen (§ 36 NPOG) oder auch verdeckt ermittelnden Personen (§ 36a NPOG) nicht angeordnet werden, wenn **tatsächliche Anhaltspunkte** dafür vorliegen, dass auf diesem Wege nicht nur zufällig Daten erhoben werden, die dem Kernbereich privater Lebensgestaltung zuzurechnen sind (§ 33 Abs. 1 Satz 1 NPOG). Gleiches gilt für Standortermittlungen (§ 33b NPOG), Auskunftsverlangen gegenüber Anbietern von Telekommunikationsdienstleistungen (§ 33c NPOG) sowie Ausschreibungen zur polizeilichen Beobachtung (§ 37 NPOG).

202 Allerdings ist eine Erhebung von Daten mit Bezug zum **Kernbereich privater Lebensgestaltung** bei einigen dieser Maßnahmen typischerweise zu erwarten und in anderen Fällen eher unwahrscheinlich. So liegen bei einer Datenerhebung in oder aus Wohnungen solche tatsäch-

---

326 BVerfG, Urt. v. 26.4.2022 – 1 BvR 1619/17, Rn. 284; s. ferner BVerfG, Urt. v. 27.2.2008 – 1 BvR 370/07 u. a. Rn. 271 ff.
327 Vgl. (zur Wohnraumüberwachung) BVerfG, Urt. v. 3.3.2004 – 1 BvR 2378/98 u. a., Rn. 139.
328 BVerfG, Urt. v. 3.3.2004 – 1 BvR 2378/98 u. a., Rn. 122; s. ferner BVerfG, Urt. v. 20.4.2016 – 1 BvR 966/09 u. a., Rn. 120, 124; Urt. v. 26.4.2022 – 1 BvR 1619/17, Rn. 277; *G. Hermes*, in: Dreier (Hrsg.), GG, Art. 13 Rn. 116; skeptisch *H. Dreier*, in: ders. (Hrsg.), GG, Art. 2 I Rn. 92.
329 Vgl. BGH v. 22.12.11, 2 StR 509/10; Rn. 13 ff.
330 BVerfG, Urt. v. 3.3.2004 – 1 BvR 2378/98 u. a., Rn. 141; Urt. v. 27.7.2005 – 1 BvR 668/04, Rn. 163; Urt. v. 20.4.2016 – 1 BvR 966/09 u. a., Rn. 122; s. ferner *Th. Kingreen / R. Poscher*, Polizei- und Ordnungsrecht, § 13 Rn. 136.
331 BVerfG, Urt. v. 27.2.2008 – 1 BvR 370/07 u. a., Rn. 280; s. ferner Urt. v. 26.4.2022 – 1 BvR 1619/17, Rn. 277.
332 BVerfG, Urt. v. 20.4.2016 – 1 BvR 966/09 u. a., Rn. 128; Urt. v. 27.2.2008 – 1 BvR 370/07 u. a., Rn. 281; Urt. v. 26.4.2022 – 1 BvR 1619/17, Rn. 280 f.
333 BVerfG, Urt. v. 20.4.2016 – 1 BvR 966/09 u. a., Rn. 129; Urt. v. 26.4.2022 – 1 BvR 1619/17, Rn. 277, 282; s. ferner BVerfG, Urt. v. 27.2.2008 – 1 BvR 370/07 u. a., Rn. 282 ff.
334 Vgl. *A. Esposito*, in: Möstl/Weiner, Polizei- und Ordnungsrecht Niedersachsen, § 33 Rn. 6.

lichen Anhaltspunkte in der Regel vor, wenn in den zu überwachenden Räumlichkeiten auch Gespräche der betroffenen Personen mit Personen ihres Vertrauens zu erwarten sind (§ 33 Abs. 1 Satz 2 NPOG). Ferner ist bei einer **Online-Durchsuchung** soweit als möglich technisch sicherzustellen, dass Daten, die den Kernbereich privater Lebensgestaltung betreffen, nicht erhoben werden (§ 33 Abs. 1 Satz 3 NPOG).

Sofern sich erst während der **laufenden Datenerhebung** herausstellt, dass Daten aus dem Kernbereich privater Lebensgestaltung im Falle der Fortsetzung der Maßnahme erhoben werden könnten, ist eine **nicht automatisierte Datenerhebung** grundsätzlich zu unterbrechen (§ 33 Abs. 2 Satz 1 NPOG); in Zweifelsfällen darf die Überwachung nur als automatische Aufzeichnung fortgesetzt werden (§ 33 Abs. 2 Satz 2 NPOG). Weiter ist vorgesehen, dass eine unterbrochene Maßnahme „unter den Voraussetzungen des Absatzes 1 fortgesetzt" werden darf (§ 33 Abs. 2 Satz 3 NPOG). Indes regelt die in Bezug genommene Vorschrift allein, wann eine Datenerhebung nicht angeordnet werden darf. Man wird die Verweisung daher so lesen müssen, dass **die Fortsetzung** der **Datenerhebung** erfolgen kann, wenn ihre neue Anordnung möglich wäre, weil ihr keine Hindernisse nach Maßgabe des Absatzes 1 entgegenstehen.[335]

Auf der **Auswertungsebene** ist wiederum zwischen verschiedenen Arten der Datenerhebung zu unterscheiden: Die durch einen **verdeckten Eingriff** in ein **informationstechnisches System** oder durch eine **Wohnraumüberwachung** gewonnenen Daten sowie die aufgrund von Zweifelsfällen über eine Einwirkung auf den Kernbereich privater Lebensgestaltung im **Wege automatisierter Aufzeichnung** gewonnenen Daten sind zunächst dem Gericht vorzulegen, das die jeweilige Maßnahme angeordnet hat (§ 33 Abs. 3 Satz 1 NPOG); bei Gefahr im Verzug kann die Dienststellenleitung in diesen Fällen aber eine vorläufige und gerichtlicher Bestätigung bedürfende Entscheidung treffen (§ 33 Abs. 4 NPOG). Auch ist die **Dienststellenleitung** in allen anderen Fällen der Datenerhebung mit besonderen Mitteln und Methoden (§ 30 Abs. 2 Satz 2 Nr. 2 NPOG) bei Zweifeln über die Zurechnung des Materials zum Kernbereich privater Lebensgestaltung zur Entscheidung berufen (§ 33 Abs. 3 Satz 2 NPOG).

Daten, die **mit besonderen Mitteln oder Methoden** erhoben wurden und dem Kernbereich privater Lebensgestaltung zuzurechnen sind, dürfen nicht weiterverarbeitet, namentlich gespeichert, verändert, genutzt oder übermittelt werden; vielmehr sind sie unverzüglich zu löschen (§ 33 Abs. 5 Satz 1 NPOG). Die Tatsache, dass Daten aus dem Kernbereich privater Lebensgestaltung erhoben wurden, sowie die Löschung dieser Daten sind zu dokumentieren (§ 33 Abs. 5 Satz 2 NPOG). Sind Daten, die dem Kernbereich privater Lebensführung zuzurechnen sind, an andere Stellen übermittelt worden, ist die **empfangende Stelle** über die Zugehörigkeit dieser Daten zum Kernbereich zu unterrichten (§ 33 Abs. 5 Satz 5 NPOG).

VIII. Rasterfahndung

▶ **Fall:**[336] Im Anschluss an die Terroranschläge vom 11.9.2001 wurde in den Bundesländern eine koordinierte Rasterfahndung nach potenziellen Terroristen durchgeführt, die sich insbesondere auf Studenten erstreckte. Von den Hochschulen wurden die Daten männlicher Studierender möglicher islamischer Religionszugehörigkeit erhoben, die aus Ländern mit überwiegend islamischer Bevölkerung stammten. Im Rahmen des Abgleichs mit anderen Dateien wurden mehrere Millionen Datensätze zusammengeführt und rund 11.000 Personen überprüft; potenzielle Terroristen fanden sich keine. B ist Marokkaner islamischen Glaubens und studiert Maschinenbau. Er hält die Anordnung der Rasterfahndung für unzulässig. ◀

---

335 So auch *A. Esposito*, in: Möstl/Weiner, Polizei- und Ordnungsrecht Niedersachsen, § 33 Rn. 35.
336 Fall nach BVerfG, B. v. 4.4.2006 – 1 BvR 518/02; s. ferner KG, B. v. 16.4.2002 – 1 W 89/02 u. a.

206 Bei der **Rasterfahndung** (§ 37a NPOG) handelt es sich um eine besondere Form des **Datenabgleichs**. Dieser erfolgt in der Weise, dass eine öffentliche oder nicht-öffentliche Stelle bei ihr gespeicherte personenbezogene Daten bestimmter Personengruppen auf deren Anforderung an die Polizei übermittelt, damit die übermittelten Daten mit anderen **Datenbeständen** abgeglichen werden können (§ 37 Abs. 1 Satz 1 NPOG). Auf diese Weise sollen Personen ermittelt werden, auf die bestimmte, vorab festgelegte Merkmale zutreffen, um eine bislang unbekannte **Zielperson** zu identifizieren.[337] Eine Rasterfahndung setzt voraus, dass sie zur Abwehr einer Gefahr für den Bestand des Bundes oder eines Landes oder für Leib, Leben oder Freiheit einer Person, für Sachen von bedeutendem Wert, deren Erhalt im öffentlichen Interesse geboten ist, oder zur Abwehr von schweren Schäden für die Umwelt erforderlich ist (§ 37a Abs. 1 Satz 1 NPOG). Das polizeiliche **Übermittlungsverlangen** bedarf wiederum (amts-) gerichtlicher Anordnung (§ 37a Abs. 2 NPOG), die Übermittlung von Daten, die einem **Amts- oder Berufsgeheimnis** unterliegen, darf nicht verlangt werden (§ 37a Abs. 1 Satz 2 NPOG).

207 Mit einer Rasterfahndung geht unter mehreren Aspekten eine Verarbeitung **personenbezogener Daten** einher: Zunächst werden Daten an die Polizei auf deren Anforderung übermittelt, sodann werden diese von der Polizei gespeichert und ferner mit anderen Dateien abgeglichen. Damit liegt zugleich eine **mehrfache Beeinträchtigung** des Rechts auf informationelle Selbstbestimmung vor. Diesen Beeinträchtigungen kommt auch „ein erhebliches Gewicht mit Blick auf den Inhalt sowohl der übermittelten Daten als auch derjenigen Daten zu, mit denen die übermittelten abgeglichen werden sollen."[338] Zum einen kann es sich um Daten von einiger **Persönlichkeitsrelevanz** handeln, wenn die Daten – wie im Beispielsfall – auf die Herkunft oder gar das religiöse Bekenntnis zielen. Zudem handelt es sich um „verdachtslose Eingriffe mit erheblicher Streubreite":[339] Personen, die die **Auswahlkriterien** der Datenabfrage erfüllen, werden in ihrer Gesamtheit erfasst und einer Überprüfung unterzogen, ohne hierzu Anlass gegeben zu haben. Insbesondere rechtfertigt das Vorhandensein eines bestimmten Merkmals für sich genommen keinesfalls die Annahme, dass von einer der zahlreichen betroffenen Person eine Gefahr ausgeht.[340] Es handelt sich vielmehr um einen „**Verdächtigengewinnungseingriff**",[341] denn es fehlt letztlich eine „tatsachengestützte Verbindung zu einer konkret für die Bedrohungssituation verantwortlichen Person".[342] Die Rasterfahndung ist der eigentlichen polizeilichen Ermittlungstätigkeit daher vorgelagert,[343] so dass die betroffenen Personen von der **Datenübermittlung** und dem **Datenabgleich** auch nicht notwendig erfahren.

208 Angesichts der hohen Eingriffsintensität ist eine Rasterfahndung von entsprechend erhöhten **Zulässigkeitsanforderungen** abhängig. Insbesondere das Fehlen einer „Nähebeziehung" zwischen dem gefährdeten Rechtsgut und den betroffenen Personen bedarf der **Kompensation**, die etwa durch das Erfordernis einer auf Tatsachen gestützten konkreten Gefahr erfolgen kann.[344] Die Rasterfahndung ist daher kein zulässiges Instrument zur vorbeugenden Bekämpfung von Straftaten im Vorfeld einer konkreten Gefahr.[345] Diesen Anforderungen wird die niedersächsische Regelung (noch) gerecht, da sie die Zulässigkeit der **Rasterfahndung** von einer konkreten Gefahr abhängig macht, die besonders wichtigen Rechtsgütern wie Bestand des Bundes oder eines Landes oder Leib, Leben oder Freiheit einer Person droht; auch muss der **Datenabgleich** zur Abwehr der Gefahr geboten sein (§ 37a Abs. 1 Satz 1 NPOG).

---

337 Vgl. *M. W. Müller / Th. Schwabenbauer*, in: Lisken/Denninger, Abschnitt G Rn. 948.
338 BVerfG, B. v. 4.4.2006 – 1 BvR 518/02, Rn. 100.
339 BVerfG, B. v. 4.4.2006 – 1 BvR 518/02, Rn. 116.
340 Vgl. BVerfG, B. v. 4.4.2006 – 1 BvR 518/02, Rn. 117 f., 140.
341 BVerfG, B. v. 4.4.2006 – 1 BvR 518/02, Rn. 119; vgl. auch *C. Gusy*, KritV 2002, S. 474 (483): „Verdachtsgewinnungseingriff".
342 BVerfG, B. v. 4.4.2006 – 1 BvR 518/02, Rn. 139.
343 *C. Gusy*, KritV 2002, S. 474 (483).
344 BVerfG, B. v. 4.4.2006 – 1 BvR 518/02, Rn. 140.
345 BVerfG, B. v. 4.4.2006 – 1 BvR 518/02, Rn. 138.

VIII. Rasterfahndung

Auch wenn die gesetzliche Regelung für sich genommen aus verfassungsrechtlicher Sicht nicht zu beanstanden ist, kann deren verhältnismäßige Anwendung im **Einzelfall** (verfassungs-)rechtliche Probleme bereiten. Das gilt namentlich für die Annahme, eine hinreichend konkrete Gefahr könne unter dem Aspekt einer „**Dauergefahr**" vorliegen, bei der eine grundsätzliche Möglichkeit der jederzeitigen Begehung schwerer Straftaten angenommen wird, ohne dass bereits eine Aussage über Zeit und Ort sowie Art und Weise der Begehung möglich wäre. Eine solche Dauergefahr ist insbesondere im Anschluss an die Anschläge vom 11.9.2001 bejaht und daraus die Zulässigkeit einer **Rasterfahndung** abgeleitet worden.[346]

209

Diese ersichtlich ergebnisorientierte Auslegung, die eine **latente Bedrohungslage** zur (stets) vorhandenen Gefahr erklärt, ist mit dem verfassungsrechtlich gebotenen Erfordernis einer hinreichend konkreten Gefahr nicht zu vereinbaren und vom Bundesverfassungsgericht daher zu Recht zurückgewiesen worden.[347] Zwar kann eine konkrete Gefahr auch eine Dauergefahr sein. Die Anforderungen an die konkrete **Tatsachenbasis** für die Prognose der hinreichenden Wahrscheinlichkeit eines Schadenseintritts lassen sich aber nicht unter Hinweis auf eine Dauergefahr absenken,[348] zumal die Gefahr von Anschlägen durch in- oder ausländische Terroristen im Grunde permanent besteht. Auch bei einer Dauergefahr ist daher die **hinreichende Wahrscheinlichkeit** des Eintritts eines Schadens für ein Schutzgut der öffentlichen Sicherheit erforderlich,[349] sollen nicht unter Hinweis auf eine allgemeine Bedrohungslage die Voraussetzungen für erhebliche Grundrechtsbeeinträchtigungen relativiert werden. Im Beispielsfall war daher eine Rasterfahndung mangels hinreichend konkreter Anhaltspunkte für bevorstehende Terroranschläge unzulässig.[350] Im Übrigen ist grundsätzlich zweifelhaft, ob die **Rasterfahndung** nach Maßgabe ihrer engen Zulässigkeitsvoraussetzungen überhaupt geeignet ist, einen relevanten Beitrag zur Abwehr unmittelbar bevorstehender Schädigungen von Schutzgütern des Gefahrenabwehrrechts zu leisten.[351]

210

---

346 KG, B. v. 16.4.2002 – 1 W 89/02 u. a., Rn. 18 ff.; s. ferner OVG Rh.-Pf., B. v. 22.3.2002 – 12 B 10331/02, Rn. 5 ff.; OLG Düsseldorf, B. v. 8.2.2002 – 3 Wx 351/01 (= aufgehoben durch BVerfG, B. v. 4.4.2006 – 1 BvR 518/02).
347 BVerfG, B. v. 4.4.2006 – 1 BvR 518/02, Rn. 146 f.
348 BVerfG, B. v. 4.4.2006 – 1 BvR 518/02, Rn. 146.
349 Vgl. auch OLG Frankfurt/Main, B. v. 21.2.2002 – 20 W 55/02, Rn. 22 ff.
350 Vgl. BVerfG, B. v. 4.4.2006 – 1 BvR 518/02, Rn. 154 ff.
351 Vgl. C. Gusy, KritV 2002, S. 474 (485); krit. zur Rspr. daher F. Schoch, in: ders. (Hrsg.), Besonderes Verwaltungsrecht, Kap. 1 Rn. 775; H. Dreier, in: ders. (Hrsg.), GG, Art. 2 I Rn. 93.

§ 10 Zwangsmaßnahmen

I. Gestrecktes Verfahren und abgekürztes Verfahren

1. Allgemeine Vollstreckungsvoraussetzungen

▶ **Fall:** F hat ihren PKW in einer schmalen Seitenstraße gegenüber einer Grundstückseinfahrt zu einem dort ansässigen Handwerksbetrieb geparkt und sich entfernt, so dass der Inhaber des Handwerksbetriebs das Grundstück mit seinem Kleintransporter nicht verlassen kann. Die daraufhin verständigte Polizei lässt das Fahrzeug durch ein Abschleppunternehmen auf dessen Betriebshof verbringen. Anschließend werden gegenüber F die dafür entstandenen Abschleppkosten durch Bescheid geltend gemacht. ◀

▶ **Abwandlung:** Wie ist die Rechtslage, wenn an der betreffenden Stelle das Halten durch ein Schild („absolutes Halteverbot", StVO-Zeichen 283) verboten war? ◀

1 Die zur Abwehr einer Gefahr erfolgenden Maßnahmen sind im **Idealfall** an eine (handlungs- oder zustands-) verantwortliche Person gerichtet, die zu einer **Handlung**, **Duldung** oder **Unterlassung** verpflichtet wird. Allerdings ist es denkbar, dass die betreffende Person einer an sie gerichteten Verfügung nicht nachkommen kann oder will. Auch für derartige Fälle muss die Rechtsordnung im Interesse einer **effektiven Gefahrenabwehr** aber Vorkehrungen treffen. Die Rechtspflicht zu einem bestimmten Verhalten, namentlich die Verpflichtung zur Befolgung eines **Verwaltungsaktes**, kann daher mit den Mitteln der (Verwaltungs-) Vollstreckung durchgesetzt werden. Für die Vollstreckung von Verwaltungsakten, die auf Handlungen, Duldungen oder Unterlassungen gerichtet sind, sieht das **Vollstreckungsrecht** verschiedene Instrumente des **Verwaltungszwangs** vor.

2 Vorschriften über die Durchsetzung **öffentlich-rechtlicher Ansprüche** finden sich zunächst in einem eigenständigen Regelwerk, dem niedersächsischen Verwaltungsvollstreckungsgesetz (NVwVG). Auch im öffentlichen Recht bilden vielfach **Geldforderungen** den Gegenstand der Vollstreckung. Deren Beitreibung richtet sich nach den Vorschriften des (Verwaltungs-) Vollstreckungsrechts (§§ 1 Abs. 1 Nr. 1, 2 ff. NVwVG). Davon zu unterscheiden ist die Vollstreckung von **Verwaltungsakten** und **öffentlich-rechtlichen Verträgen**, soweit diese anderweitig zu einer Handlung oder aber einer Duldung oder Unterlassung verpflichten. So ist die zwangsweise Durchsetzung von **Verfügungen** im Bereich der Gefahrenabwehr im Gefahrenabwehrrecht geregelt (§§ 64 ff. NPOG). Auf diese Vorschriften wird im **Vollstreckungsrecht** verwiesen, soweit es um die Durchsetzung einer Verpflichtung zu einer Handlung, Duldung oder Unterlassung aufgrund eines Verwaltungsaktes geht, der nicht eine Geldforderung zum Gegenstand hat (§§ 1 Abs. 1 Nr. 2, 70 ff. NVwVG). Die Durchsetzung einer nicht auf Geldzahlungen gerichteten **Verhaltenspflicht** aufgrund eines Verwaltungsaktes richtet sich daher einheitlich nach den Vorschriften des NPOG über die Erzwingung von Handlungen, Duldungen und Unterlassungen.

3 Als Mittel des (Verwaltungs-) Zwangs zur Durchsetzung von Verpflichtungen aus Verfügungen kommen die **Ersatzvornahme** (§ 66 NPOG), das **Zwangsgeld** (§ 67 NPOG) und der **unmittelbare Zwang** (§ 69 NPOG) in Betracht (§ 65 Abs. 1 NPOG). Voraussetzung der Anwendung eines solchen Zwangsmittels ist grundsätzlich, dass ein **Verwaltungsakt** vorliegt, der von der pflichtigen Person beachtet werden muss. Hierfür ist grundsätzlich erforderlich, dass der Verwaltungsakt durch **Bekanntgabe** wirksam geworden ist (§ 1 NVwVfG iVm § 43 Abs. 1 Satz 1 VwVfG). Sofern jedoch gegen einen wirksam gewordenen Verwaltungsakt ein Rechtsbehelf –

I. Gestrecktes Verfahren und abgekürztes Verfahren

Widerspruch[1] oder Klage – eingelegt wurde, löst dies im Grundsatz eine **aufschiebende Wirkung** aus (§ 80 Abs. 1 Satz 1 VwGO), so dass die Verfügung einstweilen nicht befolgt werden muss und deshalb auch nicht vollstreckt werden kann (§ 64 Abs. 1 NPOG). Dieser **Suspensiveffekt**[2] tritt aber dann nicht ein, wenn die aufschiebende Wirkung kraft Gesetzes (§ 80 Abs. 2 Satz 1 Nr. 1 bis 3a VwGO); oder aufgrund einer Anordnung der **sofortigen Vollziehbarkeit** im Einzelfall (§ 80 Abs. 2 Satz 1 Nr. 4 VwGO) entfällt. Aufgrund einer ausdrücklichen gesetzlichen Anordnung keine aufschiebende Wirkung entfalten Rechtsbehelfe insbesondere „bei unaufschiebbaren Anordnungen und Maßnahmen von Polizeivollzugsbeamten" (§ 80 Abs. 1 Nr. 2 VwGO).

Ohne Belang für die Zulässigkeit der Vollstreckung ist im Regelfall, ob eine bestandskräftige oder (jedenfalls) vorläufig vollstreckbare **Grundverfügung** rechtmäßig ist.[3] Es gehört zu den Besonderheiten des Verwaltungsaktes, dass er infolge seiner **Wirksamkeit** unabhängig von seiner Rechtmäßigkeit (zunächst) zu beachten ist; die Rechtmäßigkeit eines Verwaltungsakts ist von seiner Wirksamkeit zu trennen.[4] Auch das Verwaltungsvollstreckungsrecht beruht daher auf dem Prinzip, dass die Wirksamkeit und nicht die **Rechtmäßigkeit** vorangehender Verwaltungsakte die wesentliche Bedingung für die Zulässigkeit der Anwendung von Zwangsmitteln bildet.[5] So kann ein **rechtswidriger Verwaltungsakt** in Bestandskraft erwachsen und damit endgültig zu beachten sein. Das ist namentlich dann der Fall, wenn innerhalb der jeweiligen **Rechtsbehelfsfrist** kein Rechtsbehelf eingelegt wird. Wer mit der Pflicht zur Beachtung eines Verwaltungsaktes nicht einverstanden ist, ist daher gehalten, durch fristgerechte Einlegung eines Rechtsbehelfs, der auch gegen die **sofortige Vollziehbarkeit** gerichtet werden kann (§ 80 Abs. 4 und 5 VwGO), gegen die Grundverfügung vorzugehen.

Betrachtet man die Voraussetzungen über die Anwendung des **Verwaltungszwangs** näher, so fällt auf, dass die aufgrund der Bekanntgabe eingetretene Wirksamkeit eines Verwaltungsakts allein nicht ausreicht, um diesen mit Zwangsmitteln durchzusetzen. Diese Wirksamkeit des Verwaltungsakts bildet vielmehr eine notwendige, nicht aber hinreichende Bedingung der Vollstreckbarkeit, weil weiter erforderlich ist, dass der Verwaltungsakt entweder aufgrund **Fristablaufs** oder wegen **Erschöpfung des Rechtswegs** nicht mehr mit einem Rechtsbehelf angegriffen werden kann oder Rechtsbehelfe keine aufschiebende Wirkung haben, also nicht den **Suspensiveffekt** (→ Rn. 3) auslösen (§ 64 Abs. 1 NPOG).[6] Das ist sachgerecht, weil anderenfalls die aufschiebende Wirkung jederzeit durch einen Rechtsbehelf hergestellt werden könnte und die Vollstreckung dann eingestellt werden müsste. In **Eilfällen** kann die Vollstreckbarkeit durch Anordnung der sofortigen Vollziehbarkeit eines Verwaltungsaktes bewirkt werden, da in diesem Falle die **aufschiebende Wirkung** des Rechtsbehelfs entfällt (§ 80 Abs. 2 Satz 1 Nr. 4 VwGO).

2. Das gestreckte Zwangsverfahren

Im Ausgangsfall hat F ihr Fahrzeug in einer schmalen Straße gegenüber einer Grundstückseinfahrt abgestellt. Damit verstößt sie gegen eine Rechtsnorm (§ 12 Abs. 3 Nr. 3 StVO); eine zu

---

1 Der Widerspruch ist in Niedersachsen nur (obligatorisch) in den in § 80 Abs. 2 und (fakultativ) in den in § 80 Abs. 3 NJG genannten Fällen vorgesehen.
2 Vgl. dazu *H. Maurer / Ch. Waldhoff*, Allgemeines Verwaltungsrecht, § 10 Rn. 86.
3 Nds. OVG, B. v. 2.2.2015 – 4 LA 245/13, Rn. 10; B. v. 23.4.2009 – 11 ME 478/08, Rn. 33; *W.-R. Schenke*, Polizei- und Ordnungsrecht, Rn. 598; *A. Saipa / J. D. Roggenkamp / K. König*, in: Saipa u. a., NPOG, § 64 Rn. 2; krit. *F. Schoch*, in: ders. (Hrsg.), Besonderes Verwaltungsrecht, Kap. 1 Rn. 916 f.
4 Vgl. *J. Ipsen*, Allgemeines Verwaltungsrecht, Rn. 664 ff.
5 Nds. OVG, B. v. 2.2.2015 – 4 LA 245/13, Rn. 10.
6 Vgl. Nds. OVG, B. v. 2.2.2015 – 4 LA 245/13, Rn. 10.

vollstreckende **Grundverfügung** existiert hingegen nicht. Anders in der Abwandlung, da es sich bei der Anordnung eines Halteverbots durch ein Verkehrsschild um einen Verwaltungsakt in Form der **Allgemeinverfügung** (§ 35 Satz 2 VwVfG) handelt,[7] der nach der Rechtsprechung des Bundesverwaltungsgerichts das Gebot beinhaltet, im Falle des Verstoßes gegen das Halteverbot das Fahrzeug sofort wieder zu entfernen (→ § 5 Rn. 4).[8] Mit einem Halteverbotsschild liegt nach dieser – zweifelhaften[9] – Ansicht folglich eine zu vollstreckende Grundverfügung vor. Auch werden **Verkehrsschilder** den unaufschiebbaren Anordnungen von polizeilichen Vollzugskräften gleichgestellt, so dass ein durch ein Halteverbotsschild angeordnetes Halteverbot sofort vollziehbar ist.[10]

7 Eine existierende **Grundverfügung** wird im Grundsatz dergestalt vollstreckt, dass ein konkretes Zwangsmittel zunächst angedroht (§ 70 NPOG), sodann festgesetzt und schließlich angewendet wird.[11] Ausdrücklich im Gesetz erwähnt wird die Festsetzung allerdings nur noch mit Blick auf das **Zwangsgeld** (§ 67 Abs. 2 NPOG). Für den Fall der Anwendung unmittelbaren Zwangs kann in dessen Anwendung **eine konkludente Festsetzung** gesehen werden (→ Rn. 30 f.); bei einer Ersatzvornahme ist eine Festsetzung ohnehin entbehrlich. Die **Androhung** hat möglichst schriftlich und unter Setzung einer Frist zur Vornahme einer geschuldeten Handlung zu erfolgen (§ 70 Abs. 1 NPOG). Damit sollen der betroffenen Person die Konsequenzen vor Augen geführt werden, sollte die Grundverfügung weiterhin unbeachtet bleiben. Die Androhung ist ebenso wie eine etwaige **Festsetzung** des Zwangsmittels ein (eigenständiger) Verwaltungsakt.[12] Gegen die Androhung (oder Festsetzung) von Zwangsmitteln gerichtete Rechtsbehelfe entfalten indes keine aufschiebende Wirkung (§ 64 Abs. 4 Satz 1 NPOG). Im Übrigen ist auch nicht möglich, durch Rechtsbehelfe gegen Maßnahmen im Rahmen der **Vollstreckung** (erneut) die Grundverfügung zur Überprüfung zu stellen. Vielmehr ist Gegenstand eines Rechtsbehelfs gegen eine **Vollstreckungsmaßnahme** allein die Rechtmäßigkeit der Vollstreckung, nicht aber die Rechtmäßigkeit der Grundverfügung,[13] so dass eine eingetretenen Unanfechtbarkeit der Grundverfügung nicht durch Rechtsbehelfe im Vollstreckungsverfahren unterlaufen werden kann.

8 Dieses „**gestreckte Verfahren**" zur Durchsetzung einer Rechtspflicht ist in der Praxis weniger umständlich, als es auf den ersten Blick scheinen mag. So kann die Androhung schon mit der Grundverfügung verbunden werden (§ 70 Abs. 2 Satz 1 NPOG). Sie soll mit ihr verbunden werden, wenn die **sofortige Vollziehbarkeit** angeordnet wurde oder ein Rechtsmittel kraft Gesetzes keine aufschiebende Wirkung hat (§ 70 Abs. 2 Satz 2 NPOG). Auch kann der **Vollzug** unmittelbar an eine Festsetzung anschließen oder bei der Anwendung unmittelbaren Zwangs mit ihr einhergehen (→ Rn. 30 f.). Im Beispielsfall stößt das gestreckte Verfahren indes auf Schwierigkeiten, da es im Ausgangsfall schon an einer Grundverfügung fehlt und in der Abwandlung die F jedenfalls nicht zugegen ist.

---

7 Vgl. *Th. Kingreen / R. Poscher*, Polizei- und Ordnungsrecht, § 23 Rn. 8; *V. Götz / M.-E. Geis*, Allgemeines Polizei- und Ordnungsrecht, § 21 Rn. 30; *W.-R. Schenke*, Polizei- und Ordnungsrecht, Rn. 777.
8 BVerwG, B. v. 7.11.1977 – VII B 135/77, Rn. 5; Urt. v. 23.6.1993 – 11 C 32/92, Rn. 12; Urt. v. 11.12.1996 – 11 C 15/95, Rn. 10; Urt. v. 9.4.2014 – 3 C 5/13, Rn. 13; ebenso *K. Graulich*, in: Lisken/Denninger, Abschnitt E Rn. 858, 861; *G. Böhrenz / P. Siefken*, § 26 Rn. 6; zust. auch *W.-R. Schenke*, Polizei- und Ordnungsrecht, Rn. 777.
9 Krit. *F. Schoch*, in: ders. (Hrsg.), Besonderes Verwaltungsrecht, Kap. 1 Rn. 946; *J. Ipsen*, Niedersächsisches Polizei- und Ordnungsrecht, Rn. 611.
10 BVerwG, B. v. 7.11.1977 – VII B 135/77, Rn. 4; Urt. v. 23.6.1993 – 11 C 32/92, Rn. 12; s. ferner *W.-R. Schenke*, Polizei- und Ordnungsrecht, Rn. 777.
11 *J. Ipsen*, Niedersächsisches Polizei- und Ordnungsrecht, Rn. 617.
12 *W.-R. Schenke*, Polizei- und Ordnungsrecht, Rn. 604; *A. Saipa / J. D. Roggenkamp / K. König*, in: Saipa u. a., NPOG, § 64 Rn. 6; *J. Ipsen*, Niedersächsisches Polizei- und Ordnungsrecht, Rn. 619.
13 *J. Ipsen*, Niedersächsisches Polizei- und Ordnungsrecht, Rn. 621; *A. Saipa / J. D. Roggenkamp / K. König*, in: Saipa u. a., NPOG, § 64 Rn. 6.

3. Der sofortige Vollzug

Im Ausgangsfall verstößt F gegen ein gesetzliches **Halteverbot** (§ 12 Abs. 3 Nr. 3 StVO); eine vollstreckbare Grundverfügung ist indes nicht ergangen und kann wegen der Abwesenheit der F auch nicht ergehen. Für derartige Fälle existiert eine **Sonderregelung**, der zufolge ein Zwangsmittel zur Abwehr einer gegenwärtigen Gefahr ausnahmsweise ohne vorausgehenden Verwaltungsakt angewendet werden darf: Sofern Maßnahmen gegen verantwortliche Personen oder auch eine nichtverantwortliche Person nicht rechtzeitig möglich sind oder keinen Erfolg versprechen, kann auf den vorausgehenden Verwaltungsakt verzichtet und das **Zwangsmittel** sogleich angewendet werden (§ 64 Abs. 2 Satz 1 Nr. 1 NPOG), sofern nur grundsätzlich die Voraussetzungen für den Erlass der Grundverfügung vorliegen und diese daher erlassen werden könnte **(sofortiger Vollzug)**.[14] In diesem Falle ist eine Vollstreckungsmaßnahme daher auch ohne einen vorausgegangenen Verwaltungsakt möglich. Auch der **Androhung** (und etwaigen Festsetzung) des Zwangsmittels bedarf es folgerichtig nicht.[15] Dieser „sofortige Vollzug" ist trotz der sprachlichen Parallelität nicht zu verwechseln mit der sofortigen Vollziehbarkeit eines Verwaltungsakts (§ 80 Abs. 2 Nr. 4 VwGO), bei dem einem Rechtsbehelf keine **aufschiebende Wirkung** zukommt.

Das Instrument des sofortigen Vollzugs zielt auf Sachverhalte, in denen eine Person, gegen die eine **Grundverfügung** gerichtet werden könnte, nicht anwesend ist; so verhält es sich regelmäßig in den Fällen des **Abschleppens** verkehrswidrig geparkter Fahrzeuge. Auch in dem Beispielsfall hat F sich entfernt und ist nicht zugegen. In der Abwandlung existiert hingegen eine (sofort vollziehbare) **Grundverfügung** in Form des **Verkehrsschildes**, so dass die Voraussetzungen für die Anwendung eines Zwangsmittels *ohne* vorausgehenden Verwaltungsakt eigentlich nicht vorliegen. Zugleich ist umgekehrt das **„gestreckte Verfahren"** mit Androhung (und etwaiger Festsetzung) eines Zwangsmittels wegen der Abwesenheit von F nicht ohne Weiteres möglich. Es wäre indes befremdlich, wenn F sich einer Vollstreckung deshalb entziehen könnte, weil sie sich nach Kenntnisnahme von einer existierenden Grundverfügung entfernt hat. Liegen derartige Umstände vor, so muss folglich erst recht auf die Androhung (und etwaige Festsetzung) verzichtet werden können, wenn diese Schritte bei Vorliegen der Voraussetzungen **des sofortigen Vollzugs** verzichtbar wären, es also sogar an einer Grundverfügung gegenüber der (mittlerweile) abwesenden betroffenen Person fehlte.[16] Auch in diesem Falle ist daher die **Anwendung** eines Zwangsmittels im abgekürzten Verfahren möglich.

Der sofortige Vollzug ist in Niedersachsen an die Stelle des klassischen polizeirechtlichen Instituts der **„unmittelbaren Ausführung"** getreten, dass in anderen Bundesländern statt[17] oder sogar neben[18] dem sofortigen Vollzug vorgesehen ist. Soweit das Landesrecht beide Instrumente vorhält, wird hierdurch die rechtliche Einordnung von polizeilichen Maßnahmen erschwert, weil diese Rechtsinstitute auf eine **identische Problemlage** zielen.[19] Die Polizei oder Verwaltungsbehörde will oder muss in einer konkreten Situation eingreifen, kann aber keine Maßnahme gegen eine verantwortliche (oder auch eine nicht verantwortliche) Person richten, weil niemand am Ort des Geschehens ist, der mit Aussicht auf Erfolg in Anspruch genommen werden könnte; Schwierigkeiten bei der **Abgrenzung** können daher nicht überraschen.

---

14 Th. Kingreen / R. Poscher, Polizei- und Ordnungsrecht, § 24 Rn. 39; W.-R. Schenke, Polizei- und Ordnungsrecht, Rn. 629.
15 Th. Kingreen / R. Poscher, Polizei- und Ordnungsrecht, § 24 Rn. 37.
16 Th. Kingreen / R. Poscher, Polizei- und Ordnungsrecht, § 24 Rn. 39; s. ferner G. Böhrenz / P. Siefken, § 64 Rn. 4; krit. F. Schoch, in: ders. (Hrsg.), Besonderes Verwaltungsrecht, Kap. 1 Rn. 948; V. Götz / M.-E. Geis, Allgemeines Polizei- und Ordnungsrecht, § 21 Rn. 31.
17 So in Hamburg, § 7 hamb. SOG.
18 So in Berlin, § 15 ASOG und § 8 VwVfG Bln iVm § 6 VwVG (Bund).
19 F. Schoch, in: ders. (Hrsg.), Besonderes Verwaltungsrecht, Kap. 1 Rn. 933.

12 Bei der unmittelbaren Ausführung handelt es sich um eine in früherer Zeit gegebene Antwort auf eine solche Sachlage, deren es heute aber nicht mehr bedarf: Bis zum Inkrafttreten des Grundgesetzes war verwaltungsgerichtlicher Rechtsschutz im Wesentlichen nur gegen **Verwaltungsakte** („Verfügungen") zu erlangen. Anders als das Grundgesetz (Art. 19 Abs. 4 GG) enthielt auch die Weimarer Reichsverfassung keine allgemeine **Rechtsschutzgarantie**; verwaltungsgerichtlicher Rechtsschutz wurde grundsätzlich nur gegen „Anordnungen und Verfügungen der Verwaltungsbehörden" gewährleistet (Art. 107 WRV). In dieser Situation ist Rechtsschutz gegen (Vollstreckungs-) Maßnahmen, denen keine Verfügung vorausgegangen ist, dadurch ermöglicht worden, dass die **unmittelbare Ausführung** einer polizeilichen Maßnahme dem Erlass einer Verfügung gleichgestellt wurde (§ 44 Abs. 1 Satz 2 PrPVG: „Die unmittelbare Ausführung einer polizeilichen Maßnahme steht dem Erlaß einer polizeilichen Verfügung gleich"). Im Grunde handelt es sich bei der unmittelbaren Ausführung daher nicht um ein Zwangsmittel, sondern eine Rechtsfigur, mit der eine Handlung an die Stelle eines Verwaltungsaktes tritt, mit dem die Handlung sonst angeordnet würde. Eine solche Konstruktion ist vor dem Hintergrund einer umfassenden Gewährleistung von **Rechtsschutz** durch das Grundgesetz heute aber nicht mehr notwendig.[20]

II. Die einzelnen Zwangsmittel

13 Das Verwaltungsvollstreckungsrecht kennt drei verschiedene **Zwangsmittel**: Die Ersatzvornahme, das Zwangsgeld und den unmittelbaren Zwang (§ 65 Abs. 1 NPOG).

1. Ersatzvornahme

▶ **Fall:** Auf der Autobahn A 2 zwischen Helmstedt und Braunschweig gerät ein Sattelzug des Fuhrunternehmens F-UG (haftungsbeschränkt) in Brand. Dem Fahrer gelingt es noch, die Zugmaschine abzukoppeln und in sicherem Abstand abzustellen; der Auflieger brennt hingegen aus. Die Polizei veranlasst, dass die Zugmaschine und die Reste des Aufliegers von einem spezialisierten Abschleppunternehmen auf deren Betriebshof verbracht werden; der Fahrer reist mit dem Zug weiter. Als der Geschäftsführer des Fuhrunternehmens einige Zeit später die Zugmaschine abholen will, verlangt das Unternehmen erhebliche Abschlepp- und Standkosten, die den Zeitwert der Zugmaschine nahezu erreichen. Seitens der F-UG ist man der Ansicht, dass man dem Abschleppunternehmen keinen Auftrag erteilt habe und ein Abschleppen der Zugmaschine ohnehin nicht veranlasst gewesen sei. ◀

14 Die **Ersatzvornahme** (§ 66 NPOG) ist ein Zwangsmittel für den Fall, dass eine Handlung nicht zwingend durch die **pflichtige Person** selbst vorgenommen werden muss, sondern „deren Vornahme durch eine andere Person möglich ist (vertretbare Handlung)". Bei Handlungen, die nicht von einem anderen vorgenommen werden können (unvertretbare Handlungen) scheidet hingegen eine Ersatzvornahme naturgemäß aus. Liegt hingegen eine **vertretbare Handlung** vor, können die Verwaltungsbehörden und die Polizei die Handlung auf Kosten der betroffenen Person selbst ausführen oder Dritte mit der **Ausführung** beauftragen (§ 66 Abs. 1 Satz 1 NPOG). Nach dieser Regelung ist auch ein eigenes Tätigwerden der Behörde („Selbstvornahme") der Ersatzvornahme zuzuordnen.[21] Demgegenüber ist die Selbstvornahme entsprechend einer überkommenen Auffassung zum preußischen Polizeirecht in der Vergangenheit auch als Unterfall **des unmittelbaren Zwangs** angesehen worden.[22]

---

20 *W.-R. Schenke*, Polizei- und Ordnungsrecht, Rn. 626.
21 *J. D. Roggenkamp / K. König*, in: Saipa u. a., NPOG, § 66 Rn. 3; *J. Ipsen*, Niedersächsisches Polizei- und Ordnungsrecht, Rn. 627.
22 Vgl. dazu *K. Vogel*, in: Drews/Wacke/Vogel/Martens, § 28, 4 (S. 532).

II. Die einzelnen Zwangsmittel

Wenn eine vertretbare Handlung anstelle der pflichtigen Person von der Verwaltungsbehörde / 15
Polizei oder in deren Auftrag vorgenommen wird, begünstigt dies die pflichtige Person insofern, als mit der Beseitigung der Gefahr deren **primäre Handlungspflicht** entfällt und sie von dem Aufwand und den Kosten der geschuldeten Handlung zunächst entlastet wird. In diesen Fällen tritt jedoch an die Stelle der primären Handlungspflicht auf der **Sekundärebene** eine Kostentragungspflicht, da die Ersatzvornahme „auf Kosten der betroffenen Person" erfolgt. Soweit „zusätzlich zur Ausführung der Handlung" weitere Amtshandlungen erforderlich sind, können zudem weitere **Gebühren und Auslagen** anfallen (§ 66 Abs. 1 Satz 2 NPOG). Wird – wie meist – eine andere Person oder ein Unternehmen in die Ausführung der Handlung der pflichtigen Person eingebunden, bedarf es daher einer Unterscheidung: Zunächst muss die pflichtige Person die aus **den Leistungen von Dritten** resultierenden Kosten tragen. Dabei handelt es sich aus der Perspektive des Verwaltungskostenrechts um Auslagen (§ 13 Abs. 3 Nr. 1 NVwKostG), die der Polizei oder Verwaltungsbehörde typischerweise aus einem zivilrechtlichen Dienst- oder Werkvertrag mit einer weiteren Person oder einem Unternehmen entstehen und von der pflichtigen Person zu erstatten sind. Darüber hinaus sind Gebühren und weitere Auslagen für **Amtshandlungen** nach Maßgabe des Gebührenrechts zu zahlen. Hierfür maßgeblich ist die Allgemeine Gebührenordnung des Landes Niedersachsen (AllGO), die in einer Anlage zahlreiche gebührenpflichtige Tatbestände regelt; dazu gehören auch Gebühren für zusätzlich zu einer Ersatzvornahme erforderliche Amtshandlungen (Nr. 108.5 der Anlage zu § 1 Abs. 1 AllGO).

Einen häufigen Anwendungsfall für eine Ersatzvornahme bilden namentlich die „Abschleppfälle". Das **Abschleppen** eines verbotswidrig abgestellten Fahrzeugs ist nicht etwa als Handlung im Rahmen eines Sicherstellungsvorgangs zu qualifizieren.[23] Das folgt zwar nicht daraus, dass es in diesen Fällen nicht darum geht, die sichergestellte Sache vor Verlust oder Beschädigung zu schützen (§ 26 Nr. 2 NPOG), denn eine **Sicherstellung** kann nicht nur aus diesem Grunde, sondern auch zur Abwehr einer gegenwärtigen Gefahr erfolgen (§ 26 Nr. 1 NPOG); auch wird jeweils der für eine Sicherstellung erforderliche behördliche **Gewahrsam** an der Sache begründet (→ § 8 Rn. 120).[24] Entscheidend ist aber, dass in den hier in Rede stehenden Fällen eine Handlung vorgenommen wird, die der pflichtigen Person obliegt. Auch das **Gebührenrecht** geht davon aus, dass das Abschleppen eines Kraftfahrzeugs als Ersatzvornahme qualifiziert werden kann, weil für eine zusätzlich zur **Ersatzvornahme** erforderliche Amtshandlung im Zusammenhang mit dem Abschleppen eines verkehrswidrig oder verkehrsbehindernd abgestellten Kraftfahrzeugs ein eigener Gebührentatbestand existiert (Nr. 108.5.1 der Anlage zu § 1 Abs. 1 AllGO). 16

Die Kosten der Ersatzvornahme sowie ferner entstehende Gebühren werden durch einen 17
Leistungsbescheid und damit einen eigenständigen Verwaltungsakt geltend gemacht. Da es sich dabei um „öffentliche Abgaben und Kosten" (§ 80 Abs. 2 Satz 1 Nr. 1 VwGO) handelt, hat ein Rechtsbehelf keine aufschiebende Wirkung.[25] Anders als bei Vorliegen einer vollstreckbaren Grundverfügung ist im Falle des **sofortigen Vollzugs** aber erforderlich, dass auch die formellen und materiellen Voraussetzungen der im Wege der Ersatzvornahme vollstreckten Maßnahme vorliegen,[26] ein **Verwaltungsakt** wäre er denn ergangen („fiktive Grundverfügung"),

---

23 So auch B. Beckermann, in: Saipa u. a., NPOG, § 26 Rn. 7; anders wohl G. A. Neuhäuser, in: Möstl/Weiner, Polizei- und Ordnungsrecht Niedersachsen, § 26 Rn. 15 f.
24 Anders W.-R. Schenke, Polizei- und Ordnungsrecht, Rn. 179.
25 Vgl. Nds. OVG, B. v. 13.8.2013 – 7 ME 1/12, Rn. 10 ff.; anders J. Ipsen, Niedersächsisches Polizei- und Ordnungsrecht, Rn. 628.
26 J. Ipsen, Niedersächsisches Polizei- und Ordnungsrecht, Rn. 613.

also rechtmäßig wäre.[27] Soweit es daran fehlt, kommt folgerichtig auch keine Heranziehung zu den Kosten der betreffenden Maßnahme in Betracht.

18 Im Beispielsfall hat das Abschleppunternehmen seine Leistung aufgrund eines Auftrags der Polizei erbracht. Dem wird ein **zivilrechtlicher Vertrag** mit der Polizei (und damit dem Land Niedersachsen) zugrunde liegen, während zwischen dem Abschleppunternehmen und dem Fuhrunternehmen keine vertraglichen Beziehungen bestehen. Das Fuhrunternehmen schuldet dem Abschleppunternehmen daher auch keine vertragliche Vergütung für die erbrachten Leistungen; das Abschleppunternehmen muss sich vielmehr an die Polizei wenden.[28] Die Polizei kann dann die Erstattung der ihr entstehenden **Aufwendungen** von dem Fuhrunternehmen fordern.

19 In der Praxis werden diese (öffentlich-rechtlichen) **Kostenerstattungsansprüche** der Verwaltungsbehörde oder Polizei oftmals aufgrund einer **Abtretung** oder eines entsprechenden Auftrags unmittelbar durch die Abschleppunternehmen geltend gemacht und die Forderungen bei Abholung eines abgeschleppten Fahrzeugs eingezogen. Das Abschleppunternehmen fungiert damit als behördliche „Inkassostelle" (→ § 6 Rn. 13), was zur Folge haben kann, dass ein Streit um die **Kostenerstattungspflicht** auf diese Ebene verlagert wird; gegen die Zulässigkeit einer solchen Abtretung bestehen daher durchgreifende Bedenken.[29] Zahlt die pflichtige Person zunächst, weil sie ihr Fahrzeug zurückhaben möchte und mit einer Verweigerung der Herausgabe bei Nichtzahlung rechnen muss, kann der Einwand des Fehlens einer Kostenerstattungspflicht – etwa wegen fehlender Rechtmäßigkeit einer fiktiven Grundverfügung – erhoben und im Wege der auch klageweisen Geltendmachung eines **öffentlich-rechtlichen Erstattungsanspruchs** gegen die Verwaltungsbehörde oder die Polizei verfolgt werden.[30]

20 Im Beispielsfall erscheint durchaus fraglich, inwieweit die Polizei die Erstattung der ihr entstehenden Kosten verlangen kann: Soweit es sich um **Kosten der Ersatzvornahme** handelt, ist ein Abschleppen und nachfolgendes Abstellen der Zugmaschine bei dem Abschleppunternehmer jedenfalls dann nicht veranlasst gewesen, wenn die **Zugmaschine** unbeschädigt und fahrbereit gewesen ist. Auch war der Fahrer anwesend und es ist nichts dafür ersichtlich, dass er nicht willens und in der Lage war, das Fahrzeug zu bewegen und etwa zu einem Rastplatz oder gar dem Unternehmenssitz zu verbringen. Die Voraussetzungen einer Ersatzvornahme lagen danach schon nicht vor. Anders verhält es sich bei dem abgebrannten **Auflieger**, da dieser ohne Hilfe eines spezialisierten Unternehmens wohl kaum zu entfernen war.

21 Soweit das Fuhrunternehmen zu hohe Abschlepp- und Standkosten rügt, kommt es zunächst auf die konkreten **vertraglichen Vereinbarungen** zwischen der Polizei und dem Abschleppunternehmen an: Ist bei Erteilung des Auftrags kein konkretes Entgelt vereinbart worden (und auch kein Rahmenvertrag vorhanden), wird von vornherein nur ein (orts-) **übliches Entgelt** geschuldet (§ 632 Abs. 2 BGB). Im Übrigen könnte die Vereinbarung eines (orts-) unüblich hohen Entgelts zwischen der Polizei und dem Abschleppunternehmen nicht zulasten des Fuhrunternehmens gehen; dies wäre vielmehr eine Verletzung polizeilicher (Amts-) Pflichten im Verhältnis zu dem erstattungspflichtigen Dritten.

---

27 *Th. Kingreen / R. Poscher*, Polizei- und Ordnungsrecht, § 24 Rn. 39; *A. Saipa / J. D. Roggenkamp / K. König*, in: Saipa u. a., NPOG, § 64 Rn. 3 und 3.5.; *F. Schoch*, in: ders. (Hrsg.), Besonderes Verwaltungsrecht, Kap. 1 Rn. 939.
28 Vgl. OVG NW, Urt. v. 21.2.1980 – 4 A 2654/79, Rn. 5.
29 Vgl. VG Düsseldorf, Urt. v. 27.6.1980 – 6 K 4740/78, Rn. 33 ff.; krit. auch *J. D. Roggenkamp / K. König*, in: Saipa u. a., NPOG, § 66 Rn. 4.
30 OVG NW, Urt. v. 21.2.1980 – 4 A 2654/79, Rn. 5.

II. Die einzelnen Zwangsmittel

2. Zwangsgeld

Ist die Vornahme einer Handlung durch einen anderen nicht möglich und hängt sie nur 22 vom Willen der pflichtigen Person ab, so kann diese durch ein **Zwangsgeld** dazu angehalten werden, die Handlung vorzunehmen (§ 67 NPOG). Das Zwangsgeld, das bis zu 100.000,00 Euro betragen kann, zielt damit in erster Linie auf **unvertretbare Handlungen**, obwohl es theoretisch auch bei vertretbaren Handlungen verhängt werden kann und dann an die Stelle einer Ersatzvornahme tritt.[31] Grundsätzlich ist auch das Zwangsgeld schriftlich anzudrohen (§ 70 Abs. 1 NPOG); dabei ist die Höhe des beabsichtigten Zwangsgeldes anzugeben.

Wird die geschuldete Handlung gleichwohl nicht vorgenommen oder einer Duldungs- oder 23 Unterlassungspflicht weiterhin zuwidergehandelt, so erfolgt im nächsten Schritt die **Festsetzung** des Zwangsgeldes. Damit soll auf den Willen der pflichtigen Person für die Zukunft eingewirkt werden. Es handelt sich daher nicht um eine „Strafe", weshalb unschädlich ist, wenn neben dem Zwangsgeld auch eine (Geld-) Strafe oder Geldbuße verhängt wird (§ 65 Abs. 3 NPOG). Gleichwohl erfolgt in der Sache eine **Sanktionierung** der vorangegangenen Pflichtwidrigkeit, weil an das vorangegangene Verhalten angeknüpft wird. Die Festsetzung eines Zwangsgeldes kommt daher jedenfalls dann nicht in Betracht, wenn die Erfüllung der durchzusetzenden Verpflichtung aus Gründen unterbleibt, die vom Willen der pflichtigen Person unabhängig sind.[32]

Da es sich bei einem Zwangsgeld im Ausgangspunkt um ein **Beugemittel** handelt, kann sich 24 die betroffene Person der ihr obliegenden Verpflichtung nicht durch **Zahlung** des Zwangsgeldes entziehen. Vielmehr können Zwangsmittel wiederholt oder gewechselt werden, bis der Verpflichtung entsprochen wurde (§ 65 Abs. 3 NPOG); dabei bedarf es aber jeweils einer erneuten **Androhung**. Ein Zwangsgeld darf aber nicht mehr festgesetzt oder beigetrieben werden, wenn die durchzusetzende Verpflichtung erfüllt wurde (§ 67 Abs. 2 Satz 2 NPOG). Entsprechendes muss gelten, wenn sich die Angelegenheit in anderer Weise erledigt hat.

Erweist sich das Zwangsgeld als uneinbringlich so kommt stattdessen die Verhängung von 25 **Ersatzzwangshaft** in Betracht. Hierfür ist Voraussetzung, dass auf diese Möglichkeit bei der Androhung des Zwangsgeldes hingewiesen wurde (§ 68 Abs. 1 Satz 1 NPOG). Auch muss die Festsetzung der Ersatzzwangshaft durch ein Gericht erfolgen (Art. 104 Abs. 2 GG). Zuständig für die Entscheidung ist in Niedersachsen grundsätzlich das Amtsgericht, in dessen Bezirk die betroffene Person ihren **gewöhnlichen Aufenthalt** hat (§ 68 Abs. 2 Satz 1 NPOG). Die Dauer beträgt mindestens einen Tag und höchstens zwei Wochen (§ 68 Abs. 1 Satz 2 NPOG).

3. Unmittelbarer Zwang

▶ **Fall:**[33] Demonstrant D hat an einer „Revolutionären Demonstration zum 1. Mai" teilgenommen. Nach Beendigung der Veranstaltung durch den Veranstalter kommt es zu gewalttätigen Ausschreitungen gegen die Einsatzkräfte der Polizei; es werden Steine und auch Brandsätze in deren Richtung geschleudert. Daraufhin rücken die Einsatzkräfte gegen die Demonstrierenden vor. In den nachfolgenden Auseinandersetzungen wird D von einem Polizeibeamten am Hals gepackt, für einige Sekunden festgehalten und zur Seite gedrängt. D hält dieses Vorgehen für rechtswidrig. ◀

Unter **unmittelbarem Zwang** wird die Einwirkung auf Personen oder Sachen durch körper- 26 liche Gewalt, Hilfsmittel der körperlichen Gewalt und Waffen verstanden (§ 69 Abs. 1 NPOG).

---

31 Th. Kingreen / R. Poscher, Polizei- und Ordnungsrecht, § 24 Rn. 11.
32 Vgl. Nds. OVG, B. v. 13.8.2013 – 7 ME 1/12, Rn. 10 ff.; W.-R. Schenke, Polizei- und Ordnungsrecht, Rn. 179.
33 Nach VG Berlin, Urt. v. 16.6.2003 – 1 A 137.00.

Als **körperliche Gewalt** definiert das Gesetz eine „unmittelbare körperliche Einwirkung auf Personen oder Sachen" (§ 69 Abs. 2 NPOG), Hilfsmittel der körperlichen Gewalt sind Gerätschaften aller Art wie etwa Fesseln oder Wasserwerfer aber auch Diensthunde und sogar Dienstpferde (§ 69 Abs. 3 NPOG), soweit es sich nicht um Waffen handelt. Zu den Waffen zählen neben Elektroimpulsgeräten („Taser") und dem **Einsatzstock** namentlich **Schusswaffen** (§ 69 Abs. 4 NPOG).

27 Die Anwendung **unmittelbaren Zwangs** mit den genannten Instrumenten ist nur zulässig, wenn eine Ersatzvornahme oder ein Zwangsgeld nicht in Betracht kommen oder keinen Erfolg versprechen (§ 69 Abs. 6 NPOG); der unmittelbare Zwang ist daher ein **nachrangiges Zwangsmittel**. Seine Anwendung ist grundsätzlich anzudrohen (§ 74 Abs. 1 Satz 1 NPOG), was wegen der Subsidiarität des unmittelbaren Zwangs eine weitere Androhung erforderlich macht, wenn die Ersatzvornahme oder das Zwangsgeld nicht zum Ziel geführt haben. Von der Androhung kann aber abgesehen werden, wenn die Umstände sie nicht zulassen, weil etwa die **sofortige Anwendung** des Zwangsmittels zur Abwehr einer gegenwärtigen Gefahr notwendig ist (§ 74 Abs. 1 Satz 1 NPOG). Auch kann die Androhung wie stets mit der **Grundverfügung** verbunden werden (§ 70 Abs. 2 Satz 1 NPOG). Weiter ist denkbar, dass schon die Grundverfügung entbehrlich ist, weil unverzüglich zur Abwendung einer gegenwärtigen Gefahr gehandelt werden muss (§ 64 Abs. 2 Satz 1 Nr. 1 NPOG).

28 Grundsätzlich unverzichtbar ist die Androhung des **Schusswaffengebrauchs**. Dessen Einsatz ohne Androhung ist nur statthaft, wenn dies zur Abwehr einer gegenwärtigen Gefahr für Leib oder Leben erforderlich ist (§ 74 Abs. 2 NPOG); regelmäßig wird aber die Abgabe eines **Warnschusses** möglich sein, die als Androhung des Schusswaffengebrauchs gilt (§ 74 Abs. 1 Satz 3 NPOG).

29 Mit Blick auf die **Anwendung** unmittelbaren Zwangs wiederholt und konkretisiert das Gesetz zunächst allgemeine Grundsätze, denen zufolge Anordnungen von Weisungsberechtigten zu befolgen sind, soweit dadurch nicht die **Menschenwürde** betroffener Personen verletzt oder eine Straftat begangen würde (§ 72 Abs. 1 Satz 2 und Abs. 2 Satz 1 NPOG). Die **Remonstrationspflicht** bei Bedenken gegen die Rechtmäßigkeit einer dienstlichen Anordnung (§ 36 Abs. 2 BeamtStG) wird dahin gehend modifiziert, dass Bedenken gegen die Rechtmäßigkeit der Anordnung einer Anwendung unmittelbaren Zwangs gegenüber der anordnenden Person vorzubringen sind, soweit dies nach den Umständen möglich ist (§ 72 Abs. 3 NPOG).

30 Im Beispielsfall sind die Einsatzkräfte unter Anwendung unmittelbaren Zwangs gegen die demonstrierenden Personen vorgegangen, ohne dass zuvor eine ausdrückliche **Grundverfügung** ergangen ist oder eine **Androhung** oder Festsetzung des **Zwangsmittels** erfolgt wäre. Auch greift hier nicht die Pflicht, sich von einer Versammlung nach deren Auflösung zu entfernen (§ 8 Abs. 2 Satz 3 NVersG), da der Demonstrationszug vom Veranstalter beendet, nicht aber von der Polizei aufgelöst wurde. Allerdings erscheint denkbar, in dem Vorrücken von Einsatzkräften einen (konkludenten) **Platzverweis** zu sehen.[34] Zwar kommt dem Einsatz eines Zwangsmittels und damit auch der Anwendung unmittelbaren Zwangs entgegen einer vereinzelt anzutreffenden Auffassung[35] nicht schon aufgrund eines **konkludenten Duldungsbefehls** ein Erklärungswert zu: Gegenstand einer solchen Erklärung könnte nur die (unausgesprochene) Behauptung sein, die Maßnahme sei von einem Betroffenen als rechtmäßig (oder jedenfalls vollziehbar) hinzunehmen. Die Verwaltung wird aber stets in zulässiger Weise handeln wollen, ohne dass dieser Umstand für sich genommen ausreichend wäre, um tatsächlichen

---

34 So VG Berlin, Urt. v. 16.6.2003 – 1 A 137.00, Rn. 17.
35 So insbes. *V. Götz*, JuS 1985, S. 869: Zwangsanwendung als Konkretisierung der in der Pflicht zur Duldung des Zwanges liegenden Belastung; s. ferner *K. Vogel*, in: Drews/Wacke/Vogel/Martens, § 23, 1 (S. 342); zu Recht abl. *J. Schwabe*, DVBl. 1988, S. 1055 (1056 f.): „Kuriosität eines ... konkludenten Duldungsbefehls".

Handlungen einen entsprechenden **Erklärungswert** und damit **Regelungsgehalt** zuzuweisen (→ § 9 Rn. 93). Auch ein Verwaltungsakt muss aber in irgendeiner Form (tatsächlich) erlassen werden, so dass **tatsächliche Handlungen** einen Erklärungswert haben können, wie dies auch bei einer Aufforderung zum Anhalten per Handzeichen oder mit der Winkerkelle der Fall ist.

Das bedeutet andererseits nicht, dass die **Anwendung eines Zwangsmittels** wie etwa der Schlag mit dem **Einsatzstock** als Verwaltungsakt zu qualifizieren wäre;[36] eine solche Deutung müsste schon unter Aspekten der Bestimmtheit und wegen der Unmöglichkeit einer freiwilligen Befolgung auf Bedenken stoßen. Grundsätzlich handelt es sich bei der Anwendung unmittelbaren Zwangs daher um eine tatsächliche Handlung (**Realakt**).[37] Rücken aber die Einsatzkräfte gegen Demonstrierende vor, liegt auch aus dem Empfängerhorizont nahe, dem die Aufforderung zu entnehmen, dass sich im Einsatzbereich befindende Personen entfernen sollen. Im Übrigen ist **ein abgekürztes Verfahren** ohne Grundverfügung nicht nur dann möglich, wenn polizeipflichtige Personen nicht vorhanden oder nicht anwesend sind, sondern auch in Fällen, in denen eine Verfügung keinen Erfolg verspricht (§ 64 Abs. 2 Satz 1 Nr. 1 NPOG). 31

Bei unterstelltem Vorhandensein einer **Grundverfügung** stellt sich im Beispielsfall die weitere Frage, ob von einer **Androhung** des Zwangsmittels abgesehen werden konnte. Der Gesetzgeber erwartet auch in Situationen, in denen eine gewaltbereite Menschenmenge anwesend ist, dass grundsätzlich eine **Androhung** unmittelbaren Zwangs erfolgt, wie sich daraus ergibt, dass die Anwendung unmittelbaren Zwangs gegenüber einer **Menschenmenge** möglichst so rechtzeitig anzudrohen ist, dass sich Unbeteiligte (oder Einsichtige) noch entfernen können (§ 74 Abs. 3 Satz 1 NPOG). Allerdings gilt auch in diesen Fällen, dass eine Androhung entbehrlich sein kann, wenn die Umstände sie nicht zulassen (§ 74 Abs. 1 Satz 2 NPOG). 32

Wird dies mit Blick auf den Beispielsfall bejaht, so bleibt die Frage, ob die konkrete Maßnahme verhältnismäßig gewesen ist. Namentlich beim Einsatz von unmittelbarem Zwang ist auf die Einhaltung des **Verhältnismäßigkeitsgrundsatzes** in besonderer Weise Bedacht zu nehmen.[38] Hier handelte es sich bei der ergriffenen Maßnahme um einen Einsatz einfacher körperlicher Gewalt ohne Verwendung von Hilfsmitteln oder gar Waffen. Die angewendeten Mittel lassen sich vor diesem Hintergrund als (noch) vertretbar ansehen, sofern unter Berücksichtigung der erforderlichen **Eigensicherung** des Einsatzkräfte ein milderes, aber gleich wirksames Mittel zur Gefahrenabwehr nicht ohne Weiteres vorhanden war.[39] 33

III. Besondere Anforderungen an den Einsatz von Schusswaffen

Besonders detailliert geregelt ist der Einsatz von **Schusswaffen** durch die Polizei. Deren Einsatz ist zunächst doppelt subsidiär: Schusswaffen dürfen nur gebraucht werden, wenn andere Maßnahmen des unmittelbaren Zwanges bereits erfolglos angewendet wurden oder offensichtlich keinen Erfolg versprechen (§ 76 Abs. 1 Satz 1 NPOG). Weiter wird für einen Schusswaffengebrauch gegen Personen verlangt, dass der verfolgte Zweck nicht durch **Waffeneinwirkung auf Sachen** erreicht werden kann (§ 76 Abs. 1 Satz 2 NPOG). Gegen Personen dürfen Schusswaffen nur in bestimmten, abschließend aufgeführten Fällen eingesetzt werden. Dazu zählen die Abwehr einer gegenwärtigen Gefahr für Leib oder Leben sowie die Verhinderung einer unmittelbar bevorstehenden Straftat ("... eines Verbrechens oder eines Vergehens") die „unter Anwendung oder Mitführung von Schusswaffen oder Explosivmitteln" begangen werden soll 34

---

36 So noch BVerwG, Urt. v. 9.2.1967 – I C 49.64, Rn. 14.
37 Vgl. *F. Schoch*, in: ders. (Hrsg.), Besonderes Verwaltungsrecht, Kap. 1 Rn. 882, 930; *V. Götz / M.-E. Geis*, Allgemeines Polizei- und Ordnungsrecht, § 20 Rn. 48.
38 Vgl. dazu *V. Götz / M.-E. Geis*, Allgemeines Polizei- und Ordnungsrecht, § 20 Rn. 49.
39 Vgl. VG Berlin, Urt. v. 16.6.2003 – 1 A 137.00, Rn. 20.

(§ 77 Abs. 1 Nr. 1 und 2 NPOG). Ferner kommt ein **Schusswaffengebrauch** zum Zweck des Anhaltens von Personen in Betracht, die sich der Festnahme oder Identitätsfeststellung durch Flucht zu entziehen versuchen, sofern die betreffenden Personen eines Verbrechens oder eines Vergehens dringend verdächtig sind und bei einem Vergehen zudem Tatsachen die Annahme rechtfertigen, dass Schusswaffen oder Explosivmittel von der Person mitgeführt werden (§ 77 Abs. 1 Nr. 3 NPOG). Gleiches gilt, wenn jemand aufgrund einer gerichtlichen Entscheidung wegen eines Verbrechens oder eines Vergehens oder wegen eines dringenden Verdachts eines Verbrechens oder eines Vergehens in „amtlichem Gewahrsam zu halten oder ihm zuzuführen ist", sowie in Fällen, in denen ein Vergehen in Rede steht und zudem Tatsachen die Annahme rechtfertigen, dass Schusswaffen oder Explosivmittel mitgeführt werden (§ 77 Abs. 1 Nr. 4 NPOG). Ferner gestattet ist ein Schusswaffengebrauch bei einem Versuch der gewaltsamen **Gefangenenbefreiung** sowie bei bestimmten gefährlichen Handlungen von Personen in Justizvollzugsanstalten (§ 77 Abs. 1 Nr. 5 NPOG). Auch soll ein Schusswaffengebrauch gegen eine **gewalttätige Menschenmenge** zulässig sein, wenn andere Maßnahmen keinen Erfolg versprechen (§ 78 Abs. 1 NPOG).

35 Ein **Schusswaffengebrauch** ist grundsätzlich unzulässig, wenn erkennbar **Unbeteiligte** mit hoher Wahrscheinlichkeit gefährdet werden (§ 76 Abs. 4 Satz 1 NPOG) oder die Zielperson nach dem äußeren Eindruck noch nicht 14 Jahre alt ist (§ 76 Abs. 3 Satz 1 NPOG). Auch darf mit einem Schusswaffengebrauch nur das Ziel verfolgt werden, Angriffs- oder Fluchtunfähigkeit herbeizuführen (§ 76 Abs. 2 Satz 1 NPOG). Naheliegend ist, dass diese Bedingung nur erfüllt ist, wenn die **Zielperson** nach dem Schusswaffengebrauch noch lebt; eine andere Auslegung wäre „befremdlich",[40] so dass eine solche Regelung von vornherein keine **Rechtsgrundlage** für einen voraussichtlich tödlich wirkenden Schuss sein könnte.[41]

36 Ein Schuss, der mit an Sicherheit grenzender Wahrscheinlichkeit tödlich wirken wird, ist vielmehr nur zulässig, wenn er das einzige Mittel zur Abwehr einer gegenwärtigen Lebensgefahr oder der gegenwärtigen Gefahr einer schwerwiegenden Verletzung der körperlichen Unversehrtheit darstellt (§ 76 Abs. 2 Satz 2 NPOG). Mit dieser Regelung hat der **„gezielte Todesschuss"** in Niedersachsen eine eigene Regelung erfahren, deren es auch bedarf: Zwar wird ein gezielter Schusswaffengebrauch etwa bei **Geiselnahmen** nach Maßgabe der straf- und zivilrechtlichen Regelungen über die Nothilfe (§ 32 StGB, § 227 BGB) regelmäßig nicht rechtswidrig sein. Die individuelle Rechtfertigung der handelnden Personen aufgrund dieser Vorschriften ersetzt aber nicht die erforderliche **Eingriffsermächtigung** nach Maßgabe des Gefahrenabwehrrechts (→ § 9 Rn. 74).[42]

37 Die Regelung, der zufolge die „zivil- und strafrechtlichen Wirkungen nach den Vorschriften über Notwehr und Notstand" unberührt bleiben (§ 71 Abs. 2 NPOG), hilft in diesem Zusammenhang ebenfalls nicht weiter, weil es sich nur um einen Hinweis auf eine schon kraft **Bundesrechts** bestehende Rechtslage handelt.[43] Ob das Handeln der Einsatzkräfte straf- und zivilrechtlich gerechtfertigt ist, beurteilt sich danach unabhängig von verwaltungsrechtlichen

---

40 BGH, Urt. v. 3.11.1992 – 5 StR 370/92, Rn. 51.
41 Anders *V. Götz / M.-E. Geis*, Allgemeines Polizei- und Ordnungsrecht, § 20 Rn. 53 aE.; s. ferner *A. Saipa / J. D. Roggenkamp / K. König*, in: Saipa u. a., NPOG, § 76 Rn. 5 f.
42 *H. Timmer*, in: Möstl/Weiner, Polizei- und Ordnungsrecht Niedersachsen, § 71 Rn. 27; *Th. Kingreen / R. Poscher*, Polizei- und Ordnungsrecht, § 11 Rn. 27; *J. Ipsen*, Niedersächsisches Polizei- und Ordnungsrecht, Rn. 649; *V. Götz / M.-E. Geis*, Allgemeines Polizei- und Ordnungsrecht, § 20 Rn. 55; *G. Beaucamp*, JA 2003, S. 403 (405); *W.-R. Schenke*, Polizei- und Ordnungsrecht, Rn. 39; s. ferner *K. Vogel*, in: Drews/Wacke/Vogel/Martens, § 28, 8 b) (S. 547 f.); *C. Gusy*, Polizei- und Ordnungsrecht, Rn. 177 f.
43 *J. Ipsen*, Niedersächsisches Polizei- und Ordnungsrecht, Rn. 649; *H. Timmer*, in: Möstl/Weiner, Polizei- und Ordnungsrecht Niedersachsen, § 71 Rn. 26; *A. Saipa / J. D. Roggenkamp / K. König*, in: Saipa u. a., NPOG, § 76 Rn. 5.

III. Besondere Anforderungen an den Einsatz von Schusswaffen

Vorgaben allein nach den straf- und zivilrechtlichen Maßstäben.[44] Da mit einem Schusswaffeneinsatz, der mit aller Wahrscheinlichkeit tödlich wirken wird, gezielt und final – in jedem Sinne des Wortes – in das **Recht auf Leben** (Art. 2 Abs. 2 Satz 1 GG) eingegriffen wird, bedarf es hierfür aber einer gesetzlichen Grundlage, die eine solche Maßnahme an hinreichend enge Voraussetzungen bindet. Das ist bei den **Tatbestandsvoraussetzungen** des tödlich wirkenden Schusswaffeneinsatzes auch grundsätzlich der Fall, wenn diese dahin interpretiert werden, dass die erforderliche gegenwärtige Gefahr für die Schutzgüter des Lebens und der körperlichen Unversehrtheit gerade von der Person ausgehen muss, gegen die sich die Maßnahme richtet. Dass ein gezielt tödlich wirkender Schuss gegen andere (Tat-) Beteiligte erforderlich sein kann, ist hingegen kaum vorstellbar.[45] Auch scheidet ein derartiges Vorgehen gegen **unbeteiligte Dritte**, die zu der Gefahr nichts beitragen und denen diese auch nicht zuzurechnen ist, von vornherein aus.[46]

---

44 Vgl. *Th. Kingreen / R. Poscher*, Polizei- und Ordnungsrecht, § 11 Rn. 27.
45 Weitergehend *H. Timmer*, in: Möstl/Weiner, Polizei- und Ordnungsrecht Niedersachsen, § 76 Rn. 47.
46 Vgl. BVerfG, Urt. v. 15.2.2006 – 1 BvR 357/05 (Luftsicherheitsgesetz), Rn. 120 ff.

§ 11 Kostentragung, Entschädigung und Schadensausgleich

I. Ersatzansprüche gegen die öffentliche Hand

1. Anspruchsvoraussetzungen

▶ **Fall:**[1] Die B-GmbH ist Eigentümerin eines größeren Grundstücks in einer niedersächsischen Kleinstadt. Sie errichtete auf dem Grundstück ein Mehrfamilienhaus mit insgesamt acht Wohneinheiten auf drei Etagen. Aufgrund des Eintreffens einer hohen Anzahl von Personen, die aus ihren Heimatländern geflüchtet sind, muss die Stadt zeitnah Unterkünfte für eine größere Zahl von Personen bereitstellen. Sie erließ daher eine Verfügung gegen die B-GmbH, mit der die insgesamt sechs Wohnungen im Erdgeschoss und im ersten Obergeschoss zur Belegung mit insgesamt 40 Personen für die Dauer von 14 Monaten „beschlagnahmt" wurden. Die Wohnungen wurden zu dieser Zeit insbesondere zur tageweisen Vermietung an Handlungsreisende und Monteure genutzt („boardinghouse"); diese Nutzung war bauordnungsrechtlich aber nicht zulässig. Als Entschädigung ist ein Betrag iHv rund € 31,00 pro Person und Nacht festgesetzt worden. Nach Beendigung der Maßnahme mussten diverse Renovierungsarbeiten durchgeführt werden, die einige Zeit in Anspruch nahmen; die Kosten der Renovierung trug die Stadt. Die B-GmbH verlangt zudem eine Nutzungsentschädigung auch für diesen Zeitraum. ◀

1 Wird eine **nichtverantwortliche Person** (§ 8 NPOG) in Anspruch genommen und entsteht dieser dadurch ein (Vermögens-) Schaden, so ist ihr ein **„angemessener Ausgleich"** zu gewähren (§ 80 Abs. 1 Satz 1 NPOG). Das Gleiche gilt, wenn jemand als unbeteiligte Person im Rahmen einer **rechtmäßigen Maßnahme** getötet oder verletzt wurde oder einen „billigerweise nicht zumutbaren sonstigen Schaden" erlitten hat (§ 80 Abs. 3 NPOG). Gemeinsames Merkmal dieser Fallgestaltungen ist, dass die betroffene Person ein **„Sonderopfer"** im Interesse der Allgemeinheit erbringt. Die in diesem Falle eintretende Entschädigungspflicht lässt sich auf **den allgemeinen Aufopferungsanspruchs** zurückführen, der sich bereits im Allgemeinen Landrecht für die Preußischen Staaten von 1794 (§ 75 Einl. ALR) findet („Dagegen ist der Staat denjenigen, welcher seine besondern Rechte und Vortheile dem Wohle des gemeinen Wesens aufzuopfern genöthigt wird, zu entschädigen gehalten") und seitdem gewohnheitsrechtlich anerkannt ist.[2]

2 Entsprechende **Ausgleichsansprüche** bestehen ferner, wenn es zu einem Schaden gekommen ist, weil jemand mit Zustimmung der Verwaltungsbehörde oder der Polizei bei der Erfüllung von Aufgaben der betreffenden Stelle freiwillig mitgewirkt oder Sachen zur Verfügung gestellt hat (§ 80 Abs. 2 NPOG). Auch hier steht im Grunde eine **Aufopferung** für das Allgemeininteresse in Rede, mag der Schaden auch nicht behördlich veranlasst oder verursacht worden sein.

3 Anders verhält es sich, wenn ein **angemessener Ausgleich** dafür zu gewähren ist, dass jemand durch eine rechtswidrige Maßnahme der Verwaltungsbehörde oder der Polizei einen **Schaden** erleidet (§ 80 Abs. 1 Satz 2 NPOG), da es in diesem Falle darum geht, die betroffene Person dafür zu entschädigen, dass deren Inanspruchnahme rechtswidrig war oder rechtswidrig auf

---

1 Nach OLG Hamm, Urt. v. 2.3.2022 – 11 U 84/21.
2 Vgl. BGH, Urt. v. 03.03.2011 – III ZR 174/10, Rn. 13; *Th. Kingreen / R. Poscher*, Polizei- und Ordnungsrecht, § 26 Rn. 1 f.; *W.-R. Schenke*, Polizei- und Ordnungsrecht, Rn. 749; *S. Lampert*, in: Möstl/Weiner, Polizei- und Ordnungsrecht Niedersachsen, § 80 Rn. 4; *J. Ipsen*, Niedersächsisches Polizei- und Ordnungsrecht, Rn. 661.

eine ihrer Rechtspositionen eingewirkt wurde.³ In derartigen Fällen ebenfalls in Betracht kommende **Amtshaftungsansprüche** (§ 839 BGB iVm Art 34 GG) bleiben unberührt (§ 80 Abs. 4 NPOG). Allerdings weisen Amtshaftungsansprüche die Besonderheit auf, dass sie entfallen, wenn die geschädigte Person es schuldhaft unterlassen hat, den Schaden durch Gebrauch eines Rechtsmittels abzuwenden (§ 839 Abs. 3 BGB). Dieser Gedanke ist mit Blick auf die anspruchsmindernde Wirkung eines **Mitverschuldens** (§ 81 Abs. 5 Satz 3 NPOG iVm § 254 BGB) grundsätzlich auf die Entschädigungsansprüche nach Maßgabe des Gefahrenabwehrrechts übertragbar.⁴ Im Falle einer Schädigung aufgrund von Polizeieinsätzen wird die Einlegung eines Rechtsbehelfs aber schon aus **Zeitgründen** oftmals ausscheiden.⁵

2. Anspruchsumfang

Der gefahrenabwehrrechtliche **Entschädigungsanspruch** ist ein Schadensausgleichs-, kein Schadensersatzanspruch; zu gewähren ist ein „angemessener Ausgleich" (§ 80 Abs. 1 Satz 1 NPOG) für den entstandenen Schaden. Die geschädigte Person kann daher nicht ohne Weiteres verlangen, so gestellt zu werden, als habe das **schädigende Ereignis** nicht stattgefunden (§ 249 BGB).⁶   4

Zum Umfang des Ausgleichs finden sich nähere gesetzliche Regelungen: Grundsätzlich wird ein Ausgleich nur für **Vermögensschäden** gewährt (§ 81 Abs. 1 Satz 1 NPOG). Der Ausgleich für **entgangenen Gewinn** orientiert sich am gewöhnlichen Verdienst oder Nutzungsentgelt; weitergehende Nachteile werden nur ausgeglichen, sofern dies zur Abwendung **unbilliger Härten** geboten erscheint (§ 81 Abs. 1 Satz 2 NPOG). Für die Verletzung des Körpers oder der Gesundheit oder den Fall einer Freiheitsentziehung ist „auch der Schaden, der nicht Vermögensschaden ist", angemessen auszugleichen (§ 81 Abs. 2 NPOG). Damit existiert eine gesetzliche Grundlage für ein **Schmerzensgeld** bei typischerweise rechtwidrigen Beeinträchtigungen der körperlichen Unversehrtheit oder rechtswidrigen Freiheitsentziehungen. Bei dauerhaften Beeinträchtigungen ist eine **Geldrente** zu zahlen (§ 81 Abs. 3 Satz 2 NPOG). Sofern eine Person getötet wurde, erhalten Personen, denen gegenüber die verstorbene Person unterhaltspflichtig war oder werden konnte, unter Anlehnung an eine Regelung im Bürgerlichen Gesetzbuch (§ 844 Abs. 2 BGB) eine an der voraussichtlichen Dauer der Unterhaltspflicht orientierte **Rente**; auch sind die Kosten der Bestattung auszugleichen (§ 82 NPOG).   5

Bei der Bemessung der **Höhe des Ausgleichs** ist eine umfassende Würdigung aller konkreten Umstände vorzunehmen; dazu gehören insbesondere Art und Vorhersehbarkeit des Schadens (§ 81 Abs. 5 Satz 1 NPOG). Der **Ausgleichsanspruch** entfällt, wenn die schädigende Maßnahme gerade dem **Schutz** der geschädigten Person oder ihres Vermögens gedient hat (§ 81 Abs. 5 Satz 2 NPOG). Das wird indes nur für rechtmäßige Maßnahmen gelten können, die auch objektiv dem Interesse der geschädigten Person dienlich waren.⁷ Ein **Mitverschulden** ist anspruchsmindernd zu berücksichtigen (§ 81 Abs. 5 Satz 3 NPOG iVm § 254 BGB). Soweit die geschädigte Person auch Ansprüche gegen Dritte hat, die funktional dem Ausgleichsanspruch entsprechen, wird der Ausgleich nur gegen **Abtretung** dieser Ansprüche gewährt (§ 81 Abs. 4 NPOG). Der Ausgleichanspruch verjährt in drei Jahren ab Kenntnis, im Übrigen spätestens nach dreißig Jahren (§ 83 NPOG). **Ausgleichspflichtig** ist grundsätzlich die (Anstellungs-) Körperschaft, in deren Dienst die handelnden Personen stehen (§ 84 Abs. 1 NPOG).   6

---

3 Vgl. *J. Ipsen*, Niedersächsisches Polizei- und Ordnungsrecht, Rn. 663.
4 *C. Gusy*, Polizei- und Ordnungsrecht, Rn. 479; *S. Lampert*, in: Möstl/Weiner, Polizei- und Ordnungsrecht Niedersachsen, § 81 Rn. 22; s. ferner BGH, Urt. v. 9.11.1995 – III ZR 226/94, Rn. 11.
5 So auch *S. Lampert*, in: Möstl/Weiner, Polizei- und Ordnungsrecht Niedersachsen, § 81 Rn. 23; *C. Gusy*, Polizei- und Ordnungsrecht, Rn. 479.
6 *S. Lampert*, in: Möstl/Weiner, Polizei- und Ordnungsrecht Niedersachsen, § 80 Rn. 19.
7 *S. Lampert*, in: Möstl/Weiner, Polizei- und Ordnungsrecht Niedersachsen, § 81 Rn. 16 f.

7 Soweit ein Ausgleich gewährt wird, kann bei **Personen**, die für eine Gefahr verhaltens- oder zustandsverantwortlich sind, **Rückgriff** genommen werden, wenn der Ausgleich wegen einer rechtmäßigen Inanspruchnahme, einer freiwilligen Mitwirkung bei der Gefahrenabwehr oder der Schädigung unbeteiligter Dritter gewährt wird (§ 85 Abs. 1 NPOG). Da die verantwortlichen Personen die Pflicht zur Beseitigung einer Gefahr trifft, ist es folgerichtig, dass sie Aufwendungen aus Anlass des behördlichen Tätigwerdens auch dann tragen müssen, wenn diese aufgrund einer **Einschaltung Dritter** entstehen. Das entspricht den Grundsätzen für die **Ersatzvornahme**, da in diesen Fällen die Kosten aus Anlass der Beauftragung eines Dritten ebenfalls weiterbelastet werden können (§ 66 Abs. 1 Satz 1 NPOG). Die Regelung über den Rückgriff verweist aber nicht auf den **Ausgleichsanspruch** im Falle rechtswidrigen Handelns (§ 80 Abs. 1 Satz 2 NPOG), was ebenfalls folgerichtig ist, weil ein Rechtsverstoß durch Polizei- oder Verwaltungsbehörden bei der Gefahrenabwehr den eigentlich pflichtigen Personen nicht zugerechnet werden kann.

8 Für den Streit über Grund und Höhe eines Ausgleichsanspruchs wird der Weg zu den **ordentlichen Gerichten** eröffnet, für andere Ansprüche, insbesondere Rückgriffsansprüche hingegen der Verwaltungsrechtsweg (§ 86 NPOG). Das entspricht den Vorgaben des Bundesrechts, weil danach „für vermögensrechtliche Ansprüche aus Aufopferung für das gemeine Wohl" der ordentliche Rechtsweg gegeben ist (§ 40 Abs. 2 Satz 1 Hs. 1 VwGO), während es im Übrigen bei dem **Verwaltungsrechtsweg** bleibt (§ 40 Abs. 1 Satz 1 VwGO). Die ausgleichspflichtige (Anstellungs-) Körperschaft ist aber verpflichtet, eine zu erstattende Leistung durch einen Leistungsbescheid und damit **Verwaltungsakt** geltend zu machen (§ 85 Abs. 1 Satz 2 NPOG).

9 Im Beispielsfall ist die B-GmbH zum Zwecke der Unterbringung von Geflüchteten und damit letztlich zur Vermeidung von **Obdachlosigkeit** in Anspruch genommen worden. Bei dieser als „Beschlagnahme" bezeichneten Maßnahme kann es sich nicht um eine **Sicherstellung** (§ 26 NPOG) handeln, denn dafür ist nach richtiger Ansicht erforderlich, dass die Gefahr gerade von der Sache (oder dem/der Inhaber/in der tatsächlichen Gewalt) ausgeht.[8] Die Standardmaßnahme der gefahrenabwehrenden Sicherstellung hat nicht die Funktion, Polizei und Verwaltungsbehörden einen **Verschaffungsanspruch** für benötige Gegenstände einzuräumen. Als Rechtsgrundlage kommt daher allein die gefahrenabwehrrechtliche **Generalklausel** (§ 11 NPOG) in Betracht.

10 Drohende (unfreiwillige) Obdachlosigkeit begründet eine Gefahr für die öffentliche Sicherheit (→ § 6 Rn. 51), für die im Beispielsfall aber nicht die B-GmbH verantwortlich ist. Die Zulässigkeit der Maßnahme setzt daher voraus, dass die Behörde die Gefahr nicht „selbst oder durch Beauftragte" abwehren kann (§ 8 Abs. 1 Nr. 2 NPOG), indem die Geflüchteten etwa in **kommunalen Einrichtungen** untergebracht werden oder anderweitig Wohnraum angemietet wird. An die Darlegung dieser Voraussetzungen werden hohe Anforderungen gestellt: Es ist im Einzelnen darzulegen, dass zum einen keine gemeindeeigenen Unterkünfte zur Verfügung stehen und zum anderen eine **Beschaffung** geeigneter Unterkünfte bei Dritten nicht zeitnah möglich ist.[9] Auch wenn das Vorliegen dieser Voraussetzungen im Beispielsfall unterstellt wird, bestehen aber Bedenken gegen die Rechtmäßigkeit der Maßnahme, da diese lediglich für einen verhältnismäßig **kurzen Zeitraum** zulässig ist.[10] Die Überschreitung eines Zeitraums von drei bis maximal sechs Monaten dürfte daher zur **Rechtswidrigkeit der Inanspruchnahme** führen; der Zeitraum von 14 Monaten ist danach zu lang bemessen.

---

8 Nds. OVG, B. v. 1.12.2015 – 11 ME 230/15, Rn. 17; anders *M.G. Fischer*, NVwZ 2015, S. 1644 (1645); *G. A. Neuhäuser*, in: Möstl/Weiner, Polizei- und Ordnungsrecht Niedersachsen, § 26 Rn. 30.
9 Nds. OVG, B. v. 1.12.2015 – 11 ME 230/15, Rn. 30.
10 Vgl. Nds. OVG, B. v. 1.12.2015 – 11 ME 230/15, Rn. 30.

Unabhängig von der Rechtmäßigkeit der Inanspruchnahme besteht grundsätzlich ein Anspruch der B-GmbH auf Zahlung einer **Entschädigung**, der im Falle einer fehlenden Einlegung von Rechtsmitteln aufgrund der unterbliebenen Inanspruchnahme von **Primärrechtsschutz** gegen eine rechtswidrige Maßnahme aber gemindert werden kann (→ Rn. 3). Im Übrigen ist grundsätzlich der **Vermögensschaden** auszugleichen, der aus dem Ausfall des „gewöhnlichen Nutzungsentgelts" resultiert (§ 81 Abs. 1 Satz 2 NPOG). Bezugspunkt des Ausgleichsanspruchs kann daher allein der am Markt erzielbare Mietzins für die übliche Vermietung von Wohnraum sein,[11] nicht aber der womöglich höhere Betrag, der sich aus der **tageweisen Vermietung** von Räumlichkeiten ergab, da diese Form der Nutzung des Wohnraums bauordnungsrechtlich unzulässig war.[12] Dass danach erzielbare Entgelt wird im Ausgangspunkt auch angemessen erhöht werden können, wenn eine größere Zahl von Personen in den Wohnungen untergebracht wird, als dies üblicherweise bei einer Vermietung der Fall wäre. Der hier gezahlte Betrag geht in der Größenordnung (bis zu rund € 6.000,00 pro Monat und Wohnung) darüber aber weit hinaus und überschreitet das Maß **eines gewöhnlichen Nutzungsentgelts** deutlich; die Zahlung eines solchen Betrag dürfte sich auch haushaltsrechtlich unter den Aspekten der **Wirtschaftlichkeit** und **Sparsamkeit** (§ 110 Abs. 2 NKomVG) kaum rechtfertigen lassen. Da die Inanspruchnahme erst mit dem Abschluss der Renovierungsarbeiten endete und die Wohnungen erst ab diesem Zeitraum wieder anderweitig genutzt werden konnten, hat die B-GmbH aber über den Zeitraum der unmittelbaren Inanspruchnahme zu Wohnzwecken hinaus einen Anspruch auf Zahlung einer **Nutzungsentschädigung**, der auf den Umfang der (ortsüblich) erzielbaren Miete beschränkt ist.[13]

II. Das Innenverhältnis bei Handlungs- und Zustandsverantwortlichkeit

▶ **Fall:** B ist Eigentümerin eines Weidegrundstücks, auf dem Pferde gehalten werden. Neben dem Grundstück verläuft eine Straße. Aufgrund überhöhter Geschwindigkeit kommt ein von F geführter Tanklastzug des Unternehmens F-UG (haftungsbeschränkt) von der Straße ab, gerät auf das Grundstück und kippt um. Der Tanklastzug wird völlig zerstört, aus dem Tank läuft Kraftstoff aus. Die F-UG (haftungsbeschränkt) meldet einige Tage später Insolvenz an. ◀

Die für eine Gefährdung oder Störung der öffentlichen Sicherheit oder Ordnung verantwortliche Person trifft die Verpflichtung, diesen (rechtswidrigen) Zustand zu beseitigen; dafür entstehende **Kosten** sind im Verhältnis zur Allgemeinheit von ihr selbst zu tragen. Allerdings ist denkbar, dass zu einer Verantwortlichkeit für den Zustand von Sachen (§ 7 NPOG) eine **Verhaltensverantwortlichkeit** (§ 6 NPOG) einer anderen Person hinzutritt, weil diese durch ein ihr zurechenbares Verhalten die Gefahr verursacht hat (→ § 6 Rn. 15 f.); auch können mehrere Personen handlungs- oder zustandsverantwortlich sein. In diesen Fällen stellt sich die Frage, inwieweit die in Anspruch genommene Person von anderen verantwortlichen Personen eine **Erstattung** der ihr entstandenen Kosten (oder jedenfalls eine Beteiligung an diesen Kosten) verlangen kann.

Für den Fall der Inanspruchnahme einer von mehreren verantwortlichen Personen verneint die Rechtsprechung vorbehaltlich spezialgesetzlicher Regelungen einen Anspruch auf einen **gesamtschuldnerischen Ausgleich** entstandener Kosten gegen andere verantwortliche Per-

---
11 Vgl. OLG Hamm, Urt. v. 2.3.2022 – 11 U 84/21, Rn. 46.
12 OLG Hamm, Urt. v. 2.3.2022 – 11 U 84/21, Rn. 47.
13 Vgl. OLG Hamm, Urt. v. 2.3.2022 – 11 U 84/21, Rn. 38 ff.

sonen.¹⁴ Etwas anderes gilt nach niedersächsischem Recht (nur) dann, wenn ein **Schadensausgleich** (§§ 80 ff. NPOG) gewährt wird (→ Rn. 1 ff.), da die Verwaltung in diesem Falle **Rückgriff** bei den verantwortlichen Personen nehmen kann, die für die entstandenen Aufwendungen **gesamtschuldnerisch** haften (§ 85 Abs. 2 NPOG). Geschieht dies, so sind die verantwortlichen Personen folglich „im Verhältnis zueinander zu gleichen Anteilen verpflichtet" (§ 426 BGB).¹⁵

14 Eine weitere Ausnahmeregelung betrifft **schädliche Bodenveränderungen**. Mit Blick auf Kosten, die in diesem Zusammenhang infolge behördlich angeordneter Maßnahmen entstehen, ist bei Vorhandensein mehrerer verpflichteter Personen ein **Ausgleichsanspruch** vorgesehen, der sich nach Grund und Höhe danach bestimmt, „inwieweit die Gefahr oder der Schaden vorwiegend von dem einen oder dem anderen Teil verursacht worden ist" (§ 24 Abs. 2 Satz 1 und 2 BBodSchG). Daneben kommt namentlich im Falle der Heranziehung einer zustandsverantwortlichen Person zu den Kosten einer **Ersatzvornahme** ein Ersatzanspruch gegen eine handlungsverantwortliche Person wegen einer rechtswidrigen **Beeinträchtigung des Eigentums** (§ 823 Abs. 1 BGB) in Betracht.

15 Im Beispielsfall drohen Gefahren für den Boden und möglicherweise auch das Grundwasser durch **auslaufenden Kraftstoff**. Hierfür ist B als Grundstückseigentümerin zustandsverantwortlich; für den Fall schädlicher Bodenveränderungen ergibt sich diese Verantwortlichkeit auch aus dem Bundesbodenschutzgesetz (§ 4 Abs. 3 BBodSchG). Die **Verhaltensverantwortlichkeit** trifft hingegen den „Verursacher", hier also F. Ebenfalls verhaltensverantwortlich ist die F-UG, weil F als deren **Verrichtungsgehilfe** tätig gewesen ist (§ 6 Abs. 3 NPOG). Im Innenverhältnis zwischen B auf der einen Seite sowie F und der F-UG auf der anderen Seite handelt es sich bei dem Unfall um eine (schuldhafte) **Beeinträchtigung des Eigentums** der B durch F, die der F-UG zivilrechtlich zuzurechnen ist. Soweit B die Gefahr selbst beseitigt, indem sie etwa den Boden abträgt oder abtragen lässt, entsteht daher ein entsprechender **Schadensersatzanspruch** gegen F und die F-UG (§ 823 Abs. 1 BGB). Entsprechendes gilt, wenn die Gefahr behördlicherseits beseitigt wird und B zu den Kosten der **Ersatzvornahme** herangezogen wird. Sofern gegenüber B behördliche Maßnahmen angeordnet werden, besteht zudem der **Ausgleichsanspruch** nach dem Bundesbodenschutzgesetz (§ 24 Abs. 2 iVm § 10 Abs. 1 und § 4 BBodSchG).

16 Indes ist fraglich, ob F als Kraftfahrer aus seinem Einkommen oder Vermögen die nicht unerheblichen Kosten für die **Sanierung des Bodens** durch ein spezialisiertes Unternehmen tragen kann. Auch ist es ein Merkmal der Rechtsform der UG (haftungsbeschränkt), dass sie nur über geringes **haftendes Eigenkapital** verfügen muss; die Gründung kann mit einem Stammkapital von einem Euro erfolgen (§ 5a GmbHG). Nachdem die F-UG einen Insolvenzantrag gestellt hat, wird B eine Forderung gegen die F-UG allenfalls zur **Insolvenztabelle** anmelden können, sofern das Verfahren überhaupt eröffnet und nicht wegen Masselosigkeit eingestellt wird (§ 207 InsO). Der zivilrechtliche Erstattungsanspruch gegen die F-UG ist in einem solchen Falle wirtschaftlich wertlos. Helfen kann hier nur noch der direkte Anspruch der geschädigten Person gegen die (Haftpflicht-) Versicherung der verantwortlichen Person, da eine geschädigte Person einen **Anspruch auf Schadensersatz** unmittelbar gegen eine **Versicherung** geltend machen kann, wenn es sich um eine Versicherung nach den Pflichtversicherungsgesetz – also eine Kfz-Haftpflichtversicherung – handelt oder aber der Versicherungsnehmer bzw. die Versicherungsnehmerin insolvent geworden ist (§ 115 Abs. 1 Satz 1 VVG).

---

14 BGH, Urt. v. 10.7.2014 – III ZR 441/13, Rn. 14; Urt. v. 18.2.2010 – III ZR 295/09, Rn. 32; anders *F. Schoch*, in: ders. (Hrsg.), Besonderes Verwaltungsrecht, Kap. 1 Rn. 434; krit. auch *M. Bäcker*, in: Lisken/Denninger, Abschnitt D Rn. 215.

15 Vgl. *A. Saipa*, in: Saipa u. a., NPOG, § 85 Rn. 2.

§ 12 Verordnungen zur Gefahrenabwehr

I. Verordnung und Verwaltungsakt

▶ **Fall:**[1] Als es in einer Großstadt zu einem größeren Ausbruch von Typhus-Erkrankungen kam, die nach behördlichen Erkenntnissen auf den Verzehr von verunreinigtem Endiviensalat zurückzuführen waren, erklärte der Oberbürgermeister, auf Anweisung des Innenministeriums werde der Verkauf von Endiviensalat bis auf Weiteres verboten. Gemüsehändler G meint, ein derartig umfassendes Verbot könne der Oberbürgermeister gar nicht erlassen. ◀

Die Gefahrenabwehrgesetze der Länder enthalten Regelungen, mit denen kommunale Gebietskörperschaften und / oder Behörden zum Erlass von Verordnungen zur Gefahrenabwehr ermächtigt werden. In Niedersachsen können Verordnungen von **Gemeinden** für ihr Gebiet oder Teile davon, von **Landkreisen** für ihr Gebiet oder mehr als eine Gemeinde berührende Teile davon sowie von **Ministerien** für das Land oder mehr als einen Landkreis berührende Teile davon erlassen werden (§ 55 Abs. 1 NPOG). Derartige Rechtsverordnungen bilden ein klassisches Instrument der Gefahrenabwehr nicht zuletzt im **Umwelt- und Technikrecht**; mittlerweile wurden sie aber durch zahlreiche fachgesetzliche Regelungen sowie daran anknüpfende Ermächtigungen zum Erlass von Rechtsverordnungen oder sogar (normkonkretisierenden) **Verwaltungsvorschriften** (§ 48 BImSchG)[2] verdrängt. Dies schließt nicht aus, dass auf dieses Instrument zurückgegriffen wird, wenn sich ein neuer und unvorhergesehener Regelungsbedarf ergibt. 1

Nach dem **Wortlaut des Gesetzes** bezieht sich die Verordnungsermächtigung auf die Abwehr **abstrakter Gefahren** für die öffentliche Sicherheit oder Ordnung. Dabei handelt es sich um eine nach allgemeiner Lebenserfahrung oder den Erkenntnissen fachkundiger Stellen mögliche Sachlage, die im Fall ihres Eintritts eine (konkrete) Gefahr (§ 2 Nr. 6 NPOG) darstellt. Diese Anknüpfung trägt dem Umstand Rechnung, dass bei der Verordnung die Gefahrenabwehr gegenüber der Verfügung zur Gefahrenabwehr gleichsam vorverlagert ist, weil gerade noch keine (konkrete) Gefahr gefordert wird. Dies ändert andererseits nichts daran, dass auch eine abstrakte Gefahr eine nach der **Lebenserfahrung** hinreichende Wahrscheinlichkeit des Schadenseintritts voraussetzt, um zu vermeiden, dass die Einwohnerinnen und Einwohner mit einer Vielzahl von Vorschriften zur Abwehr **fiktiver Szenarien** überzogen werden. Nach Maßgabe der objektiven Gegebenheiten tatsächlich nicht zu befürchtende Gefahrenlagen bilden keinen hinreichenden Grund für die Einschränkung grundrechtlicher Freiheit, selbst wenn hierdurch das „Sicherheitsgefühl" der Bevölkerung gestärkt werden könnte.[3] 2

Nach Auffassung des Bundesverwaltungsgerichts unterscheidet sich die abstrakte Gefahr von der konkreten Gefahr nicht durch den Grad der **Wahrscheinlichkeit des Schadenseintritts**, sondern durch den Bezugspunkt der Gefahrenprognose: Eine abstrakte Gefahr sei gegeben, „wenn eine generell-abstrakte Betrachtung für bestimmte Arten von Verhaltensweisen oder Zuständen zu dem Ergebnis führt, dass mit hinreichender Wahrscheinlichkeit ein Schaden im Einzelfall einzutreten pflegt und daher Anlass besteht, diese Gefahr mit generell-abstrakten Mitteln, also einem Rechtssatz zu bekämpfen".[4] Auch die Feststellung einer abstrakten Gefahr verlangt folglich eine in tatsächlicher Hinsicht genügend abgesicherte **Prognose**; es müssen 3

---

1 Nach BVerwG, Urt. v. 28.2.1961 - I C 54/57.
2 Vgl. dazu *M. Ruffert*, in: Hoffmann-Riem/Schmidt-Aßmann/Voßkuhle (Hrsg.), Grundlagen des Verwaltungsrechts, Band I, § 17 Rn. 77.
3 Anders *M. Knape / S. Schönrock*, § 55 Rn. 6.
4 BVerwG, B. v. 3.7.2002 – 6 CN 8/01, Rn. 35.

hinreichende Anhaltspunkte vorhanden sein, die den Schluss auf den drohenden Eintritt von Schäden rechtfertigen.[5]

4 Unbeschadet dieses Parallelen hinsichtlich des potenziellen Schadenseintritts betrifft die **Verordnung** zur Gefahrenabwehr aber eine Sachlage, die sich erst noch zu einer konkreten Gefahr verdichten kann; in Rede steht eine Bekämpfung von Gefahren, bevor sie entstehen. Demgegenüber ist auf das Vorliegen einer konkreten oder gar gegenwärtigen Gefahr typischerweise mit einer gefahrenabwehrenden **Verfügung** zu reagieren. Es geht mithin um unterschiedliche Sachlagen, was eine Abgrenzung zwischen Verfügung und Verordnung erforderlich macht.

5 Im Ausgangspunkt besteht zwischen einerseits Verordnungen und andererseits Verfügungen auch **ein kategorialer Unterschied**: Während Verwaltungsakte auf einen konkret zu regelnden Sachverhalt und damit einen Einzelfall zielen (§ 35 Satz 1 VwVfG),[6] handelt es sich bei Rechtsverordnungen **um Regelungen normativer Natur**, die eine Vielzahl gleich gelagerter Sachverhalte mit einer entsprechenden Vielzahl potenziell betroffener Personen zum Gegenstand haben. Rechtsetzung durch die **Exekutive** ist aber stets abgeleitete Rechtsetzung auf Basis einer gesetzgeberischen Ermächtigung, die den Normerlass durch die Exekutive inhaltlich vorzeichnen muss: Zum einen ist in **Verordnungsermächtigungen** deren Inhalt, Zweck und Ausmaß zu bestimmen (Art. 80 Abs. 1 Satz 2 GG, Art. 43 Abs. 1 Satz 2 NV), zum anderen muss der unmittelbar demokratisch legitimierte Gesetzgeber die wesentlichen Voraussetzungen namentlich für Beeinträchtigungen grundrechtlich geschützter Freiheit selbst regeln (**Wesentlichkeitstheorie**).[7] Für ein Handeln durch Verwaltungsakt als dem typischen und gerade auf die Umsetzung von Rechtsnormen angelegten[8] Handlungsinstrument der Exekutive gilt hingegen der (rechtsstaatliche) **Gesetzesvorbehalt**. Die Exekutive bedarf für ihr Handeln einer Ermächtigungsgrundlage in einem Gesetz oder einer Verordnung, die im Verhältnis zur Erheblichkeit der Beeinträchtigung hinreichend spezifische Eingriffsvoraussetzungen normiert, denn die „Entscheidung über die Grenzen der Freiheit des Bürgers darf nicht einseitig in das Ermessen der Verwaltung gestellt sein".[9]

6 Die Unterschiede zwischen Verwaltungsakt und Rechtsnorm schlagen sich auch in der unterschiedlichen Art der Herbeiführung ihrer **Rechtswirksamkeit** nieder: Die Wirksamkeit eines Verwaltungsakts erfordert dessen **Bekanntgabe** gegenüber den Maßnahmeadressaten (§ 43 Abs. 1 Satz 1 VwVfG), die Rechtsverordnung bedarf als (allgemeingültige) Rechtsnorm grundsätzlich der Ausfertigung und **Verkündung** (Art. 82 Abs. 1 Satz 2 GG). Zwar kann in Niedersachsen stattdessen auch eine öffentliche Bekanntmachung von Verordnungen erfolgen. Diese setzt aber voraus, dass eine Veröffentlichung im Gesetz- und Verordnungsblatt nicht möglich ist (Art. 45 Abs. 2 NV).

7 Es ist daher aus formellen und materiellen Gründen unumgänglich, einerseits **Verwaltungsakte** und andererseits **Verordnungen** (und damit Rechtsnormen) nicht nur formell – nach der Art ihrer Entstehung – sondern auch materiell – nach ihrem Inhalt – zu unterscheiden, da hiervon abhängt, wann eine (Einzelfall-) Regelung durch Verwaltungsakt möglich ist und

---

5 Vgl. BVerwG, B. v. 3.7.2002 – 6 CN 8/01, Rn. 35.
6 Die heutige Definition des Verwaltungsakts lehnt sich in der Sache immer noch an die klassische Formulierung von *O. Mayer*, Deutsches Verwaltungsrecht, Bd. I, 1. Aufl., 1895, S. 95, an: Verwaltungsakt war danach „ein der Verwaltung zugehöriger obrigkeitlicher Ausspruch, der dem Unterthanen gegenüber im Einzelfall bestimmt, was für ihn Rechtens sein soll".
7 Vgl. BVerfG, B. v. 8.8.1978 – 2 BvL 8/77, Rn. 77 ff., st. Rspr.; aus neuerer Zeit BVerfG, B. v. 21.4.2015 – 2 BvR 1322/12 u. a., Rn. 52 f.; Urt. v. 19.8.2018 – 2 BvF 1/15 u. a., Rn. 190 ff.
8 *J. Ipsen*, Allgemeines Verwaltungsrecht, Rn. 444.
9 BVerfG, B. v. 23.2.2007 – 1 BvR 2368/06, Rn. 46.

I. Verordnung und Verwaltungsakt

wann in normativer Form gehandelt werden darf oder gar muss.[10] Diese Abgrenzung ist nur theoretisch trennscharf. In Einzelfällen kann es zu **Abgrenzungsproblemen** kommen, weil ein Verwaltungsakt sich nicht notwendig an eine einzelne individualisierte Person richten und auf ein einzelnes konkretes Ereignis beziehen muss.

Eine Maßnahme, die – wie beispielsweise ein Platzverweis – das Verhalten einer bestimmten Person in einer bestimmten Situation betrifft (**konkret-individuelle Regelung**), ist zweifelsfrei ein Verwaltungsakt.[11] Nichts anderes gilt, wenn das Verhalten der Person für eine Vielzahl sich wiederholender Situationen („Jedes Mal, wenn ...") geregelt wird (**abstrakt-individuelle Regelung**).[12] Möglich ist aber auch, **konkret-generelle Regelungen** durch Verwaltungsakte in Form von **Allgemeinverfügungen** zu treffen, die sich an einen nach allgemeinen Merkmalen bestimmten oder bestimmbaren Personenkreis richten (§ 35 Satz 2 VwVfG); ein Beispiel hierfür bietet die Auflösung einer Versammlung. Eine **abstrakt-generelle Regelung**, die sich an eine Vielzahl von Personen in einer unbestimmten Zahl von Fällen wendet, ist hingegen normativer Natur, so dass sie auch auf den für Rechtsnormen vorgesehenen Wegen zu erlassen ist. Eine (Grau-) Zone, in der namentlich **Allgemeinverfügungen** und **Rechtsverordnungen** als austauschbare Regelungsinstrumente in Betracht kommen, gibt es nicht;[13] die Abgrenzung von Rechtssatz und Einzelakt im Verwaltungsrecht ist gleichbedeutend mit der Abgrenzung von Rechtsverordnung und Allgemeinverfügung.[14] Soweit es wegen des Vorliegens einer abstrakt-generellen Regelung einer **Rechtsnorm** bedarf, können Regelungen daher nicht durch eine „in das Gewand eines Verwaltungsaktes gekleidete, beinahe verkleidete Rechtsnorm" erfolgen.[15]

8

Vor diesem Hintergrund liegt nahe, im Beispielsfall eine Regelung durch **Rechtsnorm** zu fordern, weil das Verbot einer beliebigen Vielzahl von Verkaufsvorgängen bei einer Vielzahl von Gemüsehändlern in Rede steht. Demgegenüber hat das Bundesverwaltungsgericht in dieser Anordnung eine **Allgemeinverfügung** gesehen, denn Gegenstand des Verkaufsverbots sei ein einzelnes reales Vorkommnis gewesen, „die konkrete Seuchengefahr, in deren Regelung es sich erschöpfte."[16] Diese – die Zulässigkeit der Klage betreffende – Überlegung ist nicht tragfähig, weil sie nicht auf den (konkreten) Regelungsgegenstand, sondern den **Regelungsanlass** Bezug nimmt.[17] Gegenstand der Regelung ist hingegen eine unbestimmte Vielzahl von Verkaufsfällen mit einer unbestimmten Zahl von Normadressaten, so das eine **abstrakt-generelle Regelung** vorliegt.[18] Das Bundesverwaltungsgericht war von seiner Begründung wohl auch selbst nicht überzeugt, indem weiter darauf abgestellt wurde, dass die Maßnahme offenbar als „polizeiliche Maßnahme" in der Form der Allgemeinverfügung gewollt war,[19] was als Begründung für die konkret zu entscheidende Frage nach der Zulässigkeit der Klage völlig ausgereicht hätte.

9

---

10 Vgl. *U. Stelkens*, in: Stelkens/Bonk/Sachs, VwVfG, § 35 Rn. 208.
11 Vgl. zum Merkmal des Einzelfalls *H. Maurer / Ch. Waldhoff*, Allgemeines Verwaltungsrecht, § 9 Rn. 15 ff.; *J. Ipsen*, Allgemeines Verwaltungsrecht, Rn. 339.
12 Zweifelnd gegenüber ihrer Relevanz *H. Maurer / Ch. Waldhoff*, Allgemeines Verwaltungsrecht, § 9 Rn. 21: bloße „Arabeske theoretischen Durchdeklinierens".
13 *Th. Koch*, RAV-Infobrief 119 (2020), S. 18 (19 f.).
14 *G. Volkmar*, Allgemeiner Rechtssatz und Einzelakt, 1962, S. 259.
15 VG München, B. v. 24.3.2021 – M 26 S 20.1252, Rn. 24, im Anschluss an BVerwG, Urt. v. 1.10.1963 – IV C 9.63, Rn. 60.
16 BVerwG, Urt. v. 28.2.1961 – I C 54.57, Rn. 41; zust. *V. Götz / M.-E. Geis*, Allgemeines Polizei- und Ordnungsrecht, § 19 Rn. 18.
17 *H. Maurer / Ch. Waldhoff*, Allgemeines Verwaltungsrecht, § 9 Rn. 18; *Th. Koch*, RAV-Infobrief 119 (2020), S. 18 (19).
18 So auch *H. Maurer / Ch. Waldhoff*, Allgemeines Verwaltungsrecht, § 9 Rn. 18; für eine Allgemeinverfügung hingegen *U. Stelkens*, in: Stelkens/Bonk/Sachs, VwVfG, § 35 Rn. 286; *J. Ipsen*, Allgemeines Verwaltungsrecht, Rn. 351 f.
19 BVerwG, Urt. v. 28.2.1961 – I C 54/57, Rn. 43.

10 Auf **kommunaler Ebene** erfolgt der Erlass von Verordnungen zur Gefahrenabwehr grundsätzlich durch die jeweilige **Vertretung** nach Maßgabe der Vorschriften über einen Erlass von Normen in Form von Satzungen durch kommunale Gebietskörperschaften (§ 55 Abs. 2 Satz 1 NPOG). Nur in **Ausnahmefällen** können die Hauptverwaltungsbeamtinnen und Hauptverwaltungsbeamten, also die Landräte / Landrätinnen sowie die (Ober-) Bürgermeister / innen bei Gefahr im Verzuge sogenannte **Eilverordnungen** erlassen (§ 55 Abs. 2 Satz 2 NPOG).

II. Anforderungen an Verordnungen

11 Auch für den **Inhalt** von Verordnungen zur Gefahrenabwehr gelten die grundlegenden Anforderungen an eine rechtsstaatliche Normsetzung. Die Regelungen in den Verordnungen müssen daher willkürfrei, verhältnismäßig und hinreichend bestimmt sein; das letztgenannte Erfordernis wird im Gesetz (deklaratorisch) ausdrücklich aufgeführt (§ 57 Abs. 1 NPOG). In formeller Hinsicht wird zunächst gefordert, dass eine Verordnung zur Gefahrenabwehr eine ihren Inhalt kennzeichnende **Überschrift** tragen muss, in der sie als Verordnung bezeichnet wird. Ferner muss sie die erlassende Behörde zu erkennen geben und die Rechtsgrundlage nennen sowie den räumlichen Geltungsbereich angeben sowie unterzeichnet sein und das Datum der Ausfertigung enthalten (§ 58 NPOG). Der Benennung **des räumlichen Geltungsbereichs** bedarf es, weil Verordnungen auch nur für einen Teil des Gebiets der erlassenden Stelle gelten können, so dass klar erkennbar sein muss, in welchen **Gebietsteilen** die Vorgaben der Verordnung zu beachten sind. Erstreckt sich der Anwendungsbereich der Verordnung auf das gesamte Gebiet der erlassenden Stelle, beispielsweise das Gebiet der Gemeinde, so ist eine nähere Bezeichnung des Geltungsbereichs folglich entbehrlich. Das heißt zugleich im Umkehrschluss, dass eine Verordnung ohne Bezeichnung des Anwendungsbereichs nicht schon aus diesem Grunde unwirksam ist; ihr **Anwendungsbereich** ist vielmehr auf das vollständige Gebiet der erlassenden Stelle zu erstrecken.

12 Die **Geltungsdauer** einer Verordnung zur Gefahrenabwehr ist grundsätzlich zu begrenzen (§ 61 Satz 1 NPOG). Ältere Verordnungen gelten maximal 20 Jahre, ab Anfang Juni 2019 in Kraft getretene Verordnungen treten spätestens nach 10 Jahren außer Kraft (§ 61 NPOG). Zuwiderhandlungen gegen Verordnungen zur Gefahrenabwehr können als Ordnungswidrigkeiten geahndet werden (§ 59 NPOG). Zudem wird bei einem solchen **Normverstoß** mit einer Verfügung zur Gefahrenabwehr nach Maßgabe der Generalklausel reagiert werden können, weil die Zuwiderhandlung gegen die Verordnung eine Gefahr für die öffentliche Sicherheit begründet.[20]

---

20 *V. Götz / M.-E. Geis*, Allgemeines Polizei- und Ordnungsrecht, § 19 Rn. 1.

Stichwortverzeichnis

Die Angaben verweisen auf die Paragrafen des Buches (**fette Zahlen**) sowie die Randnummern innerhalb der einzelnen Paragrafen (magere Zahlen).
Beispiel: § 9 Rn. 10 = **9** 10

Abfall **6** 8, **18** ff.
Abfallrecht **1** 30 f., **6** 8, **18**
Abrufverfahren, automatisiertes **9** 70
Abschiebung **8** 117
Abschleppmaßnahme **3** 30 f., **5** 1, 4, **6** 9 f. 12 ff. 48, **8** 6, **10** 1, 10, 14, 16
Abschnittskontrolle **9** 148, 151 f. 155 f.
Absolutismus **1** 4
Abtretung **6** 13, **10** 19, **11** 6
Adäquanztheorie **6** 3
Agent provocateur **9** 190
Alkoholkonsum **4** 47 f.
Allgemeinverfügung **10** 6, **12** 8 f.
Altfahrzeug **6** 8
Altholz **1** 30 ff.
Altlasten **6** 24, 26 f. 29
Amtsgeheimnis **9** 206
Amtshaftung **11** 3
Amtshandlung **6** 28, **10** 15 f.
Amtshilfe **6** 28
Angemessenheit **3** 31, **9** 16, 22 f. 162
Anhalte- und Verweilpflicht **8** 10, 12, 15, 19
Anlasslosigkeit **8** 20, 30, 111, **9** 19, 21, 70, 92, 144, 150 ff. 157, 192, 207
Ansammlung **9** 123, 127
Anscheinsgefahr **5** 9, 14, 29 ff. 33 ff.
Anscheinsstörer **5** 34
Anscheinsverantwortlichkeit **5** 34 f. 36
Anstalt(en) **9** 77, 79
Aufenthalt, gewöhnlicher **10** 25
Aufenthaltsüberwachung **1** 15, **8** 80 f. 83
Aufenthaltsverbot **4** 48, **8** 53, 57, 64 ff. 71
Aufenthaltsvorgabe **8** 78 ff. 83
Aufgabenzuweisung **1** 10, 12, **2** 1 ff. 17, **3** 13, **4** 1, **8** 1 f. 7
Aufopferungsanspruch **6** 50, **11** 1 f. 8
Aufwendungsersatz **6** 50, **10** 18
Ausführung, unmittelbare **10** 11 f.
Ausgangssperre **3** 19 f.

Ausgleich
 - angemessener **6** 50, **11** 1, 3 f.
 - gesamtschuldnerischer **11** 13
Ausgleichsanspruch **11** 2, 6 f. 11, 14 f.
Ausgleichspflicht **6** 50
Auskunftsanspruch (Datenverarbeitung) **9** 58, 104
Auskunftsbegehren **9** 88
Auskunftserteilung **9** 105 ff.
Auskunftspflicht (Befragung) **8** 8, 10, 12 f. 24
Auskunftsverweigerungsrecht **8** 13 f.
Auslagen **6** 28, **10** 15
Ausschreibung zur polizeilichen Beobachtung **9** 160, 195, 201
Ausstrahlungswirkung (Grundrechte) **9** 5, 102
Auswertungsebene **9** 201, 204

Bauordnungsrecht **1** 20, **6** 36, **11** 1, 11
Befragungen **5** 26, **8** 6 ff. 13, 15 ff. 22, 24 f. 28, 37, **9** 27, 50, 158
Befugnisnorm **1** 10, **2** 2 f. 7, **3** 13, **5** 2, 26, 28, **8** 1 f. 7, 21, **9** 70, 151
Behörde **1** 23 ff. 27 f., **2** 6, **9** 77, 80, **12** 1
 - Abfallbehörde, untere **1** 30
 - Naturschutzbehörde, untere **4** 10
 - Versammlungsbehörde **3** 10
 - Wasserbehörde, untere **1** 30
Berechtigungsscheine **8** 40
Berichtigung **9** 104, 108 ff.
Berichtigungsanspruch **9** 109, 112
Berufsfreiheit **3** 11, 18, **8** 51
Berufsgeheimnis **9** 206
Beschlagnahme **11** 1, 9
Besitz **4** 18 ff., **6** 5, **10** f. 15, 32, **7** 10, **8** 114, 122
Besitzkehr **4** 20
Bestandsdaten **9** 160, 170, 171
Bestandsdatenauskunft **9** 17 f. 170
Bestandskraft **10** 4
Bestimmtheit **4** 12, **5** 41, **8** 23, 41, 58, 100, **9** 16, 20, 162 f. 167, 176, **10** 31
Betretensverbot **8** 53, 67 f. 70, **9** 58
Betriebs- und Geschäftsräume **8** 114, **9** 145

Bettelei, aggressive 4 46
Bewegungsprofil /-bild 8 81, 9 195
Beweissicherung 9 141
Beweisverwertungsverbot 9 200
Bewertungen, polizeifachliche 9 108, 111
Bildaufnahmen 8 37, 9 132, 160
Bildaufzeichnung 9 127 ff. 133 ff. 144, 146 f. 148, 158, 180 f. 186
Bilddaten 9 130 f. 133 f. 136, 144, 147, 157, 180
Bildübertragung 9 43, 127, 129 f. 136 f. 148, 180 f. 186
Bodenveränderungen 6 24, 11 14 f.
Bodycam 1 15, 9 141 f. 145 f.
Bundesauftragsverwaltung 1 27

Chemikalienrecht 1 30

Dateibeschreibung 9 59 f.
Daten, personenbezogene 1 13, 2 2, 8, 10, 14, 3 18, 5 40, 8 3 f. 16 ff. 26 f. 43, 9 1, 2, 6 ff. 12, 15 f. 26 f. 31, 41 f. 46 f. 50, 52 ff. 56, 58 f. 61, 63 f. 67 ff. 70, 73, 82 f. 88, 90, 94, 97, 99 f. 104 f. 108 f. 114 f. 117 f. 122, 162, 173, 192, 206 f.
Datenabgleich 8 43, 102, 9 21, 91 f. 94 ff. 157, 159, 206 ff.
Datenabruf 9 68
Datenergänzungsanspruch 9 108
Datenerhebung 1 13, 2 2, 5, 8, 14, 3 17, 23, 8 4, 16 ff. 27, 45, 49, 80 ff., 9 1, 2, 6 ff. 11 f. 14 ff. 26 ff. 38 f. 41 ff. 46, 50 f. 55, 93 f. 96, 109, 122, 127, 133 f. 136, 138 f. 144, 150 f. 157 ff. 165 f. 173, 180 ff. 186, 188, 192 f. 201 ff.
– automatisierte 9 203
– verdeckte / heimliche 1 13, 3 23, 8 4, 17 f. 49, 9 7 f. 12, 19 f. 25, 43 ff. 48 f. 67, 150, 157, 159 ff. 165 f. 181 ff.
Datenlöschung 8 82, 9 21, 26, 40, 45, 50 f. 58, 104, 113 f. 119, 139, 205
Datenneuerhebung, hypothetische 9 55, 57, 65, 70, 113, 115
Datenschutz-Folgenabschätzung 9 61
Datenschutzkontrolle 9 105
Datenschutzkonzept 9 58
Datensicherheit 9 105
Datensparsamkeit 9 61
Datenspeicherung 2 5, 8 3, 9 1, 7, 50, 52, 58 f. 66, 105, 109, 117 ff. 124, 135, 137 f. 144

Datenübermittlung 9 6 f. 38 f. 50, 56, 59, 64 ff. 70 ff. 78, 81 ff. 84 ff. 88 ff. 91, 97, 99 ff. 105, 130, 207
Datenverarbeitung 1 13, 2 3, 5, 3 17, 23, 8 3 ff. 13, 80, 9 1, 2, 6 ff. 12 ff. 16, 18 ff. 26 ff. 31, 35 ff. 39, 41 f. 50 ff. 58 ff. 94, 104 f. 108, 110, 113 ff. 117, 119, 121 f. 127, 138, 160, 165, 170, 207
Datenverknüpfung 9 6, 12
Dauergefahr 9 209 f.
Dereliktion 6 32
Dienstrecht, öffentliches 9 72
Dokumentationszwecke 9 54, 65
Doppeltür-Modell 9 68 f. 71, 97
Drittortauseinandersetzung 8 84, 101
Drittwirkung 9 5
Duldungsbefehl 10 30
Durchsuchung
– Person 3 17, 8 31, 102 ff. 106, 109 ff., 9 1
– Sache 3 17
– Sachen 5 28, 8 31, 109 ff. 114, 9 1
– Wohnung 3 17, 5 38, 8 114 ff. 118 f., 9 198

Eigenbetriebe 9 80
Eigenmacht, verbotene 4 19
Eigensicherung 8 102 f. 108, 10 33
Eigentum 1 6, 4 9, 18, 20, 5-6, 6 5, 10, 14 f. 17, 20 ff. 25, 27, 32, 34, 36, 7 6, 10, 8 70, 122 f., 11 14 f.
Eilfall 1 3, 31 f., 4 20
Eilrechtsschutz 4 19, 21
Eilverordnung 12 10
Eingriffsverwaltung 3 1
Einrichtungen und Veranstaltungen des Staates 4 4, 7, 22
Einsatzstock 10 26, 31
Einsatz technischer Mittel, verdeckter 8 78, 9 180, 184
Einschätzungsspielraum / - prärogative 9 16, 23, 141
Einschränkung der (Daten-) Verarbeitung 9 104, 108, 110, 119
Einzelrechtsnachfolge 6 33
Elektroimpulsgerät 10 26
Empfängerhorizont 9 111, 10 31
Energieversorgung, kommunale 9 81
Entgelt, ortsübliches 10 21
Entschädigung 6 50, 11 1, 4, 11
Entscheidungsfindung, automatisierte 9 39

Stichwortverzeichnis 249

Entscheidungsspielraum 2 12
Erbfall 6 34
Erhebungsebene 9 201
Ermessen 1 31, 3 13, 6 13, 16, 7 6 ff., 9 89, 106
- Auswahl- 7 6
- Entschließungs- 7 6
- intendiertes 7 3, 9 89, 106
- pflichtgemäßes 7 1

Ermessensfehler 7 8
Ermessensfehlgebrauch 7 8
Ermessensnichtgebrauch 7 8
Ermessensreduktion auf Null 7 9
Ermessensüberschreitung 7 8
Ermittler/innen, verdeckte 9 160, 188 f. 191 ff. 201
Ermittlungsverfahren 2 14, 8 47, 64 f., 9 50
Errichtungsanordnung 9 58
Ersatzvornahme 6 8, 12, 26, 28, 10 3, 7, 13, 14 ff. 20, 22, 27, 11 7, 14 f.
Ersatzzwangshaft 10 25
Erscheinungsbild, äußeres 8 32, 112 f.
Erstattungsanspruch
- öffentlich-rechtlicher 10 19
- zivilrechtlicher 11 16

Erwägungsgründe (JI-Richtlinie) 9 34

Fachbehörden 1 23, 25, 31, 33
Fahndungsbestand 9 92, 94
Fahndungsdatei(en) 9 21, 91, 93, 195
Fahrerlaubnis 8 40, 9 155
Fernmeldegeheimnis 9 173, 199
Festhalten 8 33 ff., 9 95
Feuerwehr 8 54 f.
Filmaufnahmen 8 37
Fingerabdruck 8 41, 43
Föderalismusreform 1 17, 7 2, 9 124 f.
Folgenbeseitigungsanspruch 6 54
Fortbewegungsfreiheit 3 20
Freiheit der Person 3 17 ff., 4 18, 5-6, 8 4, 15, 35, 60, 68, 84, 94, 100, 115 f. 118, 9 24, 65, 95, 165, 166, 171, 183, 187 f. 206, 208
Freiheitsentziehung 8 35, 84 f. 90 f. 95 ff. 99 f., 11 5
Freiheitsrecht, unbenanntes 9 6
Freiheitsverkürzung 3 18, 22
Freizügigkeit 8 59, 66, 70, 73 ff. 78
Fußfessel, elektronische 8 80

Gebietskörperschaften, kommunale 1 24 f. 34, 9 77, 79, 81, 12 1, 10
Gebühren(recht) 6 28, 10 15
Gefahr 1 6, 12, 21, 2 9, 3 1, 10, 29, 31, 4 1, 3, 7, 13 ff. 21, 22 f. 25, 27, 29 ff. 40, 41, 42 f. 47, 5 1 ff. 5 ff. 9 ff. 17, 18 ff. 26 ff. 29 ff. 33 ff., 6 1 ff. 9 ff. 18 ff. 24 ff. 30, 32, 37 ff. 41 ff. 49, 51 f. 55, 7 3 f. 9, 8 2 f. 8 f. 13, 16, 23, 27 f. 37, 48 f. 54, 56 f. 61 ff. 67, 68, 71, 73 ff. 78, 81, 83, 85 f. 89, 94 ff. 102 ff. 111 ff., 9 24, 27, 31, 35, 47, 65 f. 71 f. 82, 84, 86, 93 ff. 98, 125 ff. 134, 137, 139, 142, 151, 158, 166 ff. 171, 173 f. 177, 183 ff. 193, 206 ff., 10 1, 9, 15 f. 27 f. 34, 36 f., 11 7, 9 f. 12, 14 f., 12 2 ff. 12
- abstrakte 5 3, 45 f., 9 86, 12 2 f.
- dringende 5 43 f., 8 61, 118, 9 166, 174, 177, 183, 187
- erhebliche 5 40 ff., 6 49, 8 61, 117 f., 9 128, 134, 142, 158
- gegenwärtige 5 38 ff., 6 47, 49, 7 9, 8 61, 63, 104, 112, 115, 120, 9 65, 171, 10 9, 16, 28, 34, 37, 12 4
- im Verzuge 1 34, 8 83, 119, 9 168, 173, 179, 185, 187, 191, 204, 12 10
- konkrete 1 29, 2 9, 4 40, 5 2 f. 21, 23, 26 ff. 37, 44 f., 6 51, 8 3, 8, 26, 28, 37, 48, 54, 56, 61, 73, 78, 111 f. 117 f., 9 24, 27, 66, 86, 93, 97, 151, 171, 183, 193, 208, 12 2 ff. 9
- latente 5 3
- unmittelbare 9 125 f. 128

Gefährderansprache 8 22, 48 ff.
Gefahrenabwehr(recht) 1 3, 8, 11 f. 14, 18, 20, 21, 23 ff. 29, 31 f., 2 1, 3, 5, 7, 9 ff. 15, 17, 3 1, 8, 11 ff. 23, 30 f., 4 1 f. 13 f. 19 f. 33 f. 41, 42, 45, 5-6, 5 1 f. 4, 5 f. 11 f. 15, 26 f. 32, 34, 36 f. 39 ff. 43, 6 2 ff. 6, 10, 12, 16, 19, 27 f. 33 ff. 39, 48 f. 51, 55, 7 3 f., 8 1 f. 12, 18, 28, 39, 45 f. 48 f. 53, 75, 87, 89, 94, 97, 103 f. 114, 9 7, 16, 23, 26, 30, 35, 37 ff. 41, 47, 49, 51 ff. 57, 65, 70 ff. 74, 76, 82 f. 93 f. 113 ff. 117, 121, 125, 127, 142, 149, 153 f. 157 f. 160 f. 163, 165, 169 f. 187, 210, 10 1 f. 33, 36, 11 3, 7, 9, 12 1 f. 4
- Verfügungen zur Gefahrenabwehr 6 33 f. 37, 49, 12 2, 4 f. 12
- Verordnung(en) zur Gefahrenabwehr 4 46, 48, 12 1, 4 f. 10 ff.

Gefahrenbegriff
- objektiver 5 10 f.
- subjektiver 5 9, 11, 21, 30, 6 25

Gefahrenprognose 3 30, 5 8, 29, 8 65, 9 117, 12 3
Gefahrenschwelle 6 4, 16, 18, 41 ff. 52

Gefahrenverdacht 5 14, 18 ff. 24, 26, 28, 29 ff. 36, 6 24 f., 8 8 f. 28, 112 f., 9 92, 174, 196
Gefahrenvorsorge 2 11, 16, 9 154
Gefahrerforschung 5 21, 24, 25, 28, 36, 6 24 ff., 8 7 ff. 88, 110
Gefahrermittlung 5 23, 6 24
Geiselnahme 10 36
Geldforderungen 10 2
Geldrente 11 5
Gemeinden 1 24 f., 5 46, 9 79 f., 12 1
Gemeingebrauch 6 7 f.
Generalklausel, gefahrenabwehrrechtliche 1 9, 11, 31, 2 2, 3 3, 5 2, 22, 27, 37, 45, 7 3, 8 2 f. 5, 9, 73 ff., 9 41, 151, 11 9
Generalklausel zur Datenerhebung 9 27, 47, 114
Gesamtrechtsnachfolge 6 24, 33 f.
Geschwindigkeitskontrolle / -überwachung 4 22, 24, 9 148 f. 151, 155, 157
Gesetze
- verfassungsdurchbrechende 3 5
Gesetzgebungszuständigkeit / -kompetenz 1 14, 16 ff., 2 10, 13, 8 45, 9 53, 124, 153, 156
- ausschließliche 1 17
- konkurrierende 1 17, 2 10, 14, 16 f., 9 53, 124, 153, 156
Geständnis 9 200
Gesundheitsdienstleistungen 9 81
Gewährleistung der Vertraulichkeit und Integrität informationstechnischer Systeme 9 12 ff. 22, 176
Gewahrsam 8 84 ff. 96, 109, 115, 9 84, 10 16
Gewalt, körperliche 10 26, 33
Gewaltmonopol 1 2
Gewässeraufsicht 1 28
Gewinn, entgangener 11 5
Gewissensfreiheit 3 26
Gewohnheitsrecht 5 27
Glaubensfreiheit 3 26
Gleichheitssatz, allgemeiner 9 102
Grenzbezug 8 20 f.
Grundrecht auf Sicherheit 3 14 f.
Grundrechte
- Abwehrrechte 9 6
- als Abwehrrechte 3 1, 14 ff. 22
Grundrechtsschranke(n) 3 22 ff., 4 35
Grundverfügung 10 4, 6 ff. 17, 19, 27, 30 ff.
Grundwasser 11 15

Haftung, gesamtschuldnerische 11 13
Halteranfrage 9 69
Halteverbot 5 1, 4, 6 18, 10 1, 6, 9
Handlung
- unvertretbare 10 14, 22
- vertretbare 10 14, 22
Handlungsermächtigung 1 10, 2 7
Handlungsfreiheit, allgemeine 3 17 f. 22, 24 f., 8 51 f. 60, 73, 76, 9 6, 15, 95, 138
Handlungsstörer/in 6 8, 32, 52
Handwerkskammern 9 79
Hausbesetzung 7 6, 10 f.
Hautfarbe 8 32, 112 f.
Heranziehungsbescheid 6 13
Hilfs- und Rettungsdienste 8 54 f.
Hochschulen 9 79
Höchstfristen 9 118
Identitätsfeststellung 3 17, 7 2, 8 11, 27 ff. 35, 37 f. 42 f. 97, 103, 106 ff. 112 f., 9 1, 27, 50, 10 34
Immissionsschutzrecht 1 21 f. 30, 4 11 f.
IMSI-Catcher 9 172 f.
Individualrechtsgüter 3 10 f., 4 3, 8, 17, 5-6 f.
Ingewahrsamnahme 2 3, 3 17, 6 51, 8 4, 56, 83 ff. 89, 91 ff. 101, 103
Integrität, körperliche 8 102
Interesse
- berechtigtes 9 84, 87, 99
- rechtliches 9 84, 86 ff.
Interpretation, verfassungskonforme 8 75, 111
Kamera-Monitor-Prinzip 9 124, 130, 132 ff. 138
Kameraüberwachung 9 98, 136 f. 139
Kampfmittel 6 26, 28 f. 31
Kennzeichenerfassung 9 150, 152, 157
Kennzeichenlesesysteme 5 40, 9 157 ff.
Kernbereich privater Lebensgestaltung 8 82, 9 162, 193, 198 ff.
Kommunikation 9 8 ff. 14, 169
- laufende 9 10
- Überwachung 9 10 f.
Konstitutionalismus 3 3 f.
Kontakt- und Begleitpersonen 9 41, 47 ff. 57, 121, 184, 189
Kontaktverbot 1 15, 8 79 ff. 83
Kontrollstellen 8 29, 31, 108, 110 f., 9 158
Körperschaft, ausgleichspflichtige 6 50, 11 6, 8
Körperschaften 9 77, 79

Stichwortverzeichnis

Kostenerstattung **6** 13, 55, **11** 12
Kostenerstattungsanspruch **10** 19
Kostenerstattungspflicht **10** 19
Kostentragung **5** 36, **6** 12, 16 f. 29 f.
Kostentragungspflicht **10** 15
Krankenhäuser **9** 80 f.
Krankheiten, übertragbare **1** 21
Kreuzberg-Urteil **1** 6 ff.
Kriegsfolgelast **6** 30 f.
Kunstfreiheit **3** 26, **4** 26

Landkreise **1** 23, 25, 28, 31, **4** 10, **5** 46, **9** 79 f., **12** 1
Landschaftsschutzgebiet **4** 7 f. 10, 12 f.
Lärm **4** 7, 8 f. 11 f. 16, 46
Leben **1** 20, **3** 23, **4** 5-6, **5** 3, 6, 12, 33, 41 ff., **6** 30, **7** 9, **8** 13, 23, 61, 68, 85 ff. 108, 115 f. 118, 120, **9** 24, 65, 137, 142, 165, 166, 171, 174, 183, 185, 187 f. 206, 208, **10** 28, 34, 37
Lebensbereich, persönlicher **9** 7, 12
Legalitätsprinzip **7** 1, 4 f. 11
Legende **9** 188
Leistungsbescheid **10** 17, **11** 8
Leistungsverwaltung **9** 76
Lichtbild **8** 37, 39, 41
Lichtbildausweis **8** 37

Machtkritik **4** 29, 31
Maßnahmen
- doppelfunktionale **8** 46
- erkennungsdienstliche **8** 22 ff. 33 ff. 41 ff. 47
Meinungsbildung **9** 123, 124, 132
Meinungsfreiheit **3** 18, 24, **4** 26, 29, 31 f. 43 f., **8** 51, 73, 76
Meldeauflage **1** 15, **8** 71 ff.
Meldedaten **9** 70
Menschenrechte **3** 7
Menschenwürde **4** 37 ff., **8** 41, 82, **9** 3 ff. 6, 162, 198 ff., **10** 29
Miete / Mietrecht **1** 29, **4** 17, 18 ff., **6** 10, 45, 48, 52, 54 f., **8** 70, **11** 1, 10 f.
Minderheitenschutz **4** 43
Minderjährige **8** 36, 52, 85, 98
Mischdatei(en) **9** 52
Mittel, technische **8** 78, 80, 115, **9** 8, 14, 19, 65, 127, 160, 169, 172, 175, 180 f. 183 ff. 201
Mittel oder Methoden, besondere **9** 27, 44 f. 67, 82, 160, 204 f.

Mitverschulden **11** 3, 6
Mobilfunk **9** 171, 172, 175
Mobiltelefon **9** 8, 171, 172, 175 f.
- Gerätekennung **9** 172 f. 175
Nachtzeit **2** 3, **8** 116 ff.
Nichtstörer/in **5** 38
Nichttreffer **9** 21, 158 f.
Normenklarheit **9** 16, 44
Nothilfe **9** 74, **10** 36
Notruf **9** 56, 175
Nutzungsdaten **9** 170, 171
Nutzungsentgelt **11** 5, 11
Nutzungsentschädigung **11** 1, 11

Obdachlosigkeit **4** 21, 46 f., **6** 45, 48, 51 f. 55, **11** 9 f.
Objekt, gefährdetes **8** 29, 107, 110, **9** 137
Observation **9** 46, 48 f.
- l **9** 180 ff.
- längerfristige **9** 48, 160, 180 f. 188, 201
Öffentlichkeit, faktische **8** 37
Online-Durchsuchung **8** 49, 78, **9** 12, 23, 25, 160, 165, 176 ff. 183, 199, 202
Opfergrenze **6** 20, 22 f.
Opportunitätsprinzip **7** 1, 3 ff.
Ordnung, öffentliche **1** 6, 7 f. 9, 12, 13 f., **2** 1 f. 9, **3** 16, 28, **4** 2, 3, 13, 27, 33 ff. 41 ff. 45 f., **5** 2, 5, 12, 21, **8** 87, 92, **9** 34, 96, 129, **11** 12, **12** 2
Ordnung, verfassungsmäßige **3** 2, 24 f., **4** 43
Ordnungsvorschrift **9** 58, 90
Ort (Platzverweis) **8** 57
Ort, kriminalitätsbelasteter **8** 26, 29 f. 32, 107, 110 f. 113, **9** 158

Partei(en)
- verfassungsfeindliche **3** 9
Person, juristische **6** 36, **9** 77 ff.
Personalausweis **8** 38 f., **9** 97
Personenbeobachtung **9** 181
Personennahverkehr, öffentlicher **9** 81
Persönlichkeitsrecht, allgemeines **1** 13, **3** 18, **4** 41, 46, **8** 6, 87, **9** 3 ff. 6, 8, 12 f. 195, 198
Platzverweis(ung) **4** 48, **8** 53 ff. 63, 64, 66 f. 85, 91, 95 f., **10** 30, **12** 8
Polizei, Begriff der **1** 4 f.
Polizeiamtsleiter **1** 11
Polizeiausschüsse **1** 11

Polizeidirektionen 1 34
Polizeifestigkeit 9 125
Polizeipflicht
- formelle 6 37, 39
- materielle 6 37
Polizeiverordnung 1 6 f. 7
Pre-recording 9 141, 143 f.
Pressefreiheit 3 11
Primärrechtsschutz 11 11
Provider 9 10, 170
Putativgefahr 5 16, 17, 18, 29, 32

Quellen-Telekommunikationsüberwachung 9 169

racial profiling 4 32, 8 112 f.
Rasterfahndung 9 17 f. 65, 206 ff.
Realakt 8 15, 60, 9 85, 10 31
Recht
- absolutes 4 18
- subjektives 3 14, 4 4, 17, 9 109, 113
Rechtsbegriff, echter 5 11
Rechtsnachfolge 6 33 ff.
Rechtsnorm 3 21, 4 3, 14, 5-6, 9 163, 10 6, 12 5 ff.
Rechtsordnung 2 11, 3 11, 4 2 ff. 8, 14, 17 f. 18, 22, 5 11 f., 6 4, 45, 52, 7 1, 8 27, 86, 9 4, 75, 10 1
- objektive 4 17
- Unverbrüchlichkeit 8 27
- Unverbrüchlichkeit der 4 7
- Unverletzlichkeit 5 12, 7 1
- Unverletzlichkeit der 4 4, 14
Rechtsstaatsprinzip 3 27, 8 47, 9 116, 147, 190
Rechtswahrung 9 87 f.
Regelung (Einzelfall) 12 7
Regelungsgehalt 9 85, 10 30
Remonstrationspflicht 10 29
Restverdacht 9 117, 120
Rettungsdienste 8 54 f.
Risikoanalyse 9 58
Rundfunkanstalten 9 79

Sachherrschaft 6 9, 14 ff. 19, 21, 40, 8 120
Schadensausgleich 11 13
Scheingefahr 5 14, 16, 17, 18
Schleierfahndung 8 19, 9 158
Schmerzensgeld 9 4, 11 5
Schranken, verfassungsimmanente 3 26, 4 26
Schranken-Schranke 3 27

Schusswaffen 5 38, 10 26, 34
Schusswaffengebrauch 10 28, 34 ff.
Schutzgewahrsam 8 86 f.
Schutzgut, grundrechtliches 3 22 f.
Schutzpflicht, grundrechtliche 3 12 ff.
Section control 9 148
Selbstbestimmung, informationelle 1 13, 2 3, 3 18, 23, 8 5, 6, 17, 26, 28, 30, 80 f. 111, 9 2 f. 6 f. 8, 12 ff. 21, 47, 55, 70, 74, 89, 92, 100, 109, 133 f. 138, 141, 144, 149 f. 157, 173, 192, 195, 207
Selbstgefährdung 9 96
Sicherheit, innere 1 1
Sicherheit, öffentliche 1 6, 7, 9, 12, 20, 2 1 f. 8, 9, 11, 3 8, 28, 31, 4 2 ff. 8, 13 ff. 17, 21, 22 ff. 25, 27, 29, 31, 33 f. 42, 45, 48, 5 2 ff. 5, 12, 21, 6 1, 4, 6, 8, 12, 18 f. 38 f. 43, 47, 51, 55, 7 4, 10, 8 13, 27, 9 31, 34, 71, 96, 98, 105, 128 f. 134, 151, 171, 210, 11 12, 12 2, 12
Sicherheitsgewähr(leistung) 1 6, 3 8, 13, 15, 9 7
Sicherstellung 5 38, 8 104 f. 112, 120, 10 16, 11 9
Sittengesetz 3 24 f., 4 35
Sittenwidrigkeit 4 37, 8 87
Sondernutzung (Straßenrecht) 6 5, 7
Sonderopfer 11 1
Sonderrechte 6 38
Sozialdaten 9 73
Sozialnorm 4 35, 47
Sparkassen 9 79, 81
Stadionverbot 9 84
Standardmaßnahmen 1 12, 2 3, 5 23, 26, 28, 37, 8 3, 5, 80, 9 1, 27, 11 9
Standortabfrage 9 172
Standortdaten 9 171
Standortermittlung 9 160, 171 ff. 174 f. 201
Stellen
- ausländische 9 82 f.
- inländische 9 66, 76, 83
- innerstaatliche 9 27
- leistungserbringende 9 81
- nicht-öffentliche 9 66, 81, 90
- öffentliche 9 31, 64, 66, 70, 76 ff. 80 ff. 90, 99
- private 9 68, 85, 88, 99, 102
Stiftungen 9 77, 79
Stoffe, wassergefährdende 1 26 f.
Straftaten
- Aufforderung zu 4 28
- Billigung 4 29
- Erforschung 1 3, 7 1

Stichwortverzeichnis

- terroristische **8** 77 ff. 99 f., **9** 65, 137, 167, 178, 184, 189
- Verfolgung **1** 14, **2** 4, 8 f. 10 ff. 17, **7** 4 f., **8** 45, 81, 91, **9** 7, 16, 23, 28, 31, 51, 57, 65, 115, 121, 135, 137, 139, 142, 153 f. 157, 161, 163
- Verhütung **1** 3, **2** 5, 8 ff. 15, **8** 19, 31, 41, 44 f. 66, 77, 83, **9** 31 f. 34, 47 ff. 51, 57, 114 f. 117, 120, 137, 148, 158, 161, 196
- von erheblicher Bedeutung **8** 20 f. 30 f. 117, **9** 184, 189
- vorbeugende Bekämpfung **2** 5, 8 ff. 13, 16 f., **8** 3, **9** 51, 57, 114 f. 117, 161, 163, 196, 208

Straßenverkehr/ Straßenverkehrsrecht **1** 19, **5** 3, 46, **6** 5 ff., **9** 148 f. 153, 156

Streubreite **8** 20, 26, 30, 111, **9** 18 ff. 23, 70, 139, 144, 150 f. 157, 164, 192, 207

Suizid **8** 87 f.

Suspensiveffekt **10** 3, 5

System, informationstechnisches **9** 10 f. 24, 160, 169, 177, 199, 201, 204

Tatprovokation **9** 190, 192

Tatverdacht **8** 47, **9** 116 ff.

Telekommunikation **1** 14, **2** 8, **9** 9 f. 160 ff. 166 ff. 171, 176 ff. 199
- Abhören der **9** 199
- Aufzeichnen der **9** 163, 166, 169, 199
- Überwachung der **1** 14, **2** 8, 16, **9** 160 ff. 164 f. 166 ff. 171 f. 176 ff. 183, 199, 201

Telekommunikationsanbieter **9** 68, 160, 170, 171 f. 201

Telekommunikationsanschluss **9** 167

Telekommunikationseinrichtungen **9** 9

Telekommunikationsfreiheit **9** 10

Telekommunikationsgeheimnis **9** 9, 12 ff. 162

Telekommunikationsverbindung **9** 175

Tierseuchen **5** 25 f.

Todesschuss, gezielter **10** 36 f.

Tonaufnahmen **8** 37, **9** 133, 141

Tonaufzeichnung **9** 127 ff. 135

Tondaten **9** 133, 144, 147

Tonübertragung **9** 127, 129

Trennungsprinzip **1** 23

Übermittlungsersuchen / -verlangen **9** 67, 206

Übersichtsaufnahmen / -aufzeichnungen **9** 129, 131, 134

Umweltrecht **1** 18, 26, 31, **4** 5-6, **5** 24, **12** 1

Universitäten **9** 79

Unschuldsvermutung **8** 47, **9** 116 f. 120

Unterbindungsgewahrsam **8** 89 ff.

Unterlassen, absichtsvolles **2** 16, **9** 156

Untersuchung, molekulargenetische **8** 41

Unversehrtheit, körperliche **3** 18, 23, **4** 18, 5-6, **5** 3, 6, 12, 33, **10** 36, **11** 4

Veranstaltungen, öffentliche **4** 9, **6** 44, **7** 4, **8** 52, 71, **9** 67, 98, 102 f. 122 f. 127, 136 f.

Verantwortlichkeit, gefahrenabwehrrechtliche **5** 34, **6** 24, 33, **8** 26, 33, **11** 12
- der Verwaltung **6** 37

Verbindungsdaten **9** 20

Verbringungsgewahrsam **8** 96

Verdachtslage **5** 26 ff. 32, **8** 9, 21, 29, 47, **9** 93

Verdachtslosigkeit **8** 4, 20, 26, 30, **9** 18 f. 92, 139, 150, 207

Verfahrensbeschreibung **9** 58 f.

Verfassungstreue **9** 72

Verfassungswidrigkeit
- formelle **3** 6
- materielle **3** 6

Verfolgungsvorsorge **2** 11, 14, 16 f., **9** 154, 161

Verhaltensfreiheit **4** 40 ff.

Verhaltenssteuerung **8** 51, **9** 138

Verhaltensverantwortlichkeit **6** 2 ff. 10 ff. 16, 18 f. 21, 35, 41, 48, 52, 55, **8** 2, 12, 43, 123, **11** 12, 15

Verhältnismäßigkeit **2** 3, **3** 27 f. 31, **5** 22, **6** 17, 20, 27, **7** 3, 8, **8** 25, 41, 57, 66, 75, 84, 94, 100, **9** 16, 22 f. 92, 139, 157, 159, 162, 164, **10** 33

Verkehr
- kommunikativer **6** 7
- ruhender **6** 5

Verkehrsdaten **9** 160, 170, 171

Verkehrskontrolle **1** 19

Verkehrsraum, öffentlicher **9** 43, 148, 150

Verkehrsschild **10** 6, 10

Verkehrsüberwachung **4** 23 ff.

Verkehrs- und Versorgungsanlagen **8** 29

Vermögensschaden **11** 5, 11

Verrichtungsgehilfe **6** 1, **11** 15

Versammlungen **3** 11, **4** 41, 43 f., **6** 44 ff., **7** 1, 2, 4, **8** 48, 51 f. 71, 73, **9** 122 f. 124 ff. 132, 134 f. 136, 138, **10** 30, **12** 8
- in geschlossenen Räumen **9** 128 f. 134
- unter freiem Himmel **7** 4, **9** 128 f. 134

Versammlungsbehörde **3** 10 f., **7** 1, **9** 126
Versammlungsfreiheit **3** 9 ff. 17, **4** 43 f., **6** 45, **7** 4, **8** 51, 73, 76, **9** 122, 132, 134, 138
Versammlungsverbot **6** 45
Versammlungswesen **7** 2
Versicherung **11** 16
Vertrag, öffentlich-rechtlicher **10** 2
Vertrauensperson **9** 160, 188 ff. 201
Verwahrung, öffentlich-rechtliche **8** 121
Verwaltungsakt **6** 36, **8** 15, 23, 71, **9** 85, **10** 1 ff. 6 f. 9 ff., **12** 5 ff.
– Bekanntgabe **10** 3, 5, 17, 30, **11** 8, **12** 6
– Rechtmäßigkeit **10** 4
– Wirksamkeit **10** 3, **12** 6
Verwaltungshandeln
– gebundenes **9** 119
– schlichtes **8** 15
Verwaltungskosten **10** 15
Verwaltungsvollstreckung **10** 1 f. 5, 7, 10
Verwaltungsvorschrift(en) **4** 16, 43, **9** 118, **12** 1
Verwaltungszwang **10** 1, 3 f.
Verweisung, dynamische **8** 14, 116, **9** 170
Verweisungsketten **9** 170
Verzeichnis von Verarbeitungstätigkeiten **9** 6, 59 f. 63
Videoaufnahmen **8** 37
Videoüberwachung **8** 98
Volkszählungsurteil **1** 13, **8** 6, **9** 6
Vollstreckungsverfahren **10** 7
– gestrecktes **10** 8, 10
Vollziehbarkeit, sofortige **10** 3 ff. 8 f.
Vollzug, sofortiger **10** 9 ff. 17
Vollzugshilfe **2** 6, **9** 47, 126
Vorbehalt des Gesetzes **5** 24, **12** 5
Vorbeugende Bekämpfung **8** 42, 64
Vorfeldaufgaben **2** 8, **9** 49, 53, 161
Vorführung **8** 23
Vorgangsbearbeitungssystem **9** 1, 6, 50, 52
Vorgangsverwaltung **9** 54, 65
Vorladung **2** 3, **3** 19, **8** 22 ff. 52, 97, 103, 115
Vorrang der Verfassung **3** 3 ff.
Vorratsdatenspeicherung **9** 7, 17, 20, 144

Waffen **8** 108, **10** 26, 33
Wahrscheinlichkeitsprognose **5** 7, **9** 174
Wahrscheinlichkeitsurteil **5** 3, 5 f. 8, 10 f. 17, 19, 21, 45

Warnschuss **10** 29
Wegweisung **5** 38, 42, **8** 67 f.
Weimarer Reichsverfassung **3** 4 f. 27, **10** 12
Wertordnung, grundrechtliche **3** 12, **9** 102
Wesentlichkeitstheorie **5** 24, **12** 5
Widmung **6** 6 f.
Wiederholungsgefahr **8** 47, **9** 117
Willkür **9** 103
Wirkung, aufschiebende **10** 3, 5, **7** ff. 17
Wohlfahrt, öffentliche **1** 5
Wohnraumüberwachung **5** 43, **9** 19, 160, 186 f. 198 f. 204
Wohnsitz **8** 59
Wohnung(en) **2** 3, **3** 19, 23, **4** 35, **5** 38, 40, 43 f., **6** 52 ff., **8** 4, 52, 54, 61 f. 66 f. 70, 82, 114 ff., **9** 11 f. 14 f. 65, 145, 186 f. 199, 201 f.
– Betreten **5** 40, **8** 4, 114 ff., **9** 194, 198
– Schutz der **3** 23, **9** 145, 180, 186, 194, 198
– Unverletzlichkeit der **4** 35, **9** 11 ff. 198 f.
Wohnungen
– Schutz der **8** 114

Zeitraum, übersehbarer **8** 49, 71, 77, 101, **9** 167, 178, 184, 189, 196
Zeugnisverweigerungsrecht **8** 13 f.
Zielperson **9** 19, 164 f. 206, **10** 35
Zumutbarkeit **6** 17, 20, 27 f.
Zuständigkeit
– örtliche **1** 34
– sachliche **1** 23 ff.
Zustandsverantwortlichkeit
6 9 ff. 14 f. 19 ff. 24 f. 27 f. 31 ff. 41, 48, **8** 2, 12, 43, 123, **11** 12, 15
Zustimmung **9** 101
Zuverlässigkeitsüberprüfung **9** 98 ff. 101, 103
Zwang, unmittelbarer **2** 6, **3** 17, **10** 3, 7 f. 13, 14, 26 f. 29 ff.
– Subsidiarität **10** 27
Zwangsgeld **8** 27, **10** 3, 7, 13, 22 ff. 27
– Festsetzung **10** 23
Zwangsmittel **5** 38, **8** 27, **9** 34, **10** 3 ff. 7, 9 f. 12 f. 14, 24, 27, 30, 31
– Androhung **5** 38, **10** 7 ff. 22, 24, 27 f. 30, 32
– Anwendung **10** 7, 10, 30 f.
– Festsetzung **10** 7 ff. 22, 30
Zwangswirkung **3** 19, **8** 51
Zweckänderung **9** 56, 63, 65 f. 70, 82, 113
Zweckbindung **9** 38, 55, 90

Stichwortverzeichnis

Zweckveranlassung **6** 41 ff. 53

Zweckverbände, kommunale **9** 79